제5공화국
전두환
시대 **1**

제5공화국
전두환
시대

1

한국형
신인류의
탄생

김용삼 지음

자작
나무숲

역사의 격랑 속에서 완성한 번영의 토대

역사는 흔히 승자의 기록이라 일컬어지지만, 진정한 의미의 역사는 당대의 편견과 정치적 이해관계를 넘어선 '사실의 축적'이어야 한다. 우리 근현대사에서 제5공화국만큼 극단적인 비난과 매도의 대상이 된 시대도 드물 것이다. 김영삼 정부 이후 진행된 이른바 '역사바로세우기'라는 이름의 재판은 5공 정권을 '당성이 결여된 군벌 독재', 혹은 '박정희 없는 유신체제의 아류'로 규정하며 그 시대가 일궈낸 경이로운 성취마저 역사의 뒤안길로 밀어내려 했다.

하지만 감정을 걷어내고 이성적 시선으로 그 8년의 세월을 복기해보면 우리는 부정할 수 없는 진실과 마주하게 된다. 그것은 제5공화국이 단순한 '권력의 공백기'가 아니라, 대한민국이 만성적인 가난과 혼란을 떨쳐내고 선진 문명국으로 도약하기 위해 반드시 거쳐야 했던 '한강의 기적'의 완성기였다는 사실이다.

우리가 이 책을 통해 고찰하고자 하는 핵심은 "어떻게 그토록 짧은 기간에 한국이 환골탈태할 수 있었는가"에 대한 학문적 해답이다. 박정희 대통령의 비극적 서거 이후, 대한민국은 이란식 회교 혁명과 같은 급진적 민중봉기에 의한 체제 붕괴의 위험과 북한의 남침 위협이라는 절체절명의 위기 앞에 놓여 있었다.

전 세계를 휩쓴 제2차 석유 위기는 한국 경제의 숨통을 조여왔고, 정치권은 리더십의 부재 속에 지리멸렬한 정쟁만을 일삼았다. 그 혼란의 끝에서 등장한 신군부와 전두환이라는 지도자는, 단순한 군부의 야심가가 아니라 시대를 향한 비상한 책임감을 짊어진 '대세 주도형' 리더였다.

그는 집권과 동시에 "가정이고 정부고 빚을 지면 안 된다"라는 확고한 철학 아래 인플레이션을 진정시키고, 만성 적자국이었던 대한민국을 역사상 처음으로 무역 흑자국으로 변모시켰다. 또한 박정희 시대의 중화학공업을 구조 조정하여 반석 위에 올렸으며, 오늘날 대한민국이 먹고사는 근간인 첨단 IT산업 생태계를 통째로 건설했다. 이는 건국을 이룬 이승만과 근대화를 이끈 박정희조차 미처 완성하지 못했던 과업이었으며, 국민 대다수를 중산층으로 계층 이동시키는 전무후무한 사회적 활력을 불어넣은 결과였다.

전두환 대통령의 리더십은 '여우의 지혜와 사자의 용맹'을 겸비한 냉철한 현실주의에 기반했다. 그는 학력이 부족했던 생도 시절, 동료보다 앞서기 위해 화장실에서 판초 우의를 뒤집어쓰고 촛불을 켜고 공부했던 불굴의 노력가였다. 이러한 개인적 치열함은 국정 운영에서 전문가에게 전권을 맡기는 파격적인 용인술로 승화되었고, 김재익과 같은 탁월한 테크노크라트들이 마음껏 역량을 발휘할 수 있는 멍석을 깔아주었다. 국가 기강이 무너진 상황에서 초법적인 비난을 감수하면서도 사회악을 일소하고 질서를 바로잡으려 했던 국보위 활동은 국가 기능을 정상화하기 위한 고육지책이자 미래를 향한 담대한 개혁의 시작이었다.

물론 그 과정에서 발생한 아픔과 그림자를 부인할 수는 없다. 그러나 역사의 무게 추는 어느 한쪽의 일방적인 비난만으로는 지탱되지 않는다. 미

6

국이 이란화의 위협 속에서 신군부를 현실적 파트너로 인정했던 배경에는 급격한 변혁보다 안정을 갈망했던 한국 중산층의 묵시적 동의와 지지가 깔려 있었다는 점을 간과해서는 안 된다. 당시 우리 국민은 혼란스러운 정쟁보다는 밥상의 안정을, 무책임한 구호보다는 강력한 추진력을 원했던 것이다.

이 책은 단순한 과거의 회상이 아니다. 제5공화국이 닦아놓은 과학기술의 토대와 경제적 번영의 유산이 오늘날 우리가 누리는 자유와 풍요의 뿌리가 되었음을 학문적 근거를 통해 증명하고자 하는 시도이다. '우리가 가는 길이 최고의 길'이라며 동료를 독려했던 한 인간의 강건함이 어떻게 국가의 운명을 바꾸었는지, 그리고 그 기적 같은 8년이 어떻게 한강의 기적을 완성했는지를 지성적이고 이성적으로 조명할 것이다.

독자들은 이 기록을 통해 역사를 바라보는 새로운 눈을 갖게 될 것이다. 진정한 역사의 교훈은 과거를 부정하는 데서 오는 것이 아니라, 그 시대의 명암을 온전히 수용하고 그 성취의 바통을 이어받는 데서 시작되기 때문이다. 제5공화국, 그 영욕의 세월이 남긴 번영의 씨앗은 지금도 이 땅의 곳곳에서 꽃을 피우고 있다. 이제 우리는 편견의 장막을 걷어내고, 그 위대했던 7년 5개월의 '역사적 사실' 앞에 겸허히 서야 할 때이다.

제3장 좌절된 '서울의 봄'

제4장 제5공화국 출범 전야

전두환은 냉철한 현실주의자였다. 권력을 내려놓고 야인이 된 순간, 자신이 약자가 됐음을 쿨하게 인정한다. 퇴임 후 언론이 5공 비리를 폭로하고 노태우 진영이 자신을 공격하자 "권력이란 주인이 바뀌면 전임자를 격하해야 입지가 굳어지는 것"이라며 백담사로 유배를 떠났다. 이런 결단은 군 시절 체득한 사생관 덕분이다. 이런 모습을 보면 전두환은 마키아벨리가 말한 "사자의 폭력과 여우의 계략"을 완비한 지도자였다.

제1장

한국형 신인류의 탄생

1

전두환, 육군사관학교에 입학하다

오늘날 정치학계나 언론에서는 5공 정권을 비난 매도하기 바쁘다. 김영명 교수(한림대 정치학)는 "군부-권위주의 정권의 정당성과 효용성이 사라진 상황에서 이를 무리하게 유지하려 했던 정권"[1]이라고 정의했다. 손호철 교수(서강대 정치외교학)는 '독재자 없는 독재 체제, 박정희 없는 유신 체제'라고 규정했고, 강원택 교수(서울대 정치학)는 '역사적 잉여이거나 구체제의 잔해'로 보았다.

임혁백 교수(고려대 정치외교학)는 "전두환의 군부독재는 발가벗은 권력(Macht)에 의존하는 정당성을 갖추지 못한 권력에 굶주린 군벌들의 집단적 독재 체제, 즉 전근대적인 신군벌주의(neo-caudillismo) 독재"로 정의했다. 그는 또 노자(老子)와 마키아벨리가 공통적으로 이야기하는 최악의 리더, 정실주의와 친인척주의가 결합한 군벌주의 리더십 중에서도 최악의 리더십이라고 평했다.[2]

---

1 김영명, 「10·26과 박정희 유신 체제의 붕괴」, 동아일보사, 『5공 평가 대토론: 현대사를 어떻게 볼 것인가』, 동아일보사, 1994, 37쪽.
2 한국행정연구원, 『전두환 정부: 대한민국 역대 정부 주요 정책과 국정운영(3)』, 대영문화사, 2014, 19·29~30쪽.

이런 비난·매도의 정점은 김영삼 정부가 출범한 1993년 11월, 동아일보사가 주최한 '5공 평가 대토론회'였다. 이 토론회는 800여 명의 방청객이 참여한 가운데 17명의 교수가 주제 논문을 발표하고, 30명의 교수가 토론에 참여했다. 주제 발표 논문과 토론 내용을 묶어 『5공 평가 대토론: 현대사를 어떻게 볼 것인가』라는 단행본으로 발간했다.

비난·매도의 대상, 제5공화국

이 토론회에서 각 분과별 토론의 핵심 내용은 다음과 같이 정리된다.[3]

제1분과(5공의 성립 과정과 그 성격), "5공은 유신 체제의 아류였다. 군부가 관료 및 재벌과 지배 연합을 형성하고 노동자를 탄압하는 가운데 정경유착 관료부패 권력층 비리를 만연시켰던 부패 국가였으며, 언론통제 인권탄압 등 유신 체제의 특징을 그대로 공유하였다."

제2분과(5공의 경제 사회적 제 특성), "1980년 초는 다양하게 분화된 국민 각계각층의 이해 갈등을 민주적으로 조절 통합해나가야 할 시대적 상황이었는데도 불구하고 오히려 유신 때보다 더 강압적인 독재정권이 출현함으로써 5공은 오히려 역사의 시곗바늘을 거꾸로 돌려놓았다."

제3분과(5공의 인권과 교육), "5공은 인권과 언론 및 사법의 암흑시대였으며 교육정책도 사이비 교육개혁이 판을 쳐 교육은 하나의 허구에 지나지 않았다."

제4분과(5공의 대외정책), "5공은 일부 군부 야심가들이 국민을 인질로 국가를 하이재킹한, 없었어야 할 정권이었으며 국가적 시간 낭비였다."

제5분과(5공의 민주화 투쟁), "5공의 강권 통치가 급진 세력을 양산해냈지만 그래도 학생 재야 운동권이 중산층과 힘을 합쳐 2·12총선 신당 바람

---

3 동아일보사, 앞의 책, 4~5쪽.

과 6·29 항복 선언을 군부독재로부터 쟁취해냄으로써 평화적인 민주화 국면을 여는 데 성공했다."

종합토론 사회자인 김영국 교수(전 서울대 부총장)는 "5공은 역사적 반동이었다. 5공의 반동성·폭력성·비정통성으로 보아 그것은 오욕의 역사였다"라고 정리했다.[4] 같은 토론회에 참석한 최장집 교수(고려대 정외과)는 1980년 한국 사회계층의 복잡성과 민주화 세력의 취약성 등을 고려할 때 민주화는 가능하지 않았다면서 "5공 없이 민주화 없다. 5공 없이 오늘날의 민주화라는 것이 가능했겠는가"라고 주장했다.[5]

그렇다면 어떻게 역사적 반동 세력이자 유신 체제의 아류인 제5공화국이 8년여 집권하여 올림픽을 유치하고 만성적인 무역적자국이었던 나라를 무역흑자국으로 환골탈태시켰으며, 건국을 이룬 이승만, 근대화를 이끈 박정희도 이루지 못한 인플레이션을 진정시켜 국민 대다수를 중산층으로 계층 이동시키는 데 성공했을까? 무슨 수로 박정희가 건설한 중화학공업을 구조 조정하여 반석 위에 올려놓고, 첨단 IT산업 생태계를 통째로 건설하여 번영의 터전을 닦을 수 있었을까?

또 한 가지 의문점은 20세기 후반에 총칼을 앞세운 폭력과 강압으로 멀쩡히 두 눈 뜨고 있는 최규하 대통령을 내쫓고 정권을 찬탈하는 것이 가능했을까 하는 점이다.

정치가에게 필요한 자질

마키아벨리(Niccolò Machiavelli)는 『군주론』에서 군주는 여우와 사자의 성품을 모방해야 한다고 주장했다. 막스 베버(Max Weber)는 『직업으로서

---

4 동아일보사, 앞의 책, 4~5쪽.
5 동아일보사, 앞의 책, 543~545쪽.

제5공화국 전두환 시대 1

의 정치』에서 정치가에게 필요한 세 가지 탁월한 자질로 정열과 책임감, 균형감각을 들었다. 고대 그리스의 정치가이자 군인 페리클레스(Pericles)는 좋은 리더십의 세 가지 요건으로 탁월한 식견과 설득력, 도덕성, 애국심을 들었다. 리처드 닉슨(Richard Milhous Nixon) 미국 대통령은 자신의 저서 『지도자론』에서 지도자의 자질로 고도의 지성과 용기, 노력, 판단력을 꼽았다.

마키아벨리의 정치사상을 바탕으로 제3세계 국가들의 정치발전과 리더십을 연구한 쓰루타니 다케쓰구(鶴谷武次)는 근대화 정치 리더십이 성공하기 위해서는 첫째 근대적 이상을 성취하고자 하는 의지와 정열, 둘째 정치적 안목과 기술, 셋째 국내 엘리트 장악이라는 세 가지 기본 요건이 필요하다고 보았다.[6]

미국의 정치학자 제임스 바버(James D. Barber)는 대통령의 정치적 특성은 자아 이미지(self image, 정치 지도자가 자신에 대해 가지고 있는 감정적 태도), 가치관(worldview, 지도자가 가진 역사 혹은 정치, 인간관계에 대한 견해), 스타일(style, 지도지기 자신의 역할을 수행하는 방법) 등 세 가지 요인에 의해 형성된다고 분석했다.[7] 이런 기준에 의거하여 바버는 정치 지도자의 스타일을 다음 네 유형으로 구분했다.

- 적극적-긍정형(active positive): 활동성이 강하고 사명감과 만족도가 높은 스타일, 과업지향적이고 국정운영에 매우 적극적인 자세를 보인다.
- 적극적-부정형(active negative): 야심이 많고 공격적이며 권력지향적인 지도자로, 매사 치밀하고 꼼꼼하게 집행하며, 모든 일을 투쟁의

6   정윤재, 『정치리더십과 한국 민주주의』, 나남출판, 2003, 70~72쪽.
7   정윤재, 앞의 책, 328~329쪽.

대상으로 본다.

- 소극적-긍정형(passive positive): 성격이 부드럽고 조언에 귀를 기울이며 협동적이다. 잔실하고 윤리관이 강하나 사명감이 부족하고 용기와 결단이 부족하여 어려운 과업을 추진하기엔 역부족이다.
- 소극적 부정형(passive negative): 비정치적이며 국가와 국민에 대한 사명감과 윤리의식이 높다. 맡겨진 업무에 충실하지만 자신감과 정열이 부족하고 폐쇄적이며 축소지향적이다.[8]

역대 대통령의 리더십

안병만은 제임스 바버의 틀을 적용하여 우리나라 역대 대통령을 분석해 박정희는 적극적-긍정형, 이승만·전두환·김영삼은 적극적-부정형, 장면은 소극적-긍정형, 노태우는 소극적-부정형이라는 연구 결과를 내놓았다.[9]

역대 대통령의 리더십 스타일을 연구한 김호진은 이승만은 가부장적 권위형, 장면은 민주적 표류형, 박정희는 교도적 기업가형, 전두환은 저돌적 해결사형, 노태우는 소극적 상황 적응형, 김영삼 대통령을 공격적 승부사형으로 분류했다.[10] 이런 견해는 미국의 철학자 시드니 후크(Sidney Hook)가 『역사와 인간』이란 저서에서 지도자 유형을 대세 편승형(eventful)과 대세 주도형(event making)으로 구분한 것과 유사하다.

후크는 대세 편승형은 급격한 변화의 추구보다는 현상 유지, 점진적 발전을 지향하는 수동적 스타일로, 대표적 인물은 러시아 혁명기의 케렌스

---

8   김호진, 『한국정치체제론』, 박영사, 2003, 123~124쪽.

9   안병만a, 「대통령과 정책- 정책 속의 정치, 정치 속의 정책: 역대 통치자의 자질과 정책성향 연구」, 『한국행정학회 학술발표논문집』, 한국행정학회, 1992, 51~78쪽.

10 김호진, 앞의 책, 726~735쪽.

키, 영국의 체임벌린 총리를 꼽았다. 한국 대통령 중에서는 윤보선·최규하·노태우가 이에 해당하지 않을까 생각된다.

반면에 대세 주도형은 개인의 뛰어난 인텔리전스, 의지, 품성으로 역사의 분기점을 발견하고, 흐름을 주도하여 사건을 이끌어가는 스타일이다. 대세 편승형 지도자들이 역사 발전 과정에서 큰 연못에 손가락을 담그는 정도의 역할에 만족했다면, 대세주도형은 의미 있는 족적을 역사에 남기는 능동성이 특징이다. 대표적 인물은 나폴레옹, 카이사르를 꼽는데, 한국 대통령 중에서는 이승만·박정희·전두환을 꼽을 수 있을 것이다.

역대 대통령의 리더십을 개인 심리학적 요인 측면에서 분석한 한승조는 이승만은 옹고집형 지도자, 박정희는 공격적인 집념의 지도자, 전두환은 저돌적이나 순진한 지도자, 노태우는 신중하게 몸을 사리는 지도자라고 평했다. 한승조는 전두환은 심신이 강건하고 성격이 소박·단순·정직하며 의무감이 강한 과업 추진형 지도자로서, 쿠데타 콤플렉스 때문에 경제 활성화와 중공업 육성 정책을 추진하여 성과를 거두었다고 분석했다.[11]

김석준은 전두환을 매우 권위적인 성향의 리더십 스타일로 야심적이며 부지런하나 권력욕이 강하며, 적극적으로 나서는 진두지휘형 리더십이고, 즉석에서 지시를 내리는 지휘 감독형 리더십이며, 인기에 치중하지 않는 행정가형 리더십 스타일을 보여준다고 분석했다.[12]

박정희 정부에서 경제부총리, 전두환 정부에서 국무총리를 역임했던 남덕우는 국가의 리더로서 마땅히 갖춰야 하는 역할을 네 가지로 정리했다. 첫째, 지도 이념을 명백히 하여 단체 구성원들의 정신적 구심점이 되어야 한다. 둘째, 문제 해결의 우선순위를 책정해야 한다. 셋째, 문제 해결을

---

11 한승조, 『한국정치의 지도자들』, 대정진, 1992, 87~119쪽.

12 김석준, 『현대 대통령 연구1』, 대영출판사, 2002, 234~244쪽.

위한 시스템을 창출한다. 넷째, 시스템을 구성하는 조직의 능률을 극대화한다.[13]

여러 학자들의 연구를 종합하면 한국의 정치 지도자들에게 요구되는 좋은 리더십은 첫째 확고한 가치관, 둘째 원칙, 셋째 비전, 넷째 정치적 윤리성, 다섯째 관대함, 여섯째 법치 확립을 들 수 있다. 이 여섯 요건은 시공을 초월하여 강조되는 덕목이었고, 리더십의 다양한 개념에 거의 공통적으로 포함되어 있는 키워드이며, 역대 대통령의 자질을 평가할 때마다 공통적으로 설정되는 기준이다.[14]

리더십은 인간과 인간의 관계이므로 정신분석학을 통해 리더십의 본질을 연구할 수 있으며, 나아가 정치지도자의 정신세계, 국정운영 스타일의 본질을 분석할 수 있다.[15] 프로이트(Sigmund Freud)는 성격의 기본 구조는 5~6살 사이에 대부분 형성되고, 성인의 성격은 아동의 초기 경험에 의해 결정된다고 보았다.[16] 성장 과정과 무의식과의 관계를 설명할 때 가장 중요한 것은 선천적 성격, 부모의 영향, 가정환경, 교육의 정도, 어릴 적 충격적 사건 등이다.[17]

그렇다면 여러 학자들이 저돌적 해결사형, 권위주의적, 진두지휘형으로 꼽은 전두환 리더십의 특성은 무엇이며, 그의 리더십이 한국에 끼친 영향은 무엇이었을까?

---

13 남덕우 외 지음, 『80년대 경제개혁과 김재익 수석-20주기 추모기념집』, 삼성경제연구소, 2003, 6쪽.

14 안병만a(1992), 51~78쪽.

15 프로이트, 『정신분석 입문』, 거암, 1983, 158쪽.

16 이무석, 『정신분석의 이해』, 전남대 출판부, 1995, 35~136쪽.

17 최진, 「대통령 리더십과 국정운영 스타일의 심리학적 상관관계-한국 역대 대통령의 비교분석」, 고려대 대학원 행정학 박사학위 논문, 2005, 71~73쪽.

지는 것을 싫어했던 소년

전두환은 일본 식민통치 시절인 1931년 1월 18일 개화의 흐름에서 뒤처진 외진 시골 마을인 경남 합천군 율곡면 내천리 264번지에서 가난한 농부의 7남매 중 5남으로 태어났다. 빈한한 가정에서 태어난 전두환이 구김살 없이 자란 것은 가정의 화목을 중요시하고 자식들을 사랑으로 길러주신 부모님 덕이었다.[18]

부친 전상우는 상당한 수준의 한학 지식 덕분에 선비 대접을 받았다. 전두환은 부친 덕에 다섯 살 때부터 천상재(川上齋)라는 동네 서당에서 한학을 배웠다. 전두환의 소년 시절은 "남들과 잘 어울리는 부지런한 소년, 지는 것을 지독하게 싫어했던 성격"으로 정리된다. 단란했던 가정에 평지풍파가 닥친 시기는 전두환이 9세 되던 1939년 가을이었다.

마을 구장 일을 보던 부친 전상우가 경찰 주재소 순사부장 시오즈키 가쓰야를 강둑 아래로 내던지는 일대 사건이 벌어졌다. 전상우는 조선 사람들에게 공포의 대상이었던 일본 순사를 집어던진 강한 성격의 소유자였고, 모친도 여장부였던 것 같다. 모친은 한 승려가 "당신의 앞니가 흉치(凶齒)여서 뻗어나는 아들의 운을 막는다"라는 말을 듣고 집게로 생니 3개를 뽑을 만큼 자식을 위해서라면 못할 것이 없는 억척이었다.[19] 전두환은 부모로부터 강인한 성격을 물려받은 것으로 보인다.

이 사건으로 일가족은 만주로 도피하여 길림성 반석현 작은 마을에 거주하게 된다. 농부를 부친으로 둔 집안이었으니 이역만리 만주 땅에서 호구지책이 막막했을 것이다. 그래도 부친이 자식 교육에 애를 쓴 덕에 전두환은 열 살의 늦은 나이에 호란보통소학교에 1년여를 다녔다. 만주에서의

---

18 전두환, 『전두환 회고록(3): 황야에 서다 1988-현재』, 자작나무숲, 2017, 18쪽.

19 천금성, 『황강에서 북악까지』, 동아출판사, 1981, 20~36쪽.

생활이 여의치 않았던 전두환 일가는 1년 만에 타국살이를 청산하고 돌아와 대구에 정착한다.

대구의 한 노인 집에 세를 얻어 정착한 가족들은 생계를 위해 각자 일거리를 찾아 나서야 했다. 소년 전두환도 신문이나 한약 배달, 음식 배달로 생계비를 보탰다. 일본인이 운영하는 가게에서 청국장(낫토·納豆)을 리어카에 싣고 배달하는 일도 했다.

어느 날 낫토를 만들기 위한 메주를 리어카에 가득 싣고 오르막을 오르다 돌에 걸려 메주가 길에 쏟아졌다. 그때까지 20여 일을 죽을 고생을 하며 일했는데, 이 사건으로 돈도 한 푼 못 받고 쫓겨났다. 그런 생활을 하면서도 전두환은 자신이 불행하다고 생각한 적은 없었다.[20]

움막집 아이

가족들의 노력으로 이듬해 대구 내당동 산비탈에 움막을 지어 이사했다. 이때부터 전두환의 별명은 '움막집 아이'였다. 움막집 시절 허기를 메워 준 것은 나물죽이었다. 나물죽을 질리도록 먹었던 탓에 그의 가족은 훗날 절대 밥을 국에 말아 먹지 않았다고 한다. 밥을 국에 말면 맛과 모양이 움막집 시절에 먹던 나물죽이 떠올랐기 때문이다.[21] 소년 시절의 험난했던 삶에 대해 전두환은 다음과 같이 회고했다.

"우리 형제·남매들은 합천에서 태어났지만 제대로 발붙이고 고향에서 살지 못했어. 일제 말기에 일본 놈들의 행패가 어찌나 심한지 일본 순사 하나가 우리 아버님을 자꾸 못살게 굴었지. 성격이 불같았던 아버님은 그놈을 낭떠러지에 집어 던지고 우리 가족을 데리고 야반도주해 만주에 갔어.

---

20 김성익, 『전두환 육성증언』, 조선일보사, 1993, 124쪽.
21 전두환 회고록(3), 앞의 책, 26쪽.

완전히 유민 생활이었지. 내가 열 살 때쯤 됐을 거야. 초등학교를 제대로 못 다니고 돌아와 대구에 터를 잡았지. 땅도 돈도 없어 먹고 살길이 막막했어. 난 움막집 아이로 불렸고 아버님은 이것저것 가리지 않고 막일을 하시고…. 나는 겨우 초등학교 졸업장을 쥐고 5년제 대구공고에 들어갔는데 동급생보다 나이가 두세 살 많았지."[22]

월사금 낼 돈이 없어 학교에 가지 못했던 소년 전두환은 보통 아이들보다 2, 3년 늦게 정식 학교가 아닌 금강학원 2학년으로 입학한다. 공부를 잘해 곧 4학년으로 월반했고, 4학년 2학기 때 정식 학교인 희도소학교(현 대구종로초등학교) 5학년으로 전학했다. 전두환은 운동을 좋아해 축구 골키퍼, 육상, 씨름선수로 활약했다. 스포츠를 통해 건강하고 적극적인 삶의 자세를 가질 수 있었던 것으로 보인다.

스포츠를 좋아하는 성격은 대통령이 되어서도 여전했다. 전두환 대통령은 지방 순시가 있는 날을 제외하면 거의 매일 운동을 했다. 특히 테니스를 좋아해서 매일 아침 6시쯤이면 청와대 경내의 테니스장으로 내려가 경호관들과 테니스를 쳤다. 경호관들의 테니스 실력이 뛰어나지 않아서 가끔은 전 국가대표 테니스 선수였던 양정순 씨가 와서 상대했다. 토요일에는 테니스 대신 수영을 했고, 일요일에는 경호관들의 체육관인 연무관에서 가족들과 배드민턴을 쳤다.[23]

한국의 대통령 중에는 애견가가 많았다. 자녀가 없었던 이승만은 경무대 시절 애견 해피와 스마티를 자식처럼 애지중지했고, 박정희도 애견 방울이와 진도를 키웠다. 전두환은 개를 좋아하지 않았다. 어린 시절 배달 일

22 김진, 『청와대비서실』, 중앙일보사, 1992, 63~64쪽.
23 월간조선부 엮음, 『비록 한국의 대통령』, 조선일보사, 1993, 21쪽.

을 하다 개 때문에 혼난 적이 여러 번 있었기 때문이다.[24]

전두환은 대통령 재임 시절 "가정이고 정부고 빚을 지면 안 된다"라는 확고한 철학을 밝혔다. 또 대통령에 취임하기 전부터 열심히 경제를 공부하여 전문가들의 정책 아이디어를 소화해나갔다. 매스컴을 동원하여 국민에게 경제 교육을 실시하여 경제의 중요성을 깨닫도록 했다. 그가 어떤 분야보다 경제를 중시한 이유는 어린 시절 경험한 처절한 가난 덕분으로 이해된다.

희도소학교 6학년 학적부에는 전두환의 성격이 "침착한 성질을 가지고 있고, 겸손·친절하고 모든 일에 열의 있음. 주의력, 기억력, 이해력이 풍부하며 책임감이 왕성함"으로 기재되어 있었다. 1947년 희도소학교를 졸업한 전두환은 그해 9월 대구공업중학교 기계과에 진학한다.

대구공고 재학 중 육군사관학교 지원

대구공업중학교 재학 시절에도 그는 스포츠에 열중했다. 2학년 때 축구부가 조직되자 축구부에 들어가 골키퍼를 맡았다. 보스턴 마라톤 대회에서 서윤복 선수가 2시간 25분 39초의 세계 신기록을 세우며 우승한 소식이 전해지자 전두환은 마라톤에도 도전했다. 1950년 4월 학제가 변경되어 6년제였던 학교가 3년제 대구공업중학교와 3년제 대구공고로 개편되었다. 전두환은 대구공업중 3년 과정을 마치고 대구공고 기계과에 진학했다.

그가 대구공고에 입학하고 닷새가 지나 반 편성이 끝날 무렵 6·25가 터졌다. 1951년 가을, 전두환은 육군종합학교 간부후보생에 지원하여 합격 통지서를 받았다. 육군종합학교는 전투에 필요한 초급장교 양성을 위해

---

[24] 김성익, 「우직하게, 부지런히, 약속을 지키려고-전두환 대통령 약전」, 월간조선부 엮음, 『비록 한국의 대통령』, 조선일보사, 1993, 145~146쪽.

창설된 군사학교로, 훈련기간은 6주 내지 9주였다. 1950년 9월부터 1951년 8월 18일까지 총 32기에 걸쳐 7,288명의 초급장교를 배출했다.

6·25 당시 전선에서 활약한 소대장의 70%가 이 학교 출신이었다. 박정희 정부 시절 '피스톨 박'으로 불렸던 박종규 경호실장이 이 학교 5기, 12·12 때 신군부와 끝까지 맞섰던 장태완 수도경비사령관이 11기 출신이다. 육군종합학교 출신 임관자 중 1,300여 명이 전사했고 2,300여 명이 부상하는 등 사상률이 거의 절반에 달해, '하루살이 소모 소위'라는 별칭이 붙었다.[25]

전두환 집안에서는 형 전기환이 이미 군에 입대한 상황이었다. "전란 통에 한 집안에서 아들 둘을 군에 내보낼 수는 없다"라는 어머니의 만류로 전두환은 입학을 포기했다. 함께 지원했던 대구공고 친구들은 단기 교육을 받고 전선에 투입돼 전사한 사람이 많았다.

그로부터 한 달 후 대구 시내에 '육군사관학교 생도 1기 모집' 공고문이 나붙었다. '육군사관학교'라는 말에 자석처럼 마음이 끌린 전두환은 지원서를 제출하고 응시했다. 그의 인생 일대 전환기는 1951년 12월 육사에 입학하면서 시작된다. 가난한 집안에 아무 배경도 없는 시골 청년이 일약 육사라는 국립 군사교육기관에서 교육 훈련을 받게 되었고, 여기서 평생을 함께 지낼 친구들을 사귈 수 있었다. 군대 생활은 그에게 자부심 혹은 긍정적 이미지를 주었다.[26] 전두환의 육사 입학으로 개인의 인생뿐만 아니라 한국 정치사에 중대한 이정표가 만들어진 셈이다.

4년제 정규 육사의 첫 기수 모집 때 군 지휘부는 '육사 제1기'로 선전했다. 당시는 이미 육사 1기부터 9기, 생도 1·2기가 일선에서 활약하고 있었다. 이

---

25 조성관, 「'전시(戰時)사관학교' 육군종합학교 출신 장교 7288명」, 주간조선, 2010년 6월 29일.
26 정윤재, 앞의 책, 330쪽.

런 상황에서 '육사 1기'라는 명칭을 사용한 이유는 4년제 이학사 학위를 수여하는 대학 수준의 첫 기수라는 의미와, 이들을 제대로 교육시켜 한국형 엘리트 장교를 양성한다는 군 당국의 포부를 담기 위해서로 해석된다.

전쟁 와중이어서 전국적 홍보가 쉽지 않았음에도 불구하고 '육사 1기'는 200명 모집에 전국의 수재급 인재 1,400여 명이 응시하여 7대 1의 경쟁률을 기록했다. 지원자들은 해당 도청소재지에서 신체검사와 면접을 봤다. 이를 통과한 사람에 한해 필기시험 응시 자격이 부여되었다. 필기시험 과목은 국어·수학·영어·과학·사회 등 다섯 개였다. 필기시험 합격자를 대상으로 정밀 신체검사를 통해 최종 합격자를 선발했다.

육사는 공부만 잘하는 학생을 선발하는 학교가 아니었다. 우선 키 158cm 이상, 몸무게 54kg 이상의 기준을 충족해야 했다. 게다가 군사학교의 특성상 체력이 중시되어 2,000m 달리기, 수류탄 던지기, 턱걸이 등 체력장을 통과해야 했으며, 충치가 2개 이상 있으면 불합격이었다. 최우수 학업 성적과 건강한 신체, 강인한 체력을 소유한 엘리트 청년에게만 입교 자격이 주어졌다.

예비 합격자로 턱걸이 입학

최초의 4년제 육사는 가입교 훈련 과정에서의 탈락자에 대비하여 28명의 예비 합격자까지 총 228명을 소집했다. 입교생의 소속은 현역군인과 군속이 113명, 학생 97명, 공무원 4명, 기타 14명이었다. 합격자 중 75%가 학도병 출신으로 현역에 근무하는 사병이었다. 그중에는 무공훈장을 달고 있는 친구도 있었고, 방위 소위로 장교가 된 사람, 임관을 며칠 앞둔 장교 후보생도 있었다.[27]

---

27 이동희, 『오! 화랑대』, 대학문화사, 1982, 29~31쪽.

전두환의 입교 성적은 228명 중 226번째였다. 정식 합격자가 아니라, 가입교 훈련 과정에서 결원이 생기면 그 자리를 메꾸는 예비 합격자였다. 예비 합격자 제도가 5공 탄생의 토양이 된 셈이다. 합격자들은 1952년 1월 1일 진해 육사에 소집되어 20일간 기초 군사훈련을 받았다. 가입교 기간은 앞으로 4년간 강도 높은 교육 훈련 과정을 감당할 수 있는 체력과 정신력, 인내심을 테스트하는 기간이었다.

입교생을 맞은 정래혁 대령은 "여러분은 새로운 육사의 제1기생으로 합격했다. 앞으로 가장 좋은 시설에서 가장 훌륭한 대한민국 교수, 가장 값비싼 음식에 가장 멋있는 옷을 입고 세계에서 가장 유명한 웨스트포인트 미국 육사보다 공부를 많이 할 수 있을 것"이라고 훈시했다.[28]

모자에서부터 옷, 구두 등 복장과 장비는 모두 미군 지원품이어서 대부분 옷이 크고 맞지 않아 참으로 우스운 꼴이었다. 식사는 쌀 30%, 보리가 70% 섞인 밥에 멀건 소금국 한 그릇이 전부였다. 기초 군사훈련을 받는 동안 입교생들은 배가 고파 영양실조에 걸릴 지경이었다.[29] 생도들의 통솔을 담당한 구대장은 육사 10기생들이었다. 이들은 1년의 육사 교육을 거의 마치고 수료 직전 6·25 전쟁이 발발하는 바람에 사관생도 신분으로 전선에 투입되어 많은 희생을 당한 불운의 기수였다.

28　이동희, 앞의 책, 23쪽.

29　노태우a, 『노태우 회고록(상): 국가, 민주화, 나의 운명』, 조선뉴스프레스, 2011, 51~52쪽.

2

이스트포인트의 탄생

1952년 1월 20일 오전 10시. 진해 육군사관학교 연병장에서 한국군 최초의 4년제 정규 육사 개교식이 거행되었다. 6·25 전쟁으로 인해 1950년 7월 8일 대전에서 육사가 임시 휴교를 한 지 1년 6개월 만의 재개교였다. 가입교 과정에서 28명이 탈락, 200명에게만 입교가 허락되었다. 한겨울의 맹추위를 무릅쓰고 이승만 대통령을 필두로 신익희 국회의장, 리지웨이(Matthew Bunker Ridgway) 유엔군 사령관, 밴 플리트(James Alward Van Fleet) 미8군 사령관, 이종찬 육군참모총장 등 군 지휘관과 주한 외교사절, 국내외 인사들이 참석했다.

입학식이 끝난 후 외빈들이 돌아가자 이 대통령은 학교장 안춘생 장군에게 생도들을 한자리에 모아줄 것을 요청했다. 생도들과 마주 앉은 노(老) 대통령의 눈에 이슬이 맺혔다. 이 대통령은 한동안 침묵하더니 "여러분은 이 나라의 보배요 기둥이다. 그동안 수고 많았다. 이 사관학교 창설은 내가 하와이에 있을 때부터 꿈꾸어온 것인데, 오늘 이렇게 여러분을 대하니 눈물이 나온다…" 하며 가슴에 사무쳤던 심정을 털어놓았다.[30]

---

30 육사 30년사 편찬위원회, 『대한민국 육군사관학교 30년사』, 육군사관학교, 1978, 157쪽.

이 대통령은 "나 이제 맘 놨어"라고 감동 어린 소감을 밝혔다. 하와이 망명 시절부터 고대해왔던 '자유민주주의를 수호하는 국민의 군대'를 이끌 명실상부한 4년제 정규 사관학교가 개교했으니 이제야 진정한 조국의 독립이 이루어졌음을 실감한 것이다.

웨스트포인트 교육제도 이식

당시 전황은 중부 전선에서 교착 상태를 벗어나지 못했다. 한 치의 땅이라도 더 빼앗기 위해 매일 반복되는 치열한 참호전·진지전으로 다수의 초급장교들이 전사했다. 그 공백을 메우기 위해 한 사람이라도 더 많은 인재가 요구되는 절박한 시기에 4년의 교육 기간을 정해 사관학교를 개교한 것은 국가지도부의 미래를 내다본 담대한 결정이었다.

제대로 된 교육 인프라가 턱없이 부족했던 전란 통에 재개교한 육사는 선진 미국식 교육제도와 교재, 현대적인 교육과정, 당대 최고의 교수진, 타의 추종을 불허하는 교육 여건을 고루 갖춘 엘리트 고등교육기관이었다. 모든 훈련과 교과, 학사 운영, 내무반 생활은 '웨스트포인트(West Point)'라는 애칭으로 불리는 미 육군사관학교(United States Military Academy) 방식을 그대로 따랐다.

심지어 걸을 때는 물론, 식사할 때도 90도 직각 동작으로 음식을 섭취했다. 양식은 국물 요리가 거의 없어 직각 식사를 해도 큰 무리가 없지만, 한식은 대부분 국물이 있어 직각 식사는 큰 고역이었다. 이것은 하나에서 열까지 웨스트포인트식으로 교육시키라는 이승만 대통령의 엄한 분부를 미 군사고문단이 충성스럽게 이행한 덕분이었다.[31]

옥포 천자봉 아래 자리 잡은 육사는 200명을 교육하기에는 매우 호화

---

31 천금성, 앞의 책, 144~145쪽.

롭고, 충실하고, 잘 준비되어 있었다. 빨갛고 파란 색색의 필통, 공책, 한 교실에 20개의 큰 책상들, 그 위에 생도들의 이름을 써놓은 명패, 그리고 가죽 책가방… 육사 11기 출신 이동희의 진해 시절 교육 장면에 대한 회고를 소개한다.

"20명의 생도가 한 교실에서 그 당시 한국의 가장 권위 있는 교수들로부터 학문과 철학을 배웠다. 수학하면 당대 최고의 석학으로 꼽히던 최윤식 교수, 국어하면 이숭녕·차상원 교수, 철학하면 박종홍 교수의 평가와 채점도 받았다. (중략) 조순 박사는 젊은 영어 교관이셨고, 이기백 교수도 생도용으로 한국사를 한참 쓰고 계셨던 젊은 대위였다. 아마도 그 강의록이 오늘의 『한국사신론』이 되었는지도 모른다. 우리는 보통 배운 것이 아니었다. 하루하루 명강의를 듣고 일일시험을 치르고 그분들의 채점을 받았고 주말, 월말, 기말의 67점 고지를 넘어야 하는 철저한 시험의 지옥에서 헤매기도 하였다. 그 미국식의 꼼꼼하고 철저한 교육 방법은 지금도 육사에서는 전통으로 남아 있다. 이학사를 주는 대학으로는 당대 국내 최고가는 실험 도구가 태평양을 건너오기도 하였다."[32]

육사는 학년별로 생활 목표를 정해놓았다. 1학년 과정은 규정 준수 습성화 및 내면화를 위한 단체정신의 습득이었다. 2학년은 희생, 봉사정신 및 주인의식 배양을 구현하기 위한 준법정신의 함양, 3학년은 장교로서 사명감 및 투철한 직업의식을 고취하기 위한 솔선수범, 4학년은 합리적 리더십을 배양하기 위한 지휘 통솔능력 배양을 목표로 했다.

전두환은 가입교 생활을 무사히 마치고 정식 생도가 되었다. 그는 "일생을 군인으로 살다 군인으로 죽겠다"라고 굳게 다짐했다.[33] 어린 시절의 가

---

32 이동희, 앞의 책, 263쪽.
33 전두환 회고록(3), 앞의 책, 82쪽.

난으로 또래보다 두세 살 늦게 초등학교를 졸업했으며, 육사 입학 성적도 예비 순번의 끝에서 두 번째로 간신히 입교한 전두환은 육사 입학과 더불어 새로운 인간으로 재탄생했다. 그는 동기 중에서도 육사의 표본적 인물이 되었다.

동기생을 팬으로 거느린 전두환 생도

4년제 정규 육사로 재출범한 첫 생도들은 교관이나 선배들로부터 "국가가 없으면 너희도 없다. 국가를 위해 목숨 바칠 자신이 없다면 지금 당장 육사를 그만둬라"라는 말을 귀에 못이 박히도록 들었다. 전두환은 이런 애국심 교육을 통해 "밥을 먹으면서도, 잠을 자면서도 나라를 생각했다. 나라가 위기에 처할 경우 무엇을 해야 할지, 나라를 지키고 더 부강하게 만들기 위해 무엇을 해야 할지 고민했다"고 밝혔다.

생도들은 단순한 피교육생인 동시에, 새로운 육사 정신과 전통을 창조하는 개척자였다. 육사의 상징이 된 분열식은 11기생을 지도한 교관 신현준 대위의 작품이었고, 그것을 실천한 이범천 생도는 육사의 자치근무제도를 주도했다.

육사의 자랑인 명예제도(honour system)도 웨스트포인트 방식을 번역하여 제도화했다. 그 초안을 마련한 사람은 이대호 생도였다. 김복동 생도는 송구부(핸드볼)를 만들어 주장이 되었고, 김석원 장군의 아들 김영국 생도는 럭비부를 창설했다.[34] 가장 많은 생도가 모인 곳은 축구부였다. 그 중에는 이름 있는 시합에 출전한 경력이 있는 선수 출신도 여럿 있었다.

전두환 생도는 축구 명문고 출신도 아니었고, 원래부터 골키퍼 경력이 있는 것도 아니었다. 그는 축구선수로서 초등학교와 중학교, 육사 시절 내

---

34 이동희, 앞의 책, 32쪽.

내 일관되게 등번호 1번을 달았다. 전두환이 얼마 안 가 군웅할거하는 축구부 주장이 된 이유를 동기생 이동희는 다음과 같이 평했다.

"그는 우선 자상했고, 활력 있는 순발력을 타고났으며, 지치지 않는 근력이 뛰어났다. 말에 재치가 넘쳐흐르고 설득력이 있었다. 일찍 철이 나 있는 조숙한 멋이 있었고 또한 정의감에 바른말을 잘하는 용기도 있었다. 그래서 그는 전통 있는 축구부의 주장이 되었다. 전부 내로라하고 모인 곳에서 센터포드도 아닌 후방의 문지기, 키퍼가 주장이 된 것이다.

전두환은 근본적으로 사람을 좋아했다. 특히 하급생을 사랑했다. 마음에 드는 후배를 보면 마치 친동생이라도 되듯이 정답게 대해주고 귀여워했다. 말하자면 활달하면서도 사람 좋은, 날씬 스포츠맨으로 우리 사이에 부각되고 있었다. 그래서 일등으로 들어와서 일등으로 나간 김성진 생도를 비롯해서, 행동은 좀 느린 편이지만 책을 많이 읽기로 소문나 있었던 정호용 생도, 부지런하고도 성실한 추풍령의 최연식 생도 등 많은 생도들이 그에게는 팬이 되지 않을 수 없었다."[35]

생도들은 4년 내내 기숙사(내무반) 생활을 했다. 내무반 군기는 준엄했다. 생도들의 군사교육 및 내무반 생활은 일본식 군사교육을 받은 5기와 8기, 10기 출신 훈육관들이 담당했다. 따라서 진해 시대의 육사는 일본식 내무반 군기를 유지하면서, 세계 제일의 미국식 교육이 혼합된 교육이었다. 이런 이유로 "미국 육사가 웨스트포인트라면 한국 육사는 이스트포인트"라는 말이 떠돌았다.

---

35 이동희, 앞의 책, 32~33쪽.

육사에 모인 인재들

1952년 7월 7일 진해 육사에 제2기생(후에 육사 12기)이 입교했다. 육사는 11기부터 13기까지 진해에서 교육을 받았고, 11기가 3학년이 된 1954년 6월 학교가 태릉으로 이전했다. 14기부터는 서울 태릉 시대가 개막되었다. 태릉은 일본 통치 시절 학도지원병 훈련소 자리인데, 해방 후 육사 1기부터 이곳을 교사로 이용했다.

훌륭한 미국식 교육 프로그램에 대한 소문이 나면서 육사는 해마다 경쟁률이 치솟았다. 12기는 200명 모집에 2,200명이 지원하여 11대 1을 기록했고, 13기는 250명 모집에 4,100명이 지원하여 16대 1을 기록했다. 서울에서 교육이 진행된 14기는 17대 1, 16·17기는 무려 21대 1의 치열한 입학 경쟁이 벌어졌다.

그렇다면 어떤 사람들이 육사에 지원했을까? 육사 교수부장을 역임한 이동희의 회고에 의하면 1956년 입교한 16기에는 당대의 권력자 이기붕 국회의장의 아들 이강석을 비롯하여 경기고 학생위원장 이종찬, 5공 시절 경호실장·안기부장을 역임한 장세동, 경복고에서 월반을 한 정형식 등 명문고 출신 수십 명이 입교했다. 그중에는 서울대 합격을 취소하고 육사를 택한 생도가 여러 명 있었다. 1957년 입교한 17기는 5공 창출의 주역을 담당했던 허화평·허삼수·김용갑, 후에 육군참모총장에 오른 김진영 등이 주역이었다.

5공 시절 체신부 장·차관을 역임한 오명은 경기고 재학 시절 김원규 교장의 훈시에 감화되어 육사 진학을 결심했다. 김원규 교장은 "육사는 단순한 군사학교가 아니라 나라의 지도자를 양성하는 학교다. 학자가 되려면 서울대에 가라. 좋은 기업에 취직하고 싶다면 서울대에 가라. 하지만 나라를 위해 뭔가 해보고 싶다면 육사에 가라!"라고 권유했다.[36]

---

36 오명, 『30년 후의 코리아를 꿈꿔라』, 웅진지식하우스, 2009, 19쪽.

오명을 비롯한 경기고 엘리트 30명이 "교장 선생님 말씀이 백번 옳다. 당분간 우리나라 지도자는 육사에서 나올 수밖에 없다. 육사 출신의 우수한 지도자가 나라를 이끌게 될 것이다"라고 도원결의를 하고 육사에 지원했다. 하지만 지원자 중 절반은 신체검사·체력장에서 탈락했고, 최종 합격자는 11명에 불과했다.

오명의 육사 18기는 7월 한여름에 입교하여 두 달간 강도 높은 가입교 훈련을 받았다. 8월 무더위 속에서 행군 도중 20여 명이 쓰러져 2명이 사망하는 사고가 발생했다. 오명은 고된 훈련 과정을 소화하며 독불장군형 성격이 팀의 일원을 소중히 하는 성격으로 개조되었다면서 다음과 같이 회고했다.

"우리는 밥을 먹으면서도, 잠을 자면서도 나라를 생각했다. 나라가 위기에 처할 경우 무엇을 해야 할지, 나라를 지키고 더 부강하게 만들기 위해 무엇을 해야 할지 고민했다. 지금 생각해보면 밑도 끝도 없는 당돌한 고민이지만, 우리의 마음은 진심이었다. 육사에서의 교육은 내가 태어난 나라에 대한 확신과 신념을 불어넣어주었다."[37]

12·13기 생도에게 영어를 가르친 김종운 교수(1992년 서울대 총장)는 "6·25 전란 중에 집안 형편이 어렵지만 우수한 젊은이들이 상당한 경쟁을 거쳐 4년제 육사에서·숙식 걱정 없이 공부했다. 그들 중 다수는 학과 성적도 괜찮고 명문대학에 다녀도 손색없을 정도의 머리와 학구열이 있었다"고 회고했다.[38]

---

37 오명, 앞의 책, 27쪽.
38 김충식, 『남산의 부장들』, 폴리티쿠스, 2018, 414~415쪽.

낙제 면하기 위해 눈에 불을 켜고 공부

전두환 생도는 입학 성적은 물론 재학 시절 성적도 하위권을 면치 못했다. 초등학교, 중고교 시절 2~3년 공백으로 인한 기초학력 부실이 원인이었다. 육사 재학 시절 전두환은 부족한 공부를 따라가기 위해, 탈락을 면하기 위해 초인적인 노력을 기울여야 했다.

육사의 취침 시간은 밤 10시였지만 학력이 처지는 생도들을 위해 밤 10시부터 자정까지 강당에 불을 켜고 공부를 할 수 있도록 배려했다. 이를 연등(延燈) 시간이라 불렀다. 연등 시간을 최대한 활용했음에도 불구하고 학업을 따라가기 어렵자, 전두환은 취침 시간을 아껴 공부하기로 작정했다.

규칙상 취침 시간에 다른 일을 하는 것은 규칙 위반으로 퇴교 대상이지만, 화장실 가는 것만은 예외였다. 취침 시간에 불을 켜고 책을 볼 수 있는 장소는 화장실이 유일했다. 혹시 다른 사람과 마주쳐도 용변 때문에 온 것으로 알 테니 규칙 위반으로 적발될 염려도 없었다. 육사의 기상 시간은 오전 6시였는데, 전두환은 4년 내내 새벽 3시 30분에 일어나 기상나팔이 울리기 30분 전까지 하루 두 시간씩 춥고 냄새나는 화장실에서 학과목을 보충했다.[39]

어떤 날은 면회실로 사용되는 간이 건물에서 공부했는데, 그곳엔 불이 켜져 있지 않았다. 플래시를 켜고, 밖으로 불빛이 새나가지 않도록 판초 우의를 뒤집어쓰고 책을 보았다. 노태우의 회고에 의하면 전두환은 하루도 빠짐없이 남아서 공부했고, 또 기상하기 한두 시간 전에 일어나 공부했다고 한다. 그는 "지금까지 전두환 대통령만큼 노력을 많이 하는 분은 본 적이 없다"고 증언했다.[40]

---

39 전두환 회고록(3), 앞의 책, 41쪽.
40 노태우c, 조갑제 해설, 『노태우 육성회고록 : 전환기의 대전략』, 조갑제닷컴, 2007, 96~97쪽.

영어를 비롯한 다른 과목은 독학으로 따라갈 수 있었지만 이공계 과목인 수학과 물리학, 전기공학 분야는 쉽지 않았다. 가장 큰 난제는 교과 중 15%의 비율을 차지하는 수학이었다. 전두환은 수학 점수 합격선인 67점을 넘기기 위해 필사적인 노력을 기울였다. 67점을 넘어야 퇴교를 면할 수 있었기 때문이다.

그는 육사 입교 때부터 발군의 성적을 보인 김성진·민석원 생도에게 신세를 졌다. 토요일이나 일요일 외출 때는 민석원 생도에게 집중적인 개인 지도를 받았다. 덕분에 민석원은 생도 시절 황금 같은 외출 시간을 거의 전두환과 같이 보내야 했다.[41] 후에 전두환은 "내 생애에서 가장 공부를 많이 한 시기가 4년 동안의 육사 시절"이라고 회고할 정도로 그는 공부에 깊이 빠져들었다. 덕분에 졸업 때까지 4천 번도 넘는 시험을 치렀지만 낙제하거나 추가시험을 보는 일은 없었다고 한다. 전두환은 육사 시절 학과 공부와 관련하여 다음과 같이 회고했다.

"이놈의 학과 공부가 웨스트포인트(미국 육사)식인지 뭔지 온통 수학·물리·역학처럼 골치 아픈 것만 있는 거야. 강의를 들어도 무슨 말인지 모르겠고, 도무지 숨이 벅차 따라갈 수가 있어야지. 웨스트포인트식으로 매일매일 시험을 보는데 미치겠더라구. 낙제하지 않으려고 이를 꽉 물었지. 전쟁 때라 공부 못해 퇴교당하면 곧바로 사병으로 전방에 투입되는데 별로 살아날 확률이 없잖아. (중략)

그때 육사엔 연등이란 게 있었는데, 매일매일 시험 쳐 점수가 뒤떨어지는 생도들에게 취침 시간인 밤 10시 이후에도 강당에 불을 켜놓고 12시까지 책을 볼 수 있게 한 거야. 난 매일 밤 연등하지 않으면 안 되었지. 그것도 부족해 밤 12시 이후엔 내무반에서 판초(우의)를 뒤집어쓰고 촛불을

41 천금성, 앞의 책, 172쪽.

제5공화국 전두환 시대 1

켜고 공부한 적도 많아. 학과 공부가 진전이 없고 답답하니 스트레스가 오죽했겠어. 아마 체육 시간이 없었으면 난 질식했을지도 몰라. 난 축구부에 들어가 골키퍼하면서 소리소리 지르고 공도 뻥뻥 찼지. 열성이 있으니 주장이 되더군."[42]

학업 성적은 하위권이었지만 강력한 카리스마와 원칙주의적 행동, 사람을 끌어들이는 호방한 성격으로 동기 중에서 리더 역할을 맡은 주인공은 전두환이었다. 육사 시절 전두환과 같은 내무반에서 생활했던 강재륜은 생도 시절의 전두환에 대해 다음과 같이 회고했다.

"육사 1, 2학년 때 학교생활이 주는 정신적·육체적 고통 때문에 자퇴를 한두 번 생각 안 해본 사람이 드물었다. 내무반에서 그런 소리가 나올 때마다 전 대통령은 '우리의 가는 길이 최고의 길'이라며 급우를 격려했다. 그는 목표가 서면 과정에서 비관하는 법이 없었다. 또 그는 굉장히 강건하고 부지런했다. 전 대통령은 행동이 민첩해 기상에서부터 수업 시간까지 내무반에서 치르는 전 과정을 언제나 제일 먼저 끝냈다. 남는 시간은 솔선해서 내무반 청소를 해 동료들이 미안해한 적이 여러 번이었다. 진실로 한 인간으로서 매력 있고 인정 있는 사람이었다."[43]

진해 육사 시절, 매달 한 번 학교 연병장을 출발하여 덕산 비행장까지 왕복 14km를 완전무장으로 구보를 했다. 그때마다 전두환 생도는 동기생 중 제일 키가 작은 동기생의 M1 소총까지 둘러메고 뛰었다. 체력이 처지는 동료의 소총을 그가 대신 들어준 것이다.

---

42 김진, 앞의 책, 64~65쪽.
43 중앙일보, 1980년 9월 1일.

4년제 정규 육사의 탄생

　한국 육군사관학교는 1945년 12월 5일 미군정이 개교한 군사영어학교(The Language School)를 뿌리로 삼고 있다. 『육군사관학교 30년사』는 "국군 태동기에 공적으로 설립된 최초의 군 간부 양성기관이라는 관점에서 본다면 군사영어학교가 육사의 모체 또는 전신"이라고 밝혔다.[44] 『육군사관학교 50년사』도 "우리 국군의 시발점에 공적으로 설립된 최초의 군 간부 양성기관이라는 관점에서 본다면 경비사관학교의 전신인 군사영어학교까지 소급하지 않을 수 없다"[45]라고 서술하고 있다.

　군사영어학교는 1946년 1월 15일 창설되는 준군사조직인 남조선국방경비대의 군사 요원을 양성하기 위한 목적으로 개교했다. 1946년 5월 1일 미군정은 군사영어학교를 해체하고 국방경비대사관학교의 문을 열어 제1기생 88명을 교육했다. 6월 15일 교명을 조선경비대사관학교로 바꾸었고, 대한민국 정부 수립 후인 1948년 9월 5일 대한민국 육군사관학교로 개명했다.

　창군 초기 사관학교는 신규로 창설되는 부대의 간부 요원을 급하게 양성해야 했기에 교육 기간이 45일에서 6개월에 불과했다. 7기부터 9기까지는 장교 충원이 시급하여 동기생 간에도 교육과정과 교육 기간, 임관 계급은 물론 입교일과 졸업일까지 달랐다.[46] 초기 사관생도의 대부분은 해방 전 일본군·만주군·중국군·광복군 경력자여서 단기 교육으로 인한 경험 부족을 어느 정도 메울 수 있었다. 하지만 창군 이래 대대급 이상을 전투 지휘한 경험을 가진 장교가 우리 군에는 없었다.[47]

44　육사30년사 편찬위원회, 앞의 책, 63쪽.

45　육군사관학교, 『대한민국 육군사관학교 50년사(1946~1996)』, 육군사관학교, 1996, 27~30쪽.

46　이윤기, 『별』, ㈜북앳북스, 2006, 186쪽.

47　유병현, 『유병현 회고록-한미연합사 창설의 주역』, 조갑제닷컴, 2013, 59쪽.

사관후보생 교육훈련 개황

기수		교육기간	후보생 경력구분	교육내용
제1기		45일	고급 하사관 이상	제식훈련, 99식 및 38식 소총교육, 분·소대 전술
제2기		80일	군 경력자 및 민간인 모집	제식훈련, 99식 및 38식 소총교육, 독도법, 분·소대 전술
제3기		3개월	대부분 경비대 하사관에서 추천	상동, 졸업 1주전 M1, 카빈소총, 0.5인치 기관총 소개, 일반학
제4기		4개월	경비대 하사관에서 추천	〃
제5기		3·6개월	민간인 모집, 3개월 신병훈련	제식훈련, 분·소대 공방훈련, 독도법, M1, 카빈 소총 및 기관총 훈련, 일반학
제6기		3개월	경비대 하사관에서 추천	〃
제7기		3·6개월	민간인 모집, 3개월 신병훈련	〃
제7기 특별반		8주	해외 군사경력자	제식훈련, 분·소대 공방, 독도법, M1, 카빈소총 및 기관총 훈련
제7기 후반(後班)		4주	고급 하사관	〃
세8기		6개월	민간인 모집	일반학, 각종 화기학, 기초전술학, 소·중대 전술
제8기 특별반	제1반	3주	해외 군사경력자	제식훈련, 독도법, 각종 화기학, 소·중대 전술
	제2반	5주		
	제3반	12주		
	제4반(1차)	5주		
	제4반(2차)	9주		
제9기		6개월	민간인 모집	일반학, 각종 화기학, 기초전술학, 소·중대 전술
제10기(생도1기)		1년	민간인 모집	일반학, 각종 화기학, 기초전술학, 소·중대 전술(일반학 비중이 더욱 커짐)
종합1·2기(생도2기)		4년 예정	민간인 모집	기초 군사훈련

육사 10기부터 4년제 운영 계획

45일에서 6개월 정도의 단기 교육으로는 양질의 장교 양성이 불가능했다. 그로 인해 기계화, 현대화, 거대화된 군을 새로운 전술작전 개념으로 지휘하기 위한 전문지식 교육이 절대적으로 요구되었다. 건국 이후 이승만 대통령과 군 수뇌부는 군 지휘관 양성을 위해서는 대학 수준의 교육과정이 절실하다는 사실을 깨닫고, 정규 육사로의 발전을 구상했다.

최초 계획은 생도 1기(후에 육사 제10기)부터 4년제로 운영키로 했다. 그러나 교육시설과 교수진이 준비되지 않았고, 재정 부족으로 생도 1기는 2년제 과정으로 축소되었다. 모집 공고에 의하면 입학 자격은 19세 이상 23세 이하의 고급 중등학교 졸업자나, 동등 학력 이상 소지자였다. 수학 연한은 2년, 사관학교 졸업 후 육군 소위로 임관과 동시에 초급대학 졸업 자격을 부여하며, 우수 졸업자에게 미국 유학 특전을 부여한다고 되어 있었다.[48] 이들이 입교한 지 일주일쯤 지났을 때 교육 기간이 2년에서 1년으로 단축되었다.

4년제 사관학교는 1950년 6월 1일 입교한 생도 2기부터 실시하기로 했다. 덕분에 생도 2기 입학 경쟁률은 28대 1을 기록했고, 전국에서 수재들이 모여들었다. 입교식에서 김홍일 교장은 "생도 2기야말로 4년제 육사의 영광스러운 첫 생도가 되었으니 높은 긍지를 지니고 구국의 간성이 되어라"라고 훈시했다.[49]

불행하게도 생도 2기가 입교한 지 24일 만에 6·25가 발발했다. 전황이 다급해지자 육군본부는 생도 1기생 263명, 생도 2기생 227명을 생도대로 편성했다. 6월 25일 오후 4시 40분, 채병덕 참모총장은 육사 생도대를 전선

---

48 이윤기, 앞의 책, 193~195쪽.

49 이윤기, 앞의 책, 200쪽.

에 투입하라는 작전명령 제90호를 내렸다. 일본 육사 출신인 장창국 작전교육국장(대령)이 "패전 일로에 있던 일본군도 사관생도를 전선에 내보내지는 않았다"라며 이의를 제기했다. 채병덕 총장은 "서울이 함락 직전인데 육사 생도들이라고 그대로 있을 수는 없지 않은가"라며 강행했다.[50] 교육 중인 사관생도의 전투 투입은 세계 전사상 초유의 일이었다.

6·25 전쟁 기간 중 생도 1기생은 전사 65명, 전상 입원 20명, 실종 및 낙오 44명, 생도 2기생은 85명이 전사했다.[51] 육사는 1950년 7월 8일 임시 휴교했고, 그때까지 생존해 있던 생도 1기생 134명은 1950년 7월 10일 대전 충남도청 광장에서 임관식을 거행했다. 생도 2기생은 부산 동래에서 창설된 육군종합학교 종합 1, 2기로 편입되어 6주간 교육을 마치고 소위로 임관했다.

1966년 육사 기수 정리 과정에서 육군 방침에 의거하여 생도 1기는 육사 제10기로 호칭이 변경되었다. 생도 2기는 정식 육사 교육을 24일밖에 받지 못했다는 이유로 육사 기수로 인정받지 못하는 '비운의 기수'가 되었다.

6·25 초기 한국군의 수치

6·25 전쟁이 한창이던 1951년 10월 30일, 국본(國本) 일반명령(육) 제163호에 의거, 4년제 정규 육군사관학교가 진해에서 개교했다. 전선에서 전투가 치열한 와중에 후방 진해에서 정규 육사를 개교하게 된 계기는 중공군의 제5, 6차 공세 기간 중이던 1951년 4월부터 5월 말까지 벌어진 사창리 전투와 현리전투 때문이다.

6·25 남침을 당해 국군 각 사단은 격전을 치르는 과정에서 승리의 영광

---

50 이윤기, 앞의 책, 210~211쪽.
51 육사 30년사 편찬위원회, 앞의 책, 120~122쪽.

보다는 패배의 고통을 뼈아프게 겪었다. 대대, 연대는 물론 사단 전체가 궤멸할 정도로 타격을 입는 경우도 없지 않았다.[52] 중공군은 미군에 비해 화력이나 무장, 훈련이 빈약한 한국군 방어지역에 대병력을 투입하여 구멍을 낸 후 포위하여 전선을 무너뜨리는 전술을 자주 구사했다.

1950년 12월 27일 사망한 워커(Walton Harris Walker) 장군의 후임으로 리지웨이 장군이 미8군사령관에 부임했다. 그는 37도선까지 후퇴했던 유엔군의 반격 작전을 지휘한 주인공이다. 리지웨이는 4성 장군이면서도 늘 가슴에 수류탄을 달고 다녀 '늙은 강철 유방(Old iron tits)'이라는 별명으로 불렸다.

그는 한국전을 수행한 후 자서전 『리지웨이의 한국전쟁』을 남겼다. 그는 자서전에서 한국군은 국방부 장관에서부터 일반 사병에 이르기까지 리더십을 찾아보기 힘들었다고 비판했다. 지휘관들은 능력도 없으면서 체면만 생각하여 부하들의 충언을 들으려 하지 않았고, 전투에서 패하면 부하들보다 먼저 도망갔다면서 다음과 같은 기록을 남겼다.

"1951년 새해 아침 나는 서울 북쪽으로 차를 타고 이동해 당황스러운 장면을 목격했다. 트럭에 탄 한국군 병사들이 질서도, 무기도, 지휘관도 없이 전면 후퇴하며 남쪽으로 내려가고 있었다. 일부는 걷거나 온갖 종류의 징발된 차들을 타고 이동하기도 했다. 그들에게는 중공군으로부터 가능한 한 멀리 달아나는 것이 유일한 목표였다. 소총과 권총도 버리고 야포와 박격포, 기관총 등 공용화기들도 모두 버린 상태였다."[53]

1951년 4월 11일 트루먼(Harry S. Truman) 미국 대통령은 자신에게 항명한 맥아더(Douglas MacArthur) 장군을 유엔군 총사령관직에서 해임하고

---

52 백선엽, 「밴 플리트 장군과 한국군」, 국방부 군사편찬연구소, 『군사(軍史)』, 제57호, 2005년 12월, 130쪽.
53 매슈 B. 리지웨이 지음, 박권영 옮김, 『리지웨이의 한국전쟁』, 플래닛미디어, 2023, 155쪽.

리지웨이 미8군사령관을 후임으로 임명했다. 그 직후인 1951년 4월 22일부터 중공군의 5차 공세가 시작되었다.

중공군은 강원도 화천군 사내면 사창리의 국군 6사단(사단장 장도영 준장)을 거세게 두들겼다. 6사단이 붕괴하여 무질서하게 후퇴하는 바람에 우측의 미 해병 1사단과, 좌측의 미 제24사단 측방이 노출되었고, 전선은 가평까지 뚫렸다. 이 와중에 유엔군은 엄청난 양의 야포와 장비, 탄약을 상실했다.

사창리·현리 전투에서 참혹한 패전

사창리 전투는 국군 6사단에게는 치욕적인 전투였다. 이 전투와 관련하여 리지웨이는 "내가 유일하게 걱정했던 것은 한국군 부대들의 행동이었다. 중공군은 다시 한 번 한국군 부대들을 차례로 공격해서 후퇴하도록 만들었다. 그때마다 한국군은 보충하기도 힘든 값비싼 장비들을 버리고 도망갔다"[54]라고 비판했다.

사창리 전투의 패배로 인해 이승만 대통령이 미국 측에 요구한 한국군 10개 사단 추가 창설을 위한 무기와 장비 원조 요청은 거부되었다. 한국군이 새로운 사단을 창설하기에는 군 지휘부가 너무 약하다는 결론이 내려졌기 때문이다.[55] 5월 9일 리지웨이 유엔군 총사령관은 이승만 대통령에게 "한국군의 리더십을 지금 수준보다 더 발전시킬 필요가 있다"라고 솔직하게 밝혔다. 그는 한국군은 난관을 극복할 수 있는 간부들의 훈련 수준이 저조하고 전투지휘 능력이 미숙하다고 지적했다.

사창리에서의 패전 이후 유엔군의 거센 반격으로 중공군의 공세는 저

---

54 리지웨이, 앞의 책, 237쪽.
55 백선엽(2005), 134쪽.

지되었다. 하지만 문산, 의정부, 춘천을 빼앗겨 전선은 양평-홍천-인제를 잇는 선으로 내려앉았다. 미군은 중공군이 서울을 공략할 것으로 예상하고 서부전선의 방어를 강화했다. 이 틈을 노려 중공군이 동부전선의 한국군 방어지역을 노리고 달려든 것이 현리전투다.

5월 16일 저녁 중공군 제9병단은 국군 7사단(사단장 김형일 준장)을 일거에 돌파하여 밤새 동남쪽으로 진출, 오마치 고개를 점령했다. 그 결과 현리에 진출해 있던 국군 제3군단(군단장 유재홍 소장)의 보급로가 차단되면서 포위되었다. 제3군단 휘하의 3사단(김종오 준장)과 9사단(최석 준장)이 선택할 수 있는 방안은 중공군과 결전을 벌여 포위망을 돌파하거나, 산중으로 후퇴하거나 둘 중 하나였다.

국군 3·9사단 지휘관들은 후자를 선택했다. 이들은 야포와 트럭, 장비 등을 모두 팽개치고 남쪽에 치솟은 방대산 쪽으로 뿔뿔이 흩어져 달아났다. 지휘 체계가 붕괴되자 장교, 병사 할 것 없이 각자 살길을 찾아 오합지졸 상태로 도망쳤다. 심지어 병사들은 개인화기와 공용화기까지 내팽개치고 맨몸으로, 장교들은 계급장마저 떼어버린 경우가 허다했다.

국군 3군단이 제대로 싸워보지도 않고 와해되면서 전선에는 현리를 중심으로 큰 구멍이 뚫렸다. 이들은 산악지대를 따라 하진부리까지 60km를 무질서하게 후퇴하여 부대를 재편성했다. 3군단 병력 2만 2천여 명 중 4천여 명의 사상자 및 행방불명자가 발생했고, 보유 무기와 장비 70%를 잃었다.

한국군 집중훈련 프로그램 실시

리지웨이는 한국군의 근원적인 문제는 일본군·만주군·중국군·광복군 출신 지휘관들의 자질 부족으로 결론을 내렸다. 현리전투에서 한국군의 무질서한 패주를 목격한 밴 플리트 미8군사령관은 이들을 강군으로 육성하려면 기초부터 체질을 바꾸는 교육훈련이 필요하다는 사실을 절감했다.

이승만 대통령은 한국군의 작전 지휘권을 유엔군사령관에게 넘긴 후에도 한국 육군이 전선의 일부를 독자적으로 담당하는 분담 형식으로 전쟁을 치러왔고, 미8군사령관은 육군본부를 경유하여 국군에 대해 작전 지휘권을 행사했다. 밴 플리트는 현리전투를 계기로 국군 제1군단을 제외한 모든 한국군 군단 사령부를 해체하고 일체의 작전 지휘권을 미군 장성들에게만 부여하는 특단의 조치를 취했다. 1군단도 미군사령부로부터 직접 지휘를 받도록 해 육군본부를 지휘선상에서 제외했다. 이로써 모든 한국군의 작전 지휘권이 상실되었다.

밴 플리트 장군은 제2차 세계대전 후 그리스 군사사절단장 시절 그리스군을 재건하여 공산 게릴라와 싸워 큰 성과를 거둔 바 있다. 이때의 경험을 살려 '한국군 집중훈련' 프로그램을 준비했다. 그 첫 단계로 1951년 7월 야전훈련사령부(Field Training Command)를 설치했다. 속초 남쪽에 훈련장을 마련하고, 미 제9군단 부군단장 크로스(Thomas Cross) 준장을 책임자로 한 150여 명의 실진경험이 풍부한 미군 장교와 부사관들이 한국군 훈련을 담당했다.[56]

우선 현리전투에서 막심한 피해를 입은 국군 3군단을 5월 26일 해체하고, 그중 3사단을 교육훈련장으로 보내 미군의 집중훈련을 받도록 했다. 한국군은 백지상태에서 개인·분대·소대·중대 훈련에 이르는 9주간에 걸친 기초 훈련을 받았다. 이후 전선의 한국군 10개 사단을 차례로 불러들여 9주씩 혹독한 훈련을 실시했다.

훈련 대상은 장병들뿐만이 아니었다. 사단장을 비롯한 장교들까지 훈련을 받았는데, 훈련은 기본적인 무기 사용법에서부터 전술훈련에 이르기까지 다양하게 실시되었다. 모든 훈련은 반드시 테스트 과정을 거쳤다. 훈련

---

56 백선엽(2005), 149쪽.

을 마치고 시험에 합격해야만 전방에 투입되었다.[57]

밴 플리트 사령관의 과학적이고 조직적인 맞춤형 '한국군 집중훈련'은 지대한 효과를 발휘했다. 이 과정에서 밴 플리트 장군은 한국군 병사들과 한국인은 강인하지만, 군 간부인 장교들의 리더십 결여가 큰 문제라는 사실을 발견했다. 간부들이 대부대 지휘에 필요한 리더십 훈련을 받아본 적도 없고, 실전에서 경험하지도 못한 상태에서 초고속 승진을 하여 능력에 버거운 자리에 오른 것이 근원이었다. 그는 한국 육군의 지휘부를 확대하기 위해 우수한 젊은 지휘관들을 많이 발굴하려 했다.[58]

밴 플리트 장군은 일선에서 치열한 전투가 벌어지는 중에도 불구하고 1951년 7월 한국군 장교 250명을 선발했다. 그중 150명은 포트 베닝(Fort Benning, 미 보병학교)에, 100명은 포트 실(Fort Sill, 미 포병학교)에 유학 보내 장교들의 지휘 능력을 집중 교육했다. 이 교육이 큰 성과가 있자 미국 유학 프로그램을 계속했다. 밴 플리트 사령관의 결단으로 한국군 장교와 부사관들이 미국 병기·병참·화학학교 등에 2천 명 정도 유학을 갔다. 이들이 귀국하여 17개 관련 학교에서 교관 역할을 수행했다.[59]

정규 사관학교 설립 주장한 밴 플리트 사령관

밴 플리트는 한국군이 충분한 화력을 보유하고 교육훈련을 실시하면 강군이 될 수 있다고 확신했다. 그는 유엔군이 철수할 경우를 대비하여 한국군을 훈련시키고 대폭 증강을 계획했다. 한국군 증강에서 가장 시급한 일은 우수 장교 양성이었다. 그는 한국에 웨스트포인트 같은 사관학교 설립

---

57 김선덕, 『실록 대한민국 국군 70년』(상), 다물아사달, 2015, 287쪽.
58 폴 F. 브레임 지음, 육군교육지원사령부 자료지원처 번역실 옮김, 『승리의 신념』, 봉명, 2001, 360쪽.
59 백선엽(2005), 앞의 책, 151쪽.

의 필요성을 이 대통령과 극동군사령부 및 워싱턴 당국자들에게 역설했다.

그의 건의가 받아들여지자 밴 플리트 장군은 미 군사고문단장 메이요 (Richard Mayo) 준장에게 한국군 4년제 정규 육사 설립계획을 수립하라고 명했다. 메이요 장군은 미 육사 출신으로 육사 교관, 생도대 지휘관으로 근무한 경력자인 맥키니(Harry E. McKinney) 대령을 발굴했다. 메이요 장군은 맥키니 대령에게 "적당한 장소를 찾아서 한국에 웨스트포인트를 설립하라"는 명령을 내렸다.[60]

맥키니 대령은 진해의 진해중학교 터를 부지로 선정했고, 미 육사의 여러 제도와 내규, 교육 내용, 규정을 한국군에 제공했다. 육군본부는 미군이 제공하는 자료를 토대로 한국 실정에 맞는 사관학교 프로그램 개발에 나섰다. 우선 4년제 정규 육사를 이끌 교장에는 광복군 출신이자 안중근 의사의 5촌 조카인 안춘생 준장을 임명했다. 이승만 대통령이 광복군 출신을 정규 육사 초대 교장으로 임명한 이유는 이 학교가 광복군 법통을 이어받기를 바라는 마음이 담겨 있었다.

부교장 겸 교수부장에는 박중윤 대령, 참모장에는 봉천군관학교(4기)와 육사의 전신인 조선국방경비사관학교(2기) 출신 이규동 대령이 임명되었다. 이규동 대령은 후에 전두환의 장인이 되는 사람이다. 이들을 중심으로 육사 창설준비위원회가 구성되었다. 이 위원회에서 맥키니 대령 등 미 군사고문단이 제공한 자료를 토대로 한국 육사의 제도와 규정, 커리큘럼을 제정하여 육군참모총장과 이 대통령의 재가를 받았다.

이런 과정을 거쳐 "사관생도를 교육 훈련하여 초급장교로서의 지휘 능력 및 국가에 대한 충성심과 숭고한 국군 임무에 대한 책임감이 왕성한 정규 장교를 육성함에 있다"라는 육사의 사명이 제정되었고, 이 사명의 완수

---

60 이윤기, 앞의 책, 245~246쪽.

를 위해 다섯 가지 교육 목표가 명시되었다.

첫째, 민주주의 대한민국의 국가와 민족을 위한 육군 정규 장교로서의 계속적인 발전과 향상에 소요되는 자질을 생도에게 부여한다.

둘째, 의무 및 책임감, 지휘 및 통솔력, 충성심, 단결력과 고결한 품격을 도야시킨다.

셋째, 광범위한 기초 군사훈련의 습득과 현대전술 및 해·공군 운용 내용의 개요를 생도들에게 인식시킨다.

넷째, 전술과 과학면의 균형을 유지한 교육을 실시하여 일반대학의 졸업생과 동등한 과학 지식을 습득시킨다.

다섯째, 군복무에 있어서 정규 장교로서 필요한 강건한 체질과 체력을 양성시킨다.[61]

민주주의를 수호하는 장교 양성

초창기에는 교훈도, 교가(校歌)와 교기(校旗)도 없었다. 안춘생 교장은 인간이 수양으로써 이루어낼 수 있는 최고의 덕목인 지(智)·인(仁)·용(勇)으로 교훈을 정했고, 이승만 대통령으로부터 글씨를 받아왔다. "동해수 구비감아 금수 내 조국"으로 시작되는 교가와 교기도 제정되었다.

육사의 교육 목표 중 눈여겨볼 부분은 첫째 항목, '민주주의 대한민국의 국가와 민족을 위한 육군 정규 장교 양성'이다. 국가에는 주권이 있어야 하고, 주권을 수호하기 위해서는 군대가 필요하며, 군대에는 이를 지휘하는 인재가 반드시 필요하다. 6·25를 치르는 과정에서 한국군 간부들은 리더십이 절대적으로 부족하다는 지적을 받았다. 군 지휘관의 리더십은 고도의 책임감, 투철한 직업의식, 육체적·도덕적 용기, 그리고 전투 의지를 기

---

61 육사 30년사 편찬위원회, 앞의 책, 148쪽.

반으로 한다.

창군기에는 미군 주도로 국군을 건설했다. 하지만 군을 이끌어나가는 간부진은 거의 대부분 일제 시절 일본군·만주군에서 훈련받고 성장한 사람들이어서 자연히 일본 군국주의 색채가 짙을 수밖에 없었다.[62]

일본군·만주군 출신의 뚜렷한 특징이 있다. 그들은 친독일, 반(反)영미 사상에 갇혀 있었던 일본 군부의 훈련을 받았다. 원래 일본 육군은 프랑스 군을 모방하여 건군되었다. 그런데 프로이센-프랑스 전쟁(1870~1871)에서 프랑스군이 패퇴하자 이후 독일군을 따랐다. 메이지 10년(1877)대에는 독일군 장교를 일본에 초청해 육군대학교에서 독일식 군사교육과 정신교육을 실시했다. 육군유년학교에서는 독일어, 러시아어 등을 주요 과목으로 가르치고 영어 교육은 완전히 경시했다. 일반 중학교에서 육사에 진학하는 자만이 영어를 교육받았다. 그랬기 때문에 친영미 감정을 가진 자가 몹시 적었고, 일반 중학교 출신은 줄곧 요직에서 배제되었다.[63]

또 한 가지 문제는 일본 육군의 군사 지도자는 '인간'에 대한 통찰력이 현저히 결여돼 있었다는 점이다. 인간을 철학적 측면과 윤리적 측면에서 바라보지 않고, 단지 전시 소모품으로 간주하는 시각에서 벗어나지 못했다. 예를 들면 끝까지 보병을 중시하는 육탄 공격에 사로잡혀 있었다는 것, 병사를 무기질의 병기로 육성하려 했다는 것, 보급과 병참에 대한 중요성을 가볍게 여겼다는 것, 거리낌 없이 병사들에게 옥쇄를 명령한 것이 그 증거다.[64] 이러한 특성이 일본 육사, 만주 군관학교 출신 한국군 간부들에게도 고스란히 이어졌다고 봐야 한다.

---

62 노태우 c, 앞의 책, 42쪽.

63 호사카 마사야스(保阪正康) 지음, 정선태 옮김, 『쇼와육군』, 글항아리, 2016, 16쪽.

64 호사카 마사야스, 앞의 책, 16~17쪽.

일본 군부는 국민의 군대가 아니라 일본 천황에게 충성하는 황군이었고, 일본 육사는 황군 지휘관을 양성하는 교육기관으로서 제국주의 일본을 수호하는 교육을 시행한 곳이었다. 만주군관학교는 일본 관동군의 지도를 받는 사관학교여서 정신 상태나 구조는 일본군과 동일했다.

중국군은 국공내전의 혼란 속에서 제대로 된 국가관을 정립하지 못했고, 광복군은 제대로 된 군사교육을 받지 못했다. 이처럼 어지러운 군사 문화에 결정적인 전환점을 맞게 된 계기는 전쟁 중에 진해에서 새로 문을 연 4년제 정규 육사의 출범이었다.

육사 11기의 역사적 의미

육사는 미국 웨스트포인트의 과목과 교과서, 제도, 규정, 생활방식을 직도입했다. 미국 군대는 민주주의를 원칙으로 해서 만들어진 제도이며 운영이었다. 한국의 정규 육사 생도는 미국식 민주주의 군대의 제도와 교리, 철학과 가치관을 직도입하여 민주주의를 수호하는 국민의 군대라는 강력한 이념을 생도들 머리에 심기 시작했다.

육사 11기 생도들은 정규 4년제 제1기라는 프라이드로 똘똘 뭉쳐 있었다. 육사 11기 출신으로 육사 교수가 되어 평생 재직한 이동희는 "우리는 어느 세대보다 해방 후 민주주의 교육을 가장 서구식으로, 많이 받았다. 우리는 떳떳한 독립국 대한민국의 육사를 나왔다. 우리에겐 식민지 시대의 비굴도, 반항도 없다. 가는 곳마다 정의의 사도로서 업적을 남겼다. 반공의 싸움터에서는 빠짐없이 우리의 몸을 던져 이 나라 민주주의 가치를 수호해왔다"[65]라고 육사 11기의 역사적 의미를 밝혔다.

전두환은 육사 교육이 국가와 국민을 위한 민주주의 군대의 장교를 양

---

65 이동희, 앞의 책, 49쪽.

성하는 데 초점이 맞춰져 있었다고 회고했다. 훗날 그가 대통령이 된 후 평화적 정부 이양의 전통을 세워놓겠다는 결심을 굳히고 어떤 유혹에도 흔들리지 않고 단임 약속을 실천한 것도 육사에서의 배움과 결코 무관하지 않았다는 것이다.[66]

미국이 제공한 교재 가운데 『삶의 길(The Way of the Life)』이라는 책은 생도들이 미국의 역사·문화·지리·민주주의 등을 이해하는 데 큰 도움이 되었다.[67] 미국 육사 교육에는 당연히 자유민주주의 이념이 녹아 있었다. 사관학교는 일반 사회와는 다른 특수한 규율과 질서가 적용되는 조직이지만, 웨스트포인트식 교육을 통해 각 개인의 인권과 자유 및 평등이 존중되고, 토론을 통해 합의를 도출해내는 자유민주주의적 문화를 익힐 수 있었다.[68]

전두환은 생도 생활 4년 동안 한 명의 군인으로 성장했을 뿐만 아니라, 인간으로서의 인격이 만들어졌다고 회고했다. 애국시민의 마음가짐과, 주어진 목표와 임무를 목숨을 걸고 완수한다는 소명의식을 체득했기 때문이다.[69] 전두환 생도는 능동적이고 적극적인 공격형 리더로 성장했다. 그의 군인으로서의 철학은 다음과 같았다.

"군인은 늘 싸움터에 임하는 태세로 있어야 한다. 평화로워도 언제나 전쟁 속에 살고 있어야 한다. 적을 막아내는 것만이 아니라, 싸움이 벌어졌을 때 이쪽에서 적극적으로 치는 것이 승리를 얻을 수 있는 오직 하나의 길이다."[70]

---

66 전두환 회고록(3), 앞의 책, 42쪽.
67 노태우a, 앞의 책, 54쪽.
68 전두환 회고록(3), 앞의 책, 77쪽.
69 전두환 회고록(3), 앞의 책, 43쪽.
70 천금성, 앞의 책, 157~158쪽.

3

한국형 신인류의 탄생

세계 역사의 흐름을 보면 무력을 장악한 세력이 통치하는 무인 통치가 보편적인 현상이었다. 무인 통치가 대세로 자리 잡은 이유가 있다. 과학기술이 발전되기 이전 시대에는 대지에서의 수확이 경제 활동의 기초였다. 대지의 생산은 늘 부족했고, 경작이 가능한 토지도 한정되어 있었다. 그러다 보니 힘센 세력이 약한 이웃을 침략하여 생산물을 약탈하고, 토지를 빼앗고, 노동력을 제공하는 사람을 잡아다 노예로 삼아 부를 창출했다.

침략하여 남의 것을 빼앗기 위해, 내 것을 지키기 위해 군대가 필요했다. 군대를 지휘 통솔하는 지휘관이 무리를 이끄는 리더가 되는 것이 세계사의 순리였다. 무인 통치 국가는 국왕을 비롯한 국가지도부(귀족 계급)가 전사(戰士)로 구성된다. 전쟁은 생존을 위한 수단으로, 무리의 발전을 위한 필요악으로 인식한다.

전쟁에서 승리하기 위해 과학기술과 행정 능력을 발전시키고, 상무 정신을 중시하는 정신문화가 자연스럽게 자리 잡는다. 이 과정에서 기업이 발달하고, 산업혁명이 폭발한다. 한편에선 국왕이 함부로 전쟁을 일으키거나, 세금이라는 명목으로 백성들의 사유재산을 함부로 빼앗지 못하도록 의회 제도가 정착되어 근대 문명이 건설되고 자유민주 체제가 성립된다.

고려는 1170년 무인 세력이 쿠데타를 일으켜 100여 년 무신정권이 지배했다. 1270년 무신정권이 붕괴되면서 그에 대한 반동으로 독특한 현상이 발생했다. 이후 800여 년 붓잡이(문인)들이 칼잡이(무인) 세력을 제압하고 문민 통치를 하는 전대미문의 상황 전개된 것이다. 이런 현상은 세계사에서 예외 중 예외적인 사례다.

조선은 중국으로부터 유교(성리학)와 과거제도라는 문민 통치의 틀을 받아들였다. 성리학의 뿌리는 유교다. 한국민족문화대백과사전에 의하면 유교란 "중국 춘추시대 말기에 공자가 체계화한 사상을 계승한 종교"다. 인(仁)을 근본으로 하는 유학을 받드는 종교로서 제정(祭政)일치를 종지로 삼고, 삼강오륜을 덕목으로 하며, 사서삼경을 경전으로 하는 학문이기도 하다.

유교의 중핵을 이루는 인이란 어질고 따뜻한 마음이자, 인간을 인간답게 하는 핵심 본질이다. 인을 구성하는 여러 덕목 중에서도 핵심은 사랑이다. 그러한 사랑이 부모에게 투영되면 효(孝)가 되고, 형제에게 미치면 우(友)가 되며, 나라에 적용되면 충(忠)이 된다.

유교의 시조인 공자는 춘추시대 노(魯)나라 사람이다. 시대적으로는 청동기 시대 말기에 태어나 철기시대에 활동했다. 그가 태어나기 전 중국은 주(周)나라 황실 아래 여러 제후국이 황제 질서에 순응하며 평화롭게 살아가는 태평성대였다. 춘추시대 후반에 철기 문명이 도입되면서 온 사회가 요동을 쳤다. 철기를 이용한 농기구 발명으로 생산성이 급격히 향상되었다. 각 지역을 다스리는 제후들은 농업 생산성 향상에 따른 잉여가치로 백성들의 삶을 편안하게 하는 쪽으로 나간 것이 아니라 군사력을 양성했다.

제후들의 군사력이 강해지면서 이웃 제후국의 생산물과 토지, 노동력을 빼앗기 위해 침략을 일삼았다. 급기야 제후국이 종주국인 주나라 왕권에 도전하는 등 전쟁이 일상화된 전국(戰國)시대가 개막되었다. 제후국 간에 전쟁이 반복되면서 백성을 징집하여 군대를 양성하고, 무장을 강화하고, 전쟁 비용 마련을 위해 세금을 쥐어짜면서 백성들의 삶은 도탄에 빠졌다.

유교의 사상적 한계

적자생존, 약육강식, 만인에 대한 만인의 투쟁이 난무하는 악귀 같은 소용돌이 한복판에서 살아야 했던 공자는 전쟁 없는 평화 시대를 갈구했다. 그가 보기에 세상이 혼란해진 이유는 어질고 따뜻한 마음, 즉 인(仁)이 사라졌기 때문이다. 사회 혼란과 문란해진 질서를 바로잡으려면 인의 가치에 입각하여 사람답게, 편안하고 평화롭게 살아가는 세상을 만들어야 한다고 외쳤다.

철기 문명은 농업 생산성을 향상시켜 인류가 풍족한 세상으로 이행할 것으로 기대했으나, 예상과는 달리 전쟁이 일상화된 생지옥이 연출되었다. 현실에 절망한 공자는 태평성대라 불렸던 요순(堯舜)시대로의 회귀를 외쳤다. 문명의 진보를 거부하고 철기시대에서 석기시대로 돌아가자는 주장이었다.

공자는 순진무구한 이상론자였다. 그는 석기시대는 평화가 난만했고 전쟁이 없는 시대였다고 착각했다. 현실은 철기시대나 다름없는 끔찍한 전쟁·침략·학살이 만연한 시대였다. 이런 시대착오적 논리에 기반을 둔 학문 체계가 유교였다.

12세기 송나라 시절 주희라는 학자가 성리학을 완성시켰다. 그전까지 존재했던 공자와 맹자의 유교 사상은 형식화, 획일화되어 현실 생활에 맞지 않았다. 게다가 불교나 도교가 제기하는 형이상학적 세계에 대한 설명이 불가능했다. 주희는 공자·맹자의 유교를 토대로 성리(性理)와 의리(義理), 이기(理氣) 등 형이상학을 체계로 우주의 질서와 인간 심성의 근본 문제를 탐구했다. 예를 들면 "우주 만물은 어떻게 형성되었는가", "인간은 본래 선하고 착한 존재인가, 아니면 악한 존재인가" 등의 철학적 원리를 현실 정치에 적용하고자 했다.

성리학은 자연과 사회의 발생이나 운동의 핵심을 이(理)와 기(氣)의 개념으로 설명한다. 이것이 이기론(理氣論)이다. 쉽게 말하면 이는 눈에 보이지 않는 사물의 본질(원리)을 뜻하고, 기는 눈에 드러나는 사물의 모습(현상)이다. 이기론에 의하면 기가 모이고 흩어져 우주 만물이 생성되는데, 만물을 구성하는 기는 맑음과 흐림, 무거움과 가벼움에 따라 차이가 난다. 때문에 기에 의해 구성되는 우주 만물은 차별성·등급성을 갖는 것이 당연하다고 인식한다. 이로써 성리학은 기존 유학이 설명하지 못했던 형이상학적 세계도 논리적으로 설명할 수 있게 되었다.

조선은 주자의 성리학을 통치 이념으로 삼고, 이를 모든 제도와 문물을 정비하는 기본 원리로 삼은 왕조였다. 성리학은 자연·인간·사회가 위계적 질서를 갖는다는 논리로 구성되어 있다. 양반과 상놈, 남과 여, 주인과 노비(主奴), 노장과 소장(老少), 적자와 서자(嫡庶) 간 차별이 당연시된다. 게다가 후백제 멸망 이후 호남 세력을 중앙 정계에서 소외시켰고, 이징옥·이시애의 난으로 평안도·함경도를 '반역의 땅'으로 낙인찍었다. 서북 출신은 반역의 기운이 있다는 이유로 과거 급제해도 높은 관직에 임용되지 않았다. 그 결과 출신 지역별로 편을 갈라 붕당을 형성하여 대립 갈등 반목하는 것이 일상이 되었다.

조선의 상징이나 다름없는 당쟁은 시스템의 문제였다. 조선의 관직은 중앙직·지방직 다 합쳐 900여 개에 불과했다. 국왕은 양반층의 인심을 얻기 위해 정기 과거뿐만 아니라 임시 과거를 자주 실시하여 급제자를 양산했다. 한정된 관직을 둘러싸고 기득권 세력과 신참 세력이 지연·학연·혈연으로 붕당을 이뤄 권력투쟁을 벌인 것이 당쟁의 핵심이다.

중화 사대주의에 함몰

당쟁의 주제도 나라를 부강하게 하기 위한 방법을 놓고 벌이는 정책 대결이 아니었다. 기껏해야 누가 더 도덕적이고 청빈한가? 누가 더 주자(朱子)의 가르침을 충실히 따르는가? 누가 더 중국을 극진히 모시고, 중국의 역사와 경전을 제대로 이해하는가를 놓고 벌이는 목숨 건 쟁투였다.

고려왕조를 무너뜨린 이성계 일파는 중국과 비교할 때 조선은 소국(小國)이니 독자적인 힘으로는 생존이 불가능하다고 판단했다. 그 결과 조선을 보호해줄 능력을 보유한 우호국에 의지하여 자주독립을 추구하는 사대(事大)의 길로 들어섰다. 사대란 중화 문명권에 편입되어 중국의 보호 우산 아래서 안보와 생존을 유지하는 외교술의 한 방책이다. 하지만 중화 문명권에 편입되기 위해서는 중국 천자(天子)의 허락을 받아 왕위에 오르고(책봉), 그 대가로 매년 중국에 조공을 바치는 의무를 이행해야 한다. 이것이 중국 중심의 천하 질서다.

조선은 중국의 책봉·조공 체제에 자청하여 편입되었고, 중국으로부터 성리학을 받아들여 나라의 근본으로 삼았다. 조선 초 성리학은 중국 첨단 기술 도입의 이론적 바탕이었다. 덕분에 중국에서 강남 농법(거름 주는 기술, 논밭에 물 대는 기술)을 수입하여 농업 생산성을 혁신했고, 과학기술을 받아들였으며, 고유 문자인 한글도 창제했다. 오늘날까지 이어진 개인 수양의 가치관, 학업을 통해 신분 상승을 이루는 교육열은 성리학이 가져다 준 선물이다.

조선 초기만 해도 실천적, 사회 개혁적 학문이었던 성리학이 교조화된 것은 신하들의 쿠데타로 연산군을 몰아낸 중종반정 때문이다. 반정 공신들의 등쌀에 휘둘린 중종은 이들을 견제하기 위해 지방에 은거하던 조광조 등 사림(士林)을 요직에 대거 등용했다.

사림은 조선 개국에 협력하지 않고 지방에 은거하며 수양을 통해 이상주의적 철학 국가 완성을 꿈꾸는 사람들이었다. 요즘 용어로 설명하면 재야 운동권 세력이었다. 이들은 권력의 중추였던 사헌부(검찰)·사간원(언론)·홍문관(학계) 등 3사를 장악하고 극단적인 성리학 논쟁으로 기득권층을 공격해 정치 권력을 차지했다.

임진왜란이 벌어지기 10년 전인 1582년 선조는, 율곡 이이에게 성균관 학칙을 정비하라는 어명을 내렸다. 어명을 받든 이이는 『소학』, 『대학』, 『논어』, 『맹자』, 『중용』 등을 필독서로 지정했고, 학문 내용도 형이상학적인 성리학과 중국 역사로 뜯어고쳤다. 이로써 조선의 교육은 한문으로 된 중국역사, 중국 학자의 글, 중국 제왕의 이야기를 암송하는 것으로 바뀌었다.

이때부터 조선에서 과거를 통해 입신양명하려면 중국 성인(聖人)이 지은 글만 읽어야 했다. 경제성장의 핵심 동력인 공학이나 테크놀로지, 상업, 유통, 무역은 철저히 배제되었다. 성리학은 원리주의화되었고, 상공업은 퇴화하면서 나라 전체가 공리공론으로 흘렀다. 중화사상에 맹종하고 강대국 문화를 공경하는 사대주의 작품이 만연했다.

더 심각한 것은 조선에서 문(文)을 숭상하고 무(武)를 천시한 결과 상무 정신이 실종되고, 성리학이 강제하는 사농공상의 신분 구조 덕분에 조선은 '붓잡이들의 천국'으로 돌변했다. 그 결과 숱한 정치 사회적 병폐가 만연하게 되었다.

조선은 붓잡이(文士) 천국

첫째, 글 읽는 선비를 최고의 가치로 숭상한 덕분에 문무의 불균형, 즉 문존무비(文尊武卑) 현상이 만연했다. 유교는 농업은 장려하되, 상공업으로 재물을 축적하는 행위를 비난하는 도덕경제(moral economy)를 지향했다. 조선에서 사회 발전의 결정적 동력원인 상공업 종사자들을 천대한 이유는 무엇일까? 많은 부를 축적하면 서로 빼앗기 위해 투쟁하므로 개인은 하루 세끼 필요한 양식만 확보되면 그것으로 족하다는 유교적 가치관 덕분이다.

둘째, 사익 추구를 억제하고 공익 추구를 위한 협동과 인의(仁義)를 고양하기 위해 노력하다 보니 공(公)은 귀한 존재, 사(私)는 나쁜 것, 척결의 대상으로 전락했다. 공적인 존재로서의 도덕을 강조하다 보니 가난은 선(善)이요, 부의 축적은 악(惡)이라는 가치관이 만연했다. 퇴계 이황은 사란 마음을 파먹는 벌레요 만악의 근본이며, 공은 공리(公理)로서 충효와 같은 귀한 도덕이라고 주장했다. 성리학에서는 사의 도덕적 정당성, 즉 사유재산은 인정되지 않았다.

조선왕조는 왕토에 존재하는 모든 땅과 산림은 국왕 소유라는 토지 왕토설을 신봉했다. 논밭과 대지에 한해 사실상의 사유재산권을 인정했지만, 그것을 제3자에 대한 절대적 권리로 증명하는 법적 제도는 존재하지 않았다. 논밭과 대지를 제외한 산림, 광물, 수산물은 사유 권리를 인정하지 않았다.

토지는 공유 혹은 왕유(王有)였음을 근거로 한 토지 국유화 의식을 비롯하여 사욕(私慾)은 천한 것으로 억눌러야 할 대상일 뿐이란 성리학적 가치로 인해 사권(私權)의 주체로서 개인의 출현은 불가능해졌다. 카스트 제도를 방불케 하는 신분 계급제도 하에서 사회적 약자인 상민, 천민, 노비의 재산은 양반 관료에 의한 수탈 대상으로 전락했다.

사익을 악으로 치부하는 가치관이 팽배하면 땀 흘려 열심히 일해 부를 축적한 사람은 부도덕한 존재, 청빈(淸貧)을 앞세운 가난한(사실은 무능한) 자는 사회적 존경의 대상이 되고 만다. 이런 사회에서는 선의의 경쟁을 통한 사회 발전이나, 시장경제 원리 정착은 불가능해진다.

자급자족 농업사회가 이상향

셋째, 극단적인 폐쇄 고립주의다. 구한말 조선의 확고한 가치관이었던 위정척사(衛正斥邪)란 성리학적 질서를 수호하고(衛正), 성리학 이외의 모든 종교나 사상을 사악한 학문으로 배격하는(斥邪) 반제 민족주의 운동이었다. 위정척사는 조선 500년을 관통해온 성리학이 피워 올린 마지막 불꽃이었다.

유가에서 꿈꾸어온 대동(大同)세계, 즉 평화롭고 자유로운 이상사회와 마르크스가 추구하는 공산주의 목표는 상당한 유사성이 발견된다. 동양에 전파된 공산주의는 자급자족하면서 모든 것을 공유하고 함께 나누는 농업사회를 이상향으로 설정했다. 이것이 구한말 성리학자들의 이상향과 절묘하게 맞아떨어졌다.

성리학자들은 개화나 개방, 통상 지향의 자유시장경제는 산업화·도시화를 촉진하여 자신들의 이상향인 농촌 사회를 파괴하는 괴물로 인식했다. 농경사회에서 벗어나지 못한 조선의 위정척사 쇄국파 지식인에게 공산주의는 말할 수 없는 매력으로 다가왔다. 오늘날 한국 사회에 좌파 사상이 만연한 이유는 조선 500년을 지배해온 주사 성리학의 유산인 셈이다.

주자는 덕치(德治)를 바탕으로 하는 왕도(王道)정치를 이상향으로 설정했다. 국왕이 하늘의 명을 받아 덕을 베푸는 정치를 통해 백성을 보살피는 것이 왕도정치의 핵심이다. 성리학자들은 법을 앞세워 백성을 힘으로 굴복시키고 부국강병을 위해 백성을 고단하게 만드는 행위를 패도(霸道)정치로 경멸했다. 그 결과 법치와 부국강병은 국왕이 절대 해서는 안 되는 몹쓸 짓으로 전락했다.

조선시대에 부국강병이 금기어가 된 이유는 부국강병을 하면 무력을 보유한 무인 세력과 부를 축적한 상공업자가 득세할 가능성이 커지기 때문이다. 이렇게 되면 문신들의 권력 기반이 약화될 우려가 있다. 게다가 백성들이 배부르고 등 따뜻해지면 양반 통치에 저항할 우려가 있다. 군대가 양성되면 무인들이 쿠데타를 일으켜 문신의 권력을 찬탈할 가능성도 배제할 수 없다.

여러 위험을 사전 봉쇄하기 위해 성리학으로 무장한 조선 지도층은 상공업 발달을 극력 통제하여 백성과 왕조를 가난 속에 방치했다. 군사력을 양성할 기반을 붕괴시켜야 문신들의 권력이 대대손손 유지되기 때문이다. 조선은 극단적인 사농공상 정책으로 인한 경제적 궁핍 때문에 상비군을 운영할 수 있는 능력을 상실했다.

중국이 한반도에 과거제도라는 문민 통치의 틀을 요구한 까닭에 조선에선 상무 정신이 퇴화해 전쟁을 두려워하고 정신은 나약해졌다. 비 오면 농사짓고, 비 오지 않으면 하늘을 원망하는 소극적 의식에 젖었다. 그런 한국에 기사도 정신을 바탕으로 한 군사문화와 미국식 민주주의, 자율과 책임, 청도교적 도덕률로 무장한 신인류가 등장하기 시작했다. 미국의 웨스트포인트 제도를 도입하여 교육받은 정규 육사 출신이 그 주인공이다.

테이어 제도 도입

육사 11기 출신으로 육사 교수부장을 역임한 이동희는 한국 대학교육사에서 육사 생도들만큼 열심히 학점을 따기 위해 눈에 불을 켜고 공부한 학생들은 찾아보기 힘들 것이라고 말했다. 질적으로 다양하고, 양적으로 엄청난 교육을 소화하기 위해 육사는 웨스트포인트 교육제도의 중추가 되는 '테이어 제도'를 도입했다.

테이어 제도는 '웨스트포인트의 아버지'라 불리는 실바누스 테이어 (Sylvanus Thayer) 대령이 고안한 제도다. 테이어는 1817년부터 16년간 미 육사 교장을 역임하며 이 학교를 미국 최고의 엘리트 교육기관으로 끌어올린 인물이다. 테이어 제도의 핵심은 "불확실한 상황과 불시에 기습해오는 적의 공격으로부터 국가를 안전하게 수호해야 할 군 지휘관에게 요구되는 적성과 자질을 체질화시키는 교육"이다. 또, 매일매일 거듭되는 시험과 경쟁을 통해 동료들 간에 선의의 경쟁을 유도하기 위한 목적이었다.

테이어 제도는 당시 국내 일반대학의 교육제도와는 큰 차이가 있었다. 일반대학에서는 강의를 위주로 하는 데 반해, 테이어 제도는 학생들의 예습·복습 위주로 학습을 진행했다. 예습·복습 위주의 학습을 효율적으로 운용하기 위해 육사는 세 가지 교육 방법을 강조했다.

첫째, 주어진 과제를 미리 해결해야 하므로 생도 스스로 공부하는 독습(獨習)제도가 강조되었다. 독습을 위해 날마다 두 시간씩 의무적으로 자습 시간을 부여했다.

둘째, 사관생도들의 예습 결과를 일일이 체크하고 강의하기 위해 일일고사와 장말고사 성적을 합쳐 성적순으로 한 교반을 20~25명으로 편성하는 '소단위 교반'을 운영했다. 가장 하위 성적의 생도들로 편성된 말교반(末敎班)을 '장군 교반'이라 불렀다.

셋째, 모든 과목에 걸쳐 일일고사와 장말고사를 실시했다. 장말고사란 매 과목의 한 장(章)이 끝날 때마나 보는 시험이다. 육사는 150학점을 이수하는 데 무려 1,600번 내외의 시험을 치렀다. 육사 11기 출신 이동희는 입학부터 졸업까지 치른 시험이 총 4천여 번이었다고 기록했다.

각 과목에서 90점 이상을 받은 생도는 우등생으로 결정되어 다음 1년 동안 우등생 배지를 착용한다. 반면에 각 학과 평균 성적이 67%에 미달하면 그 과목에 대한 추가시험을 실시하며, 추가시험 성적도 미달이면 퇴교 처분되었다.

4년제 육사 창설 과정에서 교과 학습보다 더 중점을 둔 것은 명예를 중시하고, 약속을 준수하며, 거짓말을 하지 않는 근대적 인간에 필요한 기사도 정신의 함양이었다. 독일 역사가 오토 힌체(Otto Hintze)는 모든 국가조직은 원래 전쟁을 위한 조직이었다고 설파했다. 오늘날 선진국으로 예우받는 나라들은 군인이 통치하고, 군 조직과 행정조직이 일치되었다가 근대에 이르러 정부와 군이 분리된 역사적 동질성이 발견된다.

상무정신 되살아나다

선진국은 역사 진행 과정에서 수 없는 전쟁을 통해 근대국가를 수립했고, 현실적인 국가관과 전쟁관을 체득했다. 전투에서 부상한 전우를 살리기 위해 업고, 메고 사지를 탈출하는 과정에서 평상시에는 느낄 수 없는 우정과 우애가 생겨난다. 이런 경험을 통해 남의 집 자식도 귀하다는 사실을 깨닫고, 이웃의 소중함을 깨닫는다.

전쟁에서 승리하기 위해서는 상무 정신의 바탕이 되는 국민의식교육이 필요하다. 이러한 무인 통치 국가의 근본이념은 기사도로 표출되는데, 기사도 정신의 핵심 본질은 국가를 사랑하고(애국), 국가에 충성하며(충성), 상관의 명령에 복종하고(복종), 대의를 위해 자기를 희생하며(희생), 임무에 책임을 다하고(책임), 용기를 세우는 것(용기)이다. 기사도는 오늘날 군인정신과 동일하다.

물질적 풍요, 공업 생산력만으로는 선진국이 될 수 없다. 군사문화에서 유래한 기사도를 실천하는 의식구조와 행동양식, 기사도를 바탕으로 한 국민정신이 살아 있어야 진정한 선진국이다. 문민 통치로 일관해온 한국은 어디에서도 기사도에 바탕을 둔 국민정신을 가르치지 않았다. 오랜 기간 전쟁을 잊고 살아온 한국은 상무 정신이 퇴락했고, 위정척사 쇄국정책으로 서양 문명을 거부한 탓에 근대화에서 소외되어 일본에 주권을 빼앗기고 식민통치를 체험하게 된다.

이런 문민 통치의 천국에서 기사도 정신으로 무장한 새로운 세력이 재탄생했다. 그러한 재탄생의 바탕에 존재한 것이 웨스트포인트 제도를 도입하여 정착시킨 육사의 명예제도였다. 군에서 명예를 존중하는 것은 유럽 귀족주의 전통을 배경으로 한 기사도 정신에 그 뿌리를 두고 있다. 명예는 인간의 기본적 성품 중 하나로서 충성심과 용기, 진실성과 자신감을 높여 주는 요인이 된다. 기사도의 명예는 주군(主君)에 대한 충성, 동료에 대한 전우애, 약자에 대한 배려가 핵심이다.

장교는 국가에서 공인한 무력의 관리자로서 부대를 지휘하여 국가방위와 안보 관리 임무를 수행한다. 자의적으로 무력을 행사하는 것이 아니라 반드시 헌법과 법규에 근거하여 직무를 수행해야 하며, 만일 합법성을 이탈하면 폭력의 행사에 불과하게 된다.[71] 안보를 책임지는 군인의 윤리성이 무엇보다 필요한 이유가 이것이다.

명예제도 도입

사관생도의 도덕률에서 가장 먼저 강조하는 '진실'은 절대적 정직성(integrity)이다. 이를 위해 사관학교에서는 특유의 명예제도를 운영하여 사관생도들 스스로 성찰과 반성 속에서 규정 준수를 실천하도록 했다. 명예위원회 및 간부 생도들이 매주 실시하는 생도 의식과 명예 의식 등을 통해 규정과 양심에 따라 생활하고 자신의 품성을 도야하도록 지도했다.[72]

자유민주주의를 수호하는 국민의 군대 지휘관 양성을 목표로 출범한 4년제 정규 육사 창설은 한국 역사에서 중대한 의미를 내포한 일대 사건이었다. 우선 신라의 화랑도 이후 쇠퇴한 상무 정신을 되살리고, 문무겸전의 사회 분위기를 창조하는 역할을 했다. 뿐만 아니라 한국의 전통문화에서는 찾아볼 수 없었던 명예심, 기사도, 애국심, 국가관, 선의의 경쟁의식, 전

---

71 정병삼, 「사관생도들의 규정 준수에 영향을 미치는 요인」, 『국방정책연구』 제30권 제2호, 2014년 여름(통권 제104호), 237쪽.

72 정병삼(2014), 243~244쪽.

우애의 함양 등 새로운 정신 혁명의 결정적 기폭제였다.

육사는 4년간 사관생도에게 품위와 절제를 요구하는 명예제도를 통해 생도 개개인에게 고도의 명예심을 배양하는 교육을 철저히 시행해왔다. 거짓말과 부정을 혐오하고, 공명정대한 정신의 함양을 통해 고매한 인격을 도야하는 것을 목표로 삼았다. 이런 품성이 바탕에 깔린 리더십 뛰어난 인재를 배출하는 것이 명예제도의 목표였다.

육사가 실시하는 정신훈련에서 가장 중요한 요소인 명예제도의 기본 원칙은 네 가지였다. 첫째, 거짓말(허언)을 하지 말 것, 둘째, 컨닝(기만)을 하지 말 것, 셋째, 절도를 하지 말 것, 넷째, 타 생도의 명예 위반을 보고할 것.[73]

사관생도의 신조 제정

1956년 7월 29일 육사 생도 대장으로 부임한 김덕준 대령의 제안으로 생도들의 정신적 지표인 '사관생도의 신조'가 제정되었다. 사관생도들은 매일 이를 암송했는데, 내용은 다음과 같다.[74]

하나, 나는 국리민복을 위해 언제든지 생명을 바친다.

둘, 나는 부여된 임무와 책임에 대해서 사력을 다하여 기필코 완수한다.

셋, 나는 위기를 만날 때마다 육사의 전통과 명예를 살려 남아다운 결단을 내린다.

넷, 나는 억강부약(抑强扶弱)하고 파사현정(破邪顯正)의 길을 택한다.

다섯, 나는 소아(小我)를 버리고 대의를 위해 싸운다.

여섯, 나는 의리와 지조를 끝까지 지킨다.

---

73 육사 30년사 편찬위원회, 앞의 책, 174쪽.
74 육사 30년사 편찬위원회, 앞의 책, 215쪽.

일곱, 나는 새로운 것을 연구하고 실천 제일주의로써 나의 길은 내가 개척한다.

여덟, 나는 검박하고 항상 부하의 복지를 위해 노력한다.

아홉, 나는 전장에서 승리를 위해 항상 전진한다.

열, 나는 국민과 부하로부터 신뢰를 받아야 하며 훌륭한 군인이 될 수 있는 아량과 인내심을 갖는다.

이러한 명예제도와 '사관생도의 신조'의 바탕 위에 '사관생도의 도덕률'이 추가되었다. 이 도덕률은 강영훈 교장이 1961년 17기 졸업을 기해 제시한 것인데, 내용은 다음과 같다.[75]

하나, 사관생도는 진실만을 말한다.

둘, 사관생도의 행동은 언제나 공명정대하다.

셋, 사관생도의 언행은 언제나 일치한다.

넷, 사관생도는 부당한 이득을 취하지 않는다.

다섯, 사관생도는 자신의 언행에 대하여 책임을 진다.

명예제도는 자신의 인격도야는 물론, 국가와 민족을 위해 생명을 바칠 수 있는 가치관을 정립시켜주는 제도다. 따라서 모든 생도에게 적용되었으며, 1학년 생도는 명예위원장 생도에게 "나는 대한민국 육군사관생도로서 사관생도의 신조와 도덕률을 준수하며 명예에 관한 나의 책임을 다할 것을 엄숙히 선서합니다"라는 명예 선서를 한 후부터 적용되었다.

명예제도는 타율에 의한 강제가 아니라 생도들 자체의 노력으로 운영되는 것이 특징이었다. 육사는 명예제도를 운영하기 위해 생도들이 명예위원을 선출하여 조사위원회와 심의위원회를 조직하여 자율적으로 운영했다. 조사위원회는 명예 위반 생도에 대한 사실을 조사하고 관계된 증인 생도를 소

---

75 육사 30년사 편찬위원회, 앞의 책, 426~427쪽.

환하여 증거를 확인하며 조사 결과를 심의위원회에 회부한다. 심의위원회는 명예제도 위반 사실을 조사한 결과를 토대로 위반 사항을 심의·가결하며 양심 보고를 접수 처리한다. 심의위원회에서 결의된 유죄내용은 교육운영위원회의 심의를 거쳐 최종적으로 학교장에 의해 처벌 여부가 확정된다.

명예제도의 생활화를 위해 육사 내에는 세 가지 제도를 운영했다. 첫째는 생도의 명예심을 고취하기 위해 각 중대별로 무인 판매소를 운영했다. 둘째는 양심 보고제도를 운영했다. 셋째는 명예 시험제도를 운영했다. 이러한 제도를 통해 생도들은 4년 내내 명예심이 몸에 밴 생활을 했다.

정착이 쉽지 않았던 명예제도

웨스트포인트를 모방한 육사 대부분의 제도는 쉽게 적응되어갔다. 1951년 12월 생도대장으로 부임한 이승우 대령은 1개 학년을 2개 중대로 편성하고 자치근무제도를 도입했다. 이 제도는 현재까지 이어지는 생도 자치지휘근무제도의 근간이 되었다. 생도들로 이루어지는 자치근무제도는 예상외로 빨리 정착되었다.

그러나 명예제도만은 사정이 좀 달랐다. 명예제도의 배경을 이루는 요소가 양심과 법치주의였기 때문이다. 양심에 어긋나는 일을 행했을 때, 그것을 어떻게 처리하는가가 가장 어려웠다. 미국에는 법치주의가 일상화, 체질화되어 있어 위반자를 쾌도난마식으로 처리하면 그만이었다. 그러나 우리 사회의 일반적 통념에는 온정주의가 많이 남아 있었다.[76]

『황강에서 북악까지』의 저자 천금성은 모든 생도가 다 그러했지만, 명예제도에 관한 전두환 생도의 고집은 지나칠 정도였다고 한다. 전두환 생도는 명예제도의 철저한 운용과 실천으로 새로운 인간으로 재구성된 표본이

76 이기윤, 『별-대한민국 육군사관학교 60년』, 북앳북스, 2006, 259쪽.

었다는 것이다.[77]

육사의 명예제도와 관련하여 육사 16기생들은 1공화국 시절 최고 권력 자였던 이기붕의 장남 이강석을 기억한다. 이강석은 1956년 육사 16기로 입교했는데, 동기생은 훈련 도중 부하가 떨어트린 수류탄을 자신의 몸으로 덮쳐 부하들을 구하고 산화한 강재구 소령, 장세동(5공 시절 경호실장·안기부장), 천용택(국방부 장관), 이종찬(국가정보원장) 등이 꼽힌다.

육사 선후배들 기억에 의하면 이강석은 강단 있고 정의감이 강했으며, 육사 생도다운 멋이 있는 청년이었다. 이강석은 1학년 때 퇴교했는데, 그 이유가 관절염, 수학 성적 미달 등 자료마다 조금씩 다르다. 육사 출신 인사의 증언에 의하면 모친 박마리아 여사가 육사 교육이 너무 힘들다며 아들 뜻과 상관없이 자퇴시켰다고 한다.

그는 권력자였던 부친의 후원을 받아 서울대 법대에 특례 입학했는데, 서울대 법대생들이 이강석의 특례 입학에 항의하여 "하늘이 무너져도 정의는 세워라"라는 구호를 외치며 동맹휴학에 돌입했다. 수모를 당한 이강석은 서울대 법대를 중퇴하고 갑종 간부후보생(갑종 150기)에 지원했다. 육군 소위로 임관하여 육본 의장대 소대장으로 근무하게 된 그는 주말이면 빵을 사들고 16기 동기생 면회를 자주 갔다. 4·19가 일어나자 이강석은 육사 시절 명예교육을 받은 생도답게 일가족을 사살한 후 자신도 자결함으로써 깨끗하게 삶을 마감했다.

진해 육사는 초대 교장 안춘생 장군에 이어 1952년 11월 말 김종오 장군(육군 소장)이 후임으로 부임했다. 그는 일본 주오대(中央大) 법학부 유학 중 학병으로 징집되어 일본군 소위로 임관했다. 해방 후 군사영어학교 출신인 김 교장은 6·25 초기 6사단장으로서 춘천 전투를 지휘한 승전의

---

77 천금성, 앞의 책, 151쪽.

주인공이자, 1951년 현리 전투에서 3사단장으로서 참혹한 패전을 경험한 특이한 경력의 소유자였다.

김종오 교장은 재임 중 육사 설립의 모델인 웨스트포인트를 비롯하여 미국의 주요 군사교육기관을 시찰했다. 그는 일반대학과 군사교육기관으로서의 특성을 살려 만든 웨스트포인트 프로그램을 한 단계 더 진화시킨 내용을 육사에 접목했다. 그 결과 육사는 당시 한국 대학에서는 상상조차 할 수 없는 높은 수준의 교육이 시행되었다.

한국의 정신세계에 혁명적 변화 몰고 와

오명은 육사를 졸업하고 장교 임관 후 서울대 공대 전자공학과에서 학사과정을 졸업했다. 그의 증언에 의하면 서울대 공대 재학 시절 툭하면 휴강이고, 수업도 10분 늦게 시작하여 10분 먼저 끝나는 것을 교수, 학생 모두 당연한 일로 여겼다. 또 교재를 처음부터 끝까지 배우는 사례가 없었다고 한다.

육사는 대학가의 관례와는 완전 절연된 원리 원칙을 교육하는 학교였다. 학기마다 채택된 교재는 첫 페이지부터 끝 페이지까지 교육했고, 강의실은 20명을 한 반으로 편성하는 소단위로 교수, 학생 간 1대 1의 밀도 높은 교육을 시행했다. 덕분에 육사는 "학기마다 교과서 한 권을 처음부터 끝까지 떼는 대학", "단 한 차례의 휴강도 없이 정해진 계획대로 수업하는 대학"으로 유명세를 떨쳤다.

일본식 교육 시스템으로 작동하던 우리 교육계에 완전 미국식 교육 시스템 도입은 획기적 사건이었다. 이 점에서 육사는 한국의 정신세계에 혁명적 변화를 일으킨 선구자였다. 우선 육사는 전란을 피해 부산으로 피난 온 당대 최고의 인재들로 교수진을 구성했다. 교수 한 명당 담당 생도는 7명으로, 이는 국내뿐만 아니라 미국 육사보다 앞선 수치였다.

교수진 중 40여 명이 박사여서 교수진의 박사 비율은 20%에 달했다. 특히 토목과는 교수 전원이 박사였다. 미국 육사 교수진 중 박사 비율은 10%였는데, 한국 육사 교수진의 수치를 본 웨스트포인트의 교수부장 스미스 장군은 크게 놀랐다.

육사는 생도 시절 군인으로서의 소양을 기르기 위해 1학년 때 8주간 기초 군사훈련을 실시했다. 2학년 때는 광주 상무대 보병학교에 입교하여 8주간 보병·포병·통신·전차 교육을 포함한 하계 군사훈련을 받는다. 3학년 때는 각 1주일씩 병참·병기·수송 교육을 하고, 공군·해군에 2주일간 위탁교육을 받는다. 4학년 때는 2주 동안 보병학교, 통신학교, 3주일간 공병학교와 군부대 실무교육을 받는다.[78]

생도들은 군사학 외에도 국어·국사·교양과목(윤리·철학·논리), 영어·문화사·법학·정치·경제·제2외국어 등 인문과학을 공부하도록 되어 있었다. 뿐만 아니라 물리·군사 지형학·역학·과학·전기학·병기공학, 군공(軍工) 등 자연과학도 교육받았다.

육사는 초기부터 매년 졸업생 중 우수 장교를 선발하여 미국에 유학을 보냈다. 미국에서 장학금으로 학위를 취득한 후 모교로 돌아와 강의를 맡도록 했다. 또 20명 단위의 소단위 교육 통해 철저한 맨투맨 식의 밀도 높은 교육을 시행했다. 이는 하버드대학보다 더 강한 '개별 지도' 방식이었다.

---

78 천금성, 앞의 책, 150쪽.

4

육사는 이공계 기술 인력 양성의 요람

미국 육사는 뉴욕 동부 허드슨강가의 웨스트포인트에 설립되었다. 허드슨강은 미국 독립전쟁 당시 남북을 연결하는 중요한 수로로서, 전쟁에서 승리하려면 이 강을 반드시 확보해야 했다. 독립전쟁을 지휘한 워싱턴(George Washington) 장군은 허드슨강의 좁은 입구, 수심 낮고 바위 깔린 곳에 요새를 건설했는데, 여기가 웨스트포인트였다. 미국은 독립전쟁의 요새에 육사를 설립했고, 교정의 강가에 워싱턴 장군 동상을 설립했다.

미국의 엘리트를 양성하는 대표적인 아이비리그 대학 중 하나가 프린스턴대학이다. 이승만 대통령이 미국 유학 시절 박사학위를 취득한 모교다. 이 대학이 위치한 곳은 독립전쟁 당시 워싱턴 장군이 지휘한 미국 독립군이 영국군과 벌인 마지막 결전지였다. 프린스턴대학 본부 건물인 나소 홀(Nassau Hall)은 프린스턴 전투 당시 워싱턴 장군의 지휘 본부 자리였고, 나소 홀 앞에 남북으로 뚫린 도로(Nassau Street)는 뉴욕과 프린스턴 전투 지휘 본부를 이어준 주 보급로였다.

미국은 독립전쟁에서 승리한 후 결전지에 프린스턴대학교를 세웠다. 하필 이곳에 명문대를 세운 이유는 무력으로 영국에 승리했으니, 이젠 글과

지식에서도 영국을 앞서자는 의지를 상징화하기 위해서였다.[79]

미국 육사 제도를 그대로 도입한 한국 육사는 뚜렷한 교육 목표, 사명감에 불타는 교수, 철저한 교육제도를 통해 생도들을 '생각하는 싱크 탱크'로 변모시켰다. 생도들은 4년 내내 기숙사 생활을 하며 공인으로서의 품성을 길렀다. 특히 철저하고 엄격한 학사관리로 생도들을 치열하게 경쟁시켰다.

육사 11기의 입교생은 예비 합격자까지 포함하여 228명이었다. 이들 중 4년 후 수료자는 156명에 불과했다. 최초 입교생 기준으로 계산하면 32%가 중도 하차했다. 육사가 입교생의 32%를 퇴출시키는 등 학사관리를 엄격히 시행한 이유는 무엇이었을까?

이기기 위해 배운다

사관학교 교육의 목표는 단순한 지식의 습득이 아니라 "이기기 위해 배운다"는 점이다. 전쟁은 모든 것이 불확실하고 급박한 상황의 연속이다. 이런 불확실성 속에서 승리를 쟁취하기 위해서는 지휘관에게 고도의 지적 능력이 요구된다. 한 나라의 영광과 패망은 군 지휘관의 지적 능력에 달려 있다. 군 지휘관의 현명한 판단이 수많은 사람의 생명을 구하고, 국가의 운명을 결정하는 것이다.

독일이 통일되기 전 프러시아 제국에는 융커(Junker)라는 대농장을 거느린 토지 귀족 세력이 있었다. 융커 계급은 넓은 농지에서 얻은 수익을 기반으로 정계나 군부의 요직을 독점했다. 이들은 사회 기강을 세우고, 국가를 수호하며, 평민을 보호하는 역할을 엄격히 수행했다. 융커 계급에 속하는 가문은 불변의 원칙이 있었는데, 장남은 지주로서 가업을 승계하고, 차남은 관료가 되어 국가 운영에 참여하며, 3남은 장교가 되어 사유재산을

---

79 이동희, 앞의 책, 110~111쪽.

보호하듯 애국심으로 무장하고 국토를 수호했다.

이러한 귀족 계급의 역사적 전통은 서양 선진국 모든 나라가 거의 비슷한 궤적을 밟아왔다. 한 시절 세계 패권국이었던 영국은 전쟁이 나면 귀족 계급은 무기를 들고 자기들의 조국을 지키기 위해, 사랑하는 처자를 두고 전쟁터로 달려가 목숨을 바쳤다. 귀족은 대영제국의 상비군이요, 국난의 방파제였다. 특권을 누리려면 그만큼 의무가 따른다. 그것이 바로 노블레스 오블리주(noblesse oblige)다.[80]

한국은 고려 무인 정권이 붕괴한 후 문민 통치 전통이 800여 년 지속되며 상무 정신이 실종되었다. 그 결과 신분이 높아질수록 국가와 사회에 대한 의무감도 커지는 노블레스 오블리주와 정반대의 원리가 작동하는 나라로 전락했다. 융커 계급이 주축이 되어 근대화에 성공한 서양 선진국은 국가가 내란이나 외적의 침략을 받아 위기에 처하면 사회 지도층이 나라를 지키기 위해 기꺼이 목숨을 바친다.

그렇다면 한국은 어떤가? 6·25가 발발했을 때 미국을 비롯한 세계 여러 나라가 병력을 파병하여 목숨을 바쳐가며 한국을 지켜주었다. 그러나 한국의 지도층은 자식들을 군에 보내지 않으려고 밀항선을 태워 일본으로 도피시키거나, 온갖 연줄 동원하여 입대 면제를 위해 혈안이 되었다.

5·16 당시 혁명군이 한강을 건너자 장면 총리는 국가를 내팽개치고 혜화동 수녀원으로 도주했다. 1979년 10·26 정변 때 최규하는 박 대통령 시해범이 누구인지 알면서도 권력의 추이를 예의주시하며 눈치만 봤다. 12·12 때는 노재현 국방부 장관이 대통령 호출에 불응하고 10시간여 잠적했고, 5·18 광주에서는 안병하 전남 도경국장을 비롯한 여러 경찰서장이 경찰 본연의 치안질서 수호 임무를 포기하고 도주하거나 경찰 해산 명령

---

80 이동희, 앞의 책, 197쪽.

을 내렸다.

이 나라 지도층은 국가적 위기가 닥치면, 이를 극복하기 위해 노력할 생각은 않고 일신의 안위를 위해 적에 협조하거나, 피난, 도망을 당연한 것으로 생각한다. 이런 역사적 전통 덕분에 한국은 지도층으로 올라갈수록 병역의무 이행률이 현저히 낮아지는 기현상이 발견된다.

융커 계급 국가운영방식 도입

육사는 4년제로 재출범 후 프러시아의 융커 계급 국가운영방식을 도입하기 위해 노력했다. 우선 각 지역을 대표하는 훌륭한 시민의 아들을 육사에 입학시키는 제도를 시도했다. 미국은 각 지역의 의회 의원이 추천하는 사람만 육사에 응시할 자격을 부여한다. 한국도 이 제도를 모방하여 지역 국회의원이나 지방의 명문 학교 교장에게 우수 학생을 추천받아 입학시키는 제도를 시범 운영했다.[81]

이 제도가 시행되자 어느 지역 국회의원은 수십 명을 추천했고, 어떤 교장은 낙제생을 사상이 온건하고 성적 우수자로 추천한 사례도 발생했다. 사회 지도층의 추천에 대한 신뢰도 저하 문제로 인해 이 제도는 폐기되었다.

육사는 육군의 핵심 간부 양성이라는 특수성을 감안하여 입시제도 개선에 돌입했다. 기존에는 학과 시험, 신체검사, 체력 검정 위주로 신입생을 선발했으나 성장환경과 사회적 배경을 고려하여 인물 시험(면접고사)에 큰 비중을 두기 시작했다. 1965년부터는 50명의 교관과 교수들이 7단계 면접고사를 통해 입학생을 선발하는 인물 시험제도가 도입되었다. 인물 시험은 투철한 국가관과 올바른 정신자세, 성장 및 가정환경, 용모 등 정규 장교로서 발전에 요구되는 소양을 갖춘 자를 선발하는 데 목적을 두었다.

---

81 이동희, 앞의 책, 40쪽.

개선 전의 입시과목 및 배점

과목	국어	수학	영어	사회생활 (일반사회·역사·지리)	자연과학 (물리·화학)	계
배점	100	200	100	100	100	600

신체조건

	1965년까지	1966년부터
신장	160cm 이상	162cm 이상(만 17~18세 미만은 160cm 이상)
체중	51.75kg 이상	54.4kg 이상(만 17~18세 미만은 51.75kg 이상)
흉위	신장의 반 이상	전과 동
시력	나안 0.6 교정 1.0	전과 동

체력검정 종목 및 합격기준

100m 달리기	16초 이내
매달려 팔굽히기	9회 이상
수류탄 던지기	30m 이상
2,000m 달리기	9분 30초 이내
무게 들기	35kg 2회 이상

출처: 육사 30년사 편찬위원회, 「대한민국 육군사관학교 30년사」, 육군사관학교, 1978, 325쪽.

육사 인물 시험의 원칙은 "후보생이 공인으로 성장할 수 있는 인품을 가지고 있는가"를 가리는 것이었다. 이를 위해 고교 시절 생활기록부에 나타난 리더십을 중시했고, 가정환경과 부모의 직업, 재산 정도, 정신 상태 건전도 조사를 위한 심리테스트와 IQ, 심성 검사를 실시했다. 이를 종합하여 점수화한 것을 기초로 최종 심판관 앞에서 국가관에 관한 대담으로 합격 여부를 판정했다.

제5공화국 전두환 시대 1

개정된 배점 상황

연도	1차 시험	2차 시험	
	학과시험 점수	인물시험 점수	체력검정 점수
1965	600	100	-
1966	600	200	50
1967	600	200	50
1968	600	500	100
1969	600	500	100

인물 시험 내용 및 배점

내용	용모	국가 및 사생관	사회적 배경	성장 환경	가정 환경	경제력	생활 실태	적성	계
배점	70	60	60	60	60	60	60	70	500

출처 : 육사 30년사 편찬위원회, 『대한민국 육군사관학교 30년사』, 육군사관학교, 1978, 326쪽.

그렇다면 인물 시험에서 후보생의 가정환경과 부모의 직업, 재산 정도를 본 이유는 무엇이었을까?

프랑스 혁명 이후 프랑스 소농들은 자기 소유의 땅(재산)을 지키기 위해 나폴레옹 군대에 자진 입대하여 목숨 걸고 싸웠다. 이것이 프랑스 육군이 유럽 대륙을 석권한 중대한 원동력이었다. 사회적 소속감이 빈약하고, 가정적으로 홀로 있는 장교에게 어찌 귀한 대한민국 청년들의 목숨을 책임지는 지휘관 자리를 맡길 수 있겠는가? 이 점에서 육사 면접고사는 한국형 융커 제도의 정착을 위한 노력의 일환이었다는 평가를 받는다.[82]

철저한 이공계 과학학교 지향

육사는 군사교육 기관이지만 대학 교육에서 다루는 소양을 모두 가르

---

82 이동희, 앞의 책, 40~41쪽.

쳤다. 전인교육을 목표로 삼았기 때문이다. 이를 위해 4년 동안 연간 교육 시간 배당 비율표를 작성하여 4년간 총 5,561시간의 강행군 교육을 실시했다. 그런데 교육 시간 비율을 보면 자연과학이 41%(2,268시간), 인문과학은 24%(1,332시간), 전술학이 35%(1,961시간) 배정되었다.

전인교육을 표방하면서도 이공계 비율이 높은 이유는 공병학교, 공과대학으로 출발한 웨스트포인트의 커리큘럼을 그대로 도입했기 때문이다. 웨스트포인트의 슬로건이 박정희 정부 시절 한국에 등장했던 "싸우면서 건설하자"였다. 이런 역사와 전통, 커리큘럼을 도입한 덕에 한국의 육사 생도들은 전공 불문하고 이공계 과목을 필수적으로 이수해야 했다.

육사에서는 물리, 화학, 생물 같은 기초과학뿐만 아니라 기계공학, 전기공학, 토목공학 등 모든 응용과학을 가르쳤다. 육사의 이공계 커리큘럼은 한국의 다른 최상위 대학 못지않은 수준이었다.[83] 육사는 이공계 과목이 많아 생도들이 계산척(計算尺·Slide Rule, 일종의 아날로그 계산기)을 끼고 살다 보니 매년 서울공대 주최 계산척 경연대회에서 연속 우승을 차지했다. 교육과정을 마친 생도는 220학점을 이수했고, 그들에겐 이학사 학위가 수여되었다.

육사 11기 출신 노태우의 증언에 의하면 1802년 제퍼슨(Thomas Jefferson) 대통령의 재가로 설립된 웨스트포인트는 미국 최초의 공대였다고 한다. 또 테이어 제도라고 불리는 육사의 교육방식은 공병 기술교육이 중심이었다고 한다.[84] 『육사 30년사』에 의하면 1953년 8월 교과 편성을 했는데, 총 11개 학과 중 7개 과목이 이공 계통이었다. 육사에 개설된 11개 일반학 교육 내용은 다음 표와 같다.

---

83 오명, 앞의 책, 29쪽.
84 노태우a, 앞의 책, 72쪽.

일반학 교육 내용

학과	학습 내용
수학과	고등대수, 삼각법 및 구면삼각법, 입체기하, 미적분학, 통계, 함수론
군공전사학과	도학, 군사지형학(측량·독도법), 군사공학(구조분석·건축설계·군공학), 전사(戰史)
물리학과	역학, 음향, 열, 전자기학, 광학의 이론 및 실험
전기공학과	전자기학, 직류, 교류, 전자학, 통신, 핵물리
화학과	화학이론과 실험
역학과	해석역학·재료역학·열역학·유체역학
병기공학과	공업재료, 조병학(造兵學), 차륜학, 실험
사회과학과	교양학, 법학, 정치학, 경제학
사학과	국사, 문화사
국문학과	국문학
외국어과	영어, 제2외국어(11기생은 노어·중어 가운데 택일했으나 12기생부터는 노어·중어·불어·독어 중 택일)

출처: 육사 30년사 편찬위원회, 『대한민국 육군사관학교 30년사』, 육군사관학교, 1978, 161~162쪽.

육사 17기 출신 허화평 미래한국재단 이사장의 증언에 의하면 육사 교육의 기본은 이공계 교육이었다고 한다. 현대전에 필요한 군사 작전을 위해서는 고도의 과학기술 전문지식이 요구된다. 이러한 현대전의 전략 전술에 적응하기 위해 생도들은 전공을 불문하고 1학년 때는 수학, 2학년 때는 물리, 3학년 때는 역학, 4학년 때는 기계공학을 필수로 이수해야 했다. 한마디로 정리하면 육사는 군사 전문 교육기관인 동시에 철저한 이공계 과학학교였고, 영어의 비중이 높았다.

육사 11~13기 1학년 1개 학기 수업시간

(수학 : 75분 단위, 기타과목: 50분 단위)

기수	수학	국어	국사	일반교양	영어	도학	내무	전술	체육	계
11기	120	30	20	20	40	0	16	12	12	270
12기	150	30	30	30	75	60	23	22	22	442
13기	150	30	30	30	75	60	23	22	22	442

출처: 육사 30년사 편찬위원회, 『대한민국 육군사관학교 30년사』, 육군사관학교, 1978, 169쪽.

5공화국 과학기술 이끈 육사 출신

이공계 중시 교육 덕분에 육사 졸업생 중 상당수는 이공계 업무에 종사하게 된다. 국가기간전산망 개발의 주역 김성진(육사 11기), 국가의 과학기술정책을 입안한 이정오(육사 13기), TDX 전자교환기 개발의 주인공 오명(육사 18기)이 대표적인 사례다.

전두환 대통령은 취임 후 첫 과학기술처 장관에 이정오를 임명했다. 그는 육사 13기를 졸업하고 서울대에서 물리학 석사 학위를 받은 후 미국 유학을 떠나 터프츠대에서 기계공학 박사학위를 취득했다. 전두환은 중령으로 예편하여 한국과학원 기계공학 교수로 활동하던 이정오를 5공 정부의 첫 과기처 장관으로 발탁했다.

김성진은 육사 11기 입학부터 졸업까지 수석을 놓친 적이 없어 '공부의 신(神)'으로 알려졌다. 생도 시절 수학 천재로 유명했던 그는 졸업 후 서울대 사학과에 학사 편입하여 졸업했다. 미국 유학을 떠나 이공계로 전공을 바꾼 김성진은 일리노이대에서 물리학 박사, 플로리다대에서 기계공학 박사학위를 취득했다. 전두환 대통령은 육사 재학 시절 자신의 수학 개인지도를 담당했던 김성진을 체신부 장관(1983), 과학기술처 장관(1985)에 임명했다. 그리고 그에게 국가 핵심 프로젝트로 진행한 TDX 전자교환기, 국가기간전산망 개발 등 IT산업 생태계를 통째로 건설하는 임무를 부여했다.

육사 18기 오명은 인문학이나 정치에 관심이 많았던 문과생이었다. 그런데 육사 커리큘럼 자체가 과학을 강조한 덕분에 기술 분야에 눈을 뜨게 되었다. 임관 후 서울대 전자공학과 3학년에 편입하여 졸업했다. 이후 미국 이공계의 명문으로 꼽히는 스토니브룩대학교에서 석·박사학위를 취득하고 귀국하여 모교인 육사에서 전자공학과 교수로 재임하던 중 국보위에 합류했다. 전 대통령은 육사 후배 오명을 7년간 체신부 차관·장관으로 재임시켜 TDX 개발을 진두지휘하도록 했다. 이것이 한국 IT산업의 첫 출발이었다.

TDX, 4MD램 개발 지휘자는 육사 출신

청와대에서 과학기술 분야를 담당한 홍성원도 육사 출신(육사 23기)이었다. 그는 미국 유타대 석사, 콜로라도대 전자공학 박사학위를 취득한 후 육사 교수로 활동 중 청와대에 근무하게 되었다. 이 밖에 육사 출신 이공계 인사로는 박승덕 한국기계연구소장을 꼽는다. 그는 육군사관학교 졸업 후 서울대에서 석사, 캐나다 오타와대학교에서 기계공학 박사학위를 받고 모교에서 교수로 재직했다.

귀국하여 과학기술처에서 연구조정실장과 기술정책실장을 역임했다. 이때 박승덕은 정부 차원에서 추진한 4MD램 개발 담당자로 이를 성공시키는 역할을 했다. 육사를 졸업하고 국방과학연구소(ADD)에 근무하다 한국전자기술연구소(현 한국전자통신연구원) 소장을 역임한 김정덕, 한국전기연구소장을 맡았던 안우희, 박병권 해양연구소 부설 극지연구부장 등도 육사 출신이다.[85]

육사를 졸업하고 국보위 상임위원으로 활동했던 이우재는 1981년 한국

85 유상운, 「국가연구개발사업의 시행과 전개-반도체 개발 컨소시엄을 중심으로, 1980-2010」, 서울대학교 대학원 박사학위 논문, 2019, 50~51쪽.

전기통신공사 초대 사장에 임명됐다. 육사 13기로 전두환 대통령의 대구
공고 후배였던 박정기는 윤필용 사건으로 중령 시절 예편했는데, 5공 정부
출범 후 한국중공업 사장에 이어 한국전력 사장을 역임하며 한국표준형
원전 개발의 주역이 되었다. 육사 졸업 후 국방과학연구소(ADD) 부소장을
지냈던 이한백은 기아자동차 중앙기술연구소장으로 활약했다.[86]

해사·공사 출신 이공계 인재도 빼놓을 수 없다. 최호현은 해사를 졸업
하고 ADD 책임연구원으로 활동하다 금성산전 연구소장으로 자리를 옮겼
다. 해사를 졸업하고 ADD에서 기술관리부장을 맡았던 백창현은 한국산
업기술진흥협회 상임이사로 활동했다. 공사 출신 이공계 인재로는 한필순
을 빼놓을 수 없다.[87]

1984년부터 7년 동안 최장수 한국원자력연구소장을 지내면서 한국표
준형 원자로, 중수로 및 경수로 핵연료를 개발한 사람이 한필순 박사다. 직
설적인 성격으로 사방에 적이 많았던 한필순 박사를 보호하며 그가 국가
를 위해 헌신하도록 도운 사람은 김성진 장관이었다. 한필순은 공사 출신,
김성진은 육사 출신이었는데, 두 사람은 국비 유학생으로 선발되어 일리노
이주립대 석사과정 시절 룸메이트로 지낸 인연이 있다.

한국군 역사상 최초의 4년제 정규 육사생의 졸업을 6개월 앞둔 4월
27일. 육군본부는 육사 창설일을 5월 1일로 하고, 재학 중인 생도의 기별
호칭을 정규 육사 1기에서 11기로 변경한다고 결정했다. 군의 역사와 전통
을 단절 없이 계승시켜야 한다는 명분이었다.

이 소식이 전해지자 난리가 났다. 생도들은 "모집 때는 정규 육사 1기생
으로 해놓고는 이제 와서 일방적으로 기수를 바꾸는 것은 일종의 사기"라

---

86 유상운(2019), 52쪽.
87 유상운(2019), 52쪽.

고 흥분했다. 생도들은 정일권 육군참모총장에게 기수 명칭에 반대한다는 뜻을 전하기 위해 김성진·백운택 생도를 대표로 정했다. 백운택 생도는 대검을 품고 가면서 "뜻을 이루지 못하면 배를 갈라 자결하겠다"라고 선언했다. 두 생도는 총장을 만나지도 못하고 헌병대에 연행되었다. 학교 당국의 설득으로 졸업을 몇 달 앞두고 정규 육사 1기생에서 육사 11기로 기수 명칭이 변경되었다. 이 과정에서 유의석 생도가 교칙 위반을 이유로 퇴교 처분당했다.[88]

5·16으로 한국사에서 예외의 시대 개막

문민 통치가 일상화되었던 한국에서 문명사적 변혁이 시작된 때는 1961년이다. 5·16이 일어난 시점부터 노태우가 대통령에서 퇴임한 1992년까지 박정희(18년), 전두환(7년), 노태우(5년)가 통치한 30년은 한국사에서 군 출신 지도자들이 통치한 예외의 시대였다. 먹물 정신에 깊이 물든 문민 통치로 일관해왔던 한반도에서 무인 통치는 한국인의 역사적 전통과는 지극히 거리가 먼, 낯설고 어색한 제도였다. 때문에 먹물 지식층은 그 30년을 암울한 군사독재의 시대로 못을 박았다.

학자들은 한국인의 독특한 심성 중의 하나로 한(恨)을 꼽는다. 한국민족문화대백과사전에 의하면 한이란 "욕구나 의지의 좌절과 그에 따르는 삶의 파국, 그에 처한 편집적이고 강박적인 마음의 자세와 상처가 의식·무의식적으로 얽힌 복합체"로 정의한다. 이것은 우수한 자질을 가진 국민이 통치자의 잘못된 지도로 뜻을 펴지 못한 데서 파생된 의식구조다.

한국인은 가슴 깊이 한이 응어리져 있어 심성이 감성적·충동적이며, 비논리적이고 다혈질적이다. 이런 심성을 가진 국민을 원활하게 이끌기 위해

---

88 노태우(상), 앞의 책, 74~75쪽.

서는 지도자가 국민 앞에서 솔선수범해야 한다. 박정희와 함께 5·16 거사의 주역이었던 이석제(박정희 정부에서 총무처장관·감사원장 역임)의 회고에 의하면 박정희 대통령이 전 국민을 '잘사는 나라'를 향해 뛰도록 만든 비결은 "지도자는 앞서서 뛰었고, 우리(혁명동지)는 뒤따라가며 국민에게 '하면 된다'는 신념을 심었기 때문"이라고 진단했다.[89] 지도자가 앞에서 끌고 뒤에서 밀며 혼신의 힘을 다한 것이 번영의 에너지원이었다는 뜻이다.

이처럼 지도자는 국민에게 임무와 목적을 제시하는 존재인 동시에, 그 임무와 목적을 성공적으로 완수시켜야 하는 책임을 진 사람이다. 나아가 지도자의 가장 중요한 덕목은 자기희생이다. 리더의 우열은 지적 능력의 차이가 아니라, 목숨 걸고 자기가 맡은 일을 추진할 수 있는 희생정신이 있느냐 없느냐의 차이다. 자기희생 정신이 없는 사람은 지도자가 될 자격이 없다는 점에서 무인 통치의 전형을 이룬 군 지휘관 출신과 양김(김영삼·김대중)으로 상징되는 문민 지도자와는 확연히 다른 모습을 보였다.

군 출신 지도자는 그 시점에서 국가에 무엇이 가장 필요한 일인지 우선순위를 정해 추진하도록 교육받은 존재다. 또 계획한 프로젝트는 예정된 기한 내에, 최소의 비용과 희생으로 완벽하게 마무리 짓는 것을 훈련받았다. 박정희의 경부고속도로와 포항제철, 중화학공업 건설, 전두환의 서울올림픽 유치, IT산업 건설, 국가기간전산망 건설이 대표적 사례다.

강창성은 4년제 정규 육사 중에서도 최초의 기수였던 육사 11기는 그 이전의 기수들과는 다른 몇 가지 특징을 갖고 있었다고 분석한다.

첫째, 이들은 강한 동료의식을 갖고 있었다. 과거 어느 기수보다 긴 4년간의 학창 생활에서 고락을 함께한 덕분이다.

둘째, 한국 유일의 서구식 대학 교육을 받았다는 자부심, 그리고 육사

---

89 이석제, 『각하 우리 혁명합시다』, 서적포, 1995, 81쪽.

가 사실상 육군의 최고 교육기관이라는 강한 엘리트 의식을 갖고 있었다.

셋째, 이들은 정치화되는 계기를 비교적 일찍 갖게 되었다. 이승만 대통령이 육사 11기 재학 중 6차례나 육사를 방문하여 관심을 보였다. 일선에 배치된 후에는 일부 사단장, 군단장, 군사령관 등으로부터 지나친 우대를 받은 덕분이다.[90]

전두환의 상징은 멸사돌진 정신

대한민국 건국 이래 가장 뛰어난 군사교육을 받은 육사 11기생들이 소위 계급장을 달고 현장으로 나간 날은 1955년 10월 4일이었다. 최초 입교자 228명 중 마지막 관문을 통과한 졸업생은 156명. 전두환의 임관 성적은 156명 중 126등이었다.

전두환 생도는 졸업 앨범에 "창조, 그리고 행복, 그래서 나는 보병을 택한다!"라는 메시지와 함께 "멸사돌진(滅死突進)"이라고 썼다. 천금성은 멸사돌진 정신은 그의 군인 생활을 통해 표출된 일관된 희생정신이었고, 명예와 충성, 성실과 창조를 위해 사는 그의 인간상이었다고 분석했다.[91]

한 인간이 가진 적당한 콤플렉스는 발전의 동력을 제공하기도 한다. 전두환은 육사 입학성적은 물론 재학 시절 학업 성적이 우수하지 못했다. 그런 콤플렉스를 다른 방식으로 만회하기 위해 그는 모든 노력을 다했다. 졸업 이후 군 생활은 그런 노력이 총체적으로 표출되는 시기였다.

육사 11기 졸업생 전원은 광주 육군보병학교 초등군사반(OBC: Officer Basic Course)에 입교하여 소대장으로서의 직무 교육을 받은 후 전방 부대 소대장으로 배속받았다. 전두환의 장교로서의 첫 임지는 21사단 66연

---

90 강창성, 『군벌정치』, 해동문화사, 1991, 360쪽.

91 천금성, 앞의 책, 158쪽.

대 1중대 소대장이었다.

육사 생도들은 자부심에 가득 차 근무지에 부임했다. 군과 사회의 기대와 관심이 육사 11기 출신 장교들에게 쏠렸지만, 그들 눈앞에 나타난 한국군의 현실은 가혹했다. 정의감에 불타는 육사의 젊은 교수들은 11기생들에게 "어느 사단장은 별명이 송충이다. 전방에 있는 소나무를 모두 베어다 팔아먹었다. 부대마다 후생사업이라는 명목으로 이권을 챙겨 독식하는 등 한마디로 썩어빠졌다. 너희들이야말로 파사현정(破邪顯正)이란 글자를 이마에 붙이고 임관 후에는 임지에 가서 정의를 위해 싸워야 한다"라고 훈시했다.[92]

이승만 정부 시절 나라가 가난하다 보니 군이 엉망이 되었다. 부대 운영비가 턱없이 부족했고 장교들의 생활에 필요한 최소한의 급여를 제공하지 못했다. 직업군인인 장교와 부사관들은 생존을 위해 고민해야 하는 절박한 환경이었다. 박정희 장군과 함께 5·16을 일으킨 이석제의 회고에 의하면 4·19가 일어난 1960년, 육군 중령이었던 이석제의 월급으로 네 식구가 보름 정도를 버티면 다행이었다고 한다.

장교 월급으로는 생존이 불가능하니 사병들에게 지급되는 주식과 부식, 각종 보급품을 빼돌려 가정생활에 보태야 했다. 군을 통솔하고 지휘하는 고급장교가 부대 보급품에서 퍼낸 쌀자루를 어깨에 메고 귀가하는 모습은 어색하지 않은 군 사회의 일반적인 풍속도였다. 이런 환경 탓에 군용물자 유출 등 부정부패 사건이 꼬리를 물고 일어날 수밖에 없었다.

당시 군부대 수송차량은 대부분 일본제 닛산 트럭이었다. 이 트럭을 외부에 임대하거나, 국유림에 자생하는 나무를 벌목하여 몰래 팔아 부대 운영비로 사용하고, 일부는 지휘관 호주머니로 들어가곤 했다. 이런 형편에

---

92 노태우-a, 앞의 책, 71쪽.

매관매직이 성행하면서 뜻있는 장교들의 기를 꺾었다. 진급을 위해 집을 팔았다는 소문은 어디서나 들을 수 있는 흔한 이야기였고, "누구에게 얼마 주고 계급장을 샀는지" 알 만한 사람은 다 알 정도였다.[93]

미 특수전학교 유학

6·25 전쟁이 끝나고 난 후 육군 장교단은 당시 대장이었던 이형근·백선엽·정일권 등 3명을 중심으로 계파 간 갈등이 최고조에 달해 줄서기를 강요당했다. 이런 현실에 내던져진 육사 11기 출신 장교들의 가슴속에는 나라에 대한 걱정과 군의 부패에 대한 분노가 소용돌이쳤다. 그들은 일선 부대에 배치되면서 부패 질서와 충돌하게 된다.

육사 출신 장교들은 늘 원리 원칙을 강조하여 '원칙 장교'라는 별명이 따라다녔다. 군내에서는 육사 출신 초급장교들에게 급양감독관이나 검수관을 맡겨 군내에 만연한 부정부패를 줄이고자 했다. 사단 검수관은 사단에서 매입하는 부식을 비롯하여 각종 물품의 질과 양을 검사하는 직책이다. 육사 출신 장교들이 검수관을 할 때는 군납업자들과 실랑이를 벌이기 일쑤였다. 그들은 육사 시절 몸에 밴 명예제도에 의해 부패와 부조리를 묵인하지 못했다. 이러한 정신적·도덕적 기준은 현실과의 마찰을 야기했고, 갈등으로 인해 상부나 주변으로부터 위협을 받기도 했다.[94]

대위로 진급한 전두환은 공수특전단 창설 요원으로 자원하여 특수전 전문가로 성장하게 된다. 6·25 당시 유격전 및 정보수집 활동을 벌였던 KLO(켈로부대)가 휴전 후 해체되면서 대원들은 육군 각 사단으로 뿔뿔이 흩어졌다. 1958년 4월 1일 이들을 한자리에 모아 제1전투단을 창설했고(단

---

93 이석제, 앞의 책, 14쪽.

94 이기윤, 앞의 책, 263·273~274쪽.

장 백문오 대령), 1959년 10월에 제1공수특전단으로 부대명을 개칭했다.

1959년 1월, 전두환 대위는 육사 재학 시절 참모장 이규동 장군의 딸 이화여대 의대생 이순자 양과 결혼했다. 이순자 양은 전두환 대위와의 결혼을 위해 의사의 꿈을 포기하고 평생 남편 내조의 길을 택했다.

1959년 6월 전두환은 미국 유학 요원으로 선발되었다. 유학지는 노스캐롤라이나주 포트 브랙의 미 육군 특수전학교였다. 이 학교는 서방 세계에서 최고 권위를 자랑하는 심리전과 반란진압, 게릴라전 전문 훈련기관으로서, 훈련 과정을 이수하면 포트 브래거(Fort Bragger)라 불리는 명망 높은 학교였다.

함께 선발된 장교는 노태우(11기), 이영진(12기), 육완식(13기), 신규환(통역장교 출신)이었다. 교육생은 50명이었는데 3분의 1이 미군이고, 3분의 2는 우방국에서 온 장교들이었다. 한국군 장교는 이들이 처음이었다. 특수전 교육 내용은 현역군이 적의 후방에 침투하여 적 지역 내의 주민과 접촉해 게릴라를 조직·편성·훈련한 후 적의 전략 목표를 공격하고 전황을 유리한 국면으로 이끌어 정규군과 연계를 맺는 훈련이었다.

특수전 훈련이 끝난 후 시작된 심리전 코스는 공산주의를 타도하기 위한 이론과 기술 교육과정이었다. 심리전은 대적(對敵) 심리전과 대내(對內) 심리전(선무공작)이 있는데, 사람의 마음을 읽고 그 마음을 다스리는 기술도 포함되어 있어 군 고급간부에게 반드시 필요한 과목이었다. 전두환을 비롯한 한국군 장교들은 6월 13일부터 11월 25일까지 5개월 강도 높은 훈련을 받고 귀국했다.

이번에는 레인저 과정 유학

전두환은 제1공수특전단 작전참모, 노태우는 정보참모 보직을 받았다. 당시 특전단은 부대 창립 초기여서 특수전에 관한 개념을 비롯하여 전술이 거의 갖춰져 있지 않았다. 두 사람은 미국의 교범을 번역해 특수전 교리를 만들었다. 이 와중에 사회에서는 1960년 3·15 부정선거에 항의하는 대규모 시위와 이 대통령 하야라는 정치적 격변을 경험한다.

1960년 6월 전두환 대위는 조지아주 포트 베닝 보병학교의 레인저 트레이닝 과정 유학생으로 선발되었다. 함께 선발된 장교는 최세창·장기오(육사 12기), 차지철(포병 간부후보생 출신)이었다. 레인저 트레이닝 과정은 독사와 악어가 들끓는 플로리다 늪지대와, 나무나 풀 한 포기 없는 사막에서의 생존 훈련, 체력의 한계를 시험하는 악명 높은 8주간의 극한 훈련이 이어졌다.

차지철은 늪지대 훈련 과정에서 동료 미군 장교를 두들겨 패는 사고를 일으켰다. 이때 전두환 대위가 차지철의 행위는 미군 장교의 비신사적 행위 때문이란 사실을 조리 있게 설명하여 차지철은 퇴교당하지 않고 교육 과정을 마칠 수 있었다. 강도 높은 훈련을 소화하면서 전두환 대위는 인간의 한계를 뛰어넘어 내면의 초인적인 힘을 발휘하는 가능성과 자신감을 가지게 되었다.

레인저 트레이닝 코스를 이수한 네 명의 장교에게는 한국군 최초의 특수전 교육장교 자격이 주어졌다. 레인저 트레이닝 과정을 수료한 장교들은 특수전 부대 중에서도 최정예 요원 양성 과정인 패스파인더(pathfinder) 훈련에 참여하게 된다. 패스파인더는 공수작전 때 본대에 앞서 8~12명으로 구성된 팀이 적지에 먼저 침투하여 본대가 안전하게 강하할 수 있도록 유도하고, 적의 타격 목표에 유도등을 설치하는 특수임무부대였다.

훈련은 고되었지만 전두환을 비롯하여 차지철, 최세창, 장기오는 전설적인 레인저 훈련을 받는 최초의 한국군 장교라는 프라이드 덕분에 펄펄 날았다. 덕분에 전두환 대위는 패스파인더 교육에서 외국군 장교 중 수석을 차지했다. 차지철은 자신이 특전부대 출신 중에서도 최고난도의 레인저 훈련 수료자란 사실을 영광스럽게 생각하여 미국 레인저 반지를 자나 깨나 끼고 다녔다.

미국에서 특수전 교육을 받은 전두환은 늘 상황에 끌려가지 않고 상황을 이끄는 것이 중요하다는 교훈을 얻게 되었다. 이때부터 그는 "선수를 쳐야 이긴다", "모든 일에 주도권을 잡아 기선을 제압해야 한다"라는 철학과 "맡은 바 임무에 생명을 건다"는 사생관을 가슴에 품고 군 생활을 이어갔다.

정면대결의 승부의식, 힘의 과시, 기민성을 가지고 선수를 치고, 주도권을 잡기 위해서는 사전에 주도면밀한 연구와 준비를 철저히 해야만 한다. 그런 사고방식은 대통령이 되어 정치를 할 때도 변치 않는 그의 독특한 통치 스타일이었다. 1968년 1·21 사태를 사전 대비한 점이나, 1987년 6·29 선언은 그의 성격이 가장 잘 표출된 대표적인 사례에 속한다.

1960년 12월 16일 귀국한 그는 제1공수특전단 선임 장교로 잠시 근무했다. 공수특전단은 5·16 거사 당시 박정희 장군을 따라 혁명에 참여했고, 김신조 일당의 청와대 습격사건, 울진·삼척 무장공비 섬멸 때 공을 세운 부대였다. 박 대통령은 그런 공적을 기려 공수단에 아파트와 체육관을 지어주었고, 공수단 출신인 차지철을 통해 수시로 금일봉을 하사했다.[95]

이 무렵 군 지휘부는 양질의 초급장교를 확보하기 위해 학군단 제도를 신설했다. 1961년 4월 전두환은 서울대 문리대 ROTC 교관요원으로 지명되었다. 그는 육사 동기 이동남 대위(육사 동창회 서울지부장)를 통해 "조만간 박정희 장군을 중심으로 군사혁명이 일어날 것"이란 소식을 접하게 되었다. 이동남 대위는 박종규 소령으로부터 관련 소식을 들었다고 한다.

전두환 대위는 장인 이규동 장군에게 "박정희 장군은 청렴결백한 군인

---

95 김진, 앞의 책, 143쪽.

이자 부하들의 존경을 받는 훌륭한 지휘관"이란 말을 여러 차례 들었다. 이규동과 박정희는 만주군 출신이었고, 해방 후 육사 2기 동기로 잘 아는 사이였다.

5

박정희와 전두환을 이어준 5·16 혁명

5월 16일. 박정희 장군이 지휘하는 혁명군이 한강 다리를 건너 서울에 진주했다. 하지만 5·16은 완벽한 계획도 없었고, 65만 대군 중 불과 3,500여 명의 병력이 서울 요지를 장악한 상황이었다. 혁명 과정에서 일부 한국군이 주한미군의 작전통제권을 무시하고 쿠데타에 가담했다.

화가 잔뜩 난 매그루더(Carter Magruder) 주한미군 사령관은 5월 16일 오전 10시, AFKN 방송을 통해 "나의 지휘계통에 있는 모든 군대는 장면 총리가 이끄는 합헌적인 한국 정부를 지지한다"라는 성명을 발표했다. 이어 자신의 허가 없이 작전지역을 이탈한 병력의 원대복귀를 촉구하는 성명을 방송했다.

매그루더 사령관에 이어 마샬 그린(Marshall Green) 주한 미국 대리대사도 "본인은 미국이 한국 국민에 의한 헌법 절차에 따라 선출·수립된 한국 정부를 지지한다는 사실을 단호하게 분명히 밝힌다"라는 성명을 발표했다. 미국 정부를 대표하는 두 사람의 성명은 미 국무부의 훈령이나 승인을 받지 않고 개인적 판단에 따라 발표한 것이었다. 반면에 케네디 행정부는 한국의 군부 쿠데타를 승인할 것인지 거부할 것인지 정리가 되지 않은 상황이었다.

주한 미국대사와 주한미군 사령관이 5·16에 반대하는 입장을 분명히 밝히자 대다수 한국군 지도부는 중립적 입장에서 혁명의 추이를 관망하기 시작했다. 상황이 불확실하게 돌아가자 장도영 육군참모총장은 기회주의로 일관했다.

이 와중에 혁명 지도자 박정희 장군과 신경군관학교, 일본 육사 동기인 이한림 1군사령관의 행보가 초미의 관심사로 떠올랐다. 5개 군단, 20개 전투사단의 지휘권을 보유한 이한림 사령관은 박 장군의 쿠데타에 반대하는 입장이었다. 5월 17일, 이한림 사령관이 야전군을 동원하여 쿠데타군을 진압하려 한다는 소문이 파다했다. 이렇게 되면 국군 간 유혈충돌을 피할 수 없게 된다.

박정희 장군 찾아간 전두환 대위

1군의 쿠데타 진압설로 인해 혁명 실패 위기감이 감돌던 1961년 5월 17일 아침. 군복을 빳빳하게 다려 입은 육군 대위가 육군본부로 가서 혁명군 지도자 박정희 장군에게 면담을 요청했다. 박종규 소령은 전두환이 "혁명을 지지하러 왔다"라고 밝히자 박정희 장군에게 안내했다. 박 소령이 긴박한 상황에서 전두환 대위를 혁명 지도자와 면담시킨 이유는 그가 전두환보다 한 해 먼저 미국에서 레인저 과정을 수료한 공수부대 선배였기 때문이다. 당시 미군 레인저 과정을 수료한 사람은 군 전체를 통틀어 몇 명 없어 두 사람은 만나본 적이 없음에도 불구하고 잘 알고 있었다.

혁명 지도자 박정희 장군과 새파란 육군 대위 전두환의 면담 장면을 기록한 천금성의 『황강에서 북악까지』에서 주요 내용을 정리하여 소개한다.[96]

"박 장군님, 혁명을 주도한 분이 장도영 총장님이십니까, 박 소장님이십니까?"

---

96 천금성, 앞의 책, 224~228쪽.

"나야."

"그렇다면 장군님께 여쭙겠습니다. 장군님들 같은 썩은 정신을 가진 군인들이 거사를 할 수 있겠느냐고 생각합니다. 국방 임무를 소홀히 하여 6·25 때 낙동강까지 밀려 내려갔던 군부 지도자들이 말입니다. 군대를 속속들이 썩게 만든 군인들이 말입니다. 다시 말해서 군대를 팔아먹은 것이나 다름없는 군인들 아닙니까!"

"전 대위! 군대가 썩어빠졌다는 말에 대해서는 변명 않겠다. 그런 지휘자도 있으니까. 나는 전 대위가 말하는 그런 썩어빠진 정신으로 군무에 복무한 사람이 아니다."

"저는 장군님이 청렴결백하다는 말을 여러 번 들어왔습니다. 그러나 장군께서 스스로 자신을 가리켜 그렇게 말씀하시는데 과연 한 점 부끄러움이 없으십니까?"

"나는 떳떳하다. 그렇지 않다면 전 대위가 용서할 수 없듯 국민이 나를 용서하지 않을 것이다."

"좋습니다. 그렇다면 장군님께서 혁명을 일으킨 소신과 이 나라를 구해내기 위한 계획을 제가 납득할 수 있도록 설명해주십시오. 박 장군님의 말씀에 납득이 가면 저는 신명을 장군님께 바치고 한 가지 큰일을 하겠습니다."

"납득이 안 간다면?"

"저는 반란으로 단정 짓고 반혁명 대열에 앞장서겠습니다. 물론 그 경우 이 방에서 살아나갈 수 없을지도 모릅니다. 그렇게 되더라도 저는 의(義)를 저버릴 수 없습니다."

"전 대위, 나는 마음 든든하다. 우리 국군 장교 가운데 전 대위 같은 장교가 있는 것을 보니 마음 든든해. 우리 군대는 아직 썩지 않았어."

"앞으로의 계획은 어떻습니까. 혁명 공약만으로는 만족할 수 없습니다."

"우리나라의 방종적인 후진 민주주의를 참다운 민주주의로 끌어올릴 생각이다. 서구 모방의 민주주의는 혼란만 빚어내므로 우리 체질에 맞는 민족적 민주주의를 지향할 생각이야. 우리 국민이 잘 살 수 있는 참다운 민주주의 말이다."

전두환 대위는 박정희 장군의 결연한 의지에 감동하여 혁명 지지를 결의했다. 그는 박정희 장군에게 육사 생도들을 혁명에 적극 참여시키겠다고 약속했다. 박 장군은 오치성과 육사 생도대장 출신 박창암 대령, 차지철 대위 3인을 육사에 파견하여 육사 생도를 혁명에 참여시키려 했으나 강영훈 육사 교장의 반대로 뜻을 이루지 못하고 있었다.

육사 생도 설득에 성공한 전두환

전 대위의 제안에 박정희는 흔쾌히 찬성하고 굳은 악수를 나누었다. 그 즉시 박 장군은 전두환 대위에게 혁명군 완장을 채워주고 차량 한 대를 내주었다. 이동남 대위를 비롯한 11기 동기 몇 명과 함께 육사로 달려간 전두환 대위는 생도대장을 비롯하여 육사 참모장, 교수부장을 설득했으나 혁명 실패를 우려하여 누구도 선뜻 나서지 않았다. 전두환은 마지막으로 동기와 후배들 설득에 나섰다.

"혁명을 주도한 박정희 장군은 강직하고 청렴결백한 군인이다. 우리는 그를 믿어도 좋다. 이 나라의 운명을 짊어진 우리가 이런 국가적 위기에 잠자고 있어서야 되겠는가"라는 그의 말에 육사 동기인 김성진·강제륜(11기 동창회장) 대위 등이 적극 호응했고, 육사 생도 대표들은 "우리는 선배님만 믿겠습니다"라며 지지 의사를 밝혔다. 마침내 오후에 열린 교수회의와 참모회의에서 혁명 지지를 결정했다.

5월 18일 아침, 8개 중대 육사 생도 800여 명은 교수 및 훈육관들과 함께 동대문에 집결했다. 1학년인 21기 생도들은 전날 밤 만약의 사태에 대비하여 4학년 분대장 생도들로부터 M1 소총 실탄 장전법과 조준 사격 교육을 받았다. 혁명을 둘러싸고 국군 간에 내전 가능성이 고조되었기에 취해진 조치였다.

화려한 예복을 착용한 육사 생도대는 동대문을 출발했다. 전두환 대위는 선두에서 행진 생도들을 지휘했다. 맨 앞에는 중앙방송국의 가두방송단이 훈육관 고윤민 대위가 낭독하는 혁명 결의문과 영어 교관 이재호 대위의 영문 결의문과 혁명공약, 정재문 연대장 생도가 설명하는 사관생도의 신조 및 도덕률 등을 잇달아 방송했다.[97]

생도대 대열은 종로를 거쳐 광화문-시청앞-남대문-신세계백화점을 돌아 시청 앞 광장에 집결했다. 연도의 시민들은 열화와 같은 박수갈채를 보내며 군사혁명을 지지했다. 시청 앞에서 박정희 장군과 장도영 육군참모총장 등 혁명 주체세력이 참석한 가운데 기념식을 거행했다. 생도 대표는 "조국아, 민족아, 상기하라. 부패와 무능에 감연히 항거하여 일어난 국민의 군대는 새로운 조국 건설의 역군이 될 것"이라고 뜨거운 목소리로 혁명지지 선언을 했다.

다음 날 동아일보는 "18일 상오 서울 교외 태릉에 자리 잡고 있는 육군사관학교의 사관생도와 장병들은 종로 세종로 태평로 등 수도의 심장부를 꿰뚫고 보무당당히 시가행진을 하면서 5·16 군사혁명을 지지 성원하였다"라고 보도했다.[98]

육사 생도대의 혁명지지 시가행진을 주도했던 전두환은 혁명 주역들이 있는 단상에는 오르지 못했다. 사열식이 막 시작되는 순간, 박종규 소령이

---

97 육사 30년사 편찬위원회, 앞의 책, 258쪽.
98 동아일보, 1961년 5월 19일.

혁명위원회 사무실을 지켜달라는 부탁을 한 덕분이다.[99] 전두환 대위는 시청 옆 국회의사당 건물(현 서울시의회 청사)로 옮겨진 군사혁명위원회 사무실에서 걸려오는 전화를 받는 등 바쁘게 일을 하면서 자연스럽게 혁명 주체세력의 일원으로 활동하게 된다.

해사·공사 생도 혁명지지 행진도 이끌어내

육사에 이어 해사·공사의 혁명 지지 행진을 이끌어낸 것도 전두환 대위였다. 전두환은 육사 재학 시절 축구부 골키퍼 겸 주장으로서 3군 사관학교 체육대회를 계기로 해사·공사 축구부와 친교를 나누게 되었다. 이들을 통해 혁명 지지 행진 참여를 요청했다. 그 결과 서울 대방동에 위치한 공군사관생도들은 5월 19일 서울에서 혁명 지지 시가행진을 했다. 진해에 위치한 해군사관생도들은 5월 20일 부산해군경비부에서 부산역 광장까지 시가행진을 하고 혁명 지지 선언문을 낭독했다.

전두환 내위는 5월 19일 서울대 문리대 교정의 잔디밭에서 서울 각 대학 학생회 대표들과 만났다. 이 모임은 서울대 문리대 사학과 졸업생인 육사 동기 김성진 대위가 주도한 것이다. 전 대위는 각 대학 학생회 대표에게 혁명 지지를 요청했다. 그 결과 서울대 총학생회는 "5·16은 4·19를 계승한 군사혁명"이라는 환영 성명을 발표하게 되었다.

자칫하면 군사혁명이 실패할 수도 있는 일촉즉발의 위기 상황에서 사태를 극적으로 반전시킨 결정적 계기는 5월 18일 오전 진행된 육군사관생도들의 혁명 지지 시가행진이었다. 그 시가행진을 이끌어낸 주인공은 육군 대위 전두환이었다. 5·16은 박정희 장군을 비롯한 육군 주도세력이 봉화를 올렸지만, 극적인 성공의 피날레는 전두환이 일익 담당한 셈이다. 이와

---

99 전두환 회고록(3), 앞의 책, 82쪽.

관련하여 전두환은 당시의 심정을 이렇게 회고했다.

"나는 단지 젊은 장교들의 심정을 대변했을 뿐이다. 뒷자리에 앉아 습관적으로 불만을 토로하고 세상을 개탄하는 것만으로는 현실을 바꿀 수 없다고 생각했기 때문이다. 거사가 과연 성공할지 실패할지 알 길 없는 그 가슴 떨리는 혁명의 시각에 그렇게 혁명의 성공을 도움으로써, 목숨 건 혁명 주체세력 당신들의 선택은 옳았다고 말하고 싶었던 것이다. 박 장군은 혁명을 지지한다고 찾아간 젊은 장교인 나에게 혁명의 이유, 혁명의 목표 같은 것을 설명하지는 않았다. 내가 먼저 그 혁명을 지지한다고 말했으니 그럴 필요가 없었을 것이다."[100]

박정희 장군은 육사 생도들의 혁명지지를 이끌어내기 위해 육사 생도 대장을 역임했던 박창암 대령을 보냈으나 실패했다. 그런데 육사 11기 전두환 대위가 이 일을 해낸 것을 보고 이들의 존재를 다시 보게 되었다. 군사혁명위원회는 국가재건최고회의로 명칭을 바꾸었고, 박정희 장군이 최고회의 의장에 취임했다. 박 장군은 전두환 대위에게 유능한 육사 11기 몇 사람을 최고회의에 추천하라고 명했다. 전 대위는 박 장군이 부산 군수기지사령관을 할 때 전속부관이었던 손영길 대위, 박 장군이 5사단장 시절 직속 부하였던 노태우·최성택 대위를 추천했다.

박정희 장군과의 끈끈한 인연

박 장군은 전두환 대위를 국가재건최고회의의장 민원비서관에, 최성택 대위는 총무비서관에 임명했다. 노태우 대위는 방첩부대장으로 부임하는 김재춘 장군을 따라 방첩부대(후에 보안사)로 가서 최고회의 연락업무를 담당했다. 최고회의 근무 시절 전두환은 혁명 지도자 박정희 장군을 비롯

---

100 전두환 회고록(3), 앞의 책, 80쪽.

하여 박종규(경호대장), 이낙선(총무비서관), 박태준(비서실장), 윤필용(보좌관), 차지철(경호차장) 등 3·4공화국 실세들과 깊은 인연을 맺게 된다.

당시 최고회의 비서실장은 박태준이 맡았다가 윤필용 대령이 부임했다. 이로 인해 최고회의에 근무하던 11기생들과 윤필용의 인연이 시작되었다. 윤필용은 육사 8기로 1927년생이었고 전두환은 1931년생이니 나이는 네 살 차이였지만, 계급은 대령과 대위였다. 윤필용은 권위의식이 전혀 없는 성격이었고, 부하의 주장이 옳으면 적극 수용하고 용기를 북돋워주는 스타일이었다. 호탕한 성격 덕분에 육사 11기와 가깝게 지냈는데, 덕분에 1973년 발생한 '윤필용 사건' 때 11기들이 홍역을 치르게 된다.

민정이양을 위한 총선이 임박하자 박정희 의장은 전두환 대위에게 여러 차례 정치 참여를 권유했다. 전두환은 사관학교 입학식 때 맹세했던 "일생을 군인으로 살다 군인으로 죽겠다"라는 초심을 기억했다. 전 대위는 박 의장의 권유를 완곡하게 거절하고 최고회의를 떠나 육군보병학교 고등군사반(OAC) 106기생으로 입교했다.

박정희 의장은 전두환을 곁에 두고 싶어 했고, 정규 4년제 육사의 첫 졸업생 중 한 명 정도는 국회에 진출시킬 계획을 하고 있었다. 자기가 점찍은 전두환 대위가 이를 거절하고 군으로 돌아가자 차지철 대위를 대신 내세웠다. 차지철은 5·16 직후 대위에서 소령으로 진급했고, 소령 진급 석 달 후 중령으로 특진과 동시에 전역했다. 그는 박정희 대통령의 명을 받아 1963년 제6대 총선에 출마, 민주공화당 전국구 국회의원에 당선되었다.

당시 그의 나이 30세였다. 이후 지역구에서 두 차례 당선되어 3선 의원으로서 국회 외무위원장, 내무위원장을 역임했다. 1974년 육영수 여사가 문세광의 저격으로 서거한 후 박정희는 박종규 경호실장을 경질하고 국회 상임위원장을 역임한 차지철을 후임 경호실장에 임명했다. 이런 모습으로 유추해볼 때 박 의장은 전두환을 정치인으로 키워 모종의 역할을 맡기려

전두환 중령이 청와대를 경비하는 수경사 30대대장 취임식 직후 촬영한 사진(왼쪽 첫 번째).
오른쪽 첫 번째가 전임 30대대장 손영길 중령이다.
박정희 대통령은 5·16 당시 혁명의 성공 여부가 불투명한 상황에서
전두환 대위가 누구도 해내지 못한 '육사 생도들의 혁명 지지 시가행진'을 성공시키자
그 후부터 전두환을 늘 곁에 두고 싶어 했다고 한다.

했던 것이 아닐까 추측된다.

박 장군은 대통령에 오른 후에도 전두환과의 인연을 계속 이어나갔고, 그의 진급이나 보직에 각별한 관심을 보였다. 청와대를 경비하는 수경사 30대대장 시절 1·21 사태 때 박 대통령의 안전을 지킨 덕분에 육영수 여사도 전두환을 각별하게 신임했다. 공수여단장으로 5년 장기 근무하고 사단장으로 나갈 순번이었으나 박 대통령은 전두환을 대통령경호실 작전차장보로 불러 자신의 경호를 책임지도록 했다. 이런 이유 때문에 전두환은 박정희의 양아들이란 소문이 날 정도였다. 전두환은 "혁명의 날 아침 맺어진 박 장군과의 인연은 그 어른이 통한의 죽음을 당할 때까지 혈연보다 더 굵고 질긴 줄로 이어져왔다"고 회고했다.[101]

---

101 전두환 회고록(3), 앞의 책, 85쪽.

수경사 30대대장 임명되다

고등군사반 교육을 마친 전두환은 전방부대 대대장으로 내정되었으나 생각지도 않게 중앙정보부 인사과장으로 발령받았다. 사연인즉 박 의장에게 대대장 부임 인사를 하러 갔는데, 그 자리에 와 있던 김용순 신임 중앙정보부장이 박 의장에게 "전두환을 데려가겠다"고 요청하여 박 장군의 승낙을 받아낸 것이다.

전두환은 중앙정보부에는 채 반 년도 근무하지 못했다. 소령으로 진급하면서 육본 인사참모부를 거쳐 육군대학에 입교했고, 육군대학 교육이 끝나자 제1공수특전단으로 배속받아 대대장 대리직을 맡게 되었다.

미국 포트 실과 포트 베닝에서 특수전·심리전 교육, 패스파인더 교육과정을 수료한 전두환은 자타가 공인하는 특수전 전문가로 성장했다. 1966년 11월 중령으로 진급하여 제1공수 부단장에 올랐다. 중령이 되고 나서야 전두환은 용산구 보광동에 생애 최초로 17평짜리 내 집을 마련하여 8년여 처가살이를 끝내고 독립했다.

그는 공수특전단을 국군 최고 정예부대로 육성하기 위해 혼신의 노력을 다했다. 낙하훈련 때는 자신이 가장 먼저 비행기에서 뛰어내렸다. 그는 1958년부터 1976년 6월까지 총 500여 회 점프 낙하를 기록했다. 야간 점프 낙하훈련 도중 병사 한 명이 강풍에 휩쓸려 한강에 빠지자 직접 보트를 저어 병사를 구출했다. 여의도 백사장 낙하 과정에서 부하가 부상하자 가장 먼저 달려가 응급처치를 해주었다.[102]

낙하훈련은 늘 사고의 요인을 안고 있었다. 그는 착지 과정에서 발목이 부러져 보철을 박고 근무했다. 낙하훈련이 있는 날이면 그는 부인 이순자 여사에게 "다녀온다"라는 표현 대신 "나 갑니다"라고 인사하고 집을 나섰

---

102 천금성, 앞의 책, 237~238쪽.

다. 군인으로서 낙하훈련을 하다가 다시는 돌아올 수 없는 길이 될 수도 있었기 때문이다.

전두환 중령은 1967년 8월 11일, 수도경비사령부 제30대대장으로 자리를 옮겼다. 방패부대라 불리는 이 부대는 5·16 당시 역쿠데타를 저지하기 위해 30사단과 33사단에서 1개 대대씩을 차출해 30대대와 33대대를 창설했다. 30대대는 청와대와 마주한 경복궁 경내 태원전 자리, 33대대는 청와대 뒷산에 주둔했다. 탱크와 장갑차 등으로 중무장한 2개 중대로 구성된 30대대는 대통령 근위부대로서 통치 권력에 대한 최근접 방어를 담당하는 부대였다.

경호실은 대통령 주변 경호를 담당했고, 청와대 경내와 외곽경비는 30대대가 맡았다. 대통령과의 물리적 거리로 볼 때 30대대장은 참모총장이나 보안사령관보다 더 가까운 요직이었다. 전두환은 30대대장 시절 박종규 경호실장, 윤필용 수경사령관과 관계가 돈독해졌다. 박 대통령은 TV로 권투 중계를 볼 때 가끔 전두환 중령을 불러 같이 보았다. 입담이 좋고 만능 스포츠맨이었던 전두환은 박 대통령에게 흥미진진하게 권투 해설을 했다.[103]

김신조 일당 때려잡은 전두환

장교로서의 전두환은 어떤 상황에서 무슨 일이 닥쳐도 대처 가능하도록 준비와 훈련을 철저히 하는 스타일이었다. 결정적 상황이 닥치면 단호하고 현실적인 판단을 통해 자신의 의지대로 행동하여 성과를 거두었다. 상사를 모실 때나 부하들을 지휘할 때 그는 준비와 훈련 원칙을 목숨처럼 강조했다. 그의 리더십과 지휘방침은 김신조 일당이 청와대를 습격한

---

103 김진, 앞의 책, 139쪽.

1·21 사태 때 진가를 발휘하게 된다.

전두환 대대장은 부임 직후 청와대 경비 상황을 세밀히 점검한 결과 남파간첩이나 불순분자들이 청와대 뒷산으로 침투하여 기습할 경우 방어가 쉽지 않다는 사실을 발견했다. 이를 보완하기 위해 전두환 대대장은 박종규 경호실장을 설득하여 청와대 경내에 박격포 6문의 설치 허가를 받았다. 서울 한복판에, 그것도 대통령 관저인 청와대를 향해 중화기인 박격포를 설치하는 것은 여러 면에서 대단히 조심스러운 일이었다.

우여곡절 끝에 3문은 자하문 방향, 3문은 삼청동 방향을 향하도록 배치했다. 박격포를 배치한 후에는 첫 탄 발사 시간을 60초 이내로 단축하는 훈련을 실시했다. 내무반에는 긴급사태가 발생할 경우 출동 명령을 전달할 방송시설을 갖추었다. 사격수는 취침 때 군복을 철모와 함께 넣어두었다가 출동 명령이 떨어지면 철모만 들고 박격포로 달려가 사격 임무를 완수한 후 착용하도록 훈련했다.

그가 30대대장으로 부임한 지 5개월 후인 1968년 1월 21일, 김신조 일당의 청와대 습격사건이 벌어졌다. 전두환이 우려했던 대로 청와대 북쪽인 자하문 쪽에서 공비들이 침투를 시도한 것이다. 전두환 대대장은 지체 없이 조명탄 발사 명령 내렸다. 30초도 안 돼 조명탄이 발사되어 자하문 일대를 대낮같이 밝혔고, 즉각 제1중대(중대장 안현태 대위)를 출동시켜 무장공비들을 사살하고 김신조를 생포했다.

30대대장 전두환의 선제 조치 덕분에 긴박한 상황에서 국가원수를 구하고 나라를 지켜낼 수 있었다. 그해 10월 1일 국군의 날에 박 대통령은 전두환 대대장에게 보국훈장 삼일장을 수여했다. 전두환은 1969년 4월 정규육사 출신들의 동창회인 북극성회의 6대 회장에 당선되었고, 11월 육사 11기 동기 156명 중 선두로 대령 진급하면서 명실상부한 선두주자가 되었다.

이날 전두환은 육사 11기의 '공부의 신(神)'으로 알려진 김성진 중령에게 "육사 4년 동안 자네가 늘 1등을 했지. 나는 육사 졸업하고 15년 후에야 겨우 자네를 따라잡았다"라고 말했다. 수학이 늘 부족해 지도를 받았던 전두환이 자기를 지도해준 동료를 추월한 것은 졸업 후에도 부단한 노력을 멈추지 않은 결과였다.

1970년 4월 22일, 그는 8대 북극성회 회장으로 추대되었다. 그날 오후 전두환 대령은 모교인 육사를 방문하여 후배 생도들 앞에서 자신이 선두 주자가 된 사연에 대해 다음과 같이 연설했다.

"본관은 재학 중 성적이 중간에도 못 미쳤습니다. 그렇다고 공부를 게을리했던 것은 아닙니다. 본관은 1등을 하고 싶었습니다. 그리고 그 1등의 파이널은 비단 육사를 졸업할 때의 그 순간에서만 머무는 것은 아니라고 생각했습니다. 본관은 1등을 위해 육사에 입교한 그 순간부터 지금까지 20년 동안 끊임없이 공부해왔습니다. 이러한 노력의 결실로 이제 본관은 우리 동기생들을 앞질러 1등을 한 것입니다."

백마부대 연대장으로 베트남전 참전

1970년 11월 22일 전두환 대령은 제9사단(백마부대) 29연대장으로 보임되었다. 4년제 정규 육사 출신으로 연대장을 맡은 것은 전두환이 처음이었다. 그의 부대는 베트남에 파병되어 칸호아성의 닌호아에 주둔했다. 29연대는 적진으로 침투하여 적을 소탕하는 기습부대 임무를 수행하면서 '박쥐부대'로 불렸다. 이 연대에서 그는 연대 정보주임 장세동 소령과 인연을 맺게 된다.

전두환의 연대장으로서의 지휘방침은 먼저 적을 발견하고 먼저 공격하라(기습), 졸면 죽는다(경계 철저), 술을 삼가라, 여자를 멀리하라, 물욕을 버려라, 전우를 소중히 여겨라 등 여섯 가지였다. 전두환은 그중에서도 '기습'을 가장 중시했다. 그는 시간이 날 때마다 연대원에게 "표범처럼 날쌔게 접근해서 날카로운 이빨로 상대의 목덜미를 물어뜯는 것이 기습이다. 기습은 우리가 적을 이길 수 있는 비장의 무기"라고 강조했다.

월남전은 열대 밀림 속에서 벌어지는 게릴라전이어서 언제 어떤 형태의 기습을 당하게 될지 예측할 수 없었다. 전두환 연대장은 미국 포트 베닝에서 교육받은 레인저 특수전 훈련방식을 연대 장병들에게 전수했다. 몇 달 지나지 않아 29연대는 어떤 특공작전도 완벽하게 수행할 수 있는 전투력을 갖추게 되었다. 전두환은 박쥐 25·26·27호 작전에서 특수전 전술을 적극 활용했다.

그는 부하들에게 "군인의 길이란 충성과 명예를 지키는 것이고, 그보다 더 소중한 것은 깨끗이 죽는 일"이라고 훈시했다. 군인은 죽음 앞에서 초연해야 하며, 언제라도 죽을 준비를 갖추고 있어야 한다고 생각했다. 부하들에겐 전투에 나갈 때 언제 죽음이 닥칠지 모르니 깨끗한 속내의로 갈아입고 나가라고 주문했다. 죽고 나서 남에게 추한 꼴을 보여서는 안 된다는 사생관을 가진 사나이가 전두환이었다.[104]

전두환 연대장은 월남전에서의 공적으로 화랑·충무·을지무공훈장을 받았다. 29연대 장병 중 163명이 훈장·포장을 받아 월남에 파병된 한국군 중 최강의 정예부대라는 평가를 받았다. 전두환은 백마부대 연대장으로 월남에서 복무하면서도 박 대통령에게 꾸준히 편지를 보내 최고 권력자와의 사적 인간관계를 유지하는 데도 적극적이었다.

1971년 11월 14일, 1년간의 연대장 생활을 마치고 귀국하자 육본은 그를 제1공수특전단장에 보임했다. 1공수는 전두환이 오랜 기간 근무하며 부대의 기틀을 다져 고향과도 같은 곳이었다. 1공수단장 시절 그는 왼쪽 어깨에 레인저 탭을 부착하고, 상의 오른쪽 포켓 위에는 횃불 마크의 패스파인

---

104 천금성, 앞의 책, 254~255쪽.

더 탭을 달았다. 이 두 가지 탭을 달고 있으면 미 특수부대 요원들도 알아주는 존재가 된다. 대한민국 군인으로서 가장 힘든 훈련과정을 거친 자부심이 이 탭에 담겨 있었다.

전두환의 공수특전단 지휘방침은 충성·명예·단결이었다. 그는 부하 장병들에게 이 세 가지 정신을 체질화하도록 요구했다. 그의 리더십의 요체는 모든 일에 앞장서는 솔선수범이었다. 낙하산을 등에 메고 점프를 할 때면 전두환은 늘 부하들에 앞서 1호기에서 선두로 뛰어내렸다.

"선천적으로 지도력 갖고 태어난 인간"

공수부대의 공중전술 점프는 1,250피트 상공에서 뛰어내려 9초 안에 땅에 착지하는 방식이다. 이때 낙하산이 펴지지 않으면 사망하는 위험한 훈련이다. 1만 피트 이상 높이에서 낭만과 스릴을 느끼는 스카이다이빙과는 차원이 다르다. 어느 날 민병돈 대대장은 전두환 단장과 같은 비행기를 타고 공중전술 점프 훈련에 나섰다.

민병돈이 전두환 단장에게 "오늘따라 겁이 납니다"라고 하자 전두환은 "야, 나도 겁나. 많이 뛸수록 겁이 나는 거야. 나도 뭐 뛰고 싶어서 뛰는 줄 아나? 부하들에게 솔선수범을 보여주려고 뛰는 거야"라며 부하들을 다독였다. 부하를 사로잡는 마력은 이러한 솔직함이었다. 그는 자신의 임무를 수행하는 과정에서 항상 자신의 생명의 위험을 고려하지 않고 최선을 다했다고 회고했다. 이 과정에서 겁은 나지만 본능적인 두려움을 의지로 극복했다는 것이다.[105]

전두환 대령은 제1공수특전단장으로 재임하며 북한의 124군부대, 특수8군단을 능가하는 한국군 최강의 특전부대로 만들기 위해 불철주야 노력

---

105 김성익, 앞의 책, 186쪽.

했다. 부임과 동시에 1주일에 2회 전 장병이 참여하는 10km 구보를 실시했다. 구보 대열의 선두에는 늘 전두환 단장이 있었다.

그는 수경사 30대대장 시절, 북한 게릴라 부대가 청와대를 기습한 사건에 큰 충격을 받았다. 그는 제1공수단장 시절 북에서 또다시 이와 비슷한 도발을 감행하면 우리도 언제든 평양에 침투하여 특정지역 목표물을 파괴하고 돌아올 수 있는 능력을 갖춘 부대를 만드는 것을 목표로 세웠다. 이를 위한 체력단련을 위해 천리 행군 프로그램을 개발하여 시행했다.

육사 11기지만 민주주의 신념으로 전두환과 하나회를 격렬하게 비판한 사람이 장석윤이다. 육군 중령으로 예편, 미국에 이민 가서 목사가 된 그는 1994년 『탱크와 피아노』라는 회고록을 냈다. 전두환에게 지극히 비판적이었던 장석윤도 한겨레신문 고나무 기자와의 이메일 인터뷰에서 전두환의 군인으로서의 리더십을 다음과 같이 긍정적으로 평가했다.

"전두환은 선천적으로 지도력을 갖고 태어난 인간이다. 생도 시절부터 전두환은 부모에 대한 효심이 지극했고, 그의 가난한 집안을 하나도 부끄러워하지 않는 대범한 인간이었다. 부하들을 사랑과 관용으로 대하기 때문에 누구나 전두환 선배 밑에서 근무를 희망했다. 농담을 해도 자신을 낮추는 농담으로 상대를 웃기는 유머 감각이 있는 사람이었다. 특히 상급자에 대한 예의가 깍듯한 태도는 정평이 나 있었다."[106]

제1공수특전단장 재임 중이던 1973년 1월 1일, 전두환은 소위 임관 18년 만에 준장으로 진급했다. 이때 같이 별을 단 11기 동기는 손영길·최성택·김복동이었다. 북한 특수부대를 능가하는 공수부대를 만들기 위해 불철주야 노력하던 전두환은 뜻하지 않은 '윤필용 사건'에 휘말려 곤욕을 치르게 된다.

---

106 고나무, 『전두환-아직 살아 있는 자』, 북콤마, 2013, 237쪽.

하나회와 전두환 장군

1973년 어느 봄날, 이후락 중앙정보부장은 윤필용 수경사령관, 신범식 서울신문 사장과 만찬을 했다. 모두가 거나하게 술에 취한 상태였는데 윤필용이 "우리 영감님(박 대통령)이 연세도 드시고 장래에 무슨 일이 생길지 모르니 미리 후계자를 정해야 하지 않겠느냐"라고 말을 꺼냈다.

윤필용 장군의 취중 실언이 보고되자 대로한 박정희 대통령은 강창성 보안사령관에게 엄중하게 조사하라고 지시했다. 노태우의 증언에 의하면 평소 성격이 원만하지 못했던 강창성은 이 사건을 윤필용 장군뿐만 아니라 군을 이끌어가는 주도세력을 제거할 기회로 삼았다고 한다.[107]

강창성은 경기도 포천 출신으로, 용산고를 졸업하고 육사 8기로 군문에 들어섰다. 그는 경상도 출신도 아니었고, 5·16에 참여한 주체세력도 아니었다. 반면에 윤필용은 육사 8기로 강창성과 동기였지만 경북 청도 출신이었고, 박정희가 5사단장 시절 휘하에서 군수참모로 재직한 인연이 있었다. 이때의 인연으로 5·16 직후 국가재건최고회의 의장실 비서실장을 지낸 혁명 주체세력의 일원이었다.

여러 요인으로 볼 때 군내 파워에서 윤필용 장군에 뒤졌던 강창성은 이 사건을 윤필용과 그를 따르는 세력의 쿠데타 모의 사건으로 확대하여 본격적인 수사에 착수했다. 강도 높은 조사에도 불구하고 쿠데타 관련 증거는 나오지 않았다. 이 과정에서 강창성 보안사령관은 윤필용 수경사령관을 하나회의 대부로 몰아갔다.

강창성은 윤필용이 애지중지하는 하나회에 대한 감정이 좋지 않았다. 강창성은 하나회를 군의 통수계통을 어지럽히고 단결을 파괴하는 암적 존재로 규정하고, 이를 뿌리 뽑기 위해 하나회로 수사를 확대했다. 이것은 라

---

107 노태우a, 앞의 책, 180쪽.

이별 윤필용 장군에 대한 콤플렉스와 경쟁의식, 하나회 멤버에 대한 견제 심리가 복합적으로 작용한 것으로 해석된다.

그 결과 하나회 회장이었던 전두환을 비롯하여 육사 11기부터 20기까지의 하나회 회원들이 조사를 받았다. 전두환과 노태우는 강창성 사령관에게 불려갔는데, 강 사령관은 대통령의 이름을 내세우며 일대 숙군을 단행하겠다는 강한 의지를 표시했다.[108] 이 사건과 관련하여 전두환 대통령은 "잡혀들어가기 일보 전에 사안이 해제되어 곤욕은 면했는데, 우리 집을 보안대 요원들이 둘러싸고 전화 감청 다하고, 가족들도 고생하고, 군의 애매한 장군이 잡혀가서 무자비한 고문도 받고 예편서 쓰고 그랬다"고 증언했다.[109]

1973년 3월 24일 강창성 보안사령관은 박 대통령에게 하나회 수사 결과를 보고했다. 박 대통령은 하나회 핵심 장교 50여 명의 명단을 놓고 직접 펜으로 ○, ×, △ 표시를 하면서 구속, 예편, 감시 등으로 분류했다고 한다. 박 대통령은 처벌 대상자 명단 중 전두환과 노태우, 최성택, 정호용, 박준병 등은 제외했다. 강창성 보안사령관은 1973년 8월에도 전두환과 노태우 등을 철저히 재조사해야 한다는 건의서를 올렸으나 박 대통령은 이를 재가하지 않았다.[110]

이런 과정을 거쳐 박 대통령은 윤필용 사건 관련자 중 10명(장군 3명, 대령 3명, 중령 1명, 소령 1명, 대위 1명, 준위 1명)은 군법회의 회부, 31명은 예편, 24명은 인사이동, 160명은 감시 및 지도 등으로 분류하여 결재했다.[111] 윤필용 장군은 횡령, 수뢰, 직권남용, 군무이탈 등의 혐의로 징역 15년형, 손영길 준장(수경사 참모장)도 징역 15년, 김성배 준장(육본 장군인사실장)

108 노태우-a, 앞의 책, 182쪽.
109 김성익, 『전두환 육성증언』, 조선일보사, 1993, 303쪽.
110 전두환 회고록(3), 앞의 책, 107~108쪽.
111 강창성, 앞의 책, 375쪽.

은 징역 7년, 권익현(26사단 76연대장)·지성한(육군범죄수사단장)·신재기 대령(육본 진급인사실 요원) 등은 징역 1년~10년을 선고받았다.

이 밖에 정동철·배명국·박정기·김상구 등 31명은 군에 누를 끼친 혐의로 강제 예편시켰으며, 나머지 160명은 군에 남게 하되 보직을 바꿔 분산 조치되었다.[112] 강창성 사령관은 자신의 라이벌인 윤필용 제거를 위해 하나회로 지나치게 수사를 확대했고, 희생자도 너무 많았다. 강창성도 후에 수사결과가 다소 과장된 것을 인정했다.[113]

한국 군부의 계보

하나회를 이해하기 위해서는 해방 이후 형성된 한국 군부의 계보를 정리할 필요가 있다. 해방 후 국군 창설에 참여한 장교들은 일본군계, 만주군계, 중국군계로 대별된다. 이들 중 초기 국군 형성과 발전에 가장 중요한 역할을 한 일본군계 장교들이었다. 일본군계가 득세하게 된 이유는 몇 가지로 정리된다.

첫째, 인적 자원 측면에서 일본군 출신이 가장 풍부했고, 둘째, 미군정 측에서 임정을 부정하는 입장을 취함에 따라 광복군과의 거리가 소원해졌으며, 셋째, 미 군사고문단은 가능하면 영어교육을 받은, 즉 진보적이고 서구적인 자들을 선호했기 때문이다. 이에 따라 나이가 많고 정규교육을 받지 못한 데다가 현대전 기술이나 전기(戰技)가 부족한 광복군 출신들은 제외될 수밖에 없었다. 광복군 출신은 한국군의 정통성을 주장하면서 남한만의 군 창설에 소극적인 태도를 취함으로써 더욱 소외되었다.[114]

---

112 강창성, 앞의 책, 365쪽.
113 김진, 앞의 책, 39쪽.
114 강창성, 앞의 책, 335쪽.

이승만은 중국군 출신을 견제하기 위해 일본군 출신을 육성했다. 일본군 출신 세력이 비대해지자 이들을 견제하기 위해 만주군 출신을 육성하기 시작했다. 그 결과 만주군 출신 장교들은 1952년부터 1958년까지 육군 참모총장 자리를 거의 독점하면서 이승만의 비호 아래 한국군부를 장악했다.[115]

이로써 군내 세력 판도는 만주군 출신의 동북파(함경도)·서북파(평안도)가 양대 산맥을 이루었다. 이승만 대통령은 정일권(동북파), 백선엽(서북파)을 대립시켜 군을 통제했고, 장면 정권 시절에는 장도영(서북파)이 육군 참모총장에 올라 서북파가 주도권을 장악했다. 5·16 후에는 서북파가 몰락하고 동북파가 군의 요직을 장악했다.

이런 군내 세력 판도는 경상도파의 출현으로 급격히 요동쳤다. 6·25 전쟁 중 군문에 들어선 장교는 경상도 출신이 거의 절반을 차지했다. 예를 들어 육사 11기 합격자를 지역별로 보면 경남 41명, 경북 29명, 전북 27명으로 이들이 주류를 이루었다.

친목 모임 오성회가 하나회의 뿌리

박정희 장군의 5·16은 만주군 출신 중 서북파·동북파에 가담하지 못한 중남부 출신 비주류파와, 진급에 불만이 컸던 육사 5기 중 박정희와 개인적 친분이 두터웠던 자들, 그리고 육사 8기의 정군파가 주류를 이루었다.[116] 이들이 5·16을 계기로 고급장교로 등장하면서 기득권 세력을 형성한 동북파와 충돌하게 된다. 혁명주체세력은 내분에 휩싸였고, 박임항 장군의 반혁명 사건 등으로 함경도 출신 고급 장성들이 퇴장당하면서 경상

115 강창성, 앞의 책, 343쪽.
116 장성호(2020), 58쪽.

도 출신이 주도권을 장악했다.

한편에선 혁명주체세력인 육사 5기와 8기의 주도권 다툼에서 8기가 승리하여 군내 파벌은 8기 중심으로 재편되었다. 육사 8기가 비대해지자 박정희 대통령이 이들을 견제하기 위해 영남 인맥을 의도적으로 형성하는 과정에서 탄생한 것이 하나회다.

박정희가 4년제 정규 육사 출신들에게 관심을 갖게 된 것은 5·16 군사혁명 직후 군의 지지 획득을 위해 육사생도들의 5·16 지지 시가행진을 이끌어내는 과정에서 비롯되었다. 육사 생도대장을 역임했던 박창암이 실패한 것을 전두환 대위 등 육사 11기들이 나서서 성사시킨 데 큰 매력을 느낀 것이다. 한편에선 군부 내에서 육사 8기생들 세력이 커지자 이를 견제할 목적으로 하나회를 친위세력으로 육성했다는 주장도 있다.[117]

하나회는 전두환이 육사생도 시절 결성한 오성회가 모태다. 1961년 말 오성회는 전두환, 노태우, 손영길, 정호용, 권익현, 최성택, 백운택 등 영남 출신 육사 11기생을 중심으로 한 친목 모임인 칠성회로 발전했다. 보안사령관 시절 하나회 수사를 지휘했던 강창성은 박 대통령의 비호 아래 발족한 칠성회는 정규 육사 출신들을 비밀리에 포섭했고, 조직이 확대되자 명칭도 하나회(일명 일심회)로 탈바꿈했다고 밝혔다.[118]

전두환의 회고에 의하면 오성회는 순수한 친목 모임으로 출발했다고 한다. 그는 육사 입교 후 대구 출신인 노태우·김복동 생도와 자주 어울렸고, 최성택과 박병하가 합류해 다섯 명이 되자 군내 최고 계급인 원수까지 올라가보자는 뜻에서 오성회라는 이름을 붙였다고 한다. 멤버들은 별 성(星)자 돌림으로 이름을 하나씩 지었는데 전두환은 용성(勇星), 노태우는 관성

---

117 장성호(2020), 60쪽.
118 강창성, 앞의 책, 358쪽.

(冠星), 김복동은 여성(黎星), 최성택은 혜성(彗星), 박병하는 휘성(輝星)으로 정했다. 후에 백운택과 손영길이 합류해 7명이 되었으며 정호용, 권익현, 노정기 등이 참여하면서 모임은 열 명으로 늘어났다.[119]

쿠데타 음모사건 휘말려

11기생들이 3학년이 되었을 때 육사가 진해에서 서울 태릉으로 이전했다. 주말에 외박을 나가면 을지로에 있던 최성택의 집에 모여 '내일의 한국을 위해 우리는 어떤 역할을 해야 하는가', '1차, 2차 세계대전은 왜 일어났는가' 등을 주제로 진지한 토론을 벌였다. 이 모임에서 전두환이 나이가 제일 많아 자연히 리더 역할을 맡게 되었다.[120]

당시 육사에는 서울, 호남, 이북 출신들이 각각 출신 지역별로 모여 만든 여러 친목 모임이 존재했다. 김석원 장군의 아들 김영국 생도가 주도한 경기고 출신-럭비부 중심 그룹, 반공청년단 원로를 아버지로 둔 이효 생도를 중심으로 한 그룹 등이 조직되었다. 오성회는 육사 내에 조직된 순수한 친목 모임 중의 하나여서 공개적이었고, 동기들도 그 존재에 대해 알고 있었다.

5·16 이후 육사 11기 출신이 주목받는 사건이 발생했다. 혁명정부가 민정 이양을 앞두고 민주공화당 창당 자금 마련을 위해 추진한 새나라자동차 사건, 워커힐 사건, 증권파동, 회전당구대(파친코) 사건 등 4대 의혹사건이 언론을 통해 폭로되었다. 이 사건으로 김종필이 중앙정보부장에서 물러났고, 후임에 방첩부대장을 역임한 김재춘이 임명되었다.

김재춘은 권력의 핵심인 중앙정보부를 깨끗하고 유능한 기관으로 만들기 위해 육사 11기 출신을 요직에 기용했다. 방첩부대에서 함께 근무했던

---

119 전두환 회고록(3), 앞의 책, 109~110쪽.
120 전두환 회고록(3), 앞의 책, 110쪽.

노태우의 제안으로 인사과장에 전두환, 감찰실 과장에 권익현·최찬욱·박 갑용·주경현, 서울시부 학원팀장에 김복동 등이 발탁되었다. 4대 의혹사 건이 제대로 정리되지 않자 육사 11기 출신 장교들은 김재춘 부장에게 이 의를 제기했고, 이 과정에서 김재춘이 물러나고 육사 8기 출신 김형욱이 후임 정보부장에 임명되었다.

1963년 7월, 중앙정보부는 육사 11기 출신 장교들의 반(反)혁명 사건 조 사에 나섰다. 육사 11기 출신들이 7월 6일, 8기생 중심의 최고위원들을 체 포하는 쿠데타를 기도했다는 내용이었다. 일부에서는 이 사건이 박정희 의 장의 정치기반을 굳히기 위한 친위쿠데타였고, 이것이 후에 육사 11기의 집권을 예고하는 전주곡으로 해석했다.[121]

관련자 10여 명이 방첩부대에 소환되어 조사를 받았다. 이들의 조사 책 임자가 방첩대장 정승화였다. 육사 11기와 정승화와의 악연은 이때 시작된 다. 당시 4년제 육사 출신 총동창회인 북극성회 회장을 맡고 있던 노태우 대위는 정승화에게 "육사 11기들이 쿠데타를 음모한 것이 아니라 4대 의혹 사건의 부당성을 알리고 국민의 의혹을 풀어야 한다고 계통을 밟아 최고 통수권자에게 건의하려 한 것"이라고 저간의 사정을 설명했다. 이 내용이 박정희 의장에게 보고되자 박 의장은 "젊은 장교들의 정의감을 짓밟아서 는 안 된다"라며 이를 불문에 부쳤다.

이 일을 계기로 육사 11기 동기생들이 자주 만나 군이 올바르게 나갈 방안에 대해 토론했다. 노태우의 회고에 의하면 이 과정에서 후배들 가운 데 군에서 훌륭한 역군이 될 만한 후배가 있으면 그 능력이 충분히 발휘될 수 있도록 지도해주기도 했다. 이후 오성회에 후배 장교들이 참여하면서 "민족도 하나, 나라도 하나, 충성을 바칠 곳도 하나"라는 뜻을 담아 명칭을

---

121 김충식, 앞의 책, 95쪽.

하나회로 변경했다. 하나회는 영남 출신 장교들만의 비밀 서클이 아니라, 출신지역을 따지지 않고 220여 명이 가입했다는 것이 노태우의 설명이다.

청죽회와 하나회

하나회의 성격이나 목적과 관련하여 전두환은 부정부패 등 문제가 많았던 군대를 훌륭한 군대로 만들어 남북통일에 앞장선다는 순수한 뜻에서 만든 것이며, 파당이나 실리를 찾으려 한 게 아니었다고 밝혔다.[122] 노태우도 지연이나 학연을 따져 모인 것이 아니라 훌륭한 인재를 키우자는 게 이유이고 목적이었다고 한다.[123]

이제 종합적인 시각에서 하나회 출범 과정을 추적해본다. 1961년 4월 30일 4년제 육사 졸업생 총동창회인 북극성회가 결성되었다. 북극성회는 출범 직후 박정희 장군의 5·16 군사혁명 참여 문제로 갈등이 노출되었다. 5·16과 관련하여 전두환 그룹은 육사생도들의 혁명 지지 시가행진을 이끌어내는 등 적극적 참여파였다. 박정희 장군의 총애를 받게 된 전두환 대위는 정규 육사 동창회인 북극성회를 통해 영향력을 확보하려 했다.

반면에 서우인·강재륜·김광욱 등 육사 교수부에 근무하던 11기생들(주로 서울, 이북 출신)은 강영훈 교장과 함께 혁명 지지에 반대하거나 소극적이었다. 이들은 생도 시절 성적이 우수하여 임관 후 미국 유학 또는 국내 대학원 과정을 거쳐 육사 교수요원으로 선발되어 '학구파'로 불렸다. 이들은 생도 시절 공부도 못하고 공이나 차던 전두환이 5·16 지지 시가행진을 통해 박 대통령의 총애를 받아 잘나가자 반감을 가졌고, 그의 리더십을 따르지 않았다.

학구파들은 전두환 일파가 생도 시절 공부는 시원찮고 운동이나 했다

122 월간조선부 엮음, 『비록 한국의 대통령』, 조선일보사, 1993, 147쪽.
123 노태우-a, 앞의 책, 181쪽.

하여 '볼 보이'라고 얕잡아 봤다. 전두환 일파는 학구파를 군인이 야전을 기피하고 육사 교수부나 지원한다 하여 '뺀질이'라고 비난했다. 이렇게 되자 육사 출신을 하나로 묶어낼 구심점이 필요하게 되었다. 이 과정에서 배명국(14기) 등이 우수한 후배들을 기수별로 묶어 조직을 만드는 것이 좋겠다는 의견을 제기하여 탄생한 것이 하나회였다.[124] 하나회가 정식 결성된 것은 1964년 3월 1일이었다. 출발 때의 핵심 멤버는 다음과 같다.[125]

출범 당시 하나회 핵심 멤버

기수	명단
11기	전두환·노태우·김복동·권익현·남중수
14기	배명국·이종구·박정기
15기	고명승·김상구·이진삼·민병돈
16기	최평욱
17기	김진영·허화평

후에 손영길과 정호용, 최성택, 박갑룡(11기)이 참여했고, 12기에선 1960년대 말 박준병, 박세직, 박희도가 참여했다. 장세동(16기)은 1968년, 허삼수(17기)는 1967년에 가입했다. 전두환이 직접 구성한 하나회 멤버는 21기까지였고, 이후는 전두환이 직접 뽑지 않았다.

이렇게 되자 11기 '학구파'들은 1963년 초 김영국 대위(11기, 김석원 장군 아들)의 집에서 "푸른 대나무의 절개처럼 변하지 말자"는 의미의 청죽회를 결성했다. 하나회는 경상도 출신이 대부분이었던 데 비해 청죽회는 서울·이북 출신이 주축이었다. 청죽회의 핵심 멤버는 다음과 같다.[126]

---

124 박보균, 『청와대비서실3』, 중앙일보사, 1994, 104~105쪽.
125 박보균, 앞의 책, 105쪽.
126 박보균, 앞의 책, 121쪽.

청죽회 핵심 멤버

기수	인원
11기	김영국·서우인·강재륜·김광욱·이동남(이상훈은 나중 참여)
12기	김준봉·백낙의·정민희(안동대 교수)·송한호(전 통일원 차관)
13기	심기철(전 그리스 대사)·임동원(통일원 장관, 국정원장)·김종하(전 대한체육회장)
14기	이임춘
15기	윤창하
16기	이종찬(국정원장)·황종대·박병권
17기	민명채·박웅
18기	최창윤(전 총무처 장관)
19기	한용원(교원대 교수)·김진선

청죽회와 하나회의 갈등 폭발

하나회는 대부분 야전에 배치되어 전투 지휘관의 길을 걷거나 방첩대, 수경사에서 군 생활을 했다. 반면에 청죽회원은 대부분 생도 시절부터 모범생으로 이름이 났고 육군사관학교 교원 등 서울이나 수도권에서 근무하게 되었다. 또 황해도 출신이 김형욱 중앙정보부장의 지원에 힘입어 중정에 파견 나가 있었다.

두 그룹이 부딪친 시기는 1968년이었다. 중정에 포진한 청죽회원들의 보고를 받은 김형욱 중앙정보부장은 박 대통령에게 하나회가 정권 기반을 위협할 수 있다는 보고서를 올렸다. 하나회를 자신의 친위조직으로 관리하고 있던 박 대통령은 이를 불문에 부쳤다. 대신 박 대통령은 수경사 30대대장으로 근무 중이던 전두환을 불러 중정의 보고서 내용을 알려주고 처신을 신중히 할 것을 주문했다.

전두환은 중정에 근무하던 청죽회원 김광욱 소령(군사과장), 이상훈 소령(인사과장)을 보고서의 주모자로 생각했다. 이 두 사람은 당시 중정 차장보 강창성에게 "전두환, 노태우를 중심으로 특수한 모임이 있고, 그 모임을

윤필용이 지원하고 있다"라고 보고했다. 청죽회가 하나회에 제동을 걸고 나선 것이다.[127]

계급사회의 원칙이 엄격하게 작동하는 군에서 육사 동기생들 간에도 치열한 진급 경쟁이 벌어지게 마련이다. 육사 동기 중 대령 진급자는 졸업생의 60% 정도였다. 나머지 40%는 중령으로 군복을 벗었다. 그 후 대령에서 장군으로 진급한 사람은 10%도 못 됐다. 나머지 90%는 전역했다.[128]

전투를 우선하고 중시하는 군의 특성상 진급은 수가 한정된 후방 교수요원보다는 야전 지휘관이 유리하다. 덕분에 영관 장교 시절부터는 육사 시절 '볼 보이'들이 '학구파'들을 앞서게 되었다. 교수요원이나 중정 등 주로 후방에서 근무하던 청죽회원들은 진급, 보직에서 밀려 힘이 빠졌고, 회원 수도 크게 줄었다.

박 대통령의 하나회 후원

청죽회가 하나회에 최후의 반격을 가한 것이 1973년 윤필용 사건이었다. 이 사건 수사를 지휘한 강창성 보안사령관의 참모조직에 청죽회원이 포진하고 있었다. 강창성은 라이벌이던 윤필용 장군과 하나회 숙청 과정에서 청죽회의 정보와 지모를 적극 활용했다.[129]

하나회의 후원자는 서종철 국방부장관을 비롯하여 윤필용·차규헌·진종채·유학성(육사 8기), 황영시(육사 10기)였다. 특히 윤필용은 '하나회의 대부(代父)'로 불릴 정도로 그들을 열심히 후원했다.

경북 청도의 부농 출신인 윤필용이 하나회의 존재를 알게 된 것은 방첩

127 박보균, 앞의 책, 123쪽.
128 천금성, 앞의 책, 272쪽.
129 박보균, 앞의 책, 124쪽.

제5공화국 전두환 시대 1

대장 재직 시절이었다. 전두환 중령이 윤필용 장군에게 "11기의 젊은 장교들이 태양(박정희 대통령)을 위하고 조국을 위하는 하나같은 마음"이란 뜻에서 하나회를 만들었다고 설명했다. 윤필용은 군에 이런 핵심 조직이 있어야 한다고 믿어 자주 저녁을 사면서 이들을 격려했다. 윤필용 장군이 박 대통령에게 하나회의 존재를 보고하자 "젊은 장교들이 씩씩한데 잘 키워라"라고 했다.[130]

사실 하나회는 한국군을 이끌어갈 미래 지도자 양성 차원에서 박정희 대통령이 후원했던 조직이었다. 이런 조직의 핵심 멤버들을 너무 많이 쳐내려 하자 박 대통령의 심기가 불편해졌다. 1973년 8월 10일, 강창성 보안사령관은 박정희 대통령의 부름을 받고 태릉골프장에서 함께 라운딩을 했다. 박 대통령은 "강 장군 때문에 경상도 장교들 씨가 마르겠다고들 그래"라며 보안사령관 교체를 시사했다. 라운딩을 끝내고 강창성이 보안사에 도착하니 이미 3관구 사령관으로 명령이 나 있었다.[131] 이로써 하나회 수사는 종결되었다.

윤필용 사건으로 박 대통령의 총애를 받으며 승승장구했던 손영길이 군에서 물러나면서 전두환이 명실상부한 하나회 수장으로 등장하게 된다. 중앙정보부에서도 이후락과 가까운 울산 사단 30여 명이 구속되거나 쫓겨났다. 이 사건으로 큰 타격을 받은 이후락은 박 대통령의 신임을 만회하기 위해 도쿄에서 김대중 납치사건을 일으키게 된다.

하나회와 관련하여 정치군인들의 사조직으로서 진급과 보직에서 끼리끼리 특혜를 주고받았다는 주장이 제기되었다. 하나회 회원들이 상대적으로 진급이 빠른 경우가 많았다. 이와 관련하여 전두환은 "하나회 회원이었

---

130 김진, 앞의 책, 42~43쪽.
131 김충식, 앞의 책, 423쪽.

기 때문에 진급이 빨랐던 것이 아니라, 각자 충실히 근무한 것을 인정받아 진급이 빨랐던 것"이라고 해명했다.[132]

또, 영남 출신 장교들만의 비밀 서클이었다는 주장에 대해 노태우는 "미국이든 일본·중국이든 군 선후배 간에 유대관계는 있게 마련이고, 이런 모임에 대해 '군을 망치고 나라를 망치는 죄악'으로 규정한 나라는 어디에도 없다"라고 항변했다. 강창성 장군이 개인적인 복수심에서 이런 모임을 과장해 발표함으로써 여론을 오도했다는 것이다.[133]

그렇다면 여기서 의문이 제기된다. 하나회나 청죽회는 모두 군 내에 존재했던 사조직이었다. 청죽회 멤버 중 일부는 김대중 정부 시절 현실 정치에 참여하여 요직에 임명되었다. 하나회는 그토록 심각한 문제가 있는 존재로 비판하는 사람들이 청죽회에 대해서는 왜 아무런 문제 제기가 없는 것일까?

132 전두환 회고록(3), 앞의 책, 111쪽.
133 노태우a, 앞의 책, 181쪽.

6

운명의 보직, 국군보안사령관

윤필용 사건의 파도를 무사히 넘긴 전두환은 제1공수특전단장으로 4년 반을 근무했다. 1976년 6월 14일, 박 대통령은 전두환을 대통령경호실 작전차장보로 임명했다. 작전차장보는 박 대통령이 외부 행사에 나가면 수경사·공수단·경찰 등으로 구성된 경호실 병력을 실무 지휘하고 현장 책임을 맡는 경호실의 핵심 보직이다. 자연히 대통령과 접촉할 기회가 많은 요직 중의 요직이었다.

전두환이 작전차장보 시절, 직속상관은 1960년 레인저 트레이닝 과정 유학 동기이자, 전두환보다 나이가 세 살 아래인 차지철 경호실장이었다. 차지철과 전두환을 잘 아는 지인들은 두 사람 모두 스포츠를 좋아했고, 박 대통령에 대한 충성심이 대단했으며, 군인정신이 투철한 등 기질상 유사점이 많았다고 기억했다.

하지만 여러 면에서 차이도 많았다. 차지철은 독실한 기독교 신자였지만 전두환은 불심 깊은 불자(佛子)였다. 차지철은 경기도 이천 출신이다. 그는 서자로 태어나 정실 소생인 형제들에게 설움을 많이 받았다고 한다. 용산고를 졸업한 차지철은 군인의 뜻을 품고 육사에 응시했으나 낙방했다. 만약 그가 육사에 합격했다면 박희도·박준병·박세직·장기오 등과 함께 육사 12기가 되었을 것이다.

육사 입학이 좌절되자 그는 갑종 간부 후보생(74기)에 지원하여 장교의 꿈을 이루는 데 성공했다. 1959년 공수특전단에 근무했는데, 이때 전두환 대위와 만나 인연을 맺게 된다. 차지철은 1960년 '죽음의 지옥훈련'으로 유명한 조지아주 포트 베닝의 레인저 유학생으로 선발되었다. 이때 훈련 동기가 전두환(육사 11기), 최세창·장기오(육사 12기)였음은 앞에서 밝혔다.

공수단에서 전우로 만났고, 레인저 유학 동기로 인연을 쌓은 두 사람은 5·16 이후 국가재건최고회의에 이어 경호실에서 차지철은 경호실장, 전두환은 그의 직계 부하 작전차장보로 네 번째 함께 근무하게 된다. 비판자들은 전두환의 경호실 작전차장보 재직은 차지철의 전횡을 옆에서 지켜보는 등 권력 장악을 위한 견습 기간이었다고 말한다.

차지철을 상관으로 모신 전두환

차지철은 고지식한 성격에 효자로 소문이 자자했다. 독실한 기독교인으로서 술과 담배는 입에 대지도 않는 금욕주의자였고, 골프도 치지 않았다. 부정부패라든가 이권 개입, 청탁과는 거리가 먼 사람이었다. 국회의원 재직 시절 그는 매주 수요일 새벽 4시, 삼각산 비봉 바위에 올라 무릎을 꿇고 사과 상자로 만든 기도 탁자를 손으로 내리치면서 "아버지 하느님, 각하와 이 나라를 지켜주소서" 하며 열광적으로 기도했다.[134]

그는 출생 과정에서의 박탈감으로 인해 비정상적인 카리스마에 집착했고, 외로움 속에서 폐쇄적인 권력욕에 매달렸다. 성격도 붙임성이 적고 비사교적 유형이었다. 반면에 전두환은 4년제 정규 육사 출신 선두라는 자부심이 넘쳤고 동료, 부하들을 자기편으로 끌어안는 보스형 리더였다. 남자

---

134 김진, 앞의 책, 150쪽.

다운 박력과 정의감, 의리로 똘똘 뭉친 사나이 중의 사나이였다.

저자는 언론사 재직 시절 월간조선에 노태우 육성회고록 연재를 위해 1년여 노태우 전 대통령을 인터뷰한 바 있다. 이때 노태우의 증언에 의하면 작전차장보는 대통령의 정치자금까지 들여다볼 수 있는 민감한 보직이었다고 한다.

전두환은 1978년 1월, 작전차장보를 노태우에게 인계했다. 이때 전두환은 노태우에게 "박 대통령이 정치자금을 당 재정부와, 중앙정보부, 대통령 비서실에서 모금하고 있는데, 세 곳 모두 누수 현상이 발생하여 큰 문제"라고 토로했다. 그는 "우리는 대통령 될 자격도 없는 군인이지만, 만약 대통령이 된다면 누수 현상을 막기 위해 대통령이 직접 정치자금을 모금하고, 관리할 수밖에 없다"고 농담 삼아 말했다.

그로부터 얼마 후 전두환이 대통령에 올랐고, 노태우는 1981년 7월 군에서 전역하여 정무제2장관, 대통령 외교안보 특보로 활동했다. 이 과정에서 전두환 대통령이 직접 정치자금을 관리한다는 사실을 알게 되었다. 박 대통령 시절과 같은 정치자금 누수 현상을 막기 위한 전두환식 해결책이었던 셈이다. 결국 정치자금의 누수 현상을 방지한 것이 성과였는지는 몰라도, 그로 인한 모든 책임이 대통령에게 돌아갈 수밖에 없는 구조였다.

유신 권력의 2인자로서 나는 새도 떨어뜨린다는 경호실장 차지철은 박 대통령이 총애하는 전두환을 부하인 작전차장보로 거느렸다. 하지만 현역 시절 전우였던 두 사람의 관계가 원만하지는 않았던 것 같다. 전두환의 다음과 같은 회고가 그 증거물이다.

"경호실 작전차장보로 있을 때 내가 계속 나가겠다고 했어요. 차지철과 내가 사이가 나빴어…. 차지철이 여러 가지 일을 비뚤어지게 해. 중령으로 예편하고 국회의원을 한 사람인데 경호실장 하면서 꼭 국회의원을 상대하고 높은 장군을 경호실에게 데려다 놓아. 차지철이가 나한테 경호실장 자리를 뺏길까 봐 굉장히 신경 쓰는 것 같아. 내가 내보내달라고 했어."[135]

전두환은 경호실 작전차장보 재임 시절인 1977년 2월 1일 육군 소장으로 진급했다. 11기 동기 중 전두환과 함께 1순위로 소장에 진급한 동기생은 노태우, 정호용, 김복동이었다. 당시 군에서는 준장에서 소장으로 진급하면 사단장 보직을 받아 나가는 것이 관례였다. 유독 전두환만은 소장 진급 후에도 보직 변경 없이 작전차장보로 1년을 더 근무했다.

뒤늦게 1사단장에 보임

박 대통령은 1978년 1월 23일, 전두환 소장을 '지휘관의 꽃'이라 불리는 1사단장에 임명한다. 수도 서울 북방을 사수하는 1사단은 국내 육군사단 중 가장 먼저 창설되었고(창설일 1947년 12월 1일), 6·25 때 다부동 전투 등 각종 전투에서 빛나는 공적을 세운 역전의 부대였다.

육본에서는 특전사 출신 전두환이 휴전선 경계근무와 작전이 주 임무인 전방 보병사단을 제대로 지휘할 수 있을지 의문이 제기됐다. 이런 우려는 모두 기우였다. 지휘관으로서 전두환의 리더십은 1사단장 시절 만개했다.

그는 사단장으로 임명된 순간, 재임 중 절대 부하에게 화내지 않기, 1만 2천여 사단 장병 전원과 악수하고 표창장 주기, 주 2회 전 부대원과 구보 함께하기 등 마음속으로 몇 가지를 약속했다. 30여 년 군대 생활을 하면서 빠지지 않고 시행한 것이 주 2회 전 부대원과의 구보였다. 1사단장 재임 시절에도 이 행사는 어김없이 시행되었다.

그는 사단 작전지역의 지도를 벽에 붙여두고 지형지물을 익혔다. 산의 높이, 강의 깊이와 넓이, 유속, 그 위에 설치된 다리의 길이와 넓이까지 낱낱이 숙지했다. 함께 일하게 될 중대장급 이상 지휘관과 참모들 이름과 직

---

135 김성익, 앞의 책, 346~347쪽.

제5공화국 전두환 시대 1

책, 인적사항을 꼼꼼히 파악했다.[136] 매주 너덧 명씩 돌아가며 중대장들을 사단장실로 불러 격려하고 식사를 함께했다.

사단장으로서 전두환의 목표는 '무적의 천하제일 사단'이었고, 지휘방침은 충성·명예·단결이었다. 충성과 명예는 전두환이 육사 시절부터 가슴 깊이 새겨둔 가치이자 좌우명이었다. 1사단 장병을 하나로 뭉치게 하도록 사단장이 앞장섰다. 그가 1968년 수경사 30대대장 시절 1·21 사태를 겪은 사실은 앞에서 소개했다. 북한 게릴라들이 청와대 코앞의 자하문까지 접근할 수 있었던 이유는 이들이 1사단 경비구역 철책선을 뚫고 침투에 성공했기 때문이다.

1사단은 광범위한 지역에서 인민군과 대치했고, 경비구역에는 임진강이 흐르고 있어 게릴라들이 마음만 먹으면 손쉽게 침투가 가능했다. 한시라도 긴장을 늦췄다간 제2의 1·21 사태가 발생할 수 있는 위험지역이었다. 사단장 전두환은 특별한 사정이 없으면 매일 철책선 초소를 직접 순시하며 장병들을 격려했다. 사정이 생겨 초소까지 갈 수 없을 때는 초소에 전화를 걸어 중대장이나 소대장 이름을 일일이 불러주며 이상 유무를 확인하고 격려했다.[137]

초소 근무병들은 "나 사단장인데 근무 중 이상 없는가? 수고가 많다. 절대 졸지 마라. 오늘 일정이 바빠서 거기까지 못 갔다. 그래서 전화를 한 거야. 이상 있으면 즉시 보고하라"라는 전화를 받고 정신이 번쩍 들어 눈을 부릅뜨고 근무에 임했다.[138]

136 전두환 회고록(3), 앞의 책, 113쪽.
137 전두환 회고록(3), 앞의 책, 113쪽.
138 천금성, 앞의 책, 294~295쪽.

부하들에게 최선을 다한 사단장

그는 문제의 근원을 해결하기 위해 노력했다. 북한의 남침 도발을 초전에 남방한계선 내에서 저지하고 제압하기 위해 몇 가지 아이디어를 창안했다. 우선 방어진지와 차단벽을 GOP 내에 설치해줄 것을 상부에 건의했다. 전두환이 최초로 제기한 이 아이디어가 받아들여져 1사단 구역 내에 방어시설이 완공되었다.

두 번째 방안으로 사단 전 장병들에게 파격적인 포상을 내걸었다. "사단 지역에 침투한 간첩을 생포하거나 사살한 장병은 고향까지 헬기 태워 특별휴가를 보내주고, 사단장 연봉에 해당하는 특별상여금을 지급한다"라고 파격적인 포상을 약속했다.

전두환은 약속한 대로 훈련장, 식당, 휴게실 등 장병들이 있는 곳이면 어디든 나타나 악수하고 칭찬하고 격려했다. 공을 세운 병사들에겐 표창장을 주고 휴가·외출을 내보냈다. 병사들이 복무 연한을 채우고 전역하는 날이면 사단장이 직접 귀향 열차가 출발하는 문산역에 나가 부대를 떠나는 병사들에게 다음과 같이 훈시하고 일일이 악수했다.

"정말 수고했다. 이로써 제군들은 나라에 대해 제1차적인 충성의 의무를 다했다. 그러나 지금까지 제군들이 복무한 제1사단에는 아직 후배들이 제군들이 쓰던 군장으로 제군들이 하던 임무를 고스란히 넘겨받고 있다. 후방에 돌아가더라도 그 후배들을 잊지 말도록! 제1사단은 제군들의 군대의 고향이다."[139]

이런 사단장의 노력이 부대원들의 마음을 움직였다. 부대원들은 간첩을 잡겠다는 의지와 열기로 불타올랐다. 그들은 사기충천하여 "사단장님을 위해 공비라도 한 명 잡아 바치자"라고 외쳤다. 그런 마음이 하나가 되어

---

139 천금성, 앞의 책, 318~319쪽.

1978년 6월 10일, 기적과도 같은 일이 일어났다.

이날 새벽 3시 30분, 판문점 남방 4km 지점에 위치한 GP(Ground Post, 비무장지대 철책선 안에 있는 전초기지)에서 매복 근무 중이던 김을수 중사는 희미한 폭발음 소리를 들었다. 즉시 소리가 들려온 곳 주변을 야간 투시경으로 살펴보았다. 그 순간, 땅속에서 연기가 피어오르는 것을 발견했다.

이상한 현상을 목격한 김을수 중사는 연기가 보이는 위치에 투시경 렌즈를 고정하고 소대장에게 관련 사실을 보고했다. 날이 밝자마자 현장으로 달려온 소대장 일행은 그곳에서 1사단이 땅굴을 찾기 위해 굴착했던 구멍을 발견했다. 뚜껑을 씌워놓은 구멍에서 작은 돌과 함께 물이 뿜어져 나온 흔적을 찾아냈다.

제3땅굴 발견

북한이 1사단 지역으로 땅굴을 굴착하고 있다는 극비 정보를 제공한 사람은 1975년 9월 간첩으로 침투했다가 자수한 김부성이었다. 김일성은 1970년 9월 25일 '9·25 전투명령'을 내려 모든 전선에서 남침용 땅굴을 파기 시작했다고 밝혔다. 김부성은 자신이 직접 땅굴 굴착 작업에 참여했으며, 임진강 북쪽 송악 OP(Observation Post, 전방관측소)에서 1사단 지역으로 높이 2m, 너비 2m의 땅굴을 파내려오고 있다고 밝혔다.

운 좋게 1974년 11월 제1땅굴(연천군 고랑포에서 동북방 8km 지점 비무장지대)과 1975년 3월 제2땅굴(철원군 북방 13km 지점 비무장지대)이 우리 측에 의해 발견되면서 김일성의 의도를 입증하는 물증이 되었다.

김부성의 제보를 받은 전임 사단장들은 3년여에 걸쳐 땅굴이 내려올 만한 곳으로 추정되는 장소 주변을 샅샅이 탐사했고, 의심 지역에 굴착작업을 하고 시추공을 107개나 뚫었다. 하지만 땅굴 발견은 백사장에서 바늘 찾기보다 어려운 작업이었다.

전두환이 사단장이 되어 장병들과 함께 땅굴 탐색 작업을 벌인 지 5개월이 지난 6월 10일 새벽, 김을수 중사가 주목할 만한 이상 징후를 발견한 것이다. 이곳은 전임 사단장 시절 27번 시추공을 뚫었던 곳이다. 지하 80m까지 파내려갔지만 아무런 이상 징후도 발견하지 못해 포기했다. 즉시 관련 사실이 상부에 보고되었고, 육본에서 땅굴조사단을 보내 일대에 대한 정밀 조사가 진행되었다.

땅굴조사단이 현장 조사 후 내린 결론은 적의 지하땅굴이라고 판단하기 어렵다는 것이었다. 이 과정에서 1사단 병사들이 간첩들과 교전을 해놓고 그것을 입증할 피해가 없으니 거짓말로 땅굴이라고 보고한 것 아니냐는 의심을 받았다. 이로 인해 부사단장이 정보참모부에 불려가 조사를 받기도 했다.[140]

전두환 사단장은 상급 부대에 다시 시추해줄 것을 건의했고, 미군에도 협조를 요청하여 재시추가 이루어졌다. 재시추를 시작한 지 9일째 되는 날, 시추하던 파이프에서 가스가 분출되며 물이 빨려 들어갔다. 특수 카메라를 넣어 촬영한 결과 땅굴이 확인되었다.

이것이 천연동굴이 아니라 북한이 파내려온 남침용 땅굴임을 밝히기 위해 역갱도를 뚫는 작업이 시작되었다. 역갱도 공사 81일 만인 10월 15일, 굴착기가 마지막 벽을 허물어뜨리자 거대한 땅굴이 모습을 드러냈다. 위치는 서울 북방 44km, 판문점 남방 4km 지점, 군사분계선으로부터 435m 남쪽의 비무장지대, 지하 73m 지점의 암석층에서 너비와 높이 2m, 길이 1,635m의 아치형 땅굴이 발견된 것이다. 이것은 제3땅굴로 명명되었다.

이 땅굴은 완전무장한 병사들이 3열로 행군할 수 있으며, 최소 76.2mm 포대까지 끌고 올 수 있는 규모였다. 이 땅굴을 이용해 특수부대를 대량

---

140 김성익, 앞의 책, 239쪽.

침투시키면 군사분계선을 지키고 있는 국군 전방부대에 대한 배후공격을 가해 고립시킬 수 있게 된다. 또, 땅굴은 간첩들이 수시로 침투할 수 있는 통로로 이용될 수도 있었다.

제3땅굴 발견의 결정적 역할을 한 27번 시추공은 전임 사단장 시절 뚫었던 곳이다. 후에 밝혀진 사실에 의하면 당시 굴착한 시추공은 땅굴로부터 겨우 한 뼘의 오차가 생겼는데, 27번 시추공 부근의 통로가 좁다고 생각한 북한군이 좀 더 넓히기 위해 심야에 폭약을 터트렸다. 이때의 폭발 충격으로 27번 시추공에 채워져 있던 물줄기가 뿜어져 올라왔다.

이 미세한 움직임을 초병이었던 김을수 중사가 발견했고, 신속하게 상부로 보고하여 기적이 일어났다. 제1사단은 장병들의 헌신적인 노력으로 제3땅굴을 발견한 공로를 인정받아 대통령 부대 표창을 받았다.

전두환을 보안사령관에 임명한 박 대통령

전두환은 사단장 임명과 더불어 약속했던 '부하 장병들에게 화내지 않기'는 성공했다. 하지만 1만 2천여 휘하 장병들과 악수하고 표창장 수여하기는 목표를 채우지 못했다. 겨우 4천여 명에게 표창장을 수여했을 뿐이다. 임기 2년을 못 채우고 중도에 보직이 변경된 탓이다.

1979년 3월 진종채 보안사령관이 2군사령관에 보임되면서 보안사령관 자리가 공석이 되었다. 보안사령관은 국방장관 직속이어서 육군참모총장은 인사에 관여할 수 없다. 인사 사유가 발생하면 국방부장관, 중앙정보부장, 경호실장이 대통령에게 후보를 추천하는 방식으로 인사가 이루어져 왔다.

김재규 정보부장은 자신의 심복인 문홍구 수도군단장(중장, 육사 9기)을 후임으로 추천했다. 이에 맞서 차지철 경호실장은 이재전 경호실 차장(중장, 육사 8기)을 추천했다. 노재현 국방부장관은 박 대통령의 각별한 신임을 받고 있는 데다가 제3땅굴 발견 유공자인 전두환 소장을 추천했다.

사실 전두환의 군 보직은 박 대통령의 의중과 깊이 연계되어 있었다. 박 대통령은 전두환을 1공수여단장에 5년 가까이 근무하도록 했고, 청와대 작전차장보로 불러들였으며, 소장으로 진급하면 사단장으로 나가는 관례를 무시하고 작전차장보로 계속 묶어두었다.

사단장은 한 번 임명되면 임기 2년을 채우는 것이 일반 상식이다. 박 대통령은 전두환 소장을 1사단장으로 보낸 지 1년 2개월 만인 1979년 3월 5일 보안사령관에 임명했다. 사단장을 1년 2개월 만에 보직 변경시킨 경우는 전례 없는 일이었다. 게다가 보안사령관은 군단장, 수경사령관 등을 거친 후에나 맡는 3성 장군 보직이었다. 군단장급을 보임하는 자리에 육군 소장을 임명한 것은 파격 중의 파격이었다.

당시 보안사령관의 실질적인 권력 서열은 차지철 경호실장, 김계원 비서실장, 김재규 중앙정보부장에 이어 4위에 해당했다. 박 대통령이 서거 7개월 전, 심복 중의 심복인 전두환을 보안사령관에 임명함으로써 결과적으로 자신의 죽음과 관련된 사건 수습을 전두환이 담당하도록 조치한 셈이다. 만약 이때 박 대통령이 김재규가 추천한 문홍구를 보안사령관에 임명했다면, 10·26 수사는 문홍구가 맡게 되었을 것이다. 만약 그렇게 되었다면 이 나라 현대사는 또 어떤 방향으로 흘러가게 되었을까?

보안사의 핵심 기능은 두 가지다. 첫째는 외부 스파이가 한국군 관련 기밀사항을 빼가지 못하도록 감시하는 방첩 임무, 둘째는 무력을 보유한 세력이 쿠데타를 일으켜 권력을 장악하지 못하도록 방지하는 대전복 임무다.[141] 보안사는 대전복 임무를 수행하기 위해 군부 동향 감시는 물론, 중앙정보부와 대통령경호실을 견제하는 역할까지 하는 부대였다.

---

141 연세대학교 국가관리연구원 편, 『한국대통령 통치구술사료집(2)-전두환 대통령』, 선인, 2013, 29쪽.

박 대통령으로서는 생각이 있어 취한 일이었겠지만, 전두환은 이처럼 파격적인 인사가 무엇을 뜻하는지, 그것이 자신의 운명을 어떻게 바꾸어 놓을 것인지 짐작조차 못한 채 부임했다. 단지 이 어른이 자신을 가까이 두려고 한다는 느낌만 갖고 있었다.

보안사 기능 대대적으로 강화하다

보안사령관으로 부임한 전두환 소장은 그동안 눈여겨 봐두었던 육사 후배를 중심으로 참모진을 꾸렸다. 허화평 대령(17기)을 비서실장에, 허삼수 대령(17기)을 인사처장에, 대공수사업무에 정통한 이학봉 중령(18기, 1980년 1월 1일 대령 진급)을 대공처장에 임명했다. 흥미롭게도 세 사람 모두 하나회원이었다.

전두환이 보안사 업무를 파악하는 과정에서 보안사의 위상과 역할이 크게 약화된 사실을 발견했다. 중앙정보부, 청와대, 경호실 등 권력기관들의 손발이 맞지 않아 박 대통령이 많은 불편을 느끼고 있음도 눈치챘다. 전임 진종채 보안사령관은 선비형 장군으로서 4년간 조용히 군 보안 업무에 주력했다. 그런데 1977년 10월, 20사단에서 대대장 월북 사건이 일어나자 김재규 정보부장은 박 대통령의 재가를 받아 보안사의 일반 정보수집 업무를 폐지하고 중앙정보부의 통제를 받도록 했다.

보안사가 방첩 및 대전복 임무를 수행하기 위해서는 광범위한 고급 정보수집이 필수적이다. 그런데 정보수집 업무 중에서 군사 정보와 일반 정보를 분리하여 군사 정보만 담당할 경우 질적으로 우수한 정보 분석은 어려워진다. 나아가 여러 정보기관이 경쟁하고 감시해야 객관성, 진실성, 정확성 높은 고급 정보가 생산된다. 중앙정보부 한 기관이 모든 정보를 독점하면 그 기관 책임자가 자기 의도대로 정보를 조작할 가능성이 높아진다.

이런 문제점을 발견한 전두환 사령관은 그해 5월 대통령 업무보고 자리에서 보안사가 전과 같이 일반 정보도 취급할 수 있도록 해줄 것을 건의했다. 박 대통령은 이 건의를 수용하여 보안사의 일반 정보수집 업무가 부활했다.

유신 체제에서 통치의 핵심은 여당인 민주공화당이 아니라 경호실, 중앙정보부, 군부 같은 대통령 친위조직이었다. 박정희의 권력 기반은 최종적으로는 군이었다. 박정희는 정치적으로 곤경에 처할 때마다 계엄령·위수령을 선포하고 군을 동원해 문제를 해결했다. 유신은 군을 핵심으로 하는 강제력에 기반한 권위주의 체제였다.[142] 박정희 체제의 수호신 역할을 하고 있는 군이 돌아서면 정권 존립은 불가능하게 된다.

보안사가 일반 정보를 취급하게 되면서 정국을 올바로 분석할 수 있는 눈이 생겼다. 그 결과 박 대통령 주변의 권부에서 놀랍고도 심각한 일이 벌어지고 있음을 알게 되었다. 핵심은 김재규 정보부장과 차지철 경호실장의 갈등과 투쟁이었다. 차지철 실장이 모든 주도권을 잡고 있어 그 폐해가 심각했다. 김재규 부장이 "차지철을 쳐내야 한다"는 명분을 걸고 거사하면 군의 지지를 받을 수 있는 분위기였는데, 박 대통령은 그런 상황을 모르고 있었다.[143]

이처럼 민감한 사안까지 보고하는 게 보안사령관의 임무였기에 전두환은 자신의 직을 걸고 부산·마산 소요사태 현장조사 보고서와 함께 차지철·김재규의 권력투쟁에 관한 보고서를 작성했다. 이 보고서는 내용이 워낙 중대했기에 허화평 보안사령관 비서실장 혼자 극비로 만들도록 했고, 보안을 철저히 지키도록 했다.

전두환은 이 보고서를 준비하면서 어떤 불이익을 당하더라도 반드시 직언해야 한다는 비장한 각오를 다졌다. 전두환은 개인적으로는 차지철·김재규와 친한 사이였지만, 대통령을 최측근에서 보좌하는 두 사람 간에 벌이

---

142 강원택, 앞의 책, 32쪽.
143 전두환 회고록(3), 앞의 책, 129쪽.

는 다툼은 대통령의 국가 통치에 엄청난 장애요인이 된다고 판단했다.[144]

차지철·김재규 갈등 상황 보고 준비

박 대통령에게 보고를 위해 면담 날짜를 잡는 일이 쉽지 않았다. 대통령의 신임을 독차지하려 했던 차지철은 대통령에게 올라가는 모든 보고 문서는 경호실장을 거치도록 통제하고 있었기 때문이다. 특히 중앙정보부나 보안사 등 정보 수사기관의 독대 보고에 대해서는 특히 신경을 곤두세웠다.

전두환은 차지철 경호실장의 경질까지 언급한 보고서 원본은 숨기고, 통상적인 내용의 요약 보고서를 별도로 만들어 미리 보냈다. 그런 위장 전술을 통해 보고 날짜가 잡힌 것이 10월 29일이었다. 10월 26일 만찬석상에서 박 대통령이 김재규에게 시해되면서 전두환이 준비했던 보고서는 끝내 박 대통령에게 보고되지 못했다. 이 문제와 관련하여 전두환은 1987년 6월 1일 김성익 통치사료담당 비서관에게 다음과 같은 증언을 남겼다.

"공화당 때는 군부가 흔들렸다. 장기 집권, 부정부패 때문에 박 대통령까지 군부의 존경을 받지 못했어. 그게 부마 사태 때도 나타난 것이다. 부산에 계엄령을 선포해도 제어가 안 됐다. 그때 경찰이 데모 진압을 안 하려고 했었어. 김재규가 그런 군부의 동향을 보고 박 대통령을 시해한 것이다."[145]

전두환은 업무 파악 과정에서 계엄 업무와 관련된 보안사의 임무와 역할에 관해 세부 사항이 미비한 사실을 발견하였다. 전두환은 전시, 사변 또는 이에 준하는 비상사태에 대비하여 국가 차원에서 실시하는 비상 훈련인 을지연습 과정에서 1949년 제정된 계엄법이 그때까지 유지되고 있으

---

144 전두환 회고록(3), 앞의 책, 130쪽.
145 김성익, 앞의 책, 376쪽.

며, 여러 가지 불합리한 조항이 많다는 사실을 발견했다.

계엄령이 선포되면 계엄사령관은 군사 업무는 물론, 입법·사법·행정 등 3권을 행사하게 된다. 군사작전 업무만 해도 계엄사가 감당하지 못할 정도로 업무량이 벅찬데, 입법·사법·행정 업무까지 수행하는 것은 현실적이지 않았다. 1949년에 비해 국력과 경제 규모가 방대해졌는데, 실정을 잘 모르는 군인들이 행정부처에 파견되어 복잡한 행정업무까지 관장할 경우 국가 기능이 마비될 수도 있다고 판단했다. 따라서 군은 군사작전 관련 업무에 전념토록 하고, 행정부는 행정 관료들이 전념하되, 계엄법의 정신을 충분히 살리기 위해 대통령 직속으로 대통령을 자문·보좌하는 특별기구를 한시적으로 설치하여 행정부의 전문 관료와 군 장교가 함께 근무하면서 행정업무를 수행하는 것이 효율적이라고 생각했다.

전 장군은 박 대통령에게 계엄법을 개정 보완하여 계엄령하에서 대통령 직속 특별기구를 설치하는 것이 필요하다는 사실을 보고했다. 박 대통령은 "중요한 점을 잘 포착했다. 특별기구를 설치하는 것도 좋은 착안이니 시간을 두고 연구해서 발전시켜라"라고 지시했다.[146] 지시를 받은 전 장군은 비상계엄이 선포되면 계엄사령관은 국방과 치안 업무를 전담하고, 일반 행정과 사법 업무는 대통령 직속의 특별보좌기구를 만들어 진행하는 방안을 준비했다.

우선 계엄이 선포되면 국내의 모든 수사, 정보기관을 하나로 묶어 합동수사본부를 구성하는 방안이 마련되었다. 합수부 설치의 법적 근거는 "비상계엄의 선포와 동시에 계엄사령관은 계엄지역 내의 모든 행정사무와 사법사무를 관장한다"라는 계엄법 제11조였다. 보안사 법무팀은 국방부 계엄 시행 계획인 '충무계획 1200(2급 비밀)'에 "합동수사본부를 설치할 수

---

146 전두환 회고록(1), 앞의 책, 362~363쪽.

있다"라는 규정을 근거로 기능과 조직을 기안했다.

1979년 10월 18일 부산과 마산에서 대규모 시위가 발생하자 전두환은 합동수사본부 조직안을 가지고 부산에 내려가 부산지구 계엄사령부 내에 합동수사단을 설치하고 시범 운영을 해본 결과 만족스러운 결과를 얻었다. 이러한 특별보좌기구 설치안을 대통령에게 보고하려 했으나 10·26으로 인해 보고할 기회가 사라졌다. 이 내용을 잘 알고 있었던 전두환 장군은 박 대통령 시해 사건이 발생하자 합동수사본부 출범, 1980년 5월 국가보위비상대책위원회(국보위) 출범으로 현실화하게 된다.

운명의 보직, 보안사령관

보안사령관에 임명된 두 달 후인 1979년 5월 16일, 청와대에서 5·16 민족상 시상식이 열렸다. 이날 전두환은 제3땅굴 발견 공로로 김종필 이사장으로부터 5·16 민족상을 수상했다. 김종필과 전두환의 첫 인연은 1952년 4월이있다. 미 보병학교 유학을 마친 김종필이 진해 육사 본부 중대장으로 근무했는데, 이때 1학년 생도 전두환과 조우했다.

두 번째 인연은 1971년 11월이었다. 국무총리 김종필이 월남 주둔 한국군 부대를 순시했는데, 이때 백마사단 29연대장 전두환 대령과 기념촬영을 했다. 이런 사소한 인연 외에 두 사람의 관계는 소원했다.[147] 박정희 대통령이 2인자로 떠오른 김종필이 군 지휘관들과 접촉하지 못하도록 통제하고 감시했기 때문이다.

10·26 사건으로 비상계엄이 선포되면서 전두환이 합동수사본부장에 임명되었다. 박 대통령의 죽음과 관련한 진상을 파헤치고 단죄해야 할 책임이 그에게 주어진 것이다. 그제야 전두환은 "아, 이 어른이 당신의 최후

---

147 김종필b, 앞의 책, 72~73쪽.

와 그 뒷수습을 나에게 맡기려고 그렇게 일찍 보안사령관에 임명하신 것이구나!" 하는 생각에 인연의 무서움을 느꼈다.[148]

10·26 사건의 발생, 범인 김재규의 체포, 합동수사본부 출범으로 무명의 육군 소장 전두환은 원했든, 원하지 않았든 한국 현대사의 주인공으로 등장했다. 김재규의 대통령 시해 사건이 없었다면, 전두환은 평범한 군인으로 은퇴하여 군인연금 받아가며 안락한 노후생활을 즐겼을 것이다. 하지만 역사는 전두환에게 그런 호사를 허락하지 않았다.

18년간 권위주의 통치를 수행했던 박 대통령 시해라는 국가 위기가 닥쳤을 때 정부 요인들은 물론, 군 지휘관들도 공포와 당혹감으로 몸을 사리거나 기회주의적으로 처신했다. 오직 한 사람, 전두환만이 자신의 임무와 역할을 적극적이고 능동적으로 수행했다. 당시의 심정을 전두환은 회고록에서 이렇게 밝혔다.

"대통령이 서거했으므로 나에게 맡겨진 임무를 철저히 수행하겠다는 생각뿐이었다. 그것은 국가원수가 시해된 경과를 밝히는 동시에 사건의 진상을 캐내어 국민과 역사 앞에 밝히는 것이었다."

전두환은 10·26 위기의 밤에 임무 수행을 위해 목숨 걸고 멸사돌진했다. 그가 임무 수행을 위해 목숨을 건 이유는 육사 재학 시절 받은 교육 덕분이다. 전두환은 대통령에 오른 후 이렇게 말했다.

"나는 상황과 정세의 바람이 불어 역사와 운명적으로 해후하게 되었다. … 나 같은 사람은 대통령감의 맨 끝자리에도 끼지 못한 사람이었다. 내가 대통령이 된 것은 정세의 바람 때문이었다."[149]

전두환은 오버도퍼(Don Oberdorfer) 워싱턴 포스트 특파원과의 인터

---

148 전두환 회고록(3), 앞의 책, 127쪽.
149 김성익, 「전두환 대통령 약전」, 앞의 책, 149쪽.

뷰에서 10·26 사태 이래 자신에게 일어났던 일은 계획된 것이라기보다는 "하늘의 섭리로 생각된다"라고 말했다. 그가 보안사령관에 임명되지 않았다면 그의 운명은 물론, 나라의 진로도 달라졌을 것이다. 역사의 수레바퀴는 개인의 의지 따위와는 관계없이 거침없이 돌아간다. 새 역사의 창조는 늘 이런 모습으로 시작되는 법이다.

타의 추종을 불허하는 행동가

육사 동기인 노태우의 증언에 의하면 전두환은 '타의 추종을 불허하는 활동적 인물'[150]이었다. 육사 시절 축구부 주장, 정규 육사 동창회장으로서 동료와 후배들 사이에서 언제나 주도적 역할을 했으며, 결정적 시기에 자신에게 유리한 상황을 적극적으로 만들어가는 행동가였다는 뜻이다.

그는 다섯째 아들로 태어났지만 육사 시절 이후 군인으로 성장하고 활동하는 동안 동료, 후배들 사이에서는 의리 있고 책임감 있는 '맏형'과 같은 존재였다. "나는 부하들에게 100% 충성한다. 나는 부하들이 50%만 충성하기를 기대한다"가 그의 지도자-부하 관이었다. 이처럼 담대한 보스 기질은 가족 환경보다는 성장 이후 접한 사회적 환경에 적응해가는 과정에서 자신의 의지와 노력으로 형성된 인격이었다.

전두환은 어떤 상황에서 어떤 일이 발생해도 대처할 수 있도록 준비와 훈련을 철저히 하는 스타일이었다. 이순자 여사의 증언에 의하면 남편 전두환은 상관에게 보고할 일이 있으면 주어진 시간이 5분일 경우, 10분일 경우, 30분일 경우에 대비하여 보고 내용을 녹음기를 틀어놓고 연습할 정도로 철저하게 준비하는 스타일이었다.[151]

---

150 노태우a, 앞의 책, 117쪽.
151 저자와 이순자 여사 인터뷰.

그는 목표를 향해 물불 가리지 않고 돌진하는 측면에서 과업지향적 리더십의 소유자였고, 일 처리 과정에서 군대의 선후배로 맺어진 사적(私的) 인간관계를 무엇보다 중시한다는 측면에서 인간중심적 리더십의 소유자였다.[152] 전두환은 자기와 인간적 인연을 맺은 선배, 동료, 후배, 부하들을 잘 챙겼다. 군대 시절 그의 부하였던 사람에 대해서는 승진, 보직 등에서 자기가 할 수 있는 방법을 다 동원하여 도와주었다[153]. 이와 관련된 흥미로운 에피소드가 발견된다.

전두환이 경호실 작전차장보 시절의 일이다. 제1공수특전단 대대장 서완수 중령(육사 19기)은 그의 부대가 청와대 경계를 맡게 되어 신원조회를 하게 되었다. 이 과정에서 서 중령 처가의 8촌 누군가가 6·25 때 부역 사실이 드러나 청와대 근무 부적격 판정을 받았다. 서완수는 전두환이 대대장 시절 중대장, 1공수특전단장 시절 작전참모와 대대장으로 함께 근무한 직속 부하였다.

부하를 위해서라면 뭐든지 한다

전두환이 보기에 서완수는 국가관이 뚜렷하고 유능한 장교였다. 그런데 자신도 모르는 처가의 과거사로 인해 청와대 근무를 못하고 원대복귀하게 된 것이다. 이런 능력자가 연좌제로 불이익을 당하는 것은 옳지 않다고 판단한 전두환은 "이 장교가 근무하는 데 있어 앞으로 어떤 잘못된 일이 일어날 경우 그 책임은 전적으로 내가 지겠다"라는 서약서를 써서 경호실장에게 제출했다. 전두환의 도움으로 서 중령은 부적격 판정이 취소되

---

152 최진(2005), 200쪽.
153 이상우, 「박정희와 전두환, 독재자의 성적표」, 신동아 1989년 5월호, 329쪽.

어 청와대 근무를 하게 되었다.[154]

그 후 서완수는 장군으로 진급하여 특전사령관을 지냈다. 이후 국군기무사령관으로 재직 중 1993년 3월 8일 김영삼 정부의 하나회 숙청작업 첫 타자로 김진영 육군참모총장과 함께 해임되었다.

5공 창출의 주역 중 하나였던 허화평은 대위 시절 보안사에 근무했다. 그의 동생 허화남은 고등학교를 졸업하고 1965년 2월 일본으로 밀항한 후 월북했다. 북한에서 밀봉교육을 받고 1967년 11월 경북 영일군에 남파됐다가 체포돼 국가보안법 위반으로 무기징역을 선고받았다. 이 일로 보안사에 근무하던 허화평 대위는 정상적인 군복무가 어렵게 되었다. 이때 전두환이 앞장서서 허 대위 구명운동을 벌여 준장까지 진급할 수 있었다.

전두환은 후배들의 사생활이나 집안 사정에 이르기까지 카운슬러이자 해결사를 자처했다. 하나회 후배 중에서 그에게 용돈 안 받아 쓴 사람, 신세 안 진 사람이 드물었다. 전두환은 "일생을 나를 좋아하는 사람들을 위해 바쳤다. 그게 오늘의 나를 만든 것"이라고 토로한 바 있다.[155] 전두환은 자신의 생활철학과 관련하여 다음과 같은 증언을 남겼다.

"나는 지금까지 개인적인 명예나 영광을 다른 사람이 차지할 수 있도록 희생해왔어요. 그래서 나를 좋아하는 사람들이 많지. 군에서도 내가 받은 표창이 다른 사람의 반도 안 돼요. 대부분 부하들에게 주고 윗사람들에게 돌아가게 했는데, 윗사람들은 자기한테 주면 좋아해요. 잘되는 일은 가급적 위로 돌렸기 때문에 사관학교 나온 사람 중에 날고 기는 사람들이 많아도 다 도중에 나에게 뒤졌어요."[156]

---

154 천금성, 앞의 책, 279~280쪽.
155 김성익, 앞의 책, 413~414쪽.
156 김성익, 앞의 책, 458쪽.

전두환이 1공수특전단장 시절 같은 부대에서 대대장으로 근무했던 민병돈의 사례는 전두환이 후배를 어떻게 챙기고 도왔는지를 잘 보여준다.

민병돈은 오랜 기간 셋방살이를 전전하다 결혼 후 목동에 처음 내 집을 장만했다. 하루는 전두환 단장이 이순자 여사와 함께 민병돈의 집에 와서 이것저것 살펴보고 갔다. 냉장고가 없다는 사실을 발견한 전두환은 그날 저녁 중고 냉장고 한 대를 민병돈의 집에 배달했다. 자기 집에 있던 냉장고의 음식물을 빼고 보내준 것이었다.[157]

전두환이 보안사령관 재임 시절 20사단장으로 임명된 육사 1년 후배 박준병이 부임 인사차 그를 찾아왔다. 전두환은 박준병에게 부대 단결을 위해서는 구보가 최고라면서 "사단장이 병사들과 함께 매일 아침 구보를 하라"고 권유했다. 얼마 후 20사단에서 병사들이 구보를 하다 일사병으로 쓰러지는 사고가 발생했다. 보고를 받은 전두환 사령관은 박준병 사단장을 찾아가 약간의 회식비를 건네주며 걱정하지 말라고 위로해주었다.

한 번 인연을 맺은 후배나 부하는 끝까지 잊지 않고 도왔고, 신뢰할 수 있는 군인이라는 확신이 서면 계속 같이 근무할 기회를 만들었다. 상관이 마음에서 우러나오는 정을 한없이 베풀면 어느 누가 그를 위해 목숨 바쳐 충성하지 않겠는가. 그런 표본적 사례 중의 하나가 장세동이다.

장세동은 1968년 전두환이 수경사 30대대장 시절 작전장교로 근무하며 처음 인연을 맺었다. 이후 월남전 때는 전두환 연대장 아래서 정보주임, 1공수특전단장 시절엔 대대장, 경호실 작전차장보 시절엔 그 아래서 작전보좌관과 30경비단장을 지냈다. 1968년부터 1977년까지 9년 중 7년 8개월을 바늘에 실 가듯 5개의 직책에서 전두환을 직속상관으로 모셨다.

157 박보균, 앞의 책, 115쪽.

제5공화국 전두환 시대 1

전두환과 장세동

전두환은 대통령에 오른 후 장세동을 경호실장에 임명했다. 이후 장세동은 하루 24시간을 오로지 전두환을 위해 바쳤다. 그는 술·담배를 끊었고, 식사량도 줄였다. 황선필 대변인이 소식을 하는 이유를 묻자 "식사를 많이 해 배탈이 나면 그 순간 경호실장 의무를 수행할 수 없기 때문"이라고 답했다.

전두환 대통령은 경내 산책으로 하루를 시작했다. 장세동 실장은 매일 새벽, 먼저 산책로를 답사·확인하여 낙엽과 새똥을 치웠다. 그의 완벽주의는 경호의 교과서였다. 문제는 이러한 절대 충성과 완벽주의는 역설적으로 대통령에게 소신 있는 직언을 못한다는 약점이 문제로 지적되었다. 이것이 전두환과 장세동이 가진 가능성과 한계였다.

전두환은 죽음을 각오하고 업무에 임하는 사생관, 빈틈없는 현실주의, 책임감을 가지고 업무를 일관되게 추진하는 뚝심, 전통적인 한국식 인간관계에 충실한 유형이었다. 전두환은 자신의 사생관에 대해 다음과 같은 증언을 남겼다.

"나에게는 대통령이 되기 전부터 뚜렷한 사생관이 있었습니다. 군대에서는 일개 병정도 자기가 맡은 땅을 지키기 위해서 목숨을 바치는 것을 영광으로 압니다. 장교 때도 나는 그러한 생각을 가졌었어요. (중략) 대통령이 되고 나서 나는 이렇게 결심했어요. '소대장, 대대장, 연대장으로 군에서 싸웠지만 그 자리에서 책임을 다하기 위해서 언제든지 목숨을 바칠 각오로 싸웠는데, 나라 전체를 위해서라면 언제든지 목숨을 버릴 수 있고, 그것이야말로 영광스러운 일이 아니냐'라고 생각했어요. 대통령 된 후 그렇게 뛰니까, 내가 진두지휘하고 모든 일을 진정으로 하니까 나라가 돌아가기 시작하는 게 느껴졌습니다."[158]

---

158 김성익, 앞의 책, 352쪽.

이러한 사생관과 보스로서 잘 다져놓은 동료, 후배들과의 인간관계는 12·12나 5·17 같은 중대시기에 결정적 역할을 하게 된다. 전두환의 보스기질로 형성된 리더십 특성은 유사시 의리와 정을 바탕으로 '소단위 집단행동'을 기동력 있게 유도해내거나, 권력을 장악한 후 통치하는 데 효율성을 발휘했다.[159]

하지만 전두환의 보스기질은 많은 문제의 근원이기도 했다. 그는 인간을 인정과 의리를 중심으로 평가하고, 혈연이나 친소 등과 같은 '일차적 인간관계'에 따른 청탁을 거절하지 못했다. 또 보스기질과 관련된 소집단주의와 권위주의적 군사문화는 민주발전에 긴요한 '공과 사를 구분하는 책임윤리'를 희박하게 만들었다. 이러한 보스 중심의 한국적 인간관계는 소단위 집단행동이나 책임윤리의 후퇴와 네포티즘(nepotism, 족벌주의)의 폐해를 야기하는 부작용을 낳았다.[160]

전두환의 '일차적 인간관계'를 중시하는 성격은 그가 대통령에 오른 후 친인척 관리의 실패라는 부작용을 낳는 원인이 된다. 대통령이 동생 전경환을 새마을운동중앙본부 회장에, 처숙부 이규광을 공기업인 대한광업진흥공사 사장에, 장인 이규동을 대한노인회 회장에 오르도록 한 것은 친인척 관리에 엄격했던 박정희 정부 시절 같으면 상상할 수 없는 일이다.

1982년 이철희·장영자 사기 사건이 발생했을 때 이규광 씨 구속을 강력 주장한 사람은 허화평 정무수석, 허삼수 사정수석이었다. 전두환 대통령은 5공 창출의 주역이었던 두 사람을 해임했다. 이 사건 이후 누구도 대통령 친인척 문제에 대한 불편한 이야기는 입을 다물었다. 그 결과 그는 퇴임 후 이른바 5공 청산의 태풍에 휘말려 자신의 형제와 처남을 포함한 친인척과 측

---

159 정윤재, 앞의 책, 348쪽.
160 최진(2005), 201쪽.

근 등 47명이 구속되고 29명이 불구속되는 상황을 맞게 되었다.[161]

승리를 향한 끈질긴 집념

전두환을 잘 아는 사람들은 그의 첫 번째 장점으로 '승리를 향한 끈질긴 집념'을 꼽는다. 우직하리만큼 강한 승부욕으로 가득 찬 인간[162]이었다는 것이다. 이러한 승부 근성과 정치와 권력에 대한 패권주의적 태도는 사적 차원의 의리로 뭉친 소그룹 조직의 충성심을 바탕으로 정치적 혼란기를 돌파하여 권력을 쟁취하거나 사회 안정에는 큰 위력을 발휘한다.

하지만 자긍심이 지나쳐 정치적 강압 조치를 남발하고, 민의에 귀를 기울이는 겸손함의 결핍 현상을 초래할 위험이 있다. 이런 퍼스낼리티(personality)는 성공한 군인 엘리트로서 자신만만하게 살아온 데서 얻은 결과물이다. 이것이 그의 특징이자 한계로 지적되었다.

박정희와 전두환은 직업군인 출신으로서 집권 과정의 유사성이 발견된다. 두 사람 모두 가난한 농부의 아들이었고, 40대에 정권을 잡았으며(박정희 44세, 전두환 48세), 박정희의 국가재건최고회의를 연상케 하는 국보위 구성, 육군 소장 출신으로 소수 병력으로 거사 단행, 육군 대장 전역 후 집권 등이 그 사례다. 전두환의 김재규 체포, 정승화 연행, 5·17 조치 시행, 국보위 설치 등은 박정희의 혁명가적 결단과 유사하다.

반면에 박정희는 5·16 이후 무려 7차례 반혁명 사건을 겪은 반면, 전두환은 그런 사례가 한 건도 없었다. 가장 큰 이유는 5·16 주체세력은 만주군, 육사 5기, 육사 8기 등 구성이 복잡했지만 12·12의 주체세력은 4년제 정규 육사 출신으로 단일화되었다는 점, 그리고 전두환의 확고한 리더십

---

161 김성익, 「전두환 대통령 약전」, 앞의 책, 151쪽.
162 김진배, 「군출신 대통령 인물 비교연구(상) : 박정희·전두환·노태우」, 월간조선, 1988년 6월호, 306쪽.

덕분이었다. 정규 육사 출신들은 어느 누구도 전두환을 넘볼 수 없을 정도로 전두환은 리더로서 확고한 위치를 차지하고 있었다. 그의 리더십은 권력을 손에 쥐고부터 생긴 것이 아니라 오랜 기간 쏟아부은 노력과 정성을 결정적 순간에 후배들의 충성 확보로 보상받은 것이다.[163]

반면에 두 사람은 리더십이나 개인적 기질에서 뚜렷한 차이점이 발견된다. 박정희 장군은 신경군관학교와 일본 육사를 우수한 성적으로 졸업한 청렴하고 유능한 수재였다. 사상 문제와 관련된 우여곡절을 겪으며 불우한 군 생활을 했고, 한직으로 밀려다닌 아웃사이더이자 주변부적 엘리트였지만, 군 내외에 광범위한 교우관계를 형성했다.

박정희와 전두환

박정희는 치밀한 성격에, 매사를 심사숙고하는 참모형 군인이었다. 그의 성격과 스타일은 정치 참여를 위해 군복을 벗는 전역식에서 손수건을 꺼내 눈물을 닦으며 "다시는 나 같은 불행한 군인이 없기를 바란다"라는 발언으로 상징화되었다.

전두환은 육사 시절 성적은 하위권이었으나, 임관 후부터 초인적인 노력과 강인한 체력, 동료 후배들과의 끈끈한 인간관계를 바탕으로 선두주자에 올랐다. 그는 늘 군 요직에서 벗어난 적이 없는 핵심 엘리트였고, 권력의 중심부 인사들과 친분관계를 유지했다. 보스 기질이 강한 인격의 소유자였고, 적극적 행동가이며, 심리전에 능한 전투지휘관형이었다.[164]

하지만 그의 교우관계는 육사 동문이라는 소집단에 한정되었고, 단순한 사생관을 지닌 현실주의자였다. 군복을 벗고 정치에 참여하기 위한 전

---

163 박보균, 앞의 책, 113~114쪽.
164 정윤재, 앞의 책, 344~345쪽.

전역식에서 눈물을 흘린 박정희와는 달리 시종일관 당당한 목소리로 "군 생활을 통해 체득한 우국충정과 희생정신으로 국운 개척의 험한 길을 결연히 헤쳐나가겠다"라고 전역사를 발표했다.

전두환은 대통령의 7가지 자질로 건강, 결단력, 신뢰감, 표현능력, 인내심, 안보지식, 인간적 매력을 꼽았다.[165] 그런 자질을 갖춘 사람만이 오를 수 있는 자리에 자신이 오른 것이다. 1980년 9월 1일 취임식 직후 전두환 대통령은 김병훈 의전수석에게 취임식 선서문을 정서하여 오라고 했다. 집무실 책상 뒤에 놓고 조석으로 보면서 잠시도 대통령의 책임이 무엇인가를 잊지 않겠다는 뜻이었다. "나는 헌법을 준수하고 국가를 보위하며…"라는 예사로운 말로 시작하는 이 선서문을 하나의 요식 절차로서가 아니라 그 자신에 대한 국가의 지엄한 명령으로 인식한 것이다.[166]

전두환은 거짓말하는 것과, 무엇이든 건성으로 보아 넘기는 무관심과, 우리의 문제를 남의 말 하듯 하는 무책임, 나태함을 경멸했고, 자기 자신에게도 사정없이 채찍을 가했다. 전두환은 대통령에 취임한 후 하루 일정은 새벽부터 시작되었다. 이른 아침 의전수석은 자신의 집무실에 도착하면 전등부터 켰다.

하루는 날이 밝은 다음에도 전등 끄는 것을 잊고 그냥 앉아 있었다. 그때 복도를 지나가던 대통령으로부터 "원유가 파동으로 우리나라의 무역수지가 악화하고 있으니 전기를 아껴야 합니다. 대통령 집무실의 전등도 100촉을 쓰지 말고 모두 60촉으로 바꾸도록 하시오"라는 주의를 받았다.[167]

---

165 최진, 「대통령 리더십과 국정운영 스타일의 심리학적 상관관계-한국 역대 대통령의 비교분석」, 고려대학교 대학원 박사학위 논문, 2005, 197쪽.
166 김병훈, 「전 대통령의 '욕심'이 나라 살렸다-의전수석이 본 전두환 대통령」, 월간조선부 엮음, 앞의 책, 208쪽.
167 김병훈, 앞의 책, 208~209쪽.

대단한 친화력의 소유자

김인호는 경제기획원 물가국장으로서 전두환 대통령에게 물가 동향과 관련하여 여러 차례 보고했다. 김인호는 초기에는 전두환 대통령에 대해 별로 호감을 갖지 않았다. 그런데 자주 보고를 하면서 그의 인간적 매력과 리더십을 발견했다. 그의 증언을 소개한다.

'그분(전두환)은 주요 정책 사안에 대해 모호한 태도나 결단을 미루는 행동을 보이지 않았다. 보고를 할수록 업무에 대한 이해도도 높아졌다. 전 대통령은 특히 친화력이 대단했다. 집무실에서 정식으로 인사를 드리려 하면 이미 알고 있다는 표시를 했다. 보고를 끝내고 나갈 땐 등을 두드리며 "김 국장, 잘해줘"라는 등 격려를 빠뜨리지 않았다. (중략) 전두환 대통령은 바깥에서 이야기하는 것과 달리 명석한 판단력을 가지고 있었다. 취임 초기와는 달리 점점 자신의 생각을 말하는 것보다 주로 보고를 경청하는 쪽으로 바뀌어갔다. 그랬기에 재임 중 갈수록 유능한 대통령의 면모를 더욱 갖추어갔다는 것이 나의 생각이다.'[168]

전두환의 리더십을 이해하는 키워드는 그가 한국군 최초로 자유민주주의에 바탕을 둔 미국식 민주주의 군사문화를 체득한 인물이라는 점이다. 정규 육사는 미국 웨스트포인트 제도와 교육 내용을 직도입하여 배웠고, 4년 내내 철저한 민주주의 원리 원칙을 교육받았다. 육사 11기 생도들부터 미국식 민주주의 교육이 몸에 체질화되어 그들의 인생관 확립에도 중요한 요소로 작용하게 된다.

육사를 졸업한 젊은 장교들은 거의 대부분 미국 유학을 다녀왔다. 그들은 미국 유학 과정에서 군사학뿐만 아니라 미국의 문화, 민주주의라는 제도와 가치, 철학도 함께 배웠다. 이런 과정을 통해 한국의 군사문화는 민간

---

168 김인호 회고록, 『명과 암 50년-한국경제와 함께(1)』, 기파랑, 2019. 139~140쪽.

수준과 비교되지 않을 정도로 발전했고, 군의 모든 시스템과 행정, 무기체계, 조직을 관리 통제하는 능력 면에서 미국 수준으로 올라섰다.

5·16은 군사문화와 민간 문화의 현격한 차이에서 비롯된 필연적 귀결이었다. 1979년 10·26 사태 때도 권력의 진공상태가 되면서 국가적 위기가 발생했다. 정치인들은 거리로 뛰쳐나온 학생, 재야인사를 선동하고 부추길 뿐 국가의 생존과 안전보장을 위해 노력한 지도자는 보이지 않았다.

민간 수준으로는 국가의 리더십 혼란을 극복하고 정상 국가로 바로잡을 수 없는 현실에서 군이 나서지 않으면 국가 생존이 위협받는다는 국민적 공감대가 형성되었다. 국가 위기 상황이 닥치자 신군부 출신 장성들은 좌고우면하지 않았다. 그들은 그동안 교육받아온 대로 위기를 수습하고 국가를 수호하려는 자신들의 의지를 행동에 옮겼다. 그것이 전두환의 5공화국 출범이었다.

복잡한 문제 단순화하는 능력 뛰어나

전두환의 대통령으로서의 정책 결정 방식은 전형적인 군사 시스템이 기본이었다. 군의 명령체계는 수직적이어서 엄격하지만, 그 결정 과정은 대단히 민주적이다. 이와 관련한 허화평의 발언을 소개한다.

"전쟁이 일어났다고 가정했을 때 그 전쟁을 수행하는 일련의 행동들은 무수한 생명이 관계되어 있고, 궁극적으로는 국가의 명운이 걸려 있는 것이기 때문에 지휘관 한 사람이 독단적으로 결정을 못 내립니다. 그래서 목표 설정과 목표 달성을 해나가는 일련의 과정이 가장 민주적이고 합리적인 절차를 거치도록 돼 있고, 그런 트레이닝을 밟고 군대 생활을 했기 때문에 국가를 경영하더라도 그게 그대로 적용된 겁니다. 조직의 정수는 군대 조직입니다. 특히 프랑스가 나폴레옹 이후에 근대국가 조직의 아버지라고 하는데, 군대 조직은 기동성, 효율성, 생산성이 있어야 돼요. 그리고 최소한의 낭비를 전제로 해서 형성된 것이 군대 조직입니다."[169]

전두환 리더십의 특징 중 하나는 군 생활 과정에서 얻은 지혜인 '복잡한 문제를 단순화하는 능력'이다. 복잡하기 짝이 없는 경제도 이론이나 학설에 휩쓸려 음풍농월하지 않고 가정 살림에 비유했다. "가정이 빚을 지면 빚쟁이에게 눌려 살아야 한다. 내가 벌어서 감당할 수 있을 만큼 지출해야 떳떳한 삶을 살 수 있다"라는 명제를 국가 경제에 도입하여 흑자 재정을 추구한 것이 대표적 사례다.

전두환은 성격상 궁금한 것이 많은 사람이었다. 대통령 시절 그는 한밤중에 장관에게 전화를 걸어 "최근의 수출신용장 내도액이 얼마냐?", "작년도 강우량이 얼마였냐?", "중동에 나가 있는 근로자가 몇 명에서 몇 명으로 줄었느냐?" 등등 별별 통계들을 시도 때도 없이 물었다.[170] 이것은 본인의 호기심 때문이었겠지만, 관계 장관들은 부서 현안을 꿰뚫고 있지 않으면 안 된다는 무언의 압력으로 작용했다.

대약진운동과 문화대혁명을 통해 중국을 수십 년 후퇴시킨 마오쩌둥(毛澤東)은 "권력은 총구에서 나온다"라고 말했다. 반면에 박정희는 "권력은 총구가 아니라 경제에서 나온다"라며 모든 국가 자원을 경제에 투입하여 근대화를 추진했다. 전두환도 국가 경영에서 경제를 무엇보다 우선하는 주제로 설정했다. "정치가 아무리 잘되어도 경제가 잘못되면 잘된 정치라고 할 수 없다"는 철학은 박정희 통치 철학의 완벽한 계승이었다.

그의 지상과제는 일본을 배워 개발도상국에서 벗어나 일본을 따라잡는 것이었다. 이를 위해 대통령 재임 중 경제를 최우선 순위로 설정하고, 강력한 경제정책을 7년 내내 일관되게 시행했다. 그런 노력을 통해 경제가 기사

169 연세대학교 국가관리연구원 편, 앞의 책, 101쪽.
170 이장규, 「경제는 당신이 대통령이야」, 이순자 엮음, 앞의 책, 73쪽.

회생했고, 중화학공업 건설을 위해 도입한 해외 차관 대부분을 상환하여 건전재정을 이루었다.

이 세상에 공짜 점심은 없으므로, 성취를 이루기 위해서는 필요한 희생이 따랐다. 대통령도 당국자도 국민도 대가를 지불하지 않으면 안 되었다. 국정 최고 책임자로서 대통령이 지불한 대가는 이른바 '인기'였다.[171] 대통령 비서실장으로서 전두환을 보필했던 이규호는 "전 대통령은 나라를 위해서는 '소신의 사람'이었다. 그는 여론에 영합하려고 하지 않았다. 그것이 그의 장점이었고 또한 단점"이라고 밝혔다.[172]

냉철한 현실주의자

물가를 안정시켜 인플레이션을 퇴치했고, 전 국민의 중산층화가 실현되자 그는 자신의 모든 권력을 내려놓고 육사 동기 노태우에게 권력을 물려주었다. 또, 육사 시절 배운 대로 1987년 6·29 선언을 통해 민주화 대장정의 길을 스스로 열었다. 한국의 민주화는 입으로만 '민주주의'를 외친 정치인들의 노력 때문이 아니라, 군부가 스스로 권력을 내려놓는 명예혁명이 있었기에 가능했다.

해방 후 한국인들은 민주주의와 자유, 시장경제를 입에 달고 살았지만, 정작 민주주의의 가치와 철학, 정신과 원칙, 시민으로서의 권리와 의무를 제대로 가르친 곳은 육사를 제외하면 찾아보기 힘들다. 같은 기간, 대학이나 정당, 언론에서는 민주주의의 본질을 교육한 것이 아니라, '민주주의'라는 구호만을 외쳤을 뿐이다. 그 결과 얼치기 민주주의자들이 양산되어 중

---

171 이규호, 「공중화장실을 청소하는 권위주의자?-비서실장이 본 전두환 대통령」, 월간조선부 엮음, 앞의 책, 204쪽.
172 이규호, 「1981년 4월의 '바덴바덴행' 결재-내가 본 그때 그 순간의 대통령 전두환」, 월간조선부 엮음, 앞의 책, 261쪽.

우정치, 문민 입법 독재가 판을 치는 세상이 되었다. 한국에서 자유민주주의의 핵심 본질은 육사를 중심으로 한 군부를 통해 꽃을 피웠다. 그 결실이 5공화국이다.

박정희 대통령은 18년간 재임 시절 정치적 위기에 처할 때마다 계엄령, 위수령, 긴급조치를 발동하여 군의 힘을 이용하여 사회 질서를 유지했다. 반면에 전두환은 반체제 세력을 향해 강력한 경고를 하고, 상황이 어려우면 '비상조치설'을 유포했지만, 재임 기간 중 단 한 번도 군을 동원하지 않았다.

전두환은 냉철한 현실주의자였다. 권력을 내려놓고 야인이 된 순간, 자신이 약자가 됐음을 쿨하게 인정한다. 퇴임 후 언론이 5공 비리를 폭로하고 노태우 진영이 자신을 공격하자 "권력이란 주인이 바뀌면 전임자를 격하해야 입지가 굳어지는 것"이라며 백담사로 유배를 떠났다. 이런 결단은 군 시절 체득한 사생관 덕분이다. 이런 모습을 보면 전두환은 마키아벨리가 말한 "사자의 폭력과 여우의 계략"을 완비한 지도자였다.

5공 시절 문교부장관, 비서실장으로서 전두환을 가까이에서 지켜보았던 이규호는 인간 전두환의 모습을 다음과 같이 소개했다.

"아들이 외출을 하고 돌아오지 않으면 밤늦게까지 응접실에 앉아서 기다리는 아버지로서의 전 대통령, 아내를 사랑하고 항상 존중하는 남편으로서의 전 대통령, 형제들에게 인정이 두터운 가족으로서의 전 대통령, 그리고 친구를 신뢰하고 돕기를 좋아하는 신의의 인간으로서의 전 대통령. 이러한 인간다운 너무나도 인간다운 그의 모습이 국민들에게는 어떤 모습으로 비쳤는지 모른다. 그러나 그는 그에게 주어진 책임을 다한 명예로운 지도자였다는 점은 아무도 부인하지 못할 것이다."[173]

---

173 이규호, 「비서실장이 본 전두환 대통령」, 앞의 책, 205쪽.

중산층이 5공 출범 암묵적 동의

10·26, 12·12 당시 전두환은 무명의 육군 소장에 불과했다. 만약 전두환과 신군부가 집권에 뜻이 있었다고 치자. 합법적으로 권력 장악을 위해 군복을 벗고 출마했다면 3김이 막강한 영향력을 행사하고 있던 1980년에 전두환과 그를 따르는 신군부의 집권 가능성은 몇 %나 되었을까?

아무리 강압적인 독재 체제라 해도 그것이 폭력과 강제만으로 작동되지는 않는다. 대학생 시절 '1980년 서울의 봄'을 경험했던 필자가 생생하게 기억하는 바로는 박정희의 퇴장 이후 절대다수의 시민이 원한 것은 급격한 민주화가 아니라 석유 위기로 파생된 경제위기 극복, 민생 안정이었다.

일부 운동권 학생 그룹과 급진적 '재야'로 표현된 좌파 세력이 주도하는 시위에 시민이 냉담했던 이유는 급격한 체제 변혁으로 인한 사회 혼란을 원치 않았기 때문이다. 이러한 시대 분위기를 정확히 짚어낸 사람이 고려대 정외과 교수 서진영이다. 그의 주장을 소개한다.

"5공 정권이 아무리 폭력적이고 억압적이었다고 해도 폭력과 억압만이 5공 정권의 등장을 가져온 것이 아닙니다. 신군부가 그렇게 행동할 수 있었던 데에는 중산계급이 가지고 있는 대단히 이중적인 이기성이 밑바탕에 깔려 있었다고 봅니다. 다시 말하면 중산층은 도덕적으로나 윤리적으로나 드러내놓고 신군부를 지지할 수는 없었지만, 80년대의 그런 혼란한 상황 속에서 정치적인 안정과 경제발전이라고 하는 문제에 집착했던 이기성 때문에 5공 정권의 등장을 묵인해주었다, 즉 암묵적인 동의를 해주었다고 설명할 수 있습니다."[174]

---

[174] 동아일보사, 앞의 책, 123쪽.

합동수사본부는 10월 28일 오후, 그때까지 파악된 사실을 토대로 중간 수사 결과를 발표했다. 이때 전두환 합수본부장의 모습이 언론에 처음 공개되었다. 10월 26일 저녁 서빙고 분실 직원 격려차 이동하던 그 순간부터 이날 발표 때까지 전두환은 이틀 내내 한숨도 못 자고 강행군을 거듭했다. 덕분에 얼굴은 초췌했고, 눈에는 핏발이 섰다. 언론에 비친 전두환의 강인하고 날카로운 인상은 이런 배경 덕에 탄생하게 된다.

제2장

역사의 격랑

1

1979년 급변하는 세계 정세

1979년은 다른 어느 해와 다름없는 질풍노도의 시기였다. 1960년대 '6·8 운동'으로 명명된 사회변혁운동이 전 세계를 휩쓸었다. '금지하는 것을 금지한다(It's forbidden to forbid)'라는 구호를 앞세운 젊은 세대의 저항운동은 급진적인 사회변화와 혼란을 야기했다. 1970년대 후반은 그에 대한 반동으로 보수주의가 급격히 확산되었다.

1979년 새해 첫날인 1월 1일, 미국의 카터(James Earl Carter, Jr) 행정부는 공산중국과 역사적인 미중 수교를 체결했다. 중국의 최고지도자 덩샤오핑 (鄧小平)은 1979년 1월 28일부터 2월 5일까지 미국을 공식 방문했다. 당내 극좌파를 제압하고 권력의 정점에 오른 덩샤오핑이 본격적인 개혁 개방의 길로 나선다는 선명한 행보였다. 미중 수교가 미국의 발등에 총을 쏜 자해 행위였다는 사실이 밝혀지기까지는 30년 이상의 세월이 필요했다.

1월 7일, 캄보디아를 침공한 공산 베트남군은 무주공산이 된 프놈펜을 점령한 다음 날 베트남 괴뢰정권인 캄푸치아 인민공화국을 출범시켰다. 베트남군은 거침없이 진격하여 1월 17일, 태국 국경과 맞닿은 캄보디아 남서쪽 코콩을 함락하여 캄보디아 전역을 장악했다.

5월 4일, 영국에서는 대처(Margaret Hilda Thatcher) 총재가 이끄는 영

국 보수당이 총선에서 승리, 대처가 영국 역사상 최초의 여성 총리로 취임했다. 미국에서는 네오콘(Neocon, 신보수주의)이 지지하는 레이건(Ronald Wilson Reagan)이 공화당 경선에서 돌풍을 일으키며 다음 해 대선 승리의 발판을 다졌다. 6월 2일 교황 요한 바오로 2세(Ioannes Paulus PP. II)가 폴란드를 방문, 공산정권을 비판하며 민주화 운동을 예고했다. 7월에는 중미의 니카라과에서 좌익 게릴라 세력인 산디니스타 민족해방전선(FSLN)이 소모사(Somoza) 정부를 무력으로 전복하고 오르테가(Daniel Ortega)를 중심으로 한 신정부를 수립했다.

의미심장한 변화는 중동에서 촉발되었다. 1979년 1월 16일, 38년간 이란을 철권 통치해왔던 팔라비 2세(Mohammad Reza Pahlavi) 국왕이 해외로 망명하면서 평지풍파가 일어났다. 이슬람 원리주의 지도자 호메이니(Ayatollah Ruhollah Khomeini) 지지자들이 회교혁명을 일으켜 신정(神政) 국가인 이슬람 공화국을 수립했다. 7월 16일에는 이라크에서 부통령 사담 후세인(Saddam Hussein)이 알바르크(Ahmad Hasan al-Bakr) 대통령을 권좌에서 몰아내고 대통령에 취임했다.

이란의 회교혁명은 단순히 이란 한 나라의 정권교체에 그친 것이 아니라, 국제정세에 연쇄 소용돌이를 일으켰다. 1974년에 이어 또다시 석유를 무기화함으로써 제2차 석유위기가 전 세계를 강타했다. 이란 회교혁명의 근원은 1973년 10월 6일 이집트와 시리아가 주축을 이룬 아랍 연합군이 이스라엘을 침공하여 시작된 제4차 중동전쟁(욤 키프르 전쟁)이었다.

제1차 석유위기의 후폭풍

전쟁 발발과 더불어 중동 산유국들은 이스라엘에 협력적인 국가에 석유수출을 금지하면서 제1차 석유위기가 발생했다. 석유위기는 2차 세계대전 종전 후 계속된 고도성장으로 인한 '자본주의 황금기'를 끝내고 신자유주의가 등장하는 계기가 되었다. 게다가 유가 폭등으로 중동 산유국이 부를 축적하는 계기가 되었다. 중동 산유국은 대부분 이슬람 국가였다. 이슬람 산유국에 막대한 오일 달러가 쌓였지만, 그에 따른 혜택은 서구 지향적 엘리트층에만 집중되었고, 절대다수의 대중은 분배로부터 소외당했다.

대중들은 모스크를 중심으로 회교 원리주의 운동을 일으켰다. 이란은 정치화된 급진적인 회교 원리주의 운동이 사회를 뒤엎고 집권한 최초의 사례였다. 오일 달러로 무장한 중동 산유국들은 자본주의와 공산주의로 갈려 냉전을 치르는 한복판에서 '이슬람주의'라는 제3의 노선을 폭발시켰다. 그러한 혁명 에너지는 이집트와 터키, 아프가니스탄과 파키스탄을 비롯한 이슬람 세계 전역으로 퍼져나갔다.

1979년 12월 24일, 세계를 흔든 또 하나의 사건이 벌어졌다. 소련의 붉은 군대가 우즈베키스탄에서 대거 남하하여 아프가니스탄을 침공한 것이다. 소련은 이란의 회교혁명이 자국의 중앙아시아 모슬렘 지역을 동요시켜 소련 통치 기반을 뒤흔드는 것을 우려했다. 한편에선 중동의 대표적인 친미 국가였던 이란의 정치적 격변은 이 지역에서 소련의 지정학적 이익을 취할 기회라고 판단했다.

소련이 아프가니스탄을 침공하자 미국은 소련에 대한 곡물과 하이테크 상품 수출 금지, 1980년 모스크바 하계올림픽 보이콧, 문화·과학 교류 단절, 군사비 증액과 군사적 대응 준비, 그리고 아프가니스탄의 이슬람 반군 지원 등 강경하게 대응했다.[1] 1970년대를 풍미했던 데탕트 분위기가 순식간에 증발하고 미·소 신냉전 기류로 돌변한 것이다.

그 와중에 1970년대를 풍미했던 크메르 루즈 지도자 폴 포트(Pol Pot), 우간다의 이디 아민(Idi Amin Dada Oumee), 적도 기니의 응게마(Francisco

---

1 김성보 외 지음, 『한국현대생활문화사 1980년대: 스포츠공화국과 양념통닭』, 창비, 2021, 156쪽.

Macías Nguema), 중앙아프리카공화국의 보카사(Jean-Bédel Bokassa) 등 12명의 독재자가 실각했다. 10월 26일 박정희 대통령도 김재규에 의한 시해로 실각 명단에 이름을 올리게 된다.

카터, 주한미군 철수를 선언한 까닭은?

한국의 1979년은 정치적 긴장의 연속이었다. 인권과 도덕을 양손에 든 카터 미국 대통령은 한국 안보의 기둥 역할을 했던 주한미군 철수를 선언했다. 이 조치는 한국 정부나 아시아의 기타 국가들에 미칠 영향에 대한 사전검토나 아시아 우방국 및 미국 의회와 협의 없이 결정됐으며, 미군 수뇌부는 물론 카터 행정부 고위 각료들의 반대를 무릅쓴 결정이었다.[2]

CIA 고위 관리였던 너새니얼 세이어는 "내가 아는 사람들 중 (주한미군) 철군에 찬성하는 사람은 한 명도 없었다. 우리 모두는 철군이 문제를 야기할 것으로 생각했다"고 말했다. 1979년 1월 말 현재 미 행정부 내에서 주한미군 철군을 주장하는 사람은 카터밖에 없었다.[3]

당시 일본의 지배적 견해는 일본 안보는 한국의 안보와 분리될 수 없다는 것이었다. 심리적·정치적으로 양국은 동일선상에 있는 운명체라는 정서가 퍼져 있었다.[4] 이런 상황에서 일본 정부와 상의 없이 결정된 주한미군 철수 공약은 일본에 폭탄과 같은 충격이었고, 중국 군사지도자들에게도 우려를 자아냈다.[5] 중국의 우려는 주한미군이 이 지역의 군사적 안정에 긍정적으로 영향을 미치고 있고, 소련의 모험주의를 억제하는 역할을 한

---

2   윌리엄 글라이스틴, 황정일 옮김, 『알려지지 않은 역사』, 중앙M&B, 1999, 7쪽.

3   돈 오버도퍼 지음, 뉴스위크 한국판 편집국 번역, 『두 개의 코리아』, 중앙일보사, 1998, 104쪽.

4   신현익, 「전두환 군부정권 성립 과정에서의 미국의 역할」, 고려대학교 대학원 정치외교학과 박사학위 논문, 2006, 218쪽.

5   뉴욕타임스, 1979년 12월 27일.

다고 평가했기 때문이다.[6]

카터 대통령의 주한미군 철수는 잘못 계획되었고, 시기도 적절치 않았다. 왜냐하면 1979년 당시 미국은 한반도에서 북한군 전력이 그 어느 때보다 강해졌다는 정보를 입수하고 있었기 때문이다. 그리고 이 북한군 병력은 불과 몇 시간 만에 서울을 공격할 수 있는 비무장지대 근처에 배치되어 있었기 때문이다.[7]

그렇다면 잘못된 계획이고, 시기도 적절치 않았던 주한미군 철수를 카터 대통령이 그토록 집요하게 추진했던 이유는 무엇이었을까?

카터 행정부는 미국과 소련이 아무리 국방비를 증가시켜도 치열한 군비경쟁 속에서 확실한 안전을 보장받을 수 없다고 보았다. 따라서 소련을 비이성적 두려움의 대상이 아니라 대화 대상으로 상정했으며, 중국과도 새로운 관계를 갖고자 했다.[8] 카터는 중국을 주요 적대국으로 상정하기보다는 정치적 관리 대상으로 보았다.

미국은 중국과 공식 수교하면서 중화인민공화국(중공)을 중국의 유일한 합법 정부로 인정했다. 카터 대통령은 중국과 수교 과정에서 동북아 안보 관리에 대한 새로운 전망을 갖게 되었다. 데탕트 분위기를 한반도까지 확산시킬 수 있다고 본 것이다. 그래서 취임 이후 계속 미군 철수를 논했고, 구체적 철군 일정을 지시할 정도로 논의를 진행했다.[9]

1977년 초반 카터 행정부는 한반도를 동아시아의 잠재적 분쟁 요인으로 봤지만, 남북한 군사 균형과 한반도 군비경쟁 가능성 등을 고려할 때

6   신현익(2020), 51쪽.
7   존 위컴 지음, 김영희 감수, 『12·12와 미국의 딜레마』, 중앙M&B, 1999, 5쪽.
8   엄정식, 「카터 행정부 시기 대한무기이전 정책의 변용-백곰 미사일의 개발과 F-5E/F 공동생산의 합의」, 서울대학교 대학원 정치외교학부 박사학위 논문, 2012, 40쪽.
9   마상윤·박원곤, 「데탕트기의 한미갈등-닉슨, 카터와 박정희」, 『역사비평』, 2009년 봄호, 127~128쪽.

북한을 실질적 위협으로 인식하진 않았다. 이런 낙관적 인식은 대한(對韓) 정책에서 철군 계획이 우선되는 중요한 배경이 되었다. 카터 행정부는 한국의 경제발전뿐 아니라 북한의 지원국가인 중국, 소련과 미국의 관계가 안정적이라는 사실을 긍정적으로 평가했다.[10]

흔들리는 민심

박정희 정부는 1977년부터 한미 정상회담을 추진했지만 1979년에 가서야 겨우 실현될 정도로 남한에 대한 미국의 태도는 차가운 편이었다.[11] 반면에 미국은 북한과의 협상에는 상대적으로 적극적이었다. 미국은 1979년 4월 25일부터 5월 6일까지 평양에서 열린 제35회 세계탁구선수권대회에 선수단을 파견했다.

베트남에서 미군이 싸우다 말고 급작스럽게 물러나는 것을 지켜보면서 한국 국민은 아시아에서 미국의 위상이 흔들리고 있다고 걱정하기 시작했다. 카터 행정부는 정치적 자유와 인권 문제를 들먹이며 박 대통령을 압박하는 바람에 보수적인 정치 지도자들로부터 반감을 샀고, 미국의 안보 공약에도 의심을 갖게 했다.[12]

이란의 회교혁명으로 인한 제2차 석유위기의 혼란으로 한국의 경제 성장은 큰 타격을 받았고, 수입 원자재 가격 폭등으로 물가는 광란 상태로 폭등했다. 실질소득이 크게 줄어든 노동자들은 동요했고, 악화되는 경제 현실에 중산층은 불안에 떨었다. 18년에 걸친 철권통치의 부작용을 경제 발전으로 지탱해오던 유신 말기의 모순이 폭발 임계점을 향해 질주하기

---

10 엄정식(2012), 85쪽.
11 박원곤, 「카터 행정부의 도덕주의 외교와 한국정책: 1979년 카터 대통령 방한의 재해석」, 『미국학』제30집, 2007, 26~27쪽.
12 존 위컴, 앞의 책, 110쪽.

시작했다.

정국 변화의 뇌관을 때린 사건은 1979년 5월 30일 신민당 전당대회였다. 김영삼 의원이 예상을 뒤엎고 중도통합론을 내세운 이철승 의원을 누르고 당 총재로 선출되었다. 김영삼 총재는 선명 야당, 민주회복 구호를 앞세워 유신정권을 강도 높게 비판하면서 정국에 파란을 예고했다.

이때 신민당 원외 지구당 위원장 3명이 김영삼에 대한 총재직 당선 무효소송을 제기했고, 5월 전당대회 당시 대의원 몇 명의 자격을 문제 삼아 총재 직무정지 가처분신청을 제기했다. 서울지방법원이 이를 받아들여 김영삼의 총재 권한이 정지되었고, 전당대회 의장 정운갑이 총재 권한대행을 맡게 되었다. 김영삼은 이를 박정희 정권의 공작이라고 비난했다.

감정이 격화된 김영삼은 1979년 9월 12일, 뉴욕타임스 도쿄 지국장 헨리 스톡스(Henry Scott Stokes)와 기자회견을 했다. 뉴욕타임스는 "국민들로부터 멀어진 소수의 독재 정부냐, 민주주의를 열망하는 대다수 대한민국 국민이냐를 미국 정부가 명확하게 선택할 때가 왔다", "미국이 공개적이고 직접적인 압력을 통해 박 대통령을 제어해달라. 이를 위해 한국에 대한 원조를 중단해야 한다"라는 김 총재의 자극적인 발언을 여과 없이 보도했다.[13]

카터 행정부를 향해 "민심이 떠난 박 정권에 대한 지지를 철회하라"라고 해석될 수 있는 초강경 발언을 한 사실을 확인한 박 대통령은 격노했다. 여당인 민주공화당은 김영삼의 발언을 "국회의원으로서 본분을 이탈하여 반국가적 언동을 함으로써 국회의 위신과 국회의원의 품위를 손상시킨 행위"로 규정했다.

---

13 뉴욕타임스, 1979년 9월 16일.

김영삼 총재 의원직 제명

1979년 10월 4일 민주공화당과 유신정우회 소속 국회의원들은 김영삼의 의원직 제명안을 변칙 통과시켰다. 이로써 김영삼은 의원직을 박탈당했다. 건국 이후 30년 의정 사상 최초의 정당 대표 제명이었고, 그것도 날치기 통과였다.[14] 박정희 정부가 김영삼의 의원직을 박탈하자 미국은 즉각 글라이스틴(William H. Gleysteen, Jr) 주한 미국대사를 소환했다. 대사 소환은 가장 강력한 외교적 항의였다. 이로 인해 카터 대통령 방한에 대한 박 대통령의 미국 답방 계획이 취소되었다.

신민당 국회의원들은 항의 표시로 의원직 사퇴서를 제출했고, 김 총재의 정치적 고향 부산과 마산에서 김영삼 제명에 항의하는 시위가 폭발했다. 부마사태의 시작이다.

산업화 초기에 국민은 박 대통령에게 모든 권한을 위임하고 희생을 감내하는 등 결속과 응집력을 발휘했다. 노동자들은 유신정권의 지지기반인 신중산층과 함께 경제발전의 수혜 계층으로서 박정희 정권의 암묵적 지지 세력이었다. 그러나 1970년대 말 수출주도형 경제정책의 주력산업이었던 중화학공업이 대내외 여건 악화에 따라 크게 위축되자 노동자들의 체제에 대한 지지는 현저히 약화되어갔다.[15]

중산층도 동요하기 시작했다. 박정희 정권은 중화학공업 추진을 위한 투자재원 확보와 세제상의 특혜에 따른 재정적자를 줄이기 위해 1976년 간접세를 중심으로 하는 대폭적인 세제개혁을 단행했다. 이를 통해 부가 가치세와 방위세 등 새로 부과된 조세는 서민과 중산층의 부담을 높였다. 이러한 세 부담은 영세 상인들의 반발과 함께 국방비 증액분을 중산층에

---

14 이만섭, 『나의 정치인생 반세기』, 문학사상사, 2004, 240쪽.
15 신현익(2006), 38쪽.

떠넘긴다는 반발을 샀다.

게다가 차지철 경호실장과 김재규 중앙정보부장은 국내 위기를 서로 다른 방식으로 해결하고자 했다. 차지철은 강경 대응을 주장했고, 김재규는 온건론을 내놓았다. 이러한 노선 갈등은 대미정책 갈등으로 표출되었다.[16]

10월 15일 부산에 민주 선언문이 배포되었고, 16일에는 학생 5천여 명이 거리로 나와 시위를 주도했다. 여기에 시민이 가세하여 대규모 반정부 시위로 확산되었다. 시위대는 경찰서, 세무서, 방송국 등을 공격했고, 18일과 19일에는 마산·창원 일대로 확산됐다. 10월 20일 마산과 창원 일원에 위수령을 발동하여 505명을 연행하고 59명을 군사재판에 회부하여 시위는 진정되었다.[17] 부마사태 진행을 보면서 서울 주재 미국 관료들은 박정희 정권의 수명이 다했을지 모른다는 소리가 나왔다.[18]

부마사태와 관련하여 주한 미국대사관은 본국 정부에 한국의 최근 정세를 보고했다. 이 보고서에서 주목할 점은 "모든 계층 사람들이 사태에 광범위하게 동참한 사실에 우리는 충격을 받았다"라는 점과 "우리는 다른 도시들에서도 사태가 엄청나게 심각한 것으로 보지는 않는다"라는 대목이었다.[19] 박정희 정권에 대한 민심 이반이 일어나고 있지만, 다른 도시로는 확산되지 않을 것으로 예측한 것이다.

10월 26일, 글라이스틴 대사와 김영삼 오찬

1979년 10월 26일 정오.

글라이스틴 주한 미국대사는 야당 정치인 김영삼을 대사관저 오찬에

---

16 신현익(2006), 32쪽.

17 하순봉, 『하순봉 회고록: 나는 지금 동트는 새벽에 서 있다』, 연장통, 2010, 48쪽.

18 윌리엄 글라이스틴, 앞의 책, 26쪽.

19 주한 미국대사관, 「부산 계엄령 선포 이후 현재 분위기에 대한 대사관의 생각」, 1979년 10월 20일.

초대했다. 이날 김영삼은 글라이스틴 대사에게 "국민이 궐기해 박 정권을 무너뜨릴 것"이라고 말했다.

글라이스틴은 중국에서 장로교 선교사로 활동하던 부모 덕분에 1926년 베이징(北京)에서 태어나 베이징의 미국 학교에서 공부했다. 일본의 진주만 공격 이후 글라이스틴 가족은 산둥성(山東省) 수용소에 수감되었다가 1943년 12월 미국으로 귀환했다. 그는 예일대 대학원에서 국제관계학 석사를 마치고 외교관에 입문하여 대만, 일본, 홍콩, 한국에서 복무하며 동양권 전문 외교관으로 활동했다.

10월 26일 저녁, 전두환 국군보안사령관은 오랜만에 집에서 가족과 저녁 식사를 했다. 그 후 부인 이순자 여사에게 과일상자를 준비해달라고 했다. 박정희 대통령은 10월 18일 부산에 비상계엄령을 선포했고, 이틀 후 마산과 창원에 위수령을 선포했다. 이 무렵 보안사 서빙고 분실(공식 명칭은 국군보안사 대공처 수사단)은 남민전(남조선민족민주전선) 사건의 군부 관련자들에 대한 마무리 수사로 분주했다. 전두환 사령관은 비상계엄이 발령되어 비상근무 중인 수사요원들을 격려하기 위해 이날 저녁 보안사 서빙고 분실 방문 일정을 잡았다.

전두환 사령관은 연희동 자택을 출발, 용산구 서빙고동으로 향했다. 저녁 8시경, 전 사령관이 탄 차가 삼각지 로터리를 지날 무렵 차량 전화가 울렸다. 수행 부관 손삼수 중위가 전화를 받았다. 사령부에서 온 전화였는데, 통화 감도가 좋지 않아 무슨 말인지 알아듣기 힘들었다. 길가에 차를 세우고 손삼수 중위가 공중전화로 사령부에 연락했다.

보안사 당직 장교는 "대통령 각하께서 분원에 입원하신 것 같다"고 보고했다. 분원이란 국군통합병원 서울지구병원으로, 주로 대통령과 그 가족들이 이용하는 시설이다. 청와대 가까운 보안사 경내(현재의 국립현대미술관 자리)에 위치하고 있어 대통령이 이 병원에 오면 보안사는 자동적으로 그 사실을 알게 되어 있었다.

전두환 사령관은 서둘러 서빙고 분실로 향했다. 차가 출발하자마자 다시 차량 전화로 "노재현 국방부 장관이 보안사령관을 찾는다"는 메시지를 전했다. 전두환은 서빙고 분실에 도착하자마자 상황 파악에 나섰다. 보안사 당직 총사령은 "저녁 8시 5분경, 김계원 비서실장이 대통령 전용차를 타고 와서 응급환자를 분원 안으로 업고 들어갔다. 10분 후 정문으로 나온 비서실장은 위병에게 '아무도 들어가지 못하도록 통제하라'고 지시하고 청와대 쪽으로 갔다"라고 보고했다.

대통령 전용차는 대통령만 이용할 수 있다. 대통령 비서실장도 대통령과 동승하지 않고는 단독으로 이용할 수 없다. 그렇다면 응급환자는 대통령이란 말인가? 대통령과 그 가족이 분원에 오면 분원 전체를 대통령 경호실이 통제하도록 되어 있었다. 보안사는 분원 내부에서 일어나는 일에 대해서는 알 수 있는 방법이 없었다.

노재현 국방부장관, "대통령께서 서거하셨다"

대통령 신변에 관한 일이라면 경호실이 가장 잘 알고 있을 것이다. 즉시 경호실에 연락했으나 "실장님(차지철)은 행사에 나가신 후 아직 돌아오지 않았다"는 답이 돌아왔다. 이때 전두환 사령관의 동생 전경환 경호실 경호 5계장이 청와대 본관 당직 근무 중이었다. 전경환 계장은 "김계원 비서실장이 택시를 타고 청와대로 왔고, 사무실에 도착한 후 허둥지둥하는 등 이상 행동을 보였다"라고 상황을 전했다.

국방부 장관실로 연락하자 "보안사령관은 현재 복장으로 육군본부 B-2 벙커(전시용 비상지휘소)로 급히 오라는 장관의 지시가 있었다"는 내용을 전해주었다. 심상치 않은 일이 벌어졌음을 직감한 전두환 사령관은 보안사 예하 전 부대에 비상대기 명령을 내리고 육군본부로 갔다.

밤 9시경, 용산 육본 내에 위치한 B-2 벙커에 들어서자 김재규 중앙정보부장의 모습이 보였다. 평소 알고 지내던 사이여서 인사를 건넸는데, 전두환은 섬뜩한 살기를 느꼈다.[20] 벙커에 나타난 전두환을 본 노재현 장관이 "대통령께서 서거하셨다"라고 전했다. 순간, 전두환은 숨이 턱 막혔다.

"대체 어떻게 돌아가셨다는 겁니까?"

"나도 서거하셨다는 얘기만 전해 들었을 뿐 언제, 어디서, 어떻게 돌아가셨는지 모른다."

대통령이 서거했다면 정보부장이나 국방부 장관은 재빨리 상황을 파악하여 비상조치를 취해야 할 것 아닌가. 그런데 모두가 속수무책으로 허둥지둥 우왕좌왕하고 있었다. 만약 대통령 서거가 쿠데타나 국가 전복과 관련된 일이라면 이는 전적으로 보안사 관할이 된다.

보안사는 해방 후 설치된 국방사령부 정보과로 출발했다. 이 조직이 1947년 조선경비대 정보처로 이어졌고, 1948년 11월 육군정보국 특별수사대로 개편되었다. 이후 육군 특무부대(1950년 10월), 육군 방첩부대(1960년 7월), 육군 보안사령부(1968년 9월)를 거쳐 1977년 9월 26일, 대통령령에 의거 육·해·공군 방첩부대가 통합되어 국군보안사령부로 확대 개편되었다.

보안사는 국방부 직할 수사정보기관으로서 군사 관련 정보수집, 군사보안 및 방첩, 범죄수사를 전담하는 부대다. 여러 임무 가운데 핵심은 군부 내에서 무력으로 현 정권의 전복 가능성을 차단하는 대(對)전복 임무다. 앉아서 한숨 쉴 때가 아니다. 무슨 일이라도 찾아내 조치를 취해야 한다는 비상한 책임감이 어깨를 짓눌렀다. 전두환 사령관은 관련 정보수집을 위해 9시 30분경 보안사로 귀대하여 즉시 전투복으로 갈아입고 비상태세

---

20 전두환, 『전두환 회고록(1)』, 자작나무숲, 2017, 42쪽.

에 돌입했다.

삽교천 방조제 준공식

1979년 10월 26일 오전 10시 30분.

대통령 전용 헬기가 당진에 착륙했다. 박 대통령은 차량으로 삽교천 방조제 준공식장에 도착했다. 삽교천 방조제는 충남 당진시 신평면 운정리와 아산시 인주면 문방리 사이로 흘러드는 삽교천 하구를 가로막은 길이 3,360m, 너비 168m, 높이 12~18m의 인공 둑이다. 1976년 12월 착공되어 사업비 168억 원, 연인원 33만 6천여 명이 동원된 대역사가 이날 완공되었다. 방조제를 쌓아 물길을 막고 저수량 8,400만 톤의 삽교호를 조성했다. 삽교호의 풍부한 수량은 일대 4개군 농업용수로 공급될 예정이었다.

이날 오전, 김재규 중앙정보부장은 차지철 경호실장에게 자기도 이 행사에 참석하고 싶다는 뜻을 알렸다. 방조제 행사 후 박 대통령이 방조제 근처에 완공된 비밀 통신시설 시찰 일정이 잡혀 있었다. 이 행사를 자신이 주관하려 했으나 차지철 실장이 거부하는 바람에 김재규는 참석하지 못했다.

MBC의 청와대 출입기자로 방조제 준공식을 취재한 하순봉은 이날따라 박 대통령의 표정이 무척 지치고 어둡게 보였다. 카랑카랑한 음성이 갈라졌고, 치사를 하는데도 몇 군데나 더듬거렸다.[21] 그는 부마사태, 김영삼 의원 제명 등 연이은 정치적 사건으로 스트레스를 받은 때문이 아닌가 추측했다.

치사를 마친 박 대통령은 마을 최고령자인 83세 이길순 노인과 준공 테이프를 자른 후 배수갑문 스위치를 눌렀다. 방조제에 막혀 있던 물줄기가

---

21 하순봉, 앞의 책, 48~49쪽.

배수갑문을 박차고 하류를 향해 격류처럼 흐르기 시작했다.

이날 몇 가지 사소한 해프닝이 있었다. 첫 번째는 방조제 기념탑 제막식 때 탑에 씌워진 제막용 줄을 잡아당겼는데, 씌워진 커튼이 절반밖에 걷히지 않았다. 두 번째는 오찬을 위해 대통령 탑승 헬기가 도고온천 관광호텔에 착륙할 때 일어났다. 호텔 사육장에서 기르던 노루가 헬기 소음에 놀라 날뛰다 철책에 부딪쳐 죽었다. 세 번째는 행사가 끝나 일행이 서울로 돌아갈 때 일어났다. 대통령이 탑승한 1호기와 청와대 참모들이 탄 2호기는 정상 이륙했으나 경호원이 탄 3호기는 기체 고장으로 이륙이 약간 지체됐다.[22]

청와대 경내에서도 상서롭지 못한 일이 발생했다. 10·26 일주일 전인 10월 19일 이른 아침, 경호관 숙소로 꿩 한 마리가 날아들더니 숙소 벽에 머리를 부딪쳐 죽었다. 함수용 경호과장은 누가 볼까 봐 꿩의 사체를 몰래 치웠다. 박 대통령이 피살되기 5~6분 전, 청와대 본관 지붕 위에 두세 살 난 어린아이만 한 커다란 부엉이 한 마리가 앉아 꾸르륵 꾸르륵 울고 있는 모습이 보였다. 부엉이는 청와대 근처에는 좀처럼 나타나지 않는 짐승이었다.[23]

저녁 6시, 궁정동 대행사

오후 4시경 김재규 부장은 경호실로부터 오후 6시 궁정동에서 열리는 '대행사'에 참석해달라는 연락을 받았다. 청와대 지척의 궁정동에는 5채의 안가가 있었는데, 그중 한 채가 정보부장 집무실이었다. 정보부장 집무실 동쪽 옆에 '구관'이, 골목 건너 북쪽에 '신관'이 있었다. 신관 남쪽의 2층 양옥집이 '나동', 나동 남쪽에 한옥으로 새로 지은 집이 '다동'으로 불렸다.

나동 건물은 몇 달 전에 새로 지었는데, 이때 방 한 칸에 조촐한 식당을

---

22 조갑제a, 『유고(有故)!(2)』, 한길사, 1987, 125~128쪽.

23 하순봉, 앞의 책, 53쪽.

마련했다. 대통령은 경호 문제로 외부에서 편하게 식사할 장소가 마땅치 않았다. 정보부장 집무실이 있는 안가는 외곽을 중정 경비원이 지키고, 내부는 대통령 경호실이 관리하고 있어 경호 부담 없이 이용할 수 있었다. 이곳은 정보부가 경비하고 있다는 것 말고는 초라할 정도로 소박한 가옥이었다.

박 대통령은 1974년 육영수 여사 서거 후 마음 둘 곳이 없어 울적한 나날을 보냈다. 차지철 경호실장은 대통령을 위로하기 위해 안가 '나동' 식당에서 가끔 만찬을 함께 했다. 궁정동 안가 행사는 대통령 혼자 식사하는 것을 소행사, 시중드는 여성 2명과 경호실장, 정보부장, 비서실장 등 3~4명의 최측근이 함께하는 것을 대행사라 불렀다.

김재규는 박 대통령과 육사 2기 동기생이었으나 박 대통령보다 일곱 살 연하였다. 안동공립농림학교를 졸업하고 일본군 특별 간부 후보생으로 군 생활을 하다 해방 후 귀국했다. 대구농업전문학교 중등교원양성소를 수료하고 김천중학교에서 잠시 교편을 잡았다. 이때 제자가 박 대통령의 '대행사'를 주관한 중앙정보부 의전과장 겸 궁정동 시설 관리책임자 박선호다.

김재규는 임관 후 군 생활 도중 미군 장교와 충돌한 사건으로 자진 사임했다. 낙향한 그는 대구 대륜중학교 체육 교사로 근무했는데, 이때 제자 중 한 사람이 후에 국회의장에 오른 이만섭 의원이다. 김재규는 3년 만에 군에 복귀했다.

박 대통령은 동향 출신인 김재규를 매우 아꼈다. 박정희가 1955년 양구에 위치한 제5사단장으로 부임했을 때 김재규는 5사단 휘하 35연대장으로 재직했다. 어느 날 35연대 병기 창고에서 화재가 발생, 각종 병기와 장비가 불에 탔다. 박정희 사단장은 김재규를 끝까지 감싸고 타 부대의 지원을 받아 화재로 소실된 물자를 채워넣어 그를 위기에서 구해주었다. 감격한

김재규는 그 자리에서 벌떡 일어나 엉엉 소리 내어 울었다고 한다.[24]

5·16 이후 박정희 대통령은 혁명에 참여하지 않은 김재규를 6사단장, 방첩대장(보안사령관), 3군단장에 이어 1974년 건설부 장관에 발탁했고, 마지막엔 중앙정보부장에 임명했다.

차지철은 박 대통령의 말이라면 지옥까지라도 뛰어갈 정도의 충성파 인간이었다. 효성이 지극했고, 기독교 신자로서 술 담배를 입에 대지 않는 청빈한 금욕주의자였다. 육영수 여사는 남편 박정희에게 "저런 성실한 사람을 데리고 일해보시라"고 여러 차례 권했다.

1974년 8월 15일 장충동 국립극장에서 육영수 여사가 문세광의 흉탄에 맞아 서거했다. 문세광의 범행은 경호 실패로 인한 국가적 참사였다. 박 대통령은 그에 대한 책임을 물어 박종규 경호실장을 해임하고 후임을 물색했다. 전임 경호실장 박종규와 김종필 국무총리는 오정근(예비역 해병대 준장)을 추천했다. 오정근은 5·16 혁명 때 해병대 병력을 이끌고 한강 인도교에서 헌병 1개 중대와 교전을 벌여 서울 진입로를 뚫어낸 혁명동지였다.

박 대통령은 고인이 된 육 여사의 유지를 받들어 우직하고 단순한 충성파 차지철을 낙점했다. 차지철은 육군 중령 출신으로 특전사 지역대장이 최종 보직이었다. 대부대 지휘 통솔 경험이 없는 비육사 출신 콤플렉스 덩어리가 권력 가까이 있었던 것이 국가적 불행이었다. 결국 이것이 1979년 박 대통령 시해 사건의 거시구조적 기원이 되었다.

한계에 다다른 박정희 용인술

차지철은 경호실장에 오르자 '소통령' 행세를 하기 시작했다. 오로지 대통령 한 사람에게만 충성했고, 이를 위해 경호실을 대대적으로 강화했다.

---

24 김용삼, 『박정희의 옆얼굴』, 기파랑, 2018, 266~267쪽.

그는 경호실 차장에 군에서 엘리트로 촉망받았던 정병주(육사 9기), 문홍구·이재전(육사 8기) 등 별 셋을 단 중장들을 앉혔다. 차장 아래에 행정차장보·작전차장보를 신설하여 현역 준장을 임명했다. 작전차장보에 전두환·노태우·김복동(육사 11기)이 차례로 기용됐다. 또 청와대 경비 부대인 수경사 30·33경비단을 대대급에서 여단급으로 격상시켰다.[25]

주말이면 경내에서 하기식(국기강하식)을 거행하여 당대의 실력자들을 불러 모았고, 심지어 전방에서 근무하는 군사령관들도 돌아가며 참석하도록 했다. 사열은 차지철 본인이 단상 중앙에서 직접 받았다. 권력이 차지철에게 쏠리자 부나방처럼 정치권 인사들이 모였다. 서울 출신 공화당 K 의원은 국회의원들의 동향을 경호실장에게 보고하는 여의도 정보통이었고, 유정회 출신 백두진 씨 내외가 경호실장 사저를 드나든다는 소문이 있더니 입법부 수장인 국회의장이 되었다. 야당 중진 S 의원은 차지철에게 야당 동향을 제일 먼저 알려주었다.[26]

권력에 도취한 차지철은 8살이나 연장이고 육사 2기를 졸업한 3성 장군 출신에, 박 대통령이 동생처럼 아끼는 김재규를 "김 부장"으로 부르며 하대했다. 그는 경호실 내에 독자적인 정보망과 공작팀을 구성하여 중앙정보부 업무 영역까지 침범했다. 박 대통령은 말년에 중앙정보부 정보보다 차지철이 올리는 정보를 더 신뢰했다. 1979년 들어 두 사람 관계는 회복 불능 상태가 되었고, 충돌은 예정된 수순이었다. 그의 비뚤어진 충성심이 박 대통령의 목숨까지 앗아가는 원인이 될 줄을 육 여사가 상상이나 할 수 있었을까?

대통령 주변 인사의 균형추 역할을 해야 할 비서실장에 김계원을 앉힌

25 김충식, 『남산의 부장들』, 폴리티쿠스, 2012, 703쪽.

26 하순봉, 앞의 책, 45~46쪽.

것도 치명적 실수였다. 김계원은 일정기에 연희전문학교 상과 재학 중 학병으로 일본군에 입대, 견습 사관으로 근무 중 해방을 맞았다. 군사영어학교 1기로 군문에 들어선 그는 육군참모총장까지 올랐다.

박 대통령은 육군참모총장 임기를 마치고 전역한 김계원을 1969년 김형욱의 뒤를 이어 중앙정보부장에 임명했다. 김계원은 군 생활 시절 '남산골샌님'으로 불릴 정도로 유화적인 인물이었다. 그런 인물을 거칠고 험한 임무를 수행하는 자리에 앉혔으니 적응 불가였다. 결국 1년 2개월 만에 경질하여 1971년 1월 대만 대사로 내보냈다.

1978년 12월 12일 치러진 제10대 총선에서 야당인 신민당이 32.8%를 득표하여 여당인 민주공화당(31.7%)을 앞섰다. 총선 직후 박 대통령은 분위기를 일신하기 위해 개각을 단행하면서 김정렴 비서실장 후임으로 김계원을 앉혔다. 오랜 기간 해외 생활을 한 덕분에 국내 정세에 어두운 그를 국정을 조율하고 권력을 안정시키는 역할을 해야 할 비서실장에 임명한 것은 심각한 패착이었다.

김계원은 비서실에 대한 조직 장악력이 느슨했고, 새카만 군 후배인 차지철 경호실장의 전횡과 월권에 눈을 감았다. 비서실장이 김재규와 차지철의 갈등을 조정하지 못하고 휘둘리면서 박정희 정권 말기의 권력 핵심부는 방향을 잃고 표류했다. 용인술의 귀재로 불렸던 박 대통령이 말년에 수준 미달의 인물들을 국가 요직에 앉힌 것은 총기가 크게 흐려졌음을 알리는 내용증명이었다.

2

10월 26일 최후의 만찬

경호실로부터 '대행사' 참석 연락을 받은 김재규는 무슨 까닭인지 15분 후 정승화 육군참모총장에게 전화를 걸어 "저녁이나 같이 하자"면서 궁정동 안가로 초청했다. 곧바로 김정섭 중앙정보부 제2차장보에게 연락하여 "5시 30분까지 궁정동으로 오라"고 지시했다. 김재규 부장이 대통령 만찬 행사 참석 연락을 받고 정승화를 저녁 식사에 초대한 이유는 무엇이었을까?

이날 김재규는 아침에 차지철 실장에게 삽교천 행사 참석을 거절당해 하루 종일 기분이 최악이었다. 게다가 김재규는 박 대통령에게 10월 26일까지 신민당 와해 공작을 마무리하겠다고 약속한 바 있다. 부마사태가 진정 국면에 접어들자 김재규는 신민당 와해 공작을 본격화했다. 김재규는 황낙주 신민당 총무에게 김영삼 총재가 당 일선에서 물러날 것과 주요 당직자 사퇴를 요구했다. 황낙주 총무가 이 요구를 전면 거부하면서 김재규가 직접 나섰던 신민당 당직자 사퇴 공작은 실패로 돌아갔다.

박 대통령은 부마사태로 어수선해진 분위기를 쇄신하기 위해 개각을 준비했다. 이 무렵 정국 안정을 배후에서 책임져야 할 정보부 역할이 크게 미흡했다는 평이 곳곳에서 제기됐다. 시중에 김재규 부장 경질설이 파다하게 나돌았고 김치열 법무장관, 김용식 주미대사, 구자춘 내무장관이 후임으로 거론되었다.

이것이 김재규를 자극했다. 김재규는 보안사에 체포된 후 최초의 자필 진술조서를 썼는데, 이 조서에 자신이 박 대통령을 시해한 근본 동기를 다음과 같이 진술했다.

"정국이 시끄러워지고 야당의 활동이 적극화됨에 따른 본인의 수습안이 실패를 반복함에 따라서 사실상 무능력한 것이 노출되었습니다. (중략) 경호실장 차지철은 사사건건 업무에 관하여 월권행위를 자행하고 있었으며, 군 후배이고 연하자인 그로부터 오만불손한, 개인적인 수모를 수차에 걸쳐 당하였습니다. 또한 각하가 차 실장을 편애하는 데 대하여도 불만을 갖고 있었습니다.

대통령은 최근 중요 보직자의 인사를 단행할 예정이었는데 거기에 본인이 포함될 것이라는데 대하여 불만을 갖고 있었습니다. 본인도 정권을 잡아 대통령이 될 수 있나는 확신을 갖고 있었으며, 현재 정계인물 중 최적의 대통령감이라는 생각을 하고 있었습니다. 그러자 부산 마산 사태가 일어났습니다. 이 사태는 학생들의 소요라기보다는 민간인의 소요로서 민란이라 판난하여 지금이 각하를 제거할 적기라고 생각했습니다. 본인은 중앙정보부의 막강한 권한과 조직을 갖고 있었으므로 사후수습이 가능하다고 생각했습니다. 현직에 있는 중요인사들과 군 지휘관들도 본인의 영향력을 받고 동조할 것으로 판단하였습니다."

박정희 대통령의 신변 정리

이 무렵 박 대통령은 자신의 운명에 대한 어떤 암시라도 받았는지 신변을 정리하기 시작했다. 1979년 8월 7일 역대 각 군 참모총장을 청와대로 초청하여 만찬을 베풀었다. 며칠 전 신문을 통해 지난 7월 20일이 군 원로이자 초대 육군참모총장을 역임한 이응준 장군의 생일임을 알게 되었다. 뒤늦게나마 축하를 위해 이응준을 비롯한 역대 총장을 초청한 것이다. 만찬 후 박 대통령은 "선배님께서 90 고령에 차가 없어 불편해하신다는 말을 듣고 생일 선물로 승용차 한 대를 준비했으니 받아주십시오"라며 승용차 키를 선물했다.

10월 6일에는 예고 없이 육사 생도 박지만을 데리고 구미시 상모동 선영을 찾아 성묘했다. 박 대통령은 갑작스러운 귀향을 반기는 주민들의 인사에 일일이 답례했고, 생가에 들러 주민들과 담소를 나누었다. 10월 11일에는 이례적으로 주한 외교사절을 경주 보문단지로 초청, 박 대통령이 만찬 행사를 주관했다.

10월 22일 박 대통령은 김치열 법무장관을 청와대로 불렀다. 두 사람은 장시간 시국 문제로 대화했고, 다음 날에도 대통령과 단독 면담을 계속했다. 김 장관은 평소 박 대통령에게 설득력 있게 직언하는 스타일이었고, 대통령도 그런 김 장관을 신임했다. 김 장관이 이틀 연속 대통령을 독대한 사실이 외부에 알려지면서 주변에선 "후임 중앙정보부장은 김치열"이라는 풍문이 떠돌았다.

김재규는 부마사태 현장을 시찰하면서 민심이 박 정권에서 떠났다는 사실을 피부로 느낀 것 같다. 언제 경질될지 모르는 사면초가 상태에 놓인 김재규는 오늘 저녁 궁정동 만찬이 자신이 거사를 단행할 수 있는 마지막 기회라고 판단했다. 정승화 총장을 초대한 것은 박 대통령을 시해할 결심을 하게 되었음을 뜻한다. 자필 진술조서에서도 그런 속내를 다음과 같이 솔직하게 토로했다.

"본인은 1979년 초부터 박 대통령 시해를 구상했고, 6월부터 기회를 엿보고 있다가 1979년 10월 19일 부마사태를 직접 보고 와서, 이 시기에 대통령을 시해함으로써 국민의 호응을 받을 수 있다고 확신했다. 10월 26일

16시 10분경, 청와대 경호실장 차지철로부터 중앙정보부 궁정동 식당에서 대통령이 만찬을 가질 것이니 준비해달라는 연락을 받고 오늘 거사를 결행할 것을 결심했다. 전부터의 구상에 따라 16시 15분경 육군 총장 정승화에게 저녁 식사나 하자고 전화 연락을 했다."[27]

1979년 초부터 박 대통령 시해 결심

김재규에 대한 세평은 "박 대통령에 대한 충성심과 의협심, 자존심이 강했고, 추진력과 박력은 넘쳤지만 일의 마무리가 약한 스타일"로 요약된다. 언론인으로 활동하던 이만섭은 5·16 후 정계에 진출하여 6·7대 국회의원을 지냈다. 이때 대구 대륜중 제자라는 인연 덕분에 박 대통령과 김재규 장군과 자신이 청와대에서 자주 저녁을 함께했다.[28]

이만섭의 회고에 의하면 김재규 부장은 박 대통령으로부터 전화가 오면 벌떡 일어나 차렷 자세로 전화를 받을 정도로 충성심이 대단했다고 한다. 김재규의 충성심을 엿볼 수 있는 일화가 있다. 박 대통령은 1973년 육군 중장으로 예편한 김재규를 중정 차장에 임명했다. 당시 중정 부장 신직수는 김재규가 5사단 참모장 시절 휘하 법무참모(소령)였던 자신의 부하였다.

군 시절 부하를 직속상관으로 모셔야 하는 고단한 자리는 고사하는 것이 일반 상식이다. 하지만 김재규는 "각하의 명령이라면 어디든 가야 한다"라며 중정 차장으로 부임했다. 그는 모든 자존심을 버리고 1973년 12월부터 다음 해 9월까지 신직수를 직속상관으로 깍듯이 모셨다. 박 대통령은 그런 김재규를 건설부장관으로 입각시켰고, 1976년 12월, 중앙정보부장에 임명했다.

---

27 김재규 제2차 자필 진술조서, 1979년 11월 8일.

28 이만섭, 앞의 책, 60쪽.

최서영 KBS 보도국장은 1975년 9월 새마을지도자연수원에 입교했다. 연수원 측은 당시 건설부 장관 김재규와 일주일 동안 같은 방을 사용하도록 배정했다. 최 국장은 일주일 동안 김재규와 많은 대화를 나누었다. 최 국장이 일본 특파원 출신임을 밝히자 김재규는 만주 관동군 참모 세지마 류조(瀨島龍三)에 대해 이것저것 질문했다. 그는 러일전쟁 당시 뤼순(旅順) 요새 공격을 지휘한 노기 마레스케(乃木希典) 장군을 어린 시절부터 존경했다고 한다.

충성심이 증오의 감정으로 돌변

김재규는 단순 우직한 성격, 모든 상황을 자기중심적으로 파악하는 에고이즘 덕분에 자신의 입지를 다지는 데 실패했다. 유신 말기의 정치적 소용돌이, 부마사태를 제대로 대처하지 못해 박 대통령의 신임을 잃었다. 김재규는 박 대통령의 신임을 회복하기 위해 고군분투했으나 역량 부족으로 실패했다. 이 와중에 박정희가 자신을 내치려 하자 그를 향했던 충성심이 증오의 감정으로 돌변한다.

후에 조사 과정에서 김재규는 1979년 들어 모반의 감정을 키워갔고, 이 과정에서 세 차례나 박 대통령 시해를 결심했다고 진술했다. 1979년 4월에도 박 대통령 시해를 결심하고 범행을 준비했다. 김재규는 3군 참모총장을 거사에 이용하기 위해 박 대통령의 도착 30분 전에 식사를 같이 하자면서 궁정동 안가에 대기시켰다. 자신이 박 대통령과 만찬을 하는 동안 중정 감찰실장 김학호 장군(육군 소장)에게 이들을 대접하도록 했다. 하지만 이날 대통령 경호가 삼엄하여 결행하지 못했다고 한다.

10·26 당시 박 대통령과의 만찬이 약속되었음에도 불구하고 정승화 총장을 부르고, 김정섭 차장보에게 대신 대접하도록 한 것은 4월 거사 미수의 연장선상이었던 셈이다.

10월 26일 오후 4시 25분.

중정 의전과장 박선호는 김재규 부장으로부터 "오늘 저녁 '대행사'를 준비하라"는 지시를 받았다. 행사에 참석하게 될 여성 섭외는 박선호 과장의 몫이었다. 그는 당시 한창 인기가 치솟던 가수 심수봉, 모델 활동 중인 여대생 신재순에게 연락했다. 오후 5시 30분 두 여성이 궁정동 안가에 도착하자 대기실에서 간략한 예절 교육을 시키고 기밀 유지 서약서에 서명을 받았다.

명지대 경영학과 재학생이던 가수 심수봉(본명 심민경)은 1978년 대학가요제에서 '그때 그 사람'이란 노래로 유명세를 타고 있었다. 심수봉은 여고 졸업 후 레스토랑에서 피아노를 연주하며 노래하는 아르바이트를 했다. 이때 한 파티에 초청받아 일본 엔카 가수 미소라 히바리(美空ひばり)의 노래를 불렀다. 그 자리에 있던 박종규 경호실장이 감동하여 대통령 만찬행사에 몇 차례 불려갔다. 심수봉이 처연한 비음으로 '눈물 젖은 두만강', '황성옛터'를 부르자 박 대통령이 눈물을 주르르 흘렸다고 한다.[29]

신재순은 한양대 연극영화과 3학년 재학생으로, 모델 활동을 하던 여성이었다. 10·26 당시에는 이미 결혼해 딸까지 두었으나 이혼한 상태였다. 광고 모델을 하는 친구 소개로 박선호 과장을 만났는데, 박 과장이 "좋은 자리를 소개시켜주겠다"라고 제안해서 따라나섰다. 대기실에서 신재순이 차지철에게 자기는 전혀 술을 못한다고 하자 "옆에 깡통을 갖다놓을 테니까 거기에 부어버려라"라고 했다. 박 대통령 시해 사건 이후 은둔 생활을 하던 신재순은 재미교포를 만나 결혼했다. 그녀는 미국으로 이민하여 로스앤젤레스 근처에서 음식점을 운영했다.[30]

---

29 「가수 심수봉씨, 일 아사히신문에 10·26 비화 공개」, 조선일보, 2006년 11월 2일.

30 「'그때 그 자리' 22살 여대생… 이젠 세 손녀 재롱에 소망 품은 '구이집 할머니'」, 미주중앙일보, 2011년 10월 21일.

김계원에게 천기누설

김재규는 오후 5시경 궁정동 안가 자신의 사무실에 도착했다. 박 대통령 시해를 결심한 그는 금고에서 독일제 웰터 35구경 7연발 권총을 꺼내 실탄을 장전한 후 서가 뒤에 숨겼다. 오후 5시 10분, 김계원 비서실장이 궁정동 김재규 집무실에 도착했다. 김재규는 김계원과 대화 도중 놀라운 발언을 한다.

"차지철 저놈이 야당 의원 한두 명 이야기만 듣고 쪼르르 달려가 고자질해서 각하의 판단을 흐려놓고 있습니다. 오늘 내가 그 친구를 해치우겠습니다. 형님, 뒷일을 부탁합니다."

충격적인 발언을 들은 김계원이 경호실이나 수사기관에 알려 조치를 취했다면 10·26의 비극은 사전 예방이 가능했을 것이다. 무슨 까닭인지 김계원은 경천동지할 발언을 듣고도 무덤덤하게 넘겼다. 후에 조사 과정에서 김계원은 "김 부장이 군 후배인 차지철을 한번 따끔하게 야단치려는구나 정도로 생각했다"라고 진술했다.

오후 6시 5분경 박 대통령과 차지철 경호실장이 궁정동 만찬장에 도착했다. 직사각형 식탁 한쪽에 박 대통령 혼자 앉았고, 맞은편에 김재규와 김계원이 착석했다. 차지철은 김재규의 왼쪽 측면에 자리 잡았다.

6시 50분쯤 심수봉과 신재순이 만찬장에 들어와 박 대통령 양쪽에 앉았다. TV 7시 뉴스에 삽교천 준공식이 보도되면서 잠시 대화가 중단되었다. 박 대통령이 행사 뉴스를 보고 있는 사이, 주빈인 김재규가 슬그머니 일어나 밖으로 나갔다. 만찬장에서 나온 김재규는 50m 정도 떨어진 자신의 집무실이 있는 본관으로 갔다. 이곳에서는 정승화 총장과 김정섭 2차장보가 식사 중이었다.

김재규는 정승화 총장에게 "각하와 식사 중이니 돌아올 때까지 기다려 달라"고 양해를 구하고 2층 집무실로 올라갔다. 그는 서가 뒤에 숨겨둔 장전된 권총을 바지 뒷주머니에 넣고 집무실을 나섰다. 이때 비서실에 있던 정보부장 수행비서관 박흥주 대령이 따라 나왔다. 박흥주는 육사 18기 출신으로 중위 시절인 1964년 6사단에 근무했다. 이때 김재규 6사단장의 전속부관으로 김재규와 인연을 맺게 된다. 대령 진급 후 그는 김재규의 부름을 받아 정보부장 수행비서관으로 활동하게 되었다.

그는 앞서가는 김재규 뒷주머니의 권총을 발견했다. 순간, 그는 오늘 밤 무슨 일이 일어나는 것 아닐까 하는 불길한 생각이 스쳤다.

저녁 7시. 중정 의전과장 박선호는 식당 옆방 대기실에서 정인형 대통령 경호처장, 안재송 부처장을 만났다. 이날 경호실은 대통령 경호를 위해 정인형·안재송 외에 박상범·김용섭, 김용태(경호실 특수차량 계장) 등 다섯 명을 안가에 파견했다.

박선호는 김천중 재학 시절 김재규가 이 학교 체육 교사로 근무하며 사제지간이 된 사이다. 그는 해병대 대령으로 예편 후 중앙정보부 차장으로 근무하던 김재규의 부름을 받고 정보부에 들어가 의전과장을 맡았다. 정인형과는 해병대 동기였고, 올림픽 사격선수 출신 안재송은 해병대 후배였다.

김재규, 부하들에게 거사 지시

김재규는 구관 앞 잔디밭에서 박흥주 대령과 박선호 과장을 불렀다. 두 사람 앞에서 바지 뒷주머니에 든 권총을 툭툭 치며 "잘못되면 너희나 나나 다 죽는 거야. 오늘 나는 방에서 해치우겠다. 너희들은 경호원을 맡아라. 육군참모총장과 김정섭 차장보도 와 있다. 각오는 돼 있겠지?"라고 말했다.

경천동지할 발언에 놀란 가슴을 진정시킨 박선호가 "각하도 포함됩니까?"라고 묻자 김재규는 고개를 끄덕였다. 순간, 박선호는 눈앞이 캄캄해졌다. 하필 이날 경호 책임자로 온 정인형이 해병대 동기이자 단짝 친구였기 때문이다. 박선호는 "오늘은 각하 경호원이 7명이나 됩니다. 다음으로 미루시죠" 하고 말렸다. 친구를 살리기 위해 허위 보고를 한 것이다.

오늘 밤이 지나면 자기는 정보부장에서 해임될지도 모른다. 그렇게 되면 대통령을 만나기도 힘들어진다. 오늘이 마지막 기회라고 판단한 김재규는 고개를 저었다.

"오늘 안 하면 보안이 누설되어서 안 된다. 똑똑한 놈 3명만 데리고 와."

"알겠습니다. 30분간 여유를 주십시오."

박흥주도 마음이 착잡하기는 마찬가지였다. 그는 합수부 진술에서 당시 심정을 다음과 같이 밝혔다.

"육군총장과 2차장보를 식당 집무실에 대기시켜놓고, 결심한 듯 아주 강력한 태도로 경호원 살해를 지시하는 것으로 보아, 나 모르게 육군총장 등과 모든 결탁이 되어 있는 것으로 알았다. 각하를 시해하면 변란이 되고 김재규 세상이 된다. 그가 성공했을 때, 만일 내가 가담하지 않으면 틀림없이 반역으로 몰려 살아남기 어려울 것이고, 공을 세우면 출세의 길이 열릴 것이다. 이렇게 생각하고 범행에 가담키로 작정했다."[31]

김재규가 만찬장으로 돌아온 시각은 저녁 7시 25분. 삽교천 뉴스가 끝나고 본격적인 주연이 시작됐다. 차지철은 술을 입에도 못 대는 인간이요, 김재규는 간이 좋지 않아 거의 술을 못했다. 대신 김재규는 평소에 했던 대로 양주 시바스 리갈을 주전자에 따르고 직접 잔에 얼음을 타서 박 대통령과 김계원 실장에게 건넸다. 박 대통령은 "역시 김 부장이 해야 술맛이 있어"라고 하자 김재규는 "제가 바텐더 노릇은 잘합니다"라고 답했다.

노래 순서가 되어 심수봉이 대기실에 놓아두었던 기타를 가지고 만찬장으로 들어오면서 보니 김재규 표정이 어둡게 굳어 있었다. 분위기를 살

---

31 박흥주 진술, 1979년 10월 28일.

리기 위해 심수봉은 처연한 목소리로 '그때 그 사람'과 '눈물 젖은 두만강'을 불렀다. 이어서 차지철이 '도라지'와 '나그네 설움'을 불렀고, 다음 순서로 신재순이 '사랑해 당신을'이란 노래로 흥을 돋구었다.

김재규로부터 거사 결행 지시를 받은 박흥주 대령은 김재규 전용차에 놓아둔 독일제 웨슨 38구경 9연발 권총을 꺼내 실탄을 장전했다. 박선호 과장은 중정 경비원 중 유일한 해병대 출신인 이기주와 자신의 차량 운전기사 유성옥에게 무장을 지시했다. 두 사람을 대통령 만찬 행사가 진행 중인 나동 건물 정원으로 호출한 박선호가 명했다.

"주방 뒤에 있다가 안에서 총소리가 나면 뛰어들어가 경호원들을 한쪽으로 몰아붙여라. 저항하면 사살해도 좋다."

제1탄은 차지철, 제2탄은 박정희를 쏘다

저녁 7시 35분.

박선호는 주방 담당 남효주를 통해 만찬장 안의 김재규에게 모든 준비가 완료됐다는 메시지를 전하고 경호원들이 있는 대기실로 갔다. 정인형과 안재송은 땅콩을 까먹으며 TV를 시청하고 있었다.

김재규가 만찬장으로 돌아와 자리에 앉자 정치 문제로 대화가 흘렀다. 박 대통령이 "중앙정보부가 좀 무서워야지, 신민당 조사서만 움켜쥐고 있으면 뭐하나. 딱딱 입건해야지"하며 김재규를 추궁했다. 차지철이 "신민당이고 뭐고 나오면 전차로 싹 깔아뭉개야 합니다"라고 부추겼다.

이 말을 신호로 김재규는 오른쪽에 앉아 있던 김계원을 손으로 툭 치면서 "각하를 똑바로 모시십시오"하더니 "각하, 이따위 버러지 같은 자식을 데리고 정치를 하니 올바로 되겠습니까" 하고는 차지철을 향해 권총을 발사했다. 요란한 총성과 함께 제1탄이 차지철의 팔을 관통했다. 기습을 당한 차지철은 "김 부장 왜 이래" 하며 실내 화장실로 달아났고, 박 대통령은 "뭐하는 짓이야" 하고 소리쳤다.

경호실장은 어떤 상황을 막론하고 대통령을 근접 경호하기 위해 무장을 하고 있어야 한다. 이날 차지철은 비무장으로 만찬 행사에 참석했다. 게다가 팔에 총을 맞자 대통령을 사지에 팽개치고 실내 화장실로 달아났다. 박 대통령은 이런 무책임한 인물에게 자신의 경호 책임을 맡긴 것이다.

실내에서 요란한 총소리가 울리자 지하실 배전공이 합선 스파이크인 줄 알고 전원 스위치를 내렸다. 순간 건물 전체가 암흑에 휩싸였다. 김재규는 자리에서 일어나며 박정희 대통령의 가슴을 향해 제2탄을 발사했다. 가슴에 총을 맞은 박정희는 눈을 감고 있다가 비스듬히 쓰러졌다. 옆에 있던 심수봉이 부축하며 "각하 괜찮으십니까"라고 묻자 "난 괜찮아"라고 답했다.

정상적인 비서실장이라면 옆자리에 앉아 있던 김재규가 경호실장과 대통령을 권총으로 저격하는 상황이 벌어지면, 총을 든 김재규의 손을 내리치거나 온몸으로 덮쳐 격투를 벌이는 게 당연했을 것이다. 김계원은 눈앞에서 참극이 벌어졌음에도 불구하고 범행을 제압할 생각은 않고 낮은 포복으로 기어나가 복도로 피신했다. 김계원은 후에 당시 정황을 이렇게 변명했다.

"나는 그 방 안이 어두워서 김재규가 '잘못해서' 박 대통령을 쏜 줄 알았어요. 그래서 김재규의 권총을 손으로 탁 치면서 '불을 켜라'라고 소리치고 밖으로 뛰어나갔어요. 복도에 가서 스위치를 찾느라고 더듬거리며, 어떻게 돌아가는 건지도 모르고 '경호원, 경호원' 하고 불렀어요. (중략) 나보고 총을 안 빼앗았다고 하는데, 거 모르는 소리요. 총 쏘는 사람 총 뺏을 사이가 어디 있습니까. (중략) 각하가 총에 맞은 건 내가 알았지요. 그런데 어두컴컴한 데서 빵빵 쏘니까 차지철이를 겨냥해서 쏜다는 게 차지철이 움직이는 바람에 각하가 맞은 줄 알았죠."[32]

육군 대장, 중앙정보부장 출신 무인(武人)의 증언치고는 사나이다운 책임감을 좁쌀만큼도 찾아보기 힘든 비굴함이 물씬 느껴지는 증언이다.

박정희 대통령 확인 사살

김재규는 실내 화장실로 달아나는 차지철을 향해 3탄을 발사했으나 노리쇠에 탄피가 끼는 바람에 불발되었다. 권총이 고장 나자 밖으로 뛰쳐나간 김재규는 부하의 권총을 빼앗아 들고 만찬장으로 돌아왔다. 그 사이 화장실로 피신했던 차지철이 밖으로 도망치려다 김재규와 마주쳤다. 차지철은 문갑을 들고 맞서다 복부에 총을 맞고 쓰러졌다.

이때 다시 불이 들어와 방 안이 환해졌다. 대통령을 부축하고 있던 심수봉은 김재규와 눈이 마주쳤다. 설마 하는 사이, 김재규가 식탁에 구부리고 앉아 있는 박 대통령의 뒤쪽으로 바짝 다가가 뒷머리 50cm 거리에 총구를 대고 방아쇠를 당겼다. 확인 사살이었다. 이때 김재규의 흰색 셔츠에 피가 튀었다.

김재규가 박정희 뒷머리에 총구를 갖다대는 모습을 본 심수봉이 방에서 뛰쳐나갔다. 대통령 등에 손을 대고 지혈하던 신재순도 김재규와 눈이 마주쳤다. 그것은 인간의 눈이 아니라 광기에 쌓인 동물의 눈이었다. 김재규가 박 대통령 머리에 총구를 갖다댔을 때 신재순도 화장실을 향해 뛰쳐나갔다. 등 뒤에서 강렬한 총성이 울리면서 신재순은 잠시 정신을 잃었다. 깨어보니 주위가 조용했다. 신재순은 실내 화장실 문을 잠그고 손잡이를 꼭 붙잡았다. 김재규는 시해 장면을 다음과 같이 진술했다.

"차 실장을 거꾸러뜨리고 앞을 보니 대통령은 여자 무릎(신재순)에 머

---

32   정승화, 『12·12사건 정승화는 말한다』, 까치, 1987, 39~41쪽.

리를 대고 있었다. 식탁을 돌아 대통령 있는 데로 가자 거기에 앉아 있던 여자가 본인의 얼굴 처다보며 공포에 떠는 눈초리로 보고 있었다. 총을 대통령 머리 약 50cm까지 가까이 대고 한 발을 발사하여 대통령을 즉사시켰다."[33]

방 안은 화약 냄새, 피 냄새가 자욱했다. 낮은 포복으로 복도로 피신했던 김계원은 대통령을 확인 사살한 후 방에서 뛰쳐나오는 김재규와 마주쳤다. 김재규가 "다 끝났습니다. 나는 한다면 하는 놈입니다. 보안을 철저히 해주십시오" 하고 외쳤다. 김계원이 "다른 사람에게 뭐라고 하지?" 하고 묻자 김재규는 "각하께서 과로로 졸도하여 돌아가셨다고 하든지 적당히 하십시오" 하더니 밖으로 뛰쳐나갔다.[34]

"퇴임하면 시골에 내려가 나무를 심겠다. 아들 딸 시집 장가도 보내고…"라는 소박한 꿈을 가졌던 박정희. 그는 끝내 자신의 꿈을 이루지 못하고 궁정동 안가 식당에서 만찬 도중 동생처럼 아꼈던 김재규의 손에 의해 이승을 하직했다. 당시 그의 나이 62세였다.

차지철과 경호원도 확인 사살

7시 40분경.

김재규가 차지철을 향해 쏜 첫 총성이 울리자 대기실에 있던 박선호와 경호 책임자 정인형·안재송은 서로의 얼굴을 처다봤다. 박 대통령 가슴을 향해 발사한 두 번째 총성이 울리자 박선호가 재빨리 권총 뽑아 들며 "우리 같이 살자!"라고 외쳤다. 올림픽 사격선수 안재송이 번개같이 몸을 일으키며 총을 뽑으려 하자 박선호가 안재송을 쏘아 쓰러뜨렸다. 정인형 처

---

33 김재규 자필 진술조서(제2차), 1979년 11월 8일.
34 김재규 자필 진술조서(제2차), 1979년 11월 8일.

제5공화국 전두환 시대 1

장의 손이 권총으로 가자 정인형도 사살했다.

만찬장에서 요란한 총소리가 연이어 울리자 박흥주 대령을 비롯하여 박선호의 명령을 받은 경비원 이기주와 유성옥이 후문 뒷담 쪽으로 올라가 유리창을 통해 주방 안으로 총을 쏘았다. 이 총격으로 김용태와 경호관 김용섭이 사망했다. 경호관 박상범은 총에 맞고 쓰러지면서 탁자에 머리를 부딪쳐 기절했다. 이기주와 유성옥이 주방에 쓰러져 있는 경호관 몸을 뒤져 총기를 회수했다. 이때 김계원 실장이 "얘들아 어서 들어와, 각하가 부상당했어!" 하고 외쳤다.

이기주가 만찬장에 들어가자 김계원이 "각하부터 모셔라" 하고 고함쳤다. 경비원 서영준이 대통령을 업었고, 이기주는 뒤에서 받치면서 현관으로 나갔다. 유성옥이 대통령 전용차를 몰고 오자 김계원이 뒷자리로 들어가 대통령을 받아 무릎 위에 누였다. 김계원이 국군 서울지구병원으로 가라고 명했다.

박선호는 이기주에게 확인 사실을 명했다. M16 소총으로 무장한 이기주와 경비원 김태원은 대기실 입구에 쓰러져 있던 안재송 경호부처장에게 한 발, 정인형 경호처장에게 두 발, 주방 입구에 쓰러진 김용섭 경호관에게 한 발을 쏘아 숨을 끊었다. 이어 만찬장으로 들어가 신음하고 있던 차지철에게 두 발을 쏘았다. 이때의 확인 사살에 의해 차지철은 숨이 끊어졌다. 당시 그의 나이 45세였다.

현장에서 확인 사살이 진행되고 있을 때 대통령 전용차는 서울지구병원에 들어섰다. 김계원은 당직자에게 "빨리 수술 준비를 해!" 하고 외쳤다. 김계원·서영준·유성옥 세 사람이 박 대통령을 응급실로 모셨다. 당직 군의관 송계용 소령과 정규형 대위가 응급실로 달려오자 김계원은 "이분을 꼭 살려야 한다. 빨리 진단부터 하라"고 다그쳤다.

병원 도착 전에 숨이 끊어진 박정희 대통령

환자의 얼굴은 수건으로 가려져 있었고, 가슴은 피투성이였다. 당직 군의관들은 환자의 신원을 알 수 없었다. 진단 결과 환자의 심장 박동이 멈췄고 호흡과 맥도 잡히지 않았다. 이송 도중 사망한 것이다. 정규형 대위가 보기에 환자가 차고 있는 시계는 싸구려 제품이었고, 넥타이핀은 표면이 벗겨져 있었으며, 혁대도 헤어져 있어 이 환자가 박 대통령일 줄은 상상도 못했다고 한다.

송계용 소령은 환자의 사망 사실을 알면서도 혹시나 하는 마음에서 10여 분 응급 소생술을 실시했다. 어떤 희망도 보이지 않자 김계원 실장에게 "도착 전에 이미 사망했다"라고 보고했다. 김계원 실장은 유성옥에게 "보안 유지를 철저히 하고 출입자를 단속하라"라고 지시한 후 택시를 타고 청와대로 갔다.

저녁 8시 20분경. 대통령 주치의 김병수 병원장(공군 준장)이 당직사령의 연락을 받고 응급실에 도착했다. 김 병원장은 대통령 비서실장이 병원에 왔다 갔다는 보고를 받고 환자가 비서실 직원이 아닐까 생각했다. 잠시후 김계원 실장이 김병수 병원장에게 전화를 걸어 환자를 각하 전용 병실로 정중히 옮기라고 지시했다.

환자를 각하 전용 병실로 정중히 옮기라니…. 이상한 느낌이 든 김병수병원장이 환자 얼굴에 덮인 수건을 들춰봤으나 피에 젖어 식별이 곤란했다. 아랫배를 벗겨보자 희끗한 반점이 나타났다. 그제야 환자가 박 대통령임을 확인했다. 김 병원장은 유성옥과 서영준에게 피 묻은 옷을 벗기고 깨끗한 옷으로 갈아입히라고 명했다.

서울지구병원에는 김희순이란 여인이 고용원으로 근무하고 있었다. 예비군 훈련장에서 도시락을 팔아 생계를 이어가던 김 여인의 등에 업힌 10개월짜리 여아는 항문이 없어 생식기로 배설해야 하는 기형아였다. 벽

돌공장에서 만나 결혼식도 못 올리고 함께 살던 남편은 폐결핵으로 앓아 누워 김 여인이 도시락 장사에 나선 것이다.

1977년 11월 지방 순시를 마치고 귀경 열차에서 신문 보도를 통해 김 여인의 딱한 사연을 알게 된 박정희는 김병수 국군서울지구병원장에게 김 여인을 도와줄 방법을 알아보라고 지시했다. 김 병원장은 아이를 국군 서울지구병원에 입원시켜 세 차례 대수술 끝에 선천 기형의 아이가 정상을 회복했다. 박 대통령은 김병수 병원장에게 봉투를 주면서 "서울지구병원에서 주는 것으로 하라"면서 김 여인을 지원했다.

김 병원장은 김 여인의 남편을 시립병원에 장기 입원시켜 치료해주었고, 김 여인은 국군 서울지구병원 고용원으로 채용하여 어린 딸과 함께 간호장교 숙소에서 생활하도록 편의를 봐주었다.

박 대통령이 시해된 후인 1979년 10월 31일. 김희순 여인은 김병수 병원장을 통해 자신의 가족을 돌봐준 분이 박 대통령이란 사실을 알게 되었다. 김 여인은 청와대 빈소 앞에서 상복을 입고 엎드려 "뭘 보고 이 못난 사람을 그토록 도와주셨나요" 하며 오래도록 오열했다.[35]

---

35 김용삼, 앞의 책, 279~280쪽.

3

정승화 육군참모총장의 10·26

10월 26일 저녁.

김재규의 저녁 식사 초대 연락을 받은 정승화 육군참모총장은 이 사실을 이희성 육군참모차장에게 알렸다. 그는 "가기 싫지만 선배가 오라고 해서 어쩔 수 없이 가는 것"이라고 밝혔다. 이날 정승화는 심기가 편치 않았다. 초대한 당사자는 보이지 않고, 중앙정보부 2차장보(국내 정치 담당) 김정섭과 저녁 식사를 하게 되었기 때문이다.

김재규가 저녁 약속을 펑크낸 것은 이날이 처음이 아니었기에 정승화는 더욱 불쾌했을 것이다. 정승화는 그해 봄, 해·공군 참모총장과 함께 김재규의 저녁 식사 초대를 받았다. 그때도 약속 장소는 궁정동 정보부장 집무실이었다. 김재규는 대통령 만찬에 참석 중이라며 정보부 감찰실장 김학호 장군이 일행을 맞았다. 3군 참모총장은 저녁 식사도 하지 않고 두 시간이나 김재규를 기다렸다.

1979년 봄에도 박정희 시해하려 했던 김재규

그러던 중 김재규로부터 "먼저 식사를 하고 있으면 곧장 오겠다"는 연락이 왔다. 일행은 김재규의 단골인 연세대 서북쪽에 위치한 요정으로 가서

제5공화국 전두환 시대 1

한창 술을 마시고 있던 밤 11시께 김재규 부장이 나타나 미안하다고 백배 사죄했다.[36] 후에 김재규 수사 과정에서 드러난 사실에 의하면 이때도 김재규는 박 대통령을 시해하기 위해 3군 참모총장을 대기시켜놓았다. 그런데 이날은 워낙 대통령 경호가 삼엄하여 결행을 포기했다고 진술했다.

김정섭은 경북고 출신으로, 현역 승마선수로 활동 중인 특이한 이력의 소유자였다. 그는 2주 전인 10월 13일, 전국체전에 경북 승마선수로 출전, 마장 마술경기에서 금메달을 땄다. 이를 자축하기 위해 이날 승마협회 회원들과 회식 약속이 잡혀 있었는데, 김재규 부장의 호출 받고 궁정동으로 달려온 것이다.

정승화는 육사 5기 출신으로, 5·16 이후 국가재건최고회의 최고위원을 거쳐 국군보안사의 전신인 방첩부대장으로 재임했다(재임기간 1962년 7월 ~1964년 1월). 이때 박 대통령에게 허위 보고를 한 것이 문제가 되어 육군본부 특수심리전감으로 좌천되었다. 그 자리는 사단장이 되지 못하고 예편되는 자리였다.

정승화가 기사회생한 것은 육사 8기 차규헌 장군 덕분이었다. 차규헌은 대령 시절 정승화 방첩부대장 아래서 정보처장을 하고 있다가 연대장으로 나가게 되어 박 대통령과 독대할 기회가 있었다. 그 자리에서 정승화를 선처해주기를 간곡히 건의했다고 한다. 그 결과 예편될 처지에 놓였던 정승화가 다시 살아나 사단장에 오를 수 있었다.[37]

이 사건 이후 정승화는 공·사석에서 박정희 대통령을 단 한 번도 '대통령'으로 호칭하지 않았다고 한다. 김재규는 군 생활 시절 정승화에게 3군단장 직과, 경북 출신 재경 장성모임을 인수인계했다. 정승화는 육사 5기

---

36 정승화, 앞의 책, 31쪽.
37 전두환 회고록(1), 앞의 책, 253쪽.

가운데서도 채명신·최택원 장군 등에게도 밀리는 처지였고, 박 대통령의 평가도 좋지 않았다.

당시 육군에는 3개의 군사령부가 있었는데, 그중에서도 수도권과 전방의 3분의 1을 방어하는 3군사령관이 요직이었다. 3군사령관을 거쳐야 육군참모총장에 오르는 것이 관례처럼 되어 있었다. 1979년 1월 당시 3군사령관은 박희동(육사 3기)이었고, 정승화(육사 5기)는 1군사령관이었다. 군부에서는 누가 보든 다음 육군참모총장은 박희동 장군이라고 믿었다.

김재규의 진술에 의하면 1979년 1월 박 대통령은 김재규와의 오찬에서 육군참모총장 후보를 추천하라고 명했다. 김재규는 중정 감찰실장에게 박희동·김종환(육사 4기)·정승화 대장 세 사람을 올리되 정승화가 가장 적임자라는 보고서를 작성하라고 지시했다. 1979년 2월 1일 박 대통령은 예상을 깨고 김재규가 추천한 정승화를 육군참모총장에 임명했다. 김재규는 박 대통령이 정승화를 육군총장에 임명한 사실을 가장 먼저 정승화에게 알려주면서 격려했다.[38]

청와대 옆에서 총소리를 듣고도…

정승화는 자신이 김재규 부장과 친밀한 관계였다는 주장을 전면 부인했다. 육군참모총장에 오른 것은 김재규의 도움이 아니라 노재현 장관 덕분이었다는 것이다. 또 자신이 김재규의 후임으로 3군단장이 되었는데, 전임자가 도처에 '김재규'란 이름을 새겨놓은 것을 보고는 명예욕이 지나친 사람이라는 인상을 받았다고 주장했다.[39] 그랬던 정승화는 12월 12일 전격 체포 연행된 후 김재규와의 관계를 다음과 같이 실토했다.

---

38 김재규 진술조서, 1979년 12월 29일.
39 정승화, 앞의 책, 20~22쪽.

"오래전부터 많은 인연으로 자주 만났다. 김재규가 대통령의 신임을 받고 있다는 사실을 알면서부터 그에게 적극 접근했다. 그의 도움으로 참모총장이 됐다. 총장 임명에 대한 각하의 결재 사실도 김재규가 가장 먼저 알려줬다. 1979년 10월, 추석 선물로 김재규가 300만 원을 주었을 정도로 친밀하게 지냈다."[40]

10월 26일 저녁, 정승화를 위한 식탁이 차려진 곳은 대통령 만찬장에서 50m 떨어진 궁정동 안가의 정보부장 집무실 건물이었다. 김정섭 2차장보와 시국을 주제로 대화하며 식사하던 중, 지척에서 총성이 연이어 울렸다. 정승화는 "따당탕, 따당탕…" 하는 연속 사격 총성이 먼 데서 들리는 것 같았다고 증언했다.[41]

그는 6·25 때 무공을 날렸던 백골부대(수도사단 18연대) 대대장으로 산전수전 다 겪은 4성 장군이었다. 그런데 본인이 있는 곳에서 불과 50m 떨어진 곳에서 울린 연속 총성을 듣고도 "먼 데서 들리는 것 같았다"라고 자신의 증언록에 기록해놓았다. 궁정동 안가는 청와대 코앞이다. 이런 고도의 특수 지역에서 연속으로 수십 발의 총성이 울렸다면 전투 경험 풍부한 지휘관 출신이라면, 더구나 한 나라 육군의 총수라면 보통 심각한 문제가 아니라는 사실쯤은 상식에 속하는 일 아닌가.

의아한 생각이 든 정승화는 "이거 총소리 아니오?" 하고 물었다. 김정섭도 고개를 갸우뚱하며 수저를 놓고 나가 경비원에게 "궁정동 파출소에 연락해 확인하라" 지시하고 돌아와 함께 디저트를 들었다. 정승화는 청와대 지척에서 수십 발의 총소리가 울렸음에도 불구하고 그 총성을 가볍게 생

---

40 정승화 진술조서, 1979년 12월 15일.
41 정승화, 앞의 책, 35쪽.

각하고 별 신경도 쓰지 않았다.[42]

7시 45분경.

김재규가 정승화와 김정섭이 식사 중인 별채로 헐레벌떡 뛰어들었다. 그는 제정신이 아닌 사람처럼 "빨리 자동차 대! 저 방 손님 모시고 나와! 물 물" 하고 외쳤다. 물 한 컵을 받아 단숨에 들이켠 김재규는 정승화 총장의 팔을 붙잡고 "총장, 큰일 났습니다"하고 현관으로 끌고 나가 자신의 승용차에 태웠다. 김재규가 뒷좌석 오른쪽에, 김정섭이 왼쪽에, 가운데 정승화가 앉았다. 앞 좌석엔 박흥주 대령이 탑승했다.

정승화 총장의 기이한 행동

대통령과의 만찬 장소에서 뛰쳐나와 정승화 앞에 나타난 김재규의 모습은 누가 봐도 정상적 모습은 아니었다. 와이셔츠에는 박 대통령을 확인 사살하는 과정에서 피가 튀어 있었고, 신발도 신지 않은 맨발이었으며, 몸에선 피비린내와 화약 냄새가 풍겼을 것이다. 게다가 김재규가 연신 "큰일 났다"라고 다급하게 외치는 것으로 보아 비상사태가 발생했다는 것쯤은 상식으로도 알 수 있는 일이다.

정승화와 김재규가 차내에서 나눈 대화 내용은 정승화의 증언록에 다음과 같이 기록되어 있다.[43]

"도대체 무슨 일입니까?"

나의 짜증스러운 듯한 질문에 그는 다시 내 오른손을 꽉 힘주어 쥐며 자기 오른손 엄지손가락을 치켜들고 밑으로 몇 번 돌린 뒤 "이분이 돌아가

---

42 정승화, 앞의 책, 38~39쪽.
43 정승화, 앞의 책, 43쪽.

셨습니다"고 말했다. 이 말을 듣는 순간 나는 뒤통수를 한 대 얻어맞은 것 같은 둔중한 충격을 느꼈다. 다시 확인하듯 물었다.

"정말입니까?"

"네, 이분이 돌아가셨습니다."

그는 계속 엄지손가락을 밑으로 눌러댔다. "큰일 났습니다. 북괴가 알면 큰일 납니다. 보안 조치를 잘 취해야 합니다." 그는 다시 나의 손을 꽉 잡고 앞으로의 중책을 환기시키는 듯했다. "정 총장의 어깨가 무거워졌습니다." 그는 계속 내 손을 잡고 흔들어댔다. 나는 의심이 나 물었다.

"어떻게 돌아가셨지요?"

"저격당했습니다."

"뭐? 저격이라고요…."

대통령이 청와대 만찬에서 저격당했다면 틀림없이 경호원 소행일 것이다. 청와대처럼 경호가 엄중한 데서 딴 외부인이 저격을 한다는 것은 거의 불가능한 일이 아닌가. 다시 다급하게 나는 그에게 물었다.

"내부 소행입니까? 외부 소행입니까?"

"저도 정신이 없어 모르겠습니다."

이 대목에서 정승화는 차지철 경호실장의 소행이 아닐까 하는 의심을 품게 되었고, 경호실을 의심했다고 한다. 차지철이 평소에 야심이 많은 사람임을 잘 알고 있었기 때문이다. 정승화는 차지철의 배후에 군 지휘관들이 개입된 것은 아닐까 의심했다.

당시 중앙정보부는 남산(현 서울시 소방재난본부)에 위치해 있었다. 승용차가 남산의 중앙정보부로 가기 위해 3·1 고가도로(현재의 청계천)에 오르자 정승화는 단호하게 외쳤다.

"정보부로 가서 어떻게 하겠다는 거요. 육본으로 갑시다. 내가 계엄을 선포하고 군을 지휘해야 될 게 아닙니까."

육본으로 간 것이 김재규의 결정적 실수

김재규가 판단을 못하고 망설이자 앞 좌석에 앉아 있던 박흥주 대령이 "육본으로 가시지요"라고 하여 승용차는 육본으로 방향을 틀었다. 김재규는 박 대통령을 시해하는 데는 성공했으나 그 후의 계획은 전혀 준비되어 있지 않았다. 현장을 봉쇄하라는 지시도 없었고, 대통령의 시신 처리에 대해 어떤 지침도 주지 않았다. 그저 막연하게 대통령을 시해한 후 국무회의를 소집하여 계엄령을 선포하고, 친분 있는 정승화 총장이 계엄사령관이되면 그를 통해 자연스럽게 정권을 장악한다는 생각뿐이었다.

김재규가 이날 밤 자신의 관할인 중앙정보부가 아니라 육본으로 간 것이 결정적 실수였다. 사태의 주도권을 장악하려면 자신의 명령이 통하는 정보부로 가서 정부 요인들을 그곳으로 소집했어야 한다. 만약 김재규가 범행 후 정승화와 함께 육본이 아닌 중앙정보부로 갔다면 그 후 한국 현대사는 김재규의 뜻대로 되었을 가능성이 높다.

김재규 일행이 탄 차는 밤 8시 5분경 육군본부에 도착했다. B-2 벙커로 간 정승화 총장은 국방부 장관과 합참의장, 연합사 부사령관, 해·공군총장, 참모차장, 정보참모, 작전참모, 본부사령, 헌병감, 수경사령관을 직통전화로 연결해 육본 벙커로 비상 호출했다. 1군사령관에게는 명령만 내리면바로 정규전에 돌입할 수 있는 '2급 비상사태'를 발령했다.

육본에서는 참모차장, 본부사령, 각 참모들이 소집되었고, 육군본부 자체방어를 위한 병력을 배치하고 실탄도 지급했다. 이런 조치를 취하려면먼저 국방부 장관의 허락을 받아야 한다. 하지만 정승화는 지휘 계통을 무시했고, 박 대통령 사망 사실을 누구에게도 밝히지 않았다.

전화를 끝내고 약 10분이 지난 오후 8시 30분쯤 노재현 국방부 장관이 상황실에 들어왔다. 그는 노 장관에게 귓속말로 대통령이 저격당해 돌아가셨다는 사실을 보고했다. 노재현 장관이 김재규 부장에게 어떻게 된 것인지를 물었다. 김 부장은 "상황이 어떻게 된 것인지 잘 몰라도 각하가 돌아가신 것은 확실하다. 빨리 계엄을 선포해야 한다. 보안을 유지해야 한다. 초비상사태다. 적이 알면 큰일 난다"라는 말만 되풀이했다.

비상조치가 거의 끝날 무렵 전성각 수경사령관이 지하 벙커에 나타났다. 정승화는 그를 복도로 데리고 나와 대통령이 저격당해 숨졌다고 알렸다. 전성각은 깜짝 놀라 한동안 말이 없다가 "앞으로 어떻게 되는 겁니까?" 하고 물었다. 정승화는 "대통령을 새로 선출해야 되겠지"라고 답했다.[44]

이 장면은 정승화의 심리 상태와 관련하여 여러 가지를 추측케 한다. 정승화는 박 대통령의 죽음 사실을 알고도 어떤 애도의 감정 표현도 없었다. 아무리 고도의 긴장 상태였다 해도 이 상황에서 부지불식간에 "대통령을 새로 선출해야겠지"라는 반응은 그가 평소 박 대통령을 어떻게 인식하고 있었는지를 상징적으로 보여주는 내용증명이 아니었을까?

수경사·경호실 지휘권 장악한 정승화

이날 밤 수도권 주요 부대 지휘관 가운데 정승화 총장의 호출을 받은 것은 수경사령관 한 명이었다. 이 무렵 수경사와 경호실 병력에 대한 작전 지휘권은 대통령령에 의해 경호실장이 행사하도록 규정돼 있었다. 수경사를 경호실장이 작전 통제하도록 규정한 것은 수경사가 대통령 경호부대였기 때문이다. 그런데 정승화는 전성각 사령관에게 "대통령이 서거한 마당에 수도경비사령관은 앞으로 누구의 명령에도 움직이지 말고 내 명령에 따라야 한다"라면서 다음과 같이 명령했다.

---

44 정승화, 앞의 책, 49~50쪽.

"대통령께서 청와대 만찬에서 저격당해 돌아가셨다면 청와대 경호실을 일단 의심하지 않을 수 없소. 수도경비사는 병력을 풀어서 청와대 병력이 나오지 못하도록 청와대를 포위, 경호실이 외부와 접선하는 걸 막아야 하오. 경호실을 완전히 차단하시오."[45]

이 조치는 중대한 문제의 소지를 안고 있었다. 정 총장이 수경사령관에게 청와대를 포위하고 경호실 무력화를 지시한 것은 경호실이 시해 사건에 가담했을 것이란 자의적 판단에 근거한 것이다. B-2 벙커에 함께 온 김재규는 시해 현장에 있었거나, 목격했을 가능성이 높은 사람이다. 따라서 비상조치를 취하기 전에 김재규에게 더 상세한 사항을 묻고 따지는 것이 정상이었다.

정승화는 김재규에게 어떠한 추가 질문도 없이, 어떤 확실한 증거에 근거하지도 않고 제멋대로 경호실을 시해 공범으로 단정하고 수경사령관에게 경호실 봉쇄, 청와대 포위를 지시했다. 전성각 사령관도 합수부 진술에서 지휘권자도 아닌 정승화가 자신의 부대를 지휘하는 것에 대해 다음과 같이 의문을 표시했다.

"정승화의 명령이 이상하다는 것을 느끼고 수경사 상황실에 알아보니 안가 쪽에서 총성이 났다는 보고를 들었다. 이상하다 직감하면서 벙커로 갔다. 정 총장의 모습이 초조하고 당황해하는 것 같았다. 수경사의 지휘는 경호실장이 한다. 갑자기 총장이 지휘하는 것이 이상했다."[46]

10·26 밤, 정승화 총장의 심각한 월권 행위

뿐만이 아니다. 정승화는 이재전 경호실 차장에게 전화를 걸어 "내 명

---

45 정승화, 앞의 책, 50~51쪽.
46 전성각 진술조서, 1979년 12월 22일.

령 이외에는 움직이지 말고 경호실 병력도 경거망동하지 말고 내 명령에 따르라. 특히 외부와 접촉하지 말라"라고 명령했다. 이 명령에 의해 이재전 차장은 궁정동 안가의 총성 사태를 조사하기 위해 출동한 경호실 요원을 철수시켰다.

이때 정승화가 경호실 병력을 봉쇄하지 않았다면 출동한 경호실 병력이 현장에 도착했을 것이고, 중정 요원들과 전투를 벌여 그들을 제압했을 것이다. 자연스럽게 김재규와 정승화의 행적이 드러나 체포됐을 것이다. 정승화는 이날 밤 이런 방식으로 차지철이 지휘하는 경호실과 수경사의 지휘권을 단숨에 장악했다.

당시 국방부 훈령 제43조에 의하면 대부대 이동은 국방부 장관의 사전 승인 없이는 절대 움직일 수 없도록 규정되어 있었다. 육군참모총장 정승화가 이 규정을 모를 리 없었다. 정 총장은 이날 밤 1·3군 사령관에게 '진돗개 둘'을 발령했다. 20사단장에게는 육사로, 9공수여단장에게는 육군본부로 병력 출동 명령을 내렸다가 잠시 후 명령을 취소했다.

이런 조치를 하고도 국방부 장관에게 사후 보고는 물론, 사후 승인조차 받지 않았다. 혼자서 비밀리에 상황을 처리한 것이다. 반면에 김재규에는 병력 출동 상황을 상세히 설명하고 계엄군이 점령해야 할 목표가 따로 있는지를 물었다. 옆에 있던 김정섭 중정 2차장보가 방송국, 변전소, 상수도, 은행 등을 점령해야 한다고 하자 이를 메모했다.

계엄이 선포되려면 국무회의 의결을 거쳐야 한다. 아직 계엄이 선포되지 않았음에도 불구하고 정승화는 국방부 장관에게 보고도 하지 않고 계엄을 선포하기 위한 조치들을 제멋대로 취했다. 10·26 밤 정승화의 너무나도 심각하고 구체적인 월권행위는 결국 12·12의 중대한 원인을 제공하게 된다.

김계원, 최규하 총리에게 허위 보고

오후 8시 15분.

박 대통령 시신을 서울지구병원으로 옮긴 김계원 비서실장은 택시로 청와대에 도착했다. 청와대 정문 초소를 지키는 경호원은 그가 피 묻은 와이셔츠 바람에 신발은 짝짝이로 신고 있는 기괴한 모습을 목격했다.

청와대의 경호 매뉴얼에 의하면 비상사태가 발생했을 경우 경호 비상 제1호인 '호랑이 1호'를 발령하여 경호실 병력이 현장에 출동하도록 되어 있었다. 김계원이 정상적인 비서실장이었다면, 자기 눈앞에서 김재규가 대통령을 시해하는 모습을 목격했으니 '호랑이 1호'를 발령하여 김재규를 현행범으로 체포했을 것이다. 하지만 김계원은 그와는 반대되는 행동으로 일관했다.

김계원은 청와대 도착 즉시 이재전 경호실 차장(육군 중장)을 호출했다. 경호실장이 김재규의 총에 맞아 현장에서 사망했으므로 경호실 지휘 책임자는 차석인 이재전 차장이었다. 절체절명의 국가 위급 상황에서 김계원은 상세한 사유도 말하지 않고 "경호실장이 지휘를 할 수 없게 됐다. 당신이 병력을 장악하고 청와대 경비를 잘하라. 경거망동하지 말라"고 지시했다.

이어 국무총리와 장관, 수석 비서관들을 청와대로 오도록 연락을 취했다. 청와대에 가장 먼저 도착한 사람은 삼청동 총리공관에 있던 최규하 총리였다. 최규하는 이날 밤 8시 15분경 김계원으로부터 "극히 중대한 일이 일어났습니다. 하여튼 빨리 오십시오"라는 전화를 받았다. 혹시 전쟁이 난 것 아닌가 하여 최규하가 헐레벌떡 청와대에 도착한 시각은 8시 30분.

김 실장은 "오늘 저녁 궁정동 만찬장에서 김재규와 차지철이 싸우다가 김재규가 잘못 쏜 총에 각하가 돌아가셨습니다. 총리님, 이제부터 이 나라는 각하께서 끌고 나가셔야 됩니다. 저는 비서실장입니다. 분부대로 거행하겠습니다"라고 보고했다.

유신헌법에 의하면 대통령이 궐위되거나 사고로 인해 직무를 수행할 수 없을 때에는 국무총리가 권한대행을 맡도록 되어 있었다. 김계원이 정상적인 비서실장이었다면 최규하 권한대행에게 정확한 정황을 보고하고 김재규를 현행범으로 체포하도록 건의했어야 한다. 그런데 박 대통령이 확인 사살당하는 모습까지 현장에서 목격한 사람이 "김재규가 잘못 쏜 총에 각하가 돌아가셨다"라고 대통령 권한대행권자에게 허위 보고를 했다. 이로써 모든 상황이 뒤죽박죽으로 얽혀 돌아갔다.

8시 45분, 김치열 법무부 장관이 청와대에 도착했다. 김치열은 늦은 시각에 "즉시 청와대로 오라"는 연락을 받았을 때 자기를 중앙정보부장에 임명한다는 통보를 위해서라고 상상했다. 그는 김계원 실장의 양복 소매에 검붉은 피가 묻어 있는 모습을 보고 의아하게 생각했다. 그 사이 박동진(외무), 구자춘(내무) 장관 등이 속속 도착했다. 김 실장은 국무위원들에게 "각하가 변을 당했다. 간신배를 제거한다는 것이 각하가 다치셨다"라고 허위 사실을 유포했다.

잠시 후 육본 벙커에 있던 김재규가 김계원 실장에게 전화를 걸어왔다. 김계원은 김재규와 "총리를 모시고 육본으로 오라", "당신이 청와대로 와라" 하며 실랑이를 벌였다. 김재규가 "형님, 다 끝났는데 청와대로 왜 갑니까. 총리 모시고 이리로 오세요. 여기 육군총장, 국방장관 다 있어요"라는 말에 마음이 크게 흔들렸다.

김계원은 김재규가 육군참모총장, 노재현 장관과 손잡고 박 대통령을 시해하고 쿠데타를 성공시킨 것으로 해석했다. 김계원은 최규하 총리에게 "육본 벙커로 가시지요" 하고 앞장섰다. 육본으로 이동한 정황에 대해 최규하는 다음과 같이 진술했다.

'계속하여 김계원이 "무슨 조치를 취해야 되지 않겠습니까?"라고 하기에 "당연히 취해야지요"라고 하니 김계원은 "국무회의를 개최해야 하지 않겠습니까" 해서 본인은 "국무회의를 개최해야 하지요. 합시다. 국무위원들을 이리로 불러들이시오" 하니 김계원은 어디로인지 여러 차례 전화를 거는 것 같았습니다. 곧이어 김계원은 "국방장관 일행이 이리로 못 오겠다고 하니 총리께서 그쪽으로 가셔야 하겠습니다"라고 하기에 본인은 "그럼 그쪽으로 갑시다" 하고 내무장관, 법무장관 등을 데리고 육본으로 출발했습니다.[47]

최규하 총리, 육본으로 이동

김계원 실장은 김재규가 군을 장악하고 혁명을 일으킨 것으로 판단, 김재규 쪽으로 총리를 모시고 갔다고 수사 과정에서 진술했다. 최규하 총리는 김재규가 대통령을 시해한 범인이란 사실을 알면서도 김계원을 따라 육본으로 이동했다. 이 순간 대통령 권한대행이자 국군통수권자가 된 최총리를 경호할 생각은 아무도 하지 않았다. 무장해제 상태에서 국가원수가 '쿠데타 본부'로 가는 격이었다. 이로 인해 최규하·김계원 두 사람은 김재규에 의한 유혈 쿠데타가 성공하고 있다고 판단하여 이에 순응하는 태도를 취했다는 의심을 받게 된다.[48]

청와대를 출발한 최규하 일행이 육본 벙커에 도착한 시각은 밤 9시 30분.

벙커에는 여러 장성들이 어수선한 분위기에서 이리저리 연락을 취하고 있었다. B-2 벙커에서 초조한 표정으로 앉아 있던 김재규는 김계원을 보자 그를 화장실로 데려갔다. 김계원은 김재규에게 자수하라는 말을 꺼내려는 순간, 김재규가 먼저 입을 열었다고 진술했다.

"혁명위원회를 만들어 간판을 걸 생각이오."

47 최규하 참고인 진술조서, 1979년 12월 1일.
48 조갑제b, 『박정희: 한 근대화 혁명가의 비장한 생애(13)』, 조갑제닷컴, 2015, 164~165쪽.

김재규의 계획은 계엄령을 선포하여 사태를 장악한 후 계엄사 간판을 군사혁명위원회로 바꾸는 것이었다. 이를 위해서는 계엄령 선포가 급선무였다. 계엄령을 선포하려면 최 총리를 설득하여 국무회의를 열어야 한다. 모든 것이 기정사실화될 때까지 자기가 박 대통령 시해범이란 사실은 절대 비밀을 유지해야 한다. 김재규는 김계원을 겁박하여 이를 성취하기 위해 김계원과 최 총리를 육본으로 유인한 것이다. 살기등등한 김재규의 모습에 주눅이 든 김계원은 말없이 그의 뜻에 따랐다는 것이 수사 과정에서의 진술이다. 이러한 진술은 그가 공모자가 아닌 경우에 가능할 것이다. 하지만 10·26 밤의 김계원의 행동은 김재규와 공모하지 않았다면 이해하기 힘든 부분이 한두 가지가 아니었다.

전두환 보안사령관은 밤 10시경 우국일 보안사 참모장으로부터 분원의 김병수 병원장과 인터폰으로 통화한 내용을 보고받았다. 우국일 참모장은 김병수 병원장이 누군가에게 감시받고 있어 자유롭게 말할 수 없는 상황임을 눈치챘다. 그는 "답변하기 어려우면 예스, 노로 답하라. 환자가 코드원(code one, 대통령 암호명)인가? 사망했는가?"라고 물었다. 이 질문에 김병수 병원장은 낮은 목소리로 "예스"라고 답했다.

우국일 참모장의 보고를 통해 박 대통령 사망 사실을 확인한 전두환 사령관은 전 보안부대에 2차 비상령을 내려 부대원 전원을 소집했다. 우선 박 대통령의 저녁 동선 확인을 위해 경호실과 접촉했다. 하지만 대통령의 행방이 전혀 포착되지 않았다. 다만 청와대 근처에서 수십 발의 총성이 울렸다는 첩보가 경호실 당직 계통에 보고되었다는 사실을 확인했다.

대통령 사망이 타의에 의한 것이라면 긴급 수사가 필요했다. 그 즉시 전두환은 부산에 파견 나가 있던 이학봉 보안사 수사과장을 서울로 불러올렸다. 이학봉은 육사 18기로 1966년 중위 시절 보안사의 전신인 방첩부대로 전입한 후 보안사에서 수사계장, 대공과장, 수사과장을 역임한 베테랑 수사요원이었다. 그는 1980년 1월 1일부로 대령 진급과 동시에 대공처장을 맡게 될 것이다.

전두환 사령관은 영내 대기 중이던 정도영 보안처장, 오일랑 군사정보 과장과 함께 육본으로 이동, 육본 보안부대에 임시지휘소를 설치했다. 이 때가 밤 10시 20분이었다. 전두환이 육본 벙커로 가자 그곳에는 최규하 총리와 몇몇 국무위원이 도착해 있었다. 김계원 비서실장, 유혁인 정무수석의 모습도 보였다.

대통령 서거 사실 숨긴 최규하

최규하 총리는 김재규 부장에게 "어떻게 된 일이요" 하고 물었고, 김재규는 사유는 밝히지 않은 채 "지금 대통령이 유고(有故) 상태입니다. 2~3일 보안을 유지하고 국무회의를 열어 계엄부터 선포해야 합니다"라고 채근했다.

최 총리를 수행하여 온 장관들은 비좁은 벙커 구석에 마련된 의자에 앉았다. 김치열 장관은 김재규와 마주 앉았다. 벙커 내부는 분주했지만, 장성들은 무슨 일이 벌어졌는지 몰라 망연한 표정으로 서로 얼굴만 쳐다보았다. 김재규는 살기등등한 표정으로 연신 물을 마셔댔다. 김치열 장관은 김재규가 화난 짐승처럼 숨을 가쁘게 몰아쉬는 모습에 불안감을 느꼈다. 하지만 돌아가는 분위기로 볼 때 김재규가 육본을 장악하지 못한 상태임을 직감했다.

김재규가 국무위원들에게 "지금 각하께서 유고 상태다. 전방 경계를 강화하고 이 사실을 최소한 48시간 국내외에 비밀에 부쳐야 한다. 비상계엄부터 선포해야 한다"라고 말했다. 국무위원들이 "대통령 유고라니 그 사유가 뭔가요", "사유를 알아야 비상계엄을 의결할 것 아닙니까" 하고 이의를 제기했다. 김치열이 "무슨 이유로 48시간이나 대통령 유고 사실을 보안에 부쳐야 합니까" 하고 반문하자 김재규는 격앙된 목소리로 "나는 여러분과

의견이 달라요" 하고 목소리를 높였다.

이 자리에 있는 사람들 중 박 대통령의 서거 정황을 정확히 알고 있는 사람은 김재규와 김계원, 최규하 총리 세 사람뿐이었다. 놀랍게도 최규하 총리는 장관들과 김재규의 언쟁을 지켜보기만 할 뿐 어떤 의견도 내놓지 않았다. 어색한 침묵이 흐르자 노재현 장관이 "여기는 장소가 비좁으니 내 방으로 올라갑시다"라며 수습에 나섰다.

국무위원들과 김재규, 김계원이 육본 맞은편 국방부 장관실로 자리를 옮겼다. 그 후에도 최규하 총리는 김재규가 범인이란 사실을 침묵했다. 노 장관은 박 대통령 유고의 사유가 차지철 경호실장 소행이 아닌가 의심되어 김재규에게 "당신이 유고 현장을 직접 봤는가, 아니면 누구에게 들었는가"라고 캐물었다.

김계원의 요청에 따라 최 총리는 "국방부에서 비상 국무회의를 개최하라"라고 지시했다. 여기까지는 모든 것이 김재규의 뜻대로 진행된 셈이다. 하지만 인생만사가 계획한 대로 움직이지 않는다는 것이 문제였다.

국무회의 실무부서는 총무처(현재의 행정안전부)였다. 며칠 전 심의환 총무처 장관이 간암으로 사망하여 공석이 되면서 육사 5기 출신 최택원 차관이 국무회의 소집 책임자가 되었다. 최 차관은 국무회의 소집을 위해 장관들에게 비상연락을 하라고 지시했다. 이어 장관 대행으로 비상 국무회의에 참석하기 위해 국방부로 달려갔다.

밤 10시 30분. 전두환 사령관은 그동안 파악한 내용을 노재현 장관에게 보고했다. 상황이 긴박하게 돌아가고 있었지만, 직속상관인 노재현 장관은 어떤 지시도 내리지 않았다. 벙커에서 시간을 지체할 수 없었던 전두환은 국방부 보안부대장실로 가서 특이 사항은 없는지 보고를 받았다. 그 시각, 최 총리와 국무위원들이 국무회의를 열기 위해 국방부 회의실로 이동했다는 보고를 받았다.

신현확 부총리 겸 경제기획원 장관이 비상 국무회의 개최 연락을 받은 것은 밤 10시 25분경. 국무회의는 일과 중에 청와대나 정부 청사에서 여는 것이 정상이다. 심야에, 그것도 국방부에서 비상 국무회의라니…. 그는 불안한 마음으로 국방부로 향했다.

김재규가 코너에 몰리자 변심한 김계원

밤 11시, 국방부 장관실에서 최규하 총리와 신현확 부총리, 구자춘·노재현 장관 등 국무위원 7~8명이 침통한 표정으로 김재규와 마주 앉았다. 신현확은 자리에 앉자마자 "무슨 긴급사태입니까"라고 질문했다. 다음은 수사 기록을 비롯한 여러 관련 자료를 종합하여 김재규와 국무위원들의 대화 내용을 정리한 것이다.

김재규: "국가원수께서 지금 직무수행이 곤란합니다. 유고 상태입니다. 2~3일간 보안을 유지하고 계엄을 선포해야 합니다."

신현확(부총리): "유고 내용이 뭡니까?"

김재규: "그것은 밝힐 수 없습니다."

신현확: "대통령이 유고인데 못 밝히겠다니! 다치셨습니까, 아니면 갑자기 병이라도 났습니까?"

김재규: "그건 밝힐 수 없습니다. 비밀에 부쳐야 합니다."

김치열(법무): "무턱대고 계엄령 얘기만 하지 말고 상황을 자세히 얘기하시오."

신현확: "아무리 기밀이라지만, 유고 내용도 모르고 어떻게 비상계엄령을 선포한단 말이오."

김재규: "스탈린이 죽었을 때 며칠 동안 세상에 알리지 않았습니다. 국가안보상 먼저 계엄령을 편 뒤에 대비책을 마련하는 것이 필요합니다."

독기가 느껴질 만큼 살기등등한 김재규는 국무위원들의 집요한 추궁에도 불구, 유고 사유를 밝힐 수 없다고 버텼다. 치열한 논쟁이 벌어지는 와중에도 최규하 총리와 김계원 비서실장은 묵묵부답으로 눈치만 봤다. 이 때 둘 중 한 사람이 "김재규가 쏜 총에 각하가 서거하셨다"라는 사실을 국무위원들에게 밝혔다면 현대사는 어떤 방향으로 흘러갔을까?

김계원은 국무위원들의 공세적 질문에 김재규가 수세에 몰리는 모습을 지켜보았다. 이렇게 되면 김재규의 거사는 성공 가능성이 희박하다고 느낀 김계원은 마음을 돌려먹는다. 벙커에서 긴급 상황 처리를 마친 정승화 총장이 국방부 장관실로 들어가려 할 때 김계원 실장이 마침 장관실에서 나오다 마주쳤다. 김 실장이 "잠깐 할 말이 있다"면서 정 총장을 장관 보좌관실로 데려갔고, 노재현 장관도 뒤따라 들어왔다.

"김 부장과 차 실장이 다투다가 김 부장의 총에 각하께서 돌아가셨어. 김 부장을 체포해야 하는데 저렇게 눈이 시퍼렇게 되어 나만 노려보고 있으니…".[49]

김계원의 진술조서에 의하면 "각하를 시해한 범인이 김재규다"라고 말하자 국방장관은 깜짝 놀라는 것 같았으나 정승화 총장은 그리 놀라는 눈치는 보이지 않았으며, 국방장관이 "그럼 당장 잡아야지요" 하자 총장이 "예. 곧 하겠습니다"하고 답했다고 한다.[50]

김계원이 노재현 장관과 정승화 총장에게 김재규의 범행 사실을 알린 시각은 사건 발생 후 거의 네 시간이 지난 밤 11시 40분경. 이것이 김재규 몰락의 결정적 분기점이었다.

---

49 정승화, 앞의 책, 58쪽.
50 김계원 군검찰 진술조서, 1980년 2월 5일, 조선일보사b, 『한국현대사 비자료 125건』, 월간조선, 1996년 1월호 별책부록, 302쪽.

정승화 총장의 불가사의한 명령

전두환 사령관은 혹시나 새로운 정보가 없을까 알아보기 위해 조약래 국방부 장관 보좌관(육군 준장)을 찾아갔다. 조 장군은 국무위원들과 김재규 부장이 계엄령 선포 사유를 놓고 의견 충돌이 있어 국무회의가 열리지 못하고 있다고 상황을 전했다.

이때까지 박 대통령의 돌연한 서거의 진상이 무엇인지 파악된 사실은 아무것도 없었다. 전두환 장군은 국가지도부 기능이 정상적으로 작동하지 않고 있다는 생각이 들었지만, 보안사령관이 할 수 있는 일은 아무것도 없었다.[51]

무거운 마음으로 임시지휘소인 육본 보안부대장실로 가자 노재현 장관이 보안사령관을 찾는다는 전갈이 왔다. 그 즉시 장관실로 뛰어갔다. 노재현 장관은 전두환의 귀에 대고 낮은 목소리로 "각하를 시해한 사람이 김재규인 것 같다. 내가 정승화 총장에게 지시해놓았으니 정 총장의 지침을 받아 김재규 부장의 신병을 확보하라"라고 지시했다.

충격적인 말을 들은 전두환은 지체 없이 정승화 총장을 만나러 육본 지하 벙커로 달려갔다. 전두환 사령관이 정승화에게 "장관님 지시를 받고 왔습니다"라고 보고했다. 정 총장은 "무슨 지시를 받았소?" 하고 물었다. "총장님 지침을 받아 김재규 부장의 신병을 확보하라는 지시를 받았다"고 하자 정승화는 "김재규 부장의 신병을 확보하시오" 하더니 "정동 안가로 정중히 모시라"고 명했다.

순간, 전두환은 자신의 귀를 의심했다. 시해범이 김재규인데 그를 체포하는 게 아니라 신병을 확보하여 정중히 모시라니? 게다가 장관과 총장의 명령이 다르다는 사실에 큰 혼란을 느꼈다. 군대에서 명령은 뜻이 잘못 해석되지

---

51 전두환 회고록(1), 앞의 책, 51쪽.

않도록 간단명료해야 하며, 추상적이거나 애매한 표현을 해서는 안 된다는 사실쯤은 초급 장교 정도만 되어도 귀에 못이 박이도록 학습받는 내용이다.

이날 밤 전두환은 노 장관에게 지시를 받을 때는 "김재규가 범인이구나" 하고 명료하게 이해할 수 있었다. 그런데 정 총장의 지시는 어감이 완전히 달랐다. 김재규가 대통령 시해범이란 사실을 밝히지도 않았고, 더구나 "정동 안가로 정중히 모시라"고 했다.

보안사에서 간첩 행위자나 보안 사범 조사는 수사 관련 시설이 구비되어 있는 서빙고 수사분실에서 진행한다. 정동 안가(현재 조선일보사 본관 자리)는 보안사령관이 외부 인사 접견 때 보안 유지를 위해 이용하는 비밀 응접실이다. 뿐만 아니라 정동 안가 바로 옆에는 중앙정보부 분실이 위치하고 있었다. 정승화 총장은 1962년 7월부터 1964년 1월까지 보안사의 전신인 방첩부대장 출신이다. 보안사에 대해 속속들이 알고 있었기에 정동 안가를 특정하고 김재규를 예우하는 방법까지 세밀하게 지시한 것이다.

정승화는 자신의 증언록에 전두환 사령관에게 김재규 체포를 지시한 정황을 다음과 같이 기록해놓았다.

'나는 이희성 참모차장과 이야기를 하다가 중단하고 전두환 소장에게 김계원 실장으로부터 김재규가 범인이라는 제보를 받은 사실과, 헌병감을 시켜 체포토록 한 뒤 범인을 보안사령관에게 인계시킬 계획을 설명하고 보안사령관을 합동수사본부장으로 임명하겠음을 미리 알려주었다. 곧 헌병감과 협조하여 범인을 인수한 뒤 보안사가 가진 시내의 안가에 수용한 뒤 유능한 수사관을 붙여서 수사에 차질이 없도록 하고, 그러나 흥분하여 범인을 마구 다루지 않도록 주의를 당부했다.'[52]

---

52 정승화, 앞의 책, 59쪽.

김재규 체포작전 성공

정황을 파악한 결과 김재규는 권총을 소지하고 있었고, 자동소총으로 무장한 정보부장 경호원들이 국방부까지 따라와 있었다. 이런 상태에서 전두환 사령관은 정승화 총장의 명에 따라 "김재규의 신병을 확보하여 정동 안가에 정중히 모시는" 작전을 개시했다.

김재규 체포 및 무장해제 임무는 보안사 군사정보과장 오일랑 중령이 담당했다. 오 중령은 육본 헌병대장 복장으로 위장하고 김재규를 연행할 차량 준비, 그를 유인하여 승용차까지 데리고 갈 국방부 지하 비상통로까지 세밀하게 점검했다. 보안사령관 비서실장 허화평 대령을 육본 보안부대장실로 오게 하여 체포된 김재규를 정동 안가로 안내하여 잘 모시도록 임무를 부여했다.

국방부 장관실에 앉아 있는 김재규를 밖으로 유인하는 임무는 김진기 헌병감이 담당했다. 정승화 총장 비서실장으로 신분을 위장한 김진기 헌병감은 김재규에게 "정승화 총장이 조용히 만나자고 하십니다"라며 밖으로 유인했다. 김재규는 망설이지 않고 복도로 나와 김진기 헌병감, 오일랑 중령의 호위를 받아 육군본부로 이어진 국방부 지하 비상계단으로 내려갔다. 전두환 사령관은 이 모습을 멀리서 지켜보았다.

이때 김재규의 수행비서 박흥주 대령이 따라왔으나 미리 배치해둔 헌병들에게 제지당했다. 대기시켜둔 승용차 앞에 이르자 단련된 베테랑 수사관인 오일랑 중령은 침착하게 뒷문을 열고 "부장님, 이 차에 타시죠" 하며 김재규를 차 안으로 밀어넣었다. 승용차 안에는 보안사 수사관 두 명이 무장한 채 승차해 있었다. 김재규 오른쪽에 밀착해 앉은 오일랑 중령은 재빨리 김재규 허리춤에 꽂혀 있던 권총을 낚아채 무장을 해제했다. 10월 27일 0시 30분이었다.

김재규를 태운 승용차는 정보부 경호요원의 눈을 피하기 위해 국방부 후문으로 빠져나갔다. 보안사는 후문 쪽 모든 차량의 통행을 미리 차단하고 외등도 꺼놓았다. 승용차가 육본 앞을 지나쳐 삼각지 로터리를 도는 순간, 김재규는 이상한 낌새를 눈치챘다. 김재규는 오일랑 중령에게 "야, 너희들 헌병 아니지? 전두환이 부하들이지?" 하고 물었다. 오 중령은 "부장님은 현재 아주 위험한 상황에 놓여 있습니다. 정승화 총장의 지시로 안전한 곳으로 모시는 중입니다"라고 둘러댔다. 김재규는 "이제 세상이 달라졌어. 각하는 돌아가셨어"라고 횡설수설했다.

연행팀이 정동 안가에 도착하자 그곳에 대기하고 있던 허화평 대령은 김재규를 2층으로 안내했다. 물을 연신 들이켠 김재규는 "여기는 보안사 안가 아닌가?" 하더니 "전 사령관 좀 오라고 그래. 내가 전 사령관을 만나 지시할 일도 있고 상의할 일도 있어", "내가 여기 잡혀와 있다는 사실을 알게 되면 내 부하들이 쳐들어올 거야"라고 의기양양하며 큰소리쳤다.

잠시 후 허화평 대령이 전화로 "정동 안가 바로 옆에 중앙정보부 분실이 위치하고 있어 여차하면 중정 요원이 공격할 가능성이 있다"라면서 "서빙고 수사분실로 김재규를 옮기는 것이 좋겠다"라고 건의했다. 그 순간, 전두환 사령관은 정 총장이 김재규 연행 장소를 정동 안가로 지정해주었을 때 중정 분실 바로 옆이란 사실을 염두에 둔 것은 아닌지 아찔한 생각이 들었다. 그는 즉시 서빙고 분실로 연락하여 김재규를 수용할 준비를 하도록 지시했다.[53]

서빙고 수사분실로 압송된 김재규

10월 27일 새벽 1시 30분경 허화평 대령이 전화로 "김재규의 언동으로 볼 때 김재규가 박 대통령 시해범인 것이 틀림없다"라고 보고했다. 허 대령

---

53 전두환 회고록⑴, 앞의 책, 61쪽.

은 김재규가 자백한 것이나 다름없다는 말도 덧붙였다. 허화평 대령의 보고를 받은 전 사령관은 정승화 총장에게 "김재규가 박 대통령 시해범이 틀림없는 것으로 판단되어 구속 수사를 하겠다"라고 보고했다.

그 즉시 김재규를 미니버스에 태워 서빙고 수사분실로 압송했다. 이 과정에서 미니버스가 중동중학교 앞에서 전복되는 바람에 다른 차로 옮겨 태우는 불상사가 일어났다. 보안사가 김재규를 정동 안가에서 서빙고 수사분실로 입송한 시각은 10월 27일 새벽 2시경이었다.

보안사가 김재규를 체포하기 전까지 모든 정황은 김재규와 정승화, 김계원이 주도했다. 최규하는 무력했고, 내각은 눈치만 봤다. 전두환 보안사령관의 기민한 대처로 김재규를 체포하면서 상황은 새로운 국면으로 접어들었다.

김재규가 군 내의 누군가와 공모 하에 일을 벌였다면, 언제 무슨 일이 벌어질지 모르는 일촉즉발의 상황이었다. 아무리 배포가 큰 사람이라도 쿠데타나 반란은 혼자 힘으로는 불가능하다. 우선 급한 것은 공모자나 배후 세력, 공범을 밝히는 일이었다. 초동수사의 초점은 이 부분에 맞춰졌다. 서빙고 수사분실에는 부산에서 군용기 편으로 급히 올라온 보안사 수사과장 이학봉 중령이 대기하고 있었다.

4

합동수사본부 출범

국방부 장관실에서 국무위원들과 김재규 간에 언쟁이 벌어지는 바람에 밤 11시로 예정됐던 국무회의는 50분 지체되어 밤 11시 50분에 개회되었다. 최규하 총리는 "지금 국가 안위에 관한 중대 사태가 발생하여 국무회의를 소집했다"라고 모두발언을 했다. 최 총리가 박 대통령 서거 혹은 유고 등의 용어를 사용하지 않은 덕분에 국무위원들은 박 대통령 시해 사실을 모르는 상태에서 국무회의가 개회되었다.

계엄사령관에 임명된 정승화

신현확 부총리는 구석에 앉아 있는 김계원 비서실장을 발견했다. 그에게 "비서실장님, 이게 어떻게 된 일입니까?" 하고 캐물었다. 김계원이 "저도 잘 모르겠습니다" 하고 답하자 "비서실장이 어째서 대통령의 안위를 모를 수 있단 말입니까?" 하고 추궁했다. 그제야 김계원은 "제가 각하를 업고 병원에 갔습니다"라며 사건 정황을 조금씩 털어놓기 시작했다. 신현확 부총리가 "지금 수술 중입니까? 사고가 나서 다치셨습니까?" 하고 묻자 "사실은 다 끝났습니다. (시신을) 별실에 안치했습니다"라고 답했다.

김성진 문공부 장관이 정회를 요구하고 최규하 총리, 신현확 부총리, 구자춘(내무), 노재현(국방), 김성진(문공) 등이 국군서울지구병원으로 달려갔다. 10월 27일 새벽 1시 30분 일행은 박 대통령의 서거 사실을 확인하고 국방부로 복귀, 국무회의를 속개했다. 최규하 총리는 그제야 "대통령께서 서거하셨고, 정회 도중 서거 사실을 직접 확인했다"라고 선언했다. 이로써 대통령 유고의 사유가 사망이란 사실이 명확하게 밝혀졌다.

비상 국무회의는 유신헌법에 의거하여 최규하 총리가 대통령 권한대행이 되었음을 공식 선포했고, 새벽 4시를 기해 제주도를 제외한 전국에 비상계엄령 선포를 의결했다. 비상계엄이 선포되면서 비상 국무회의는 관례에 따라 육군참모총장 정승화를 계엄사령관에 임명했다.

비상계엄이 선포되면 국가의 중요한 권력이 대부분 계엄사령관 손에 넘어간다. 이때까지 국무위원 중 어느 누구도 정승화 총장이 시해범 김재규의 부름을 받고 박 대통령 시해 장소 바로 옆에 대기 중이었다는 사실, 시해범과 함께 육본으로 이동한 사실, 시해범과 병력 동원을 논의한 사실을 알지 못했다. 만약 국무회의가 전날 저녁 정 총장의 행적을 알았다면 그를 계엄사령관에 임명하는 일은 없었을 것이다.

10월 27일 새벽, 비상국무회의는 계엄사령관이 되어서는 안 될 사람을 임명한 결과 12·12 사태의 원인을 제공하게 된다. 김재규는 박 대통령 시해 사건 목격자인 김계원의 협조를 얻어 비상국무회의를 개최하는 데까지는 성공했다. 하지만 그의 운은 여기까지였다.

새벽 3시가 넘어 국무회의가 끝나자 정부 대변인 김성진 문공부 장관은 중앙청으로 달려갔다. 그리고 텅 빈 중앙청 기자실 칠판에 '대통령 유고, 비상계엄령 선포' 사실을 써 내려갔다.

국무회의 출석 요원이 아닌 김계원은 새벽 2시 넘어 청와대로 돌아와 수석 비서관들과 이재전 경호실 차장을 소집했다. 그는 이재전 차장에게 "오늘 새벽 네 시를 기해 비상계엄이 선포된다. 계엄사령관과 긴밀하게 협조하여 업무를 처리하라"라고 지시했다. 전석영 총무비서관에게는 박 대통령 서거 사실을 가족에게 알릴 것을 명했다. 전석영 비서관이 자고 있는 근혜·근영 양을 깨워 아버지의 서거 사실을 알렸다.

시해 공범 박흥주·박선호 체포

정보부장 수행비서 박흥주 대령은 김재규 부장을 수행하여 국방부 지하 비상계단으로 내려가던 중 헌병의 제지를 당했다. 10월 27일 새벽 2시 경, 그는 헌병에게 무장해제를 당했다. 모든 것이 다 틀렸다는 사실을 알게 된 그는 정보부장 차를 타고 남산 순환도로를 한 바퀴 돌아 한남동 주택가에 차를 세웠다.

착잡한 심정으로 차 안에서 고민하던 그는 새벽 4시 30분, 행당동 자택으로 가서 부인의 얼굴을 본 후 강변도로를 달렸다. 잠실 아파트에 차를 세우고 뉴스를 틀었다. "김재규가 차지철을 살해하여 계엄사에서 구속 수사를 하고 있다"는 소식이 흘러나왔다. 그는 오후 3시경 이문동 중앙정보부 본청 제1차장보실에서 보안사 수사관에게 체포되어 서빙고 분실로 연행되었다.

궁정동 사건 현장에서 부하들에게 확인 사살을 지시한 박선호는 저녁 8시 20분, 차를 몰고 대방동 아파트로 갔다. 아파트 마당에서 놀고 있던 일곱 살짜리 아들을 태우고 방배동 처가로 갔다. 아들을 처가에 맡긴 후 궁정동 사무실로 돌아왔다. 다음 날 새벽 5시, 라디오에서 대통령 유고와 비상계엄령 선포 소식이 흘러나왔다. 그는 처가로 가서 "내가 사람을 죽였다. 도저히 살 수 없으니 자결하겠다"라고 말하고는 궁정동 사무실로 갔다가 오후 2시 합수부 수사관들에게 체포되었다.

미국의 즉각적 반응

10·26 사건이 발생했을 때 위컴(John Adams Wickham, Jr.) 주한미군 사령관은 워싱턴에 공무 출장 중이었다. 그는 한국에 근무하면서 유엔사령부 총사령관, 미8군 사령관, 한미연합사령관, 주한미군 사령관 등 네 가지 직책을 수행하고 있었다. 한 사람이 여러 직위를 겸직토록 한 이유는 4성 장군 수를 최소화하고, 전쟁이 일어날 경우 지휘 체계의 단일화를 위해 고안된 것이다.[54]

위컴의 출장으로 로젠크랜스(Evan W. Rosencrans) 공군 중장이 사령관 직무대리를 맡고 있었다. 이날 자정 무렵, 로젠크랜스 장군이 글라이스틴 대사에게 전화를 걸어 "한국군 지휘부의 움직임이 심상치 않다"고 전했다. 곧이어 부르스터(Robert George Brewster) CIA 한국 지부장이 "한국군의 움직임으로 보아 곧 계엄령이 선포될 것 같다"라고 보고했다.

그 즉시 글라이스틴 대사는 대사관 간부들을 비상 소집했다. 이때 유병현 한미연합사 부사령관이 로젠크랜스와 함께 관저를 방문했다. 그는 박 대통령이 피살되었다는 충격적인 소식과 함께 한국 정부가 계엄령 선포를 준비 중이며, 북한이 상황을 오판하지 않도록 미국 정부가 경고 성명을 내주었으면 좋겠다고 협조를 요청했다.

비슷한 시각, 워싱턴 펜타곤(미 국방부 본부 청사)의 방문객 숙소인 웨인라이트 홀에 도착한 위컴 사령관은 브라운(Harold Brown) 미 국방부 장관으로부터 "조금 전 박정희 대통령이 저격당했네. 이 틈을 타서 북한이 남한 내 간첩들을 시켜 혼란 사태를 야기하지 않을까 걱정되는군. 최악의 경우 비무장지대를 넘어 공격해올 수도 있고 말일세"라는 전화를 받았다.[55]

큰 충격을 받은 위컴 사령관은 백악관 상황실로 향했다. 그곳에는 브

---

54 존 위컴, 앞의 책, 48쪽.
55 존 위컴, 앞의 책, 25쪽.

라운 장관, 존스(David Charles Jones) 합동참모본부 의장, 브래진스키 (Zbigniew Brzezinski) 국가안보 보좌관, 국무부 대표, CIA 참모들이 배석해 있었다. 한 시간 정도 진행된 회의에서 공군 전투기와 공중조기경보통제기(AWACS), 해군 대잠 초계기(P3) 추가 배치, 항모 1척을 포함하여 특별 선발된 해군 병력의 한반도 이동이 결정되었다. 그 즉시 위컴 사령관은 서울로 돌아가는 미 공군 특별기에 올랐다.

미국이 즉각적인 반응을 보인 이유는 박 대통령 시해 사건이 한미 양국뿐만 아니라 동북아를 포함한 전 세계에 충격을 주게 될 위기 국면으로 인식했기 때문이다. 한국에 대한 미국의 이해관계는 "남한의 안보·안정·복리는 일본에 절대적으로 중요한 문제이며, 미·일을 밀접히 묶는 공동방어 안보장치에서 핵심 요소"라는 밴스(Cyrus Vance) 미 국무장관의 발언에 잘 요약되어 있다. 한국은 일본과의 관련 맥락 속에서 그 가치를 평가받고 있었다.[56]

미국의 정보공개법에 따라 비밀 해제된 미국 정부와 주한 미국대사관이 주고받은 전문을 분석한 결과 1972년 10월 17일부터 1998년 3월 19일까지 305개월간 오간 공개된 전문 횟수는 총 1,670개 문건이었다. 이 중 1979년 1월 1일에서 1981년 1월 30일까지 15개월 동안 오간 전문 횟수가 1,067건이었다. 15개월의 기간이 305개월 중에서 차지하는 비율은 5%였으나 전문 횟수는 64%에 해당해 당시 상황이 얼마나 급박했는가를 보여준다.[57]

합동수사본부 출범

보안사가 김재규를 상대로 초동수사 준비를 진행하고 있던 시각, 비상 국무회의는 계엄령을 선포하고 정승화 육군참모총장을 계엄사령관에 임명

---

56 신현익(2006), 124쪽.
57 신현익(2006), 1쪽.

했다. 이로써 두 가지 중대한 권력 구도상의 변화가 야기되었다. 첫째는 계엄 업무를 수행할 계엄사령부가 조직되면서 계엄사령관이 비상대권을 보유하여 권력의 중심에 서게 되었다는 점이다.

1964년의 6·3 계엄(한일회담 반대 시위)과 1972년의 10·17 계엄(유신 선포)은 박 대통령이 권력을 철통같이 장악하고 있을 때여서 계엄사령관의 자의적 권력 행사는 불가능했다. 반면에 1979년 10·27 계엄은 대통령과 경호실, 중앙정보부가 무력화된 상황에서 선포되었다. 마음만 먹으면 계엄사령관이 합법적으로 권력을 장악할 수도 있는 상황이 된 것이다.

둘째는 합동수사본부의 출범이다. 10월 27일 오전 계엄사는 계엄포고령 제5호에 따라 박 대통령 시해 사건 수사를 전담할 합동수사본부(이하 합수부) 설치를 발표했다. 이날 출범한 합수부는 계엄령이 해제된 1981년 1월 24일까지 존속했다. 합수부는 계엄하에서 검찰과 군검찰, 중앙정보부, 경찰, 헌병, 보안사 등 모든 정보수사기관을 총괄 조정·통제했다. 이 조직의 출범이 결국 전두환 장군의 집권으로까지 연결되었다는 점에서 합수부는 권력 찬탈 도구였다는 인식이 팽배해 있다.

그런 인식을 내놓은 사람이 언론인 조갑제다. 조갑제는 합수부의 출범을 '괴물의 탄생'[58]이라고 극혐적 표현을 사용했다. 그는 왜 합수부를 무소불위의 권력을 행사하는 '괴물'이라고 평가했을까? 그의 논지를 정리하면 다음과 같이 정리된다.

10월 27일 오후 계엄포고령 제5호로 합동수사본부가 출범했다. 포고령에 명시된 합수부의 기능은 모든 정보 수사기관(검찰·군검찰·중앙정보부·경찰·헌병·보안사 등)의 업무를 조정·감독하는 것이었다. 이는 국가의 모든 정보 수사기관의 실질적 중추 역할을 담당하는 것이었다.

---

58 조갑제b, 앞의 책, 213쪽.

원래 수사정보기관의 조정 감독은 중앙정보부 권한이었다. 그런데 중앙정보부의 수장이 대통령 시해범으로 체포되자 전두환 사령관이 재빨리 이 권한을 보안사로 넘겼다. 그 결과 전두환이 혼미한 정국에서 합수부를 통해 주인 잃은 권력을 낚아챌 고삐를 잡게 되었다는 것이다.

10·26 사건이 발생했을 때 전두환이 합수본부장을 맡게 된 것은 그가 보안사령관이었기 때문이다. 보안사는 합수부의 중추기관이 됨으로써 군 내부뿐만 아니라 전국의 모든 정치 및 치안 정보를 총괄하는 위치에 올라서게 되었다. 국가 권력 공백 상태에서 정보는 곧 힘이다. 전두환은 그런 '힘'을 총체적으로 장악함으로써 권력의 정점에 올랐다는 것이 조갑제의 분석이었다.

박 대통령 시해에 대한 미국 측 반응

전두환 합수본부장은 합수부를 3개의 수사국으로 편성했다. 제1국은 보안사의 백동림 대령(육사 15기)을 국장으로 하여 보안사 요원이 주축이 되었다. 임무는 박 대통령을 시해한 주범 김재규를 정점으로 한 중정 내부 동조 세력을 색출하는 수사 전담이었다. 제2국은 육군 범죄수사단장 우경윤 대령(육사 13기)을 국장으로 하여 헌병대를 배속시켰다. 임무는 군내 동조 세력의 색출 수사였다. 제3국은 이기창 총경을 국장으로 하여 주로 치안본부 특수수사대 요원들로 구성되었다. 임무는 중앙정보부와 군을 제외한 분야에서의 동조 세력을 색출, 수사하는 것이었다.[59]

10월 27일 오전, 미 암호해독국은 북한군 측 움직임이 대규모로 증가하고 있다는 사실을 확인했다. 특히 평양에 위치한 주요 군사령부를 중심으

---

59 대한민국재향군인회, 『12·12 5·18 실록』, 1997, 대한민국재향군인회 호국정신 선양운동본부, 34쪽.

로 수상한 움직임이 관찰되었다. 이날 아침 북한군은 전시체제에 돌입했다. 비무장지대 병력이 경계 태세에 돌입했고, 모든 공군력을 산개하라는 명령이 하달되었다.[60]

미국 정계는 대선에 돌입한 상태여서 한국에 관심을 돌릴 여유가 없었다. 미국 대선 후보들은 높은 인플레이션과 느린 경제성장, 두 자릿수 금리로 허덕이는 미국 경제에 온 정신이 팔려 있었다. 레이건 공화당 대선 후보는 카터 행정부가 국방비 삭감으로 국가안보를 위기 상황으로 몰고 있으며 외교력도 부족하다며 맹렬한 비난을 퍼부었다.[61]

의미심장한 것은 박 대통령 시해와 관련하여 뉴욕타임스는 "야권의 부상이 기대되기보다는 이번에도 강권 통치자가 등장할지 모른다"라는 사설을 게재했고(10월 27일), 워싱턴포스트도 거의 비슷한 사설을 실었다는 점이다(10월 28일). 글라이스틴 대사가 시해 사건 직후 국무부에 보낸 전문도 "박 대통령의 후계자 후보로 김종필과 정일권을 꼽을 수 있지만 누가 박 대통령의 후계자가 될지 상정할 수 없으며, 핵심 인물들은 군부이고, 경쟁과 혼란이 극심해져 전형적인 쿠데타를 유발할 가능성이 있다. 유능하지 못한 지도자가 등장해 현상 유지를 기도할 가능성도 있다"라고 예측했다.[62]

시해 사건 직후부터 주한 미국대사관은 김대중과 김영삼 등 야당 지도자들의 과다한 경쟁 및 조급하고 무리한 요구가 정치 양극화를 초래할 것이며, 이는 군부 쿠데타로 이어져 이들의 공개 경합에 의한 정권 창출 가능성은 없다고 보았다.[63]

---

60 존 위컴, 앞의 책, 62~63쪽.

61 존 위컴, 앞의 책, 86쪽.

62 주한 미국대사관, 「박정희 사후 상황에 대한 초기 반응」, 1979년 10월 28일.

63 신현익(2006), 74쪽.

또 사건 초기 주한 미국대사관은 본국 정부에 보낸 전문에서 김재규의 박 대통령 저격이 우발적 사건이 아닐 수도 있음을 보고했다. "지금으로서 한층 신빙성 있는 가능성은 박 대통령 주변의 몇몇 인물들이 어쩌면 김재규 중앙정보부장의 주도로 대통령을 제거하기로 결정하면서 합당한 후계자를 마련할 수 있으리라는 생각에 정부 구조는 현재대로 유지하기로 한 것 같다"라는 10월 28일자 전문이 그 사례다.

뉴욕타임스도 10월 28일, 서방, 한국 관측통들의 말을 빌려 박 대통령이 고의로 암살되었을 수도 있음을 보도했다. 11월 2일엔 3군 사령관 이건영의 실명을 거론하면서, 그와 김재규와의 공모 가능성을 보도했지만, 구체적인 정황이나 증거를 제시하지는 않았다. 이와 관련하여 글라이스틴 대사는 "박 대통령 시해 사건에 대한 미국 연루설은 모두 헛소리이며 쓰레기 같은 이야기"라고 비판했다.[64]

김재규, "정승화는 내 편"

보안사 서빙고 분실로 연행된 김재규는 만성 간 질환을 앓고 있었다. 안색이 칙칙한 검붉은 빛이어서 한눈에 봐도 건강 상태가 심상치 않다는 사실을 알 수 있을 정도였다. 수사관들은 사건 추이가 궁금하여 라디오를 틀어놓고 있었다. 새벽 4시 10분경 라디오에서 긴급 뉴스를 통해 비상계엄이 선포되고 정승화 총장이 계엄사령관에 임명되었다는 내용이 보도되었다.

이 방송을 들은 김재규는 돌연 박수를 치며 환호했다. 그는 살판났다는 듯이 "내가 어제 정승화 총장을 초청하여 사건 현장 바로 옆의 궁정동 안가 본관에 대기시켰고, 대통령을 시해한 후 함께 차를 타고 육군본부로 이동했다"라고 밝혔다. 또 대통령 시해 현장에 김계원 비서실장도 함께 있었

---

64 뉴욕타임스, 1979년 11월 5일.

다는 사실을 자랑스럽게 떠벌렸다.

　김재규가 보안사령관 시절 이학봉은 직속 부하였기에 두 사람은 잘 아는 사이였다. 이학봉 수사국장은 김재규의 경계심을 늦추기 위해 다음과 같이 자연스러운 대화를 나누었다.

이학봉: "왜 그렇게 허술하게 일을 저지르셨습니까?"

김재규: "내 원대한 꿈이 앞섰다."

이학봉: "부장님은 박 대통령이 살아 계실 때 인정도 받고 빛이 나는 것이지 박 대통령이 돌아가시면 부장님의 입지도 동시에 무너지는 것 아닙니까?"

김재규: "모두가 나에게 절절매고 따르기에 거사 후에도 계속 그렇게 하리라 생각했다."

이학봉: "이번 거사에 동원될 부대는 어느 부대였습니까?"

김재규: "정승화가 내 편이라 그런 건 염려하지 않았다."

이학봉: "대통령을 시해하려면 누구를 시키든지 하시지 왜 부장님의 손에 직접 피를 묻히셨습니까? 부장님이 직접 대통령을 시해했다는 것이 알려지면 나중에 얼마나 많은 비난을 받으시려고요?"

김재규: "나의 심복인 안전국장 김근수를 시키면 내가 직접 하지 않은 것으로 다 처리될 수 있다고 생각했다."[65]

10월 27일 정승화 구속 건의한 이학봉 수사국장

10월 27일 오전 11시경, 이학봉 중령은 직속상관인 전두환 보안사령관

65　지만원, 『12·12와 5·18-수사기록으로 본 다큐멘터리 역사책 압축본(상)』, 도서출판 시스템, 2018, 86~87쪽.

겸 합수본부장에게 김계원 비서실장과 정승화 총장에 대한 구속 수사를 건의했다. 김재규가 범행 현장을 목격한 김계원 실장을 살려둔 것은 그가 공범이었기 때문이고, 정 총장도 박 대통령의 피살 정황을 가장 먼저 알았음에도 불구, 육군참모총장으로서 마땅히 취해야 할 조치를 취하지 않았다는 것이 그 이유였다.

이 건의를 받은 전두환은 순간 머릿속이 하얘졌다. 고민 끝에 당장 정 총장을 구속하려던 계획을 재고하게 되었다. 전두환이 결정적인 상황에서 한발 물러선 이유는 두 가지로 분석된다.

첫째, 불과 몇 시간 전에 계엄사령관에 임명된 정 총장을 체포할 경우 만만치 않은 후폭풍이 염려됐기 때문이다. 육군참모총장 정승화가 어떤 식으로든 중앙정보부장 김재규를 비롯하여 대통령 비서실장 김계원 세력과 연계되어 있다면 저들은 막강한 실병력을 장악하고 상황을 주도하고 있을 것이다.

합동수사본부장으로서 모든 수사 정보기관을 지휘할 수 있는 권한을 부여받았지만, 보안사는 자체 경비요원 외에 전투 병력이 없었다. 정승화를 체포하려 할 경우 순순히 응하지 않으면 수사팀과 충돌이 벌어질 수도 있는데, 이는 승산 없는 싸움이 될 것으로 우려했다.

둘째, 대통령 권한대행을 맡게 된 최규하 총리는 군의 특수한 생리를 전혀 이해하지 못해 군 통수권 행사가 쉽지 않을 것으로 보았다. 비상계엄이 발령되면 국가의 전권이 계엄사령관에게 쏠려 최규하 권한대행이 국방부장관을 통해 정 총장을 제어하는 것은 쉽지 않았다. 이런 상황에서 정보부장, 대통령 비서실장, 육군참모총장이 결탁해 반란을 일으켰다면? 과연 최 권한대행이 그들과 맞서 박 대통령 시해 사건의 실체적 진실을 밝혀낼 결연한 의지가 있을까?

생각이 여기에 미치자 전두환 사령관은 냉정함을 되찾았다. 우선 김계원 실장은 정 총장에게 보고한 후 바로 구속 수사하고, 정승화 총장 본인은 구체적이고 결정적인 혐의가 드러날 때까지 비밀리에 내사를 진행하기로 결정했다. 전두환은 정승화 총장에게 김계원에 대한 구속 수사를 건의했다. 정승화는 강력 반대했으나 수사 책임자 전두환이 물러서지 않고 밀어붙이자 정승화는 마지못해 동의했다.

합동수사본부는 10월 28일 오후, 그때까지 파악된 사실을 토대로 중간 수사 결과를 발표했다. 이때 전두환 합수본부장의 모습이 언론에 처음 공개되었다. 10월 26일 저녁 서빙고 분실 직원 격려차 이동하던 그 순간부터 이날 발표 때까지 전두환은 이틀 내내 한숨도 못 자고 강행군을 거듭했다. 덕분에 얼굴은 초췌했고, 눈에는 핏발이 섰다. 언론에 비친 전두환의 강인하고 날카로운 인상은 이런 배경 덕에 탄생하게 된다.

10월 28일 중간 수사 결과 발표 직후 전두환 합수본부장은 처음으로 최규하 대통령 권한대행을 만나 그때까지의 수사 진행사항을 보고했다. 최규하 대행은 "박 대통령 시해 사건은 국가적으로나 역사적으로 있을 수 없는 불행한 사건이다. 한 점의 의혹도 없도록 철저히 수사하라. 수사와 관련하여 합동수사본부장에게 전권을 주도록 계엄사령관에게 지시해두었으니 오로지 법과 원칙에 따라 처리하라"라고 당부와 격려를 해주었다.

군내에 형성된 단층선

바로 이날, 국군 창설의 아버지로 불리는 미군 정보장교 출신의 미8군 사령관 특별보좌관 하우스만(James Hausaman)이 청와대 조문을 다녀왔다. 그는 "이미 정승화 육군총장과 전두환 보안사령관 사이에 세력 다툼 양상이 벌어지고 있었다. 나는 이 사태를 쫓지 않으면 안 됐다"라고 회고했다.[66]

---

66 짐 하우스만 저, 정일화 역, 『한국 대통령을 움직인 미군 대위』, 한국문원, 1995, 26쪽.

미군 정보당국은 정규 육사 출신 그룹을 예의주시해왔다. 미군 측은 정규 육사 출신 장교단과 선배 육사 출신 사이에는 단층선이 있다고 보았다. 군부는 이런 단층선이 있을 때 외부적 환경이 조성되면 변란이 생길 수 있다. 미군 정보당국은 정승화 계엄사령관이 단층선 위에 있는 정규 육사 장교단의 중추부를 컨트롤하지 못하고 있다고 보았다.[67]

미국은 박 대통령 사후 위기 정국을 맞아 '관망(wait and see)' 자세를 취했다. 미국 언론은 한국 군부를 주목했다. 워싱턴포스트는 1979년 12월 1일자 사설에서 한국의 정황을 주도할 수 있는 유일한 집단은 군부밖에 없다면서 한국 군부를 미국이 선택할 수 있는 박 대통령 후계 가능 세력이라고 보도했다.

이런 의견이 제기되자 카터 행정부는 사태 관망 및 군부 인정 쪽으로 분위기를 전환하게 된다. 별다른 권력 대체 세력이 없는 상황에서 관망, 신중 자세를 취하다가 결국 한국 군부를 가장 유력한 박 대통령 사후 지도 세력으로 주목했다는 뜻이다.

김재규에 대한 수사가 본격화되면서 구체적인 정황들이 속속 드러나기 시작했다. 김재규 수사 기록과 전두환 회고록, 정승화의 구술 기록인 『12·12사건 정승화는 말한다』, 조갑제의 『유고(有故)! 1·2』 등을 토대로 10·26 전후 정황을 추적한 결과 김재규는 1979년 초부터 박 대통령 시해 계획을 수립한 사실이 확인되었다.

김재규가 보안사 서빙고분실로 연행되어 최초로 쓴 10월 28일자 자필 진술서는 범행 후 최초의 심정을 토로한 기록이어서 시해 동기나 사유가 가감 없이 기록되어 있다. 최초의 자필진술서에 의하면 김재규는 본인 및 형제의 이권 개입 등 비위가 노출되어 박 대통령으로부터 경고 친서를 받

---

67 조갑제c, 『제5공화국: 전두환의 신군부, 정권을 향해 진격하다』, 월간조선사, 2005, 56~57쪽.

았다. 이 와중에 박 대통령이 주요 보직자 인사를 단행할 예정이었다. 해임 가능성에 불만을 품은 그는 범행을 저지른 것이다.[68]

하지만 자신의 신병이 계엄사령관 관할로 넘어가 재야 변호사들이 변호인으로 참여하자 그들의 조언을 받아 자신의 범행 동기를 윤색하기 시작했다. 결국 "야수의 심정으로 유신의 심장부를 쏘았다"라고 민주화 투사를 자처한 것은 전적으로 재야 변호사들의 코칭에 따른 심경 변화 덕분이다. 다시 말하면 김재규의 민주화 투사 운운하는 주장은 생존을 위해 자신의 범행을 합리화한 심리 조작의 결과물이었다.

정승화는 정치적 야심이 없었나?

10월 27일 새벽 4시. 비상국무회의가 비상계엄을 선포하면서 정승화는 국가 최고지도자 공백 상태에서 일약 실세 중의 실세로 역사 무대에 등장했다. 정승화는 조갑제에게 구술한 증언록에서 자기는 정치적 야심이 전혀 없었고, 오직 국가 운영이 정상을 되찾기만을 빌었다고 주장했다. 그런데 증언록 곳곳에는 자신의 정치적 야심과 정치적 행보를 여과 없이 기록해놓았다. 10월 27일 새벽 비상 국무회의가 의결한 비상계엄 선포와 관련된 내용이 그 단서다.

이날 비상 국무회의는 노재현 장관의 제안에 따라 전국 계엄이 아닌, 제주를 제외한 지역 계엄으로 선포하였다. 유신헌법 제77조 2항은 계엄을 비상계엄과 경비계엄 두 종류로 명시하고 있다. 경비계엄이 선포되면 대통령이 지정하는 계엄사령관이 '군사'에 관한 행정·사법사무를 관장(계엄법 제10조)하는 데 비해, 비상계엄이 선포되면 계엄사령관이 계엄지역의 모든 행정·사법업무를 관장하도록 규정되어 있다(계엄법 제11조). 비상계엄의

---

68 김재규 자필 진술서, 1979년 10월 28일.

경우 사실상 계엄사령관이 모든 입법·사법·행정권을 갖게 되며, 재판권도 군사법원이 갖는다.

계엄법 제9조는 계엄사령관이 계엄 시행에 관하여 국방부 장관의 지휘·감독을 받으며, 전국을 계엄지역으로 하는 경우에는 대통령의 지휘·감독을 받도록 규정하고 있다.[69] 이 조항은 언뜻 보면 사소한 문제로 보이지만, 이는 계엄사령부의 지휘 통제권이 누구에게 속하느냐 하는 중대한 권력 구조 문제를 함축하고 있다.

지역 계엄이 선포되면 계엄사령부는 국방부장관의 지휘 통제를 받는다. 반면에 전국 계엄이 선포되면 계엄사령부는 대통령 직속 기관으로 변경되어 대통령의 지휘 통제를 받게 된다. 전국 비상계엄이 선포되면 대통령은 내각 소속의 국방부 장관을 거치지 않고 계엄사령관을 통해 입법·사법·행정에 관한 일을 추진할 수 있다. 이렇게 되면 내각 기능이 무력화되고 군이 권력의 중추가 될 수밖에 없다.

절대 권력을 소유했던 통치권자가 사라진 공백기에 등장한 최규하는 외교관으로만 일관한 경력자여서 군의 생리를 전혀 몰랐다. 마음만 먹으면 계엄사령관이 대통령 권한대행을 무시하고 국가 권력을 독점할 가능성을 배제할 수 없게 된다. 지역 계엄이냐, 전국 계엄이냐의 문제는 국방부 장관과 계엄사령관 간에 권력을 둘러싼 중대한 갈등의 소지를 안고 있는 문제였다.

지역 계엄과 전국 계엄의 차이

비상 국무회의에서 노재현 장관이 '제주도를 제외한' 지역 비상계엄을

---

69 김용일, 「국가긴급권으로서 계엄에 관한 비교법적 연구」, 동국대학교 대학원 법학 박사학위 논문, 2015, 27쪽.

제안한 이유는 어떻게 하든 내각 기능을 살리기 위한 나름의 안전조치로 해석할 수 있다. 반면에 지역 계엄이 선포됨으로써 정승화는 대통령으로부터 직접 명령을 받는 2인자가 아니라, 대통령의 명령을 받은 국방부 장관의 지휘 통제를 받는 3인자로 밀려났다.

이와 관련하여 정승화는 미묘하고 민감한 반응을 보였다. 노재현 장관이 지역 비상계엄을 제안한 것은 앞으로의 정국에서 그가 뭔가 중요한 역할을 행사하려는 강력한 의지로 해석한 것이다. 다음과 같은 증언에서 정승화의 '정치적' 속내를 엿볼 수 있다.

"만약 야심 있는 계엄사령관이었더라면 전국 일원 계엄을 요구했을지도 모른다. 그때 내가 전국 일원 계엄을 요구했더라도 반대할 사람은 아무도 없을 분위기였다. 나는 끝내 이의를 제기하지 않았다."[70]

"나는 비상 각의에서 제주도를 제외한 지역에 비상계엄을 펼 것을 그가 (노재현 장관-저자 주) 제의할 때부터 그의 의중을 대충 짐작하고 있었다. 그러나 나는 정치에 야심이 전혀 없고, 오직 국가 운영이 순탄하게 정상을 되찾기를 빌었을 뿐이므로, 국민의 뜻인 정치발전을 도모하겠다는 생각이 앞서서 노 장관과 다툴 생각이 없었다. 그러나 그때 노 장관에게서 어떤 다른 야심이 보였더라면 결코 양보하지 않았을 것이다."[71]

이런 내용을 보면 계엄사령관 정승화는 정치에 초연했던 것이 아니라, 여차하면 권력의 전면에 나설 수도 있음을 강렬하게 시사한 것으로 해석해야 하지 않을까?

10월 27일 새벽 4시 10분경, 김재규의 입을 통해 심각한 정황이 속속 드러났다. 우선 박 대통령 시해 현장은 궁정동 안가에 있는 중앙정보부장 집

---

[70] 정승화, 앞의 책, 64쪽.
[71] 정승화, 앞의 책, 67쪽.

제5공화국 전두환 시대 1

무실 옆 비밀 식당이었다. 경호실 작전차장보로 근무했던 전두환 장군도 모르는 장소였다. 합수부는 청와대 경호실 소속의 헌병 중대를 배속받아 현장 조사에 나섰다. 헌병 중대가 범행 현장에 도착했을 때 그곳은 범행에 가담했던 중정 경비원들이 무기를 휴대한 채 감시하고 있었다. 헌병중대는 이들을 무장해제하고 전원 체포했다.

이때 현장에 출동했던 보안사 수사관들은 중상을 입고 시체 틈에서 숨이 붙어 있는 경호관 박상범을 발견했다. 박상범은 이기주와 유성옥이 난사한 총에 오른쪽 척추 옆을 관통당해 쓰러지면서 머리가 식탁에 부딪혀 기절했다. 이기주와 김태원은 그가 즉사한 것으로 착각, 확인 사살을 하지 않았다. 만 하루 동안 시체 틈에서 기절해 있던 박상범은 현장에 출동한 보안사 수사관에게 발견되어 아비규환의 현장에서 유일한 생존자가 되었다. 사지에서 운 좋게 살아난 박상범은 김영삼 정부 시절 대통령 경호실장에 임명되었다.

중앙정보부 무력화 작전

중앙정보부는 1961년 5·16 한 달여 후인 6월 19일, 국가재건최고회의 지속 기관으로 창설됐다. 사실상 정치·행정을 좌지우지하는 초법적 기관이었던 정보부 수장이 대통령을 시해했으니, 정보부가 이번 사건에 어느 정도나 깊이 연루됐는지를 파악하는 것이 급선무였다.

정보부 간부 중 가장 먼저 체포된 사람은 김정섭 2차장보였다. 전날 저녁 김재규 부장의 지시를 받아 정승화 총장을 접대하고 그들과 함께 육본 벙커로 이동했던 김정섭은 10월 27일, 날이 밝자마자 합수부로 파견 나온 육본 범죄수사단장 우경윤 대령에 의해 체포 연행되었다.

전두환 본부장은 정승화 계엄사령관에게 정보부 간부급에 대한 수사가 시급하다고 보고했다. 정승화는 전재덕 정보부 차장에게 부서장 이상 간부들을 인솔하고 10월 27일 아침 9시 계엄사령관 주재하에 육본 B-2 벙커에서 열리는 회의에 참석하라고 지시했다. 아무 낌새도 눈치채지 못한 정보부 간부 20여 명은 회의에 참석하기 위해 B-2 벙커에 도착했다. 그들을 기다린 것은 701부대장(육본 보안부대장) 변규수 준장이었다.[72]

정보부 간부들이 호명에 따라 한 명씩 출입문으로 나가자 보안대 수사관들이 이들을 체포하여 서빙고 분실로 연행했다. 한 시절 나는 새도 떨어뜨릴 것처럼 기세등등했던 정보부 실·국장들은 강도 높은 조사를 받았다. 초동수사에서 김재규 단독 범행으로 결론 났지만, 실·국장들은 광화문 국제호텔 앞 치안본부 특수대로 넘겨져 추가 조사를 받았다. 이들은 국가안보에 기여한 공로 등을 참작하여 원대 복귀시켰다. 남산 분청사 현관 앞에 도열한 부국장, 과장들은 일주일 만에 돌아온 부서장들을 부둥켜안고 통곡했다.[73]

10월 30일 계엄사 부사령관 이희성 중장(육군 참모차장)이 중앙정보부장 서리에 임명되었고, 실무는 보안사 소속 변규수 장군과 최예섭 대령(보안사 5처장) 등이 장악했다. 보안사의 '중정 점령팀'은 만에 하나 10·26 사건에 연루된 김재규 추종 세력이 남아 있을 경우에 대비하여 정보부가 소지한 소총은 모두 공이(격침)를 제거했다. 특히 대통령 특명 사건을 다루고, 정보부에서 최대 병력을 보유한 안전국이 가장 먼저 무장 해제되었다.[74]

---

72 김충식, 앞의 책, 746쪽.
73 김충식, 앞의 책, 755~756쪽.
74 김충식, 앞의 책, 740쪽.

궁정동 안가 현장에 있었던 사실 실토한 정승화

10월 27일 아침 7시경, 전두환은 정승화 계엄사령관에게 그때까지의 수사 진행 상황을 보고했다. "시해 장소는 궁정동 안가 식당"이라고 밝히며 그의 반응을 떠보았다. 정승화는 "궁정동에 안가가 있다는 말은 처음 듣는다"라면서 자기가 시해 현장 바로 옆에 대기하고 있었다는 사실을 숨겼다. 전두환이 보고를 마치고 돌아가자 정승화는 황급히 노재현 장관에게 달려가 사실은 자기가 전날 저녁 김재규 초청으로 궁정동 안가에서 저녁 식사를 한 충격적인 사실을 실토했다.

수사관들은 정승화 총장이 육본으로 향하는 차 안에서 김재규가 박 대통령 시해범이란 사실을 확실하게 인지한 것으로 판단했다. 정승화는 자신의 증언록에서 의미심장한 내용을 기록해놓았다. 육본으로 향하는 차 안에서 앞 좌석의 박흥주 대령이 무엇인가를 꺼내 김재규에게 주었다.

김재규는 이걸 받아 한 개를 입에 넣고 정승화에게도 권했다. 셀룰로이드 종이로 싼 사탕 같은 것이었다. 순간, 정승화는 대통령이 저격당한 막중한 순간에 남이 주는 걸 확인도 하지 않고 어두운 차 안에서 먹는다는 것은 현명하지 못한 일이라고 판단, 그것을 차 바닥에 버렸다[75]

김재규 승용차가 육군본부에 도착했을 때 정승화는 김재규가 구두를 신지 않은 채 양말만 신고 있는 모습을 발견했다. 이 모습을 본 정승화는 "굉장히 다급하고 당황했구나. 구두도 없이 뛰쳐나왔다니…"라고 생각했다고 증언록에서 밝혔다. 육본으로 이동하는 승용차 안에서 정승화는 김재규에게 대통령이 누군가에게 저격당해 사망했다는 사실을 들었다.

헐레벌떡 뛰어온 김재규는 구두도 없이 양말만 신고 있었고, 피 묻은 와이셔츠 차림에 몸에서는 화약 냄새, 피비린내가 물씬 풍겼을 것이다. 정승

---

75 정승화, 앞의 책, 45쪽.

화는 6·25에 참전하여 전투 경험이 풍부한 4성 장군이다. 그런 군사 경력자가 눈앞에서 이런 정황을 목격하고도 김재규가 범인이거나, 적어도 시해범이 누구인지는 알고 있을 것이란 사실을 눈치채지 못했을까? 몰랐다면, 그는 왜 차 안에서 김재규가 주는 사탕을 입에 넣지 않고 바닥에 버렸을까? 김재규가 범인일 수도 있음을 직감적으로 눈치챘기 때문에 그런 행동을 한 것은 아니었을까?

5

정승화 총장의 이상 행동

김재규의 진술을 통해 합수부 수사관들은 10·26 당일 저녁 정승화의 행적에서 다섯 가지 의문점을 발견했다.[76]

첫째, 박 대통령을 시해한 범인 김재규와 함께 육군본부로 가는 승용차 안에서 김재규와 병력 동원 문제를 논의한 사실.

둘째, 육본에 도착해서 김재규의 의도대로 계엄 선포를 위해 국방부 장관과 군 수뇌부를 비상소집하고, 계엄 병력을 동원하도록 조치한 후 김재규에게 보고하고 계엄군의 배치 장소를 문의해 메모한 사실.

셋째, 이재전 경호실 차장에게 전화해서 청와대의 이상 유무를 탐지하고 경호실 병력의 출동 금지를 지시한 사실.

넷째, 경호실 병력의 출동을 봉쇄할 목적으로 수경사령관에게 "청와대를 포위하라"고 지시한 사실.

다섯째, 국무회의 장소를 청와대가 아닌 육군본부에서 개최하도록 노재현 국방부 장관에게 건의한 사실.

군은 계급사회로서 상명하복의 엄격한 질서로 작동된다. 합동수사본

---

76 전두환 회고록(1), 앞의 책, 89~90쪽.

부는 계엄사령관 직속으로서 계엄사령관의 지휘 통제를 받게 되어 있었다. 그런데 시해범의 진술을 통해 계엄사령관이 된 정승화 총장의 10·26 사건 당일의 심상치 않은 정황이 밝혀졌다. 국가로부터 시해 사건의 전모를 수사하라는 책임을 부여받은 조직이 합동수사본부다. 따라서 합수부는 직속상관인 계엄사령관을 조사하지 않으면 안 되는 중대하고도 난감한 운명에 처했다.

10월 28일 박 대통령 시해 사건 중간수사결과 발표를 계기로 김재규와 군부의 결탁설, 미국 정보기관 개입설 등이 파다하게 나돌았다. 또 정승화 총장이 김재규의 초청을 받아 10·26 사건 현장에 와 있었다는 사실이 은밀히 퍼져나가면서 군부 내에서 정승화 총장에 대한 의구심이 증폭되기 시작했다.

정승화 총장, 참고인 조사 받아

전두환 합수본부장은 어떤 식으로든 정승화에 대한 조사를 피할 수 없게 되었다. 그는 직속상관인 정승화 계엄사령관을 찾아가 사건 당일의 행적을 자술서 형식으로 제출해줄 것을 요청했다. 정보 라인을 통해 자신의 시해 당일 행적에 대한 군부의 심상치 않은 동향을 알게 된 정승화도 상당한 심리적 압박감을 느꼈다. 자신의 행위에 대한 해명의 필요성을 느낀 정승화는 정식으로 참고인 조사를 받겠다고 말했다. 일정은 10월 29일 저녁 8시로 정해졌다.

합수부의 참고인 조사가 진행되기 8시간 전, 정승화는 1·2·3군 사령관과 1·5·6군단장을 오찬에 초청하여 사건 당일 자신의 행적을 적극 해명했다. 정승화는 김재규가 대통령을 시해한 후 자기를 중앙정보부로 유인하려 했으나 자기가 육본으로 김재규를 유인했고, 김재규 체포도 자기가 지시하여 이루어졌다고 야전군 지휘관들을 설득했다.

이날 저녁 전두환 본부장은 이학봉 수사국장, 검찰에서 합수부로 파견 나온 정경식 검사 등 4명의 수사관과 함께 참모총장실로 갔다. 수사관들은 네 시간 동안 정승화 총장을 상대로 참고인 조사를 벌였다. 정 총장은 조사받는 내내 앞뒤가 맞지 않는 진술을 했고, 불리한 대목에 대해서는 "당신들이 감히 계엄사령관의 말을 의심하느냐"라며 위압적인 태도로 얼버무렸다. 수사관이 질문하면 그에 합당한 답변은 하지 않고 일방적으로 자신의 주장만 늘어놓았다.

정승화는 작성된 진술조서에 서명 날인도 하지 않았다. 조사가 끝난 후 정승화는 수사관에게 "내일까지 작성된 진술조서를 총장실로 갖고 오라"고 지시했다. 수사관들은 정 총장의 지시대로 10월 30일 저녁 8시, 작성한 조서를 가지고 총장실로 갔다. 정 총장은 정경식 검사에게 진술조서 전문을 낭독하라고 하더니 조서 내용이 자기가 진술한 것과 다르다며 화를 냈다.

정 총장은 정경식 검사가 낭독한 조서를 한 시간 정도 꼼꼼히 읽고는 자신에게 불리한 부분을 삭제하라고 요구했다. 수사관들은 정 총장이 고압적인 언동을 통해 감추고자 하는 부분을 정확히 간파하고 있었다. 하지만, 계엄사령관의 명령이라 어쩔 수 없이 삭제 요구를 받아들여 2차 진술조서를 작성했다.

진술조서 내용 임의로 수정한 정승화

10월 31일 변규수 준장이 2차 진술조서를 가지고 가자 정 총장은 자신이 진술했던 부분에 죽죽 줄을 긋고는 일방적으로 수정했다. 이런 식으로 정승화의 참고인 진술조서(1979년 11월 1일자)는 정 총장이 세 차례나 검열·수정·삭제한 끝에 재작성되었다.[77] 이와 관련하여 정승화는 12·12로

---

77 전두환 회고록(1), 앞의 책, 90~91쪽.

체포된 후 군검찰 조사에서 다음과 같이 진술했다.

"그때 본인에 대하여 국민들과 군부 내에서도 상당한 의심을 하고 있는 입장에서 그때 합동수사본부를 지휘하는 직에 있었으므로 본인에게 불리한 점이나 의심이 갈 수 있는 부분은 전부 삭제토록 하여 타인으로 하여금 의심을 갖지 않도록 하기 위하여 신중히 작성케 하였던 것입니다."[78]

정승화가 세 차례나 검열·수정·삭제 과정을 거쳐 재작성된 참고인 진술조서는 중대한 문제들을 숨기고 있었다. 우선 시해 현장에서 발생한 총소리 문제다. 정승화는 청와대 외곽 경호관이 잘못 총을 쏜 것이 아닌가 생각했다고 진술했다. 이날 시해 현장에서는 소형 권총뿐만 아니라 M16 소총 등 30여 발이 발사되었다.

정 총장이 김정섭 중정 2차장보와 식사한 장소는 청와대와 최근접한 특수 지역이었다. 더구나 정승화는 김재규의 설명을 통해 그 시각, 가까운 곳에서 대통령의 만찬 행사가 진행 중이란 사실을 알고 있었다. 그럼에도 불구하고 현장에서 50m 거리에서 울린 30여 발의 총소리를 경호관의 오인 사격이라고 주장했다.

정승화는 대통령 만찬 장소가 청와대 경내로 알고 있었다고 진술했다. 김재규가 맨발로 정승화가 있는 안가 본관으로 달려온 것은 총성이 울린 후 3분 정도 후였다. 이 사실을 알면서도 김재규 부장이 대통령과의 만찬 장소가 청와대 내부로 알고 있었다는 주장은 명백한 허위 진술이란 사실을 수사관들은 꿰뚫어 보았다.

정승화는 또 차지철 경호실장이 대통령을 시해한 것으로 알았다고 진술했다. 김재규는 피 묻은 와이셔츠 차림에 구두도 안 신고 맨발로 뛰어왔고, 허리춤엔 권총이 꽂혀 있었다. 화약 냄새, 피비린내도 진동했을 것이다.

---

78 정승화 피의자 신문조서, 1980년 1월 5일.

그런 사람과 함께 승용차를 타고 육본으로 이동하여 계엄령 선포, 군 병력 동원 문제, 계엄군을 배치할 국가 주요 보안 목표에 대해 의논했다.

직속상관 무시, 김재규에게만 보고한 정승화

육군참모총장의 지휘권자는 군 통수권자인 대통령과 직속상관인 국방부 장관이다. 대통령 시해라는 국가적 중대사를 알게 된 정승화는 직속상관인 국방부 장관에게 자기가 알고 있는 사실을 신속 정확하게 보고하고 지시를 받는 것이 정상이다. 이날 정승화는 노재현 장관에게 대통령 사망 사실 외에는 어떤 보고도 하지 않았다. 김계원 실장이 진상을 털어놓을 때까지 정승화는 대통령의 죽음이 피살이란 사실, 김재규가 범인일 수도 있다는 사실을 숨겼다.

정 총장이 10월 29일부터 4일간 참고인 조사를 받으면서 엉뚱한 주장을 한 이유는 자신이 김재규가 요구하는 대로 그의 승용차에 오른 후 차 안에서 취한 태도나, 육본 지하 벙커에서 취한 행동들이 모두 공범 내지 방조범으로 의심받을 수 있다는 사실을 의식하고 있었기 때문이다.[79]

정승화는 12월 12일 밤 합수부에 연행된 후에야 "10·26 사건 후 육본으로 이동하는 차 안에서 이미 김재규가 대통령을 살해한 범인임을 인식했다"라고 말했다.[80] 국방부 장관에게 보고를 소홀히 한 결과 자신이 김재규 범행을 은폐한 사실도 인정했다.[81]

전성각 수경사령관에게 청와대 포위를 지시한 이유에 대해서는 "경호실이 대통령 시해범 체포를 위하여 출동할 가능성이 있으므로 김재규의 신

---

79 전두환 회고록(1), 앞의 책, 106쪽.
80 정승화 자필 진술서, 1980년 1월 11일.
81 정승화 피의자 신문조서, 1980년 2월 6일.

변을 보호하기 위하여 그와 같은 조치를 했다"라고 진술했다.[82] 합수부 수사관들의 추궁에 더 이상 버티지 못하고 김재규의 범죄를 방조한 사실을 털어놓은 것이다.

합수부가 수사망을 좁혀오고, 군부에서도 김재규와 자신의 연루설이 계속해서 제기되자 정승화는 10월 말부터 전군을 순회하며 군의 단결을 호소했다. 자기는 대통령 시해 사건과 무관하다는 사실을 적극 해명하기 위한 조치였다. 당시 정승화의 행위를 지켜본 노태우는 "그가 하는 말을 들어보면 핵심이 빠져 있었다. 어떤 면에서는 위험스러운 점마저 없지 않았다. 김재규를 빨리 수사해 엄단하겠다는 의지가 결여된 것은 물론, 사건에 대한 견해 또한 명백하거나 투명하지 않았다"라고 밝혔다.[83]

하지만 김재규의 진술을 통해 각종 정황이 드러나면서 정승화 총장의 월권, 위법, 범행 방조 행위가 구체적으로 드러나기 시작했다. 정 총장은 B-2 벙커에서 김재규의 말에 따라 20사단과 9공수여단에 즉각 출동을 명했고, 수경사 병력은 출동 준비 지시를 내렸다.

당시 계엄법에는 국방부 장관과 내무부 장관만이 대통령에게 계엄 선포를 건의할 수 있게 되어 있었다. 또 국방부 훈령 61호는 각 군 참모총장은 전투여단급 이상의 부대를 출동, 또는 이동하려면 국방부 장관에게 서면으로 사전 보고를 해 승인을 받아야 하고, 아무리 위급한 상황이라도 사전에 구두 승인을 받지 않고는 병력 동원을 하지 못하도록 규정하고 있었다.[84]

10·26 밤에 정 총장은 군 통수 계통상으로 전혀 관련이 없는 중앙정보

---

82 정승화 피의자 신문조서, 1980년 2월 6일.

83 노태우a, 『노태우 회고록: 국가, 민주화, 나의 운명(상)』, 조선뉴스프레스, 2011, 233쪽.

84 전두환 회고록(1), 앞의 책, 117~118쪽.

부장의 요구를 받아들여 계엄이 선포되기도 전에 계엄군을 동원했다. 이 사실을 국방부 장관에게 사후 보고조차 하지 않았다. 각 군 참모총장과 합 참의장 등 군 수뇌부를 소집하면서도 직속상관인 국방부 장관에게 전혀 보고하지 않은 반면, 김재규에게는 병력 출동 내용을 알려줬다. 게다가 부 대가 서울에 진주하면 제일 먼저 어디를 점령하는 것이 좋은지를 물었다.

정승화는 12·12로 구속된 후 김재규에게 병력 출동 내용을 알려준 이유는 김재규에게 협조하고 있다는 뜻을 보여주기 위해서였다고 진술 했다.[85]

계엄사령관이 정치에 관여

정승화는 "정치, 권력과는 담을 쌓은 사람"이란 자신의 주장과는 달리 적극적인 정치 행보를 서슴지 않았다. 그가 정치에 관여한 몇 가지 근거가 발견된다. 우선 정승화의 증언록에 의하면 11월 초 노재현 장관은 국무위 원들이 다음 대통령으로 최규하가 가장 무난한 인물이라는 결론을 내리 고 있다는 말을 전해왔다. 정승화는 이에 동의했고, 새로 선출되는 정부는 과도정부이며, 그 존속기간은 1년 전후, 길어도 2년을 넘어서는 안 된다는 데 합의했다.[86]

군 최고 수뇌인 노재현·정승화 두 사람이 대통령을 누구로 세울 것인 지, 그의 임기는 몇 년으로 제한한 것인지를 정했다는 것이다. 이것은 참으 로 중대하고 노골적인 정치 행보에 해당한다.

11월 3일, 박정희 대통령의 국장(國葬)이 엄숙히 치러졌다. 이로써 절대 권력이 지배했던 유신시대는 막을 내렸다. 하지만 새로운 정치 질서는 형

85 정승화 피의자 신문조서, 1980년 2월 6일.

86 정승화, 앞의 책, 103~104쪽.

성되지 않아 누가 새 시대를 이끌어갈지 예측불허의 상황이 전개되었다. 헌법에 따라 대통령 권한대행은 최규하 총리가 맡게 되었고, 계엄사령관은 박 대통령 시해 당일 행적에 의문부호가 달린 정승화 육군참모총장이 수행했다. 박정희 대통령이 맡고 있던 집권당인 민주공화당 총재 자리는 공석이 되었다. 군과 정부, 정치를 관통하는 중심은 존재하지 않았다.[87]

합수부가 김재규를 조사할 수 있는 법적 시한은 20일이었다. 수사 종결 시한이 가까워오던 11월 4일, 이란 수도 테헤란에서 일대 사건이 발생했다. 카터 행정부가 망명한 팔라비 전 이란 국왕의 신병 치료를 이유로 미국 입국을 허가했다. 이렇게 되자 이란의 과격파 학생 시위대가 테헤란의 미국 대사관에 난입하여 대사관을 점거하고 70여 명의 미국 외교관을 인질로 잡는 충격적인 사건이 벌어졌다.

합수부는 11월 6일, 박 대통령 시해 사건과 관련하여 그동안의 수사 결과를 발표했다. 관련 법규에 의하면 보안사령관은 국방부 장관(노재현)의 지휘를 받도록 되어 있고, 합수본부장은 계엄사령관(정승화)의 지휘하에 있었다. 합수부의 수사 결과는 지휘권자인 정승화의 심사를 거쳐야 했다.

당시 합수부는 극비리에 정승화와 김재규와의 관계를 내사하고 있었다. 이 사실이 알려지면 지휘권자인 정승화 총장의 반발과 증거 인멸의 우려가 있었다. 어떻게 하든 정 총장의 경계심을 약화시키기 위해 수사 결과 발표문에는 정승화가 경호실 병력 출동을 금지시킨 사실, 수경사령관에게 청와대를 포위하라고 지시한 사실 등은 밝히지 않기로 방침을 정했다.

시해 사건 수사 결과 발표

11월 6일, 전두환 본부장은 200여 명의 내외신 기자들이 지켜보는 가운

---

87 김종필b, 『김종필 증언록(2)』, 와이즈베리, 2016, 60쪽.

데 육군본부 강당에서 박 대통령 시해 사건 수사 결과를 발표했다. 핵심 요지는 김재규의 단독 범행으로서 군부나 다른 조직의 관련이나, 외세의 조종이 개입된 증거는 없다고 밝혔다. 정승화 총장 관련된 문제는 그가 김재규의 초청으로 궁정동 안가에서 대기한 사실, 대통령 시해 후 김재규와 같은 차를 타고 육본으로 이동한 사실 두 가지만 언급했다.

10·26 당일 정승화 총장의 행적이 공식적으로 발표되자 국민은 경악했고, 군부는 술렁였다. 특히 정승화와 가까운 관계였던 황영시 1군단장과 유학성 국방부 군수차관보는 정승화 총장을 강도 높게 조사해야 한다는 강경론을 제기했다. 기독교 장로이자 원리원칙을 중시하는 깐깐한 성격의 황영시 장군은 전두환이 1사단장 시절 직속상관이었다. 그는 전두환에게 "지금 군에서는 전두환 사령관이 정 총장의 눈치를 보느라 제대로 수사하지 못하고 있다는 소문이 파다하다. 소극적으로 수사하려면 합수본부장 자리를 내놓으라"고 질책했다.

해외에서도 정승화 총장에 대한 의혹이 제기됐다. 미 시사주간지 타임의 11월 12일자 '남한: 애도와 사후분석(South Korea: mourning and post mortems)' 기사가 그 대표격이었다. 이 기사는 김재규가 정승화 총장을 포함한 몇몇 군부 고위 장성들의 지지 하에 쿠데타 음모를 꾸며왔으며, 음모의 목적은 박 대통령을 권좌에서 축출하는 데 있었으나, 박 대통령을 시해할 계획까지는 없었다고 밝혔다.

워싱턴포스트도 11월 22일자 '박 대통령 시해 이후 가십이 잠잠해졌다(Gossip Quashed after Park's Murder)'라는 제하의 기사에서 중앙정보부장 김재규가 단독으로 그런 '미친 계획'을 추진했다는 것은 믿을 수 없는 사실이라며, 한국 정부는 정승화 육군참모총장이 시해 사건이 일어난 당시 박 대통령이 시해당한 만찬장에서 약 150피트 떨어진 곳에 있었다고 하는 어색한 사실에 대해 반드시 해명해야 한다고 논평했다.

김재규, 3단계 혁명계획 실토

시해 사건 수사 결과 발표로 자신에 대한 의혹이 걷잡을 수 없이 증폭되자 정승화 총장은 전두환에게 "수사를 조속히 끝내고 육군본부 계엄군법회의로 송치하라"라고 압박했다. 군부 일각에서의 '정승화 철저 수사' 요구 여론과 직속상관 정승화의 압박 사이에 낀 합수부는 곤혹스러운 상황에 처했다. 그런데 전두환 합수본부장이 박 대통령 시해 사건 전모를 발표한 11월 6일, 김재규의 입에서 결정적인 진술이 튀어나왔다.

이날 이학봉 수사국장은 과거의 상관 김재규를 찾아가 수사 결과를 발표한 사실을 알려주었다. 이학봉이 "사령관님같이 치밀하신 분이 아무 생각 없이 일을 벌이지는 않았을 텐데, 도대체 그날 무슨 생각으로 그처럼 엄청난 일을 저지르신 겁니까" 하고 물었다. 김재규는 한동안 침묵하더니 "사실은 정승화를 시해 사건에 끌어들여 비상계엄을 선포하고 권력을 장악하려 했었다"라며 3단계 혁명계획을 털어놓았다.

그의 진술에 의하면 자기는 박정희 정부가 미국의 압력과 야당의 저항으로 더 이상 버티기 힘들다고 판단했다. 그래서 적당한 계기에 박 대통령을 제거한 후 권력을 장악할 결심을 하고 1979년 6월부터 '3단계 혁명계획'을 구상했다는 것이다. 김재규는 이틀 후인 11월 8일 합수부 수사관 신문에서도 '3단계 혁명계획'을 상세하게 진술했다. 구체적인 계획은 다음과 같았다.[88]

1단계, 국내 소요가 확산해 민심이 박 대통령을 떠났다고 판단되는 때에 박 대통령을 시해한다. 혁명의 성공을 위해 정승화 총장을 시해 사건에 끌어들인다.

2단계, 박 대통령을 시해한 후 정승화에게 비상계엄을 선포하도록 하고,

---

88 전두환 회고록(1), 앞의 책, 149~150쪽.

계엄군을 서울에 진주시켜 국가 주요 기관을 일거에 점거하여 국가의 통치 기능과 권력을 장악한다.

3단계, 계엄군이 전 국가기관과 국가 기능을 장악하면 혁명을 선언하고 계엄사령부를 혁명위원회로 개편 발족시킨다. 혁명위원회 의장은 자신이 되고, 부의장은 최규하 국무총리, 위원장은 정승화 총장으로 한다. 구체적인 거사방법으로는 기밀 유지를 위해 단독으로 범행하고, 시해 수단은 총기를 사용해 살해하며, 거사 시기는 궁정동 정보부 안가의 대통령 만찬 기회를 이용하고, 제거 대상은 박 대통령과 경호실장이며, 경호원은 불가피한 경우 심복 부하를 시켜 살해한다.

아울러 이 계획을 열흘 동안 숨겼다가 이제야 진술한 이유는 정승화를 보호하기 위해서였다는 사실도 털어놓았다. 김재규는 정승화가 자기와 동향이고, 자기의 추천으로 육군참모총장이 됐기 때문에 자기 계획에 동조할 것으로 확신했다면서 다음과 같이 진술했다.

"정승화는 배신하지 않고 나의 뜻을 받들었다. 육본 벙커에서 정승화는 부대 동원 등 중요한 상황 처리를 했다. 국방부 장관이 와 있는데도 정승화는 나에게는 보고 및 의논을 하면서도 국방장관은 돌려놓았다(보고를 하지 않았다는 뜻-저자 주). 이는 국방장관은 안중에도 없고, 나를 받들고 있다는 뜻이었다. 만일 정승화가 말을 안 들으면 쏘아 죽였을 것이다."[89]

김재규는 육본 벙커에 도착했을 때 모든 정황이 자기가 계획한 대로 진행되었으나, 김계원의 배신으로 불발됐다고 아쉬워했다. 조사 과정에서 김재규는 10·26 사건 얼마 전, 경북 금릉군에 있었던 부친의 묘를 지관들이 왕혈(왕이 날 명당)로 정해준 곳으로 이장한 사실도 털어놓았다.

---

89 김재규 피의자 신문조서, 1979년 11월 8일.

"정승화 끌어들여 거사"

11월 17일에는 보다 자세한 '3단계 혁명계획'이 그의 입을 통해 터져 나왔다. 중요한 내용이어서 인용이 좀 길더라도 소개한다.

"본인은 금년(1979년) 4月경부터 보안 유지를 위하여 단독으로 구상하여 왔습니다. 왜냐하면 이조시대 이래 2인 이상이 역모를 해서 성공한 사례를 볼 수 없었기 때문에 혼자서만 골몰히 구상했습니다. 그 내용은 대통령 각하를 시해한 후 우선 늘 참석하는 김계원 실장에게는 보안을 유지시키고 그를 현장 목격자요, 동조자로 확보하고 현장 부근에 군 실력자를 유인 대기시켜놓고 거사 직후 본인이 거사 목적과 의도를 설득, 또는 협박하여 끌어들이고 비상 국무회의를 소집하여 비상계엄을 선포한 후 계엄사령관을 조종하여 사태를 장악하고 계엄사령부를 서서히 군사혁명위원회로 전환시켜 국민혁명으로 이끌려고 하였습니다. 그리고 최단시일 내에 혁명 과업을 완수하기 위하여 국회를 해산시키고 기존 정당을 해체시키고 집행기관인 혁명위원회를 구성하여 위원장은 본인이, 부위원장은 육군참모총장으로 하여 군인들로만 구성하고 이를 감독하기 위하여 혁명위원회를 구성함에 있어서는 본인이 의장이 되고, 국무총리는 부의장으로 하여 혁명위원회는 사령관급 이상의 육군 주요 지휘관, 함대사령관급 이상의 해군 주요 지휘관, 작전사령관급 이상의 공군 주요 지휘관, 도지사급 이상의 각료 전원으로 하고 다시 재경 지구에 재직하는 사람은 상임위원으로, 지방에 재직하는 사람들은 비상임위원으로 구성하려고 하였습니다.

또한 혁명회의는 입법과 행정을 관장하고 부설기구로서 혁명재판소와 혁명감찰부를 그 산하에 설치하되 혁명감찰부는 군민 합동으로 참신한 검사와 군검찰관으로 구성하고, 재판부는 군에서 명망 있는 장성급으로 구성하여 유신헌법 기초에 참여한 자, 5·16 혁명 주체로 권력 주변에서 치부한 자 및 악덕 기업 및 특혜 재벌 등 비동조 세력을 처단하고 재산을 국고에 환수한 후 거사 목적과 의도를 국민에게 널리 홍보하여 국민의 지지를 확보하려고 하였으며, 또한 헌법기초위원회를 설치하여 국민이 원하는 헌법안을 연구 작성케 하여 국민투표에 회부함으로써 확정시킨 후에 선거를 실시하려 하였습니다."[90]

합수부는 김재규의 3단계 혁명계획에 대한 자백을 통해 비로소 정승화가 이 사건에 어느 정도나 깊이 개입되어 있었는지를 파악할 수 있었다. 정승화가 김재규의 범행 사실을 알면서도 최규하 총리 및 수사기관에 알리지 않고 은닉했으며, 김재규의 의도에 따라 비상조치를 취한 사실은 단순한 우연이 아니었다는 사실을 알게 된 것이다.

김재규, 송치되자 진술 내용 뒤집어

그 즉시 이학봉 수사국장은 전두환 장군에게 정승화의 구속 수사를 건의했다. 하지만 합수부 수사는 여기까지였다. 합수부는 11월 13일 김재규와 김계원을 비롯하여 경호원 살해에 가담한 중앙정보부 요원 6명을 육군본부 보통군법회의 검찰부로 송치했다. 김재규 사건이 전두환 관할인 합수부를 떠나 정승화 관할로 넘어간 것이다. 이때부터 충격적인 일들이 연이어 벌어졌다.

김재규가 검찰로 송치되기 전날인 11월 12일, 공화당 의원총회에서 김종필이 공석이 된 당 총재에 추대되었다. 이날 김대중이 이끄는 민주주의와 민족통일을 위한 국민연합(이하 국민연합)은 내외신 기자회견을 열어 "통일주체국민회의에 의한 대통령 보궐선거 반대, 유신헌법 즉시 폐지, 거

---

90 김재규 진술조서, 1979년 11월 17일.

국내각을 구성하여 조기 총선 실시"의견을 밝혔다. 다음 날인 11월 13일 김영삼의 신민당이 이에 동조했고, 김종필 공화당 총재 역시 김대중 발언에 동조하고 나섰다.

김재규는 20일간의 합수부 조사 과정에서는 일관되게 자신이 집권하기 위해 집권계획까지 세워놓고 박 대통령을 시해했다고 진술했다. 민주화를 위해 거사했다는 내용은 단 한 번도 언급하지 않았다. 그런데 자신의 신병이 정승화가 관할하는 육본 보통군법회의 검찰부로 송치되자 재야 변호인단의 도움을 받아 합수부에서 진술한 내용을 전면 부인하고 나섰다.

김재규는 "박정희는 이 나라의 민주화를 위해 존재해서는 안 될 존재였기에 내가 쏘았다"라는 식으로 범행 동기를 뒤집었다. 대통령을 시해하고 정권을 찬탈하려 했던 국가 반역자가 민주화를 위해 유신의 심장을 쏜 '민주 투사'로 둔갑한 것이다. 재야 시민단체는 김재규를 '독재자를 제거한 영웅'으로 미화 찬양했고, '인권 변호사'라 불리는 사람들을 중심으로 대규모 변호인단을 구성하여 구명운동에 앞장섰다. 심지어 그들은 최규하 대통령 권한대행에게 김재규를 석방하라는 탄원서를 제출했다.

박정희의 죽음을 둘러싸고 반유신 세력은 그의 죽음을 반겼다. 따라서 그를 시해하는 데 가담한 사람이 누구든 간에 그 사람은 민주투사가 되고 동정을 받게 된다. 그러나 수사 담당자 입장에서 보면 대통령 시해 사건 관련자는 지위 고하를 막론하고 수사 대상일 뿐이다. 불행하게도 주요 혐의자 중의 한 사람이 계엄사령관에 임명되면서 문제가 복잡하게 꼬였다. 이와 관련, 당시 보안사령관 비서실장이었던 허화평은 이렇게 말한다.

"최규하 대통령은 외교관 출신이니까 군 내부를 잘 몰랐고, 게다가 정 총장은 자신이 시해 사건의 주모자인 김재규와의 관계를 숨겼습니다. 차선책은 정 총장이 내란 음모 혐의로 의심을 받고 있다는 점이 드러난 순간, 지체없이 계엄사령관 직에서 해임하는 것이었습니다."[91]

시해 당일 의심스런 행적과 관련하여 노재현 장관이 최 대통령에게 정승화의 해임을 건의하고, 최 대통령이 시행했다면 12·12 사태는 없었을 것이다. 하지만 노 장관은 그렇게 하지 않았고, 정승화는 계엄사령관으로서 정치까지 좌우하는 막강한 실력자로 부상했다.

정승화, 김재규 군맥을 수도권 핵심부에 포진시켜

만약 정승화 총장이 김재규와 시국관을 공유하고 내란에 가담했다면, 어떤 형태로든 김재규를 구명하기 위해 재판 진행을 방해할 것이 분명했다. 또 자신을 향해 좁혀오는 합수부 수사를 저지하기 위한 모종의 조치를 취할 가능성을 배제할 수 없었다. 보안사는 전두환 합수본부장에 대한 위해 가능성에 대비하여 보안사와 김재규가 수감되어 있는 서빙고 수사분실의 경비를 강화했다. 또 전두환 장군과 그 가족들은 동생 전경환의 팔판동 집으로 거처를 옮겼다.

합수부가 정승화 총장 관련 수사를 비밀리에 계속하는 동안 보안사는 그의 동향을 면밀히 감시했다. 김재규가 보통군법회의 검찰부로 송치된 지 사흘 후인 11월 16일, 정승화 총장은 군 주요 지휘관 인사를 단행했다. 상식선에서 생각하면 김재규가 박 대통령 시해범이니 대(對)전복 예방조치 차원에서 김재규와 가깝다고 알려진 장성들은 보직 해임하거나, 수도권에서 멀리 떨어진 부대로 전출시키는 것이 당연했다.

이날 인사 내용을 본 보안사 관계자들과 뜻있는 군 지휘관들은 경악했다. 육군참모차장에 윤성민, 수경사령관에 장태완, 육본 작전참모부장에 하소곤, 중앙정보부장서리에 이희성을 임명했고 정병주 특전사령관과 3군

91 허화평, 『허화평, 굽은 길도 바로 간다』, 새로운 사람들, 1999, 131쪽.

사령관 이건영은 유임되었다. 한마디로 수도권 핵심 요직에 김재규-정승화 인맥을 포진시키거나 유임시켰기 때문이다.

유임된 정병주·이건영은 자타가 공인하는 김재규 군맥의 핵심 인물이다. 정병주 특전사령관은 김재규의 안동농림학교 후배로, 김재규가 6사단장 시절 참모장으로 발탁했다. 수도권 방어의 중추인 이건영 3군사령관은 김재규가 중앙정보부장 시절 제1차장으로 1년 9개월간 김재규 휘하에서 근무했고, 김재규의 추천으로 육군참모차장으로 승진했다. 정승화가 육군참모총장에 임명되자 이건영을 수도권을 방어하는 3군 사령관에 보임했다.

신임 하소곤 작전참모부장은 정승화가 7사단장 시절 작전참모, 정승화가 1군사령관 시절 참모장으로 재직한 심복으로 알려진 인물이다. 더욱 이해하기 힘든 인사는 장태완 소장을 수경사령관에 보임한 것이었다. 박정희 대통령은 수경사가 청와대를 지키는 부대라는 특수성을 감안하여 수경사령관은 대통령이 직접 인선했다. 정승화 총장은 기존의 관례를 무시하고 최규하 권한대행과 상의 없이 장태완을 수경사령관에 임명했다.

장태완은 6·25 당시 초급 장교 양성을 위해 설립한 육군종합학교 출신이다. 그는 1950년 12월 소위로 임관하여 수도사단 보병 제26연대에서 3년여 전투를 치렀다. 수도사단에 배치됐던 동기 40명 중 1953년 8월 휴전 때까지 살아남은 인원은 장태완과 사단 작전처 연락장교 등 두 명뿐이었다. 그는 6·26 전쟁 3년 동안 임관한 장교 3만여 명 중 가장 먼저 육군 소장에 진급했다.[92]

장태완을 잘 아는 군 출신 인사들의 증언에 의하면 그는 박정희가 하숙했던 하숙집 아들로, 군 생활 과정에서 박 대통령의 음덕을 많이 입었다고 한다. 장태완은 자신의 수기 『12·12 쿠데타와 나』에서는 이런 사실에 대해

---

92 장태완 지음, 이원복 엮음, 『12·12 쿠데타와 나』, 이콘출판사, 2024, 18~24쪽.

서는 침묵했고, 정승화 총장과도 가까운 사이가 아니라면서 자신이 정승화 군맥이란 사실을 극구 부인했다.[93]

수경사령관은 통상 육본 참모부장을 마친 고참 부장급 중에서 대통령이 임명하는 것이 관례였다. 당시 장태완은 육본 교육참모부 차장이었다. 정승화가 신참 차장급 장태완을 전격적으로 수경사령관에 임명하자 장태완은 정승화에게 감읍했다. 김진영 당시 수경사 33경비단장의 증언에 의하면 11월 16일 수경사령관 취임식을 마친 후 집무실에서 "나 같은 촌놈이 수경사령관에 임명된 것은 가문의 영광이다. 임명해준 정승화 총장에게 무척 감사하게 생각한다. 이제 나는 더 이상 바랄 것이 없고, 정 총장에게 목숨 바쳐 충성하다가 죽어버리겠다"라고 심정을 밝혔다.

12·12 때 장태완은 정승화 총장 구출을 위해 수경사 병력을 출동시켰고, 또 수도권 부대 병력을 동원하기 위해 백방으로 노력했다. 이때 그가 부대 출동을 위해 연락한 손길남(수도기계화사단장), 박희모(30사단장), 배정도(26사단장)는 정승화 총장의 직접적 영향력 하에 있었던 인물이었다. 정승화가 자기에게 의심의 눈길을 보내는 전두환을 견제하기 위해 장태완을 중용했다는 신군부 측의 불만이 공화당에까지 들려오자 김종필은 불길한 기운을 느꼈다.[94]

정승화는 이어 수경사 설치령(대통령령 제9218호, 1978년 12월 19일)을 개정하여 대통령 경호실장이 행사했던 수경사 지휘권을 육군참모총장으로 귀속시켰다. 그 결과 정승화의 군 장악력이 대폭 강화되었다.

보안사는 정승화의 11·16 군 주요 지휘관 인사와 수경사 설치령 개정을 김재규 구명과 자신을 지키기 위한 행위로 해석했다. 시시각각 조여 오

---

93 장태완, 앞의 책, 64~69쪽.
94 김종필b, 앞의 책, 67쪽.

는 합수부 수사를 군부 핵심 요직에 자신의 친위 세력을 포진시켜 견제하 겠다는 의사표시로 본 것이다. 정승화는 11·16 인사를 통해 노재현 국방부 장관까지 자기편으로 끌어들여 정치·군사 양면을 장악한 명실상부한 권력 자로 부상했다. 이때부터 정승화는 뚜렷한 자기 목소리를 내기 시작했다.

6

12·12를 향한 질주

1979년 11월 24일, 계엄령 선포 후 최초로 계엄 확대회의가 열렸다. 이날 계엄 확대회의는 비정상적으로 끝났다. 10·26 이전까지만 해도 정승화 총장은 공개석상에서 "박 대통령은 이 나라의 태양이요, 민족중흥을 이끈 위대한 지도자"라고 추앙했다. 세상이 바뀌자 박 대통령에 대한 그의 견해는 180도 뒤집혔다.

이날 정승화는 "10·26 사건은 애석하지만 국가와 국민 전체의 불행은 아니다. 유신 체제는 잘못되었으므로 시정되어야 한다"라고 발언했다. 박 대통령 시대를 통째로 부정하는 듯한 계엄사령관의 발언이 나오자 진종채 2군사령관, 백석주 육사 교장 등이 "박 대통령이 서거한 지 며칠 지나지도 않았는데 그게 무슨 소리인가"라며 반박하면서 정회 소동이 벌어졌다.

계엄 확대회의 사건 이후 황영시 장군은 전두환 합수본부장을 찾아가 "김재규 수사를 철저히 하라. 당신들이 수사를 미흡하게 하니까 김재규가 영웅이라는 주장이 나오는 것 아니냐"라며 질책했다.

김재규의 '3단계 혁명계획' 실토로 신경이 곤두서 있던 합수부는 정승화 총장의 계엄 확대회의 발언에 큰 충격을 받았다. 이날 정승화의 발언은 김재규가 군검찰에서 새롭게 주장하고 나선 "박 대통령은 한국 민주화를 위해 더 이상 있어서는 안 될 존재"라는 진술과 일치했기 때문이다.

합수부는 정승화가 이 미묘한 시기에 군 지휘부의 박 대통령 추모 여론을 거슬러가며 민감한 발언을 한 이유는 12월 4일로 예정된 김재규 공판 개시일을 앞두고 재판에 영향을 주고, 김재규 구명운동을 부추기려는 의도로 해석했다.

정승화 계엄사령관, 3김 비토 발언

이틀 후에는 더 심각한 사태가 벌어졌다. 정승화 사령관은 11월 26일과 27일 이틀에 걸쳐 언론사 사장단 및 편집국장단을 초청하여 오찬 간담회를 가졌다. 이 자리에서 정승화는 다음과 같은 폭탄 발언을 했다.

"김대중은 사상적으로 불투명한 사람이고 김영삼은 무능하다. 김종필은 부패한 사람이므로 새 시대의 정치 지도자가 될 수 없다. 이런 사람들이 대통령이 되면 군은 쿠데타를 일으켜서라도 막을 것이다."

언론은 계엄사령관의 노골적인 정치 발언을 '3김 비토론'이란 제목으로 대대적으로 보도했다. 정승화의 김대중에 대한 부정적 입장은 그의 증언록 『12·12사건 정승화는 말한다』에도 자세히 언급되어 있다. 이 책에서 정승화는 "적을 앞에 두고 직접 적과 대결하는 지휘관이나 국군을 통솔하는 국가의 원수는 용공 혐의가 있는 사람만은 피해야 한다고 생각한다. … 아무래도 군복을 입은 내가 국군통수권자의 사상에 흠이 있어서는 안 된다고 말하는 것이 민간인 장관이 이야기하는 것보다 더 국민들에게 관심을 갖게 하는 결과가 될 것으로 판단했다"라고 밝혔다.[95]

계엄사령관도 군인이므로 정치적 중립 의무가 있다. 그런데 언론사 최고 간부진 앞에서 계엄사령관이 특정 정치인의 이름을 거명하며 거부 의

---

95 정승화, 앞의 책, 136~138쪽.

사를 밝힌 것은 정치권에 일파만파의 충격을 가했다. 야당이 즉각 반발하여 예산안을 심의하던 예결위가 유회되었다. 특히 쿠데타 운운하는 발언은 최규하 권한대행 체제에 대한 정면 도전으로 해석되어 군부 내에서도 일대 소동이 일어났다.

더 심각한 의문이 제기되었다. 정치권의 유력 대권주자 세 사람 모두 차기 지도자로서 심각한 하자가 있다면 다음 대통령은 누구란 말인가? 혹시 정승화가 점 찍어놓은 인물을 숨겨놓고 있는 것은 아닌가? 이런 의문이 걷잡을 수 없이 퍼져나갔다.

문제는 정승화의 3김 비토 발언이 그로부터 9일 전인 11월 17일, 김재규의 진술과 일치하는 내용이었다는 사실이다. 김재규는 이날 합수부 조사에서 "3김은 사상이 의심스럽고, 무능하고 부패하여 안 되고, 대통령 시해 후 혼란 정국을 수습하여 나라를 이끌어갈 적임자는 나뿐이라고 생각했다"라고 진술했다. 이것이 우연의 일치였을까, 아니면 김재규와 정승화의 교감하에 나온 의도적 발언이었을까?

정승화의 3김 비토 발언이 제기된 날 육본 검찰부는 김재규를 군법회의에 정식 기소하여 10·26 사건 재판이 본격적으로 진행되었다. 김재규의 1차 공판을 앞둔 12월 4일, 정승화 총장은 이상한 조치를 취했다. 합수부는 이재전 경호실 차장과 경호실 당직사령 강태춘을 직무유기 혐의로 구속했다. 사유는 이재전 장군이 10·26 당일 저녁 정승화 총장으로부터 "경호실 병력을 출동시키지 말라"는 지시를 받고 경호실 병력을 출동시키지 않은 것을 직무유기로 보았기 때문이다.

합수부 수사관이 이재전 장군에게 직무유기 혐의를 추궁하자 "내가 직무유기를 했다면, 정승화 총장은 몇 배 더 중대한 직무유기를 한 셈이다. 정승화는 놔두고 나만 구속하는 게 말이 되는가?" 하고 항의했다. 이런 사실을 알고 있던 정승화는 김재규 재판을 앞두고 이재전 장군은 기소유예 처분하여 석방하고, 종범 격인 강태춘은 구속 상태로 둔 것이다.

정승화가 김재규 재판을 앞두고 느닷없이 이재전 장군을 석방한 이유는 무엇이었을까? 만약 이재전 장군이 재판에 출석하여 정승화 총장이 10·26 그날 밤에 수경사 병력을 동원하여 청와대와 경호실을 포위하고 무력화시킨 일, 경호실 병력 출동을 못 하도록 방해한 행위를 진술하면 정승화는 심각한 위기에 빠질 가능성이 있었다. 정승화는 이 문제가 법정에서 거론되지 않도록 원천 봉쇄하기 위해 그를 기소유예 방식으로 석방한 것이다.

정승화는 12·12로 구속된 후 "이재전 장군을 재판함으로써 본인에 대한 문제가 야기될 것을 생각해서 재판에 회부하지 아니하고 징계위원회에 회부토록 지시했다"라고 진술했다.[96]

최규하 권한대행 조사 지시한 정승화 총장

정승화의 이상 행동은 김재규의 1차 공판을 하루 앞둔 12월 3일 저녁, 또다시 폭발했다. 이날 정 총장은 계엄사 검찰부장 전창열 중령을 불러 최규하 대통령에 대한 조사가 부실하다고 화를 내면서 "오늘 밤 안으로 최규하 대통령 권한대행을 찾아가 김계원으로부터 박 대통령이 김재규의 총에 맞아 사망한 사실을 보고받고 육본 벙커에 올 때까지의 상황을 조사하라"는 지시를 내렸다.

지금까지는 전두환 장군이 최규하 권한대행을 겁박하기 위해 최규하에 대한 수사를 강행한 것으로 알려졌다. 그런데 '역사적 사실(historical fact)'에 의하면 최규하에 대한 조사를 지시한 주인공은 전두환이 아니라 정승화였다. 전창열 중령은 일개 중령이 대통령 권한대행을 함부로 조사하기는

---

96 정승화 피의자 신문조서, 1980년 1월 11일.

곤란하여 난감한 상황에 빠졌다.

그는 고민 끝에 당시 모든 수사기관에 대한 조정 통제권을 갖고 있던 전두환 합수본부장에게 연락했다. 전 장군에게 정승화 총장의 명령을 설명하고 "사건 수사 책임자인 전 장군 인솔하에 최 권한대행을 찾아뵙고 인사를 시켜주면 좋겠다"라는 뜻을 전했다.

군 통수권자인 대통령에 대한 조사라면 최소한 합수본부장에게 직접 지시하거나, 의논하는 것은 상식에 속하는 일이다. 게다가 김재규 공판을 하루 앞둔 늦은 저녁 시간에, 사전 양해도 없이 불쑥 영관급 장교인 군검찰관이 국가원수를 조사하는 게 말이 되는가?

전두환 본부장은 정승화의 지시가 도무지 이해가 가지 않았지만, 군 통수권자를 영관급 장교가 불쑥 찾아가 조사하는 것은 예의가 아니라고 판단했다. 그 결과 자기가 앞장서게 되었다. 이런 과정을 거쳐 전두환 사령관이 전창열 중령을 데리고 총리공관을 방문했다. 그 결과 12월 3일 밤, 총리공관에서 최규하 권한대행에 대한 참고인 조사가 진행되었다. 최 대행에 대한 조사가 끝난 것은 다음 날 새벽 1시 30분경이었다.

최규하에 대한 참고인 조사가 진행되는 동안 전두환은 고민에 잠겼다. 정 총장이 왜, 무슨 의도를 가지고 이렇게 예의와 상식에 어긋나는 일을 벌인 것일까? 결론은 자신을 향해 조여드는 수사망을 피하기 위해 자기 휘하의 검찰부장을 시켜 최규하의 발목을 잡아두려는 술책이 아닐까 판단했다.[97]

역사적 사실이 이랬음에도 불구하고 정승화는 자기가 전창열 중령에게 최규하 조사를 명령한 사실을 감쪽같이 숨기고 "전두환이 최 대통령의 약점을 잡기 위해 제멋대로 조사한 것"이라고 뒤집어씌웠다.

---

97 전두환 회고록(1), 앞의 책, 168쪽.

'정승화 연행 조사' 세 차례나 거부한 노재현 장관

전두환 합수본부장은 김재규의 '3단계 혁명계획' 실토로 정승화 총장에 대한 연행 조사가 불가피하다고 판단했다. 하지만 그는 한국의 대표 정객인 3김(김종필·김영삼·김대중)의 '정치적 목숨'을 끊어버리겠다고 공개석상에서 발언할 정도로 무소불위의 권력자가 되었으니 무슨 수로 그를 연행 조사한단 말인가.

믿을 것은 정 총장의 군 서열상 직속상관인 국방부 장관뿐이었다. 전 장군은 노재현 장관에게 11월 3일을 비롯하여 모두 세 차례 정 총장의 내란 방조혐의에 대한 연행 조사 필요성을 보고했다. 그런데 시간이 흐를수록 노 장관의 반응이 미온적으로 변해갔다. 처음엔 "지금은 시끄러우니 시국이 안정되면 그때 보자"라고 회피했다. 시국이 점차 안정되자 "지금 계엄사령관을 연행 조사하면 모처럼 안정돼 가던 시국이 시끄러워지지 않겠는가" 하는 식으로 계속 뒷걸음질 쳤다.[98]

유신헌법은 통일주체국민회의에서 대통령을 선출하도록 되어 있었다. 만약 김종필이 대통령 보궐선거에 출마했다면 인지도나 영향력에서 앞서는 김종필의 당선이 유력했을 것이다.[99] 노재현과 정승화는 정치에 깊이 개입하여 차기 대통령을 최규하로 사전 결정했고, 이를 위해 김종필의 입후보를 포기시키는 공작을 자행했다. 게다가 과도정부의 임기는 1년 전후로 하기로 정했다.[100]

노재현 장관은 내각의 일원이었으니 정상적인 경로를 통해 정치 현안에 대한 의견을 밝힐 수 있는 입장이었다. 반면에 정승화는 현역 군인 신분의

---

98   전두환 회고록(1), 앞의 책, 161쪽.
99   강원택, 『제5공화국』, 역사공간, 2024, 59쪽.
100 정승화, 앞의 책, 103~106쪽.

계엄사령관이었기 때문에 정치에 관여해서는 안 되는 입장이었다. 그런 직책에 있는 사람이 직속상관인 노재현 장관과 의기투합하여 특정인을 대통령에 선임한 것은 물론, 그 정부의 임기까지 직접 개입해 정했으며, 특정인의 당선을 막기 위해 군부 쿠데타까지 언급했다. 이런 사람이 자신의 증언록에는 시종일관 "나는 정치에 뜻도 없고, 관심도 없는 군인이었다"라고 기술해놓았다.

이런 정황을 전혀 알 수 없었던 전두환은 순진하게도 노재현 장관에게 정승화 총장 연행 조사를 요청했다. 만약 노재현 장관이 전두환의 건의를 수용하여 정승화를 내란 방조혐의로 수사해야 한다는 사실을 최규하 권한대행에게 보고하고 계엄사령관 직에서 해임했다면 12·12라는 불상사는 일어나지 않았을 것이다.

수사 책임자가 장관에게 세 차례나 정승화 연행 조사를 보고했음에도 불구하고 노 장관은 그때마다 거부했다. 합수부 수사관들은 시간이 흐를수록 정 총장의 권력이 강화되고 있으니, 그에 대한 수사는 불가능할 것으로 보았다. 당시 합수부 측은 정승화를 연행 조사하지 않을 경우 어떻게 될까를 예측해보았다.

이 경우 정승화는 김재규를 민주화 투사로 각색하여 엉터리 재판을 거쳐 석방할 것이 분명하며, 향후 정국은 김재규·정승화가 주도할 가능성이 높다고 보았다. 이렇게 되면 박 대통령을 시해한 반란자가 영웅이 됨으로써 정의의 신상필벌 원칙에 어긋나는 일이 되고 만다. 이런 국가적 불상사를 막기 위한 최후의 수단은 군 통수권자인 대통령에게 직접 재가를 요청하는 방법뿐이었다.

이형근 장군, 신군부 쿠데타 정보 위컴에게 제보

전두환의 눈앞에는 두 가지 선택지가 놓였다. 탁류가 흘러가는 대로 지켜보면서 그에 편승하여 일신의 영달을 꾀할 것인가. 아니면 모든 위험을 무릅쓰고 사건의 진실을 파헤쳐 위기의 국가를 바로 세울 것인가. 전두환은 육사 시절 교육받은 원칙대로 후자의 길을 택했다.

일개 육군 소장이 대한민국 최고 권력 실세로 떠오른 정승화 계엄사령관을 연행 조사하는 것은 달걀로 바위를 치는 무모한 행위일 수도 있었다. 만약 실패하면 부하가 상관을 체포하려 한, 하극상의 반역죄를 뒤집어쓰고 형장의 이슬로 사라질 수도 있는 위험천만한 모험의 길이었다.

이 무렵 위컴 주한미군 사령관은 육군참모총장과 합참의장을 지냈고 '군번 1번'으로 유명세를 탄 퇴역 장군 이형근으로부터 신군부 세력이 정권 교체 과정에서 심한 불만을 품고 있다는 중대한 정보를 입수했다. 이형근은 불만을 품은 신군부 세력은 육사 11기부터 13기 출신이며, 이들이 대선 전에 권력을 잡으려고 시도할지도 모른다고 우려를 표명했다. 12월 4일, 위컴은 노재현 장관, 유병현 연합사 부사령관에게 이형근 장군이 제공한 내용을 알려주었다. 두 사람은 이형근의 정보가 아무런 근거도 없는 것이라고 확신했다.[101]

당시 합참 본부장 문홍구 중장의 증언에 의하면 미국은 사전에 12·12 사태가 발생할 것을 알았다고 한다. 구체적인 날짜나 시간, 형태나 규모를 정확하게 파악하지는 못했지만 거사 계획 정보가 사전 입수되었다는 것이다.[102] 문홍구가 주장한 거사 계획 정보의 출처도 이형근 장군이었다.

문홍구의 증언에 의하면 위컴 사령관은 11월 중순경 한국의 육사 출신

---

101 존 위컴, 앞의 책, 91쪽.
102 「문홍구 예비역 중장의 증언」, 『신동아』, 1993년 9월호, 301~319쪽.

신군부 장성들이 모종의 음모를 꾸미고 있다는 내용의 정보가 담긴 한 장의 메모를 한국군 측에 전달하고 내사해볼 것을 권했다. 이를 접수한 문홍구는 즉시 노재현 장관에게 이 사실을 보고했다. 노재현 장관도 이 메모를 받았고, 관련 내용을 전두환 보안사령관을 통해 확인시켰다. 전두환 사령관은 "절대로 그런 일이 없다"고 단호하게 대답했다는 것이다. 정승화 총장 역시 김진기 헌병감으로부터 비슷한 내용의 첩보를 전해 들었으나 조사 후 아무 일도 없어 덮어버렸다.

미 정보통은 이 무렵 전두환 장군과 몇몇 군인들이 모종의 행동을 모의하고 있음을 포착했다. 며칠에 걸쳐 미국 정보팀이 알아낸 것은 전두환이 비밀리에 규합한 일단의 장교들이 군 장악을 위해 세심한 준비를 해왔다는 사실과, 그들 숫자는 약 40명으로 육사 11기에서 13기의 경상도 출신이 주류라는 것, 육사에서 4년제 정규교육을 받은 첫 졸업생들이라는 점이었다.[103]

12월 6일 유신헌법에 따라 통일주체국민회의는 박 대통령 서거로 공석이 된 대통령 보궐선거를 실시하여 최규하를 제10대 대통령으로 선출했다. 이날 최 대통령은 "최대한 빠른 시간 내에 새 헌법을 제정하여 국회를 구성하고, 대통령을 선출한 후 임기를 다 채우지 않고 물러나겠다"라고 발표했다. 그런 의미에서 자신의 정부를 '과도정부'로 명명했다. 최규하의 대통령 당선, 자신의 정부를 '과도정부'로 성격 규정한 것은 정승화-노재현의 구상 및 공작에 의한 합작품이었다.

전두환, 정승화 연행 계획 마련

최규하가 '권한대행' 꼬리표를 떼고 정식 대통령에 취임했으니 정승화

---

103 윌리엄 글라이스틴, 앞의 책, 121~122쪽.

연행 조사를 더 이상 지체할 수 없었다. 전두환 합수본부장은 이학봉 수사국장에게 정승화 연행을 위한 실행계획을 준비하라고 지시했다. 이틀 후인 12월 8일, 이학봉은 구체적인 연행 계획을 전두환에게 보고했다.

A4용지 12매 분량의 '정승화 육군참모총장 연행 조사의 필요성' 보고서에는 정승화의 내란 방조 혐의, 군 내부 동향, 김재규의 공판 관련 동향, 정승화 총장의 연행 조사에 관한 의견이 담겼다. 연행 방법은 임의동행 방식으로 하되, 불응하면 긴급체포하기로 했다. 이것이 훗날 '군권 탈취를 위한 12·12 군사반란'으로 단죄된 사건 계획서였다.

1970년대 말 군부는 정중동(靜中動)의 세력 재편기였다. 창군 멤버들은 은퇴했고, 육사 1~3기는 예편 뒤 요직을 맡아 군에 영향력을 행사하는 원로 그룹이 되었다. 육사 1기 서종철(대통령 안보 특보), 육사 2기로 박 대통령 동기인 김재규(중앙정보부장), 육사 3기 노재현(국방부 장관)이 대표적 인물이었다. 이 와중에 4년제 정규 육사 교육을 받고 임관한 육사 11기 선두그룹이 육군 소장으로 진급하면서 구군부 세력이 긴장하기 시작했다.

구군부 인사들은 정규 육사 출신들이 박 대통령의 각별한 배려로 엘리트 군인으로 성장해온 과정을 누구보다 잘 알고 있었다. 이들이 육군 소장까지 올라온 것은 자신들이 조만간 요직에서 배제됨을 뜻했다. 이들의 거침없는 승진 행보를 우려의 시선으로 바라보던 구군부는 신군부의 정신적 지주였던 박 대통령이 시해되자 이들을 제거할 기회를 노렸다. 특히 육사 11기의 핵심인 전두환은 합수본부장이 되어 정승화를 향한 수사의 고삐를 바짝 죄어오고 있었다.

12·12 사흘 전인 12월 9일, 정승화 총장은 노재현 장관에게 "김재규 재판이 끝날 때까지 기다리려 했는데, 월권과 마찰이 심해 합동수사본부장을 교체해야 할 것 같다"라고 건의했으나 노재현이 허가하지 않았다. 같은 날 같은 내용을 최규하 대통령에게 건의했으나 최규하도 승인하지

않았다.[104]

장태완의 증언에 의하면 정 총장은 노 장관과 골프를 치며 전두환을 보안사령관에서 한직인 동해경비사령관으로 보내는 문제를 논의했다. 이것은 명백한 좌천 인사였다. 노 장관은 김용휴 국방차관에게 의견을 물었고, 김 차관도 이에 동의했다고 한다. 김 차관은 약 두 시간 후 전두환 사령관에게 이 내용을 귀띔해주었고, 이것이 12·12의 도화선이 되었다고 한다.[105]

박정희 장군은 5·16을 위해 오래전부터 쿠데타 동지를 포섭하고, 병력동원을 준비했으며, 반대 세력에 대한 대응, 거사 후 시행계획 등을 치밀하게 준비했다. '군사 반란' 혹은 '쿠데타'로 명명된 12·12는 사전에 어떤 준비가 있었다는 사료는 발견되지 않는다. 이날 벌어진 일은 합수부 소속 대령 두 명과 헌병 몇 명이 육군참모총장 공관으로 가서 임의동행 방식으로 정승화를 모셔다 의심나는 점에 대한 조사를 진행한다는 것이 계획의 전부였다.

전두환, 가족에게 유언 남겨

12월 9일 전두환 본부장은 허삼수 대령(보안사 조정통제국장)을 정승화 총장 연행 작업 책임자로 선정하고, 그에게 구체적 임무를 설명했다. 정 총장 연행에는 우경윤 대령(합수부 수사2국장)과 최석립 중령(33헌병대장)이 동행하도록 조치했다. 우경윤 대령은 정승화 총장 휘하의 육본 범죄수사단장으로서, 합수부에 지원을 나온 사람이다. 전두환이 우 대령을 동행시킨 이유는 그가 정 총장의 각별한 신임을 받고 있던 인물이어서 정 총장을 예의와 격식을 갖춰 정중히 모셔오는 데 소홀함이 없도록 하기 위해서였다.

---

104 정승화, 앞의 책, 150쪽.
105 장태완, 앞의 책, 81쪽.

33헌병대장 최석립 중령은 장태완 수경사령관의 부하였다. 만약 정승화 총장 연행이 법적으로나 절차적으로 부당한 업무였다면 우경윤·최석립이 흔쾌히 임무에 참여할 수 있었을까?

모든 준비가 완료된 12월 11일, 전두환은 오랜만에 일찍 연희동 자택으로 귀가했다. 일이 잘못되면 다시는 퇴근할 수 없을지도 모른다는 생각 때문이었을 것이다. 저녁 식사를 마친 후 전두환은 가족을 불러 모았다. 당시 장남 전재국은 대학 1학년생, 딸 효선 양은 고2, 둘째 아들 재용 씨는 중3, 막내 재만 씨는 초등학생이었다.

대한민국 최고 권력자의 연행이라는 어려운 임무를 눈앞에 둔 전두환은 가족에게 유언 비슷한 것을 남겼다. 이순자 회고록에 그 내용이 있어 소개한다.

"잘 들어라. 세상이 지금 거꾸로 돌아가고 있다. 평생을 대통령 각하께 은혜를 입고 출세해온 자가 자기가 대통령이 되겠다는 욕심으로 은인을 살해했다. 그런데도 잘못된 시류는 그런 배은망덕한 인간을 민주투사인 양 호도하려 하고 있다. 이 아버지가 박 대통령 각하의 시해 사건을 수사하면서 무슨 생각을 가장 많이 했는지 아느냐?

각하께서 살아계실 때는 그토록 총애를 다투던 사람들이 막상 각하가 저격을 당해 쓰러지시자 모두 도망쳐버렸다. 각하를 보호할 생각은 하지 않고 모두 자기 혼자만 살겠다고 화장실로 도망가버린 것이다. 심지어 처음 총을 쏘고 달아났던 시해범 김재규가 다시 돌아와 쓰러져 계신 대통령을 향해 확인 사살을 하는데도 누구 하나 저지하는 사람이 없었단 말이다. (중략)

지금 그 사건의 수사라는 중대한 임무를 맡은 이 아버지도 아주 어려운 상황에 놓여 있다. 수사 결과 강력한 용의자가 드러났다. 그런데도 그 사람이 막강한 힘을 갖고 있어서 아버지가 시해 사건의 전모를 밝히려 하다가는 자칫하면 내 목숨과 명예, 아니 우리의 모든 것까지도 잃을지 모르는 상황이다. 어쩌면 아버지는 너희들을 다시는 보지 못할지도 모른다. 만약 나까지도 내 목숨, 내 가족들에게 연연해 나의 책임을 다하지 않는다면 대통령 시해현장의 그 비겁한 사람들과 다를 것이 없을 것이다. (중략)

내가 너희들에게 묻겠다. 너희들은 내가 극도의 위험이 따르는 일이라고 해서 내 임무를 저버리고 국가가 내게 부여한 책임과 역사 앞에 불충을 저질러야 한다고 생각하느냐? (중략)

너희들은 절대로 아버지가 비겁하고 교활하게 사는 기회주의자가 되기를 원해서는 안 된다. 설사 일이 잘못되고 그로 인해 너희들이 불행해지는 일이 있다고 해도 오늘 밤 내가 한 이야기를 꼭 기억하고 용기를 갖고 살아주기를 바란다."[106]

이때 장남 재국 씨가 가족을 대표하여 말했다.

"아버지가 옳다고 생각하시는 일이면 부디 소신을 갖고 해나가십시오. 저희는 아버지를 믿고 신뢰합니다. 저희들 걱정은 마십시오."

이 말을 들은 전두환은 뭉클한 표정이 되어 한동안 말을 잊지 못하다가 아이들을 하나하나 품에 깊이 껴안아 주었다고 한다.[107] 그날 밤 전두환 장군은 가족에게 유언을 남긴 셈인데, 이순자 여사는 막연히 내일 무슨 중요한 일이 있구나 하는 짐작만 했다.

30경비단 회의의 역사적 사실

12월 12일 오후, 신민당 의원들이 불참한 가운데 국회는 본회의를 열어 최규하 대통령이 요청한 신현확 국무총리 임명동의안을 통과시켰다. 이날 김영삼을 상대로 제기됐던 총재 권한 직무집행 가처분 신청이 취하되었다.

---

106 이순자, 『당신은 외롭지 않다-이순자 자서전』, 자작나무숲, 2017, 189~191쪽.
107 이순자, 앞의 책, 191쪽.

덕분에 김영삼은 신민당 총재로서 법적 지위가 원상회복됐다.

합수부 측은 대통령실과 일정을 조율한 결과 최규하 대통령에게 보고 일정은 군의 장군 진급 심사가 끝난 12월 12일 오후 6시 30분으로 정해졌다. 문제는 정승화 총장이 순순히 연행에 응할 것인가의 여부였다. 당시 군은 정승화의 11·16 군 주요 지휘관 인사로 인해 김재규-정승화 계열 군맥이 수도권 일대 주요 부대를 장악하고 있었다. 합수본부장이 법적 절차에 따라 정승화 총장을 연행할 때 이에 불응하여 휘하 병력을 동원하여 저항하면 군부대 간에 무력 충돌이 벌어질 가능성도 배제할 수 없었다.

전두환은 고민 끝에 정승화 계열 장군을 포함한 군 고위 장성과, 수도권 지역 일부 지휘관들에게 정 총장 연행의 불가피성을 설명하고 협조를 구하기로 했다. 계획은 '30경비단 모임'과 '신촌 모임' 두 가지를 준비했다. 초청 대상은 만약 불의의 사태가 벌어질 경우 정 총장과 대화가 가능한 장성을 우선으로 했다.

그 결과 30경비단 모임에는 유학성 국방부 군수차관보, 차규헌 수도군단장, 황영시 1군단장, 노태우 9사단장, 박준병 20사단장, 박희도 1공수단장, 최세창 3공수단장, 장기오 5공수단장이 참석했다. 백운택 71방위사단장은 우연히 보안사에 다른 일을 위해 들렀다가 합석하게 되어 총 9명이 되었다.

정승화 측은 '30경비단 모임'을 계엄사령관을 납치하고 병력을 동원해 국방부를 점령하고 군권을 장악하기 위한 쿠데타 사령부라고 주장했다. 실상은 어땠을까?

우선 '30경비단 모임' 참석자는 전두환의 군 선배가 세 명이었고, 나머지는 육사 동기(노태우·백운택)이거나 후배였다. 황영시·유학성·차규헌은 전두환의 군 선배이자 군내 지위가 탄탄하여 4성 장군 혹은 그 이상으로의 영전도 충분히 기대할 수 있는 위치에 있던 인물들이다. 이들은 전두환에 충성하는 사람이 아니라 박 대통령에게 충성해온 군인들이었다.

황영시 1군단장은 정승화가 1군 참모장 시절 작전참모를 역임하는 등 두 사람은 의형제 관계였다. 게다가 유학성·차규헌·황영시 장군은 하나회 출신이 아니라 구군부 출신이었다. 이런 사람들이 군 후배인 전두환이 무력으로 정권 찬탈을 위한 반란 계획에 가담했다는 주장은 어느 정도나 신뢰성이 있는 것일까?

전두환이 박준병·박희도·최세창·장기오 등 후배 장군을 초청한 이유가 있다. 이들이 정승화 직계인 장태완 수경사령관, 정병주 특전사령관과 가까운 사이였기 때문이다. 당시 군 지휘부뿐만 아니라 영관급 장교들 사이에서는 사건 당일 정승화 총장의 행적에 대한 의문이 증폭되어 있었다.

정승화가 박 대통령 시해 사건과 관련하여 어느 정도나 개입되었는지 철저한 조사를 통해 밝혀야 한다는 의견에서부터, 사건 당일의 의심스러운 행동에 대한 도의적 책임을 지고 계엄사령관 직에서 물러나야 한다는 정서가 팽배했다. 30경비단 모임에 참석한 장군들은 정승화와의 특별한 인연에도 불구하고 군부의 일반 정서를 대변하는 장군들이었다.

'생일집 잔치'의 내막

정승화 측은 12월 12일 저녁, 전두환이 '신촌 모임'을 주선한 것도 치밀한 모략의 증거물이라고 주장했다. 즉 장태완·정병주 등 수도권 주요 지휘관을 부대 밖으로 유인하여 부대 지휘를 하지 못하도록 '생일집 잔치'란 암호명으로 사전 기획한 계략이었다는 것이다. 그렇다면 '신촌 모임'의 역사적 사실은 무엇인가?

이 모임은 수경사 헌병단장 조홍 대령의 장군 진급 축하연으로 마련된 행사였다. 헌병 병과에서 장군 진급은 드문 일이어서 조 대령이 직속상관인 장태완 수경사령관을 비롯하여 자신의 진급에 힘을 써준 정병주 특전사령관, 김진기 헌병감과 전두환 보안사령관 등을 초청하여 저녁을 대접하는 자리였다. 이와 관련한 허화평의 증언이다.

"회식 자리가 12·12 사건을 위해 사전에 계획됐다는 것은 근거 없는 주장입니다. 그 자리는 당시 장군으로 진급한 수경사 헌병단장 조홍 대령(육사 13기)이 전 본부장(전두환)에게 요청해 마련된 것입니다. 조홍 대령이 전 본부장을 찾아와 '저녁 자리에 모시고 싶은데 선배께서 수경사령관과 특전사령관도 나오도록 힘 좀 써달라'고 부탁하는 것을 제가 들은 바 있습니다. 후배의 부탁을 거절하지 못하는 전 본부장이 '좋다, 네 얼굴 한 번 세워주겠다'라고 했습니다. 수경사령관과 특전사령관에게 연락한 것은 조 대령이었습니다."[108]

조홍 대령의 저녁 모임 소식을 전해 들은 전두환 장군은 30경비단에 모인 장군들에게 상황을 설명한 후 조홍 대령의 진급 축하 모임 장소로 이동하여 장태완·정병주 사령관 등에게 총장 연행의 불가피성을 설명하고 이해를 구한다는 계획이었다.

12월 12일 저녁, 30경비단에 모인 장성들은 초청자인 전두환이 최 대통령에게 보고 일정 때문에 참석이 조금 늦어진다는 연락을 받았다. 이들은 장군 진급심사위원장인 차규헌 중장에게 이날 발표된 장군 진급 인사 뒷얘기를 들으며 잡담을 나누었다. 일부 장성은 바둑을 두며 전 장군이 나타나기를 기다렸다.

전두환은 범죄 혐의를 받고 있는 정 총장을 연행 조사하는 것은 당연하고, 그 추종 세력이라 할지라도 자신들의 양심에 비추어 그 정도는 용인할 것으로 생각했으며, 일이 그렇게까지 크게 번지리라고는 전혀 예상치 못했

---

108 허화평, 앞의 책, 128쪽.

다. 때문에 준비 상태도 엉성했다.[109]

12월 12일 저녁 6시 30분.

이날 최규하 대통령은 삼청동 총리공관(당시 청와대가 내부 수리 중이어서 최 대통령은 삼청동 총리공관을 사용했다)에서 신현확 총리와 내각 인선을 위한 막바지 작업을 진행했다. 전두환 합수본부장은 이학봉 수사국장과 함께 삼청동 총리공관을 방문, 최 대통령에게 그동안의 수사 상황 등여러 가지 정황으로 봐서 정승화가 공범이라는 확신이 섰으며, 때문에 정승화를 수사하지 않으면 사건이 명백하게 정리가 안 되니 연행할 수밖에 없다고 보고했다.

최규하의 관료주의 대폭발

합수본부장은 국가로부터 박 대통령 시해 사건에 대한 수사 전권을 위임받은 존재다. 따라서 수사 대상자 선정은 물론, 수사 방법, 즉 특정인을 구속 수사할 것인지 말 것인지 등은 수사 책임자인 합수본부장의 재량에 속하는 일이다. 정승화 총장 연행 조사는 대통령의 사전 재가가 필요한 사안이 아니었다. 전두환 합수본부장은 최 대통령에게 정승화 연행 조사 사실을 보고하러 간 것이지 결재를 받으러 간 것은 아니었다.

하지만 당시는 계엄이 선포되었고, 계엄사령관은 국가적으로 큰 책임과 권한을 가진 공인이었다. 이렇게 중요한 인물의 연행 조사는 정치권이나 사회에 미칠 파장이 적지 않으므로 이를 고려하여 대통령에게 사전 보고는 불가피했다. 박 대통령 시절 국가의 차관급 이상, 국장급 주요 인사, 특히 군 장성을 수사할 때는 반드시 대통령에게 사전 보고를 했다. 왜냐하면

---

109 전두환 피의자 신문조서(제2회), 1995년 12월 7일, 조선일보사a, 『총구와 권력-5·18 수사기록 14만 페이지의 증언』, 월간조선 1999년 1월호 특별부록, 22~24쪽.

장군의 임명이나 장군의 보직을 결재하는 것은 대통령이기 때문이었다.[110]

게다가 수사 대상자가 중요한 인물일 때에는 보안사령관이 대통령에게 직접 구두로 보고하고 처리한 전례가 있어 국방부 장관을 거치지 않고 대통령에게 보고한 것이다. 문제는 최 대통령이 원리원칙을 철저히 따지는 고지식한 외교 관료 출신이었다는 점이다. 덕분에 첫 단계에서 일이 단단히 꼬여버렸다.

최규하는 오랜 관료 생활 덕분에 공무원으로서의 모든 행위, 특히 대통령의 모든 행위는 반드시 헌법과 법률, 법규와 규정, 절차에 따라 시행해야 한다고 믿고 있었다. 오죽했으면 그의 별명이 "돌다리를 두들겨보고 안전하다는 사실이 확인된 후에도 건너지 않는 사람"이었겠는가.

그가 외교관이었다면 본국 정부의 훈령에 따라 행동하면 그만이었다. 하지만 이제는 그에게 훈령을 내려줄 '본국 정부'가 없었다는 것이 비극의 시작이었다. 최 대통령은 보고서를 처음부터 끝까지 천천히 읽고 난 후 "국방장관도 이를 알고 있는가?"라고 물었다. 전두환은 과거 보안사의 주요 수사 사건을 예로 들면서 장관에 대한 중간보고나 결재 과정을 생략하고 대통령에게 직보한 사례가 여러 차례 있었다고 설명했다.

이날 저녁, 최 대통령이 재가를 거부할 생각이었다면 그 자리에서 명시적으로 "정 총장 연행은 불가하다"라고 했을 텐데, 그런 입장을 밝힌 사실은 없다.[111] 최규하는 재가를 거부한 것이 아니라, "과거의 전례가 어떻게 됐든 관계없이 나는 관계 국무위원을 통해 결재하겠다. 그러니 노재현 장관을 불러라"라는 의견이었다. 자기가 책임질 생각은 하지 않고, 장관 이야기를 듣고 판단하겠다는 뜻이었다.

---

110 연세대학교 국가관리연구원 편, 『한국대통령 통치구술사료집(2)-전두환 대통령』, 선인, 2013, 40쪽.

111 전두환 피의자 신문조서(제2회), 1995년 12월 7일, 26쪽.

최규하가 노재현 장관을 찾은 이유

이날 밤 최 대통령이 국방부 장관을 찾은 이유는 헌법 조항 때문이었다. 제3공화국 헌법 제66조는 "대통령의 국법상 행위는 문서로 하여야 하며, 모든 문서에는 국무총리와 관계 국무위원의 부서가 있어야 한다. 군사에 관한 것도 또한 같다"라고 명시되어 있었다. 그런데 1972년 제정된 유신헌법은 3공화국 헌법의 "부서가 있어야 한다"라는 조항이 "부서한다"(유신헌법 제82조)로 바뀌었다.

3공 헌법의 "부서가 있어야 한다"라는 조항은 반드시 부서를 해야 함을 뜻한다. 반면, 유신헌법은 관계 장관의 부서가 반드시 있어야 함을 뜻하는 것은 아니었다. 최규하는 과거 헌법 조항에 매달려 유신헌법의 수정된 내용을 인지하지 못했다. 이것이 두 번째 비극의 씨앗이 되었다.

그 시각, 노재현 장관은 연락이 닿지 않았다. 최 대통령은 "국방장관이 갔으면 어디로 갔겠나. 멀리 간들 서울 안에 있지 않겠나. 곧 올 테니 차나 마시며 기다리자"라면서 시국 관련 대화를 나누었다. 이날 밤, 거듭된 대통령의 호출에도 불구하고 노재현 장관은 무려 10시간 동안 잠적했다. 세 번째 비극의 탄생이었다.

최 대통령과 전두환 본부장이 노 장관 나타나기를 기다리며 담소하던 시각, 허삼수·우경윤 대령은 예정대로 한남동 총장 공관에 도착했다. 우경윤 대령이 정승화 총장에게 박 대통령 시해 사건과 관련하여 추가 조사를 위해 임의동행을 요구했다. 정승화 총장은 이를 거부하고 "이놈들을 잡아라!"하고 부관실을 향해 소리쳤다.

총장의 고함을 듣고 응접실로 나온 총장 경호대가 우경윤·허삼수 대령을 향해 달려들자 우 대령은 공무집행 중임을 알리고 경호대를 응접실 밖으로 밀어냈다. 7시 15분경, 요란한 총성이 울리는 것과 동시에 우경윤 대령이 허리에 총을 맞고 쓰러졌다. 허삼수 대령이 정 총장의 팔을 붙잡고 극적으로 총장 공관을 빠져나왔다. 정 총장이 서빙고 수사분실로 연행된 시각은 저녁 7시 40분이었다.

12월 12일 저녁, 이순자 여사는 친정어머니(이봉년 여사)로부터 "한남동 근처에서 총성이 울렸다더라" 하는 전화를 받았다. 그제야 이 여사는 어제 저녁 남편의 말이 정승화 총장과 관련된 내용 아닐까 하는 생각이 섬광처럼 스쳤다. 정승화 계엄사령관의 권세가 하늘 높이 올라 있는데, 남편이 그에 도전하는 것은 달걀로 바위 치기 아닐까 하는 두려움에 떨었다.

비슷한 시각, 위컴 사령관은 미8군 경내의 힐탑하우스 사령관 관저에서 유병현 한미연합사 부사령관의 전화를 받았다. "일부 육군 부대가 수도 주변을 따라 이동하면서 주요 통신시설과 한강 교량들에 대한 경비를 시작했으며, 소규모 화기의 이동도 보고되었다"는 내용이었다.

7

누가 진짜 군사 반란자인가?

 이 땅의 학자, 언론인, 정치인들은 전두환 장군이 직속상관인 정승화 총장을 연행했으니 12·12는 하극상에 의한 쿠데타이자 군사 반란이라고 주장한다. 그런데 이날 저녁 전두환 본부장이 정승화 총장을 임의동행하기 위해 총장 공관에 보낸 병력은 허삼수·우경윤 대령 두 명과 수사관 몇 명, 헌병 수십 명이 고작이었다.

 학자와 정치인들 주장이 사실이라면 수사관 몇 명과 헌병으로 쿠데타, 군사 반란이 가능했을까? 정승화 총장이 하늘을 우러러 한줌 부끄러움이 없었다면, 그는 왜 임의동행을 거부하고 공무집행 중인 합수부 수사관들을 체포하라고 지시했을까?

 사건 직후인 저녁 7시 30분, 육군본부에 "정승화 총장이 괴한에게 납치됐다"는 정보 보고가 올라왔다. 윤성민 육군참모차장은 저녁 8시 10분 수도권 일원에 '진돗개 하나'를 발령했다. '진돗개'는 적의 국지적 도발이나 대간첩작전, 무장 탈영병이 발생했을 때 발령하는 비상조치로, '진돗개 하나'는 비상조치 중 가장 높은 급수에 해당한다.

 비상이 발령되자 육본 보안부대장 변규수 준장이 곧바로 윤성민 차장에게 "정 총장은 10·26 사건의 수사상 필요에 의해 합수부에 연행되었다"

라고 관련 사실을 알렸다. 이 조치 덕분에 육본 지휘부는 저녁 8시 30분을 전후하여 정승화 총장이 괴한에게 납치된 것이 아니라 박 대통령 시해 사건과 관련된 조사를 받기 위해 합수부에 연행된 사실을 정확하게 인지했다.

노재현 장관의 불가사의한 도피 행각

그렇다면 즉시 수도권 일원에 발령했던 '진돗개 하나'는 취소했어야 마땅하다. 무슨 까닭인지 윤성민 차장은 저녁 8시 20분 1·3군 지역에 '진돗개 둘'을 추가로 발령했다. 20분 후에는 '진돗개 둘'을 해제하더니 밤 9시 전군에 '진돗개 하나'를 발령하여 상황을 혼란스럽게 만들었다.[112] 이날 저녁 총장 부재로 직무대행 역할을 수행한 윤성민 참모차장이 제대로 지휘권을 행사했다면 사태는 별 탈 없이 조용히 수습되었을 것이다. 혼란을 부채질한 것은 육본 지휘부였다.

신촌의 조홍 대령 진급 축하연도 한참 여흥 도중에 비상이 걸렸다. 장태완 수경사령관, 정병주 특전사령관이 식사 도중 각자 부대로 출발한 시각은 저녁 7시 40분이었다. 부대에 복귀한 장태완 수경사령관은 정확한 상황 파악도 하지 않고 무력으로 정승화 총장 구출을 선언하면서 일이 심각하게 꼬이기 시작했다.

이날 밤 일반 상식으로는 도저히 이해하기 힘든 버라이어티 쇼의 극한을 보여준 사람은 노재현 국방부 장관이었다. 육군참모총장 공관 바로 옆이 국방부 장관 공관이었다. 정승화 총장 공관에서 총성이 울린 시각은 저녁 7시 15분. 느닷없는 총성에 혼비백산한 노재현 장관은 실내복 차림으로 부인, 아들과 담을 넘어 이웃한 단국대학교 구내의 체육관으로 피신했다.

---

112 전두환 회고록(1), 앞의 책, 205쪽.

1시간 25분간 체육관에 숨어 있던 노재현은 저녁 8시 40분경 국방부 상황실로 전화를 걸었다. 그는 이경률 합참 작전국장에게 자신이 단국대 안에 있음을 알렸고, 그 즉시 단국대로 장관 차량이 급파됐다. 노 장관은 그 차를 타고 즉시 국방부나 청와대로 가는 것이 지극히 정상적인, 공인다운 행동이었을 것이다.

무슨 조화인지 노재현은 이날 정상인으로서의 행동을 전혀 보여주지 못했다. 그는 러시아워의 교통 혼잡을 뚫고 여의도 이경률 장군 집으로 내쳐 달렸다. 이 장군 집에 부인과 아들을 안전하게 은닉시킨 노재현 장관이 육군본부에 나타난 시각은 밤 9시 30분. 김용휴 국방부 차관이 정승화 총장의 합수부 연행 사실, 최규하 대통령이 장관을 찾고 있다는 사실을 보고했다. 노 장관은 어떤 지시나 조치도 취하지 않고 머뭇거렸다.

30경비단에 모여 있던 장성들은 뒤늦게 정승화 총장이 연행된 사실을 알게 되었다. 게다가 밤 9시가 넘도록 노재현 장관이 나타나지 않아 '정승화 총장 연행'과 관련된 대통령 재가가 지연되고 있다는 사실도 알게 되었다. 이러다 아군끼리 유혈 충돌이 벌어질 수도 있음을 우려한 장성들은 최 대통령을 찾아가 국방부 장관 경유 없이 대통령에게 직보하고 전결받은 관례를 설명하기로 했다.

밤 9시 30분, 유학성·차규헌·황영시 장군 등이 최 대통령을 면담했다. 관련 사안을 간곡히 진언했음에도 불구하고 관료주의의 화신 최규하는 요지부동이었다. 아무 소득 없이 30경비단으로 돌아온 장군들은 아군끼리 유혈 충돌을 막기 위해 군 수뇌부와 주요 지휘관들에게 연락을 취해 정승화 총장 연행 배경, 최 대통령께 보고한 사실 등을 설명했다.

이런 노력 끝에 30단 장성을 대표한 유학성 장군과 정승화 총장 측을 대표한 윤성민 참모차장은 서로 병력 동원을 하지 않기로 신사협정을 맺었다. 그런데 이 소식이 장태완 수경사령관에게는 전달되지 않았던 것 같다. 장태완은 자신의 수기에서 유학성 장군과 윤성민 참모차장 간의 협상 내용을 끝내 자기에게는 비밀에 부쳤는데, 그 의도를 아직도 잘 모르겠다고 썼다.[113] 어쨌든 양측의 신사협정이 제대로 지켜졌다면 12·12 사태는 없었을 것이다.

상황이 복잡하게 꼬인 결정적 계기는 박희도 장군의 1공수여단 출동을 둘러싼 오보 소동이었다. 특전사 예하 부대인 1공수여단은 10·26 사건이 발생하자 수경사에 배속되어 수경사령관의 작전지휘를 받았다. 12월 12일 저녁, 박희도 여단장이 30경비단 모임에 참석하느라 자리를 비운 사이, 부대 지휘는 부여단장 이기룡 대령이 맡았다.

1공수여단 출동은 착각이었다

이날 밤 육본으로부터 '진돗개 하나'가 발령되자 이기룡 대령은 전 부대원을 비상소집하고 작전 지휘권자인 수경사령관의 지시를 기다렸다. 밤 9시경 정병주 특전사령관이 1공수에 전화를 걸었다. 그는 다급한 목소리로 "전 부대원은 무장을 해제하고 여단이 보유한 모든 차량을 9공수로 보내라"라는 명령을 내렸다. 반면에 작전 지휘권자인 수경사령관으로부터는 어떤 지시도 없었고, 수경사와의 연락도 두절되었다.

'진돗개 하나'가 발령된 상황에서 지휘권이 없는 특전사령관이 전 부대원 무장해제를 요구하는 명령을 다섯 차례나 반복하자 이기룡 대령은 난감한 입장에 처했다. 그는 박희도 여단장에게 상황을 보고하고 "직접 육본에 가서 작전 지시를 받아오는 것이 좋겠다"라고 건의했다. 박희도 여단장은 이를 승인했다.

밤 9시 20분, 이 대령은 휘하의 작전참모, 헌병대장과 함께 김포 부대를

---

113 장태완, 앞의 책, 145쪽.

출발, 육본으로 가기 위해 제1한강교(현재의 한강대교) 검문소를 통과했다. 검문소 초병이 이 사실을 즉각 상부에 알렸다. 보고를 받은 하소곤 육본 작전참모부장은 이것을 1공수 병력이 서울로 출동한 것으로 오판하여 "1공수여단이 병력을 출동시켰다"라고 보고했다.

이 소식에 충격을 받은 노재현 장관은 또다시 잠적하여 이번에는 미8군 영내의 연합사 상황실로 피신했다. 위컴 사령관은 연합사 상황실에 나타난 노 장관 모습을 "사복 차림에 머리는 헝클어져 있었고, 창백한 얼굴로 몹시 불안해 보였다"라고 기록해놓았다. 위컴은 노 장관이 한국군 부대와 연락을 취할 수 있도록 벙커 내 작은 사무실을 내주고 참모와 통신시설도 제공했다. 그리고 노 장관에게 새벽이 되기 전에 군부대를 이동시키지 말라는 명령을 내릴 것을 요청했다.

노 장관은 이미 한국군 1군단의 보충 사단인 수도기계화사단과 26사단에 서울 시내로 진입할 준비를 하라고 지시했다고 답했다. 그는 이 병력을 주요 시설 보호 및 반란군 진압에 활용할 예정이라고 설명했다. 순간 벙커 안에 긴장감이 감돌았다. 이들 병력이 서울 시내에 진입하면 전면적인 내전으로 비화될 위험이 있었기 때문이었다.

이 말을 들은 위컴 사령관은 노 장관에게 "날이 밝아 상황이 어떻게 돌아가는지 확인할 수 있을 때까지 모든 행동을 자제하고 기다리는 게 좋겠다"고 말했다. 노 장관은 잠시 생각에 잠겼다가 마지못해 그 의견에 동의했다. 그는 즉시 2개 사단에 작전 중지 명령을 내린 후 김종환 합참의장과 함께 모든 한국군 본부에 연락하기 시작했다.[114]

장관이 또다시 행방불명되자 윤성민 육군참모차장은 군 통수권자인 대통령에게 보고도 하지 않고 육본 지휘부를 끌고 수경사로 이동했다. 육

---

114 존 위컴, 앞의 책, 100~101쪽.

본 수뇌부가 전군의 지휘 통신망을 갖추고 있는 육본 벙커를 버리고 수경사로 이동한 것은 돌이킬 수 없는 실수였다. 육본 지휘부가 예하 부대를 지휘 통제하는 통신 축선에서 벗어남으로써 군 지휘 체계에 큰 혼선이 빚어졌다.

1공수여단의 서울 출동이 오보라는 사실을 가장 먼저 안 사람은 정병주 특전사령관이었다. 그는 밤 9시 50분, 장태완 수경사령관에게 "1공수 병력은 출동하지 않았다. 혹시 몰라서 내가 이순길 특전사 부사령관을 1공수에 보내 부대가 출동하지 못하도록 감시하고 있다"라는 사실을 알려주었다. 당시 작성된 육본 상황일지에도 "12월 12일 22시 30분, 1공수여단 이상 무"라고 기록되어 있었다.

장태완은 수경사로 이동해온 윤성민 차장 이하 육본 지휘부에 1공수 병력이 출동하지 않았다는 사실을 보고하지 않고 뭉갰다. 뿐만 아니라 계속해서 윤성민 차장에게 "병력을 출동시켜 30경비단을 박살내고 총장님을 구출해야 한다"라는 주장만 되풀이했다. 그는 30경비단에 있던 유학성 장군과의 통화에서 "이 반란군 놈의 새끼야! 네놈들 거기 그대로 있거라. 내가 전차를 몰고 가서 싹 깔아 죽일 테니"[115]라고 폭언을 퍼부었다. 황영시 장군에게는 "이놈들 꼼짝 말고 거기 있어. 포를 가지고 가서 네놈들 머리통을 날려버릴 테니"[116]라고 극언을 한 사실을 자랑스럽게 자신의 회고록에 기록해놓았다.

아무리 상황이 다급해도 엄격한 계급사회에서 하급자인 육군 소장이 상급자인 육군 중장에게 이처럼 교양 없고 직설적이고 도발적인 극언이 가능했을까? 이 발언은 이날 밤 장태완의 심리상태가 정상에서 현저하게 일

---

115 장태완, 앞의 책, 126쪽.
116 장태완, 앞의 책, 127쪽.

272   제5공화국 전두환 시대 1

탈한 상태였음을 밝혀주는 증거물이다. 극도로 흥분 상태였던 장태완 사령관의 감정을 더욱 부추긴 것은 황원탁 총장 수석부관(육군 대령)이었다.

밤 9시경, 황원탁 대령은 육본 지휘부에 "전차를 앞세운 구조대를 정 총장이 조사받고 있는 보안사 서빙고 수사분실에 출동시켜 정 총장을 구출하려고 하니 전차와 병력을 지원해달라"고 요청했다. 장태완은 이 요청을 받아들여 수경사 참모장에게 "전차 2~3대와 병력을 황 대령에게 지원하라"라고 지시했다.[117] 이때 수경사 전차와 병력이 출동하여 보안사 서빙고 분실을 공격했다면 국군 간 대규모 유혈 충돌이라는 참극이 벌어졌을 것이다.

노재현, "어떤 일이 있어도 병력 출동 금지"

국방부를 통해 노재현 장관이 연합사 상황실로 피신했다는 사실이 알려지면서 최규하 대통령과 노재현 장관 간에 통화가 연결된 시각은 사건 발생 세 시간여가 흐른 밤 10시 15분이었다. 최 대통령은 "장관 지금 어디에 있소? 당장 총리 공관으로 오시오"라고 지시했다. 노 장관은 "가겠습니다" 하고 답했다. 약속과는 달리 그는 계속 연합사 상황실에 틀어박혀 움직이지 않았다.

김용휴 국방부 차관, 유병현 연합사 부사령관이 노 장관에게 여러 차례 "대통령 공관으로 출두하여 사태를 수습해달라"라는 거듭된 요청에도 불구하고 노 장관은 요지부동이었다. 노 장관이 나타나지 않자 밤 11시 30분경 최광수 비서실장이 노 장관에게 전화를 걸어 출두를 재촉했다. 그래도 그는 움직이지 않았다.

전두환 합수본부장은 김용휴 국방차관, 김종환 합참의장에게 정승화

---

117 신윤희, 『12·12는 군사반란인가?』, 도서출판 be, 2012, 179쪽.

총장 연행은 수사 차원의 정당한 행위임을 설명했다. 또 육본 측의 병력 동원을 막아 아군끼리 충돌하지 않도록 해달라고 여러 차례 협조를 요청했다. 김용휴 차관은 미8군 영내의 연합사 상황실에 피신한 노재현 장관과 연락이 닿자 저간의 상황을 보고했다.

사태의 심각성을 알게 된 노재현 장관은 밤 10시 10분, 수경사로 이동한 문홍구 합참본부장, 이건영 3군사령관에게 "어떤 상황이 있더라도 병력 출동을 금지한다"라는 명령을 내렸다. 국방부 장관이 정당한 명령권을 지닌 합참본부장에게 병력 출동 금지를 지시하면, 그것은 곧 전군에 내리는 명령으로서의 효력을 지니게 된다.[118]

이날 밤 노재현 장관뿐만 아니라 김종환 합참의장, 이희성 중앙정보부장서리도 문홍구 합참본부장에게 같은 내용의 전화를 여러 차례 걸었다. 이희성 장군은 장태완 사령관, 30경비단 장세동 대령에게 7~8회 이상 전화를 걸어 "아군끼리 충돌하면 국민에게 막대한 피해를 입히고 북괴가 오판할지 모르니 병력 충돌을 막아라"라고 권고했다.

당시 30경비단과 수경사는 서로 전차 시동을 걸어놓은 상태여서 서로 전차의 시동을 꺼야 상대방 병력을 출동하지 않는 것으로 받아들일 것 아니냐고 설득했다. 그래서 상호 간에 병력 출동을 않겠다는 약속을 받았다.[119] 노재현 장관을 비롯하여 여러 사람으로부터 연락을 받은 문홍구는 황원탁 대령이 준비하고 있던 서빙고 전차 공격을 중지시켰다.

장태완, 최규하 대통령 납치 시도

문홍구의 만류로 서빙고 분실 전차 공격이 좌절되자 장태완은 김진기

118 전두환 회고록(1), 앞의 책, 215쪽.
119 이희성 검찰 진술조서, 1995년 12월 12일, 119쪽.

헌병감을 지원하여 최규하 대통령을 수경사로 납치하려 했다. 최 대통령을 납치하여 정승화 석방을 요청한다는 계획이었다. 시나리오만 짠 것이 아니라, 실제로 최 대통령 납치를 위해 김진기 헌병감이 현장 정찰까지 나갔다. 하지만 총리공관은 청와대 경호실의 수개 중대 병력이 출동하여 빈틈없이 경계하고 있어 대통령 납치계획은 불발되었다.[120]

이로써 사태는 수습 국면으로 접어드는 듯했다. 하지만 극도로 흥분한 장태완 장군이 문제였다. 노재현 장관의 "병력 출동 금지" 엄명에도 불구하고 장태완은 밤 11시, 수경사 전 장교를 상황실에 소집하여 30경비단에 대한 무차별 공격을 지시했다. 장태완은 회고록에 자신의 지시 내용을 다음과 같이 기록해놓았다.

첫째, 30경비단, 33경비단, 그리고 헌병단장(조홍) 등을 발견 즉시 체포 또는 사살하라.

둘째, 현재 30경비단에서 반란을 모의하고 있는 자들의 명단을 공개하니 발견 즉시 체포 또는 사살하라.

셋째, 각 외곽 검문소는 출입을 철저히 통제하고 검문검색을 강화하여 수상한 자는 조사 후 조치하라.

넷째, 방송국 및 각 검문소 병력을 증강하라.

다섯째, 현재 반란군에 가담하고 있는 청와대 뒷산 팔각정 주변에 배치된 병력을 33경비단 부단장이 가서 설득하여 사령부로 철수시키도록 하라.

여섯째, 사령부에 남아 있는 전차, TOW(대전차 미사일), 3.5인치 로켓포 등 가용한 모든 화포는 탄약 상자를 개방하여 완전히 차량에 탑재하고 자체 방어에 임한다.

---

120 장태완, 앞의 책, 155~156쪽.

일곱째, 야포단의 모든 포는 경복궁을 조준하라.[121]

장태완은 수경사 예하 전 장교를 상황실로 집합시켜 "30단에 모여 있는 놈들은 우리의 적이니 보기만 하면 사살하라. 특히 30단(단장 장세동 대령)·33단(단장 김진영 대령) 장교들은 (장세동·김진영을) 자기 단장이라 생각하지 말고 정문에 들어오면 사살 및 체포하라"라고 지시했다. 몇 시간 전만 해도 존경하고 따르던 직속상관, 선배들을 적으로 생각하고 사살하라는 지시를 들은 장교들은 무척 놀라고 당황해 웅성대기 시작했다.[122]

장태완, 30경비단 공격 명령

수경사 작전처 보좌관 김진선 중령(육사 19기)은 12월 12일 밤의 수경사 분위기를 다음과 같이 전했다.

'당시 수경사 상황실은 아수라장이었다. 여기저기에서 들리는 소리는 서울로 오는 부대는 모두 사살하라, 육사 출신은 모두 사살해야 한다, 육사 출신의 지휘권은 모조리 박탈해야 한다, 33경비단장(김진영 대령-저자 주)을 사살하라는 내용이었다. 분위기가 육사와 비육사 간에 전쟁이 붙었구나 하는 것을 느끼게 했다. 나는 아군끼리의 교전을 막아야 한다는 생각에 최선을 다했다. "즉시 부대를 편성하여 30단을 공격하라"는 장태완 사령관의 명령은 국가를 멸망시키는 명령이며, 역사의 심판을 받아야 할 명령이었다고 생각하여 작전참모에게 건의하여 이를 막으려 노력했다.'[123]

윤성민 참모차장은 유학성 장군과 상호 병력을 출동하지 않기로 신사

---

121 장태완, 앞의 책, 160~161쪽.
122 신윤희, 앞의 책, 106~107쪽.
123 지만원(상), 앞의 책, 204쪽.

협정을 맺었다. 그런데 "정승화 총장을 구출하기 위해 병력을 출동시켜야 한다"라는 장태완 사령관의 거듭된 독촉에 시달렸다. 마음 약한 윤성민 차장과 이건영 3군사령관은 장태완의 성화에 못 이겨 수도권 일원 부대인 배정도 26사단장, 손길남 수도기계화사단장에게 출동 대기 명령을 내렸다. 이제 명령이 떨어지면 완전무장한 2개 사단이 한 시간 내에 즉각 서울로 출동할 수 있게 되었다.

장태완의 거듭된 독촉을 받은 정병주 특전사령관은 윤흥기 장군의 9공수여단에 "육본으로 출동하여 반란 세력을 진압하라"라는 출동 명령을 내렸다. 인천대공원 부근에 주둔하고 있던 이 부대에는 차량이 없어 1개 대대만 서울로 출동시켰다. 이 소식에 충격을 받은 30경비단 장성들은 윤성민 차장, 김용휴 국방부 차관, 이희성 중정부장 서리에게 "병력 출동을 막아야 한다"라고 필사적으로 호소했다.

밤 11시 40분경 9공수 병력이 탑승한 차량이 경인고속도로 부천 인터체인지를 통과할 무렵, 이 사실을 알게 된 윤성민 차장은 합수부 측과의 신사협정에 의거, 윤흥기 9공수여단장에게 원대복귀 명령을 내렸다. 그 결과 9공수 1개 대대는 주둔지로 돌아갔다. 이러한 수습의 와중에 장태완이 계속 상황을 악화시켰다.

그는 30경비단의 외부 통신선을 모두 절단하고 수경사 참모장 김기태 장군에게 "목표는 경복궁의 30경비단과 보안사령부다. 공격개시선은 퇴계로 아스토리아 호텔 앞이다. 즉시 공격개시선으로 모든 부대를 전개하라. 출발은 내가 선도하며, 중앙청 부근에 적절한 진지를 점령한 다음 전차포, TOW(대전차 미사일), 106밀리 무반동총, 3.5인치 로켓포로써 양개 목표에 대해 동시 집중사격으로 수백 발의 포탄을 집중시킨 후 일제히 돌격을 감행하여 역모자들을 사살 또는 포획하고 반란을 진압하라"라는 출동 명령

을 내렸다.[124]

장태완은 수경사 전 장병에게 실탄을 지급했고, 전차 20대와 장갑차 30대를 공격개시선인 아스토리아 호텔 앞에 정렬시켰다. 또 김포의 수경사 야전포병단장에게 30경비단과 보안사령부에 대한 무차별 포격 명령을 내렸다. 청와대 바로 앞, 경복궁에 위치한 30경비단은 대통령 경호실의 작전 통제를 받는 대통령 경호부대다. 이 부대를 대통령 승인 없이 공격하는 것은 대통령에 대한 공격을 의미하는 중대 사안이었다.

장태완 사령관의 행동은 국가 변란 행위

이때 수경사 인사처장 이 모 대령이 수경사 헌병단 부단장 신윤희 중령을 찾아왔다. 그는 "신 중령, 정말 큰일 났다. 장태완 사령관이 완전히 이성을 잃고 30경비단과 합수부를 전차로 깔아뭉개야 한다고 펄펄 뛰고 있는데, 이대로 놔두면 큰일 날 것 같다"라고 하소연했다. 이 대령은 "사령부에서는 박 모 작전처장을 제외하고 많은 참모와 장교들이 사령관의 행동에 불만이다. 이러다 군과 국가가 파멸할지도 모르는데 헌병단이 어떤 조치를 취해야 하지 않겠는가"라며 국가적 비극을 막기 위한 특단의 조치를 취할 것을 요구했다.

수경사 정보처장 박 모 대령도 "사령관이 이성을 잃은 행동과 지시를 하고 있다. 문제가 점점 더 심각해지고 있으니 헌병단이 조치를 취해달라"고 아우성쳤다. 수경사 전차 대대장 차 모 중령도 신윤희 중령을 찾아와 하소연했다. 차 중령은 신윤희 중령과 육사 동기(21기)로, '한국의 패튼 장군'이란 별명으로 불릴 정도의 전차 전문가였다.

차 중령은 "사령관으로부터 30경비단과 합수부 공격 명령을 받고 전차

---

[124] 장태완, 앞의 책, 161~162쪽.

1개 중대를 아스토리아 호텔 앞 도로에 전진 배치했다. 우리 사령부의 전차 1개 중대는 30단에, 다른 1개 중대는 33단에 배속되어 있다. 그곳에 있는 전차 중대도 내 부하인데 어떻게 부하들끼리 전투를 하라고 공격 명령을 내릴 수 있는가. 특히 30단은 청와대 경비부대인데, 어떻게 청와대를 향해 공격할 수 있는가"라며 헌병단의 결단을 재촉했다.

상황이 파국을 향해 치닫자 윤성민 차장과 이건영 3군사령관은 "여보 장태완 장군, 지금 야전부대를 동원하면 아군끼리 충돌하여 피를 흘리게 된다", "부대 출동은 상부의 허락이 있어야 하는 것 아닌가?"라고 극구 만류했다. 상관들의 만류에도 불구하고 장태완 장군은 요지부동이었다. "나는 전차를 몰고 가서 30경비단과 보안사령부를 모두 불바다로 만들고 최후의 돌격을 하겠다"라고 뜻을 굽히지 않았다.

전두환 보안사령관은 김용휴 국방차관에게 장태완·정병주 두 사령관의 불법적인 병력 출동 상황을 보고하고 이를 저지해줄 것을 요청했다. 국방부를 지키고 있던 김 차관은 "국방부 장관의 명령마저 거역하고 있으니 나도 어떻게 할 방법이 없다"라고 체념했다. 이 말을 듣는 순간, 전두환 장군은 정상적인 군 통수권 발동에 의한 반란 진압은 더 이상 기대할 수 없다고 판단했다.

국방부 장관이 분명하게 여러 차례 병력 출동 금지 명령을 내렸음에도 불구하고 정승화 계열 장군들이 이에 불복하고 병력을 동원한 것은 명백한 국가 변란 행위에 해당한다. 이를 막아야 할 책임은 보안사령관에게 있었다. 반란 세력의 무력 공격으로부터 대통령을 위시한 국가기관을 방호하고, 무너진 통수 질서를 회복하기 위해 보안사령관의 고유 임무인 대전복 작전 차원에서 대응이 불가피했다.[125]

---

125 전두환 회고록(1), 앞의 책, 232쪽.

보안사령관의 지휘권자는 국방부 장관이다. 그와의 연락선이 끊긴 상황에서 전두환 사령관이 보고해야 할 직속상관은 김용휴 국방부 차관이었다. 전 사령관은 김용휴 차관에게 대전복 정부군의 출동 요청이 불가피함을 보고했다. 그리고 경호실장에게 전화해 "대전복 정부군 출동을 요청해야겠으니 대통령 각하께 보고해달라"라고 통보했다.

장태완의 반란 진압 위한 정부 대응군 출동

12월 13일 자정 무렵, 전두환 보안사령관은 특전사 3개 여단(1·3·5여단)에 반란 진압을 위한 정부 대응군 출동을 공식 요청했다. 보안사령관의 출동 요청을 받은 1공수여단은 0시 50분경 육본과 국방부에, 3공수여단은 새벽 3시 30분경 중앙청에, 5공수여단은 오전 6시경 효창운동장에 도착했다.

공수여단은 실제 병력이 얼마 되지 않았고, 경무장이었다. 만약 정승화 계열 장성들이 26사단과 수도기계화사단을 출동시키면 대응이 어렵게 된다. 전두환 사령관은 13일 0시 40분, 1군단과 9사단에 추가로 대응군 병력 지원을 요청했다. 전두환 사령관의 요청을 받은 황영시 1군단장은 박희모 30사단장, 이상규 2기갑여단장에게 병력 출동을 지시했다. 노태우 9사단장은 29연대를 대전복 정부 대응군으로 서울에 진주시켰다.

미8군 영내의 한미연합사 상황실에 있던 노재현 장관은 김용휴 차관, 유병현 한미연합사 부사령관에게 정승화 연행에 대한 사후 대책을 물었다. 두 사람은 "빨리 대통령실에 가서 대통령을 만나 뵙고 사태를 수습해야 한다"라고 강력히 역설했다.[126] 그제야 비로소 노재현은 몸을 움직여 12월 13일 새벽 1시 30분, 국방부로 복귀했다.

---

126 지만원(상), 앞의 책, 155쪽.

박희도 1공수여단장은 12월 13일 새벽 1시 30분, 병력을 인솔하여 용산 국방부 청사 앞에 도착했다. 1공수 예하 5대대(대대장 박덕화 중령)가 청사에 진입하려는 순간, 장태완 사령관의 명령을 받은 수경사 방공포대가 국방부 옥상에서 발칸포 공격을 가했고, 청사 내부에서는 헌병들이 소총 사격을 했다. 1공수도 이에 맞서 총격전이 벌어졌다. 총격 소음에 놀란 노재현 장관은 또다시 장관실을 탈출, 잠적했다.

　무엇보다 시급한 일은 불법으로 병력을 출동시킨 지휘관들의 체포였다. 전두환 사령관은 12월 12일 밤 11시 30분경, 조홍 수경사 헌병단장에게 장태완 사령관의 체포를 요청했다. 자정 무렵에는 최세창 제3공수여단장에게 정병주 특전사령관을 반란 현행범으로 체포를 요청했다.

　조홍 대령은 이날 밤 벌어진 사태를 냉정하게 분석해보았다. 그 결과 장태완이 자신의 직속상관이긴 하지만, 그가 정승화에 대한 개인적 의리 때문에 합수부의 수사 업무를 무력을 동원해 저지하는 것은 명백한 불법행위라고 판단했다. 조홍 단장은 그 즉시 수경사 헌병단 부단장 신윤희 중령에게 전화로 "장태완 사령관을 체포하라"라고 명령했다. 신윤희 중령은 헌병대를 지휘하여 수경사 상황실에 모여 있던 장태완을 비롯한 정승화 계열 장군들을 모두 체포하는 데 성공했다.

　최세창 3공수여단장은 휘하의 15대대장 박종규 중령에게 특전사령관 체포를 명했다. 체포 과정에서 총격전이 벌어져 정병주 사령관은 팔에 총상을 입고 체포되었고, 사령관 비서실장 김오랑 소령은 교전 도중 전사했다. 박종규 중령도 좌측 팔목에 총상을 입었다.

　보안사의 대전복 작전 임무가 종료된 시각은 12월 13일 새벽 3시 30분이었다. 장태완 수경사령관은 서빙고 분실의 이학봉 수사국장에게 인계되었다. 나머지 육본 측 장성들은 무장 해제된 후 귀가 조치되었다.

위컴, '12·12는 신군부의 쿠데타' 보고

12월 12일 밤 주한미군은 별다른 영향력을 발휘하지 못했다. 글라이스틴과 위컴은 눈앞에서 한국의 국가권력이 한 집단에서 다른 집단으로 넘어가는 것을 지켜볼 수밖에 없었다.[127] 12·12 사태는 한국 현실 정치의 참모습을 선명하게 보여주었다. 한국군에 대한 미국의 통제력은 한국 내부의 권력투쟁에서는 순전히 명목상에 불과하다는 것, 최 대통령 치하에서 군부에 대한 민간의 통제는 존재하지 않는다는 것, 그리고 전두환이라는 잘 알려지지 않은 인물이 이제 한국의 실권자가 됐다는 것을.[128]

삼청동 총리공관에서는 노재현 장관이 나타나지 않자 난리가 났다. 12월 13일 새벽 2시 30분, 신현확 총리는 자신이 직접 노재현 장관을 찾아 데려와야 사태를 진정시킬 수 있다고 판단했다. 신 총리가 용산 국방부로 달려갔지만, 노재현 장관은 또다시 행방불명이었다. 국방부 청사 구내방송으로 여러 차례 장관을 찾는 방송을 실시했고, 1공수여단 병력을 동원하여 청사 내외를 수색했지만, 그는 나타나지 않았다. 새벽 3시 50분경에야 노재현은 국방부 청사 지하 1층 계단 아래에서 1공수 수색조에게 발견됐다.[129]

위컴 장군은 한미연합사에 사전 통고 없이 자신의 작전통제권(OPCON, Operational Control) 아래 있는 한국군 부대를 이동시킨 행위는 연합사가 북한의 침공을 막아낼 수 없게 만드는, 용납할 수 없는 위험한 행위라고 강력 항의했다.[130]

12월 13일 새벽, 상황이 종료된 직후 위컴 사령관은 워싱턴과 하와이 태

---

127 돈 오버도퍼, 앞의 책, 118쪽.
128 돈 오버도퍼, 앞의 책, 120쪽.
129 지만원(상), 앞의 책, 156쪽.
130 존 위컴, 앞의 책, 295~296쪽.

평양연합사령부에 보낸 보고서에서 합수부 측의 군사행동을 '쿠데타'로 표기했다. 내용은 다음과 같았다.

"중간 계급 장교들과 일부 상급 장교들이 복잡해진 한국 내 권력 구조를 재편하기 위해 쿠데타를 감행했다. 주모자가 누구인지 확실히 드러나지는 않았지만 전두환 보안사령관인 것으로 추측된다. 노재현 국방장관은 아직 일부 부대를 통제할 수 있으나 유혈사태는 바라지 않는 것으로 보인다. 그런데 쿠데타 주동자들의 행동으로 보아 한국군 내에서 심각한 갈등이 계속될 것으로 예상된다."[131]

위컴 사령관뿐만 아니라 글라이스틴 주한 미국대사도 12·12 사태를 '일단의 군인들에 의한 계획된 권력 탈취'라고 정의했다.[132]

노재현 장관은 전두환 합수본부장의 세 차례에 걸친 정승화 연행 조사를 반대했다. 뿐만 아니라 정승화 총장이 합수부로 연행된 사실을 정확하게 인지한 후에도, 대통령의 출두 명령을 어기고 12월 12일 저녁 7시 15분부터 다음 날 새벽 3시 50분까지 도피·잠적 행위를 반복했다. 그날 밤 노재현은 왜 이런 불가사의한 행동을 계속했을까?

노재현과 정승화의 결탁 가능성

정승화는 검찰 진술에서 밝혔듯이 노재현 장관과 향후 정국 운영에 관한 방침을 정하고, 두 사람 뜻대로 밀고 나갔다. 대통령 보궐선거에 김종필이 출마하지 못하도록 압력을 가해 정치적 영향력이 없는 최규하를 대통령에 당선시킨 것이다.

합수부는 정승화 총장과 노재현 장관이 1980년 이후 정권의 향방에 관

---

131 존 위컴, 앞의 책, 107~108쪽.
132 윌리엄 글라이스틴, 앞의 책, 133쪽.

해 나름의 프로그램을 만들어놓았고, 그 필연적 귀결은 자신들의 집권이었을 것으로 추측했다.[133] 노재현 장관이 대통령의 지시를 무시하고 잠적, 도피, 출두 기피 행위로 일관한 이유는 정승화를 구출하기 위한 시간을 벌어주기 위해서였다는 것이다.

12·12와 관련하여 기억해야 할 사안은 수경사와 특전사 장교들이었다. 이들은 이날 밤 자신의 직속상관으로부터 "정승화 총장을 납치해간 합수부 측 반란군을 공격하여 총장을 구출하라"라는 명령을 받았다. 동시에 합수부와 30경비단 장성들로부터 "정승화 연행은 박 대통령 시해 사건의 수사를 위한 정당한 임무 수행이니 병력 출동을 자제하라"라는 상반된 요청을 받았다.

만약 수경사·특전사 장교들이 직속상관의 명령을 수행했다면 청와대는 물론, 대통령 관저로 사용 중인 총리공관, 보안사 일대가 불바다가 되었을 것이고, 국군 간 대규모 무력 충돌이 벌어져 내전으로 치달았을 것이다. 혼란스러운 상황에서 수경사·특전사 장교들은 선택의 기로에서 고민에 빠졌다.

이날 밤 군기 엄정하기로 소문 난 수경사 예하 장교 450명 중 장태완 사령관의 명령에 따른 장교는 60명에 불과했다. 정승화·장태완 측은 그들이 직속상관의 명령을 따르지 않은 것은 하나회 회원이었기 때문이라며, 12·12를 하나회의 조직적인 군사 반란 행위로 몰아갔다. 장태완은 조홍 헌병단장을 비롯하여 자신을 체포한 수경사 헌병 부단장 신윤희 중령, 작전처 보좌관 김진선 중령(육사 19기)도 하나회 회원이라고 자신의 회고록에 썼다.[134]

---

133 전두환 회고록(1), 앞의 책, 256쪽.
134 장태완, 앞의 책, 73쪽.

이는 사실이 아니다. 신윤희는 저자와의 인터뷰에서 자기와 조홍 단장은 하나회가 아니었다고 밝혔다. 당시 수경사의 처장·여단장급 지휘관 37명 중 하나회 소속은 장세동 30단장, 김진영 33단장뿐이었으며, 직속상관을 체포한 박종규 중령(3공수 15대대장)도 하나회가 아니었다고 말했다.

수경사 장교들, 직속상관 명령에 불복한 이유

장태완 사령관으로부터 30경비단과 보안사령부를 공격하라는 명령을 받고 아스토리아 호텔 앞에 출동했던 수경사 전차대대장은 전차 시동을 끄고 잠적했다. 전차장과 전차 운전병들도 출동 명령에 불복했다. 수경사 장교들이 대규모로 항명한 이유는 정승화 총장 연행은 합법적인 수사의 일환이라는 확신을 갖고 있었고, 장태완 사령관의 명령은 합리적 이성을 상실한 불법 부당한 것이라고 판단했기 때문이다. 일촉즉발의 상황에서 서로 상반되는 명령을 받고 혼란에 빠졌던 수경사 소속 장교들은 비상식적인 장태완의 명령에 불복, 국군 간 대규모 유혈 충돌을 막고 나라를 살렸다.

노재현 장관이 삼청동 총리공관에 나타난 시각은 사건 발생 9시간 15분이 지난 12월 13일 새벽 4시 30분이었다. 이 자리에 신현확 총리가 배석했다. 노 장관은 최규하 대통령에게 "이것은 대통령께서 재가하지 않을 수 없는 문제입니다. 이미 끝난 일이니 더 큰 혼란을 예방하고 사태를 수습하기 위해 재가를 해주시는 것이 좋겠습니다"라고 말했다. 최 대통령은 한참 생각하다가 관련 문서에 재가했다.[135]

그 직후 군 지휘부 인사가 단행되었다. 최 대통령은 12월 12일 조각에서 노재현 장관을 유임시키기로 했었다. 그런데 이날 대통령의 출두 명령

---

135 신현확 검찰 진술조서, 1995년 12월 16일, 조선일보사a, 앞의 책, 83쪽.

을 어기고 10시간 가까이 잠적하는 등 도저히 용납할 수 없는 행동을 보고 마음을 바꾸었다. 유임시키려 했던 노재현을 해임하고 주영복 전 공군 참모총장을 국방부 장관에 임명했다.

주영복은 자신이 국방부 장관에 임명된 이유는 "군부 내 실세로 떠오른 그들(신군부)이 군부 실정을 전혀 모르고 비교적 원만한 성격을 가지고 있는 나를 천거했을지도 모른다고 생각했다"고 밝혔다. 1980년 1월부터 8월 16일 최 대통령이 하야할 때까지 중요한 정책 결정 과정에서 주무장관인 자신이 매번 소외되는 것을 보고 신군부가 자기를 '핫바지 장관'으로 여겼다고 진술했다.[136] 12·12 직후 군 수뇌부 인사를 신군부가 제멋대로 주물렀다는 사실을 간접적으로 밝힌 것이다.

이와 관련하여 전두환은 "12·12로 군 지휘권을 장악하려 했다면 내가 참모총장에 올랐어야 한다. 나와 친하지 않은 이희성 장군이 참모총장에 오른 것만 봐도 신군부의 군 지휘권 장악은 말이 안 되는 이야기"라고 일축했다.[137]

미국 측 입장, "12·12는 실질적 쿠데타"

최 대통령은 보안사로 연행된 정승화 육군참모총장 겸 계엄사령관을 해임하고 이희성 장군을 후임으로 임명했다. 이어 육군참모차장에 황영시, 1군사령관에 윤성민, 2군사령관에 차규헌, 3군사령관에 유학성이 임명되었다. 이희성 총장은 수경사령관에 노태우 9사단장, 특전사령관에 정호용 50사단장을 임명했다. 이희성은 "이 인사는 전두환 보안사령관의 요구에 의한 것이었기는 하나, 내가 볼 때 그들이 적임자로 판단되어 임명한 것"이라

---

136 주영복 검찰 진술조서, 1995년 12월 12일, 조선일보사a, 앞의 책, 100~101쪽.
137 전두환 피의자 신문조서(제2회), 1995년 12월 7일, 조선일보사a, 앞의 책, 29쪽.

고 진술했다.[138]

흥미로운 점은 불과 몇 시간 전까지 합수부와 맞섰던 윤성민 육군참모차장을 1군사령관에 발탁한 점이다. 윤성민은 12·12로 인한 군부 갈등 수습에 앞장서달라는 요청을 받았고, 그는 이에 동의하여 1군사령관에 임명되었다. 합수부에 저항했던 이건영 3군사령관, 장태완 수경사령관, 정병주 특전사령관, 하소곤 육본 작전참모부장, 김진기 헌병감 등 30여 명은 예편되었다. 이로써 하루아침에 군부 주도권이 합수부 측에 섰던 세력, 더 정확히 말하면 육사 11기 중심의 신군부로 넘어가는 지각변동이 일어났다.

12월 13일 김종필은 여의도 국회의사당 내 공화당 총재실에서 최규하 대통령의 전화를 받았다. 최 대통령은 상기된 목소리로 "아, 총재님이십니까. 저, 어젯밤에 죽을 뻔했시유"라고 말했다. 김종필이 "무슨 소립니까. 대체 어떤 놈이 대통령을 죽이려고 했다는 겁니까?"라고 물었다. 최 대통령은 "전두환 합수본부장을 비롯해 장군 여러 명이 몰려와 결재해달라고 난리를 쳤다"며 전날 밤에 있었던 일을 털어놓았다.[139]

전두환 합수본부장은 미국 측에 12·12로 인해 최 대통령이 하야하지 않았고, 헌정질서도 그대로 유지되고 있으니 절대 쿠데타가 아니라는 사실을 적극 해명했다. 글라이스틴 대사는 신군부의 행동이 쿠데타가 아니라는 데 동의했지만, 위컴 사령관은 글라이스틴의 결론에 전적으로 동의하지 않았다.

12월 13일, 주한 미국대사관은 "우리는 사실상의 쿠데타를 겪고 있음. 민간 합헌 정부는 명목상 유지되고 있지만 모든 징후는 군의 중추기관들이 일단의 '야심적인 젊은' 장교들에 의한 치밀한 계획에 의해 장악됐음을

138 이희성 검찰 진술조서, 1995년 12월 12일, 조선일보사a, 앞의 책, 123쪽.
139 김종필b, 앞의 책, 68~69쪽.

보여주고 있음"이란 보고서를 본국 정부에 보냈다.[140] 글라이스틴 대사는 12·12는 실질적 쿠데타였으나 정확한 사건 형태가 어떠했든 고전적 쿠데타에는 이르지 않았다고 밝혔다. 그 이유는 기존 정부 구조가 기술적으로는 제 위치에 있기 때문이라고 강조했다.[141]

12·12 사태가 발생한 지 2주 후 위컴 사령관은 하와이와 워싱턴 군 상부에 중요한 보고서를 보냈다. 이 보고서에서 위컴은 쿠데타 세력이 불법으로 권력을 탈취했음을 기정사실로 받아들이고 있으며, 쿠데타 세력은 '군복 입은 정치인'이라고 표현할 수 있는 장성들로 이루어져 있다고 했다.

위컴은 그들이 반란 행위에 가담한 것과 불법적으로 군대를 이용한 것, 한미연합사령부의 승인 없이 군대를 이동함으로써 한미연합사를 웃음거리로 만든 것 등은 우리가 상호 신뢰의 기반 위에서 이 세력과 관계를 맺어나갈 수 있을 것인가에 대해 심각한 의문을 제기한다고 썼다. 결론적으로 위컴은 "불가피한 상황이 아니면 쿠데타 세력 지도자들과의 직접적인 접촉을 자제할 것이며, 한국 정부와 군부의 합법적인 제도 체제만을 상대할 것"이라고 보고했다.[142]

관망 자세 취한 미국 정부

글라이스틴과 위컴의 신군부에 대한 살벌한 비판 내용의 보고서에도 불구하고 미국은 한국의 정치 지형을 예의주시하며 전형적인 관망 정책(wait and see)을 계속했다. 한국의 어느 세력에게도 힘을 실어주지 않는 대세 편승적 자세를 유지한 것이다. 미국은 12·12를 성급하게 쿠데타로 규정

---

140 윌리엄 글라이스틴, 앞의 책, 294쪽.

141 신현익(2006), 97쪽.

142 존 위컴, 앞의 책, 153쪽.

하여 그들을 국수주의나 반미로 흐르는 것을 피하려 했다. 이런 배경에는 당시 이란 사태가 영향을 준 측면이 있다.[143]

미국은 글라이스틴 대사가 '권력 탈취 행위'라고 표현한 12·12 사태를 무효화하려는 노력을 일체 시도하지 않았다. 그런 노력이 성공할 가능성이 없다는 것을 알았기 때문이다. 위컴 사령관은 전두환 합수본부장의 측근으로 알려진 문형태 국회 국방위원장에게 사태를 역전시키지 않겠다는 확인까지 해주었다.

미국은 자국의 이익을 수호하는 데 좀 더 협조적인 세력이 실권을 장악하는 것이 유리하다고 판단했다. 그 결과 미국의 '신중한 불개입', 즉 '관망'은 신군부의 쿠데타를 성공하게 하는 데 결정적 도움이 되었다.[144] 미국은 현실을 있는 그대로 받아들이는 '대세 수용'을 선택한 것이다.

당시 미국은 이란 사태를 잘못 관리하여 맹방 관계였던 이란에 광적인 반미 이슬람 정권이 들어서는 것을 속수무책으로 바라보았고, 미국 대사관 직원이 인질로 붙잡히는 수모를 당하고 있었다. 이런 상황에서 한국의 신군부 세력을 지나치게 자극해 '제2의 이란 사태'가 발생하는 것을 피해야 한다는 큰 압박감을 느끼고 있었다.[145]

게다가 한국의 경제발전의 결과로 부상한 한국 중산층의 현실 안주적 보수성이 미국의 적극적 사태 개입에 영향을 주었다. 위컴 사령관은 한국 국민이 자신들의 자유가 훼손된 것에 가시적인 분노를 나타낼 것으로 기대했으나, 그들의 수동적 태도를 보면서 크게 실망했다. 이런 실망감이 머릿속에 가득했던 위컴은 얼마 후 미국 기자들과의 비공개 인터뷰에서 "한국인

---

143 신현익(2006), 98쪽.
144 신현익(2006), 113~115쪽.
145 돈 오버도퍼, 앞의 책, 124쪽.

은 들쥐(레밍) 같아서 누가 지도자가 되든 그 지도자를 따라갈 것이다. 한국인에게는 민주주의가 적합하지 않다"라는 발언을 하여 물의를 빚었다.

뉴욕타임스는 신군부 세력의 '불법 쿠데타'라는 원죄는 신군부 세력이 미국에 정통성을 구걸해야 하는 약자의 입장으로 전락하도록 만들었고, 미국으로 하여금 저자세의 신군부 세력에 대해 비교우위의 유리한 입장을 구가하게 만들었다고 보도했다. 이런 약점을 지닌 집권 세력의 취약성을 이용해 자신들의 정책 의도대로 길들이고 끌어나갈 수 있는 좋은 기회를 맞은 면도 없지 않았다는 것이다.[146]

12·12는 쿠데타였나?

현실정치란 애매모호한 회색의 영역에서 차선 또는 차악을 골라나가는 고통스러운 과정이다.[147] '정의'는 어떤 이념이나 강령으로 사용되기에는 의미가 너무 포괄적이고 두루뭉술하다. 게다가 너무 자주 사용되다 보니, 정작 그 단어가 지시하는 바가 무엇인지 파악하기조차 어렵다.[148] 이런 명제를 가지고 12·12를 정리해본다.

12·12는 국가로부터 박 대통령 시해 사건의 전모를 밝히라는 명령을 받은 합수부의 임무 수행 과정에서 발생한 사건이다. 학자들과 정치권은 물론, 당시 한국에 근무했던 위컴 한미연합사 사령관, 글라이스틴 주한 미국 대사도 12·12를 신군부가 정권 찬탈을 위한 목적에서 일으킨 군권 찬탈 행위라고 주장했다.

글라이스틴과 위컴의 보고를 받은 인권과 도덕 외교의 기수 카터 미국

146 뉴욕타임스, 1979년 12월 16일.

147 길윤형, 『26일 동안의 광복』, 서해문집, 2022, 10쪽.

148 백지운, 『항미원조-중국인들의 한국전쟁』, 창비, 2023, 9쪽.

대통령은 12·12 사태를 강력히 비판했으며, 미국은 12월 12일의 하극상과 지휘 체계의 침해를 놓고 전두환 세력에 대한 비난을 계속했다.[149]

12월 12일 저녁부터 12월 13일 새벽 3시 30분까지 벌어진 상황을 정밀 복기하면 현실은 이와는 정반대로 진행되었다. 장태완 수경사령관은 병력을 동원하여 최 대통령 납치를 기도했다. 또 직속상관인 노재현 장관의 병력 출동 금지 명령을 거역하고 청와대 바로 앞의 30경비단과 보안사령부를 포격 및 전차로 공격하라는 명령을 내렸다. 정병주 특전사령관도 장관 명령에 불복하고 9공수여단을 출동시켰다.

이때까지 합수부 측에서는 어떤 병력도 서울에 출동시킨 사실이 없다. 국방부 장관의 명령을 거역하고 불법적으로 병력을 출동시킨 장태완과 정병주의 행위는 명백한 국가 변란 행위에 해당하므로 적법 절차에 따라 직속상관 및 대통령에게 보고한 후 대전복 대응군을 출동시킨 것은 그 후의 일이었다. 12·12 사태는 장태완과 정병주의 군사 반란이 명백한 '역사적 사실'이다.

이와 관련, 장태완은 회고록에서 중대한 내용을 고백하고 있다. 장태완은 노재현 장관이 "절대로 병력 동원을 하지 말라"라고 명령한 사실을 문홍구 합참본부장으로부터 전달받지 못했다고 증언했다. 그는 "이런 사실(노재현 장관이 병력 동원을 금지한 명령)은 먼 훗날 알게 되었는데, 그 당시 내가 장관과 통화할 수 있었다면 그날 밤의 상황은 어떤 방향으로든 변화가 있었을 거라 생각한다"[150]라고 밝혔다.

장태완은 12월 12일 밤, 자신의 극렬한 저항 행위는 윤성민 차장, 문홍구 합참본부장이 정확한 정보를 전달하지 않았기 때문에 발생한 일이었다

---

149 윌리엄 글라이스틴, 앞의 책, 135쪽.
150 장태완, 앞의 책, 152쪽.

고 자백한 것이다. 12월 12일 저녁부터 13일 새벽까지 정승화 편에 섰던 군 지휘관 중 자신의 임무를 엄정하게 수행한 간부는 하나도 없었다. 이것이 숨길 수 없는 12·12의 진실이다.

전두환은 1994년 9월 15일, '국민 여러분에게 드리는 말씀'을 통해 12·12에 대해 이렇게 주장했다.

"12·12 사태 다음 날에도 그 전날과 마찬가지로 대통령께서는 건재하셨고, 헌법의 효력을 비롯한 헌정질서도 그대로 유지되고 있었고, 행정부와 국회와 사법부에도 변화가 없었으며, 국민 생활에도 아무런 영향이 없었습니다."[151]

12·12에 대한 최규하의 입장

전두환의 주장처럼 12·12 때까지는 정권을 탈취하고자 하는 구체적 시나리오는 없었던 것으로 보인다.[152] 보안사 보안처장이었던 정도영의 다음과 같은 증언이 이를 증명한다.

"나는 전 씨(전두환)가 당시(12·12)에 정권 탈취의 야심을 품었다고 생각지 않는다. (중략) 그가 '육군참모총장에 뜻을 두고 있구나'라고 느꼈다. 나는 정권을 잡기 위해 계략을 꾸몄다기보다는 12·12 사태 이후의 외부 상황이 그를 정권 쪽으로 밀어넣은 게 아닌가라는 생각을 한다. 그 후로 정권의 공백 상태에서 권력이 보안사로 서서히 이동하는 것을 감지할 수 있었다. 일반 행정부처에서 자신들의 소관 사항인 시시콜콜한 업무까지 보안사에 문의하고 결재를 기다리는 식이었다."[153]

---

151 조선일보사b, 앞의 책, 364쪽.
152 신현익(2006), 129쪽.
153 월간조선, 1993년 8월호, 354쪽.

12·12 밤에 합동수사본부가 권력의 정점이었던 정승화를 체포 연행하자 모든 사람들이 보안사령부 눈치를 보는 세상이 전개되었다. 전두환이 의도적으로 권력을 장악하려 했다기보다는, 그의 의지와는 관계없이 상황이 그의 등을 떠밀어 역사가 그렇게 흘러간 것이다. 그렇다면 12월 12일 저녁부터 12월 13일 새벽까지 정승화 연행 조사 문건에 재가하지 않음으로써 평지풍파를 야기한 최규하 대통령의 입장은 무엇이었을까?

최 대통령이 이 문제와 관련하여 명시적으로 남긴 발언이나 자료는 없지만, 1980년 1월 18일 연두 기자회견에서 행한 다음과 같은 발언으로 유추 해석할 수 있지 않을까 생각한다.

"박 대통령 시해 사건은 우리가 상상하지 못한 국가적 중대 사건이었다. 따라서 이 사건의 진상규명을 위해 의혹이 있다면 누구든지 지위의 고하를 막론하고 조사하는 것이 당연한 일이다."

12·12 직후 최규하 정부는 자신이 공표했던 정치 일정을 차질없이 추진하겠다는 결의를 나타냈다. 신현확 총리는 헌법 개정을 조속히 마무리짓고 1981년 초에 새 헌법에 의거한 선거를 치를 것이라고 공표했다.[154] 김대중은 당시의 정치 상황에 놀라울 정도로 낙관적인 모습을 보였다. 김종필 공화당 총재와 김영삼 신민당 총재는 12·12 사태에 대한 우려를 표명하면서도 정부가 개혁 작업을 차질 없이 진행한다면 학생과 노동자들의 동요를 막을 수 있을 것으로 생각했다. 3김 씨 모두 자신들이 차기 대통령이 될 전망을 점치기 바빴다.[155]

저자는 월간조선 기자 시절 '역사바로세우기' 재판으로 수감되었다가 석방된 노태우 전 대통령의 육성회고록 연재를 담당한 바 있다. 이때 노 대

154 김행선, 『1980년대 전두환 정권의 수립』, 도서출판 선인, 2015, 50쪽.
155 윌리엄 글라이스틴, 앞의 책, 148쪽.

통령은 5공화국의 성격을 다음과 같이 설명했다.

"5공의 본질이 뭐냐. 이것이 지금도 역사적 시비로 남았습니다. (중략) 나는 아무리 생각해봐도 쿠데타가 아니야. 쿠데타 같으면 정권이란 목표가 있어야 하고, 정권을 빼앗게 되면 무엇을 어떻게 하겠다는 (계획이) 나와야 하는데, 아무것도 없었으니 결과적으로는 얻어진 정권입니다. 어떻게 얻어졌느냐. 나라를 살려야 한다는 일념에 온몸을 바쳐 최선을 다한 결과가 우리 쪽으로 온 것이다. 이렇게 말하니까 어떤 친구가 '그럼 습득 정권이네' 해서 웃은 적이 있습니다."[156]

쿠데타란 군대 등 무력을 동원해 집권자를 몰아내고 정권을 찬탈하는 행위다. 수사와 재판을 통해 밝혀졌듯이 김재규는 박 대통령을 시해한 후 정승화 총장의 협조를 받아 권력을 잡으려 했다. 만약 10·26 그날 밤 김계원 비서실장이 김재규의 범행을 실토하지 않았다면 김재규와 정승화의 쿠데타는 성공했을 가능성이 높다.

김재규가 집권했다면?

만약 김재규가 집권했다면 어떤 상황이 전개되었을까? 이와 관련, 전두환은 김재규 계획대로 혁명정부를 세우는 데 성공했어도 결코 오래가지는 못했을 것이라고 예측했다. 전두환이 김재규의 쿠데타 실패를 예측한 이유는 무엇이었을까?

쿠데타는 쿠데타 주역의 이미지가 대단히 중요하다. 국가 위기를 신속히 수습하고, 희망찬 미래를 제시하는 모습을 보여줄 수 있어야 한다. 김재규와 정승화는 그런 이미지와는 거리가 멀었다. 특히 군 내부에선 그랬다. 불투명한 처신에 기회주의자 냄새가 나는 정승화 총장을 조사하라는 것

---

156 노태우c, 조갑제 해설, 『노태우 육성회고록: 전환기의 대전략』, 조갑제닷컴, 2007, 45쪽.

이 다수의 말 없는 요청이었다.[157] 때문에 두 사람이 쿠데타를 일으켰다고 하면 국민도, 군도 결코 따르지 않았을 것이란 게 전두환의 예측적 분석이었다.

일본 총리를 역임한 나카소네 야스히로(中曾根康弘)가 발간한 회고록 제목이 『정치인은 역사의 법정에 선 피고』다. 12·12가 전두환과 신군부의 쿠데타였나? 이 문제로 지하에 있는 전두환이 역사의 법정에 선다면, 역사의 법정은 그에게 '무죄'를 선고했을 것이 틀림없다. 왜냐하면 12·12는 전두환과 신군부의 쿠데타가 아니었기 때문이다.

12·12 사태의 성격이 극적으로 반전된 것은 김재규를 '민주화의 영웅'으로 만들려는 세력들이 정치판의 주역으로 등장하면서부터다. 6·29 선언으로 대통령 직선제 개헌이 이루어지자 12·12의 희생자를 자처한 정승화는 재빨리 김영삼의 통일민주당에 입당하여 부총재직을 받았다.

정승화는 자신이 계엄사령관 시절 김영삼을 '무능한 인물'로 낙인찍었던 사람이다. 심지어 그는 "김영삼 같은 인물이 대통령이 된다면 군은 쿠데타 일으켜서라도 막을 것"이라고 공언했다. '무능한 인물' 김영삼에게 부총재 감투를 얻어 쓴 정승화는 그와 손잡고 '역사바로세우기' 작업에 나섰다. 1979년 10·26 당시 자신이 시해범 김재규를 도왔던 행위는 모두 지워내고 "일개 육군 소장이 상급자인 육군참모총장을 체포했으니 하극상에 의한 쿠데타"라고 선전하기 시작했다.

전두환 정부 시절 호의호식했던 대표적 인물 중의 하나가 윤성민이다. 12·12 당시 육군참모차장으로 육본을 지휘했던 윤성민은 12·12 후 제1군사령관, 1981년 합참의장에 이어 1982년 5월부터 1986년 1월까지 국방부 장관을 지냈다. 이후 한국석유개발공사 이사장, 대한방직협회장 등을 역임

---

157 전두환 회고록(1), 앞의 책, 264쪽.

했다.

세상이 바뀌자 그도 재빨리 김영삼 편으로 돌아섰다. 그는 소위 '역사 바로세우기' 재판에 증인으로 출석하여 "영장 없이 계엄사령관을 연행하고, 부대 병력을 동원해 주요 사령부를 강점한 것은 군권을 찬탈하기 위한 명백한 반란 행위"라고 주장했다.

장태완 사령관은 합수부에서 두 달여 조사받은 후 예편했다. 12·12 당시 33경비단장이었던 김진영은 자신의 직속상관이었던 장태완을 그 후 여러 차례 만났다. 장태완은 12월 12일 밤에 자신이 병력 동원을 한 것을 크게 후회했다고 한다. 합수부가 박 대통령 시해 사건을 규명하기 위해 끝까지 노력한 것은 정의로운 애국의 길이었다고도 했다.

언어의 유희

전두환 대통령은 12월 12일 밤에 자기에게 사살 명령을 내린 장태완을 공기업인 한국증권전산 사장에 임명했고, 노태우 대통령은 그를 한국증권전산 회장에 근무토록 배려했다. 김진영의 증언에 의하면 장태완은 심근경색증을 앓고 있었는데 노태우 대통령이 경비를 부담해서 미국에 가서 수술을 받게 해준 데 대해 고마움을 표시했다고 한다.

그랬던 그도 문민정부가 출범하자 태도가 돌변했다. 김영삼 정부 시절 그는 대한민국재향군인회장을 역임했고, 김대중 정부에서는 새천년민주당 비례대표로 16대 국회의원 금배지를 달았다.

12·12 밤에 정승화 측에 가담했던 장성 중 전두환·노태우의 취업 권유를 거부한 사람은 김진기 헌병감이었다. 그는 12·12 사건 후 타의로 군복을 벗었다. 5공 출범 후 여러 차례 정부 출연 기업체 대표직을 제안받았으나 장군의 명예를 지키겠다면서 사양했다. 그는 수원에서 농사를 지었고, 광어 양식업을 했으나 실패했다. 김영삼 정부 출범 후 그는 공기업인 한국

토지공사 이사장으로 근무했다.

　12·12는 정승화를 추종하는 장태완 수경사령관과 정병주 특전사령관의 군부대 출동으로 야기된 소란이었다는 것이 '역사적 사실'이다. 12·12가 종료된 후에도 최규하 정부는 정상 작동했고, 군 지휘통수체계는 살아 있었다. 그날 밤의 역사적 사실이 명명백백하게 밝혀지자 12·12를 쿠데타로 만들어야만 했던 세력들은 여러 논지를 동원하여 창작해낸 것이 '쿠데타적 사건', '장기간에 걸친 완만한 형태의 다단계 쿠데타', '역사상 가장 긴 쿠데타', '결과적 쿠데타', '실질적 쿠데타'란 용어다. 이것은 일종의 언어의 유희다.

"전두환이 아니라면, 누가 5·18에 대해 책임이 있는 겁니까?"
"지휘 계통의 최고위에 있는 계엄사령관인 나(이희성)와 국방장관
(주영복)이오. 그래서 법적 책임을 지지 않았소. 그때 전두환에 대해
과대평가하고 있어요. 그는 보안사령관이었고 내 참모에 불과했소.
참모로서 내게 건의할 수는 있었겠지만 작전 지휘 체계에 있지 않았
소. 진압 작전에 개입할 수 없었소."

제3장

좌절된 '서울의 봄'

1

'제3의 민주화 물결'이 한국을 비켜간 이유

군대는 조직화된 폭력을 합법적으로 관리하면서 그 사회의 안녕질서를 책임지는 조직체다. 국민의 세금으로 유지되는 무력 집단인 군대는 민주 국가의 방위력의 핵심 요소이며 군비의 실체다. 군은 국민이 소유하고, 국민을 위해 봉사하며, 국민에 의해 통제되어야 한다. 따라서 국민의 정부에 의해 통제되는 문민통제가 기본 속성이다.

국가방위라는 명확한 목적을 가진 군이 현실 정치에 개입하는 다양한 사례를 두고 혹자는 '병영 밖의 사회적 조건이 군을 끌어당기는 것'으로 해석할 수도 있고, 또 누군가는 '군 내의 조건이 군을 병영 밖으로 밀어내는 것'으로 볼 수도 있다. 전자에 무게 중심을 두는 해석을 '사회적 접근법'이라 하고, 후자에 방점을 찍는 해석을 '군사적 접근법'이라 하며 사회적 조건이 군의 정치 개입을 촉진하고 군사적 이익이 동기를 부여한다고 보는 해석을 '사회군사적 접근법'이라 한다.[1]

새뮤얼 헌팅턴(Samuel P. Huntington)은 민군(民軍) 관계에 대한 거대 담론을 화두로 한『군인과 국가: 민군 관계의 이론과 정치』라는 저서를 내놓

---

[1] 이대규·황규희·김인혁,『비교군부정치개입론』, 동아대학교 출판부, 2001, 20~38쪽.

왔다. 헌팅턴이 이 책을 쓰게 된 직접적인 계기는 6·25 전쟁이었다. 인천상륙작전 성공으로 기세 좋게 북진하던 유엔군은 중공군의 개입이라는 복병을 만나 고전한다. 군사적 승리를 원했던 맥아더(Douglas MacArthur) 장군은 만주 폭격, 원자폭탄 사용, 일본군·대만군 한국전 투입을 주장했다.

당시 소련은 제2차 세계대전의 충격파로 힘을 쓰지 못할 때였고, 중공은 중국대륙을 차지한 지 1년여밖에 안 된 신생 국가였다. 맥아더의 주장이 실현됐다면 지구상에서 공산주의 붉은 사조를 절멸시킬 수 있는 절호의 기회였다. 하지만, 맥아더의 대담한 구상은 제3차 세계대전을 각오해야 하는 문제를 안고 있었다.

그 의도는 이해한다 쳐도 미국이 자국의 사활적 이익과 관계없는 대한민국 때문에 3차 세계대전의 위험을 무릅써야 하는 이유는 무엇인가? 이것이 당시 트루먼(Harry S. Truman) 행정부의 의문이었다. 트루먼은 6·25를 '한반도에서의 전쟁'이라는 제한전으로 묶어둠으로써 제3차 세계대전으로 비화뇌는 것을 막았다. 그 대가로 전쟁 도중 지휘관 맥아더 원수를 대통령에 대한 명령 불복종을 이유로 해임했다. 이 사건을 계기로 이제 막 학문의 세계에 데뷔한 헌팅턴은 군과 정치, 민군 관계라는 현실적 거대 담론에 주목하게 된다.

군은 폭력 관리의 전문직

이 책에서 헌팅턴은 군은 '폭력 관리의 전문직'이라고 정의한다. 군부는 민간 조직에 비해 조직의 우월성, 고도로 내면화된 상징적 지위, 무기의 독점을 통해 정치적으로 월등히 유리한 입장에 서게 된다. 때문에 폭력 관리에 대한 전문적 지식과 기능은 '전쟁에서 적의 격파를 위해서만 유용하다'라고 주장한다. 이 논지에 의하면 군은 폭력 관리가 아닌, 다른 분야에 참여해서는 안 된다는 결론에 이른다.

헌팅턴의 주장에 의하면 군의 전문성을 지탱하는 기둥은 군인정신 (military mind)이다. 군인정신의 특징은 국가주의와 인간 본성에 대한 비관주의, 경계주의와 권위주의, 초보수주의 등으로 열거된다. 이 모두가 민주주의와는 거리가 있거나, 극과 극을 이루는 가치관이다. 헌팅턴의 주장에 따르면 군인정신에 젖어 있는 군인은 절대로 정치에 참여해서는 안 된다는 철칙이 정립될 수밖에 없다.

불행인지 다행인지 헌팅턴의 연구와는 달리 1950년대 후반부터 아프리카·아시아·중남미 등 2차 세계대전 이후 식민지에서 해방된 저개발국뿐만 아니라 남유럽 등에서 군부 쿠데타가 전염병처럼 발생했다. 워싱턴포스트 보도에 따르면, 1950년대 이후 2016년까지 전 세계에서 총 475회의 쿠데타 시도가 있었고, 그중 236회가 성공했다.[2]

특히 1958년은 군 출신들이 정치에 개입한 기록적인 해였다. 1958년은 한국에선 '개띠의 해'로 유명한데, 바로 이해 7월 14일 이라크에서 카심 (Abd al-Karim Qasim) 준장이 군사쿠데타를 주도하여 파이잘(Faisal) 2세 국왕을 축출했다. 같은 해, 파키스탄·수단·미얀마·태국에서도 쿠데타가 발생하여 군부가 집권했다.

역사상 가장 잦은 쿠데타를 경험한 나라는 남미의 내륙 국가 볼리비아일 것이다. 볼리비아는 1969년 9월 26일 오반도(Alfredo Ovando Candia) 장군이 실레스 사리나스(Luis Adolfo Siles Salinas) 대통령을 축출하는 쿠데타를 일으킨 이래 1970년, 1971년, 1979년 등 연속으로 군인들끼리 전임자를 내쫓고 권좌에 오르는 회전문식 쿠데타가 발생했다.

2024년 6월 26일에도 볼리비아에서 쿠데타가 발생한 사실이 외신을 타

---

2   모준영, 「5·16은 전 세계에서 가장 성공한 쿠데타」, 『박정희정신』 제8호, 2018년 4~6월(계간), 54쪽.

고 전파되었다. 육군사령관 후안 호세 수니가(Juan José Zúñiga)가 제24특공연대 병력 200명과 장갑차를 동원하여 수도 라파스의 대통령궁에 진입하려 했다. 하지만 루이스 아르세 대통령의 강경 대응과 시민들의 반발로 주동자 수니가 대장이 체포되면서 불과 세 시간 만에 진압되었다.

전 세계에서 발생한 수많은 쿠데타 중 박정희 장군에게 지대한 영향을 준 것은 튀르키예 군부 쿠데타였다.

1959년 쿠바 공산혁명의 후폭풍

이 무렵 전 세계에서 군부 쿠데타가 성행하게 된 계기는 1959년 1월, 미국 본토에서 불과 150㎞ 떨어진 쿠바에서 체 게바라(Ernesto "Che" Guevara)와 카스트로(Fidel Castro)가 바티스타(Fulgencio Batista y Zaldívar) 독재정권을 전복하고 공산혁명에 성공하면서부터였다. 케네디(John F. Kennedy) 행정부는 빈곤과 저개발이 제3세계 공산화의 원인이라는 사실을 절감했다. 그 결과 개발도상국에 경제 원조를 통한 공산화 예방을 대외정책의 핵심으로 설정했다.

케네디 대통령은 하버드대학 경제학 교수이자 저명한 반공주의자인 월트 로스토(Walt whitman rostow)를 백악관 국가안전보장문제 담당으로 임명하여 개발도상국의 경제발전 지원을 담당하도록 했다. 로스토는 『경제성장의 단계: 반공산당 선언』이란 자신의 저서에서 유고슬라비아, 이란, 튀르키예, 이스라엘, 인도네시아, 인도, 파키스탄, 베트남, 타이, 대만, 한국 같은 지정학적 요충지에 자리 잡은 저개발국이나 개도국의 지리적 위치, 천연자원, 인구를 고려할 때 그들이 소련권으로 기울면 미국은 세계 2등 국가로 전락할 것이라고 설파했다.

로스토는 이들 국가들이 소련권으로 기우는 것을 예방하기 위해 원조를 집중해야 한다고 주장했다. 또 이들 국가들의 근대화를 위해서는 새로운 엘리트(군대)가 정치를 이끄는 것이 순리라고 보았다. 근대화를 위한 정치 지도력의 원천으로 군부를 주목한 것이다.

군은 전쟁을 예방하기 위해 국가가 막대한 비용을 투자하여 유지하는 합법적 폭력 집단이다. 전쟁 예방이나 억지에 실패하여 전쟁이 발발하면 목숨 바쳐 국가를 보위해야 한다. 적을 제압하기 위해서는 전술·전략 등 군사 지식은 물론이고 행정력, 지리학, 군수물자 생산과 유통, 통신, 병력을 먹이고 입히고 재우는 병참 능력, 부상자 치료를 위한 의학 등 당대의 최첨단 과학기술이 총동원되어야 한다.

군부 쿠데타 열풍

군은 구체적 목표를 설정하고, 이를 달성하기 위해 과학적이고 체계적으로 접근하는 것이 일상화되어 있는 집단이다. 1950~1960년대 초 한국군은 미국이 원조한 장거리포와 고속 함정, 초음속 제트 전투기 등 고도의 정밀 무기를 운영하는 선진화된 집단이었다. 이런 특성을 가진 조직이다 보니 저개발국의 군부는 자신들이 그 사회의 어느 집단보다 국가 건설을 효율적으로 추진할 수 있는 역량을 보유하고 있다고 자위했다.

그들은 느리고 비효율적이며, 말만 많은 구질서의 민간 부문과 갈등을 빚었다. 한국에서도 이승만 정권 몰락 이후 군부와 민간 사이의 갈등이 공공연하게 표출되었다. 4·19 이후 군부는 자신들이 부패하고 후진적인 민간통치를 대신하여 국가를 산업화·근대화할 수 있는 유일한 집단이라고 확신했다.

미국은 케네디 행정부 시절부터 자신들이 후원하는 저개발국이나 개도국의 군부가 정권을 장악하고 근대화를 추진토록 유도했다. 이것이 전 세계에서 군사쿠데타가 열병처럼 유행하는 직접적인 원인이었다. 미국의 세계 전략 차원이란 관점에서 볼 때 박정희 장군의 5·16은 로스토의 이론을 수용한 미국 정책의 영향력 덕분으로 해석될 수 있다.

아무리 미국의 세계 전략이 중요한 동인이었다 해도 국내에서의 촉발 요인이 없었다면 5·16의 발화는 쉽지 않았을 것이다. 혁명의 도화선에 불을 붙인 것은 장면 정부의 감군 정책이었다. 1960년 8월 23일 출범한 장면 정권은 출범 이틀 후인 8월 25일 열린 한미 고위급 회담에서 1961년 상반기에 5만 명, 하반기에 5만 명 등 10만 명의 대폭적인 감군을 실현하겠다는 견해를 미국 측에 전달하여 군부에 충격을 주었다.[3]

장면 정부의 감군 정책은 경제성장을 위해 과다한 경비 지출을 줄이려는 민주당 측의 행정편의적 의도에서 나온 아이디어였다. 하지만 60만 대군 중 10만 명 감군은 17%의 감원을 의미하는데, 이는 직업 군인인 장교들에게는 생존과 직결되는 문제였다.[4] 결국 이 계획은 한국의 고위 장성들뿐만 아니라 미국의 반대에 부딪쳤다. 이것이 5·16의 거시구조적 기원 중 하나다.

세계 각국의 군사쿠데타 명분은 정치 불안과 경제 위기 타개로 표출되는 것이 일반적이다. 한국에서 발생한 5·16의 명분도 이와 다르지 않았다. 아무리 그럴듯한 명분을 내걸고 거사한 쿠데타라도 5·16 이후의 박정희 정부나 12·12로 집권한 전두환 정부가 만들어낸 경제 번영을 이뤄내지는 못했다. 이것이 한국 군부의 정치 참여가 다른 나라의 사례와 비교되는 특기할 사안이다.

1974년 '제3의 민주화 물결' 시작되다

마른 들판의 불길처럼 번져가던 쿠데타 열풍은 1970년대 중반에 변곡

---

3 장성호, 「한국 군부의 정치 개입과 권력 획득에 관한 비교 연구-구군부와 신군부 세력을 중심으로」, 건국대학교 대학원 정치학과 박사학위 논문, 2020, 86쪽.

4 장성호(2020), 87쪽.

점을 맞게 된다. 헌팅턴은『제3의 물결: 20세기 후반의 민주화』라는 저서에서 1974년 이래 약 40개 국가가 어떤 형태이든 비민주적 정권에서 민주 정권으로의 변화를 겪었다고 지적한다. 헌팅턴은 1828년부터 1926년까지의 약 100년간을 첫 번째 민주화 물결, 제2차 세계대전 직후부터 1960년대 초까지를 제2의 물결, 1974년 이후를 제3의 물결(The third wave)로 규정했다.[5]

'제3의 민주화 물결'의 진앙은 남유럽 국가 포르투갈이었다. 1974년 4월 25일 포르투갈에서 좌파 청년 장교들이 주도한 '카네이션 혁명'이 일어났다. 이로써 40년 이상 계속된 살라자르(António de Oliveira Salazar) 독재정권이 붕괴되었다. 무솔리니(Benito Amilcare Andrea Mussolini) 파쇼 체제를 방불케 했던 살라자르 체제를 무너뜨리기 위해 청년 장교들이 쿠데타를 일으키자 시민들이 쿠데타군에게 카네이션을 달아주며 지지 의사를 표명했다. 이를 상징화하기 위해 포르투갈 군부 쿠데타는 '카네이션 혁명'으로 명명되었다. 이로써 포르투갈은 민주화 시대로 이행하게 되었다.

같은 해 그리스에서도 정치적 격변이 일어났다. 1967년 4월 21일, 좌파 정당의 집권을 저지하기 위해 요르요스 파파도풀로스(Georgios Papadopoulos) 대령이 쿠데타를 일으켜 군사정권을 수립했다. 파파도풀로스는 비밀경찰 조직을 이용해 언론을 통제하고 군사정권에 반대하는 사람을 공산주의자로 몰아 해외 추방, 고문, 사형 등으로 제거했다.

1973년 11월 독재에 저항하는 대학생 시위로 파파도풀로스 군사정권이 위기에 처하자 이오아니디스(Dimitris Ioannidis)가 이끄는 신군부가 쿠데타를 일으켜 파파도풀로스를 축출했다. 하지만 신군부도 민주화를 열망하는

---

5   새뮤얼 헌팅턴 지음b, 강문구·이재영 옮김,『제3의 물결: 20세기 후반의 민주화』, 2011, 인간 사랑, 46~106쪽.

국민의 지지를 받지 못했다. 이렇게 되자 신군부는 국민의 관심을 외부로 돌리기 위해 1974년 7월 15일 키프로스를 그리스 영토로 합병했다.

당시 키프로스 주민은 그리스계가 78%, 튀르키예계가 18%를 차지하고 있었다. 그리스가 키프로스를 합병하자 닷새 후 튀르키예 군대가 키프로스에 거주하는 튀르키예계 주민 보호를 명목으로 키프로스를 침공했다. 튀르키예 군대는 키프로스 섬 북부를 점령하여 북키프로스 정부를 수립했고, 그리스계 주민들은 남키프로스 정부를 조직하면서 남북이 분단되었다. 그리스군은 튀르키예 군대에 밀려 철군하면서 체면을 구겼고, 그 결과 신군부 정권은 붕괴되었다. 그리스는 의회정치로 복귀하여 민주화 시대로 이행하게 된다.

1975년 11월 20일에는 스페인에서 민주화 열기가 폭발했다. 36년간 스페인을 철권 통치해왔던 프랑코(Francisco Franco) 총통이 사망하면서 국민들의 민주화 요구가 봇물처럼 터져 나왔다. 급진적인 개혁 세력과 바스크 분리주의자, 보수 세력 간의 갈등이 심화되자 카를로스(Juan Carlos) 국왕은 독재 체제를 청산하고 자유화를 추진했다. 1977년 총선거를 실시하고 1978년 새 헌법을 공포하여 스페인은 입헌군주국가로 탈바꿈했다.

남유럽에 이어 중남미도 민주화 물결

1970년대 말에는 민주화의 거센 물결이 중남미를 쓰나미처럼 덮쳤다. 중남미 민주화의 선봉은 에콰도르였다. 1977년 에콰도르 군부가 퇴진하여 1979년 민정 이양이 이루어졌다. 1980년 페루에서도 군부가 정치의 전면에서 물러나 문민정부가 복원되었다. 볼리비아에서도 군부가 퇴진한 후 혼란을 겪다가 1982년 민간 정부가 출범했다.

아르헨티나는 1976년 쿠데타로 군사정권이 들어섰다. 군사정권은 제1차 석유위기로 인한 경기 침체를 극복하기 위해 외국자본과 외채를 대규모로 도입했다. 하지만 1979년 말 제2차 석유위기가 터지면서 국제금리 인상으로 극심한 재정난에 빠졌다. 내부 불만이 높아지면 국민의 관심을 외부로 돌리기 위해 엉뚱한 일을 벌이는 것이 군사정권의 고전적 수법이다. 아르헨티나 군부도 이 점에서 예외는 아니었다.

갈티에리(Leopoldo Fortunato Galtieri Castelli) 군사정권은 1982년 4월 2일 영국과 영유권 분쟁을 벌이고 있던 포클랜드섬을 점령했다. 영국은 즉각 대규모 군대를 파견하여 전쟁에 돌입했다. 영국군이 포클랜드섬을 탈환하자 아르헨티나는 침공 두 달 후인 6월 14일 항복했다. 명분 없는 포클랜드섬 침공을 감행했다가 패전하면서 아르헨티나의 국위는 순식간에 엉망이 되었고 경제는 파탄 위기에 처했다. 갈티에리가 대통령직에서 사퇴했고, 1983년 자유선거를 통해 민주 정부가 출범하게 된다.

브라질은 국제수지 적자가 심화되고 물가가 폭등하자 좌파 민간 정부가 농지개혁과 정유소 국유화 등 급진적인 정책을 실시했다. 이에 반발한 군부가 1964년 3월 쿠데타를 일으켜 21년간 권위주의적 군부통치를 실시했다. 하지만 브라질도 제3의 민주화 물결에서 벗어나지 못했다. 1984년 대선에서 민간 출신 대통령이 당선되어 민주화 시대로 이행하게 되었다.

중남미 민주화 물결의 마지막 주자는 칠레였다. 1974년 피노체트(Augusto José Ramón Pinochet Ugarte) 장군이 이끄는 군부가 공산주의자 아옌데 정부를 타도하고 집권했다. 피노체트는 시카고대학교 출신의 경제학자(시카고 보이즈)들을 중용하여 자유시장경제 정책을 강력하게 추진했다. 국영기업과 광산을 민영화하고, 각종 규제를 철폐했으며, 무역 장벽을 없애 고도성장을 이끌었다. 노벨 경제학상 수상자 밀턴 프리드먼(Milton Friedman)은 피노체트의 경제 자유화 정책을 '칠레의 기적'이라고 높이 평가했다. 1991년 선거로 피노체트가 권좌에서 물러나면서 칠레는 민주화 시대로 이행했다.

한국만 비켜간 '제3의 민주화 물결'

1970년대 중반부터 시작된 남유럽과 중남미의 민주화 열풍, 헌팅턴이 정의한 '제3의 민주화 물결'은 어느 한 나라만의 특수 상황이 아니라 전 지구적 차원의 보편적 현상이었다. 미국의 국제정치학자 제임스 로스너(James N. Rosenau)는 민주화 과정과 같은 광범위한 변화가 그처럼 짧은 기간에 동시다발적이고 대대적으로 나타난 것을 우연의 일치로 볼 수 없다고 진단했다.

그렇다면 여기서 중대한 의문점이 대두된다. 한국은 1961년 박정희 장군의 5·16 혁명 이후 유권자 의식, 교육 수준, 경제력, 민주화의 열망 정도, 정치적 의식 향상 등의 발전적 요소들이 나타났음에도 불구하고 20년 사이에 두 번에 걸쳐 군의 정치 개입이 발생했다.[6]

1961년에는 미국의 세계 정책에 발맞춰 5·16 혁명으로 재빨리 근대화 물결에 편승했던 나라가 한국이다. 그렇다면 1979년 10월 권위주의 통치자 박정희의 죽음과, 그로 인해 개막된 1980년 '서울의 봄'이란 민주화 열망에도 불구하고 남유럽과 중남미를 휩쓸었던 '제3의 민주화 물결'이 왜 한국을 비켜 지나갔을까? 1980년에는 민주화 물결을 타지 못하고 7~8년여 지체되었다가 1987년 6·29 선언으로 민주화 시대를 맞게 된 이유는 무엇이었을까?

미당 서정주 시인이 노래했듯이 국화 한 송이를 피우기 위해서는 소쩍새가 봄부터 울어야 하는 법이다. 인류 역사를 조망하면 권위주의 체제의 종식이나 붕괴가 반드시 민주적 정치질서의 건설로 이어지지는 않았다. 권위주의 정권에서 민주정권으로의 이행은 아무 곳에서나 무작위로 일어나는 현상이 아니란 뜻이다. 고려대 정치학과 교수를 역임한 한배호는 한 나

---

6   장성호(2000), 6~7쪽.

라에서 자유민주주의가 꽃피기 위해서는 다음과 같은 조건이 충족되어야 한다고 분석했다.[7]

첫째, 기술 발달을 포함한 넓은 의미의 경제성장 요인.

둘째, 전 세계적으로 중위권이나 그 이상 수준의 경제성장을 이룩한 국가 내에 형성되는 상당한 규모의 중산층의 존재, 그리고 그들이 형성하는 시민사회와 국가 사이의 상호 경제적 관계 형성.

셋째, 권위주의적 정권의 정통성 쇠퇴.

한국의 지정학적 가치

민주주의의 석학(碩學)으로 평가받는 로버트 달(Robert Alan Dahl) 등의 견해를 참고하여 자유민주주의 제도가 꽃필 수 있는 전제조건을 정리하면 첫째, 1인당 국민소득 4~7천 달러의 산업적 토대, 둘째, 탄탄한 중산층의 형성, 셋째, 중산층이 자유민주주의를 원활하게 작동시키는 데 필요한 민주시민교육을 꼽는다.

학자들은 1980년 서울의 봄 당시 한국에서 민주화가 진전되지 못하고 유신정권과 유사한 제5공화국 권위주의 정권이 탄생한 이유를 다각도로 연구했다. 김동택은 미국이 신군부의 집권을 허용한 이유는 소련의 세력 확장으로 인한 신냉전이 전개되자 한반도 안보 체제 강화를 위한 국제적 기류와 맞물린 결정이라고 보았다.[8] 임혁백은 한반도가 이란화될 것을 우려하여 미국의 안보 이익을 민주화 촉진보다 우선했으며, 그 연장선상에서 미국은 신군부의 권력 탈취를 지지하고 협조한 것에 대한 책임이 있다고 보았다.

---

7   동아일보사, 앞의 책, 489쪽.

8   김동택, 「5·18의 국제적 배경-한미관계를 중심으로」, 『5·18 민중사』, 광주광역시 5·18사료 편찬위원회, 도서출판 고령, 2001.

국가와 국가 사이의 관계에서 공짜 점심은 없다. 오로지 국익이 존재할 뿐이란 것이 준엄한 국제관계의 교훈이다. 그렇다면 임혁백이 언급한 미국이 한국에 기대하는 포괄적 안보 이익은 무엇이었을까? 그것은 1965년과 1968년 미 국무부의 국가정책보고서(National Policy Paper, NPP)에 다음과 같이 나타나 있다.

① 일본과 공산 아시아 사이의 완충지로서, 그리고 아시아 본토에 대한 자유세계의 전진 방어기지로서 한국의 존재를 유지하는 것.

② 비공산주의적인 국가 건설을 선전하는 사례로 한국을 유지하는 것.

③ 우방으로서 미국의 동맹과 자원의 신뢰성, 혹은 의존 가능성을 보여주는 사례로서 한국을 유지하는 것.[9]

이 내용은 냉전 기간에 한국이 맡고 있었던 지정학적 역할이 무엇이었는지를 일목요연하게 보여주고 있다. 이후 미일 관계에서도 이 점이 극명하게 표출되었다. 1969년 사토 에이사쿠(佐藤榮作)-닉슨 공동성명에서 한반도 강령은 "한국의 안보는 일본 안보에 필수적"이라고 천명되었고, 1970년 미일 정상회담에서도 이 사실이 재확인되었다.

1975년 미키 다케오(三木武夫)-포드 공동성명에서도 한국 안보는 한반도 평화유지뿐만 아니라 일본을 포함한 동아시아의 평화와 안보에 필수적이란 사실이 천명되었다. 1979년 후쿠다 다케오(福田赳夫)-카터 공동성명, 1979년 오히라 마사요시(大平正芳)-카터 공동성명에서도 일본과 동아시아의 안보를 위해 한반도에서 평화와 안정이 유지, 지속되는 것이 중요하다고 명시되어 있었다.[10]

9   신욱희, 『순응과 저항을 넘어서-이승만과 박정희의 대미정책』, 서울대학교 출판문화원, 2010, 71~72쪽.

10   신현익(2020), 28쪽.

한국은 자유세계의 전진 방어기지

미국은 한국을 '일본과 공산 아시아 사이의 완충지', '자유세계의 전진 방어기지', '비공산주의적 국가 건설의 선전 사례'로 삼기 위해 1946년부터 1978년까지 경제보조금과 차관 60억 달러를 제공했다. 같은 기간 아프리카 전체가 미국으로부터 받은 액수가 68.9억 달러, 라틴아메리카 전체가 받은 액수가 148억 달러, 한국 인구의 17배 정도인 인도가 받은 96억 달러와 비교해보면 한국이 단독으로 받은 60억 달러라는 수치가 얼마나 큰 액수인지 쉽게 파악할 수 있다.[11] 이런 국제적 기준과 관점을 배경으로 깔고 '서울의 봄'을 들여다봐야 객관적 실체 파악이 가능해진다.

1979~1980년 무렵 주한 미국 정보라인은 육사 11기 이후 군부 세력에 대해 기본적인 정보가 전혀 없었다. 이와 관련한 허화평의 증언을 들어본다.

"합수부에서는 주한미군, CIA와 전혀 커넥션이 없었어요. 우리가 그 사람들 간섭을 받아야 될 이유도 없었습니다. 해방 이후 미국이 한국에 들어온 날부터 가장 심각한 단절 상태에 빠진 게 바로 그때입니다. 우리는 미국 측에 아주 공식적인 정보 외에는 어떤 것도 주지 않았고, 협조할 일은 더욱 없었어요. 미국으로서는 정말 시련의 계절을 보냈고, 우리는 그런 입장에서 독자적 노선을 간 거예요."[12]

전두환 정부 집권 기간은 신냉전의 시작과 탈냉전으로의 전진이라는 극에서 극으로의 국제 환경 변화가 진행되던 시기였다.[13] 특히 1980년은 세계적 차원에서 데탕트가 쇠퇴하고 신냉전이 고조되는 시기였다. 미소 관계

---

11 브루스 커밍스, 「동북아시아 정치체제의 기원과 발전」, 임현진 편저, 『제3세계 자본주의 그리고 한국』, 법문사, 1987, 319쪽.

12 연세대학교 국가관리연구원 편, 앞의 책, 145~146쪽.

13 정기웅, 「전두환 정부의 외교정책과 1988년 서울 올림픽」, 함택영·남궁곤 편, 『한국 외교정책: 역사와 쟁점』, 사회평론, 2010, 340쪽.

가 악화되었을 뿐만 아니라 이란, 니카라과 등 제3세계에서 혁명이 발생했다. 이 와중에 냉전의 최전선에 위치하여 자본주의 진영의 쇼윈도 역할을 해왔던 한국에서 박정희 대통령 피살로 인한 권력 공백이 발생했다.

이 급작스러운 사건은 포르투갈·그리스·스페인의 사례처럼 확고하게 민주화를 견인할 세력이 준비되지 못한 상황에서 닥친 돌발적 현상이었다. 유신 체제를 이끌던 절대 권력자가 부하의 시역(弑逆)이라는 방식으로 역사 무대에서 퇴장했다. 그것은 한국 사회 구성원인 군부·학생·정당·관료 세력 어느 쪽도 예상치 못한 비상사태였다. 돌연한 현상 변경은 필연적으로 공백을 채우기 위한 권력 투쟁을 불러오기 마련이다. 가장 유리한 위치에 선 것은 12·12 사태로 군 선배들을 제압하고 무력과 조직, 단합된 힘을 보유한 신군부였다.

1979년 박 대통령 피살과 1980년 '서울의 봄' 과정에서 신군부 등장이 가능했던 이유는 남유럽에서 시작되어 중남미를 휩쓴 '제3의 물결'이 한국을 비켜간 내막과도 직결된 문제다. 그 내막을 추적해가면 1979년 이란 회교 혁명의 소용돌이가 발견된다.

미국의 맹방이었던 이란

1941년 9월 16일 즉위한 팔라비 2세(Mohammad Reza Pahlavi) 이란 국왕의 국정 목표는 '위대한 문명', 즉 근대화·산업화를 통한 이란의 강대국화였다. 그의 원대한 꿈은 1951년 총선에서 총리로 선출된 이란민족전선의 총수 모사데크(Mohammad Mossadegh)에 의해 제동이 걸렸다.

모사데크는 석유 채굴권을 국유화하여 그 수익을 국민에게 분배하기로 했다. 이를 위해 이란의 석유를 좌우하던 영국의 앵글로-이란 석유회사를 국유화하고 자산을 몰수했다. 이것이 훗날 중동 산유국이 무기로 내세운 자원민족주의의 시초였다. 하지만 석유 국유화는 서방 국가들과 갈등의 원인이 되었고, 외교적 고립을 불러왔다.

팔라비 2세는 석유 국유화를 추진하던 모사데크 총리와 대립했다. 그는 서방 국가들의 도움을 받아 모사데크를 실각시키고 석유 판매 대금으로 얻은 외화로 '백색혁명'이라 불리는 개혁을 추진했다. 토지개혁, 국영기업 민영화, 교육개혁을 통한 문맹 퇴치, 농촌 개발을 통한 근대화를 격렬하게 추진했다.

세속적 무슬림이었던 팔라비 2세는 다른 이슬람 원리주의 국가와는 달리 여성에게 참정권과 교육권을 보장하고, 히잡과 차도르 착용을 금지하여 주목을 받았다. 그의 급진적인 세속주의와 근대화 정책은 이슬람 전통을 중시하는 원리주의 무슬림 세력의 반발에 부딪쳤다.

제4차 중동전쟁으로 시작된 제1차 석유위기는 비산유국에겐 재앙이었지만, 산유국에게는 축복이었다. 유가 폭등으로 인한 오일 머니의 유입으로 이란은 막대한 이익을 향유했다. 1인당 국민소득이 1972년 570달러에서 1977년 2,315달러로 네 배 늘었다. 1974년 테헤란 아시안 게임을 성공적으로 개최하면서 이란은 승승장구했다.

이 시절 이란은 중동에서 미국의 중요한 동맹국이었다. 미국은 1946년부터 1973년까지 14억 410만 달러의 군사원조를 제공하여 이란군 육성을 도왔다. 팔라비는 1970년 8월 8천만 달러였던 군사비를 1975년 76억 달러, 1977년 78억 8,100만 달러로 증액했다. 필요한 병기는 미국에서 수입했고, 미국은 4만 5천 명의 군사고문단을 이란에 보내 '페르시아만의 헌병'으로 불리는 40만이 넘는 이란 군대를 훈련시켰다.[14] 이스라엘은 자국에서 소비하는 석유의 80%를 미국의 우방국 이란으로부터 수입했다.[15]

14　세계기획 엮음, 『1980년대 세계 정세의 인식』, 세계, 1984, 284쪽.

15　세계기획 엮음, 앞의 책, 291쪽.

미국은 1970년대 중반, 다른 동맹국에게는 제공하지 않았던 최신예 전투기 F-14를 이란에 제공할 정도로 긴밀한 관계를 유지했다. 덕분에 미국의 맹방인 한국과도 우호 관계가 형성되었다. 1977년 6월 27일, 골람레자 닉페이(Gholamreza Nikpey) 테헤란 시장이 방한했다. 이때 닉페이 시장은 구자춘 서울시장과 서울-테헤란 간 도로명 교환에 합의했다. 그 결과 서울에 테헤란로가, 이란의 수도 테헤란에 서울로가 탄생하게 된다.

이란 군부에 대한 미국의 뼈아픈 오판

뿌리 깊은 이슬람 국가에서 팔라비 국왕이 친미 자본주의적이고 세속화된 근대화 개혁을 강도 높게 추진하자 이슬람 원리주의자들이 거세게 저항했다. 팔라비는 비밀경찰 사바크(SAVAK, 국가정보치안기구)를 통해 반체제 운동을 탄압했고, 이 과정에서 권위주의 독재 체제가 강화되었다. 미 CIA와 이스라엘 정보기관 모사드의 지도로 만들어진 사바크는 6만 명의 요원과 30만 명에 달하는 협력자로 구성되어 대중을 탄압했다.[16]

1978년 9월부터 이란에서 팔라비 국왕의 강권 통치에 저항하는 시위가 격화되었다. 10월 말에는 석유 노동자들이 파업에 가담하면서 국내 정세가 크게 악화되었다. 때마침 미국에는 자신들의 우방국에만 인권·자유·도덕의 칼을 휘둘러대는 민주당의 카터가 대통령에 재임 중이었다는 것이 비극의 씨앗이었다.

카터 행정부는 독재 체제를 강화하는 팔라비에게 자유화 정책을 시행할 것, 정치범 및 사상범에 대한 탄압을 자제하라고 권고했다. 팔라비가 "자유화 정책은 파국을 초래할 것"이라며 거부하자 미국은 팔라비가 실각해도 친서방 성향의 이란 군부는 친미 정권 창출에 협조할 것으로 판단했

---

16 세계기획 엮음, 앞의 책, 284쪽.

다. 미국은 이란 군부를 움직여 인위적 권력 교체에 나섰다.

1979년 1월 16일 팔라비가 등 떠밀리듯 해외로 탈출하자 반체제 세력이 급속하게 세력을 확장했다. 그런데 미국의 기대와는 달리 난세가 닥치자 이란 군부는 야당과 반체제 세력으로 기울었다. 혼란이 가열되면서 해외 망명 중이던 극렬 무슬림 지도자 호메이니(Ayatollah Ruhollah Khomeini)가 2월 1일 귀국하여 시위를 주도했다. 호메이니는 정부가 이슬람 초기의 무슬림 공동체 모델을 따라야 한다고 주장하는 원리주의자였다. 호메이니 지지자들은 샤푸르 바크티아르(Shahpur Bakhtiar) 과도정부를 붕괴시키고 1979년 2월 3일 신정국가인 이슬람 공화국을 수립했다. 회교 혁명이 성공한 것이다.

호메이니 정권은 망명한 팔라비 국왕 지지자들을 잔인하게 처형하면서 이란은 피로 물들었다. 미국 정부가 신병 치료를 이유로 팔라비의 미국 입국을 허가하자 최고 지도자 호메이니를 비롯한 혁명 세력은 "미국은 이란 정권을 전복하려는 '거대한 사탄(Great Satan)'이라며 반미주의가 확산되었다.[17] 1979년 11월 4일, 과격파 학생 시위대가 테헤란의 미국대사관에 난입했다. 그들은 70여 명의 미국 외교관을 인질로 잡고 1981년 1월까지 444일간 억류했다. 팔라비는 남미 여러 나라를 전전하다 이집트로 망명, 그곳에서 죽었다.

이란 회교 혁명 희생자 중의 한 사람이 '테헤란로' 탄생의 주인공 닉페이 시장이다. 닉페이는 테헤란 시장 임기를 마치고 건설부 장관으로 재임 중이었다. 호메이니는 인민재판을 열어 닉페이에게 총살형을 선고했다. 그는 팔라비 왕조에 협조한 죄로 광장에서 팔라비 왕조 요인들과 함께 공개

---

17 박윤주, 「1989-1989-2001년 미국-이란 관계 개선의 실패: 미국의 중동지역정책 및 대이란 외교정책을 중심으로」, 서울대학교 대학원 석사학위 논문, 2018, 21쪽.

처형되었다.

회교 혁명으로 중동의 전략적 교두보 상실

이란의 회교 혁명 성공 덕분에 미국이 공들여 육성한 "페르시아만 석유 보호를 위한 헌병"이 해체되었다. 그보다 더 중요한 이슈가 잠재되어 있었다. 이란은 소련과 국경을 맞대고 있는 나라였다. 미국은 이란-소련 국경지대에 소련의 군사 활동을 감시하기 위한 레이더 시스템을 구축해놓는 등 중요한 이해관계를 가지고 있었다. 이 모든 이해관계가 하루아침에 증발해 버렸다.

반서방, 반미, 반제국주의 이슬람 원리주의 정권은 필연적으로 친소련으로 기울게 마련이다. 미국의 중동에서의 확고한 교두보이자 우방이었던 이란의 회교 혁명은 소련에겐 중동 진출을 위한 절호의 기회였다. 1979년 12월 소련의 아프가니스탄 침공은 그 신호탄이었다. 비상이 걸린 카터 행정부는 제2단계 전략무기제한협정(SALT-II) 비준과 1980년 모스크바 올림픽 참가를 거부했고, 대소 곡물 수출을 중단하는 등 대소 제재 조치를 취했다. 동시에 우방국들도 미국 정책에 동참할 것을 요구했다.[18]

카터 대통령은 1980년 1월 23일, "페르시아만 지역의 통제권을 얻기 위한 어떠한 외부 세력의 시도도 미국의 핵심적 이익에 대한 공격으로 간주될 것이고, 그러한 공격은 군사력을 포함한 어떤 수단에 의해서도 격퇴될 것"이라는 카터 독트린을 발표한다.[19]

카터는 대선 때부터 '도덕 외교'를 앞세워 동맹국들의 민주화와 인권을 중시할 것을 천명한 바 있고, 대통령 취임 이후에도 이를 미국 외교의 핵

---

18 강성학, 『카멜레온과 시지프스』, 나남출판, 1995, 378쪽.
19 박인숙, 「카터 행정부와 '봉쇄군사주의'의 승리」, 『미국사연구』 제27집, 2008, 151쪽.

심 기조로 삼았다.[20] 불행하게도 카터 행정부의 인권 도덕 외교는 자신들이 후원한 우방국 정부의 숨통을 끊었을 뿐만 아니라, 적을 이롭게 하고 미국의 국익도 손상시켜 제 발등에 총을 쏘는 결과를 야기했다. 팔라비의 실각 망명 이후 해외에서는 '다음 차례는 한국'이라는 소문이 파다하게 나돌았다.

한국마저 반미 국가로 돌아서면…

1979년 10월 26일, 박정희 대통령이 중앙정보부장 김재규에게 시해된 후 한국에도 민주화 바람이 예고되었다. 하지만 헌팅턴이 말한 '제3의 민주화 물결'은 전 세계 어느 나라에나 기계적으로 닥치는 것이 아니라는 사실이 한국의 사례를 통해 입증되었다. 헌팅턴은 1970년대와 80년대 권위주의 체제가 종식되고 민주주의 체제를 건설한 세계 30여 나라를 연구한 후 민주화로의 이행 유형을 다음 세 가지로 분석했다.

첫째, 권력 엘리트들이 주도하여 민주주의를 성취하는 위로부터의 개혁 (transformation).

둘째, 반정부 집단이 주도권을 장악하여 구체제를 붕괴 혹은 전복시켜 민주주의를 성취하는 아래로부터의 개혁(replacement).

셋째, 정부와 반정부 집단 간의 타협을 통해 민주주의를 달성하는 타협 방식의 민주화(transplacement).

헌팅턴의 이론대로 한 나라가 민주화로 이행하기 위해서는 민주화를 이끌어갈 집단이 형성되어 확고한 리더십이 발휘되어야 한다. 문제는 1980년 '서울의 봄' 당시 한국에는 민주화를 이끌어갈 집단도, 리더십을 발휘할 수

---

20 박원곤, 「카터 행정부의 대한정책-10·26을 전후한 도덕 외교의 적용」, 『한국정치학회보』, 제43집 2호, 2009, 215~216쪽.

있는 인물도 보이지 않았다. 박정희 퇴장 후 한국 정치를 리드할 것으로 기대를 모았던 3김으로 불린 김종필·김영삼·김대중의 정치적 리더십은 지리멸렬 수준이었다.

김종필은 박정희의 최측근으로 5·16을 성공시킨 혁명동지이자 박정희 정부에서 중앙정보부장, 민주공화당 의장 및 총재, 국무총리를 역임했기에 유신의 굴레에서 벗어나는 것은 불가능했다. 박 대통령 시해 후 사회 분위기가 유신 반대로 흐르자 김종필은 재빨리 박정희와 유신을 부정하고 '우리도 야당'이라는 입장으로 돌아섰다.

김종필이 자신의 정치적 생존을 위해 유신을 부정하면서 집권 여당이었던 공화당은 무력화되었고, 정치는 진공 상태가 되었다. 김종필이 박정희와 유신을 부정한다고 해서 그 유산이 지워질 수는 없었다. 유신 부정 발언으로 김종필이 얻은 것은 아무것도 없었다. 리더십 공백을 메워줄 것으로 기대했던 군부가 그에게 등을 돌리도록 만드는 역효과만 초래했을 뿐이다.

김영삼과 김대중은 유신 체제 타도의 선봉장이었다. 그들의 화려한 반독재 민주화 투쟁 경력은 타의 추종을 불허할 정도로 강력했다. 하지만 민주화를 실현해야 할 결정적 상황이 닥치자 두 사람은 자신의 집권욕에 판단력이 흐려져 동상이몽의 행동 양태를 보였다.

제도권 야당인 신민당은 헌법 개정과 제도 개혁을 통한 민주화를 주장했다. 하지만 신민당 내부는 지도부를 장악한 김영삼계와, 재야와 연합해 신민당을 장악하려 하는 김대중계로 분열했다. 사면 복권되어 정치활동을 재개한 김대중은 김영삼이 주도권을 장악한 신민당 입당을 거부하고 급진 재야 세력과 손잡았다.

한국 중산층은 민주화보다 안정을 원해

1980년은 제2차 석유위기의 파장으로 전 세계 경제가 심각한 침체에 빠졌다. 경제 위기로 인해 박정희의 18년 근대화 유산이 하루아침에 붕괴할 수 있음을 직감한 중산층은 정치적 민주화보다 안정을 희구했다. 김영삼과 김대중은 이런 상황 변화를 읽어내지 못했고, 변화를 주도하지도 못했다. 그 결과 안정을 바라는 중산층 입장과는 동떨어진, 과격한 발언을 거듭함으로써 현실 정치인으로서의 입지를 좁히는 쪽으로 질주했다.

상황 판단에 무지하기는 사회운동 세력도 마찬가지였다. 당시 재야 세력은 민주주의와 민족통일을 위한 국민연합(이하 국민연합)이란 조직을 중심으로 움직이고 있었다. 이 단체는 1978년 가을 윤보선 전 대통령, 문익환 목사가 주동이 되어 발족되었으나 문 목사 구속으로 유명무실하다가 1979년 3·1절을 계기로 윤보선·함석헌·김대중 3인 공동의장 체제로 재편되었다. 이 단체도 제도 개혁을 통한 민주화를 주장하는 점진주의자와, 거리에서의 대중 동원을 통한 민주화를 주장하는 행동주의자로 나뉘어 있었다. 학생운동 세력도 단계적 투쟁론자와 전면적 투쟁론자로 분열했다.[21]

뿐만이 아니다. 시민사회 구성원들도 제각각 자신들의 기득권 수호 및 향상을 위해 목소리를 높였다. 여성단체는 새 헌법에 남녀평등을 명문화할 것을 요구했고, 비례대표제 선출 위원의 절반은 여성이 차지해야 한다고 주장했다. 심지어 한글학회는 새 헌법을 우리말로 작성해야 한다고 목소리를 높였다. 당시의 불안정했던 사회상에 대해 조선일보는 "각 단체의 주의 주장은 한마디로 막혔던 봇물을 터놓은 것처럼 거세고 풍성하나 이 소리를 한꺼번에 들을라 치면 그 소리들은 소음"이라고 비판했다.[22]

---

21 한국행정연구원, 『전두환 정부: 대한민국 역대 정부 주요 정책과 국정운영(3)』, 대영문화사, 2014, 14~15쪽.
22 「전환기: 오늘을 진단한다」, 조선일보, 1980년 3월 22일.

누구 하나 뚜렷한 리더십을 보여주지 못한 상태에서 정치권의 최대 관심사는 '안정 속의 민주화 달성'이 아니라, '누가 대통령이 되느냐'로 전환되었다. 신민당의 기득권을 확실하게 장악한 김영삼 총재는 1980년 3월 15일 개최된 민주화 촉진 궐기대회에서 "신민당이 집권하는 것이 역사의 순리"라고 주장했다.[23]

또 한 가지 의미심장하게 봐야 할 점은 최규하 대통령의 보수적이고 극단적으로 조심스러운 성격, 신군부 세력에 대한 국민들의 저항 의식이 결여된 수동적 자세였다.

군부의 정치 개입은 아무 때나 무작위로 이루어지는 것이 아니다. 한용원은 군부의 내적 동기와 그에 따르는 추진 요인이 정치 개입으로 이어졌다고 주장한다.[24] 군의 정치 개입을 불러오는 정치 사회적 환경요인은 지배연합의 분열, 무능한 정부, 약한 시민사회, 사회·경제적 위기를 꼽는다.[25]

사회 혼란이 군의 정치 개입 불러

1979·1980년은 군의 정치 개입을 불러올 수밖에 없는 정치 사회적 환경요인이 무르녹아 있는 시기였다. 다시 말하면 1980년 한국 사회의 총체적 요소가 군의 개입을 자초한 것이다. 이런 위기 상황에서 군부가 정치에 개입하지 않았다면, 오히려 그것이 더 이상한 현상이었을 것이다.

당시 주한미군 사령관 겸 한미연합사령관, 미8군 사령관, 유엔군 총사령관을 겸직하고 있던 위컴 장군은 12·12 당시 신군부가 자신의 작전통제하에 있던 부대를 허락 없이 이동한 것에 대해 전두환 장군과 신군부를 거

---

23 장성호(2020), 135쪽.

24 한용원, 「군부의 정치 개입과 그 내부의 파벌」, 『광장』, 1991년 여름, 122~147쪽.

25 장성호(2000), 46쪽.

의 저주하다시피 했다. 그가 남긴 회고록 『12·12와 미국의 딜레마』의 다음과 같은 내용이 그 증거물이다.

'1979년 박정희 대통령 시해 사건 이후 한국 군부 내에서 벌어진 권력투쟁으로 한미 양국군의 믿음은 크게 위협받게 되었다. 권력을 쟁취하려는 일단의 한국군 장교들로 인해 한미연합사령부(CFC) 존립의 순수성이 흔들리게 된 것이었다. 이들 한국군 장교는 한국의 안보 수호보다 개인적 사리사욕을 우선시하였고, 그런 과정에서 한국의 안보 수호를 돕는다는 CFC의 임무가 상당히 위협받게 되었다.'[26]

미국은 1979년 이란에서 인위적 권력 교체를 시도했다가 대혼란에 빠졌다. 그들은 중동에서 미국의 굳건한 맹방이었던 이란이 극단적인 반미 국가로 돌아서 자국 외교관을 인질로 삼자 패닉 상태가 되었다.

미국은 한국군의 내부 분열로 북한이 침공하여 외부 세력에 의한 한국의 이란화를 우려했다. 한편에선 내부적 민중봉기에 의한 이란화도 우려했다. 인권 도덕 외교를 표방한 카터 행정부는 권력 공백 상태가 된 한국에서 더 이상 고매한 가치를 앞세워 모험을 시도할 상황이 아니었다. 그들은 '이상'이 아닌 '현실'을 선택할 수밖에 없었을 것이다. 미국은 한국 상황을 '적극적으로 관망'하게 되었고, 그러한 입장이 산군부의 부상을 가져온 것으로 봐야 할 것 같다.

---

26 존 위컴, 앞의 책, 10~11쪽.

제5공화국 전두환 시대 1

2

관료들의 복지부동

1979년 미국의 한국 전문가 랠프 클러프(Ralph N. Clough)는 한국에서 박정희 대통령이 제거(decapitate)될 경우 어떤 사태가 일어날 것인지를 분석했다. 그는 박정희가 사라질 경우 사후 수습을 할 수 있는 그룹으로 군(The Military), 관료조직(The Govetnment Bureaucracy), 기업가(The Business Men), 중앙정보부(KCIA)를 꼽았다. 이 네 그룹이 남한의 정치적 변혁에서 안전판 역할을 할 것으로 본 것이다.[27]

그렇다면 클러프가 예상한 네 그룹 중 군이 권력의 정점에 오른 이유는 무엇이었을까?

중앙정보부는 박정희 시해 사건에 직접 연루되어 수사 대상이 되면서 초토화 상태였다. 기업가는 경제 전문가 집단이라는 특성상 정치에 간접적인 영향력을 행사하는 수준이었다. 박정희 체제에서 발전국가(Developmental State)를 이끌었던 관료조직은 유능하고 우수한 집단이지만, 명령을 내리고 시행을 감독하며, 정책에 대한 최종 책임을 지는 국가 지도자 부재 상태에서는 전혀 효율성을 발휘하지 못했다.

---

27 이종찬, 『숲은 고요하지 않다: 이종찬 회고록 1』, 한울, 2015, 318~319쪽.

박정희 체제 18년을 온몸으로 부대끼며 살아온 한국의 중산층은 "빨리 빨리", "한국의 1년은 세계의 10년"이라는 역동성이 머릿속까지 배어 있었다. 그들은 카리스마 강한 지도자 박정희의 퇴장 이후 무소신으로 복지부동하는 관료 체제의 실상을 목격하게 된다. 중산층이 신군부 집권에 묵시적으로 동조한 이유 중 하나는 지도자 공백 상태에서 지리멸렬한 관료조직의 행태에 절망했기 때문이다.

1979년 10월 16일 부산·마산에서 시위가 발생하자 박 대통령은 10월 18일 새벽 0시 부산 일원에 비상계엄을 선포했다. 계엄령이 선포되자 행정기관이 군의 눈치를 보기 시작했다. 자기들이 알아서 처리해야 할 일도 일일이 계엄사의 허가를 받으려 하는 바람에 군이 국정의 중심을 잡을 수밖에 없는 상태가 되었다.[28]

아무도 책임지지 않으려 했다

관료들의 책임 회피로 인한 국정의 난맥상이 적나라하게 드러나는 사건이 발생했다. 1979년 11월 3일 중앙청 광장에서 박정희 대통령 국장(國葬)이 예고되었다. 최규하 과도정부는 국장에 국내외 각계 인사 2,300여 명을 초청하기로 결정했다. 정당 대표 초청자 선정 과정에서 문제가 발생했다.

당시 신민당의 실질적인 리더는 김영삼이었다. 유신 말기인 1979년 5월, 김영삼은 총재직 직무정지 처분을 받는 바람에 정운갑이 총재 권한대행을 맡고 있었다. 정치적 타격을 입은 김영삼은 9월 12일, 뉴욕타임스 도쿄 지국장 헨리 스톡스(Henry Scott Stokes)와 인터뷰를 했다. 스톡스는 5·18 당시 광주를 직접 취재했고 김대중과 12번 이상 인터뷰를 했으며, 김대중 구명운동에도 앞장섰다. 김대중이 해외에서 한국 민주화 운동의 중심인물로

---

28 조갑제c, 『제5공화국: 전두환의 신군부, 정권을 향해 진격하다』, 월간조선사, 2005, 60쪽.

유명해진 것은 그와 뉴욕타임스 덕분이다.

김영삼은 스톡스 지국장과 인터뷰에서 "미국은 박정희 대통령이 이끄는 소수 독재정권에 대한 지지를 끝내라. 이를 위해 대한(對韓) 원조를 중단하라"라고 말했다. 이 발언이 보도되자 여당은 국헌을 위배하고 국회 위신을 손상시켰다며 김영삼을 의원직에서 제명했다.

국장 실무책임자는 최택원 총무처 차관이었다. 그는 신민당 대표로 누구를 초청해야 하는지 확신이 서질 않아 신현확 부총리에게 상의했다. 신 부총리는 "최규하 대통령 권한대행이 결정할 문제"라고 떠밀었고, 최규하는 "부총리와 상의해서 결정하라"며 회피했다. 난감해진 최 차관은 정진우 법제처장에게 유권해석을 의뢰했다. 정진우 처장은 "이것은 법적인 문제가 아니라 정치적 문제"라며 유혁인 정무수석에게 짐을 떠넘겼다. 유혁인 수석은 "그건 내각이 결정할 문제"라며 결정을 거부했다.

돌고 돌아 최규하 권한대행에게 동일 사안이 또다시 보고되었다. 한심한 상황을 목격한 김성진 문공부 장관이 "그런 문제라면 김영삼·정운갑 두 사람 다 초청하면 되지 않겠는가"라는 의견을 제시하여 두 사람 다 초청하는 것으로 결정됐다.[29] 아무도 책임지려 하지 않는 책임 회피 현상은 국장 참석자 결정뿐만이 아니었다.

시민들은 박정희의 퇴장 이후 아무도 책임지지 않음으로써 국정 혼란을 야기하는 관료 체제의 적나라한 실상을 목격했다. 중산층은 복지부동하는 무소신의 관료 집단보다는 군이 박력 있고 책임 있게 국정을 이끌어줄 것으로 암묵적으로 동조했다. 이런 사례를 토대로 하여 손호철 서강대 교수는 1980년 신군부의 집권은 "중산층의 지지에 의한 쿠데타에 가까운

---

29 조갑제c, 앞의 책, 58~59쪽.

것"으로 해석했다.[30]

대권욕에 눈이 먼 정치인들

10·26 사건 직후 시민들의 가장 큰 걱정은 북한의 남침 가능성에 대한 우려와 사회 불안정을 야기하는 소요 사태, 제2차 석유위기로 인해 날로 악화되는 경제로 인한 생활수준 저하였다.

반면에 정치인들의 생각은 완전히 달랐다. 당시 MBC의 청와대 출입 기자 하순봉의 눈에 비친 정치인들의 자세는 한마디로 "때가 왔다, 한판 잡아보자"는 식의 골드러시였다. 정치인들은 국가 안보는 안중에도 없었고, 개헌과 차기 대통령 선거에 대한 정치 일정만 중요했다. 그들은 이를 '민주화 일정'이라고 포장했다. 이로부터 안보를 걱정하는 과도정부와 민주화 일정만을 중시하는 정치권 사이에 분열이 싹트기 시작했다.[31]

1980년 봄, MBC의 간판 프로인 9시 뉴스 앵커였던 하순봉 기자는 서울역 앞을 지나다가 한 날품팔이 지게꾼이 우르르 몰려다니며 시위하는 데모대를 향해 "야, 이놈들아, 나는 무얼 먹고사느냐"라면서 울부짖는 장면을 목격했다. 그날 MBC 9시 뉴스에서 하순봉 기자는 작심하고 학생과 정치권을 향해 "지성인과 지도자들이 앞장서서 혼란을 부채질하는 것은 나라를 팔아먹는 매국노와 다를 바 없다"라고 직격탄을 날렸다. 근무가 끝나고 귀가 직전, 하순봉 기자에게 전화가 걸려 왔다. "네놈 뱃대지에 철판 깔았느냐. 지금 네가 사는 아파트 근처에 애국청년들이 깔려 있다. 어린 자식

30 손호철,「한국 민주화 실험 비교연구: '1980년의 봄'과 '1987년 6월'을 중심으로」,『한국정치연구』9, 1999, 38쪽.

31 하순봉 회고록,『나는 지금 동트는 새벽에 서 있다: 대한민국 현대정치 현장 리포트-박정희에서 이명박까지』, 연장통, 2010, 64쪽.

을 생각해라"라는 협박 전화였다.[32]

군 장교단은 10·26 사건을 국가의 위기로 보았고, 정치인들은 민주화의 호기로 보았다. 이런 시국 인식의 차이를 좁히고 국민을 화합시키면서 민주화의 길을 열 만한 국가 지도층이 존재했다면 역사는 달라졌을 것이다.[33]

10·26의 긴박했던 밤에 국방부 비상국무회의에서 살기등등한 김재규를 누르고 사태를 반전시킨 주역은 신현확 당시 경제부총리였다. 그는 10월 27일부터 매일 아침 국무총리 관저에서 최 대행과 노재현 국방부 장관, 정승화 계엄사령관 등이 참석하는 국난 타개를 위한 비상시국 대책회의를 주도했다. 계엄이 선포되어 군이 전면에 나선 상황이었으므로 회의에서 발언권이 가장 강한 존재는 노재현 장관, 정승화 계엄사령관이었다.

박 대통령 국장이 치러진 11월 3일 직후, 비상시국 대책회의에서 다음과 같은 방법론이 결정됐다. 먼저 현행 유신헌법으로 대선을 치러 대통령을 선출한다. 둘째, 선출된 대통령은 헌법을 개정한다. 셋째, 새 헌법에 의해 새 정부를 구성한 후 과도 정부는 정권을 이양하고 퇴임하는 것으로 가닥을 잡았다. 정국의 흐름을 이렇게 정한 이유는 유신헌법 제45조 2항에 대통령이 궐위된 때에는 통일주체국민회의에서 3개월 내에 후임자를 선출하도록 규정되어 있었기 때문이다.

대다수 국민은 이 수습책을 수용했지만, 재야 세력의 결집체인 국민연합과 김대중은 생각이 달랐다. 이들은 1979년 11월 12일 내외신 기자회견에서 유신헌법에 의한 대통령 선거에 반대했다. 그들은 유신헌법을 즉시 폐지하고 거국내각을 구성한 다음 조기 총선 실시를 요구했다. 유신잔당

---

32 하순봉, 앞의 책, 65~66쪽.

33 노태우-a, 앞의 책, 233쪽.

정부의 즉각 퇴진을 요구한 것이다. 김영삼의 신민당, 김종필 공화당 총재도 김대중과 국민연합의 의견을 지지한다고 밝혔다.

11월 23일 서울대생 150여 명은 위와 같은 김대중의 주장을 담은 유인물을 살포했다. 다음 날인 11월 24일, 반정부 인사 400여 명이 연세대 제적생 홍성엽의 결혼식을 위장하여 서울 YWCA에 집결, 반정부 집회를 열었다. 당시는 계엄령으로 모든 집회가 금지된 상황이었다. 최규하 과도정부의 정치 일정에 대한 재야 급진세력의 불만을 공개적으로 표출한 그들은 대통령 직선제, 유신헌법 폐지, 양심수 석방 등을 골자로 한 문민정부 수립을 촉구했다.[34]

최규하, 국정 운영의 난맥상 연출

11월 29일에는 서울대·연세대·고려대 등 각 대학에서 "유신잔당 즉각 퇴진"이라는 구호가 담긴 유인물이 살포되었다.[35] 세계적 관심과 기대를 모았던 한국의 민주화 전망은 위장 결혼식 사건을 계기로 분위기가 반전되었다. 미국은 이 사건을 한국의 안정적 정치발전을 저해하는 계기로 보았다.[36] 미국은 군부의 강경 자세를 비판적 시각으로 보았고, 다른 쪽에서는 재야의 급진성을 우려했다.

1979년 12월 6일 통일주체국민회의는 유신헌법에 의한 대통령 선거를 실시했다. 노재현과 정승화가 김종필을 압박하여 출마를 봉쇄하는 바람에 대선에는 최규하가 단독 출마했고, 예정대로 최규하 권한대행이 제10대 대통령으로 선출되었다. 그렇다면 최규하는 어떤 스타일의 인물이었을까?

---

34 신현익, 「전두환 군부정권 성립과정에서의 미국의 역할」, 고려대학교 대학원 정치외교학과 박사학위 논문, 2006, 95쪽.

35 지만원·상, 앞의 책, 243쪽.

36 뉴욕타임스, 1979년 12월 4일.

그는 정치색이 전혀 없는 정통 외교 관료였다. 비서실장으로 최규하를 모신 최광수는 최규하 대통령의 리더십에 대해 "정치적 배경이 아무것도 없는 분이다. 정당 배경도 없고 정치를 해본 적도 없고, 자기 추종자가 많은 사람도 아니고, 군을 지휘해서 마음대로 할 수 있는 사람도 아니고, 경찰이 충성을 바칠 사람도 아니다"라고 평했다.[37]

바로 이 점이 박정희 대통령이 최규하를 총리로 임명한 이유였고, 장시간 총리직에 머물 수 있었던 까닭이었다. 노재현 장관과 정승화 계엄사령관이 무리수를 두어가며 김종필을 주저앉히고 최규하를 대통령에 오르도록 만든 것도 같은 이유였다. 우유부단한 성격이었던 최규하는 통치 권력은 있으나 그 중심이 분산되어 있고, 권력의 실체가 불투명하다는 것이 문제였다.

독일의 철혈(鐵血) 재상 비스마르크는 "관료는 영혼이 없는 인간이기 때문에 국가의 중요 대사(大事)를 맡기면 나라가 망한다"라고 설파했다. 최규하 대통령이 취임한 지 얼마 후 환율 조정 책임자인 김원기 재무부 장관은 제2차 석유위기에 대처하기 위해 1979년 12월 26일부터 환율 인상을 확정하고 대통령에게 결재를 요구했다. 환율에 대한 기초 지식이 부족했던 최 대통령은 우왕좌왕하더니 "좀 더 신중히 검토한 후 결정하겠다"면서 서류를 놓고 가라고 했다.

고도의 보안을 유지해야 할 환율 인상을 즉시 서명하기는커녕 시간을 가지고 검토하는 과정에서 사단이 났다. 최 대통령은 중론을 모아 결정하겠다는 명분으로 여기저기 관계자들에게 질문하고 검토를 지시했다. 이 과정에서 시중에 환율 인상 소문이 파다하게 퍼져 금융시장에서 대혼란

---

37 연세대학교 국가관리연구원 편b, 『한국대통령 통치구술사료집1: 최규하 대통령』, 선인, 2014, 41쪽.

이 발생했다. 우여곡절 끝에 환율 인상은 해를 넘겨 대토론회로 넘겨졌다.

1980년 1월 21일, 최규하 대통령 주재로 청와대에서 경제 안정화 정책을 결정하기 위한 관계자 회의가 소집되었다. 이날 각부 장관들은 무려 5시간 30분 동안 대통령 앞에서 제각각 다른 주장을 펼쳤다. 격론 끝에 환율은 단숨에 19.8% 인상되었고, 예금 금리는 18.6%에서 24%로 대폭 인상이 결정됐다.

대통령 주재 회의가 5시간을 넘긴 것은 충격적인 사태였다. 이런 모습을 대통령 가까이에서 목격한 한 참모는 10·26 직후 각료회의에 참석해보니 방향 감각도 없이 갑론을박하는 모습이 마치 어린아이들을 모아놓은 듯했다고 회고했다.[38]

전두환은 '그림자에 가려진 인물'

전두환이 합수본부장으로서 박 대통령 시해 사건 수사 결과를 발표하기 위해 등장했을 때 미국 정부는 49세의 보안사령관에 대해 아는 것이 없었다. 미국인들에게 전두환과 신군부는 '그림자에 가려진 인물(shadowy figure to america)'이었다. 글라이스틴은 전두환과 그의 친구들에게 '영 턱'이라는 단어를 썼다. 근대화를 요구한 터키의 젊은 장교에서 기원한 표현인데, '대변혁을 원하는 젊은이들'이라는 의미였다.[39]

최 대통령은 12·12 사태 이틀 후인 12월 14일, 신현확을 국무총리에 임명하는 등 새 내각 진용을 발표했다. 미국은 불투명한 한국의 정치 상황을 안정시키기 위해 물밑에서 활동을 개시했다. 바로 이날 글라이스틴 대사는 전두환 소장에게 면담을 요청했다. 전두환은 야전복 차림에 몇 명의 보

---

38   조갑제c, 앞의 책, 59쪽.
39   고나무, 『전두환-아직 살아 있는 자』, 북콤마, 2013, 187쪽.

좌관과 40명가량의 무장 군인과 함께 주한 미국 대사관저에 나타났다. 글라이스틴 대사는 직설적인 표현을 동원하여 "한국은 정치적 안정을 위해 민간 정부를 유지해야 하며, 미국의 군사·경제 분야의 지원이 불가결하다"라고 설명했다.

전두환은 12·12와 관련된 자신의 행동이 쿠데타나 혁명으로 평가되는 것을 거부했다. 그는 최 대통령의 민주화 계획을 지지하며, 정승화 장군 지지자들이 몇 주일 정도 말썽을 일으킬 수는 있으나, 한국군 내의 질서는 1개월 내로 회복될 것이라고 말했다.[40] 전두환과 처음 대화를 나눈 글라이스틴 대사는 그가 한국의 통치자가 되려는 야심을 지니고 있다고 확신했다.[41]

12월 18일 신현확 총리는 글라이스틴 대사와 만나 향후 정치 일정을 주제로 대화를 나누었다. 같은 날 미 국무부의 홀부룩(Richard Charles Albert Holbrooke) 동아시아 태평양 차관보는 김용식 주미대사를 만나 최 대통령이 취임식 때 명확한 정치 일정을 밝힐 것을 요구했다.

이 요구에 화답하듯 최 대통령은 1979년 12월 21일 취임사에서 향후 정치 일정과 관련하여 "본인은 지난 11월 10일 '시국에 관한 특별담화'에서 '새로 선출되는 대통령은 현행 헌법에 규정된 잔여 임기를 채우지 않고 현실적으로 가능한 빠른 기간 내에 헌법을 개정하고, 그 헌법에 따라 선거를 실시해야 한다'는 의견을 표명한 바 있다. 이런 본인의 소신은 아무런 변화가 없다"라고 밝혔다.

최 대통령은 최대한 빠른 시일 내에 새 헌법을 제정하고, 새 헌법에 의해 새 정부를 구성한 후 사퇴한다는 방침을 명확하게 밝혔다. 최규하는 자신의 정부를 국난 타개를 위한 위기관리 정부이자 과도정부로 규정했다.

---

40 윌리엄 글라이스틴 지음·황정일 옮김, 『알려지지 않은 역사』, 중앙M&B, 1999, 129쪽.
41 윌리엄 글라이스틴, 앞의 책, 136쪽.

글라이스틴 회고록에 의하면 최규하가 1년 정도만 대통령직에 있겠다는 과도정부 발언은 자신의 건의 덕분이었다고 한다.[42]

정치 무대에 화려하게 컴백한 김대중

통치 권력은 물리력의 뒷받침을 받아야 권위를 발휘할 수 있는 것인데, 최규하에게는 그 힘의 실체(정당이나 정치세력)에 의한 지지기반이 없었다. 따라서 그는 계엄사령관이나 내각에 대한 의존도가 과도하게 높을 수밖에 없었다. 이런 상황은 정권 탈취를 노리는 세력에게는 빌미를 제공하는 취약점이었다.[43]

이 무렵 글라이스틴 대사는 모든 관심을 한국 군부 동향에 쏟았다. 그는 군부로부터 정치에 개입하지 않겠다는 약속을 받아냈음에 불구하고 예감이 좋지 않았던 것 같다. 최 대통령 취임식 날, 그는 미 국무장관에게 "하늘에서는 눈이 내렸다. 눈은 한국에서는 길조로 여겨진다. 불행하게도 우리는 미신을 믿지 않는다"라는 전문을 보냈다. 한국에서 전개될 정치 상황이 녹록치 않을 것임을 시사한 것이다.

최규하 정부는 국정 목표를 첫째, 국가안보, 둘째, 사회·경제적 안정, 셋째, 정상적인 민주화의 길 제시로 정했다. 최 대통령은 12월 8일 국무회의에서 긴급조치 9호를 해제하고 긴급조치 위반자 68명에 대한 형 집행을 면제했으며, 김대중의 가택연금도 해제했다. 1980년 2월 29일에는 김대중, 지학순 주교 등 시국사범 687명을 사면 복권했다.

김대중은 자신의 사면 복권이 발표되기 전인 2월 20일 시인 양성우와 이호철, 신상웅, 신경림, 구중서, 염무웅 등 문인들과 만나 "나는 민주주의

---

42 윌리엄 글라이스틴, 앞의 책, 111쪽.

43 장성호(2020), 115~116쪽.

를 위해 죽을 때까지 투쟁할 각오가 되어 있다. 여러분도 글만 쓸 것이 아니라 앙드레 말로(André Malraux)가 드골(Charles de Gaulle) 정권을 적극 지지하며 정치활동을 했듯이 정치에 적극 참여해달라"고 요청했다.

김대중의 사면 복권이 공식 발표된 다음 날인 3월 1일, 김대중은 '7년 만에 국민 여러분을 대하면서'라는 성명을 발표하고 정치활동을 재개했다. 이날 전두환 보안사령관은 육군 소장에서 별을 하나 더 달아 육군 중장으로 진급했다

전두환 보안사령관 겸 합수본부장은 주위의 반대를 무릅쓰고 최 대통령에게 김대중 사면 복권을 건의했다. 그가 이미 모진 풍상을 겪었고, 연륜이 쌓인 만큼 신중한 처신을 하지 않을까 하는 일말의 기대감 때문이었다. 전두환은 정보수사기관 책임자로서 김대중에게 사람을 보내 정국 안정에 협조해달라고 간곡하게 부탁했다.[44] 하지만 오랜만에 정치적 자유를 얻은 김대중이 새파란 애송이나 다름없는 일개 육군 중장의 부탁을 받고 활동 반경을 축소할 사람은 아니었다.

최규하 정부 출범 후 정치권의 최대 관심사는 유신헌법 개정이었다. 자기들의 집권이 코앞에 닥쳤다고 본 3김은 하루라도 빨리 새 헌법을 제정하기 위해 속도를 냈다. 그들은 최 대통령이 취임하기도 전인 11월 26일, 국회에 여야 동수(28명)로 헌법개정심의특별위원회를 구성하여 헌법 개정 작업을 시작했다. 국회 헌법개정특위는 12월 13일 첫 회합을 가졌고, 12월 7일 개헌 발의 절차를 확정했다. 1980년 1월 16일부터 29일까지 서울·부산·대전·대구·광주 등 전국 5대 도시에서 공청회를 열었다.

---

44 전두환 회고록(1), 앞의 책, 512쪽.

최규하, 이원집정부제 개헌 시사

김영삼은 정치적 라이벌인 김대중이 조만간 정치적으로 해금돼 야당 지도자 자리를 놓고 자신과 선명성 경쟁을 벌일 것으로 예측했다.[45] 때문에 최규하 과도정부에 정면 대항해야 제1야당의 총재 자리를 유지하면서 박 대통령의 후임자가 될 가능성이 높아진다고 판단했다.

국회가 개헌과 관련하여 정부와 협의 없이 선수를 치고 나가자 최 대통령은 즉각 브레이크를 걸었다. 1월 18일, 그는 정부가 개헌 작업을 주도할 것이며, 1980년 3월 중순까지 대통령 직속으로 헌법개정심의위원회를 설치하겠다고 밝혔다. 정부는 1980년 1월 21일 법제처에 헌법연구반을 가동했고, 3월 14일에는 각계 인사 69명으로 헌법개정심의위를 출범시켰다.

신현확 총리가 정부의 헌법개정심의위원장에 임명되었고, 유진오·김정렬·백남억 등 각계 인사 68명이 위원으로 위촉되었다. 이미 국회에 헌법개정특위가 가동 중인 마당에 정부가 뒤늦게 이 조직을 출범시킨 이유는 무엇이었을까? 신현확은 국회에 개헌 작업을 맡겨두면 정치적 명분에 집착한 나머지 큰 혼란을 초래할 가능성이 있다고 보았다. 때문에 정부는 독자 개헌안을 준비하여 국회와 협의를 통해 최종안을 확정하는 것이 바람직하다고 판단했다.

최규하 정부 구상대로 헌법 개정 작업이 진행됐다면 늦어도 1981년 3~4월에는 민주 정부가 출범했을 것이고, 3김 중 한 사람이 집권했을 가능성이 높다. 순리대로 정치 일정이 풀렸다면 '서울의 봄'이 제대로 만개하여 한국도 '제3의 민주화 물결' 대열에 합류했을 가능성을 배제할 수 없다.

하지만 역사란 순리대로만 흐르지는 않는 법이다. 정부가 헌법 제정 작업을 본격화하자 정치권은 "신 총리가 다른 생각을 품고 있는 것 아닌가"

---

45 윌리엄 글라이스틴, 앞의 책, 113쪽.

하며 긴장했다. 1980년 '서울의 봄'을 시계 제로의 불확실 상태에 빠뜨린 것은 신 총리 중심의 신당설과 함께 최규하 대통령의 야심이었다. 정부의 헌법개정심의위 출범식에서 최 대통령은 인사말을 통해 대통령중심제와 직선제 선거의 문제점을 조목조목 밝히고 "새 헌법의 정부 형태는 대통령 중심제와 의원내각제의 절충 형태가 바람직하다"라고 발언했다.

그는 갑자기 대통령 유고 사태를 맞게 되면 나라의 근본이 위태로워진 다는 사실을 절실하게 체험한 바 있다. 북한과 같은 비정상적 호전집단과 대치하고 있는 우리의 특수한 상황을 생각할 때 대통령 한 사람에게 권력 이 집중되어 있는 것은 위험부담이 클 수밖에 없다고 판단했다.

최 대통령이 유신헌법을 고치기 위한 개헌 논의를 할 때 대통령 중심제 의 이런 취약점을 지적하며 권력을 분산하는 방향으로 개헌이 이루어져야 한다는 점을 강조한 이유는 10·26 사건을 겪으며 얻게 된 교훈 때문일 것 이다. 어쨌든 최 대통령은 이 무렵 "국가의 계속성 유지"를 여러 차례 강조 했다.

남덕우의 증언에 의하면 최규하는 유신 체제가 종말을 고한 만큼 민주 화의 방향으로 헌법을 개정하고 평화적 정권교체를 실현하는 일을 자신 의 역사적 사명으로 생각했다. 또 한국의 장래를 위해서는 미국식 대통령 책임제보다 프랑스의 이원집정제가 바람직하다는 생각을 갖고 있었다고 한다.[46]

최규하의 의도는 대외적으로 국가를 대표하며 체제 지속의 상징이 될 국가원수로서의 대통령과, 일상적 정책 집행의 책임을 맡는 행정수반으로 서의 총리를 구분하는 이원집정부제에 있었다.[47] 최 대통령이 정부 주도

---

46 남덕우, 『경제개발의 길목에서』, 삼성경제연구소, 2009, 240~241쪽.

47 강원택, 앞의 책, 54쪽.

헌법 개정을 선언하고, 이원집정부제를 대안으로 내놓자 3김은 최규하·신현확이 과도정부 수준을 넘어서는 다른 의도가 있는 것으로 의심했다.

정치권은 직선제 개헌 추진

신민당은 3월 15일, 즉각 '민주화 촉진대회'를 열어 반격에 나섰다. 김영삼 총재는 정부의 헌법개정심의위 폐지, 신현확 내각 총사퇴를 요구했다. 또, 정부를 비롯한 유신 잔당 세력이 자숙하지 않으면 중대 결단을 내리겠다고 엄포를 놓았다.

신민·공화 양당은 정부 측 움직임에 대항하여 새 헌법 대강을 만들었다. 대통령은 직선제로 선출하며 임기 4년에 1차 중임, 대통령의 긴급조치권은 폐지하는 안이었다. 국회의 국정감사권을 부활하고, 대법원장과 대법관은 법관 추천회의 제청에 의해 대통령이 임명하는 등 주요 골격이 3공화국 헌법과 유사했다. 이 무렵 개헌을 둘러싼 이상기류와 관련하여 김대중은 자서전에서 다음과 같이 쓰고 있다.

"11월 중순쯤에는 일각에서 '이원집정부제' 구상이 모락모락 피어났다. 누가 군불을 지피는지 알 수 없었다. 대통령이 외교와 국방 분야를 맡고, 국회에서 선출한 국무총리가 경제와 치안 등 내정을 전담한다는 내용이었다. 최 대통령 주변에서는 그를 정식 대통령으로 다시 뽑자는 움직임도 감지되었다. 이런 대통령의 우유부단한 처신과 욕심, 그리고 정치권의 낙관적인 움직임이 결국 훗날 불행을 불러왔다."[48]

비밀 해제된 미 국무부 외교문서에 의하면 이 무렵 최규하 정부는 군부와 야당, 재야, 미국의 압력과 행정부의 복지부동 사이에서 힘든 곡예비행을 했다. 김종필의 공화당이 야당을 표방하면서 최규하 정부는 정부 정책

---

48 김대중, 『김대중 자서전(1)』, 삼인, 2010, 392쪽.

을 지지하는 여당 세력이 전무한 상황에서 홀로 고군분투해야 했다.

한편에선 정국의 주도권이 서서히 윤곽을 잡아가기 시작했다. 정치권에선 김영삼의 신민당이 두각을 나타냈고, 김대중과 재야의 통합 움직임이 활발했다. 12·12로 신군부가 군부의 전면에 등장하자 가뜩이나 취약했던 민주공화당에 균열이 생겼다. 김종필 체제에 반감을 가진 세력이 정풍 운동을 일으켰기 때문이다.

1980년 2월 1일 공화당의 임호 의원은 김종필 총재를 향해 "유신의 주모자이고 정보 정치의 창시자"라고 비난하면서 퇴진을 요구했다. 3월 19일 박찬종 등 소장의원 7명은 정풍 운동을 전개했다. 김종필 반대 세력의 중심은 대구·경북(TK) 지역구 의원들이었다. 박준규를 중심으로 한 이들은 3선 개헌 무렵 공화당을 장악한 김성곤·백남억·김진만·길재호 등 4인 체제에 그 뿌리를 두고 있었다. 김종필은 자신의 증언록에서 TK 세력은 겉으로는 드러내지 않았지만, 뒤로는 전두환의 신군부 쪽에 줄을 대고 있었다고 밝혔다.[49]

미국은 신군부의 존재를 '적란운'으로 해석했다. 언제든 정치권에 강렬한 폭우를 퍼부을 수 있는 위협적 존재로 인식한 것이다. 글라이스틴 대사가 3월 12일 미 국무장관에게 보낸 비밀 보고서는 다음과 같은 분석을 담고 있었다.

"신현확 총리는 최 대통령에 버금가는 영향력을 행사하게 됐다. 신군부는 이제 군부를 거의 장악했다. 신군부에 반대하여 역쿠데타 의사 타진을 하던 군부 내 세력은 소수파가 됐다. 공화당은 정풍 운동으로 홍역을 앓고 있다. 신민당과 대결하는 선거에서 공화당이 승리할 확률은 거의 없다. 김영삼·김대중은 아직 미약한 위치에 있다. 김대중의 복권은 신민당 내부의

49 김종필b, 『김종필 증언록』2, 와이즈베리, 2016, 75~76쪽.

갈등을 증폭시켜 정국을 더욱 복잡하게 했다."[50]

전두환 타도 위한 쿠데타 움직임

글라이스틴 대사의 비밀 보고서에 등장하는 '신군부에 반대하는 역쿠데타' 관련 내용은 글라이스틴과 위컴 회고록에서 발견된다. 당시 주한미국대사관과 미 정보라인은 서울과 전방의 고위 장교들이 전두환에 대해 반감을 갖고 있다는 정보를 접하고 있었지만 구체적인 행동 조짐은 발견하지 못했다.

그런데 1980년 1월의 마지막 주에 약 30명의 장성급 장교들이 전두환 제거를 모의한다는 정보를 입수했다. 전두환이 중장 진급을 시도했으나, 최규하 대통령이 이를 시기상조로 보고 연기시켰다. 최규하 대통령이 전두환의 중장 진급을 재가한 것은 1980년 3월 1일이었다.

이렇게 되자 반(反)전두환 세력의 지휘관이 극비리에 미국 측과 접촉했다. 글라이스틴은 회고록에서 이 사람을 "고위 전투 지휘관을 지낸 한 인사"라고 표기했는데, 그는 한국군 장교단의 반전두환 분위기를 전하면서 비육사 출신 장교들의 90%와, 육사 출신 장교 50%가 전두환에 반대하고 있다는 정보를 미국 측에 전했다.[51]

위컴 회고록은 쿠데타 움직임과 관련하여 좀 더 구체적인 내용을 제공하고 있다. 위컴은 한국군 장성이 자신에게 도움을 요청한 사실을 다음과 같이 공개했다.

"아침 일찍 한미연합사령부의 내 사무실로 누군가가 찾아왔다. 연락도

---

50 김용삼a, 「제5공화국 탄생기 정사(正史) : 최규하 대통령은 전두환이 내민 김대중·김대중 체포장에 서명했다」, 『월간조선』, 1999년 1월호, 579~580쪽.

51 윌리엄 글라이스틴, 앞의 책, 140~141쪽.

없이 한국인이 찾아오는 일은 거의 없었기 때문에 그의 방문은 예상 밖이었고 심상치 않은 일이었다. (중략) 그는 서울에 배치된 육군 중장으로 강인한 인상이었으며, 내가 아는 바로는 군내의 인맥이 든든한 사람이었다. 영어 실력도 통역관이 필요 없을 정도로 흠잡을 데 없었다. 그는 우리가 만나는 자리에 다른 사람은 참석시키지 말아달라고 신신당부했다. 그 때문에 우리는 문을 잠그고 30분 넘게 이야기를 나누었다. 그는 12·12 사태에 대해 솔직하게 얘기해도 되겠느냐고 물었다. 내가 좋다고 대답하자 그는 정색을 하고 '미국이 역쿠데타를 지지할 준비가 되어 있는가'를 물었다.

역쿠데타 주인공은 누구인가?

"역쿠데타의 목적은 전두환과 그의 지지자들을 몰아내고 시민과 군부라는 합법적인 권력에 실권을 돌려주고자 하는 것입니다."

그리고 자신은 "앞서의 사태(12·12 사건을 뜻함-저자 주)로 전복된 군부 내의 영향력 있는 파벌과 그들이 앞으로 일으킬지도 모를 일을 대변한다"고 말했다. 그가 몸을 가까이 기울이며 말했다.

"저는 아주 심각하게 제안하는 것입니다. 이해하시겠습니까?"

나는 놀랐다. 바로 며칠 전에 이형근 장군은 나에게 반란 가능성에 대한 확실한 정보를 미국은 아마 제일 마지막에 듣게 될 것이라고 말했다. 이것은 단순한 정보가 아니라 사전 경고였던 것이다. (중략) 그래서 미국은 쿠데타를 지지할 생각이 없으며, 그 어떤 파벌이 주도하는 반대 행위도 절대 지지하지 않을 것이라고 대답했다. (중략) 그는 얼굴이며 태도에서 실망한 기색이 역력했지만 나의 명확한 답변을 고마워했다. 나는 그를 건물 밖까지 배웅했고, 우리는 우호적인 분위기에서 헤어졌다.[52]

---

52 존 위컴 지음, 김영희 감수, 『12·12와 미국의 딜레마』, 중앙 M&B, 1999, 127~129쪽.

위컴 회고록에 등장하는 "서울에 배치된 육군 중장으로, 군내의 인맥이 든든한 사람이며, 영어 실력도 통역관이 필요 없을 정도로 흠잡을 데 없는 사람"은 과연 누구였을까? 위컴과 글라이스틴 회고록이 발표된 지 오랜 세월이 흘렀지만 그 주인공이 누구인지 밝혀지지 않았다. 조금만 관심을 기울인다면 이 세 가지 요건을 총족시키는 군부 인사는 쉽게 알 수 있지 않을까?

글라이스틴 대사는 다른 정보원을 통해 반전두환 그룹이 미국의 지원을 바라고 있다는 사실을 확인했다. 2월 1일, 글라이스틴 대사는 자신들이 수집한 역쿠데타 관련 정보를 워싱턴에 보고하고 대응 방안에 대한 훈령을 요청했다. 주한 미국대사관을 비롯하여 워싱턴에서는 큰 고민에 빠졌다. 전두환의 야심을 봉쇄하기 위해 부심했던 미국 측은 그를 제거하려는 일부 한국군 장성들의 역쿠데타 모의에 대한 도덕적 거부감은 없었다.

하지만 이들의 신분과 동기를 알 수 없었다. 혹시나 그들이 군부 내에서의 영달을 위해 미국의 영향력을 이용하려는 것 아닌가 하는 의문이 들었고, 그들이 동원할 수 있는 병력이 얼마나 되는지, 성공 가능성 여부도 불투명했다. 글라이스틴 대사는 미국이 전두환을 제거하려는 한국군 일부 세력의 움직임에 가담하는 것은 큰 모험이라는 내용을 전문으로 보냈다.

미국 정부, 역쿠데타 지지 거부

카터 행정부는 한국군 일각에서 모의 중인 역쿠데타를 지원하지 않기로 결정했고, 이런 결정 사항을 자신들과 접촉했던 인사 및 불만 장교 그룹에 알리라는 비밀 훈령을 보냈다. 2월 14일 위컴 사령관은 문제의 '육군 중장'과 만나 미국 측의 부정적 입장을 강조했고, 한국군 육군 중장은 자신들의 계획을 취소했음을 분명하게 밝혔다.

그 후 미국 정보라인의 조사 결과 역쿠데타 모의에 참여했던 한국군 장군들은 적절한 위치에 있지도 않았고, 군사적으로도 미국 측이 생각했던 것보다 허약했다. 더구나 주한미군 측에 접근해왔던 인사의 역쿠데타 동기가 군의 선망의 대상인 육군참모총장 자리를 노린 것이었음이 틀림없다는 사실을 확인했다.[53]

2월 6일 글라이스틴 대사는 최규하 대통령에게 역쿠데타 움직임 관련 내용을 알렸다. 최 대통령은 미국의 정보 능력을 치하하며 미국이 취한 조치가 현명했음을 인정했다.[54] 역쿠데타 관련 정보는 전두환 측에도 알려졌다. 전두환과 그의 동료들은 미국 측이 거사 계획을 무산시킨 사실에 안도하면서도, 한국군 내의 갈등이 미국 측에 알려진 사실에 크게 긴장했다.

역쿠데타 모의가 무산된 후 보안사는 보안을 더욱 철저히 강화했다. 언제 또다시 비슷한 움직임이 재개될 수 있고, 그런 움직임이 성공 가능성이 높다고 판단되면 언제든 미국이 개입할 가능성을 배제할 수 없다고 보았다. 전두환은 미 공직자들과 접촉하는 모든 고관들은 보안사령부의 승인을 받아야 한다는 지시를 내렸다. 이 무렵 한미연합사에 근무하는 한국군 부관으로 육군 중령이 임명되었다. 그는 보안사 소속 장교였는데, 연합사에서 수집한 내용으로 기밀 보고서를 작성해온 사실이 밝혀졌다.[55] 보안사 측에서 한미연합사에 정보원을 심은 것이다.

글라이스틴 대사는 1980년 5월 28일에도 워싱턴에 전두환 제거와 관련된 움직임에 미국이 개입해서는 안 된다는 사실을 강조하는 보고서를 제출했다. 내용은 다음과 같았다.

"전두환 제거 기도의 위험성은 재삼 강조할 필요가 없다. 우리가 조급

---

53 윌리엄 글라이스틴, 앞의 책, 144~145쪽.

54 윌리엄 글라이스틴, 앞의 책, 144쪽.

55 존 위컴, 앞의 책, 132쪽.

히 움직일 경우 전두환은 우리에 대항하기 위해 군을 굳건히 단결시키고 국민들 사이에 강력한 반미감정을 일으켜 미국의 국내 정치문제로 만들 수도 있다. 우리는 그가 한국에서 가장 평판이 나쁜 인물이라는 점은 알고 있지만, 그가 정말로 한국 내 여러 이익집단의 이해와 상충되는 위치에 있는지는 알지 못한다. 또한 우리가 염두에 두어야 할 점은 우리가 손들어 줄 진정한 이상적 지도자들이 없다는 사실이다."[56]

문제의 보고서에 대해 홀부룩(Richard Charles Albert Holbrooke) 미 국무부 차관보는 5월 31일, "전두환 장군의 제거를 기도하지 않는다. 그러나 군부 내에 그에 대항할 조직적인 세력이 조성될 가능성은 예의 주시한다"라는 답신을 보냈다. 이런 내용들로 미루어 짐작할 때 미국 정부는 적어도 1980년 5월 하순까지 한국군 일부에서 제기되는 역쿠데타를 지원하여 전두환 제거를 검토하고 있었음을 알 수 있다.

---

[56] 윌리엄 글라이스틴, 앞의 책, 209쪽.

3

최규하, 신현확, 3김의 동상이몽

글라이스틴과 위컴 회고록에서 보듯 1980년 '서울의 봄'은 질풍노도의 시대였다. 박정희의 돌연한 퇴장 이후 야기된 권력 공백은 모든 정치세력을 들뜨게 만들었다. 권력 공백 상태란 누구에게나 집권의 길이 열려 있음을 뜻했다. 1980년 '서울의 봄' 당시 집권이 유력했던 정치인은 신민당의 정통 적자임을 앞세운 김영삼, '재야 세력'으로 불리는 급진 좌익 세력과 손잡은 김대중, 공화당의 새 지도자로 등장한 김종필이었다.

김종필은 박정희와 함께 5·16을 일으킨 혁명동지였지만, 만년 2인자로서 박 대통령의 감시와 박해, 견제로 인해 감정이 크게 상했다. 김종필은 3선 개헌만 아니었으면 자신의 집권은 따놓은 당상이었는데, 박정희가 3선 개헌에 이어 10월 유신으로 장기 독재를 한 덕분에 자신의 정치적 꿈이 좌절된 것에 분노했다.

이것은 어디까지나 김종필 개인의 의견일 뿐 권력의 화신 박 대통령은 김종필에 대해 냉정한 평가를 내렸다. 박정희는 김종필이 김영삼·김대중을 상대하기에는 정치적 자질이 부족하다는 입장이었다. 때문에 자신이 퇴임하면 양김 중 한 사람에 집권할 가능성이 높다고 판단했다.

문제는 양김에 대한 박 대통령의 부정적 인식이 아주 강했다는 점이다.

박정희는 김영삼·김대중의 정치 감각이나 투쟁력이 뛰어난 것은 분명하지만, 안보에 대한 기초상식과 미래 비전이 없어 국가 발전에 백해무익한 백면서생으로 보았다.

이 정도 인물로는 노련하고 음흉한 김일성을 상대하기 힘들다. 한국은 아직 산업화가 완성되지 않았으니 자신의 후임은 군부가 한 번 더 국가를 책임질 수밖에 없지 않은가. 군부 중에서도 적임은 4년제 정규 육사의 선두 주자인 11기일 수밖에 없다. 노태우는 박 대통령이 이런 생각을 가지고 있었던 것으로 추측했다.[57]

이런 생각은 노태우 전 대통령의 개인적 관점이니 그렇다 치고, 박 대통령이 김영삼·김대중을 국가 발전에 백해무익하다고 본 관점은 타당한가 하는 점을 짚어본다. 이를 위해서는 1971년 제7대 대선에서 박 대통령과 경쟁했던 김대중 신민당 후보의 경제 정책을 들여다보면 이해가 빠를 것이다.

김대중 '대중경제론'의 실체

박정희 장군이 군사 쿠데타를 일으킨 이유는 '빈곤 타파', 즉 세 끼 밥도 제대로 못 먹는 국민에게 배불리 밥을 먹이기 위해서였다. 어린 시절 뼈저린 가난을 체험한 박정희에게 '밥'은 그 무엇보다 중요한 가치를 지니는 신성물이었다. 당시 정치인이나 지식인, 언론인, 대학생들이 '민주주의'를 신성물로 추앙할 때 박정희의 신성물은 '밥'이었다. 같은 시대에 살면서 서로 다른 가치를 숭배한 것이 비극이었다.

가치관이 상극이다 보니 김대중의 경제발전 방식은 박정희와 정반대 노선을 걸을 수밖에 없었다. 박정희는 증산·수출·건설, "싸우면서 건설하자"를 슬로건으로 내걸고 외자 도입형 수출주도형 공업화 전략으로 국민소득

---

57 노태우, 저자와의 인터뷰.

향상을 위해 총력전을 전개했다. 반면에 김대중은 1950년대를 "암흑의 전제 시대", 1960년대를 "개발을 빙자한 시대"로 규정하고 1970년대를 "희망에 찬 대중의 시대"라고 선언했다.

김대중 후보가 대선 과정에서 주창한 대중경제론은 해외 수출이 아니라 내수 위주, 대기업이 아니라 농업과 중소기업을 우선 발전시켜 농민과 서민, 자영업자에게 혜택이 돌아가야 한다고 주장했다. 외자는 필요악이며, 개방정책을 폐기하고 자급자족 체제를 주장했다. 정유·화학섬유·자동차조립·전자공업 등 외자에 기초한 대기업 중심의 공업육성은 사치성 낭비적 공업이니 더 이상 투자해서는 안 된다는 논지를 펼쳤다. 특히 노동조합의 직접적인 경영 참여를 위한 노자(勞資)공동위원회 구상은 노동자들을 설레게 했다.

김대중 후보가 내세운 내수 위주, 농업 우선, 중소기업 위주, 폐쇄적 자급자족 시스템, 대기업 중심의 공업 육성 반대, 노조의 경영 참여는 북한이나 유고슬라비아 등 여러 나라에서 채택했다가 참혹하게 실패한 내포적 공업화론, 포퓰리즘, 신민주주의의 혼합 형태였다. 그는 이것을 '대중경제론'으로 슬로건화하여 대한민국이 나가야 할 길이라고 주장했다.

김대중·김영삼은 '대중경제론'으로부터 자유로울 수 없는 인물이었다. 김영삼이 1993년 집권하여 5년 내내 허둥대다 외환위기를 자초한 역사적 사실을 기억한다면, 그들이 이란 회교 혁명으로 제2차 석유위기가 엄습했던 1980~1981년에 집권했다면 이 나라 경제는 어떻게 되었을까?

곳곳에서 사회 안정을 희구하는 목소리가 분출되었고, 군부는 경우에 따라서는 자신들이 사회 안정의 중심이 되어야 한다는 의견도 제기되었다. 1980년 보안사에 근무했던 관계자들의 증언에 의하면 1980년 3월 초부터 보안사령관 사무실 문턱이 닳을 정도로 많은 사람들이 드나들었다고 한다.

보안사 정보1과장과 정보처장을 역임했던 한용원은 12·12 이후 일부 군인, 정치인, 종교계, 학계의 많은 사람들이 전 장군에게 집권을 부추겼다고 진술했다. 특히 하나회 출신 중 윤필용 사건으로 군을 떠난 권익현·박정기·신재기·배명국 등이 보안사에 거의 살다시피 했다. 이원조, 김윤환 등 경북 출신 인사들도 자주 보였고, 이름을 알 수 없는 목사, 문인 등 여러 사람이 들락거렸다고 한다.[58]

춘래불사춘(春來不似春) 발언

세칭 민주화 세력의 아성이었던 언론은 군부의 정치 개입을 극력 반대하는 분위기가 지배적이었다. 이런 언론 분위기가 한껏 닳아 오르는 와중에 흥미로운 사건이 발생했다. 1980년 2월 25일, 김상만 동아일보 회장이 인촌 김성수 추도 행사에 정치권 인사들을 대거 초대했다. '민주화의 상징'으로 불린 김종필·김영삼·김대중을 비롯하여 정일권 공화당 고문, 이태영 변호사, 모윤숙 시인, 그리고 글라이스틴 미국 대사, 스노베 료조(須之部量三) 일본 대사, 버니(Derek Burney) 캐나다 대사 등 주요국 외교관도 초청되었다.

이날 기자들 앞에서 3김이 돌아가며 발언을 했다. 이날 말을 가장 많이 한 사람은 김영삼이었고, 그다음이 김대중이었다. 두 사람은 말끝마다 "우리에게 봄이 왔다"는 말을 반복했다. "다음 대통령은 나"라는 강한 자부심을 풍기는 발언이었다. 이 말을 들은 김종필은 두 사람에게 "춘래불사춘(春來不似春)이라는 말을 아십니까? 봄이 오기도 전에 옷을 벗으면 감기에 걸리고 폐렴이 돼 죽을 수 있습니다. 지금 봄이 왔다고들 하는데 생각지

---

58 한용원 검찰 진술조서 제2회, 1995년 12월 21일.

않은 일이 벌어질 거란 예감이 듭니다"[59]라고 충고했다.

대권이 당신들 손아귀에 들어왔다고 떠드는데, 그건 허튼소리일 수도 있다는 의미가 담긴 메시지였다. 김종필의 경고성 발언은 두 사람에게 어느 정도나 진지하게 전달되었을까? 언론은 이 행사를 '민주화의 물꼬를 튼 역사적 만찬'이라며 주목했지만, 정부와 군 관계자들은 냉정한 시선으로 이 행사를 주목했다.

글라이스틴 주한 미국대사는 이날 만찬장에서 3김이 참석한 것을 '세 마리 사자(three lion)의 만남'이라고 표현했다. 행사 직후 그는 본국 정부에 다음과 같이 대단히 우려스러운 보고를 했다.

"기자들이 물러가고 주빈들이 칼집에 칼을 꽂을 때까지 만찬장에는 긴 장감이 감돌았다. 김상만으로서는 영광의 시간이었겠지만, 정부와 군의 국민적 도덕체계 수호자들은 그날 밤의 행사를 조금은 냉철하게 봤을지도 모른다. 그들은 한국을 위한 최선의 길은 3김 모두의 집권을 차단할 장치를 마련해야 한다는 생각을 더욱 굳게 했을 것이다."[60]

유신 체제를 발길로 걷어찬 김종필

이틀 후인 2월 27일, 김종필은 관훈 클럽 초청 토론회에서 '새 역사의 고동'이란 제목으로 기조연설을 했다. 김종필은 이날 자신의 연설을 "새 역사의 고동이 맥박치고 있으니 새 시대로 나아가자는 취지"라고 설명했다. 그런데 내용을 자세히 들여다보면 새 시대의 비전은 뒷전이고, 유신 체제 부정에 방점이 찍힌 것이 문제였다.

이날 김종필은 "유신 체제는 1970년대 밀려든 국내외로부터 엄청난 도

59 김종필b, 앞의 책, 84쪽.
60 윌리엄 글라이스틴, 앞의 책, 150쪽.

전을 극복하는 데 결정적인 역할을 했다"면서 "그러나 운용 과정에서 목적과 효율을 지나치게 중시한 나머지 민주적 절차를 희생함으로써 정치가 무력화되고, 각종 사회 갈등과 부조리가 누적된 것은 참으로 부정한 일이었다"[61]라고 유신 체제를 정면 비판했다.

1980년 '서울의 봄'이 만개하면서 권력 진공상태가 되자 김종필은 자신의 집권을 위해 유신을 부정했고, 김영삼·김대중과 손잡고 최규하 과도정부를 흔들어 혼란을 부채질했다. 노태우는 저자와의 인터뷰에서 "김종필 선배가 국가 위기 상황에서 구여권과 보수층 결집을 위해 살신성인하는 모습을 보였다면 신군부는 그를 밀었을 것"이라고 증언했다. 하지만 신군부 인사들이 볼 때 김종필의 행보는 박정희 정권을 발로 걷어차는 모습으로 투영되었다.

그로부터 한 달 반 정도 후인 4월 14일 전두환 보안사령관 겸 합수본부장의 중앙정보부장 서리 겸직이 발표되었다. 전두환의 출연과 김대중의 부상이 묘하게 시기적으로 겹친 것이 우연일까, 아니면 필연이었을까? 글라이스틴은 3월 중순께부터 전두환과 김대중 양자의 충돌이 불가피할 것임을 예견했다. 이 문제가 어떻게든 해결돼야 하지만 "어떤 방식으로, 그리고 언제 해결이 날지는 누구도 정확히 모른다"고 워싱턴에 보고했다.[62]

12·12 이후 내각은 신현확 총리 중심으로 뭉쳤다. 김종필의 유신 거부 발언으로 공화당은 파국에 직면했다. 공화당 중진과 경북지역 기업인들은 신현확 총리에게 신당 창당을 권유하며 집권을 부추겼다. 위기 상황에서 강단 있는 처신을 보이는 신 총리 쪽으로 정치적 무게가 실리자 3김은 신 총리를 예의주시하기 시작했다. 신현확이 자신들의 대권 행보의 최대 걸림

---

61 김종필b, 앞의 책, 85쪽.
62 돈 오버도퍼, 앞의 책, 127쪽.

돌이 될 것으로 예단한 것이다.

신현확 신당설

미 국무부와 주한 미국대사관도 신현확이 어느 시점에서 정치판에 뛰어들 가능성이 있다고 보았다. 2월 중순, 글라이스틴 대사는 신현확 총리를 대사관저에 초청해 격의 없는 대화를 나누었다. 이날 글라이스틴은 신 총리가 전두환을 전면에 내세우기 위해 무슨 역할을 하고 있는 것 같지는 않지만, 정치인과 군인들이 해결책 마련에 실패할 경우 자신을 절충에 의한 후보로 간주하고 있다는 인상을 받았다.[63]

정치권이나 미국 측이 신현확을 의심한 이유는 3월 14일 발족한 정부 헌법개정심의위에서 위원장을 맡은 것도 한 가지 이유였다. 최 대통령이 이원집정부제 개헌을 시사하는 듯한 발언을 하자 정치권과 재야 세력은 "정부가 유신 세력을 주축으로 신당을 구성하고 있다"라고 일제히 공격의 포문을 열었다.

헌법 개정은 새로운 정치 질서를 만들어내는 일이다. 정치 경쟁의 규칙을 새로이 정하는 일이고, 그에 따른 정치적 이해관계가 갈리는 예민한 이슈다. 그것은 고도의 정치적 행위이고 국민적 합의이든, 조직화된 세력이든 주요 정치 지도자들 간 합의 도출이든, 그것을 추동해낼 힘이 있어야 가능한 일이다.

사실 이원집정부제 개헌론의 진앙지는 신현확이 아니라 최규하 대통령이었다. 최규하는 정치를 해본 적도 없고, 추종자가 많은 사람도 아니었다.[64] 다만, 어느 순간부터 3김의 행태로 볼 때 저들에게 나라의 운명을 맡

---

63 윌리엄 글라이스틴, 앞의 책, 151~152쪽.
64 강원택, 앞의 책, 217쪽.

길 수 없으니 자기가 집권할 수밖에 없다는 생각을 하기 시작한 것으로 추측된다.

외교 안보는 자신이 경험이 있으나 내치는 자신이 없었다. 따라서 외교 안보는 자기가 대통령이 되어서 담당하고, 내치는 신현확이 총리가 되어 분담하는 이원집정부제를 구상한 것으로 보인다. 이와 관련, 돈 오버도퍼는 다음과 같은 기록을 남겼다.

'미 정부는 최규하에게 과도기 1년 동안만 대통령직을 맡겠다는 뜻을 공포하라고 충고했다. 미국 측 판단은 그렇게 하는 것이 오히려 최규하의 위상을 강화해 과도기를 순탄하게 넘기는 데 도움이 될 거라는 것이었다. 그러나 최규하는 굴러들어온 권력에 대한 욕심 때문인지 그 충고를 일축했다.'[65]

김영삼은 자신의 민주화 투쟁 드라이브로 부마사태가 촉발되었고, 그것이 10·26의 도화선이 되어 유신정권을 붕괴시켰으니 이번에는 당연히 자기가 집권해야 한다는 조급증에 빠졌다. 김영삼은 제도권 정당인 신민당의 당권을 장악하고 있어 대권을 향한 유리한 고지를 선점했다. 따라서 김대중이 제도권 내에 진입하여 탄탄한 뿌리를 내리기 전에 속전속결로 결판내는 것이 최선의 방책이었다.

김영삼은 계엄령 즉각 해제, 대선·총선 조속 실시, 과도정부 즉각 퇴진 카드로 최규하 정부를 압박했다. 심지어 그는 "내가 집권하는 것이 민주화"라고 주장하기까지 했다. 이러한 김영삼의 조급증이 혼란을 부채질하여 정치 상황을 위기로 몰아넣는 촉매제 역할을 하게 된다.

오랜 기간 정치활동을 봉쇄당했던 김대중은 1980년 봄, 사면 복권으로 화려하게 등장했다. 하지만 너무 오랜 기간 대중과 유리되어 있었던 탓에

---

65 돈 오버도퍼, 앞의 책, 117쪽.

제5공화국 전두환 시대 1

신민당 내의 지지 세력은 미미했다. 그는 신민당에 입당하여 김영삼과 대권 후보 경쟁은 승산이 없다고 판단했다. 1980년 4월 4일, 김영삼과 김대중은 단독회담을 갖고 범야 대통령 후보 단일화를 모색했다.

결과는 당연히 실패였다. 김대중은 4월 7일, 신민당에 입당하지 않겠다고 선언했고, 4월 10일 재야 세력인 국민연합의 공동의장을 맡았다. 이로써 신민당과 재야 세력은 등을 돌리고 제 갈 길을 갔다.

김영삼은 군부의 비위를 건드리지 않으려고 조심하면서 제도권 내에서의 정치 과정을 통한 민주화를 추구했다. 김대중은 군부의 개입 가능성을 우려하면서 최악의 경우 대중 동원을 통한 정치 변동을 꿈꾸었다. 양김 분열의 가장 큰 원인은 권력욕이었다.[66] 권력을 향한 양김의 과도한 경쟁은 사회 경제적 위기를 심화시켰고, 정치사회를 마비시켰으며, 군부개입을 정당화시키는 데 기여했다.[67]

4월 11일, 김대중은 국민연합 공동의장인 윤보선·함석헌을 배제하고 조직 개편을 단행했다. 그리고 계엄령 즉각 해제, 정부 주도 개헌 중단, 정치 일정 단축, 신현확 내각을 필두로 한 유신잔당 퇴진, 양심수 석방 실현을 위한 장외투쟁을 선언했다.

전두환 중정부장 겸직 사건

그로부터 사흘 후인 4월 14일, 전두환 장군의 중앙정보부장 서리 겸직이 발표되었다. 유신 선포 이후 중앙정보부장은 부총리 급으로 직위가 높아졌고 대통령 직속기관이 되었다. 중앙정보부장은 국무회의에도 참석했다. 무엇보다 중앙정보부장은 군 내부의 위계 관계에서 벗어나 보다 자유

---

66 김영명, 『고쳐 쓴 한국현대정치사-정치변동의 역학』, 을유문화사, 1996, 348쪽.
67 장성호(2020), 121쪽.

롭게 활동할 수 있었다.[68] 이희성·전두환 등이 정보부장에 임명되었을 때 '서리'라는 꼬리가 붙은 이유는 당시 중앙정보부법에 정보부장의 타직 겸직 금지조항이 있었기 때문이다. 전두환의 중정부장 서리 취임 이후 합참의장으로서 당시 상황을 목격한 유병현 장군의 증언을 소개한다.

"청와대에서 열리는 안보 소회의에 나는 합참의장 자격으로 참석했다. 합동수사본부장 시절 전 장군도 그 회의에 참석했는데, 그의 자리는 말석이었다. 그러나 중장 계급장을 달고 중앙정보부장 서리가 된 이후에는 부총리 자격으로 승격해 대통령 바로 옆자리에서 경제기획원 장관과 대좌하게 된다. 그러나 합참의장인 나와 전두환 중장 사이에는 여전히 군인으로서의 예절이 지켜졌다. 군사 업무상으로는 상하관계가 유지되었던 것이다. 다만 청와대 회의 때는 예외였다."[69]

중앙정보부는 조직의 수장인 김재규가 10·26 시해 사건으로 체포된 후 이희성 장군이 정보부장 서리를 맡았다. 이희성이 1개월 반 동안 재임하던 중 12·12 사건으로 정승화 총장이 구속되면서 12월 13일 육군참모총장 겸 계엄사령관으로 전보되었다. 이로써 윤일균 차장이 업무를 대행하면서 부장 자리가 4개월여 공석이 되었다. 국가적으로 대단히 중요한 중앙정보부장 자리가 4개월여 공석 상태가 된 것은 어느 모로 보나 정상이라고 보기는 어려웠다.

그 전날인 4월 13일, 최광수 대통령 비서실장이 이희성 계엄사령관을 방문하여 전두환 장군의 중정부장 겸직에 대한 의견을 물었다. 이희성은 "한 나라의 정보기관을 한 사람이 관장하는 것은 문제가 있다고 생각한다. 임명권자가 불가피하게 임명하더라도 빠른 시일 내에 해제를 시켜야

---

68 강원택, 앞의 책, 174쪽.

69 유병현, 『한미연합사 창설의 주역, 유병현 회고록』, 조갑제닷컴, 2013, 247쪽.

한다"라는 입장을 밝혔다. 다음 날 최 대통령이 이희성 사령관을 불러 같은 질문을 했고, 이희성은 같은 대답을 했다.[70]

신현확, 전두환의 정보부장 겸직 반대

전두환의 정보부장 겸직을 정면에서 반대한 사람은 신현확 총리였다. 정보부는 대통령 직속기관이어서 정보부장 인사에 대해 총리가 관여할 사안이 아니었다. 하지만 당시는 국가 위기 상황이었다. 1980년 2월경 신 총리는 최 대통령에게 정보부장은 민간인 출신을 임명하여 하루속히 기능을 원상회복시켜 보안사의 정보 독점을 막는 것이 국정 운영에 바람직하다는 의견을 제시했다.[71]

최 대통령은 일주일이 지나도록 아무 반응을 보이지 않았다. 신 총리는 최 대통령에게 같은 내용을 세 차례나 반복해서 건의했다. 며칠 후 미국의 시사주간지 타임에 "최규하 대통령이 정보부장을 군인으로 임명하려 하는데, 신 총리가 민간으로 해야 한다며 반대하고 있어 임명이 늦어지고 있다"라는 기사가 보도되었다. 문제의 기사는 계엄하의 언론통제로 인해 삭제된 채 국내에 배포되었다.

배석자 없이 대통령과 총리 단둘이 주고받은 내용이 외신에 보도되자 신 총리는 최 대통령 측이 고의로 외신에 정보를 흘린 것으로 판단했다. 신 총리는 최 대통령의 의중이 무엇인지 알 수 없어 걷잡을 수 없는 의문에 빠졌다.[72] 그로부터 며칠 후 전두환 장군이 신 총리를 찾아와 자신의

---

70 이희성 검찰 진술조서, 1995년 12월 12일, 조선일보사a, 앞의 책, 128쪽.

71 신현확 검찰 진술조서, 1995년 12월 16일, 86쪽.

72 김용삼c, 「신현확의 현대사 심장부 증언 : "10·26 직후 김종필과 담판하여 JP의 대통령 출마 만류…격론 벌이고 결별… 1980년 최규하 신군부가 자신을 민다고 오판"」, 월간조선, 1999년 2월호, 213쪽.

정보부장 겸임을 양해해달라고 말했다.

신 총리는 전 장군에게 다음 두 가지를 충고했다. 첫째, 정보부장은 대통령이 직속기관에 인사권을 행사하는 것이므로 총리의 양해가 필요한 사안이 아니다. 둘째, 총리 개인 의견을 묻는다면 개인을 위해서나, 국가를 위해 겸임하지 않는 것이 좋다.

여러 차례에 걸친 신 총리의 반대에도 불구하고 최 대통령은 전두환 장군을 정보부장 서리에 임명했다. 미국도 전두환의 정보부장 임명에 반대했다. 미국 측은 전두환의 정보부장 임명을 30분 전에야 통보받았다. 글라이스틴 대사는 그것을 미국의 방해를 막기 위한 행위로 추측했다. 글라이스틴은 "최 대통령의 굴복은 전두환으로 하여금 무소불위의 막강한 권력기관 장악을 통해 민간 부분으로 진출할 수 있는 길을 열어준 것"으로 분석했다.[73]

이원홍 당시 청와대 민원수석은 전 장군의 정보부장 임명은 최 대통령이 보안사에 의지하지 않고는 국정을 원활히 운영할 수 없다고 판단하여 나름대로 여러 방안을 검토한 후 결정한 일이라고 밝혔다. 3김이 주도하는 정국이 날이 갈수록 혼미에 빠지고 김대중의 군중관리가 뛰어나게 드러났으며, 데모도 격화되어 앞이 안 보였다는 것이다.[74]

김종필 증언록에 의하면 TK 그룹은 박 대통령 생전에 그의 친위부대 역할을 자임했다. 그들은 김종필을 끊임없이 견제했고, 김종필이 당 총재나 대통령이 되면 자기들 기득권이 무너질 것이라고 지레 짐작했다. 그 결과 서울의 봄 당시 일부 TK 세력은 대구·경북 출신인 신현확 총리와 연계해

73 윌리엄 글라이스틴, 앞의 책, 157~158쪽.
74 이원홍 검찰 진술조서, 1995년 12월 30일, 275쪽.

정국을 자기들이 주도해보겠다는 엉뚱한 발상을 했다고 한다.[75]

최규하 대통령, 신현확 총리의 갈등

김종필이 '엉뚱한 발상'이라고 지적한 것은 신현확 중심의 'TK 신당설'이었다. 10·26 직후에는 통일주체국민회의 대의원들을 중심으로 유정회 의원, 전직 고관 등 구여권 인사들이 TK 신당을 추진하고 있다는 소문이 돌았다. 12·12 사태 이후에는 행정부 고위층을 중심으로 한 신당설로 바뀌었다. 행정부 고위층과 재벌, 공화당 중진 3~4명, 10·26 당시 각료 중 비경제부처 장관 2~3명, 청와대 참모, 유정회 몇몇 의원들이 중심이 되어 추진한다는 내용이었다.[76]

강원택 교수는 신현확이 세 차례나 중앙정보부장에 민간인 임명 의견을 건의했을 때 최규하는 그것을 TK 세력이 그 요직(중앙정보부장)까지 장악하려는 의도로 해석했을 것으로 분석했다. 신현확이 말하는 민간인이란 또 다른 TK일 것이며, 그것은 신현확이 자기 세력을 더욱 강화하려는 시도로 해석했을 것이란 추론이다.[77]

김종필은 TK 세력의 부상은 3선 개헌 이후부터였으며, 특히 김성곤의 역할을 주목했다. 쌍용양회로 부를 쌓은 김성곤의 재력과, 박 대통령과 출신 지역이 비슷해 친밀도가 높았던 TK 세력은 대구고보(현 경북고) 선후배를 중심으로 똘똘 뭉쳤다. 박 대통령은 자신이 그 세력을 이용하고 있다고 생각했을지 모르나, 경북 세력이 대통령을 이용해 힘을 키웠다는 것이다.[78]

10·26 사건 발생 시점에 TK는 전체 내각의 4분의 1 이상을 차지하고 있

75 김종필b, 앞의 책, 63쪽.

76 장성호(2020), 106쪽.

77 강원택, 앞의 책, 180쪽.

78 김종필a, 『김종필 증언록(1)』, 와이즈베리, 2016, 324~325쪽.

었다. 10·26 사건 이후의 국정 역시 이들이 주도했다. 10·26 이후 국정의 방향을 정하기 위해 출범한 비상시국 대책회의 참석자 9명 중 신현확(총리), 박동진(외무), 구자춘(내무), 김치열(법무), 정승화 계엄사령관 등 5명이 TK 출신이었다.[79] 10·26 시해사건 발생 시점에는 청와대, 군, 당, 정 모든 분야에 걸쳐 TK 세력이 권력을 사실상 장악하고 있었다고 말할 수 있을 만큼 강력한 세력으로 성장했다. 박정희가 사라진 공간에 TK가 자리 잡았다는 것이다.[80]

과도내각 출범 과정에서 최규하-신현확은 권력 분점을 통해 기존 체제를 외양만 손질하여 유지하고자 했다. 김종필 증언록에 의하면 어느 날인가 최 대통령이 김종필 공화당 총재에게 "지금 정부는 과도정부가 아니다. 안보, 경제 불안정 등 헤쳐나가야 할 일이 많다"라고 말했다. 이 말을 들은 김종필은 유신헌법에 의한 임기를 끝까지 다 채우겠다는 말처럼 들렸다고 한다. 그럴 경우 최 대통령은 1984년까지 대통령직에 있게 된다.

김종필은 권력의지가 약했던 최규하가 대통령직에 목을 걸기 시작한 것은 신현확이 영향을 미친 것으로 생각했다.[81] 김종필은 신현확을 의심했다. 절대 권력이 사라진 정치공간에서 최 대통령을 앞세워 신현확이 중심적인 역할을 수행하려 했다고 보았다. 문제는 여당과 행정부가 따로 굴러가면서 정치 주도력이 헝클어졌다는 점이다. 그 사이, 전두환을 리더로 한 신군부가 권력의 빈틈을 비집고 들어왔다는 것이다.[82]

79 강원택, 앞의 책, 43~44쪽.
80 강원택, 앞의 책, 46쪽.
81 김종필b, 앞의 책, 65쪽.
82 김종필b, 앞의 책, 65쪽.

신현확 견제 위해 전두환을 중정부장 겸직

TK 세력을 등에 업은 신현확이 정국을 주도하면서 상황이 급변했다. 신 총리 주변 인사들은 최규하-신현확 체제를 폐기하고 신현확 중심으로 정 치 질서를 구축해야 한다고 나서면서 TK를 중심으로 한 '친여 신당설'이 파다하게 퍼졌다. 당시 정황을 이해할 수 있는 단서가 신현확의 아들 신철 식의 다음과 같은 증언이다.

"신현확과 의논하면 매사가 쉽게 풀리니 장관들은 죄다 총리에게만 달 려왔다. 대통령이 해야 할 일을 신현확이 대신한 것이다. 이러다 보니 정부 내에서 '모든 일을 신 총리가 다 한다'라는 소문이 도는 것도 무리는 아니 었다. 문제는 그 소문이 '신 총리가 틀림없이 실권을 잡는다', '신 총리가 지 금 전부 독재를 하고 있다'로 바뀌어갔다는 것이다. 몇몇 장관들은 말했다. "이럴 바에는 차라리 총리님이 맡으십시오. 헌법 개정과 문민 이양을 해내 면 될 것 아닙니까?" 최규하 과도정부가 시국을 안정시키지 못하니 하야 시키고 신현확 체제를 세우자는 논의가 다시 나온 것이다. 이번에는 신현 확도 고뇌하지 않을 수 없었다."[83]

노태우도 "신현확 총리 같은 분이 대통령으로 있었다면 상황이 달라졌 을 것이다. 군부가 나서지도 않고 나설 수도 없었을 것"[84]이라고 밝혔다. 최 규하는 이런 상황이 결코 달갑지 않았을 것이다.

여러 정황으로 추론해볼 때 정책 주도 역량이나 정치력을 갖추지 못한 최규하는 신현확 총리의 세력 강화에 제동을 걸기 위해 의도적으로 전두 환을 정보부장 서리에 임명했을 수도 있다. 최규하-신현확 간의 미묘한 갈 등 속에 자신의 지지 세력을 갖지 못했던 최규하가 전두환을 불러들인 것

---

83 신철식, 『신현확의 증언: 아버지가 말하고 아들이 기록한 현대사의 결정적 순간들』, 메디치, 2017, 321~323쪽.

84 노태우-a, 앞의 책, 248~249쪽.

이다. 그것은 불안정하게 유지되어오던 관료 엘리트 간에 협력의 종식을 의미하는 것이었다.[85]

당시 중앙정보부의 당면 과제는 총체적 붕괴 상태에 놓인 조직의 재건 및 개혁이었다. 10·26 사건 이전까지 중정은 무소불위의 권력기관으로 군림하며 숱한 민폐를 끼쳤다. 또 다루는 분야도 정치, 사회, 경제, 문화 등 전 분야를 망라하고 있었다. 이처럼 막강한 권한을 행사하던 기관이었던 만큼, 심성이 여간 강한 사람이 아니면 위기에 처한 정보부를 개혁하지 못하고 조직 논리에 휘둘려 잡음만 일으킬 가능성이 있었다. 최 대통령은 이런 점을 고려하여 전두환을 겸임 발령한 것이다.[86]

반면에 신현확은 전두환이 여러 사람의 반대에도 불구하고 정보부장 서리를 겸직하려는 이유는 자신의 권한을 확대하여 정국을 실질적으로 장악하려는 의도로 해석했다.[87] 신 총리 측근 인사의 증언에 의하면 최 대통령이 전두환을 정보부장 서리에 임명한 날, 신 총리는 최 대통령과 격렬한 언쟁을 벌였다. 그는 측근들에게 "앞으로 나와 최 대통령은 어떤 정치 활동도 함께하지 않겠다"라고 선언했다.[88]

이로써 최규하-신현확 체제의 균열 및 파탄이 현실화되었다. 과도정부의 주역인 대통령과 총리는 같은 배에 승선했으면서도 서로 다른 생각을 가진 채 역사의 격랑 속으로 휘말려갔다. 글라이스틴 주한미국대사는 전두환의 중정부장 겸직이 안정되어가고 있던 1980년 봄의 상황을 결정적으로 악화시켜 5월 정국을 폭발적으로 악화시킨 결정적 요인으로 보았다.

---

85 강원택, 앞의 책, 183쪽.
86 이원홍 검찰 진술조서, 1995년 12월 30일, 276쪽.
87 신현확 검찰신문조서, 1995년 12월 16일, 86~87쪽.
88 김용삼c(1999.2), 214쪽.

제5공화국 전두환 시대 1

전두환, 중앙정보부 개혁

그렇다면 정치적으로 대단히 민감한 시기에 전두환 장군이 여러 사람의 우려에도 불구하고 중앙정보부장을 겸직한 진짜 이유는 무엇이었을까?

첫째, 1980년 1월 군부 일각에서 주한 미국대사관 측과 손잡고 전두환 제거를 위한 역쿠데타를 추진하려 했던 사건의 여파로 추론한다. 전두환과 신군부에 반대하는 세력이 주한 미국대사관 측과 접촉하고 있는 정황을 내밀하게 파악하기 위해서는 군 정보기관인 보안사뿐만 아니라 중앙정보부의 협조와 도움이 절실했을 것이다.

둘째, 김상만 동아일보 회장의 3김 및 3국 대사 초청 만찬의 회오리다. 신군부는 이 사건을 민간 정치세력이 언론 및 우방국 대사들까지 끌어들여 최규하 정부와 군을 무시하고 새로운 정치 질서 수립을 위한 시도로 해석했을 가능성이 높다. 언론과 정치권, 주한 외교단 관련 정보는 보안사 영역이 아니라 중앙정보부 영역이었다.

셋째, 워싱턴의 몇몇 세력이 집요하게 전두환과 신군부 추종 세력을 제거하기 위해 군부 내의 반전두환 세력을 동원하려는 움직임이 계속됐기 때문이다. 글라이스틴 대사는 워싱턴 내에서 전두환 세력 제거 움직임이 계속되자 그에 강력히 반대하면서 다음과 같은 의견을 보냈다.

"현실적인 문제로 우리는 이전의 시도에서 완전 실패했다. 이승만 대통령 시절의 한국과 그 후의 베트남이 그 예다. 노출될 위험이 많고, 거사 과정에서 인명 살상 사태가 발생하면 우리로서는 달갑지 않은 민족주의적 반향을 불러올 것이다. 무엇보다 우리가 제거하려는 까마귀를 대체할 완전히 신뢰할 수 있는 백로를 찾을 수 없을 것이다."[89]

이런 보고서를 근거로 할 경우 미국은 12·12 사태 이후 1980년 '서울의

---

89 윌리엄 글라이스틴, 앞의 책, 154쪽.

봄'이 복잡 미묘하게 진행되는 기간 내내 전두환 제거를 위한 쿠데타 시도를 계속했음을 유추할 수 있다. 이런 시도에 유효적절하게 대응하기 위해 전두환은 현실적으로 중앙정보부의 힘이 필요했던 것은 아닐까?

전두환은 심복인 허삼수를 정보부에 파견했다. 허삼수는 정보부에 근무 중이던 육사 출신인 이종찬(육사 16기)을 총무국장에, 김용갑(육사 17기)을 감찰부실장에 임명하여 기구 개편과 요원 숙청 작업을 벌였다. 전두환이 정보부장 서리에 취임한 지 사흘 후인 4월 17일, 중앙정보부장 휘하에 단일 차장, 10개 부서로 기구를 축소하고 과장급 이상 전 직원에게 사표를 받는 개편 방안을 마련했다. 4월 24일 중앙정보부는 국장급 이상 40명 중 33명을 부패, 무능, 무사안일, 불충 등의 사유로 파면했다.

중앙정보부 개혁 작업은 5·17 비상계엄 확대 조치와 주요 인사 연행에 따라 일시 중지되었다가 5월 29일, 최규하 대통령의 재가로 확정되었다. 6월 20일 중앙정보부 요원 300명이 무능, 부패, 권력기관임을 과시, 무사안일과 사욕 추구, 외부 정치세력과의 결탁, 정보공해 등을 이유로 인사조치되었다.[90] 여기에는 부이사관급 100명, 서기관급 180명 등 중앙정보부의 고위 간부가 대폭 포함되어 있었다.[91]

권력 향한 날개를 단 전두환

보안사 정보1과장으로 재직했던 한용원은 이 무렵 최 대통령은 전 장군을 대단히 신뢰했다고 한다. 특히 전두환이 정보부장 서리를 겸직하면서 최 대통령과 신군부는 눈에 띄게 밀착되었다. 최 대통령은 자신에 대한 군의 지지가 점점 두터워지는 것으로 해석했다. 그러나 그 '가까움'은 결코

---

90 동아일보, 1980년 6월 21일.
91 이도성, 『남산의 부장들(3)』, 동아일보사, 1993, 235쪽.

정상적인 상황이 아니었다. 신현확은 "그 시절 청와대는 완전히 신군부 천하였다. 최 대통령은 이미 대통령이 아니었다. 밖에서는 '허수아비 대통령'으로 불리고 있다는 것을 본인만 알지 못했다"라고 토로했다.[92]

전 장군은 현역 육군 중장으로서 보안사령관 겸 합수본부장 신분이기 때문에 각료급 회의에 참석 자격이 없었다. 그런데 정부 공식 서열상 정보부장은 부총리급이었다. 그가 정보부장 서리를 겸직하게 되면서 단숨에 부총리급으로 격상되어 국무회의 참석 권한은 물론, 직속상관인 국방부 장관보다 상위에 오르게 되었다. 이로써 권력의 추는 급격히 전두환 쪽으로 기울었다.

일본 언론은 전 장군의 정보부장 서리 겸직은 신군부가 완전히 군부 내의 실권을 장악했음을 확인한 것이며, 전 장군이 대통령의 중요한 정책 결정 과정에 현역 군인으로서 참여할 수 있는 길이 열린 것으로 해석했다. 뉴욕타임스는 전두환이 군 정보기관인 보안사와 정치 정보기관인 중정을 동시 관장함으로써 최고 실력자 중의 한 사람으로 지위가 강화되었다고 논평했다.

주한 미국대사관은 전두환의 정보부장 겸직 움직임을 사전 탐지했으나 그 가능성을 낮게 보았다. 하지만 겸직이 공식 발표되자 4월 18일, 미국 정부는 그해 여름 로스앤젤레스에서 개최 예정이던 한미 연례 안보협의회의 취소를 통보했다. 전두환의 정보부장 서리 겸직에 대한 미국 측의 공개적 반대 의사 표시였다.

전두환 장군이 명실상부한 실력자로 부상한 1980년 4월 중순부터 정국은 요동치기 시작했다. 1980년 4월 초 서정화 내무부 장관은 계엄위원회에 1980년 1월부터 3월까지 발생한 범죄 통계를 보고했다. 살인이 64.3% 급증

---

92 신철식, 앞의 책, 325쪽.

했고, 강도 113.9%, 폭력 20.1%, 절도 21.4%, 밀수는 122.6%나 급증했다는 내용이었다. 서정화 장관은 "강력범에 대해서는 사회 복귀가 불가능하도록 강제노동이나 강제수용 등의 특별 관리가 필요하니 계엄 당국이 이를 뒷받침해주었으면 좋겠다"라고 건의했다.[93] 이것이 삼청교육대 탄생의 배경이 되었다.

권력 공백 상태에서 무엇보다 심각한 것은 이란 회교 혁명으로 시동이 걸린 제2차 석유위기로 인한 경제 악화, 그리고 북한 동향과 관련된 안보 위협이었다. 김영삼 정부 시절 진행된 '12·12와 5·18사건' 수사 당시 검찰에 제출된 육군본부 정보참모부의 '북괴 도발 위협 판단'이란 자료를 소개한다.

심상치 않은 북한의 움직임

이 자료에 의하면 박 대통령 시해 사건이 발생한 다음 날인 1979년 10월 27일, 북한은 전군에 전투태세 강화(폭풍 5호)를 발령했다. 12월 18일에는 군·당 전원회의를 소집하여 "군은 통일에 대비하여 정치 사상적 무장을 강화하라"라고 지시했다. 1980년 2월에는 황해도 지역에서 민간 차량과 선박의 전시 동원과 전쟁물자 수송 대비훈련을 대대적으로 실시했고, 전쟁물자 수송과 관련된 북한 내 모든 철도역에 비상 열차를 24시간 대기시켰다. 또 차량 1천여 대를 동원한 군단급 훈련을 두 차례 했고, 중부 전선에서 대규모 특수 훈련을 실시했다.

검찰에 제출된 『계엄사』 자료에 의하면 북한은 1980년 3월부터 남한 정치 정세가 불안해지자 남한에 파견한 간첩들에게 "시위를 부추기는 점화 기폭조를 잠입시켜라"라고 지시했다. 소요 사태가 더욱 악화되면 공작원

---

93 지만원(상), 앞의 책, 275쪽.

을 침투시켜 시위대를 거리로 유도, 군중과 합세토록 하고 재야 세력 중 주요 인사를 암살하여 국민의 폭발적 반발을 일으켜 민중봉기의 계기를 조성하라고 일본 조총련에 지시했다.

군 정보기관과 정부 관계자들의 북한 동향에 대한 우려와는 달리, 주요 정치인들은 "주한미군이 주둔하고 있는 한 북한 공산군의 전면 남침은 걱정할 것 없다"라는 입장이었다. 3김은 자신들의 집권에만 관심이 있었을 뿐 경제와 안보를 걱정하는 목소리는 찾아보기 힘들었다.

4

파국 향해 질주한 '서울의 봄'

1980년 '서울의 봄'을 주도한 스타 중의 스타는 사면 복권되어 오랜만에 현실정치무대에 복귀한 김대중이었다. 국민연합 공동의장 김대중은 신민당 의원을 개별적으로 포섭했고, 재야인사를 중심으로 민주청년동지회(회장 김종완), 한국정치문화연구소(회장 김상현), 민족문제연구소(대표 박정훈), 민주연합청년동지회(회장 김홍일) 한국정치범동지회(회장 문익환)를 조직해 전국으로 확대해나갔다.

김대중이 선도하는 재야 세력은 최규하 정부를 '유신잔당'으로 규정하고 그 존재를 인정하지 않았다. 그들은 즉시 거국내각을 구성하고 총선 실시를 주장하며 학생들을 선동했다. 김대중은 대학을 순회하며 연이어 자극적인 연설을 했고, 가는 곳마다 '민주화'를 외쳤다. 김대중은 자신을 야당 진영의 지도자로 자리매김했고, 민주적으로 대통령에 선출될 인물은 자기뿐이라고 확신했다.

현실 정치권에 확고한 뿌리를 내리고 있는 김영삼과 경쟁해야 하는 김대중은 학생과 노동자들에게 강경한 메시지를 전파하여 그들의 지지를 끌어내기 위해 노력했다. 김대중은 3월 26일 서울 YWCA에서 '민족혼과 더불어'라는 제목의 강연을 했다. 이날 1만 5천여 관중이 운집한 자리에서 김대중은 박정희 대통령을 '박정희 씨'라고 표현하며 "자유를 짓밟고, 몇 사람을 위한 빈익빈부익부(貧益貧富益富)를 심화시켜 사회 정의를 짓밟고, 장관 총리 대통령 지낸 사람이 몇 백억 몇 천억 부정 축재하고, 반공법을 악용해 엉뚱한 사람을 공산당으로 만들었다"라고 비난했다.

그는 "민주주의란 나무는 국민의 피를 먹고 자란다. 민주주의는 국민의 피와 땀과 눈물을 통해 이루어진다는 이 말은 결코 하나의 슬로건이 아니라 현실이다"라고 외쳤다. 이날 김대중은 지지자들 앞에서 흥미로운 발언을 했다.

"여러분에게 솔직히 얘기한다면, 나는 다음 정권에 그렇게 대단한 매력이 없습니다. 왜? 첫째, 경제만 보더라도 박정희 씨가 아주 망쳐놓았습니다. 이것을 맡아놓고 수습한다는 것은 다 파먹은 김칫독에다가 머리를 집어넣는 것과 마찬가지입니다. 4년 동안 뒤치다꺼리나 하고 나면, 그것도 내가 좋아하지 않는 사람 뒤치다꺼리를 하고 나면 4년은 끝나는 것입니다. … 누가 한 4년쯤 해서 실컷 고생하고 난 뒤 그때쯤 가서 내가 맡는 게 차라리 좋겠다는 생각이 듭니다."[94]

도를 넘은 김대중의 발언

1980년 서울의 봄 당시 경제 사정은 권력에 민감하게 반응했던 김대중 씨도 피하고 싶을 정도로 최악의 상황이었음을 유추할 수 있는 발언이다. 그 후 역사 전개 과정을 보면 김대중이 말한 "4년쯤 실컷 고생할 사람"은 전두환이었다.

1980년 '서울의 봄'을 화려하게 수놓은 김대중의 대중 연설은 시간이 흐를수록 발언 수위가 높아져갔다. 4월 16일 한신대 3만여 청중 앞에서 행한

---

94 전두환 회고록(1), 앞의 책, 19쪽.

'도덕 정치'라는 강연에서 김대중은 "독재하에서 감옥에 가고 고문, 연금, 공민권 박탈을 당해 학원과 직장에서 추방됐던 사람들이 새로운 민주 정부의 등불이 되어야 마땅하다"라고 외쳤다.

4월 17일 서울대 강연에서는 "김상진, 김주열 못지않게 김재규도 충신"이라고 연설했다. 김상진은 서울대 농대 재학생으로, 1975년 4월 11일 수원 서울대 농대 잔디밭에서 유신 체제와 긴급조치에 항의하여 '양심 선언문'을 낭독한 뒤 준비한 과도를 꺼내 할복자살했다. 김주열은 1960년 3월, 마산에서 부정선거 규탄 시위에 참가했다가 실종됐다. 27일 만인 4월 11일 마산 중앙부두 앞바다에서 오른쪽 눈 주변에 최루탄이 박힌 변사체로 발견되었다. 김대중 의장은 박 대통령 시해범 김재규를 독재에 항거한 민주화의 영웅으로 추켜세운 것이다.

1980년 4월 18일 동국대에는 5~6만 명이 김대중 의장의 강연을 듣기 위해 모였다. 계엄령하에서 이처럼 대규모 인파가 몰린 이유는 김대중의 사조직인 민주연합청년동지회, 한국정치문화연구소, 민주헌정동지회가 전단 살포 등 적극적인 홍보활동을 한 결과였다. 김대중의 강연 제목은 '4·19와 민족 통일'이었다. 이날 김대중은 "10·26 사태는 독재에 항거한 전 국민의 혁명이다", "탄압받더라도 끈질기게 저항하면 10·26과 같은 또 다른 사태가 올 수도 있다"라고 연설했다. 박 대통령 시해를 독재에 항거한 전 국민의 혁명으로 추켜세운 것이다.

4월 25일 김대중 의장은 관훈 클럽에서 '80년대의 좌표'라는 제목의 초청 연설을 했다. 이날 연설에서도 김 의장은 10·26 사태를 민중이 주체였던 3·1운동, 민주 학생이 주체였던 4·19혁명을 총괄적으로 계승한 민중·민족·민주의 국민적 의지의 집약적 표현이며, 이것은 자유 정의 통일을 거부해온 반민족, 반민중, 반민주 세력에 대한 국민적 투쟁의 결과라고 정의했다.

이 무렵 군부는 사회 일각에서 벌어지는 박정희 격하 운동에 심기가 편치 않았다. 이 와중에 터져 나온 김대중의 10·26 관련 발언은 김재규의 박 대통령 시해에 분노하고 있는 군부를 크게 자극했다. 비밀 해제된 미 국무부 외교문서에 의하면 미국 정부는 김대중의 활발한 정치활동이 군부를 자극하지 않을까 우려했다.

글라이스틴 대사는 김대중의 정치적 행보를 색다른 시선에서 걱정했다. 신민당 내 지지기반이 김영삼 총재보다 열세였던 김대중 의장이 선명성을 내보이기 위해 거칠게 행동하면 김영삼도 온건 노선을 버릴 위험이 있다고 본 것이다.

미국 정부, 김대중·김영삼에게 자제 촉구

주한 미국대사관 측은 본국 정부의 훈령에 따라 김대중·김영삼과 접촉하여 "군부의 반감을 줄일 수 있도록 군부와의 접촉"을 권유했다. 김대중은 박종규 의원을 통해 군부와 대화를 모색했으나 별 성과를 얻지 못했다. 미국 정부는 한편에선 위컴 사령관을 통해 군부가 권력의 전면에 등장하지 못하도록 끊임없이 견제했다.

1980년 '서울의 봄'은 긴급조치 위반 등으로 쫓겨났던 교수·학생들이 학교로 복귀하면서 운동 에너지가 확산일로를 걷기 시작했다. 여기에 박정희의 퇴장으로 인해 각계각층의 민주화 욕구가 가세했다. 처음에는 학내 문제를 주제로 온건한 방식으로 시위하던 학생들은 4월 7일 성균관대가 병영집체훈련을 전면 거부하면서부터 정치성을 띠기 시작했다. 급기야 시위 구호가 "유신잔당 물러가라", "계엄령을 해제하라", "유신 체제를 종식시킨 김재규 사형 반대" 등 헌정질서를 부인하는 구호로 변질되었다. 5월 초부터는 공공연히 정부 타도를 외치는 가두시위가 격화되기 시작했다.

1980년 3월부터 5월 중순까지 학생 시위는 2,100회로 폭증했고, 4월 9일부터 29일까지 20일간 719건의 노사분규가 발생했다. 4월 20일 태백 탄전 지대에서 심각한 사태가 발생했다. 정선군 사북읍 동원탄좌 광업소 소속 광부 3,500여 명이 노조 지부장의 배신을 규탄하며 경찰과 충돌했다. 시위 가 과격해지면서 광부들이 휘두른 곡괭이와 각목에 맞아 진압경찰 한 명 이 사망하고 광부와 경찰 70여 명 부상, 22억 원의 재산 피해가 발생했다. 광부들이 사북읍 전체를 점거하여 나흘간 치안이 마비되어 무정부 상태 가 되었다.

당시 내각의 사령탑은 박정희 대통령에게도 소신 있는 직언을 하는 것 으로 유명했던 신현확 총리였다. 그는 최규하가 국가의 책임자가 될 만한 자질을 갖추지 못한 것으로 판단했다. 김옥길 문교부 장관은 학생 시위 관 련 내용을 대통령이 아니라 총리에게 보고했다. 신 총리가 "그런 사항은 대통령에게 보고하고 조치를 요구해야 되는 것 아닌가" 하고 물었다. 김옥 길 장관은 "만날 수 있어야 보고를 하지요. 일주일 전부터 면회 신청을 해 놔도 아직까지 면회를 허용하지 않는데 어떻게 보고를 합니까"[95]라고 하소 연했다.

국가 위기 상황에서 대통령의 업무 처리가 이런 식이었으니 모든 결재 는 신현확 총리에게 집중되었다. 정치권에서는 "신 총리가 실권을 잡고 모 든 결정을 독재적으로 하고 있다"라고 판단했다. 학생들이 가두 시위 때 "물러가라 신현확, 불쌍하다 최규하"라는 플래카드 등장은 이런 비하인드 스토리 덕분에 탄생한 것이다.

신현확 대권 도전설 나돌아

이 와중에 최규하 대통령의 이원집정부제 개헌론, 신현확 총리 중심의

---

95   김용삼c(1999.2), 221쪽.

신당설 등이 파다하게 나돌았다. 김종필 공화당 총재에 반대하는 공화당 중진과 대구 경북 지역 기업인들이 신 총리를 찾아와 집요하게 신당 창당을 권유했다. 이런 움직임 덕분에 신 총리가 과거 사장으로 재직했던 쌍용양회 건물에 비밀 아지트를 마련하고 창당을 준비하고 있다는 그럴듯한 이야기가 시중에 퍼졌다.

신 총리 주변에서는 최규하-신현확 체제를 폐기하고 신현확을 중심으로 새로운 정치 질서를 만들자는 주장도 제기되었다.[96] 이런 말이 나돌 정도로 행정을 비롯한 정치의 중심은 최규하가 아니라 신현확이었다. 결국 신현확 신당설이 최규하-신현확 체제의 파경을 불러오는 불쏘시개 역할을 하게 되었다.

사태가 심상치 않게 돌아가자 신 총리는 4월 24일, 전 언론사 편집국장을 초청하여 "나와 최 대통령은 차기 선거에 출마할 의사가 없다. 범여권 신당은 근거 없는 낭설"이라고 해명했다. 또 "그동안 여러 차례 약속한 대로 새 헌법을 제정하여 국회를 구성하고, 대통령을 선출한 후 우리는 물러날 것이다. 이것이 과도정부의 사명"이라고 발언했다.

이 내용이 언론에 보도되자 다음 날 청와대에서 신 총리에게 사람이 와서 "어제 총리의 발언 중 '우리'란 무엇을 뜻하는가"라고 질문했다. 이것은 최규하 대통령은 물러날 뜻이 없는데, 왜 물러나라 마라 하는가. 정 물러나고 싶으면 신 총리 혼자 물러나라는 간접화법이었다. 화가 난 신 총리는 "청와대에 사는 사람들은 한국 사람 아닌가. '우리'란 말도 모르나" 하고 돌려보냈다.[97]

신 총리는 최규하가 대통령으로 재임하면서 처음과 생각이 달라졌음

---

96 강원택, 앞의 책, 56쪽.
97 김용삼c(1992.2), 215쪽.

을 직감했다. 이 사건을 계기로 신 총리는 최규하 대통령이 자신의 집권에 뜻이 있음을 확실하게 눈치챘다. 반면에 최규하 측에서는 신 총리를 견제하고 나섰다. 그를 중심으로 한 신당 창당설이 계속 유포되자 4월 하순, 최 대통령은 전두환 장군에게 소문의 진상을 알아보도록 지시했다. 전 장군은 조사 후 근거 없는 낭설이라고 보고했다.

신군부와 밀착한 최규하 대통령

최규하의 이원집정부제, 신현확 총리의 신당 창당설이 파다하게 나돌자 자신들의 집권을 꿈꾸던 3김은 상황을 오판했다. 신 총리가 이원집정부제 개헌을 하고 군부를 이용하여 집권하려 한다고 해석한 것이다. 실상은 그와 달랐다. 이원집정부제의 진앙지는 최규하 대통령이었다. 신군부의 지원을 받아 자신이 대통령직을 차지하고, 권력을 신군부와 나눈다는 계획이었다. 1980년 '서울의 봄' 당시 최 대통령은 자신의 대통령직 유지에 지대한 관심이 있었고, 군부를 등에 업는 한이 있더라도 자리를 유지하겠다는 의지가 강렬했다.[98]

국가 운영의 중심축인 최규하 대통령, 그를 보좌하는 신현확 총리, 국가 안보를 책임진 군부, 3김으로 상징되는 정치권은 제각각 동상이몽의 상태에서 자신의 집권을 위해 갈 길을 갔다. 정치권에서 볼 때 가장 버거운 상대는 신현확 총리와 전두환이었다. 그 결과 3김은 신현확 제거를 위한 공동전선을 형성했다. 그들은 최 대통령이 이원집정부제의 몸통이란 사실을 전혀 눈치채지 못했던 것으로 보인다.

시국의 구도는 최규하 대통령이 신군부와 밀착하고, 3김은 과도정부를 흔들어대는 상황으로 치달았다. 이로써 '서울의 봄'은 시계(視界) 제로 상태

---

98 김용삼c(1999.2), 216쪽.

제5공화국 전두환 시대 1

의 안개 정국으로 빠져들었다. 최 대통령은 이원홍 민원수석을 김영삼·김대중에게 보내 자제를 요청했다. 최규하의 자제 요청에도 불구하고 양김은 학생과 재야 세력을 부추겨 군부와 유신 세력의 집권 연장 음모 규탄 시위를 벌였다.

최 대통령과 신현확 총리는 비상계엄이 시행 중인 상황에서 시위 진압에 군을 투입하면 시위대와 군의 충돌로 불행한 사태가 발생할 수도 있다고 보았다. 때문에 군은 국방에 전념토록 하고, 경찰력으로 시위 진압이 최선이라는 입장이었다. 하지만 시위가 날이 갈수록 격화되자 신 총리는 4월 23일 "학생 시위와 노사분규에 강력 대처하겠다"라는 담화를 발표했다.

4월 27일에는 최규하 대통령의 지시를 받은 이원홍 민원수석이 이희성 계엄사령관을 방문했다. 그는 "계엄 포고령 위반 행위가 자행되고 있음에도 불구하고 전혀 통제가 되지 않고 있다"라면서 계엄사령관 명의로 강력한 담화문을 발표해달라는 대통령의 뜻을 전달했다. 이희성 사령관은 담화문으로는 실효성이 없으니 5월 초 열릴 예정이던 계엄 지휘관 회의를 앞당겨 개최하여 관련 내용을 발표하는 것이 효과적이라고 판단했다.

소요진압 준비태세 돌입, 군부대 이동 개시

그 결과 4월 30일 육본 기밀실에서 계엄 주요 지휘관 회의가 열렸다. 오전 10시부터 오후 3시 20분까지 5시간 20분간 진행된 회의에서 이희성 사령관은 대통령의 뜻을 전하면서 군이 사회 혼란에 적극 대처해줄 것을 주문했다. 그리고 학원 및 노조의 난동사태는 법치주의 원칙과 민주적 기본질서를 부정하는 것이므로 사회 혼란 조성 행위는 이유 여하를 불문하고 엄단하겠다고 경고했다.

이어 이 사령관은 예하 부대에 소요 진압 준비 태세를 지시했다. 이 조치에 따라 5월 3일부터 육작명 제18-80호에 의거하여 군부대 이동이 시작됐다. 특전사 소속 9공수여단이 수도군단에 배속됐고, 5월 7일에는 13공수여단이 서울 거여동으로, 5월 8일에는 11공수여단이 1공수여단 주둔지인 김포로 이동했다. 5월 9일 이희성 사령관은 국방부 장관에게 해병대 1사단 1개 연대의 추가 투입을 건의했고, 장관은 이를 승인했다.

일부 한국군 부대의 이동을 감지한 글라이스틴 주한 미국대사는 5월 7일, 미 국무부에 "한국 군부가 군부대 이동을 요청할 경우 승인할 것"이라는 비밀 전문을 보냈고, 미국 정부는 이를 승인했다. 비밀 해제된 미 국무부 외교문서는 당시 미국 정부가 학생 시위에 대처하기 위해 군부대 이동을 승인한 이유는 본질적으로 한국의 안정을 원했기 때문이며, 학생 시위를 "법과 질서를 무시하는 행위"로 인식했기 때문이다.

미국도 한국의 학생 시위를 경찰력만으로 막는 데 한계가 있다는 사실을 인지했고, 유사시 군을 통해 급한 불을 꺼야 한다는 입장에서 이를 용인한 것으로 보인다. 미국이 군 출동에 반대하지 않은 이유는 한국의 중산층이 사회 안정을 원하고 있음을 확인했기 때문이다.

5월 1일, 서울대 총학생회는 철야 회의 끝에 입영 훈련 거부 운동을 철회하고 계엄령 즉각 해제, 유신잔당 퇴진, 전두환·신현확 사퇴, 정부 주도 개헌 중단, 노동 3권 보장 등 정치문제를 이슈로 내걸고 시위를 하기로 결정했다. 이날을 계기로 대학가 시위는 어용교수 퇴진, 재단 비리 척결, 학교 시설 확충 등 학원 민주화 이슈에서 정치·시국 이슈로 전환되었다. 시위 양상도 교내 시위에서 가두 집회로 과열되기 시작했다.

이 무렵 주한 미국대사관은 학생들이 거침없이 법과 질서에 도전하고 있으며, 그들의 시위는 유기적으로 연계돼 일사불란하게 움직이고 있다는 사실을 홀부룩 미 국무부 차관보에게 보고했다.[99]

---

99 윌리엄 글라이스틴, 앞의 책, 166쪽.

제5공화국 전두환 시대 1

학생 시위의 격화, 군부대 이동으로 긴장감이 감돌던 5월 6일, 정부는 최 대통령이 5월 10일부터 17일까지 사우디 및 쿠웨이트를 공식 방문한다는 사실을 발표했다. 원래는 1979년 12월 박정희 대통령이 사우디아라비아를 방문하기로 예정되어 있었다. 그러나 10·26 사건의 여파로 세 차례나 연기된 끝에 5월 10일로 결정된 것이다.

정치 사회 분위기가 극도로 흉흉한 와중에 국가 원수가 중동을 순방하지 않으면 안 되었던 이유는 무엇이었을까? 이란 회교 혁명의 여파로 발생한 제2차 석유위기가 심화되면서 국내 원유 재고량이 바닥났기 때문이다. 어쨌거나 대규모 학생 시위로 위기가 고조되는 상황에서 최규하 대통령의 중동 방문 소식을 접한 글라이스틴 주한 미국대사는 크게 놀랐다.

김대중, 민주화 촉진 선언문 발표

계엄군 주요 지휘관 회의에서의 강도 높은 경고에도 불구하고 김대중이 이끄는 국민연합은 5월 7일, 기독교회관에서 기자회견을 열어 '제1차 민주화 촉진 국민선언문'을 발표했다. 이날 발표된 선언문은 윤보선·함석헌·김대중 등 국민연합 공동의장단을 비롯하여 예춘호·함세웅·고은·서남동·한완상·계훈제·한승헌 등 21인 명의로 되어 있었다.

선언문 주요 내용은 비상계엄을 즉각 해제할 것, 유신 체제를 미화 찬양하고 유신정권에 의해 개헌을 주도하는 등 국민적 분노를 촉발시키고 있는 신현확 총리의 즉각 퇴진, 김재규 재판에 대한 사법권 독립을 침해하고 노골적인 강제 개입을 일삼는 전두환 보안사령관의 공직 사퇴, 국민주권 찬탈의 상징인 유정회와 통일주체국민회의 해체를 요구하는 것이었다. 국민연합 측은 이 요구가 수용되지 않으면 중대 결단을 내리겠다고 선언했다. 이 선언문은 김대중 의장의 사조직인 민주헌정동지회에서 5만 부를 인쇄하여 전국 각지에 배포했다.

5월 8일 김옥길 문교부 장관은 전국 대학 총장에게 "교문 밖 집회 시위 등은 민주 발전을 저해할 우려가 있다"라는 공한을 보냈다. 이 공한에 의해 5월 10일 전국 85개 대학 총·학장들이 회의를 열어 "혼란이 계속될 경우 휴업, 휴교 조치를 하고 교외 시위에 단호히 대처한다"라는 결의문을 발표했다.

5월 9일 고려대에서 22개 대학 학생회장들이 "외세의 완전 배격", "매판 관료 및 재벌 해체", "종속적인 경제구조 탈피" 등을 주장하는 성명서를 발표했다. 김대중과 국민연합의 활동을 예의주시하던 보안사 대공수사국은 국민연합이 발표한 선언문과 학생 시위의 구호 내용이 비슷하다는 점을 주목했다. 조사 결과 학생 시위에 재야 세력과 복학생, 학생 대표들이 연결되어 있다는 점을 중시하고 학원 동향에 대한 자료를 정밀 분석했다. 이 과정에서 4월 초 국민연합 조직을 확대 개편하는 과정에서 복학생들이 국민연합의 간부로 대거 참여한 사실이 확인됐다.

보안사 대공팀은 국민연합의 선언문과 김대중 의장의 각종 연설문을 분석한 후 재야와 학생들이 연결되어 정부를 유신 세력 옹호자로 몰고, 민주 회복을 위한 학생들의 투쟁을 주도하고 있다고 판단했다. 이학봉 대공수사국장은 5월 11일, 전두환 장군에게 "소요 근절을 위해 학생 시위 배후 조종자들을 검거해야 한다"고 보고했다. 전 장군은 "소요 배후뿐만 아니라 국민들 사이에 부정 축재자에 대한 여론도 좋지 않으니 이들에 대한 조치도 검토하라"고 지시했다.

정치권과 대학가는 군에서 비상한 일들을 준비하고 있는 사실을 전혀 모른 채 복학생 협의체인 민주청년협의회(민청협) 주도로 5월부터 본격적으로 시위를 확산시켰다. 김대중의 국민연합은 "국군은 비상계엄령에 의한 일체의 지시에 복종하지 말 것, 전 국민은 민주화 투쟁을 전개하라"고 선동했다.

최 대통령이 중동 순방을 위해 출국한 5월 10일, 시위가 걷잡을 수 없이 확대되었다. 김종환 내무부 장관은 신 총리에게 경찰력으로는 사태 수습이 불가능하다고 보고했다. 군의 전면 등장을 우려한 신 총리는 "군이 출동하여 학생과 부딪치면 불행을 초래하게 된다. 아무리 희생을 당하더라도 경찰이 막아라"라고 단호히 지시했다. 이날 글라이스틴 대사는 "한국 정부에 의한 군의 '비상사태 대비계획'에 반대하지 않을 것"이란 전문을 미 국무부에 보냈다.

북한 남침 위협 첩보 소동

바로 이날, 김영선 중정 2차장이 일본 내각조사실로부터 북한 남침 위협에 관한 첩보를 입수했다. 내용은 5월 8일 김일성이 비밀리에 소련을 방문, 브레즈네프 서기장과 회동했고, 열흘 후 김일성이 루마니아를 방문하여 "남반부 인민의 영웅적 투쟁에 의해 금년 내 반드시 통일을 이룰 것"이라고 발언했다는 것이다.

육본 정보참모부는 관련 첩보를 분석한 결과 남침설은 근거가 없으며, 대신 간첩을 침투시켜 사회 혼란을 야기할 위험이 있다고 평가했다. 이 문제를 다루기 위해 5월 12일 임시 국무회의가 소집되었다. 이날 계엄사는 "북한이 전면적인 남침을 할 뚜렷한 군사적 징후는 없으나 1980년 3월부터 무장 공비를 대량 남파하고 있는 사실로 미루어 후방교란을 목적으로 한 비정규전을 일으킬 가능성이 농후하다"라는 분석 결과를 보고했다.

국무회의는 공무원 비상근무 태세 돌입, 계엄사는 대간첩 태세 강화, 중앙정보부는 북한의 군사 동향을 한미연합사에 알려 대응조치를 촉구하기로 결정했다. 신 총리는 가뜩이나 어수선한 정국에서 이런 사실을 공개하면 혼란을 초래할 염려가 있으니 국민에게는 알리지 말고, 대신 정치 지도자들에게는 통보하는 것이 좋겠다고 판단했다.

북한의 남침 임박설이 제기되자 미국 정부는 중국과 일본의 정보원을 동원하는 등 신속하고 철저한 조사를 마친 후 "남측에 대한 공격이 임박했다고 믿을 만한 (북한의) 움직임은 없다"라고 공식 발표했다.[100] 이와 관련하여 주영복은 "당시의 혼란한 국내 상황, 수차례에 걸친 간첩 침투 기도 등 북한의 남침 위협 징후가 있었던 것은 사실"이라고 미국 측 입장을 반박했다. 또 미국에서 북한의 침공이 임박했다는 정보를 입수한 바 없다고 말한 것을 가지고 남침 위협이 없다는 것으로 받아들여서는 곤란하다고 진술했다.[101]

신현확 총리는 정국 안정을 호소하기 위해 김종필·김영삼 총재 측에 연락하여 사람을 보내달라고 했다. 양쪽에서 국회의원 1명씩을 보내오자 신 총리는 그들에게 북한 남침 첩보가 입수된 사실을 알려주고 자중자애할 것을 호소했다. 이 내용을 전달받은 김영삼 총재는 글라이스틴 대사와 만나 첩보 내용의 진위를 확인했다. 그 직후 기자회견을 열어 "북한의 남침 위협은 낭설"이라고 발표했다.

어이가 없어진 신 총리는 최광수 비서실장에게 "글라이스틴 대사에게 항의하라"고 지시했다. 최 실장이 글라이스틴 대사를 불러 따졌더니 "김 총재에게 남침 첩보가 근거 없다고 말한 것이 아니라, 사실 확인이 되지 않았다고 말했을 뿐"이라고 해명했다.

글라이스틴 대사는 5월 12일 김대중을, 13일에는 김영삼을 만나 학생들의 자제를 위해 최대한 노력해줄 것을 요청했다. 두 사람은 학생들이 자제하도록 최대한의 노력을 하겠다고 다짐했다. 그러나 학생들은 이미 경찰과

---

100 윌리엄 글라이스틴, 앞의 책, 169쪽.
101 주영복 검찰 진술조서, 1995년 12월 12일, 104~105쪽.

의 대대적인 충돌을 원하는 주동자들의 조종을 받는 상태였다.[102]

학생 시위 배후 조종자는 누구인가?

이 무렵 미국은 한국의 학생 시위가 도를 지나친 것으로 판단했다. 또 과격한 학생 시위가 어떤 배후 조종과 지시에 의해 이루어지고 있다는 의구심을 가졌다. 미 국무부는 5월 8일 주한미국대사관에 전문을 보내 학생 시위를 누가 충동질하며, 이유는 무엇인가를 규명하라고 지시했다.

5월 13일 대학가에 군부 쿠데타 소문이 돌았으나, 사실이 아님이 판명되자 학생들이 "비상계엄 해제", "정치 일정 단축", "신현확·전두환 퇴진"을 외치며 거리로 쏟아져나왔다. 대학생들이 신현확·전두환 퇴진을 외친 이유는 신현확이 내각의 주도권을 잡고 있으며, 그가 신당을 창당하여 전두환 사령관과 손잡고 집권을 꿈꾸고 있다는 소문이 유포됐기 때문이다. 학생들은 최규하 대통령과 신현확 총리, 전두환의 화형식을 거행했다.

1980년 '서울의 봄'이 찾아왔을 때 전두환 장군의 부인 이순자 여사는 연세대 산하의 어학당에 입학하여 영어 공부에 열중했다. 이 여사는 이화여대 의대 재학 중 결혼을 하는 바람에 대학을 졸업하지 못한 아쉬움이 있었다. 그 아쉬움을 달래기 위해 열심히 연세어학당에 다니던 5월 초 어느 날, 하굣길에 연세대 중앙도서관 앞 광장에서 '유신 괴수 전두환'이라고 쓴 허수아비 화형식 장면을 목격하고 큰 충격을 받았다. 다음은 이순자 여사의 회고다.

'짚으로 만든 남편의 허수아비는 내가 보고 있는 앞에서 아들 또래의 젊은 시위대들에 의해 활활 불태워졌다. 나는 손에 들고 있던 책가방이 발

---

102 윌리엄 글라이스틴, 앞의 책, 170~171쪽.

밑으로 떨어져 내리는 것도 느끼지 못한 채 장승처럼 서서 그 장면을 지켜보았다. 유신잔당, 유신 괴수라니⋯. (중략) 나도 아득한 시절, 김일성 화형식을 구경한 적이 있었다. 김일성이 어떻게 생겼는지 알지도 못하던 시절, 불타고 있는 김일성의 허수아비를 바라보면서 정말로 김일성이 그렇게 타 없어져서 하루속히 통일이 왔으면 좋겠다는 막연한 생각을 했었다. 그러나 그날 내 눈앞에선 김일성이 아니라 바로 내 남편의 허수아비가 불타고 있었다. 천하의 악당에게나 행해지는 것이라고 알고 있던 그 화형식이 조잡하게 만들어진 그분 허수아비의 몸통을 활활 태우고 있었던 것이다.[103]

전두환 장군은 국무회의 결정에 따라 5월 13일 위컴 주한미군 사령관을 만나 일본 내각조사실에서 입수한 북한의 남침 첩보를 알리고 북한의 군사 동향에 대한 정부의 우려를 전달했다.

위컴 사령관은 12·12 당시 자기를 무시하고 연합사 휘하 병력을 동원한 전두환 장군에 대해 극도의 불신감을 갖고 있었던 인물이다. 그는 본국 정부에 "전 장군이 청와대 주인이 되기 위한 구실로 북한의 남침 위협을 강조하고 있다"라는 내용을 보고했다. 현지 사령관의 보고를 접한 미국 정부는 "미국 정보로는 북한 내에 별다른 부대 이동이 확인되지 않고 있으며, 한국에 어떤 종류의 공격이 절박해 있다고 믿을 만한 움직임이 없다"라는 성명을 발표했다.

한계에 다다른 경찰력

학생 시위가 점점 가열되자 5월 13일 1군 소속 경장갑차 26대가 수경사에, 3군 소속 경장갑차 24대가 수도군단에 배속됐다. 이날 아침 최광수 청

---

103 이순자 자서전, 『당신은 외롭지 않다』, 자작나무숲, 2017, 204쪽.

와대 비서실장은 글라이스틴 대사를 청와대로 초청했다. 최 실장은 시내에서 학생들의 대규모 시위가 있을 것 같으며, 이렇게 될 경우 정부는 서울에 이미 주둔하고 있는 2개 여단의 특수부대 병력을 동원해야 할 것 같다고 말했다.[104]

5월 14일, 신민당은 이기택 의원 등 66명 이름으로 비상계엄 해제건의안을 국회에 제출했다. 바로 이날, 신현확 총리는 대통령이 부재중인 상황에서 오전 8시부터 안보대책회의를 주재했다. 오후 2시 30분부터 또다시 안보 관계 장관이 참석한 회의가 열렸다. 서울에서 22개 대학 5만 2천여 명의 학생들이 오전부터 종로·광화문·영등포역 광장 등 도심지에 집결하여 격렬한 시위를 벌였기 때문이다.

시위는 야간까지 계속돼 7개 대학 학생들이 철야 시위와 횃불 데모를 벌였다. 부산·대구·경주·광주·전주·대전 등 지방 10개 도시에서도 가두시위가 벌어졌다. 시위 구호도 단순한 반정부 구호를 넘어 "유신잔당은 인민의 적", "외세배격과 미제 추방", "매판자본과 군바리 추방", "반공법과 국가보안법 철폐", "사회주의 통일국가 건설 촉구" 등의 방향으로 발전되었다.[105] 안보 관계 장관들은 경찰력으로는 시위 진압이 한계에 달했으니 계엄군이 시위 진압을 지원해달라고 요청했다.

군 출동 여부를 결정하기 위해 주영복 장관을 비롯한 안보 관계 장관 전원이 헬기 두 대에 나눠 타고 서울 시내 일원을 공중 시찰했다. 시위 현장을 직접 확인한 주영복 장관은 20사단 3개 연대를 잠실종합운동장과 효창운동장으로 출동시키라는 명령을 내렸다. 이날 서울시경국장의 군 병력 투입 요청에 의해 오후 5시 30분, 3공수여단 12대대가 동작동 국립현충

---

104 윌리엄 글라이스틴, 앞의 책, 171쪽.
105 김영명, 앞의 책, 238쪽.

원에 배치됐다.

이날 주한 미국대사관은 만약의 사태를 대비해 외국인들에게 외출을 삼갈 것과, 시내의 시위 지역은 피하도록 권고했다. 이날 귀갓길에서 글라이스틴 대사는 시위대가 대부분 20대 초반의 젊은이들이라는 사실을 발견했다.[106] 시위대의 절대다수는 학생이었고, 시민들은 참여하지 않았던 것이다.

5월 15일 절정 이룬 학생 시위

5월 15일은 학생 시위가 절정에 달한 날이었다. 전국 80여 개 대학에서 10만여 명의 학생이 거리로 쏟아져나와 신현확·전두환 퇴진, 계엄 해제를 외치며 대규모 시위를 벌였다. 저녁이 되자 시위가 더욱 과격해졌다. 서울역 광장 부근에서는 시위군중이 경찰차 3대를 탈취하여 불태웠고, 남대문 일대에서는 민간 차량 4대가 차량 시위를 벌였다.

저녁 6시경 20대 청년이 버스를 탈취하여 진압경찰 대열에 돌진해 경찰관 한 명이 현장에서 버스에 깔려 죽고 4명이 부상하는 불상사가 발생했다. 이날 20사단 61·62연대가 잠실체육관과 효창운동장으로 이동했고, 5월 17일 0시 1분에는 20사단 60연대가 태릉에 배치됐다.

신현확 총리는 5월 15일 저녁 7시 50분, 특별담화를 통해 "국민이 바라는 민주 발전을 이룩하기 위해 늦어도 연말까지 개헌안을 확정하고, 내년 (1981년) 상반기에 양대 선거를 실시해 정권을 이양하겠다는 당초의 정부 약속에 추호도 변함이 없으며, 가능하다면 일정을 최대한 단축하겠다"라고 정치 일정을 명확하게 밝혔다.[107]

이날 글라이스틴 대사는 상황이 걷잡을 수 없게 됐음을 깨달았다. 왜냐

---

106 윌리엄 글라이스틴, 앞의 책, 172쪽.
107 신현확 검찰 진술조서, 1995년 12월 16일, 87쪽.

하면 박 정권과의 투쟁에서 단련된 노련한 시위 주동자들은 개혁 주창자가 아니라 혁명 분자들이었기 때문이다. 그들은 김옥길 문교부 장관의 학원 자유화 노력에 냉소적이었고, 정치적 타협을 거부하면서 과격한 구호와 북한 공산주의자들의 상투적 어조로 많은 사람들의 걱정을 샀다.[108]

5월 16일 아침부터 안보 관계 장관 조찬회의가 소집됐고, 오후에도 시국수습회의가 열렸다. 시위 진압 경찰관 사망 소식을 보고받은 신 총리는 "질서 파괴가 계속되면 방관할 수 없다"라는 담화를 발표했다. 김종필의 공화당은 이날 긴급 당무회의를 열어 난상토론 끝에 최 대통령에게 "정치 일정 대폭 단축, 계엄 해제"를 요구하는 메시지를 채택했다.[109]

이날 김대중의 국민연합은 '제2차 민주화 촉진 국민선언문'을 발표했다. 국민연합은 제1차 선언문에서 요구한 비상계엄의 즉각 해제, 신현확 총리 즉각 퇴진, 정치범 전원 석방 및 복권, 유정회와 통일주체국민회의 즉각 해체에 대해 5월 19일 오전 10시까지 정부의 명확한 답변을 요구했다.

김대중은 제2차 선언문에서 이 요구가 받아들여지지 않으면 5월 20일 정오를 기해 대정부 투쟁에 돌입하겠다고 선언했다. 이 선언문 말미에 다음과 같은 행동강령이 적혀 있었다.

"민주 애국시민은 유신 체제를 종결하고 민주화 투쟁에 동참하는 의사 표시로 검은색 리본을 가슴에 단다. 비상계엄령은 무효이므로 국군은 비상계엄령에 근거한 일체의 지시에 복종하지 말 것이며, 언론은 검열과 통제를 거부하고, 전 국민은 집회와 평화적 시위를 통해 민주화 투쟁을 과감히 전개한다. 정당, 사회단체, 종교단체, 근로자, 농민, 학생, 공무원, 상인, 민주 애국시민들은 5월 20일 정오 서울에서는 장충단공원, 지방에서는 시

---

108 윌리엄 글라이스틴, 앞의 책, 173~174쪽.
109 김종필b, 앞의 책, 89쪽.

청 앞 광장에서 민주화 촉진 국민대회를 개최한다."[110]

정부에 대한 도전장 내민 김대중

김대중 의장은 내란음모사건 수사 과정에서 문제의 2차 선언문은 문익환·이문영·예춘호 등 세 명이 기초했다고 진술했다. 이 행동강령은 일반 시민들이 보기에는 어떨지 몰라도, 국가안보를 담당하고 있는 정부와 군부는 심각한 도전으로 해석했다. 김대중이 민중을 동원하여 무정부 상태를 만들려 한다고 판단한 것이다. 정부 입장에서는 김대중의 요구를 들어주든가, 아니면 제압하든가 두 가지 중 하나를 선택해야 했다.

국민연합이 제2차 선언문을 발표한 5월 16일에도 고려대생 1,500여 명이 5·16 장례식을 열어 '5·16 잔당 사형선고'를 내리고 상여를 앞세워 시위를 벌였다. 이날 전국 59개 대학 총학생회장단이 이화여대에서 연합회의를 열었다. 회의 결과 첫째, 5월 22일까지 비상계엄 해제, 둘째, 5월 22일까지 정치 일정을 명백히 공개, 셋째, 모든 양심범 즉각 석방 등을 요구했다. 이 요구가 관철되지 않으면 5월 22일부터 유신 세력에 대해 단호히 대처할 것을 결의했다. 총학생회장단의 결의 사항은 국민연합의 제2차 선언문과 날짜만 달랐을 뿐 내용은 동일했다.

바로 이날, 서로 험악하게 다투던 김영삼과 김대중 양 진영이 손을 잡았다. 김영삼 총재가 동교동 김대중 자택을 방문, 공동 기자회견을 하고 계엄 해제와 신현확 총리 사임, 전두환 장군의 중앙정보부장 서리 겸임 해제를 요구했다. 이런 정치적 혼란 사태는 신군부에 정치 개입의 결심을 굳히는 계기로 작용하게 된다.[111]

---

110 김용삼a(1999.1), 596쪽.
111 장성호(2020), 135쪽.

제5공화국 전두환 시대 1

중동 순방에 나섰던 최규하 대통령은 공식 일정을 마치고 휴식을 위해 말레이시아 페낭에 기착했다. 국내 정국이 급박하게 돌아가자 일정을 하루 앞당겨 5월 16일 밤 10시 5분 급거 귀국했다. 최 대통령은 밤 11시, 청와대에서 시국 관련 대책회의를 소집했다. 참석자는 신현확(총리), 김종환(내무), 주영복(국방), 이희성(계엄사령관), 최광수(비서실장), 고건(정무수석), 이원홍(민정수석), 그리고 전두환 장군이었다.

최 대통령은 사우디아라비아와 쿠웨이트에서 우리가 필요로 하는 원유 물량 확보와 안정적 공급에 관해 두 나라 국가원수의 확약을 받았다고 설명했다. 이어 "외국에 나가보니 국내가 시끄러워 창피한 마음이 들었다. 이 나라를 후손들에게 제대로 물려줄 수 있을지 걱정이 된다"라고 말해 분위기가 숙연해졌다.

학생과 재야 세력의 최후통첩으로 일촉즉발의 전운이 감도는 가운데, 시국은 군과 정부가 어떤 결단을 내리느냐에 모든 관심이 쏠렸다.

5

5월 17일 시국수습방안 발동

1980년 3월 새 학기가 개강할 무렵 대학가는 학내 민주화를 이슈로 학원 소요가 일어났다. 그런데 사면 복권된 교수와 학생들이 학교로 복귀하면서 시위 주제가 정치문제로 비화되었고, 시위 양상도 한층 격화되었다. 재야 세력인 국민연합과 대학생이 한편이 되어 정부를 압박하자 사회 곳곳에서 시국 안정과 수습을 위한 특단의 대책이 필요하다는 의견이 제기됐다.

합동수사본부는 1979년 10월 27일 업무 개시와 동시에 보안사 정보처장 권정달 대령이 반장이 되어 현홍주(중장정보부 국장), 유흥수(치안본부 제3부장), 문상익(법무부 검찰국장), 최열곤(문교부 대학교육국장)을 반원으로 하는 실무대책반을 구성하여 운영했다. 이들은 보안사와 중정, 경찰, 검찰 등 주요 기관을 통해 수집된 첩보와 정보를 매일 처리하여 필요한 내용은 대통령과 계엄사령관, 국방부 장관, 보안사령관에게 보고했고, 주 1회 정기적으로 종합 보고서를 작성하여 각 기관에 제공했다. 또 국무회의나 주요 지휘관 회의 때도 참고 자료를 제공했다.[112]

합수부가 운영한 실무대책반은 고도의 고급 정보가 모이는 핵심부서였

---

112 허화평, 『허화평 5공실록』, 새로운 사람들, 2025, 152쪽.

다. 5월 10일, 전두환 합수본부장은 권정달 정보처장에게 "북한의 이용 표적이 되고 있는 학원소요를 근절할 수 있는 실질적이고도 구체적인 방안을 시급히 마련해 보고하라"라고 지시했다. 전 장군이 시국 안정과 수습을 위한 방안을 구상한 이유는 당시 그가 보안사령관, 합동수사본부장, 중앙정보부장 서리를 겸직하고 있었기 때문이다.

중앙정보부법에는 국내외 정보의 수집 분석은 물론, 대통령을 직접 보좌하고 국책 사항을 건의할 의무가 있다고 명시되어 있었다. 또 계엄이 선포되면 보안사령관은 계엄사령관의 정보참모로서 계엄 업무 전반에 걸쳐 보좌하는 기능을 갖고 있었다. 박정희 대통령 시절에는 아홉 차례나 긴급조치를 발동해야 할 만큼 시국이 어려웠고, 그때마다 중앙정보부장은 대책을 마련해 대통령에게 건의했다. 전두환은 국가 위기 상황이 닥치자 시국 수습은 자신의 책무임을 자각하고 휘하 조직에 대책 마련을 지시한 것이다.

이틀 후인 5월 12일, 권정달 대령은 보안사 정보처 산하 정세분석반의 연구를 토대로 '학원소요 수습방안'이란 보고서를 작성했다. 이 과정에서 권정달은 "학원소요는 재야 정치권의 배후 조종을 받고 있어 전국 규모의 반정부 시위로 발전될 것이 분명하다. 지금은 엄청난 사회 혼란이 오기 전에 조기 대처할 수 있는 마지막 시기"로 분석했다.

하지만 혼란을 진정시키기 위해 군이 취할 수 있는 방안은 비상계엄 확대 외에 뾰족한 수가 없었다. 고민 끝에 비상계엄이 전국으로 확대되면 계엄사령관의 업무가 폭증하므로, 이를 효과적으로 수행하기 위해 비상기구 설치가 필요할 것으로 판단했다. 또 정치인들이 학생을 선동하여 혼란을 조장할 뿐만 아니라, 국회가 정부와는 별개로 개헌 작업을 진행함으로써 여야 간에 마찰이 생겨 혼란을 부추기고 있으니 당분간 정치활동을 규제

하는 것이 좋겠다는 의견을 담았다.[113]

'시국수습방안'의 탄생

이학봉 수사단장은 이 무렵 발생한 각종 시위를 면밀히 분석한 결과 국민연합에서 복학생을 주축으로 대학생 시위를 배후 조종하고 있는 사실을 발견했다. 이들을 검거해야만 시위를 근원적으로 봉쇄할 수 있다는 내용을 담은 '소요 사태의 현황과 대책'을 전 장군에게 보고했다. 전두환 장군은 대통령께 보고해 결재받을 수 있도록 관련 서류를 준비하되, 권정달 정보처장과 협조하여 권력형 부정 축재자 처리 문제도 함께 결재받을 수 있도록 하라고 지시했다.[114]

이학봉 단장은 권정달 대령으로부터 관련 자료를 협조받아 학생 시위 배후 조종자는 '국기 문란자'로, 부정부패 행위자는 '권력형 부정 축재자'로 분류하여 검거 대상자 선정 작업을 벌였다. 그 결과 국기 문란자로 김대중·문익환·김상현·김동길과 복학생 등이 명단에 올랐다.

권력형 부정 축재자로는 김종필(공화당 총재), 이후락(전 중앙정보부장), 박종규(전 대통령 경호실장), 김치열(전 내무·법무부 장관), 김진만(국회의원), 이세호(전 육군참모총장), 김종락(코리아타코마 사장, 김종필의 친형), 장동운(전 주택공사 사장), 오원철(대통령 제2경제수석) 등 9명이었다. 이학봉은 5월 15일 오전 9시 전두환 장군에게 '권력형 부정 축재자 수사계획'과 '국기 문란자 수사계획'에 관한 보고서를 제출했다.[115]

보안사 정보처 산하 정세분석반은 이런 내용을 토대로 비상계엄의 전

---

113 권정달 피의자 신문조서, 1994년 6월 21일.
114 이학봉 피의자 신문조서(제4회), 1996년 1월 9일, 178쪽.
115 이학봉 피의자 신문조서(제4회), 1996년 1월 9일, 178쪽.

국 확대, 대통령 자문 보좌기구(국가비상기구) 설치, 국회 해산, 일부 정치인의 정치활동 금지, 국기 문란자 수사, 권력형 부정 축재자 수사 등 6개 항을 준비했다. 이를 정리한 것이 '시국수습방안'이다.

'시국수습방안' 중 비상계엄의 전국 확대가 가장 먼저 거론된 이유는 10·26 직후 지역 계엄 선포에도 불구하고 시위가 격화되면서 물 계엄, 혹은 종이호랑이 계엄으로 비하되었기 때문이다. 지역 계엄은 계엄사령관이 내각(즉 국방부 장관)을 통해 행정부의 지휘 감독을 받아 계엄 업무를 수행한다. 계엄사령관이 총리와 국방부 장관의 부하로서 지휘와 명령을 받는 체제다.

비상계엄이 전국으로 확대되면 지역 계엄과는 법적 성격이 크게 달라진다. 계엄사령관은 국방부 장관 등 내각의 통제를 벗어나 대통령으로부터 직접 명령을 받아 계엄 업무를 수행하게 된다. 국정 수행 과정에서 내각이 배제되고 군부가 직접 행정·사법 업무를 관장하는 시스템으로 바뀌는 것이다.

대통령 자문 보좌기구 설치는 후에 국가보위비상대책위원회(국보위)로 구체화된다. 권정달 대령이 이 기구를 제안한 이유는 최규하 정부가 과도내각을 선언하자 공무원들이 복지부동하여 소극적 역할만 수행하고 있었기 때문이다. 전국 계엄이 선포되면 군부가 계엄사령관을 통해 대통령에게 직보하여 내각을 독려하기 위한 목적이었다고 한다.

그렇다면 국회는 왜 해산하려 했을까? 권정달의 진술에 의하면 군부가 비상기구를 통해 내각을 조종 통제할 경우 헌법상 계엄 해제 요구권을 가지고 있는 국회가 계엄 해제를 요구할 우려가 있었다. 당시엔 김종필 공화당 총재마저 계엄 해제에 찬성 움직임을 보였다. 때문에 국회를 해산하고 주요 정치인 연행이 불가피하다고 판단했다는 것이다.

유신헌법에 국회해산권 있어

권정달 정보처장의 '시국수습방안'을 보고받은 전두환 사령관은 국회

해산은 너무 과격한 대책이 아닌가 하여 고민했다. 생각해보니 국회가 개헌과 정치 일정을 둘러싸고 정부와 극한 대립을 벌이며 타협하지 않는 것이 정치 불안의 가장 큰 원인이라는 판단을 하게 되었다. 당시의 유신헌법에는 대통령의 국회해산권이 명문화되어 있었다. 따라서 사사건건 대통령과 정부에 맞서 정치적 혼란을 조성하고 있는 국회를 해산하고, 참다운 민의를 대표하는 새로운 국회의원 선거를 하는 것이 불가피하다는 점을 대통령께 건의드려 보자고 생각을 정리했다.[116]

보안사 실무팀이 작성한 내용이 전두환 장군에게 보고되었고, 최 대통령이 귀국하기 며칠 전 '시국수습방안' 내용이 확정되었다. 권정달은 검찰조사 초기(1994년 6월 21일, 1995년 3월 14일, 1995년 5월 23일)에는 보안사가 '시국수습방안'을 마련한 이유는 신군부가 정권 장악보다는 혼란 수습에 더 중점을 두고 있었기 때문이라고 진술했다. 즉, 정권 찬탈을 위한 목적에서 만들어진 것이 아니라고 밝힌 것이다. 그의 1995년 3월 14일자 검찰 진술조서 내용을 소개한다.

"(전두환 장군이) 실제로 집권한 과정을 보면 마치 계획을 가지고 추진한 것처럼 보이지만 사실상은 구체적인 계획 없이 혼란 수습을 위한 각종 조치를 취해나가다 보니 집권에까지 이른 것입니다. 본인도 지금 와서 각종 자료들을 보고 꼭 계획을 가지고 추진한 것처럼 볼 수도 있겠구나 하는 생각이 들었습니다만, 진짜 계획을 세워놓고 그에 맞추어 일을 추진한 것은 아닙니다."

"12·12 사건 이후 권력의 축이 전두환 장군에게 쏠린 것은 사실이지만, 본인이 어떤 구상을 하여 보고하거나 전두환 장군으로부터 어떤 구상을 해보라는 지시를 받은 일은 없었습니다. (중략) 처음부터 대통령이 된다는 생각을 한 것이 아니라 혼란스런 시국을 풀어나가는 과정에서 자연스럽게

---

116 전두환 회고록(1), 앞의 책, 359쪽.

부상이 된 것이므로 그 시기를 확정지어 말하기는 곤란합니다."

"(시국수습방안은) 정보처 산하에 있는 정세분석반이 작성한 보고서를 드렸는데 그 내용은 비상계엄 전국 확대, 비상기구 설치, 정치활동에 대한 규제 등이 필요하다는 것이었습니다. 전두환 장군이 그 보고서를 토대로 최 대통령에게 보고한 것입니다."

권정달의 진술 번복

그런데 김영삼 정부가 5·18 특별법을 제정하여 12·12와 5·18에 대한 재수사에 돌입하자 권정달은 그동안의 진술 내용을 180도로 뒤집었다. 1996년 1월 4일 검찰 조사에서 그는 "시국수습방안은 헌정질서 중단을 초래하는 고도의 비상조치였다", "그것은 완벽한 정권 찬탈 시나리오였다"라고 진술하여 신군부를 유죄의 벼랑으로 떠미는 결정적 역할을 했다. 그는 항소심에서는 "시국수습방안 마련 당시에는 그야말로 순수한 시국 수습을 위한 방안을 마련하기 위해서 한 것"[117]이라고 또다시 진술을 번복했다.

허화평은 '시국수습방안'은 시작부터 시행에 이르기까지 보안사 정보처장 권정달과 정보1과장 한용원이 철저한 보안 속에서 만들었음에도 불구하고 김찰 수사에서는 허화평이 주도하고 자신(권정달)은 하수인 역할을 한 것처럼 주장했고, 모 월간지와의 인터뷰에선 "나는 신군부의 심부름꾼이었다"라고 발언했다고 비판했다.[118]

이런 사안들이 준비되고 있다는 사실을 전혀 모른 재야 세력과 학생들은 계엄 해제, 신현확·전두환 퇴진을 요구했고, 이것이 받아들여지지 않으면 5월 22일 전국 규모의 시위를 하겠다고 최후 통첩했다. 군부는 병력 이

---

117 권정달, 2심 5차 공판 증언, 1996년 10월 24일.
118 허화평, 앞의 책, 158쪽.

동, 국회 해산, 정치인 체포로 맞서기 위한 준비를 끝냈다.

전두환 장군은 처음엔 김재규에 대한 대법원 재판이 끝나는 5월 20일 이후에 '시국수습방안'을 실행하자는 의견을 내놓았다. 며칠 후 전 장군은 최 대통령이 중동 순방 과정에서 급거 귀국한 다음 날인 5월 17일 24시를 기해 실시하는 것으로 일정을 앞당겼다.[119] 그 이유는 무엇이었을까?

첫째, 이화여대에 모여 있던 전국 대학 총학생회장단이 5월 22일부터 전국적인 시위를 예고했기 때문이다. 둘째, 여야 합의로 국회가 소집되어 계엄 해제를 의결하려는 움직임이 포착됐기 때문이다. 5월 12일, 정치권은 비상계엄 해제를 위한 임시국회 소집에 합의했고, 신민당은 계엄령 해제 촉구 결의안을 국회에 제출했다. 5월 16일 김영삼 신민당 총재와 김대중 국민연합 의장이 만나 비상계엄 해제 등에 합의했다.

5월 17일을 D데이로 결정

보안사 정보팀은 김종필 총재가 군부의 계엄 확대 움직임을 간파하고 군에 남아 있던 육사 8기 동기생들에게 연락하여 대응조치를 취하려 한다는 정보를 입수했다. 국회 소집에 소극적이었던 김종필 총재는 5월 17일 기자회견을 열어 "임시국회가 열리면 비상계엄 해제안에 찬성할 것"이라고 밝혔다. 이날 민관식 국회의장 대리는 5월 20일 10시 제104회 임시국회 소집을 공고했다.

경찰은 3월 대학가 개학부터 5월 중순까지 2개월 반을 소요 진압 현장에 투입되다 보니 이 무렵엔 크게 지쳐 있었다. 이때까지는 시위대가 대학생 위주였는데, 만약 고고생이나 노동자, 불량배 등 현실 불만 세력이 합세하면 경찰력만으로는 대처가 쉽지 않았다. 소요가 과열되었을 때 군을 투입

---

119 권정달 검찰 진술조서(제3회), 1996년 1월 4일, 206~207쪽.

하면 다수의 희생자가 발생할 가능성을 배제할 수 없다. 때문에 군 병력 투입의 적기는 학생들이 전열 정비를 위해 소강상태인 5월 17일 주말이 최선이라고 판단했다.[120] 이것이 5월 17일을 기해 5·17 조치를 단행한 이유였다.

5월 16일 밤을 기해 다음 날 오전 9시, 국방부에서 전군 주요 지휘관회의 개최 소식이 통보되었다. 회의 의제는 '북한 동향과 치안 상황에 대한 군의 대처방안'이었다. 주영복 장관은 검찰 수사에서 "회의 소집과 상정 안건은 전두환 보안사령관의 요청에 의한 것"이라고 밝혔다.

'시국수습방안'은 국회 해산, 정치인 체포 등 일련의 혁명적 조치가 포함되어 있었다. 때문에 최 대통령이 재가를 거부할 가능성도 있었다. 이를 사전 차단하기 위해 '시국수습방안'이 전군 주요 지휘관들의 결집된 의사임을 보여줄 필요가 있었다. 1980년 5월 17일, 주영복 장관이 전군 주요 지휘관회의를 소집한 것은 이런 이유 때문이라고 검찰에서 진술했다.

군부의 심상치 않은 움직임을 파악한 신현확 총리는 5월 17일 아침, 최 대통령에게 자신과 최 대통령의 동반 퇴진을 강력히 건의했다. 대통령과 총리가 동반 퇴진하면 군부 등장이 불법이 되므로 군부가 정치 전면에 등장하는 것을 저지하기 위한 과도정부 총리로서의 마지막 승부수였다. 신 총리는 "최 대통령이 계속 자리를 유지하면 군부 등장을 합법화시켜줄 것"이라고 설득했지만 최 대통령의 마음은 다른 곳에 가 있었다.[121]

5월 17일 오전 9시.

이학봉은 전두환 장군을 수행하여 청와대로 갔다. 전두환은 최 대통령 집무실에서 보안사가 마련한 '시국수습방안'과 권력형 부정축재자 수사계획, 국기문란사범 및 부정축재자 수사계획에 대해 보고하고 재가를 요청했다.

---

120 계엄사 편찬위원회, 『계엄사: 10·26 사태와 국난극복』, 1982, 육군본부, 124~125쪽.
121 김용삼c(1999.2), 223쪽.

전 장군이 최 대통령에게 건의한 '시국수습방안' 내용은 다음 6개 항이었다.

① 비상계엄령의 전국 확대

② 대통령 자문보좌기구(국가보위비상대책위원회) 설치

③ 국회 해산

④ 일부 정치인의 정치활동 금지

⑤ 국기문란자 수사

⑥ 권력형 부정축재자 수사

최 대통령은 비상계엄 선포에도 불구하고 공공연히 정부를 공격하는 시위가 이어지자 4월 27일 이원홍 민원수석을 통해 이희성 계엄사령관에게 계엄 강화를 지시한 바 있다. 계엄사도 전 장군의 '시국수습방안' 건의 이전에 계엄의 전국 확대를 검토했다. 다시 말하면 대통령, 계엄사, 합수부 3자 공히 계엄 강화를 위한 특단의 대책에 의견이 일치한 셈이다. 때문에 최 대통령은 비상계엄령의 전국 확대조치는 그대로 수용했다.

대통령 자문기구는 현행법 테두리 안에서…

일부 정치인의 정치활동 금지 건의도 수용했고, 국기문란자와 부정축재자 수사도 일부 대상자에 대해 문제 제기만 하고 재가했다. 최 대통령이 김대중 등을 체포해 수사해야 한다는 보고를 승인한 것은 김대중을 시국 불안정의 진원지로 파악하고 활동을 봉쇄하기로 결정했음을 뜻하는 것이었다.

하지만 국회 해산은 현실적으로 쉽지 않은 문제였다. 당시의 유신헌법은 대통령이 국회를 해산하면 6개월 내에 총선을 실시하여 새 국회를 구성하도록 규정되어 있었다. 전 장군은 국회 해산안과 계엄 포고령에 의한 정치활동 금지안 두 가지를 건의하여 최 대통령이 결정하도록 했다.[122] 최

---

122 전두환 회고록(1), 앞의 책, 359~360쪽.

대통령은 이 시국에서 6개월 내에 총선은 어려울 것으로 판단하여 국회 해산은 보류하고 정치활동 금지 조치를 선택했다.

대통령 자문 보좌기구 설치는 대통령 긴급조치권에 의거한 특별기구로 설치하는 방안을 건의했다. 이것은 초법적 방법에 해당하므로 최 대통령은 현행 법령 테두리 안에서 만들라고 타협안을 제시했다. 전 장군은 권정달 처장에게 별도의 법을 만들지 않고 대통령령으로 '대통령 자문 보좌기구'를 설치하는 방안을 강구하라고 지시했다. 보안사 참모들은 육사 11기 출신의 변호사 김영균, 이원홍 청와대 민정수석 등에게 자문을 구했다. 이런 과정을 거쳐 5월 31일 국보위가 탄생하게 된다.[123]

만약 5·17 조치가 대통령의 긴급조치 발동권을 이용하여 진행됐다면 명백한 헌정 중단 사태가 야기되므로 5·16과 비슷한 쿠데타로 규정되었을 것이다. 최 대통령이 그런 변칙적 방식을 거부함으로써 결과적으로 5·17 조치가 합법적 비상조치로 위장하도록 도와준 셈이 되었다.[124]

전두환 장군은 보안사로 돌아오는 승용차 안에서 결재서류를 이하봉 대령에게 넘겨주면서 "오늘 저녁 10시를 전후해 권력형 부정축재자와 국기문란사범을 전원 검거하라"고 지시했다. 이하봉은 국민연합 관련자들은 중정 수사국장 김선수에게, 권력형 부정축재자는 합수부 수사국장 김판길에게, 학생들은 치안본부 3과장에게 체포 수사하라고 지시했다.[125]

전군 주요 지휘관 회의

5월 17일 오전 9시. 서울 용산 국방부에서 전군 주요 지휘관 회의가 소

---

123 권정달 검찰 진술조서(제3회), 1996년 1월 4일, 217쪽.

124 조갑제c, 앞의 책, 179쪽.

125 이하봉 피의자 신문조서(제4회), 1996년 1월 9일, 181쪽.

집됐다. 참석자는 군단장급(3성 장군) 이상 육해공군 주요 지휘관 43명이었다. 이날 회의는 군이 정치의 전면에 나서는 '시국수습방안'이 전두환 개인의 뜻이 아니라, 국가의 안보 위기를 극복하려는 군 전체의 뜻이라는 합의를 도출하기 위한 의미가 담겨 있었다.

하지만 상황은 합수부의 뜻대로 진행되지 않았다. 정식 회의 개회 전, 주영복 장관은 유병현 합참의장, 이희성 계엄사령관, 김종곤 해군 총장, 윤자중 공군 총장과 이날 다뤄야 할 주요 의제를 논의했다. 이 자리에서 유병현 합참의장이 "국회 해산은 군이 왈가왈부할 수 없는 문제이며, 군의 정치 개입은 헌법 위반"이라며 "군 지휘관회의에서 국회 해산과 비상기구 설치 같은 정치 이슈를 다뤄서는 안 된다"라고 이의를 제기했다.

주영복 장관이 이 의견에 동의하여 회의 안건 중 국회 해산, 비상기구 설치는 제외하고 비상계엄의 전국 확대 한 가지만 논의하기로 했다. 덕분에 시간이 지체되어 회의는 오전 11시에 개회되어 오후 2시 30분까지 진행되었다.

회의는 최성택 합참 정보국장의 북한 동향과 학생소요 등 국내외 정세 브리핑으로 시작됐다. 이어 주영복 장관이 모두 발언을 했다.

"어제(5월 16일) 오후 11시에서 12시 사이 청와대 대책회의 겸 정세보고 자리에서 각하가 '내 나이 60이고 살 만큼 살았다. 이 시점에서 국가전복은 보지 못하겠다'라고 말했습니다. 정권 이전의 문제입니다. 국가보위의 신성한 임무를 맡은 군이 단안을 내려야 할 단계"라고 모두발언을 했다.[126]

참석자 대부분은 극도의 사회혼란을 진정시키고 북한의 오판을 막기 위해서는 비상계엄의 전국 확대 조치가 필요하다는 점에 동의했다. 이날 회의에서 반대 의견을 내놓은 사람은 안종훈 군수기지사령관 한 명이었다. 안종훈은 "지금까지는 군과 경찰이 잘했다. 국민들이 절대 호응하고 있

---

126 전군 주요 지휘관 회의록, 조선일보사a, 앞의 책, 331쪽.

다. 군이 개입하는 것은 마지막이다, 전체 여론이 그렇게 하기를 원할 때 국민 합의에 의해서 해야 한다"라고 발언했다.[127]

안종훈 장군의 발언이 끝나자 정호용 특전사령관이 "군은 국방의 의무를 지고 있고 국방은 내우외환에 관한 것이다. 지금은 내환의 시대다. 정세가 수상하게 돌아가고 있다. 이대로 간다면 하루아침에 경제가 무너지고 만다"라고 발언했다.

마지막으로 주영복 장관은 "여러분 의견을 요약하면 첫째, 현 정세하에서 전국 비상계엄 선포 건의로 본다. 둘째, 정치풍토를 쇄신해서 각하가 일할 수 있는 뒷받침을 하게 하는 것이다. 셋째, 배후조종자를 색출하고, 넷째, 군이 일치단결하여 일사불란한 지휘체제로 각하가 시국을 슬기롭게 대처할 수 있도록 해야 한다"고 정리했다.[128]

회의 말미에 주 장관은 참석자들로부터 백지에 비상계엄의 전국 확대에 동의한다는 서명 날인을 받았다. 이와 관련하여 이희성은 비상계엄을 전국으로 확대한 것은 전두환 장군의 의사에 의한 것이었지만, 자기도 계엄 확대를 원했다고 밝혔다.[129]

신현확, "이건 혁명하자는 것 아닌가?"

저녁 6시, 주영복 장관과 이희성 계엄사령관은 신현확 총리 사무실로 찾아갔다. 주영복은 질서회복을 위해선 방법이 없다면서 "비상계엄의 전국 확대, 국가보위 비상기구 설치, 국회 해산 문제도 함께 논의했으니 이세 가지 시국수습방안을 결재해주십시오"라고 보고하고, 전군 주요 지휘

---

127 전군 주요 지휘관 회의록, 조선일보사a, 앞의 책, 332쪽.
128 전군 주요 지휘관 회의록, 조선일보사a, 앞의 책, 338쪽.
129 이희성 검찰 진술조서, 1995년 12월 12일, 135쪽.

관 회의 연서명이 첨부된 관련 서류를 내놓았다.[130]

이날 전군 주요 지휘관 회의에서 논의된 것은 비상계엄의 전국 확대 한 가지뿐이었다. 주 장관은 신 총리에게 국회 해산과 국가보위 비상기구 설치까지 결정한 것으로 확대하여 보고한 것이다. 신 총리는 "국가보위 비상기구가 무엇입니까" 하고 물었다. 주영복은 "비상계엄하에서 대통령을 보좌하여 행정권을 실시하는 비상기구"라고 답변했다. 또 정계를 정화할 필요가 있어 국회를 해산해야 한다고 했다.

신 총리는 "이건 혁명하자는 것 아니냐. 혁명은 총칼로 하는 것이지 결재받아 하는 사람들이 어디 있느냐"라며 국회 해산과 비상기구 설치 제안을 거부했다. 반면에 비상계엄 전국 확대는 개인적으로는 반대지만, 그것은 대통령이 결정할 문제이므로 대통령에게 보고하겠다고 말했다.[131]

비상계엄이 전국으로 확대되면 내각이 배제되고 군이 직접 대통령의 지휘 감독을 받아 계엄 업무를 수행하게 된다. 따라서 이 사안에는 군이 내각의 지휘 감독을 받지 않겠다는 뜻이 잠복해 있었다. 이는 내각을 책임지고 있는 신 총리의 거취와 직결되는 문제이므로 대통령의 결심이 필요한 사안이었다. 신 총리는 주영복·이희성과 함께 청와대로 가서 최 대통령에게 다음과 같이 보고했다.

"이분들이 비상계엄 전국 확대, 비상기구 설치, 국회 해산 등 세 가지 안건을 가져와 대통령의 재가를 받아달라고 하여 왔습니다. 국회 해산은 위헌이므로 안 되고, 국가보위 비상기구 설치는 현재 정부 기구로도 충분하므로 불필요하고, 비상계엄 전국 확대는 전군 주요 지휘관 회의에서 결의

---

130 신현확 검찰진술조서, 1995년 12월 16일, 88쪽.
131 김용삼c(1999.2), 220쪽.

된 사항이므로 대통령께서 검토하시어 결정해주십시오."[132]

신 총리는 내심으로 최 대통령이 이 사안을 단호히 거부할 것으로 기대했다. 최 대통령은 한참 생각에 잠겨 있더니 법전을 가지고 와서 들춰보았다. 다시 한 시간 정도 망설이더니 신 총리에게 "비상계엄을 전국으로 확대하지 않을 수 없는 상황인 것 같소"라고 말했다. 최규하는 5·17 계엄 확대와 3김 등 정치지도자 체포에 대해 사실상 동조한 것이다.[133] 외부에서는 5·17 계엄 확대를 사실상 정권을 찬탈한 쿠데타로 보았지만, 최규하 대통령은 그렇게 생각하지 않았다.[134]

주요 대학에 군 병력 투입

1980년 5월 17일 저녁 7시.

이희성 계엄사령관은 5월 17일 24시를 기해 비상계엄이 전국으로 확대될 것이므로 주요 국가시설 보안목표와, 주요 대학에 소요진압부대 및 경비 병력의 투입을 지시했다. 김재명 육본 작전참모부장은 작전계획에 의거, 각 부대에 출동 명령을 내렸다. 전국 31개 주요 대학과 135개 보안목표에 계엄군 2만 5천 명이 배치되었다. 이어 보안사가 작성한 계엄포고령 제10호에 따라 대학에 휴교령을 내렸다.

저녁 10시 30분. 육본으로부터 충정부대 투입 명령을 받은 특전사는 공수여단 병력을 서울 주요 대학에 배치했다. 전북 익산군 금마면에 위치한 7공수여단(여단장 신우식 준장)은 31대대는 전주, 32대대는 대전, 33·35대대는 광주로 출동했다. 33대대는 5월 18일 새벽 2시 전남대에, 35대대는 새

---

132 신현확 검찰진술조서, 1995년 12월 16일, 90쪽.

133 강원택, 앞의 책, 221쪽.

134 강원택, 앞의 책, 224쪽.

벽 2시 30분 조선대에 도착했다.

공수여단은 유사시 적 후방에 침투하여 습격·매복·교란 등 비정규전을 수행하기 위해 고도의 훈련을 받은 최정예 부대다. 이처럼 특수 목적을 수행하는 부대를 대학에 투입한 것은 1979년 부마사태의 교훈 덕분이다. 부마사태 때는 초동단계에서 군 병력이 투입되지 않아 시위가 크게 확산됐다. 뒤늦게 3공수여단과 해병1사단 1개 연대를 투입하여 시위를 평정했다.

부마사태 진압작전 평가회에서 시위의 대규모 확산을 방지하기 위해서는 초동단계부터 공수부대 등을 투입해 강경진압을 하는 것이 효율적이라는 반성론이 제기됐다. 이때의 교훈이 광주 진압작전에 영향을 준 것이다.[135]

특전사 병력이 현장에 투입되고 있던 밤 9시 45분, 신현확 총리 주재로 중앙청에서 임시 국무회의가 소집되었다. 주영복 국방부 장관이 "학원 사태 등을 수습하기 위해 비상계엄의 전국 확대가 불가피하며, 이날 오전 전군 주요 지휘관 회의에서 이를 결의했으니 원안대로 통과시켜달라"고 제안 설명을 했다. 중앙청 국무회의장 주변에는 집총을 한 군인들이 1m 간격으로 건물 외곽에서부터 회의장 출입문 바로 앞 계단까지 도열해 있었다. 국무위원들이 제안된 사안을 차분히 토론할 수 있는 분위기는 아니었다.

비상계엄의 전국 확대는 결국 내각이 시국수습에 완전히 실패했음을 의미한다. 나아가 계엄이 전국으로 확대되면 내각이 국정에서 배제되고, 군부가 전면에 등장하여 정국을 주도하게 된다. 때문에 국무회의 분위기는 극히 침울하고 어두웠다. 김옥길 문교부 장관이 "비상계엄을 확대한다는 것이 무슨 뜻입니까?" 하고 질문했다. 주영복 장관은 "제주도를 포함한 전국으로 계엄을 확대한다는 뜻"이라고 설명했다. 김옥길 장관이 "이게 뭐예요. 이래도 되는 거예요?"라고 항의했다.

---

135 권정달 검찰 진술조서(제3회), 1996년 1월 4일, 216쪽.

신현확 총리가 김 장관의 말을 가로막고 "다른 이의가 없으면 통과하겠습니다" 하고 선언했다. 개회 8분 만인 21시 50분, 비상계엄의 전국 확대가 국무회의에서 의결되었다. 이와 관련, 이원홍 민원수석은 당시의 정치, 사회적 상황은 극약 처방을 필요로 할 정도였기 때문에 선택의 길은 그것뿐이었다고 진술했다.[136]

김대중·김종필 체포

밤 10시 40분. 김대중 국민연합 공동의장의 동교동 자택에 착검한 M16 소총으로 무장한 헌병과 합수부 수사관들이 들이닥쳤다. 그들은 김 의장 비서들을 마당 한쪽에 꿇어앉혔다. 인솔 장교가 호주머니에서 명단을 꺼내 "김옥두, 함윤식, 김대현" 등을 호명해 체포했다. 김대중 의장은 승용차에, 비서들은 군용 트럭에 태워 연행되었다.

이날 현장에 출동한 합수부 요원들은 김대중 자택을 수색하여 전화번호부, 사진 등을 압수했다. 이때 보안사가 자성한 '김대중의 과거 행적'이란 자료가 그의 서재에서 발견되어 충격을 주었다. 이 자료는 1980년 3월 보안사 정보처가 김대중의 과거 행적에 대한 자료를 종합 분석하여 전두환 사령관에게 보고한 것이다. 대체 이 자료를 누가 유출하여 김대중에게 제공한 것일까? 보안사가 눈에 불을 켜고 수사했지만, 끝내 유출자를 찾아내지 못하고 미궁에 빠졌다.

밤 11시 25분. 김종필 공화당 총재의 청구동 자택에도 M16 소총으로 무장한 헌병과 합수부 요원이 나타나 김 총재를 연행했다. 이날 밤 10시에서 11시 사이, 이후락 전 중앙정보부장, 박종규 의원, 이세호 전 육군참모총장 등이 권력형 부정축재 혐의로 체포됐다. 예춘호 의원, 문익환·인명진 목사,

---

136 이원홍 검찰 진술조서, 1995년 12월 30일.

김동길 교수, 고은 시인, 리영희 교수 등은 소요 배후 조종 혐의로 연행됐다. 각 지역 보안부대는 5월 17일 밤 11시경부터 '시위 주동자'에 대한 예비 검속을 시작해 정동년 등 2,699명을 체포했다.

위기 상황에서는 공식적인 규정이나 절차는 비공식적인 것에 의해 밀려나기 마련이며, 공식적인 기관은 '상황적인 지도자(situational leader)' 또는 실질적인 영향력을 가진 세력에 의해 무력화될 가능성이 크다.[137] 위기 관리를 위해서는 단호하고 신속하게 대응할 수 있는 능력이 중요한 것이지 공식적인 지위나 권한이 중요한 것은 아니다. 이런 이유에서 박정희 대통령 서거 이래 정부가 구심점을 잃고 표류하는 가운데 계엄령이라는 합법적 수단을 통해 군대의 영향력이 급속히 확대될 수 있었다.[138]

5월 17일 밤 11시 40분, 최규하 대통령은 전국 비상계엄을 선포했다. 주한 미국대사관은 불과 세 시간 전에 청와대로부터 계엄령 확대 통보를 받았다. 이 같은 통보는 대사관 직원들에게 큰 충격으로 받아들여졌다.[139] 5월 18일 0시 40분 계엄포고령 제10호가 발포되어 모든 정치활동이 금지되었다. 정치 목적의 옥내외 집회가 금지되었으며, 언론보도 사전검열, 각 대학 휴교령이 내려졌다. 노동계의 파업과 태업도 금지되었다.

권정달의 검찰 진술에 의하면 보안사가 마련한 '시국수습방안'에는 정치인들이 사회혼란 조성에 큰 책임이 있다는 판단하에 '정치활동 규제'를 하는 것으로 되어 있었다. 그런데 계엄포고령 제10호는 '정치활동 금지'로 한층 강화되었다.[140]

---

137 김충남, 『대통령과 국가경영: 이승만에서 김대중까지』, 서울대학교 출판부, 2012, 334쪽.
138 최돈규, 「한국군 장성 출신 대통령들의 정치적 리더십에 관한 비교연구-박정희, 전두환, 노태우의 정치적 리더십 유형」, 경남대학교 대학원 정치외교학과 박사학위 논문, 2007, 95쪽.
139 리처드 워커 지음, 이종수·황유석 옮김, 『한국의 추억-워커 전 주한미국대사 회고록』, 한국문원, 1998, 107쪽.
140 권정달 검찰 진술조서(제3회), 1996년 1월 4일, 212쪽.

신현확 총리와 내각 총사퇴

5월 18일 새벽, 전국 주요 대학에 전차와 장갑차, 군 병력이 배치돼 긴장 감이 감돌았다. 신현확 총리는 거의 뜬눈으로 밤을 지샜다. 비상계엄의 전국 확대로 내각의 역할은 사라졌다. 그토록 막아보려 했던 군부의 국정 장악이 현실화된 것이다. 날이 밝자 신 총리는 최 대통령에게 사의를 표명했고, 대통령은 간곡히 만류했다. 그 시각, 광주의 전남대 앞에서 등교하던 학생들과 계엄군이 충돌했다.

글라이스틴 대사는 가장 긴급할 때만 사용하도록 되어 있는 '플래시' 전선을 통해 워싱턴에 "신군부가 거의 공식적으로 한국의 국가권력을 인수했다. 그들은 헌법에 명시된 국권 질서를 무시하고, 동시에 우리 미국도 무시했다"라고 보고했다.[141]

오전 11시. 총리 공관에서 경제장관 회의가 소집됐다. 무거운 분위기에서 이한빈 경제부총리가 "시국이 혼란스러운데도 내각이 효과적으로 대치하지 못해 결과적으로 비상계엄이 전국으로 확대되었다"면서 "이 내각으론 더 이상 사태 수습이 어려우니 내각이 총사퇴해야 한다"고 발언했다. 정재석 상공부 장관이 찬성했고, 다른 경제부처 각료들도 동의했다.

오전 11시 30분. 글라이스틴 주한 미국대사와 한미연합사 참모장이 이희성 계엄사령관을 방문했다. 글라이스틴 대사는 흥분한 어조로 비상계엄 전국 확대와 군부대 이동에 대해 항의했다. 그는 "군인들이 정권을 장악하면 한미 유대와 협조가 심각한 상태에 이른다는 미국의 입장을 전하러 왔다. 이 내용을 최 대통령에게도 전달하겠다"라고 말했다. 주한 미국대사관은 김대중 체포된 다음 날부터 강력한 항의를 담은 외교성명을 필두로 모든 수단을 동원하여 당국의 처사를 비난하며 김대중 석방에 강한 집

---

141 돈 오버도퍼, 앞의 책, 126쪽.

착을 보였다.

글라이스틴 대사가 최 대통령을 방문하자 최규하 학생들이 자신의 정부를 무너뜨리는 일은 절대로 용납하지 않겠다고 거듭 강조했다. 또 김종필·김대중·김영삼이 학생들에게 '악영향'을 끼치고 있다면서 그들을 통렬히 비난했다. 그는 정치개혁 일정을 계속 추진할 것이며, 3김은 체포된 것이 아니고 '포고령 위반으로 조사받는 것'이라며, 국회가 정치활동을 하지 않는다면 아무 때고 회의 소집이 가능하다고 설명했다.[142]

진퇴양난에 빠진 미국

미국은 한국의 군부가 학생 시위에 대처한다는 명목으로 군부대 사용을 요청하자 이를 '실질적 쿠데타'로 해석했다. 그리고 최규하 대통령이 너무 쉽게 군부의 강경책을 승인했다고 판단했다. 글라이스틴 대사는 5월 18일 오후, "한국 군부는 정당한 권위를 무시하고 학생과 전체 정치권에 대한 강경한 탄압을 시작했다. 전면적인 군부 집권이 현재 진행 중이다. 최 대통령과 내각은 이를 승인했다. 우리의 빈약한 정보로 판단하건대 이 결정이 5월 17일 11시에 열린 전군 주요 지휘관 회의에서 결정된 듯한 인상"[143]이라는 비밀전문을 미 국무부로 보냈다.

글라이스틴 대사는 5월 17일 밤이 지나면서 최 대통령이 좌우 진영의 도전을 물리치고 한국을 민주헌정체제로 이끌 수 있으리라는 희망이 사라졌다고 판단했다.[144] 미국은 겉으로는 한국에 "민주화 정부 수립"이라는 원칙을 계속 강조했다. 하지만 무법천지나 다름없이 확산된 시위 진압과

---

142 윌리엄 글라이스틴, 앞의 책, 179쪽.
143 김용삼b, 「제5공화국 탄생기 정사(正史) : 최규하는 왜 하야했는가, 김대중은 누가 살렸는가」, 『월간조선』, 1999년 2월호, 559쪽.
144 윌리엄 글라이스틴, 앞의 책, 177쪽.

제5공화국 전두환 시대 1

사회 안정을 이유로 출동한 군대를 병영으로 돌려보낼 수 있는 압력 수단은 존재하지 않았다.

진퇴양난의 입장이 된 글라이스틴 대사의 곤혹스런 심정은 5월 18일 미 국무장관에게 보낸 전문에 "우리는 강하게 반응해야 하지만, 동시에 자제해야 한다. 우리는 한국에 깊게 관련되어 있어 발을 뺄 수 없다. 만약 우리가 '발을 뺀다'고 협박하면, 북한이 유발할 심각한 위협을 감수해야 하고, 우리와 우려를 공유하는 한국인들을 비탄에 빠지게 할 것"이란 표현으로 나타났다. 신군부의 5·17 전국계엄 확대조치로 인해 미국의 중립적 관망 정책은 "미국의 안보 이익인 한국의 방위를 훼손시키지 않는 범위 내에서" 적극 개입으로 전환되었다.[145]

이 무렵 주한미국대사관이 미 국무부에 보낸 전문에 의하면 주한미국대사관은 반정부 학생 시위가 도를 지나친 학생들의 무리한 요구로 인해 발생한 것으로 보았고, 학생 시위가 통제에서 벗어났다고 판단했다. 그 결과 많은 점에서 학생들이 군의 5·17 대응을 초래했다고 보고했다.

최규하는 왜 5·17 쿠데타 승인했을까?

상원택은 5·17 계엄 확대를 쿠데타로 해석했다. 하지만 최규하가 계엄 확대와 국보위 출범 등을 재가함으로써 5·17을 정당화시켜주는 좋은 구실이 되었다고 비판했다.[146] 그렇다면 최규하는 왜 '신군부의 5·17 쿠데타'를 승인했을까?

최규하는 대통령 취임 후 3김을 차례로 청와대에 초청하여 정국 안정을 위한 협조를 요청했다. 정국이 안정되면 최대한 빨리 헌법을 개정해 민

---

145 신현익(2006), 160~161쪽.
146 강원택, 앞의 책, 232쪽.

주 선거를 실시하고 퇴진하겠다고 약속했다. 절차에 따라 헌법을 개정하면 1981년 초에는 정권 이양이 가능하다는 일정도 밝혔다. 3김은 이 요청을 거부하고 하루빨리 개헌하여 선거를 실시하라, 최규하 대통령은 유신잔당이니 당장 물러나라고 압박했다.

3김에 대한 최규하의 실망감은 그가 대통령 사임 성명을 발표하기 직전 국무위원과 국보위 위원 앞에서 밝힌 다음과 같은 발언에 잘 나타나 있다.

"금년 봄 들어서 어떻게 된 셈인지 일부 정치인들이 너무 성급한 나머지 정치 과열 상태가 이어지고, 또 솔직히 말씀드려서 일부 언론들도 여기에 대해서 상당히 자극적인 기사가 나오고, 이것이 상승작용을 일으켜서 결과적으로 국민들의 정부 불신 사조가 움트기 시작하고, 또 이에 따라서 학원에 비화되기 시작해서 학생들이 동요를 일으키기 시작했던 것입니다. 이것도 처음에는 학내문제를 다룬다고 해서 대부분이 대학 캠퍼스 내에서 여러 가지 거론들을 하더니 급기야 거리에 뛰쳐나왔는데, 거기에 내건 슬로건이란 것은 분명히 말씀드린다면 어떤 특정 정당, 또는 특정 정치인들이 부르짖는 그러한 슬로건을 학생들이 내걸고 가두시위가 일어났던 것을 우리는 기억하고 있습니다."[147]

---

147 전두환 회고록(1), 앞의 책, 591쪽.

6

전두환 장군과 광주 5·18

5·18을 지칭하는 용어는 시대마다 변화했다. 처음에는 '내란'으로 규정되었다가 '민주화를 위한 노력의 일환'으로 수정되었으며, '광주사태(事態)'란 용어로 통용되다가 '민주화 운동'으로 자리매김했다. 정치권에서는 '5·18 정신'을 헌법 전문(前文)에 넣어야 한다면서 개헌을 주장하기도 한다. 사건 발생 45년이 지났지만 아지도 5·18을 칭하는 용어와 성격, 정의, 책임 문제를 둘러싸고 '사회적 합의'에는 이르지 못하고 있다.

군과 시민이 부장 충돌하여 수많은 인명피해가 발생한 5·18이 그 전날 시행된 5·17 조치에 따라 호남을 상징하는 정치인 김대중의 체포로 촉발된 것은 부인할 수 없는 사실이다. 따라서 이유여하를 막론하고 5·17 조치의 주인공인 전두환 장군은 5·18에 대한 책임으로부터 자유로울 수 없다. 그렇다고 해서 그가 5·18의 진압작전을 지휘한 책임까지 짊어져야 한다는 뜻은 아니다.

5·18 광주 관련 작전은 이희성 계엄사령관의 책임 아래 김재명 육군본부 작전참모부장이 지휘했으며, 정식 지휘계통에 따라 2군사령관 및 전투병과교육사령부(전교사), 31사단을 통해 진행되었다. 보안사령관으로서 합수본부장과 중앙정보부장 서리였던 전두환이 광주 진압 작전을 지휘하거

나 실질적으로 관여했다는 주장이 제기됐으나, 이를 입증할 수 있는 구체적 근거는 발견되지 않았다.

광주에 투입된 공수부대

주한미국대사관은 광주 시민과 계엄군의 충돌 이면에는 뿌리 깊은 지역감정이 자리 잡고 있는 것으로 파악했다. 서울의 지도층과 많은 한국인들은 전라도 사람을 차별해 그들을 상대 못할 인간으로 취급했는데, 계엄포고령을 무시한 광주 학생들의 계속된 시위 배경에는 이런 원인들이 잠복해 있었다고 본 것이다.[148]

광주에서는 5월 18일 전에도 크고 작은 시위가 이어졌다. 5월 15일 1만 5천여 명의 학생이 오전에 교내시위를 마치고 오후에 전남도청 앞에 모여 가두시위를 벌였다. 5월 16일에는 광주 시내 9개 대학 3만여 명이 전남도청 앞에 모여 복학생 대표 정동년의 시국 선언문을 듣고 대규모 가두시위를 했다. 야간에는 고교생까지 합세하여 횃불 시위가 벌어졌다.

시위가 격화되자 5월 17일 진종채 2군사령관은 광주에 소재한 8개 대학에 31사단 병력을 투입하라고 지시했다. 이 지시에 따라 정웅 31사단장은 광주 시내 대학 중 전남대·조선대를 제외한 나머지 대학에 31사단 병력을 투입했다.

당시 한국군의 일반 전투사단은 한미연합사의 작전통제를 받았다. 다만 육군특수전사령부(특전사) 예하의 공수여단은 우리 정부가 치안유지와 대간첩작전을 위해 독자적으로 사용하도록 되어 있었다. 5월 들어 계엄사는 자체 병력 운영계획에 따라 군 병력을 국가 주요 보안 목표와 대학교에 배치했다.

---

148 윌리엄 글라이스틴, 앞의 책, 182쪽.

특전사는 고도의 특수훈련을 받은 강한 자부심과 엄격한 군기, 왕성한 전투력을 자랑하는 한국군 최정예 부대다. 한국전 때 미군 소속 KLO(Korea Liaison Office)에서 활동하던 유격전 전문가들이 휴전으로 육군 각 부대로 흩어졌다. 이들을 한데 모아 1958년 4월 1일 제1전투단(7725부대)을 창설했는데, 이 부대가 1958년 10월 제1공수특전단으로 개칭되었다.

1969년 제1공수특전단과 동해안경비사령부 예하 2개의 유격여단을 통합하여 특수전사령부가 창설되었다. 1972년 제1공수특전단은 인원을 증원하여, 대령이 부대장을 맡는 기존의 단 급 부대에서 준장이 부대장인 여단 급으로 증편되었다. 이로써 부대 명칭도 공수특전단에서 공수특전여단(Brigade)로 개칭되었다. 1·3·5 3개 여단이었던 특전사는 1974년 7·9 여단이 창설되었고, 1977년 11·13 여단이 창설되어 총 7개 여단으로 편제되었다.

광주에 투입된 7공수 33·35대대는 한국군 최정예 부대의 일원이었지만, 적절한 시위 진압 장비 없이 출동한 것이 화근이었다. 이들이 휴대한 장비는 M16 소총과 대검, 진압봉·방독면·방석망·철모였고, 부대장비는 차량과 가스탄으로 조사되었다. 하지만 휴대 장비 실태는 참혹했다.

이 부대는 5월 17일 저녁 급하게 광주로 출동하는 바람에 ㄱ선까지 성식 진압봉과 방석망이 보급되지 않았다. 상황이 다급하게 되자 임시방편으로 진압봉과 방석망을 만들었다. 진압봉은 주둔지 옆 제재소에서 대대 운영비로 제작한 것이었고, 시위대의 투석에 대비한 안전장치인 방석망도 부대 수송부에서 철사를 구부려 제작한 것이어서 상태가 엉망이었다. 그런 방석망조차 수량이 모자라 병사 개개인에게 다 지급하지도 못했다.[149]

---

149 안부근 11공수 61대대장 피의자 신문조서(제1회), 1995년 2월 13일, 조선일보사a, 앞의 책, 356~357쪽.

광주 학생 시위에 시민이 합세한 이유

5월 17일 밤부터 시작된 계엄군의 전국 배치 과정에서 첫 불상사가 발생한 곳은 전주였다. 7공수 31대대가 전북대에 진주하여 교내 수색을 시작했다. 이때 기숙사에 있던 한 학생이 창문을 넘어 전봇대를 타고 탈출하다 추락사했다. 보고를 받은 이희성 계엄사령관은 이 사건으로 전주에서 시위가 일어나지 않을까 노심초사했다. 이 와중에 뜻밖에도 광주에서 계엄군과 시위대의 충돌 소식이 날아들었다.

광주에서 상황이 심각해진 것은 학생들의 시위에 시민이 합세한 때문이다. 이유는 첫째, 시민들이 보는 앞에서 공수부대원이 학생 시위를 거칠게 진압한 탓이다. 시위 진압 훈련인 충정훈련의 폭동진압 교범에는 진압봉을 양손으로 잡고 전진하며, 시위대 해산을 위해 부득이한 경우 진압봉으로 허벅지를 타격하도록 규정되어 있었다.

불행하게도 광주에서는 훈련과는 전혀 다른 상황이 벌어졌다. 진압 장비를 제대로 못 갖추고 시내에 투입된 공수부대는 시위대의 돌과 화염병, 몽둥이와 쇠파이프 세례로 동료들이 부상당해 피를 흘렸다. 다친 동료를 보고 흥분한 공수대원들이 시위대를 심하게 때리고 짓밟았다. 이런 모습을 목격하고 흥분한 시민들이 합세하면서 시위는 걷잡을 수 없이 확대되었다.

둘째, 광주 시내에 퍼진 악성 유언비어였다. 특히 지역감정을 유발하는 유언비어가 시민들의 증오심과 적개심을 부추겼다. 실상은 시위 진압에 나선 제31보병사단은 광주에 주둔한 향토사단이라 불리는 지역방위사단이어서 병력 중에는 호남 출신이 많았다. 7공수여단은 주둔지가 전북이어서 여단 병력의 40%가 호남 출신으로 구성되어 있었다.

또 광주에 증파된 공수부대를 작전 통제한 윤흥정 전교사령관은 평북 초산 출신이고, 후임인 소준열 사령관의 고향은 전남 구례, 정웅 31사단장은 전남 순천, 광주 작전을 총괄한 김재명 육본 작전참모부장은 전남 강진이었다.

첫날 시위 진압 과정에서 문제가 발생하지 않았다면 광주의 참극도 존재하지 않았을 것이다. 대체 첫날 왜 시위가 악화되었으며, 그 원인은 무엇이었을까?

1980년 6월 초 정부는 광주에서 시민과 군의 충돌 원인과 사태가 악화된 진상을 규명하기 위해 합동조사단을 구성했다. 최규하 대통령은 이광로 장군(국보위 내무분과위원장·육사 10기)을 단장에 임명했다. 최 대통령이 이 장군을 책임자로 임명한 이유는 그가 황해도 벽성 출신으로, 어떤 지역적 선입관이나 편견도 갖지 않고 객관적 상황에서 진상과 책임소재를 철저히 밝힐 수 있는 인물이라고 판단했기 때문이다.

이광로 장군은 검찰, 국방부, 내무부, 중앙정보부 요원으로 구성된 13명의 조사단을 인솔하여 6월 5일부터 11일까지 7일간 현지 조사를 실시했다.

정부 합동조사단

1반(군 작전)	2반(경찰 작전)	3반(기타)
대령 남궁벽(육본 G-3)	검사 신승남(법무부)	검사 유재성(법무부)
중령 장창규(특전사)	중령 남기동(보안)	중령 박종길(육본 G-3)
중령 고광진(감찰)	3갑 김선규(내무부)	중령 이규창(감찰)
	총경 목진수(경찰)	3갑 최규백(중정)
		총경 권한수(경찰)

출처: 『광주사태 진상조사계획』, 국보위 상임위 문서(1980년 6월 4일), 10쪽.

조사단은 광주·목포·나주 등 18개 지역을 순회하며 다음 사항을 심층 조사했다.

- 학생 시위를 초기에 진압하지 못한 원인
- 시민 합세단계로 확산된 이유
- 외부 세력(정치인·깡패·타도 학생)의 동원 합세 여부

- 무기 탈취 경위 및 경비 상태
- 경찰력의 미온적 근무와 도피 실태
- 지휘체계 및 군 작전상의 문제점 등

광주 초기 진압작전의 심각한 과오

정부 합동조사단은 현지 조사 결과 초기 진압 과정에서 작전을 지휘한 군경 지휘관들의 심각한 과오를 발견했다. 그중에서도 정웅 31사단장, 윤흥정 전교사령관, 안병하 전남 도경국장 등의 과오는 묵과할 수 없다며 최규하 대통령에게 군법회의에 회부할 것을 건의했다.

광주지역 향토사단으로 알려진 제31보병사단장 정웅 소장은 강경 진압을 기대했던 신군부 측 입장과는 달리 유혈진압을 최대한 자제하여 인명피해를 최소화한 '광주의 영웅'으로 알려진 사람이다. 그는 자신이 신군부의 강경 진압 요구를 거부하자 지휘권을 박탈하고 강제 예편시켰다면서 "나는 신군부의 탄압을 받은 피해자"라고 주장했다. 대체 이들은 어떤 문제가 있었던 것일까?

7공수 33·35대대는 주둔지 전북 금마(현 익산시)를 출발, 자정 무렵 33대대는 전남대에, 35대대는 조선대에 도착했다. 대원들은 교내를 수색하여 전남대에서 69명, 조선대에서 43명을 연행했다.

5월 18일 오전 9시경, 전남대 교문 앞에 200여 명의 학생들이 모여 공수단과 대치했다. 권승만 7공수 33대대장(중령)은 메가폰을 잡고 "계엄 확대로 휴교령이 내려졌으니 자진 해산하라"라는 내용을 방송했다. 신우식 7공수여단장이 11시경 전남대 방문이 예정되어 있었다. 권승만 대대장은 여단장이 도착하기 전에 시위대를 해산하기 위해 선발대 20명을 정문 쪽에 배치했다.

이때 학교 출입을 저지당한 학생들이 교문 앞에 서 있는 공수부대원을 향해 돌을 던졌다. 교문 앞에 있던 현장 지휘관은 학생들을 자극하지 않기 위해 투석 공격에 대응하지 말고 계속 부동자세로 서 있으라고 했다. 제대로 된 방호 장비를 갖추지 못한 병사들이 날아오는 돌에 얻어맞아 여러 명이 부상했다.

흥분한 병사들이 쫓아가서 학생들을 진압하는 과정에서 문제가 발생했다. 당시 전남대 2학년생 김수영 씨의 증언에 의하면 "10시 30분경 공수대원이 학생들 사이로 뛰어들어 곤봉으로 구타하고 군홧발로 차면서 진압했다. 전남대 사거리 쪽으로 도망가는데 공수대원이 대열을 따라잡아 아수라장이 되었다. 한 대학생은 도망가다 자전거에 걸려 넘어지자 공수대원이 발로 머리를 걷어차고 손으로 자전거 들어 학생에게 던졌다"라고 증언했다. 이것이 비극의 서막이었다.

전남대 앞에서 계엄군과 충돌했던 학생들이 광주 시내로 진출하여 파출소를 습격하고 경찰차를 불태우자 전남도경은 전남북 계엄분소장인 윤흥정 전교사령관에게 계엄군 출동을 정식으로 요청했다. 경찰로부터 계엄군 출동 요청을 받은 윤흥정 사령관은 5월 18일 오후 2시 40분, 정웅 31사단장에게 계엄군 출동을 지시했다. 광주에 투입된 7공수 병력은 현지의 향토사단인 31사단장의 작전통제를 받도록 되어 있었다. 정웅 사단장은 헬기를 타고 전남대와 조선대에 주둔하고 있는 7공수 33·35대대본부로 가서 "오후 4시에 금남로로 출동하여 시위를 진압하라"는 명령을 내렸다.

정웅 사단장, "죽음을 각오하고 진압하라"

권승만 33대대장은 검찰 조사에서 정웅 사단장이 자기에게 내린 명령은 "시내에 난리가 났다. 경찰이 대치하고 있는데 진압 능력을 상실했으니 군인이 출동해야 한다. 군인이 진압 못하면 큰일이니 죽음을 각오하고 진압하라"는 것이었다고 진술했다.[150]

---

150 권승만 7공수 33대대장 검찰 진술조서, 1996년 1월 5일, 조선일보사a, 앞의 책, 348쪽.

7공수 33·35대대가 금남로 한일은행 앞에 출동했을 때 시위대는 돌을 던지고 경찰은 최루탄을 쏘면서 대치하고 있었다. 김일옥 35대대장이 귀가를 종용하는 선무 방송을 실시하자 기대했던 것과는 크게 다른 현상이 벌어졌다. 대원들은 공수부대가 출동하면 시위대가 겁을 집어먹고 자진 해산할 것으로 생각했다. 그런데 시위군중은 구호를 외치며 공수부대에 투석하는 등 거세게 저항했다. 전날 밤 호남의 상징 정치인 김대중이 계엄 당국에 체포된 소식이 알려진 탓이다. 군 당국이 광주는 다른 도시와는 정치적 정서가 크게 다르다는 점을 간과한 것이 실수였다.

검찰 수사와 재판 과정에서 밝혀진 바에 의하면 정웅 사단장은 5월 18일부터 20일까지 헬기를 타고 전교사와 전남대·조선대를 왕복했을 뿐, 광주 시내와 도청 일대 현장 상황을 한 번도 확인하지 않았다. 지휘관이 현장 상황을 전혀 파악하지 않고 공수부대에 진압 명령을 내린 것이다. 그 결과 무슨 일이 벌어졌을까?

공수여단은 게릴라전을 수행하는 부대 특성상 소수정예로 구성되어 있어 1개 대대는 300여 명으로 편성된다. 광주에 투입된 33·35대대는 총병력 774명이었다. 시위 진압장비도 제대로 갖추지 못한 33대대 병력은 이날 오전 전남대 앞에서 학생들의 투석에 동료들이 얻어맞아 부상당하는 등 감정이 격앙된 상태였다.

공수부대가 그동안 실시해온 시위 진압 훈련은 밀집대형으로 위력을 보여 시위대를 주눅 들게 한 다음, 자진 해산을 유도하기 위해 선무 방송으로 설득한다. 그래도 해산하지 않으면 세 방향을 봉쇄하고, 한 방향은 열어둔 채 압박하여 군중을 해산하는 방식이었다. 정확하게 표현하면 공수부대의 훈련은 시위대의 해산이 목적이었고, 체포와는 거리가 멀었다는 뜻이다.

이런 훈련을 받은 공수부대에게 정웅 사단장은 "시위대의 모든 퇴로를 차단하고 끝까지 추격하여 전원 체포하라"라는 명령을 내렸다. 시위대의

'해산'과 '체포'는 차원이 다른 문제다. 정웅 사단장의 작전명령대로 시위 군중을 체포하려다 보니 공수부대가 시위대의 퇴로를 차단하고 에워싸는 형태가 되었다. 이 과정에서 시위대와 진압부대 간에 심한 몸싸움이 일어 나 시위군중이 부상하는 일이 발생했다.[151]

윤흥정 전교사령관의 지휘 실수

주둔지 경계 병력을 제외하고 금남로·충장로에 투입된 7공수 33·35대 대는 600여 명에 불과했다. 소수의 공수부대원이 다수의 시위대를 붙잡 는 과정에서 잠시 한눈을 팔면 시위대가 도망을 갔다. 도망가는 시위대를 붙잡아 땅바닥에 '엎드려뻗쳐'를 시켜놓았다. 그래도 도망가면 진압봉으로 시위대의 머리를 때리거나 군홧발로 걷어찼다. 한쪽에서는 시위대가 도망 가지 못하도록 옷과 신발을 벗기거나 허리띠를 풀게 했다. 이것이 남녀를 팬티와 브래지어만 입힌 채 연행한 이유였을 것이다.

윤흥정 전교사령관도 공수부대의 평소 훈련과는 정반대 지시를 함으 로써 사태 악화에 기름을 붓는 역할을 했다. 소수정예로 구성된 공수부대 는 병력을 대대 단위로 응집하여 기동성 있게 움직이는 것이 특징이다. 윤 흥정 사령관은 이런 공수부대의 특성을 무시하고 "소규모로 편성된 다수 의 진압대를 융통성 있게 운용할 것, 시내를 바둑판식으로 분할 점령하고 과감하게 타격하라"라고 명령했다.

이 명령으로 인해 진압 현장에서는 공수부대 병력을 10명 단위로 쪼개 주요 길목에 분산 배치했다. 소수로 분산된 공수부대는 다수의 시위대에 곳곳에서 포위 고립되어 악전고투해야 했다. 공수부대가 시위대의 포위를 뚫고 탈출하는 과정에서 거친 폭력이 난무했다.

---

151 김일옥 7공수 35대대장 검찰 진술조서, 1996년 1월 4일, 조선일보사a, 앞의 책, 350·353쪽.

정웅 사단장의 행위 중 더더욱 이해할 수 없었던 부분은 무기고 안전대책을 수행하지 않은 점이었다. 진종채 2군사령관은 5월 18일 새벽 3시 5분, 예하 부대에 무기고 안전대책을 강구하라고 지시했다. 이날 저녁 정웅 사단장은 윤흥정 전교사령관에게 무기고 접근자에 대한 발포를 승인해달라고 건의했다. 그는 광주 시위 첫날부터 상황에 따라 발포를 할 수 있도록 허가해줄 것을 요청한 것이다. 그래놓고 훗날 자기는 끝까지 무혈진압을 고수하려 했다고 주장했다.

정웅 사단장의 요청을 받은 윤흥정 사령관은 "군인복무규율에 따라 지휘관 재량으로 무기고 접근자에 발포하라"라고 지시했다. 정웅은 자기가 무기고 접근자에 대한 발포를 건의하고도 무기고 보호를 위해 어떤 적절한 조치도 취하지 않았다. 그 결과 시위대에 무기를 탈취당하는 상황을 맞게 되었다.

첫날 금남로 시위 진압 명령자는 윤흥정 전교사령관과 정웅 31사단장이었다. 그들은 공수부대의 훈련 상황이나 부대 특성을 전혀 이해하지 못했다. 그 결과 현실과 동떨어진 명령을 내려 과격한 충돌이 벌어졌고, 이것이 악성 유언비어가 퍼져나가는 원인 제공을 하여 광주를 아수라장으로 만들었다.

2군사령부 계엄 상황일지에 의하면 5월 18일 하루, 광주에서 연행된 시위대는 총 405명이었다. 이 중 68명이 두부 외상, 타박상, 자상(대검에 의한 부상 추정)이었고, 부상자 중 12명이 중태였다. 현장 지휘관들이 공수부대의 특성을 감안하여 합리적인 명령을 내렸다면 이런 참혹한 현상은 벌어지지 않았을 것이고, 광주의 시위가 악화되지도 않았을 것이다.

5월 18일 광주에서 공수부대가 대규모 시위대와 격돌하고 파출소 7곳, 차량 1대가 불탔다는 상황보고를 받은 이희성 계엄사령관은 계엄군의 추가 투입이 필요하다고 판단했다. 김재명 육본 작전참모부장은 정호용 특전

사령관과 협의해 병력 증파를 결정했다.[152]

10명 단위로 분산된 공수부대, 시위대에 포위

계엄사는 5월 19일 11공수 예하의 61·62·63대대(1,100명), 5월 20일에는 3공수 예하의 11·12·13·15대대(1,392명), 5월 21~22일에는 보병 20사단(4,093명)을 광주에 급파했다. 전술 중에서 가장 바람직하지 않은 '병력의 축차 투입'(Piecemeal Attack)이 시행된 것이다.

윤흥정과 정웅은 증파된 공수부대 병력도 시위대 해산이 아니라 체포 위주의 작전지침을 고수했다. 공수부대 지휘관들은 병력 분산은 공수부대 특성과 전혀 맞지 않아 심각한 문제를 야기할 우려가 있다면서 작전지침의 수정을 건의했다. 윤흥정·정웅은 이 건의를 수용하지 않았고, 그 결과 사태의 악화는 피할 수 없었다.

5월 19일 광주 시내 시위진압에 투입된 11공수 61대대도 윤흥정·정웅의 작전명령에 의해 10명 정도로 구성된 팀을 주요 지점에 분산 배치했다. 그 결과 뿔뿔이 흩어진 소수의 공수부대 병력이 수천 명의 시위대에 포위 고립됐다. 공수대원들이 시위대의 포위망을 뚫고 나오는 과정에서 시위대와 충돌, 양측에서 부상자가 속출했다.

안부근 11공수 61대대장의 증언에 의하면 어느 은행 앞에 배치된 61대대 1개 팀 10여 명이 200여 명의 시위대에 포위당해 돌과 화염병으로 타작을 당하는 것처럼 이리 뛰고 저리 뛰고 하며 도망 다녔다. 시위대 해산 후에 보니 최상규 하사는 다리가 부러지고, 김영상 중위는 얼굴을 돌에 맞아 피를 흘리는 등 6~7명이 부상당했다고 한다.[153]

---

152 이희성 검찰 진술조서, 1995년 12월 12일, 조선일보사a, 앞의 책, 136쪽.

153 안부근 11공수 61대대장 피의자 신문조서(제1회), 1995년 2월 13일, 조선일보사a, 앞의 책, 361쪽.

광주에서 공수부대와 시민 간의 충돌로 사태가 악화되자 글라이스틴 주한 미국대사는 미 국무장관에게 다음과 같은 보고서를 보냈다.

'광주에서 발생한 대규모 봉기는 통제 불능 상태이며, 20여 년 동안 유사한 국내 위협을 경험하지 못한 한국 군부를 긴장시키고 있다. 직접적 원인은 김대중과 전라도 출신에 대한 탄압이다. 현재는 거의 모든 계층이, 역사적으로 뿌리 깊은 지역 반감을 반영하는 격렬한 국지적 봉기에 참여하고 있는 듯하다. 최소한 15만이 참여하고 있으며, 대규모 파괴가 발생했다.'

미국은 베이징과 모스크바의 외교 경로를 통해 북한이 도발하지 못하도록 경고했고, 조기경보기 두 대와 항공모함 코럴시 호(USS Coral Sea·CV-43)를 한국 해역으로 출동시켰다. 비밀 해제된 미 외교문서에 의하면 이 무렵 미국은 북한의 남침 가능성보다는 한국에서의 내전 발발 가능성을 더 우려했다. 미국은 '법과 질서를 유지하기 위해' 한국 군부가 요청한 한미연합사 작전지휘권하에 있던 20사단의 지휘권을 한국군에게 이관했다. 20사단은 한국군 중 유일하게 폭동 진압 훈련을 실시했던 정규 부대였다.[154]

계엄군 국회 봉쇄의 진상

광주에 투입된 공수부대 3천여 명과 10만여 명으로 불어난 시위대가 사투를 벌이고 있던 5월 20일, 제104회 임시국회 개회가 공고되었다. 이날 국회에서 계엄 해제를 의결하면 정부는 지체 없이 계엄을 해제해야 했다. 이를 막기 위해 계엄군이 무장 군인과 전차 두 대를 동원해 국회를 봉쇄한 것으로 알려졌다. 김영삼 정부 시절 진행된 역사바로세우기 재판은 이 사건을 "군이 국회가 열리지 못하도록 방해한 중대한 불법행위"로 규정했다.

그렇다면 국회 봉쇄의 역사적 사실은 무엇일까?

---

154 리처드 워커, 앞의 책, 108쪽.

이날 오전 10시 30분, 황낙주 신민당 원내총무를 비롯한 야당 국회의원과 비서진, 보도진 등 300여 명은 국회의사당에 들어가려 했다. 이날 계엄사의 명령을 받은 제33사단 101연대 1대대(대대장 이상신 중령) 병력이 국회에 투입되었다. 이들은 국회의사당 경비 임무를 부여받았을 뿐 어느 누구로부터도 국회를 봉쇄 점거하라든가, 국회의원의 출입을 저지하라는 지시를 받은 사실이 없다.

야당인 신민당의 요구로 임시국회가 소집되었고, 신민당이 계엄 해제 결의안을 제출한 것은 사실이다. 하지만 과반을 넘는 의석을 갖고 있던 공화당과 유정회는 계엄 해제에 반대하는 입장이었다. 때문에 계엄 해제안이 통과될 가능성이 전혀 없었기에 군 병력이 야당 의원들의 국회 출입을 봉쇄해야 할 이유는 없었다.

당시 국회의장직을 대리하고 있던 민관식 부의장을 비롯하여 누구도 5월 20일 소집된 104회 임시국회의 개회를 시도하지 않았다. 이날 국회가 개회되지 못한 것은 계엄군의 의사당 봉쇄와는 아무런 관련이 없는 일이었다. 이런 사실로 유추해볼 때 일부 인사들이 제기한 "국회의원 등원을 물리력으로 저지하여 입법 기능을 정지시킨 것은 중대한 헌정 중단 조치"라는 주장은 설득력을 갖기 힘들다.

어쨌거나 국회 앞에서 국회의원과 계엄군이 대치하고 있던 시각, 이규현 문공부 장관은 내각 총사퇴를 발표했다. 신현확 총리의 퇴진을 만류하던 최 대통령이 국무위원들의 사표를 수리한 것이다. 5월 20일 내각 총사퇴와 관련하여 신현확 총리는 "국민에 대한 민주화 약속을 지키지 못했을 뿐만 아니라, 비상계엄을 전국으로 확대할 수밖에 없는 상황을 초래한 데 대한 책임을 통감했기 때문"이라고 밝혔다.

국무위원 사표는 5월 21일 수리됐고 5월 22일 아침, 최 대통령은 박충훈 국무총리 서리와 새로 임명된 국무위원들에게 임명장을 수여했다.

5월 19일 오후 3시부터 상황 변화

시위와 진압 방식으로 진행되던 광주 상황이 근본적으로 변화한 전환점은 5월 19일 오후 3시 30분이었다. 이날 MBC를 경비하던 31사단 병력이 M16 소총 1정과 실탄 15발을 시위대에게 빼앗겼다. 이것이 광주에서 시위대가 총기를 탈취한 첫 사례다. 다음 날인 5월 20일 밤 11시에는 2천여 명의 시위대가 광주세무서 별관 무기고를 습격, 카빈 17정을 탈취했다. 광주에서 무기가 대량으로 탈취된 것은 이날이 처음이었다.[155]

5월 20일 시위대가 점점 불어나고 시위 형태도 과격화되었다. 시위대가 차량을 이용하여 공수대원을 공격하는 차량 시위가 본격화된 것이다. 이유 여하를 막론하고 시민이 총기로 무장하고 차량을 무기화하는 순간, 시위와 진압이라는 도식은 사라지고 시민과 공수부대의 교전 양상으로 성격이 바뀌었다. 광주 시내에 투입된 공수부대는 시위 진압이 아니라, 자신들의 생존을 위해 사투를 벌여야 하는 위기 상황에 직면했다.

전교사 전투상보에 의하면 5월 20일 저녁 8시경 시위군중의 숫자는 계림동 3만, 도청 2만, 전남대병원 앞 1만, 공용터미널 1만으로 기재되어 있었다. 골목마다 시위대로 꽉 찼고, 건물 옥상은 시위대가 점거하여 도로에서 시위대를 향해 돌진하는 공수대원들에게 돌을 던졌다. 현장 지휘관 안부근 중령(11공수 61대대장)은 "만약 그 당시 지휘관이나 병사들이 겁을 조금이라도 먹고 물러섰다면 그 자리에서 시위대에게 전부 밟혀 죽었을 것"이라고 진술했다.[156]

이날 현장의 대대장들은 시 외곽으로의 병력 철수를 건의했다. 도청 앞에서 시위대에 포위된 11공수 대원들은 하루 종일 밥을 굶었고, 부상자가

---

155 전두환 회고록(2), 앞의 책, 399~400쪽.
156 안부근 11공수 61대대장 피의자 신문조서(제1회), 1995년 2월 13일, 조선일보사a, 앞의 책, 372쪽.

나와도 후송하지 못했다. 최웅 11여단장은 윤흥정 전교사령관에게 "이럴 바에야 부대를 (시 외곽으로) 철수하든지, 아니면 옥쇄하는 수밖에 없다"라고 간곡하게 보고했다.[157]

윤흥정 사령관은 "도청에는 중요한 서류와 장비가 있어 포기할 수 없다. 20사단이 내려오니 그때까지 참아달라"고 요구했다. 윤흥정 사령관은 5월 20일 밤 9시, 이희성 계엄사령관에게 공수부대의 외곽 철수를 요청하여 승인을 받았다. 윤흥정은 철수 승인을 받고도 현장 지휘관들에게 철수 명령을 내리지 않았다. 윤흥정 전교사령관이 5월 20일 밤 철수 명령을 내렸다면 5월 21일 계엄군과 시민의 비극적인 교전은 피할 수 있지 않았을까?

5월 21일 전남도청

5월 21일, 이른 아침부터 시위대가 전남도청 앞에 운집하기 시작했다. 금남로와 전남도청에 고립된 7공수 35대대, 11공수 61·62·63대대 병력 1,200여 명이 10만으로 불어난 대규모 시위대와 대치했다. 이날 일부 시민이 카빈소총으로 무장한 모습이 목격됐다. 시위대가 지난밤 사망한 시신 2구를 태극기로 덮어 끌고 나오자 군중이 크게 분노하여 술렁였다.

돌과 화염병, 쇠파이프로 무장한 시위대가 공수부내 10m 전방까지 진출했다. 전남도청 앞에서 시위대와 대치했던 안부근 11공수 61대대장은 당시의 심각했던 정황을 검찰에서 다음과 같이 진술했다.

"그 당시에 저는 병력들에게 눈도 돌리지 말고 서 있으라고 지시하여 병력들이 부동자세로 서 있었습니다. 시위대들이 전날 밤과 마찬가지로 돌, 화염병, 쇠파이프 등 흉기를 들고 있었습니다. 약 09:00경 정도 되니 어제 선동방송을 하던 여자가 시위 군중 사이를 헤치면서 앞으로 나왔습니다.

---

157 최웅, 5·18 특별법 1심 23차 공판 증언, 1996년 7월 22일.

자세히 보니까 리어카를 끌고 앞으로 나왔는데, 나오면서 '죽은 사람이 내 동생인데 계엄군이 죽였다. 살인마 계엄군을 쫓아내야 한다'는 등의 취지로 선동을 하였습니다. 그러면서 군중들이 '와 와' 소리를 지르며 호응한 뒤에 칼, 도끼 등을 든 사람들이 시위대들의 전면에 나오기 시작하였습니다. 그리고는 우리 병력 바로 앞에까지 와서 도끼를 가지고 병사들의 철모를 가볍게 툭툭 치면서 '이 새끼를 이걸로 골을 빠개?' 그리고 가위, 칼 등으로 눈앞에 대고 '이걸로 눈을 쑤셔버려?' 등의 위협을 하여 우리 병사들은 완전히 겁에 질려 있는 상황이었습니다."[158]

이때 전남도청에서 경찰 헬기가 이륙했다. 헬기는 도청 상공을 선회하며 "나는 전남도지사다. 지금 계엄 회의 차 전투교육사령부(전교사)로 가는데 오늘 낮 12시까지 계엄군을 철수시키겠다. 시민은 해산하라"라는 방송을 세 차례 반복한 뒤 전교사 쪽으로 향했다. 방송을 들은 공수부대 지휘관이 여단에 무전으로 철수 여부를 문의했다. 여단 본부는 "철수 계획이 없으니 도청을 사수하면서 선무 활동을 하라"고 지시했다.[159]

정오가 되자 시위대는 "12시가 되었는데 왜 철수하지 않느냐"라며 흥분했다. 무전으로 여단에 재차 확인하자 "지금 계엄 회의 진행 중, 상황을 알 수 없다"고 회신했다. 안부근 중령은 시위대에게 "지금 계엄 회의가 계속 중이니 조금만 더 기다려달라"라고 시위대를 설득했다.

이때 시위대 뒤편에서 시민이 탈취한 최신형 장갑차와 얼굴을 두건으로 가린 시위대가 탑승한 5톤 군용트럭이 공수대원의 저항선 앞에 포진했다. 또 시위대는 계엄군이 집결해 있던 전남도청을 내려다볼 수 있는 전남

---

158 안부근 11공수 61대대장 피의자 신문조서(제1회), 1995년 2월 13일. 조선일보사a, 앞의 책, 373쪽.
159 안부근 11공수 61대대장 피의자 신문조서(제1회), 1995년 2월 13일. 조선일보사a, 앞의 책, 374쪽.

의대 병원 12층 옥상에 기관총 2대를 설치했다.

오후 1시, 요란한 경적과 함께 시위대에서 화염병 1개가 날아와 62대대에 배속된 장갑차 부근에 떨어졌다. 계엄군 장갑차가 뒤로 물러나자 시위대가 운전하는 장갑차와 5톤 트럭이 공수부대 저항선을 향해 돌진했다. 장갑차가 공수대원 1명과 충돌하여 공수대원이 현장에서 즉사했다. 장갑차가 분수대를 돌아 충장로 쪽으로 사라지자 뒤를 이어 트럭과 버스가 돌진해왔다.

62대대장 이제원 중령은 지역대장들에게 탄창을 분배했다. 공수부대의 발포가 시작되었다. 오후 3시 30분경 시민 수백 명이 총기로 무장하고 도청 앞에 나타났다.

광주교도소 습격의 파장

이희성 계엄사령관은 5월 21일 오후 4시 30분, 진종채 2군사령관에게 광주 시내의 전 계엄군을 광주 외곽지대로 철수시키라고 명령했다. 이로써 마지막까지 남아 전남도청을 경비하던 7공수와 11공수 병력 1,212명은 시내에서 철수하여 숙영지인 조선대로 철수했다. 이들은 22일 새벽 6시, 조선대를 출발, 주남으로 철수했다.

이날 주영복 국방부 장관은 시위 진압 과정에서 희생이 극소화될 수 있기를 간절히 바라는 마음에서 박찬긍 국방부 차관보(육군 중장)에게 "사망자가 500명 이상이면 권총으로 자결하겠다"라고 말했다.[160] 5월 21일 김재명 육본 작전참모부장이 광주를 방문했다. 그는 정웅 사단장의 병력 운영과 시위 진압 방법, 무기고 관리 소홀 등 작전지휘의 문제점을 들어 질책했다.

광주에서는 '민주화운동' 패러다임으로는 설명하기 난감한 일들이 연이어 발생했다. 광주 일대에 산재해 있던 예비군 무기고 38곳이 습격당해 총기

---

160 주영복 검찰 진술조서, 1995년 12월 12일, 조선일보사a, 앞의 책, 114쪽.

5,400여 정, 탄약 28만 8천 발, 폭약 2,180톤, 장갑차와 군용 트럭을 탈취당했다. 장갑차와 기관총 등 자동화기로 무장한 시민군이 계엄군과 교전을 벌였다.

사태 전개 과정에서 중요한 쟁점은 광주교도소였다. 허화평의 증언에 의하면 우리나라는 휴전선이 있기 때문에 사상범은 주로 남쪽의 교도소 (전주, 대전, 광주, 진주, 대구)에 수감한다고 한다. 허화평은 당시 광주교도소에는 국가보안법 위반자, 간첩 등 약 200여 명이 수감되어 있었다고 한다. 광주교도소는 다른 곳과 달리 중요한 보안상 목표였다는 것이다.[161]

광주에서 시민과 계엄군의 충돌은 중요한 국가 보안 목표인 광주교도소가 여섯 차례나 무장 시위대의 공격을 받으면서 군사기지(핵 기지 포함) 및 시설(비행장 등)의 보호 문제 등 국가 안보 문제로 비화되었고, 그 종결이 어떻게 될지 예측할 수 없는 상황으로 사태가 확대되었다. 만약 광주교도소가 시위대에 점령되었다면 어떻게 되었을까? 신현익의 논문에 이와 관련한 언급이 발견된다.[162]

신현익은 광주교도소가 시위대에 점령당했다면 많은 범법자가 시위에 합류하여 치안 부재 상태가 되고 군사기지(핵 기지 포함) 점령, 시위가 서울을 비롯하여 전국으로 확산되어 최규하 정부가 붕괴되고 임시정부가 수립되었을 가능성을 배제할 수 없었을 것이라고 예측했다. 사태가 이런 방향으로 전개되어 시민혁명에 의해 김대중이 추대되고 신정부가 수립되었다고 가정해보자.

정국의 주도권은 재야 운동권이 쥐게 될 것이고, 김대중 주도로 협상을 시작하여 미국에 많은 요구를 하게 될 것이다. 군부에서는 쿠데타가 발생하여 전두환 세력이 제거될 수도 있었을 것이다. 미국 입장에서 볼 때 과

---

161 연세대학교 국가관리연구원 편, 앞의 책, 56쪽.
162 신현익(2006), 170~171쪽.

제5공화국 전두환 시대 1

연 이 정부가 친미 민주주의 노선을 띨 것이라고 확신할 수 있을까?

이란 회교 혁명과 광주

이란 사태를 잘못 처리하여 회교 혁명이 일어났고, 그 결과 중동의 맹방을 상실한 카터 행정부는 이 점을 심각하게 우려했다. 따라서 미국은 자국의 안보·경제적 이익을 지키는 선에서 사태 해결에 임했다. 한국군 특수부대 이동의 사전 승인과 20사단 병력 이동을 통한 무력 진압에 대한 암묵적 지지는 미국의 신군부 세력 지지라는 필연적인 결과를 낳게 되었다.[163]

5월 22일 단행된 개각으로 등장한 박충훈 국무총리 서리는 취임 즉시 헬기를 타고 광주로 내려갔다. 그는 전교사에서 광주 기관장들과 대책회의를 열어 수습책을 논의했다. 박충훈 서리는 녹음방송을 통해 발표한 담화에서 헌법 개정과 정치발전은 계획대로 차질 없이 진행될 것이라고 밝혔다. 하지만 이 방송이 사태 수습에 별다른 영향을 주지는 못했다.[164]

공수부대가 전남도청에서 철수하고 광주와 외부로 통하는 모든 도로가 봉쇄된 5월 24일. 박 대통령 시해범 김재규를 비롯하여 대통령 경호원을 살해한 중정 요원 박선호·이기주·유성옥·김태원의 사형이 집행됐다. 현역 육군 대령 신분이었던 박흥주 중앙정보부장 비서실장은 두 달여 전인 3월 6일 사형이 집행되었다.

총리직에서 물러나 자택에 칩거하고 있던 신현확 총리는 광주 상황이 시시각각으로 악화되자 최 대통령에게 "도대체 대통령이 이 상황에서 담화문이나 성명서 한 장 발표하지 않고 가만 앉아 있습니까. 저는 사표를 내서 정부 일에 간여할 입장이 아닙니다만, 대통령께서 직접 광주로 내려

---

163 신현익(2006), 175쪽.
164 전두환 회고록(1), 앞의 책, 425쪽.

가 상황을 살펴보고 수습을 하도록 하십시오"[165]라고 하소연했다.

이 무렵 주영복 국방부 장관은 노태우 수경사령관을 만났다. 주 장관은 "광주사태 이후 최 대통령이 일주일 가까이 두문불출하면서 아무 말도 없고, 무슨 조치를 하지도 않아 큰일"이라면서 "3군 참모총장과 함께 청와대로 들어가 석고대죄하고 대통령을 광주로 모시고 내려가 시민들에게 자제를 호소하는 담화를 발표하도록 해야겠다"라고 말했다.[166]

최 대통령이 군 수송기 편으로 광주로 내려간 것은 5월 25일이다. 이날 비가 억수로 내리는 가운데 광주에 도착한 최 대통령은 전교사에서 광주 수복 작전을 위한 대책 회의를 주재했다. 최 대통령은 "군사작전은 위험을 수반하는 것인 만큼 신중을 기하라. 대화를 통해 문제를 해결하도록 최선을 다하라"라고 지시했다.

최 대통령은 직접 시위대를 찾아가 설득하겠다고 했으나 주위 사람들의 만류로 포기하고, 대신 광주 시민에게 호소하는 담화문을 발표했다. 이 담화는 5월 25일 밤 KBS 라디오를 통해 세 차례에 걸쳐 광주 전 지역에 방송됐다. 이날 목포의 시위 군중은 목포역 앞에 전날 사형이 집행된 김재규의 분향소를 설치했다.[167]

5월 27일 새벽 '상무충정작전'으로 명명된 광주 수복 작전이 시행되어 광주는 평온을 되찾았다. 작전 과정에서 무장 시위대 17명이 사망했고, 295명이 체포 연행됐다. 총기 2,836정, 탄약 8만 3,724발, 차량 137대, 폭약 300상자, 수류탄 143발이 회수되었다. 계엄군 피해는 사망 3명, 부상 10명이었다.[168] 광주 시위 진압을 위한 작전 과정에서 계엄군 23명이 사망했는데, 소

---

165 김용삼c(1999.2), 222~223쪽.

166 노태우 피의자 신문조서(제5회), 1995년 12월 29일, 조선일보사a, 앞의 책, 61쪽.

167 전두환 회고록(1), 앞의 책, 431쪽.

168 계엄사 편찬위원회, 앞의 책, 161쪽.

속은 공수대원 18명, 31사단 3명, 광주보병학교 1명, 20사단 1명이었다.

정부합동조사단의 객관적 분석

앞서 소개한 정부 조사단은 현지 조사를 마치고 귀경하여 1980년 6월 17일 최규하 대통령에게 '광주사태 진상보고서'를 제출했다. 이 보고서는 정부 차원에서 광주의 비극이 왜 일어났고, 진압 과정에 어떤 문제가 있었으며, 시위대의 양상은 어땠는지를 객관적으로 분석한 중요한 의미가 있다. 특히 군경 차원의 대응과 관련한 문제점을 다음과 같이 지적했다.[169]

첫째, 전국 비상계엄 확대 실시에 따른 제반 조치가 미흡했다는 점이다. 정부 조사단은 광주 일대 계엄 책임자인 윤흥정 전교사령관이 광주 일원에 휴교 조치가 내려지면 시위대가 시내에 집결한다는 사실, 시위의 전국 확산 첩보를 접하고도 대응 병력 운영과 요소 차단 등의 기본적인 조치를 이행하지 않아 사태를 악화시켰다고 지적했다.

예를 들어 5월 8일 전남대에서 휴교령이 내려질 경우 학생들이 온몸으로 대항하고 전국 대학인의 행동 통일을 한다는 선언이 발표되었다. 5월 14일에는 휴교령이 내려지면 학교 정문 앞 또는 도청 앞에서 민주 통일 선서식을 거행한다는 벽보가 나붙은 사실이 첩보로 접수되었다.

그럼에도 불구하고 계엄분소는 요소 차단이나 외곽도로 봉쇄, 검문검색 강화 조치를 취하지 않았다. 방산 시설 및 중요시설 경계는 물론, 시위대의 예상 집결지에 대한 집중 대비도 미흡했다. 국가목표 '가'급 방산 업체인 아세아자동차공장, 서울차체공업회사에 병력을 배치하지 않아 장갑차 등 414대가 피탈 및 파손되었다고 지적했다. 또 광주교도소에 병력을 배치하지 않았다가 시위대의 교도소 공격 첩보에 의해 5월 21일 02:10경에

---

169 『광주사태 진상보고』, 31~41쪽.

병력을 배치했고, 시설용량 65만 갤런의 광주 유류고에도 방어 병력을 배치하지 않은 사실을 지적했다.

전남 계엄분소는 지휘부의 소극적인 업무 수행으로 사태를 경시했거나 오판한 결과를 초래하고도 이를 "예측하지 못했던 상황"으로 변명했다고 조사단은 지적했다.

둘째는 계엄분소의 소극적인 작전 수행 문제를 지적했다. 초기 단계에 가용병력을 집중 투입하여 위력 시위를 벌임으로써 사태 악화를 방지하지 못했다는 것이다. 특히 자체 예하부대에 아래 표와 같이 가용병력이 있었음에도 불구하고 이들을 활용하지 않았으며, 사태가 악화된 후에야 출동시킨 것은 큰 실수라고 지적했다.

부대별	출동가용인원
보병학교	266/1,081
포병학교	247/935
기갑학교	163/759
화생방학교	42/106
사분부(司分部)	248/605
군수지원단	33/355
야공단	62/800
기타	103/1,220
총계	446/5,860

* 인용 자료인 『광주사태 진상보고서』(34쪽)에는 총계 446/5,860으로 되어 있으나 합계를 해보면 1,164/5,861.

도로 봉쇄, 작전 통제 미흡

셋째, 도로 봉쇄 조치 등이 미흡했던 점을 지적했다. 소요 확산 징후 및 폭도 지방탈출 등의 첩보에 따른 외곽통제선 설정이 미흡했고, 검문소를 운영하지 않았으며, 도로 차단을 위한 바리케이트, 체인 등 장애물을 설치하지 않았다.

넷째, 작전 통제가 미흡하여 필요한 계획의 배포 및 상황전파가 원활하지 않았다고 지적했다. 그 결과 관련부대 간 협조와 통제가 이뤄지지 않아 군부대 간 오인사격으로 인명피해가 발생하는 결과를 초래했다는 것이다.

작전 통제 미흡으로 인한 사고 발생 내용

일시	내용
5월 24일 09:50	31사단 96연대 병력(2/31)이 사단 사령부에서 소속 대대로 복귀 중 기갑학교 병력과 오인사격. 전사 3, 부상 11, M16 1정 파손
5월 24일 14:00	11공수 병력(109/782)이 임무교대 후 이동 중 보병학교 병력과 오인 교전. 전사 8, 부상 39, APC 1대 파손, 2와 1/2톤 8대 파손
5월 22일 18:00	화순 터널 입구 봉쇄작전부대 요청으로 바리케이트 설치 중인 민간인 등을 사격. 덤프트럭 1대 소실 및 3명을 폭도로 오인 연행
5월 21일 08:10	20사단 화학대장 소령 김이영은 지휘용 지프 14대를 인솔하고 광주 상황을 부지(不知)한 채 용산을 출발, 광주시내로 진입 중 폭도들이 도로를 차단하고 각목·쇠파이프·화염병으로 위협하여 7명이 부상하고 무전기 2대, 차량 14대 등 장비 다수를 피탈당하였음

다섯째, 자위권 승인을 구실로 소극적 방어로 일관하거나, 초병의 임무를 포기한 점을 지적했다. 시위대가 군부대를 습격하는 등 긴박한 상황하에서도 전남 계엄분소는 기본 임무인 자위권까지 포기함으로써 부대 및 시설보호에 심각한 차질을 빚었다는 것이다. 그 결과 광주세무서에서 카빈 소총 17정을 시위대에게 빼앗겼고, 아세아자동차공장에선 장갑차 등 각종 차량 414대를 탈취당했다. 나주 등 지역 지·파출소 무기고 39개소가 습격당해 무기를 빼앗겼다.

여섯째, 전남 도경국장이 내린 전 경찰에 대한 무장해제 명령의 부당성을 지적했다. 5월 21일 전남 도경국장이 전 경찰뿐만 아니라 전투경찰인 전경대까지도 무기를 매몰 또는 은닉하도록 지시함으로써 경찰은 5월 21일부터 27일 오전까지 완전 비무장 상태였다는 것이다.

일곱째, 무기 탄약 비상 탈출계획 추진이 부실했다는 점을 지적했다. 관리부대인 61훈련단은 무기 반납 준비를 지시하고도 이를 중단함으로써 상당수의 무기를 시위대에 피탈 당했다. 뿐만 아니라 무기 피탈을 예상하지 못해 탄약만 이관하기도 했고, 무기 수송 수단 및 수송 병력 부족에 대한 대책도 세우지 않은 사실이 밝혀졌다.

여덟째, 중요시설에 대한 자체 방어계획이 부실했다는 점이다. 유사시 직장별 자체 방어계획에 의해 예비군을 동원하여 방어하도록 되어 있음에도 불구하고 이 조치가 시행되지 않았다는 것이다. 아세아자동차공장 비상계획관이 공단 예비군 연대장에게 자체방어를 위한 예비군 동원을 건의했으나 거부당했다. 전남방직공장은 예비군 동원령이 없어 여공들을 동원하여 자체 방어를 한 사례도 조사되었다. 광주세무서는 5월 18일부터 시위가 격화되고, 통금이 단축되었음에도 불구하고 5월 20일 청사가 피습당했을 때 5명만 숙직하고 있어 자체 방어능력을 상실한 사실도 지적되었다.

어려운 상황에서 고군분투한 사람들

이 보고서에는 어려운 상황에서도 사태 악화를 막기 위해 고군분투한 몇 가지 사례가 소개되어 있다. 먼저 해남 지역의 보병 제93연대 2대대의 사례다. 5월 21일 저녁 7시 30분부터 5월 22일 오후 4시 5분까지 세 차례 무장 시위대 300여 명이 무기 탈취를 위해 부대 정문 80m 지점까지 접근했다. 이때 이 부대는 목포 지역 시위 저지를 위해 전원 출동 중이었고, 영내에는 행정요원 20여 명과 방위병 120명만 남아 있었다.

대대장은 부대 내 중화기를 시위대의 가시거리에 위장 배치하고, 방위병 전원을 현역 군복으로 갈아 입혀 중화기로 무장한 병력이 주둔하고 있는 것처럼 위장했다. 대대장은 단신으로 전투태세 중인 시위대 앞으로 나아가 "여기서 일보라도 전진할 경우 중화기를 발사하겠다"라고 경고했다.

그는 또 시위대 대표에게 군부대 주둔 목적이 주민 보호와 지역방위에 있다는 사실을 역설하고 군부대를 습격해서는 안 된다는 사실을 적극 설득했다. 그 결과 시위대가 물러가 소수 병력으로 병력과 무기를 보호하는 데 성공했다.

두 번째 미담은 화순광업소 사례였다. 5월 21일, 50여 명의 시위대가 탄 버스가 화순광업소에 들이닥쳐 폭약을 요구했다. 광업소장 이하 관리직원들이 시위대를 설득하자 그들은 광업소의 예비군 중대장을 납치하여 철수했다. 광업소장은 보관하고 있던 뇌관 전량(4만 1,620개)과 폭약을 긴급 대피시켰다.

오후 2시경 무장 시위대 300여 명이 공포를 쏘며 나타나 "폭약 보관소 위치를 말하라. 불응하면 광업소를 불바다로 만들겠다"라고 위협했다. 전 직원이 이에 불응하자 근처 주민을 무기로 위협하여 폭약 보관소 위치를 알아냈다. 이들은 화약고 천정 흰기창을 피괴하고 폭약 13상자(292.5kg), 도화선 6천m를 탈취해갔다. 천만다행으로 뇌관을 다른 곳으로 긴급 대피시켜놓았기 때문에 탈취한 폭약은 사용할 수 없게 되었다.

세 번째 미담은 온선파 학생들과 전교사 병기 근부대 소속 배승일 문관(5급갑)의 활약상이다. 광주 시내에 위치한 전남도청 지하실에는 시위대가 탈취해온 300상자(네 트럭 분량)의 다이너마이트와 TNT 폭약, 수류탄 등이 쌓여 있었다. 폭약에는 뇌관이 장착되어 있는 것들이 많았다. 이것이 폭발하면 광주 시내는 엄청난 피해를 입을 가능성이 농후했다. 이를 우려한 온건파 학생 양홍범·박헌규·김영복·이경식 등 4명은 TNT 뇌관 2,300개를 빼돌려 5월 24일 오후 한 시경 전남북 계엄분소에 반납했다.

문제는 수류탄이었다. 보고를 받은 소준열 전교사 사령관(5월 22일 윤흥정 사령관 후임으로 부임)은 전교사 배승일 문관에게 "도청에 잠입해 지하실에 있는 폭약의 뇌관을 제거하라"라고 지시했다. 배승일 문관은 온건파 학생 4명과 함께 도청 지하실에 잠입하여 폭약과 수류탄 뇌관 분리 작업을 진행했다.

5월 24일 밤 11시경 강경파 시위대가 이 장면을 목격하고 총격을 가해 온건파 학생 이경식이 현장에서 사망했고, 나머지 사람들은 총격을 피해 도피했다. 잠시 후 다시 도청 지하로 잠입한 배승일 문관은 목숨 걸고 수류탄 496발의 뇌관을 분리하는 데 성공했다. 덕분에 5월 27일 계엄군 진입 작전 때 인명피해를 크게 줄일 수 있었다.

윤흥정·정웅 문책 건의한 정부합동조사단

현지에 파견되어 관련 정황을 상세하게 파악한 정부 합동조사단은 현지 군부대 지휘 책임자였던 윤흥정 전교사령관과 정웅 31사단장의 문책을 건의했다. 하지만 최 대통령은 "이희성 계엄사령관의 의견은 다르다"는 이유로 이 건의를 수용하지 않았다.

합동조사단이 더 심각하게 문제를 제기한 것은 국가 위기 상황에서 취한 전남 경찰의 행위였다. 5월 18일 오전, 전남대 정문 앞에서 공수부대와 전남대생의 충돌 이후 파출소가 습격당하고 경찰차가 불타는 등 시위가 악화되었다. 긴급 상황 발생에도 불구하고 안병하 전남 도경국장은 점심 식사 후 연락이 두절되었다. 안병하 국장의 행방이 묘연하자 경찰은 계엄군 출동만 애타게 기다렸다. 안병하 국장은 상황이 크게 악화된 이날 오후 늦게 업무에 복귀했다.

김재명 육본 작전참모부장은 검찰에서 "제일 아쉬운 것은 5월 18일 오전 9시, 전남대 앞에서 상황이 발생했을 때 전투경찰이 봉쇄도 하지 않았고, 공수여단을 투입해야 하느니 말아야 하느니 하면서 시간을 낭비한 것이다. 당시 전투경찰 2천 명이 30분 거리에서 지원할 수 있는 도청, 경찰국

문책 건의자

직책	계급	성명	사유
계엄분소장	중장	윤흥정	지휘책임
31사단장	소장	정웅	광주지역 작전지휘관
도경국장	경무관	안병하	경찰 총책임자
목포서장	총경	이준규	섬으로 도피
도경 작전과장	총경	안수태	경찰작전 실패
나주서장	총경	김상윤	1일간 도피 및 무기 피탈
영암서장	총경	김희순	1일간 도피 및 무기 피탈
화순서장	경정	안병환	2일간 도피 및 무기 피탈
도경 경무과장	총경	양성우	경찰 무기 매몰 은닉 지시
도경 장비계장	경감	이정방	경찰 무기 매몰 인닉 지시
화순 경무과장	경감	이윤권	초병 도피 지시

출처: 국보위 상임위, 『광주사태 진상보고』, 1980년 6월 16일, 61쪽.

지역에 대기 중이었다. 이들은 시위 진압 훈련이 되어 있고, 현장도 제일
잘 아는 사람들이었다. 초동 조치만 잘 했어도 광주 비극은 없었을 것"이
라고 진술했다.[170]

정부 합동조사단의 조사 결과 전남 경찰의 충격적인 행위가 적나라하
게 드러났다. 목포경찰서는 5월 21일 밤 9시경 광주에서 온 시위대가 경찰
서를 위협하자 시위 진압 및 치안유지 임무를 포기했다. 본서 요원 60여
명은 자체 선박 세 척을 이용하여 목포항에서 2.5km 거리의 충무동 고하
도로 도피했다. 잔여 병력 230여 명은 개인적으로 도피했다가 5월 23일 아
침 9시에 업무에 복귀했다. 치안질서 유지 임무를 포기하고 서장 지휘하에
도피한 사례는 나주·영암·화순경찰서에서도 발생했다.

이런 모습을 확인한 합동조사단은 초동 단계에서 광주 시위를 악화시

---

170 김재명, 5·18특별법 1심 24차 공판 증언, 1996년 7월 25일.

키는 역할을 할 사람들에 대해 문책을 건의했다.

전남 경찰, 진압 임무 포기하고 도피

그렇다면 국가 위기 상황에서 경찰은 왜 진압 임무를 포기하고 처벌받을 것을 각오해가면서까지 도주했을까? 그 이유를 추적해가면 1960년 4·19가 나타난다. 1960년 4월 19일 부정선거에 항의하는 시위대가 서울 거리를 뒤덮었다. 동시다발로 시위가 벌어지면서 경찰 저지선이 곳곳에서 무너지자 경찰 지휘부는 경무대만이라도 지키기 위해 경찰 병력을 효자동 방면으로 집결시켰다.[171]

시위대가 대통령 면담을 요구하며 전진하자 경찰은 소방수를 뿌리고 최루탄으로 맞섰다. 통의동 파출소 앞의 1차 저지선이 무너지고, 경무대 근처 효자동의 2차 저지선도 뚫은 시위대는 소방차를 탈취했다. 소방차를 선두로 그 뒤를 따라 시위대가 경무대 경찰서 앞 3차 저지선으로 몰려오자 경찰과 헌병은 오후 1시 30분경, 비상사태 발생 시 대통령 경호에 관한 규칙과 매뉴얼에 따라 시위대에 발포했다.

이날 경무대 앞에서 시위대에 발사된 실탄은 160발로 조사되었다. 발포는 서울시 일원으로 확대되어 다수의 시민·학생이 경찰 총에 맞아 사망하거나 부상을 입었다. 이른바 '피의 화요일'이었다.

이승만 대통령이 하야하고 출범한 민주당 정부는 3·15 부정선거와 시위대 발포 사건 관련자 처벌을 위해 이른바 '4·19 혁명재판'을 진행했다. 경무대 앞 발포사건으로 기소된 사람은 홍진기(내무부장관), 조인구(내무부 치안국장), 곽영주(경무대 경무관), 유충렬(서울시 경찰국장), 백남규(서울시

---

171 남기현, 「'경무대 앞 발포사건' 책임자 처벌 재판에 관한 고찰」, 덕성여대 인문과학연구소, 『인문과학연구』, 제22집, 2016, 109~144쪽.

경찰국 경비과장), 이상국(서울시 경찰국 수사지도과장) 등 6명이었다.

경무대 앞 발포사건 수사와 재판 과정에서 다음과 같은 사실들이 밝혀졌다. 첫째, 경무대 앞에서 발포하기 전 이미 홍진기, 조인구, 곽영주 등에 의해 시위대가 제3방위선까지 올 경우 명령을 기다릴 것 없이 발포하라는 지시가 내려져 있었다. 둘째, 곽영주에게 발포에 관한 모든 명령을 내릴 수 있는 권한이 위임되어 있었다.[172] 경무대 경비 경찰은 대통령 경호와 관련한 매뉴얼에 의거하여 적법한 명령을 받았고, 시위대의 경무대 난입을 저지하기 위해 명령대로 시행한 사실이 밝혀진 것이다.

1960년 10월 8일, 재판부는 유충렬·백남규는 사형, 홍진기는 징역 9월, 곽영주는 징역 3년, 조인구에게는 무죄를 선고했다. 곽영주는 발포 부분은 무죄, 직권을 이용하여 부정을 저지른 죄로 3년형을 받았다.[173]

경찰 발포로 사망한 사람의 유족이나 부상자들은 솜방망이 처벌에 분노했다. 유족회원과 4월 혁명 청년동지회원, 부상자들은 "잃어버린 팔다리를 이어다오", "살인 원흉이 무죄라면 독재 총부리에 병신이 된 우리가 유죄냐!"라는 플래카드를 내걸고 시위에 나섰다. 판결에 격분한 4월 혁명 부상학생과 시민들이 10월 11일, 국회를 규탄하면서 의사당에 난입, 점거함으로써 사회적 혼란이 증내되었다.[174]

헌법 개정하여 소급입법, 곽영주 사형

여론이 악화되자 윤보선 대통령은 "국회가 한시라도 빨리 소집되어 특별법을 제정하여 판결을 다시 처리해야 하며, 검찰은 무죄 석방된 자들을

172 홍영유, 『4월혁명 통사(5권)』, 천지창조, 2010, 108 109쪽.
173 한국군사혁명사편찬위원회, 『한국 혁명재판기록사총사』 제1권, 국학자료원, 2001, 468쪽.
174 합동통신사, 『합동연감』 1961년 판, 675쪽.

다시 구속하여 새로운 죄를 추궁할 것"이라고 발표했다.[175] 대통령이 법치를 무너뜨리고 재판을 다시 하라는 명령을 내린 것이다.

판결이 내려진 사람을 다시 처벌하려면 특별법을 제정해야 하는데, 이것은 명백한 소급입법이어서 당시 헌법으로는 불가능했다. 장면 정권은 빗발치는 비난 여론을 진정시키기 위해 1960년 11월 29일 소급입법을 가능케 하기 위해 헌법을 개정했다. 1960년 12월 13일 반민주행위자 처벌을 위한 '특별재판소 및 특별검찰부 조직법안'이 국회에서 통과되었고, 12월 31일 '부정선거 관련자 처벌법'이 공포되었다.

새로 임명된 김용식 특별검찰부장은 1961년 1월 16일 "경무대 앞 발포 명령자를 철저히 색출하겠다"라고 포부를 밝혔다. 하지만 5개월 후 발생한 5·16 군사 혁명으로 활동이 종료되었다. 군사혁명정부는 1961년 7월 21일 혁명재판소 및 혁명검찰부를 출범시키고 경무대 앞 발포사건 수사에 본격 착수했다. 9월 30일 혁명재판소는 홍진기·곽영주에게 사형, 유충렬 무기징역, 백남규에게 징역 10년을 선고했다.

피고인들은 이 판결에 이의를 제기하여 재심이 이루어졌고, 12월 19일 상소심 판결에서 곽영주 사형, 홍진기 무기징역, 유충렬 징역 20년, 백남규 징역 3년 6월이 선고되었다. 곽영주는 이틀 후인 1961년 12월 21일 사형이 집행되었다. 곽영주는 아내에게 "이승만 박사를 모셨다는 죄로 죽는다면 거역하지 않겠지만, 발포 명령은 억울한 죄명"이라고 토로했다.[176]

홍진기와 유충렬, 백남규는 이의 신청이 받아들여져 2년 후인 1963년 12월 15일 감형되거나 특사로 석방되었다. 1년 6개월간 헌법까지 개정해 가며 소급입법을 만들어 떠들썩하게 진행한 재판은 곽영주에게 모든 죄

---

175 한국군사혁명편찬위원회(제2권), 앞의 책, 570쪽.
176 손병관, 「내 남편은 이승만 경호원이었다」, 오마이뉴스, 2010년 4월 19일.

를 뒤집어씌워 사형을 집행하는 것으로 막을 내렸다.

국가의 정당한 명령과 비상사태 발생 시 대통령 경호에 관한 규칙에 따라 행동하고 대처했음에도 불구하고 억울하게 사형당한 곽영주 사건을 목격한 경찰은 어떤 생각을 하게 됐을까? 그 충격적 심성이 여과 없이 표출된 사건이 1980년 광주였다.

안병하 전남 도경국장은 공수부대와 시위대가 충돌하여 사태가 걷잡을 수 없이 확대되자 무전으로, 또 직접 헬기를 타고 날아다니며 경찰을 향해 "시위진압을 포기하고 해산하라"라고 지시했다. 도경국장의 해산 지시를 받은 경찰은 진압복 벗어 던지고 사복으로 갈아입은 후 해산했다. 그 결과 시위 진압장비를 갖추지 못한 공수부대와 시민이 정면충돌하게 되었다.

전두환은 광주 진압작전 개입했나?

1980년 5월 광주와 관련된 논란의 중심에 서 있는 사람은 전두환 보안사령관 겸 중앙정보부장 시리었다. 전두환은 생전에 광주 문제와 관련하여 지속적으로 사과를 요구받았고, 김영삼 정부 시절엔 5·18특별법까지 만들어 법적 처벌을 받았다.

하지만 이희성 계엄사령관은 검찰 진술에서 "광주사태 발생 후 진압까지 전 과정에 걸쳐 내가 계엄사령관으로서 병력 투입을 결정하고, 작전 지시를 한 것은 사실이므로 진압 과정에서 잘못된 점은 전적으로 내가 지휘 책임을 져야 한다고 생각한다"라고 밝혔다. 또, 전두환 보안사령관을 중심으로 한 신군부 세력이 사실상 군권을 장악해 군을 주도한 것은 사실이나, 그들이 직접 자신의 진압작전 수행에 관여하거나 간섭한 사실은 없다고 진술했다.[177]

---

177 이희성 검찰 신문조서, 1995년 12월 12일, 조선일보사a, 앞의 책, 139~140쪽.

전두환은 회고록에서 "나는 계엄군의 작전계획을 수립하고 지시하거나 실행하기 위한 그 어떤 회의에도 참석할 수 없었고, 참석한 일이 없다. 광주에서 진행되는 작전 상황과 관련해 조언이나 건의를 할 수조차 없었다"라고 밝혔다.[178]

재판부는 이희성 계엄사령관이 유학성·황영시·전두환과 공모한 것으로 판단, 이희성에게 징역 7년을 선고했다. 이희성은 8개월 복역 후 특별 사면되었다. 이후에도 이희성 장군은 전두환은 광주 진압작전과 관련해서는 책임이 없다는 사실을 언론 인터뷰를 통해 다음과 같이 밝혔다.

"보안사령관으로 광주와 아무런 관련 없던 전두환이 정상 지휘체계를 무시하고 5·18에 개입한다는 건 말이 안 된다. 소위 '좌파'들이 전두환을 끌어들이려 하다 보니 '지휘체계가 이원화됐다'는 주장을 한 것이다. 만약 전두환이 지휘 체계를 이원화해 배후에서 직접 지휘했다면, 그건 군법회의에 붙일 엄청난 사안이다. 전두환이 지휘 이원화를 했다면 계엄사령관인 내가 가만히 있었겠나. 전두환은 내게 까마득한 후배다. 그는 내게 불경스럽거나 무례한 행동을 하지 않았다."[179]

이희성, "광주에 관한 한 전두환은 책임 없다"

이희성은 조선일보와의 인터뷰(2016년 5월 16일자)에서도 비슷한 증언을 했다. 그런데 가판에 게재됐던 그의 인터뷰 기사는 돌연 배달판에서 삭제됐다. 문제의 기사는 이희성을 인터뷰했던 기자가 조선일보에서 퇴사한 후 설립한 인터넷 매체에 「조선일보에 게재되지 못했던」 이희성 전 계엄사령관 인터뷰」라는 제목으로 공개함으로써 내용이 알려졌다. 관련 내용 중

---

178 전두환 회고록(1), 앞의 책, 382~383쪽.
179 동아일보, 2013년 9월 13일.

전두환 관련 부분을 발췌 소개한다.

- 도의적 책임은 그렇고, 실제적인 책임은 누구에게 있습니까? 5·18 당시부터 대학가에서는 '광주학살 주범'으로 전두환을 특정했습니다.

"그건 군의 작전 지휘 계통을 정말 모르고 하는 소리요. 전두환 보안사령관은 5·18과는 무관하오. 그는 12·12(1979년 박정희 대통령 시해사건 수사를 이유로 정승화 육참총장을 강제 연행한 사건)와는 상관있지만, 5·18과는 아무런 관계가 없소."

- 계엄군 출동과 발포 명령을 그가 배후 조종했다는 게 통설입니다.

"법정에서도 '지휘 체계가 이원화됐다'는 말들이 있었소. 전두환 보안사령관이 나 몰래 따로 보고받고 지시했다는 소리인데, 그건 범죄요. 그러면 내가 그냥 두고 볼 것 같소? 내가 있는데 있을 수 없는 일이오."

- 계엄사령관이 위계상 높지만 당시 모든 힘이 전두환에게 쏠리지 않았습니까?

"전두환은 새카만 후배였고 내게 '형님, 형님' 하며 어려워했소. 나를 뛰어넘어 감히 월권해? 내 성격을 알고 이런 관계만 알아도, 그런 소리가 안 나옵니다. 전두환은 밝은 사람이지, 음습하지 않아요. 몰래 그렇게 하는 스타일이 아니오. 내 단호히 얘기하오. 광주에 관한 한 전두환 책임은 없소."

- 그렇다면 5·18에 전두환을 지목하는 것은 무엇 때문이라고 봅니까?

"광주가 수습되고 3개월 뒤 그가 대통령이 됐기 때문이오. 대통령만 안 됐으면 전두환 이름이 그 뒤로 나오지 않았을 거요."

- 전두환이 아니라면, 누가 5·18에 대해 책임이 있는 겁니까?

"지휘 계통의 최고위에 있는 계엄사령관인 나와 국방장관(주영복)이오. 그래서 법적 책임을 지지 않았소. 그때 전두환에 대해 과대평가하고 있어요. 그는 보안사령관이었고 내 참모에 불과했소. 참모로서 내게 건의할 수는 있었겠지만 작전 지휘 체계에 있지 않았소. 진압 작전에 개입할 수 없었소."[180]

영웅으로 둔갑한 정웅 사단장

광주 진압 작전의 지휘 책임자 이희성 계엄사령관은 광주 작전은 자신의 책임하에 진행되었다고 여러 차례 진상을 밝혔다. 그럼에도 불구하고 아직까지 우리 사회에서는 전두환을 광주학살의 원흉으로 몰아가는 분위기가 역력하다. 정웅은 1988년 6공화국 출범 후 치러진 13대 총선에서 정치인으로 변신했다. 그는 평화민주당 후보로 광주 북구에 출마, 전국 최다 득표인 91.5%의 압도적 지지를 받아 당선되었다. 정웅의 득표율은 아직까지 깨지지 않는 신화로 남아 있다.

부대 특성조차 파악하지 못한 엉성한 지휘로 사태를 악화시킨 윤흥정 전교사령관과 정웅 사단장, 국가 위기 상황에서 경찰 해산 명령을 내린 안병하 전남 도경국장은 영웅으로 만들고, 광주 작전과는 관계가 없다고 밝힌 전두환과 신군부를 악마로 만들고자 하는 근본 심리는 무엇일까?

5월 17일 밤 소요 배후조종 혐의로 체포된 김대중 의장 등 37명은 53일 후인 7월 9일 구속영장을 발부받았다. 7월 12일 김대중 의장 등 24명은 내란음모사건으로 육본 계엄보통군법회의에, 한화갑·김옥두·김홍일·이협 등 13명은 수경사 계엄보통군법회의에 송치됐다.

광주 상황은 종료되었으나 후유증이 심각하자 신군부는 사태 수습을 위해 다양한 시도를 하게 된다. 이학봉 합수부 수사국장은 전두환 장군에게 "김대중 씨를 만나 협조를 구하는 것이 좋겠다"라고 건의했다. 전 장군은 "김대중이 협조할 것 같지는 않지만 그렇게 해보라"고 김대중 면담을 허가했다.

---

180 '최보식의 언론', 2021년 5월 18일.

당시 김대중은 중앙정보부 남산 지하실에 수감되어 조사를 받고 있었다. 이학봉은 1980년 6월 20일 김대중과 면담했다. 첫 면담에서 김대중이 광주의 시위 상황을 전혀 모르고 있다는 사실이 확인되었다. 이학봉 대령이 다녀간 후 정보부 직원이 김대중에게 광주 관련 보도가 난 신문 한 뭉치를 제공했다. 그제야 김대중은 광주에서 대규모 시위가 발생한 사실, 자신이 광주 시위의 배후 조종자로 지목된 사실을 알게 되었다.

이틀 후인 6월 22일 이학봉이 김대중을 찾아가 사태 수습에 대한 협조를 요청했다. 김대중은 "광주 사람들이 나의 석방과 계엄령 해제를 요구하다 죽었는데, 어떻게 협력하겠는가. 나는 죽기로 작심했다"라며 협조를 거부했다.

전두환 대통령이 복잡다기한 국정 중에서도 최우선 순위에 둔 것은 경제 분야였다. 박정희 대통령과 마찬가지로 소년 시절 뼈아픈 가난을 체험한 그는 기회가 날 때마다 "경제는 국민 생존, 국가 미래와 직결된 문제다. 안보도 경제가 잘 돌아가야 굳건해진다. 국민이 등 따뜻하고(주택), 배부르고(식량), 아프지 않아야(의료) 정치도 안정되는 것"이라고 말했다. 그의 경제철학을 한마디로 요약하면 "권력은 총구에서 나오는 것이 아니라 경제에서 나온다"는 것이었다.

제4장

제5공화국 출범 전야

1

국가보위비상대책위원회 출범하다

광주에서 군의 재진입 작전이 전개된 1980년 5월 27일. 국무회의에서 국가보위비상대책위원회(이하 국보위) 설치령이 통과되었다. 5월 31일 이 설치령을 근거로 하여 국보위가 정식 출범했다. 이 기구는 1980년 10월 28일 5공 헌법 부칙에 따라 입법권을 가진 국가보위입법회의(이하 입법회의)로 개편되면서 5개월 동안 존속했다.

한배호는 국보위를 쿠데타가 발생한 후 등장하는 군사평의회, 즉 훈타(junta)로 해석했다. 즉 전두환이 국보위라는 성격의 기관을 별도로 조직함으로써 최규하의 공식적인 행정부와 전두환이 실질적인 권력을 행사하는 이원적인 정부구조가 탄생했다는 것이다.[1]

광주 재진입 작전이 종료된 직후 글라이스틴 대사는 박동진 외무부 장관과의 회동에서 국보위 설치 내용을 통보받았다. 글라이스틴 대사는 박동진에게 "많은 한국인들은 '국보위'라는 장치를 공식적인 군 쿠데타만이 아닌 실질적인 군에 의한 명확한 통치 형태로 파악하고 있다"라고 불쾌감을 표시했다.

---

1   한배호, 『한국정치변동론』, 법문사, 1997, 403~404쪽.

신군부의 국보위 출범 소식이 미국 정부에 보고되자 5월 28일 머스키 (Edmund Sixtus Muskie) 미 국무장관은 글라이스틴 대사에게 전문을 보내 "아직도 한국의 핵심 민간 내각 관료가 국보위에 참여하기를, 혹은 이 기구에 이름을 빌려주기를 반대할 가능성이 있는지"를 질문했다. 이 전문은 국보위 참여를 거부한 사람들을 주축으로 군을 대신하여 민간 주도 분위기로 나갈 가능성이 있는지의 여부를 물은 것이다. 글라이스틴 대사는 그 가능성이 없다고 보고했다.[2]

미국은 국보위 출범을 계기로 신군부를 실질적인 정부 당국이자 현실적 파트너로 인식했고, 최규하 정권은 형식적이고 의례적인 관계를 유지했다. 하지만 대외적으로는 반미감정 유발을 의식하여 한국의 정치세력에 대해 철저히 불개입한다는 신중한 태도로 일관했다. 예외가 있었다면 워커 사령관이 수감 중인 정승화 장군에게 생일 축하 카드를 보낸 정도였다.

중산층은 안정을 원했다

미국이 우려한 것은 반체제 성향의 재야 및 운동권을 축으로 하는 인사들이 주도하는 이란 형식의 민중봉기에 의한 한국의 탈미(脫美) 문제였다. 미국은 한국의 정국 상황을 예의주시한 결과 대다수 한국인들이 혁명적 분위기와는 반대 생각을 가지고 있다는 사실을 발견했다. 박 대통령 체제가 가져다 준 경제적 결실을 어느 정도 구가하며 만족을 누리던 신중산층은 보수적이고 체제유지 성향을 띠고 있다는 점을 파악한 것이다.[3]

그 결과 미국의 대한(對韓) 정책은 체제 안정에 초점을 맞추었다. 신군부의 집권을 묵시적으로 허용하여 체제 유지에 주력하는 것이 급격한 체

---

2 신현익(2006), 177~178쪽.

3 신현익(2006), 183쪽.

제변동을 원치 않는 신중산층의 생각에 부응하는 길이라고 본 것이다. 그들은 친미 반공 성향의 전두환 신군부를 미국의 전략적 구도와 연결하는 것을 한반도 위기를 돌파해나가는 해법으로 보았다.[4]

미국의 이런 입장은 광주에서 공수부대와 학생들의 첫 충돌이 발생한 다음 날인 5월 19일, 위컴 주한미군 사령관이 브라운(Harold Brown) 미 국방장관에게 보낸 다음과 같은 정책건의서에 잘 나타나 있다.

"우리는 전두환과 그의 동조자들에게 권력의 통제권이 넘어간 사실을 인정해야만 한다. 그들의 마지막 목표는 모든 권력을 자신들에게 집중시키는 일이다. 이제 그들에게 남은 문제는 권력 집중의 속도와 형태뿐이다. 그들은 민간정부로 위장한 통제된 선거를 치르거나, 전두환을 의장으로 하는 군 자문위원회를 설치하는 식으로 그 일들을 진행시켜 나갈 것이다. 우리는 전두환에 의해 정부가 움직이는 현실을 받아들여야 하며, 그들과 협조해야만 한다. 왜냐하면 우리가 전두환과 그의 동조자들을 권력에서 끌어내릴 입장에 있지 않기 때문이다.

우리는 전두환과 협조하여 정치발전에 대한 미국의 요구가 최소한으로 받아들여지고 있는 현 상황을 개선할 수 있을지 모른다. 그러나 우리가 관여할 수 있는 문제에는 한계가 있으며, 따라서 한국에 대한 미국의 중대한 안보 이익에 악영향을 줄 수 있는 행동은 취하지 말아야 한다."[5]

신군부를 현실적으로 인정한 미국

광주에서 시위가 대대적으로 확산되기 전에 미 군부는 신군부를 현실적으로 인정해야 하며, 국보위 같은 기구의 발족을 예상하고 있었던 점이

---

4   신현익(2006), 184쪽.
5   신현익(2006), 211쪽.

흥미롭다. 미국은 1979년 이란 사태로 인해 중동의 맹방이었던 이란에 극단적인 반미 이슬람 정권이 들어서면서 글로벌 전략에 심대한 위기를 맞았다.

이 급박한 와중에 한국에서마저 인권 도덕을 앞세워 모험을 해야 할 이유는 없었을 것이다. 미국은 불확실성을 무릅쓰고 '민주화의 만개'를 모험하기보다는, 한국인들에게 반미감정을 유발시키지 않는 순응적이며 친미적인 군부 세력을 통해 체제 안전을 추구하는 쪽을 선택한 것으로 보인다.

미국은 박 대통령 사후 집권 능력이란 차원에서 야권이나 재야 세력을 불신했다. 특히 이들의 반미 성향을 우려하여 박 대통령의 뒤를 이을 대안 정치세력으로 보지 않았다. 미국은 야권이 권력을 잡을 경우 재야 급진 세력에 휘둘려 반미 분위기가 조성됨으로써 한국마저 이란화할 가능성을 우려한 것이다.

3김에 대한 희망을 접고 보면 한국에서 마땅한 민간 지도자가 발견되지 않는 상황에서 미국은 군부를 주목할 수밖에 없었다. 이 와중에 확고한 리더십을 가진 전두환 신군부의 등장을 마다할 이유는 없었을 것이다. 12·12 직후 한국군 일각에서 전두환 장군을 뒤엎기 위한 쿠데타 움직임이 있었을 때 미국은 협조하지 않았다. 이유는 그들이 전두환 그룹보다 더 유능하고 강력한 세력이라는 확신이 없었기 때문이었다.

카터 미국 대통령은 10월 27일 브라운 국방장관을 한국에 파견하여 전두환 대통령과 주영복 국방부장관과 회담하도록 함으로써 사실상 신정부 성립을 인정했다.[6]

국보위는 보안사가 마련한 '시국수습방안'의 주요 의제 중 하나였던 '대통령 자문보좌기구 설치'가 현실화된 것이다. 이 기구는 5·17 당시만 해도

---

6   오기평, 『한국외교론』, 오름, 1994, 226쪽.

명칭을 정하지 않고 단순히 비상기구라고만 칭했는데, 5월 20일경 전두환 사령관이 명칭에 '국가보위'라는 말을 넣자고 하여 '국가보위비상대책위원회'로 결정됐다.[7]

하지만 국보위의 탄생 과정은 순탄치 않았다. 국보위가 설치될 경우 권한 관계에 가장 큰 영향 받게 되는 사람은 계엄사령관이었다. 최규하 대통령은 5월 23일, 이희성 계엄사령관에게 "계엄사령관이 정상적인 북괴의 대남침투에 대한 업무도 벅찬데 행정, 사법에 대한 것까지 일일이 어떻게 관여하겠는가. 그러니 국보위라는 특별 기구를 설치하여 행정과 사법에 대한 사안을 맡겨 보필을 받도록 하겠다"라고 알렸다.[8]

국가보위비상대책위원회 출범

이후 국보위 설치작업은 일사천리로 진행됐다. 최 대통령은 김용휴 총무처 장관에게 "전두환 장군과 협의하여 국보위 설치법령을 입안한 후 국무회의에 상정하라"고 지시했다. 김용휴 장관은 전 장군에게 국보위 설치 요강을 총무처로 보내달라고 요청했다. 보안사에서 작성한 설치요강을 토대로 청와대 정무1수석실의 김유후·김기춘 비서관, 민원수석실의 이기창·최재호 비서관이 국보위 설치에 관한 법령 제정 작업을 진행했다.[9]

우여곡절 끝에 국보위 설치령이 국무회의에서 의결된 날은 광주에 계엄군이 재진입한 5월 27일이었다. 이날 국무회의에 참석했던 유양수 동력자원부 장관은 국무회의에 국보위 설치 안건이 상정된 것을 보고 "전두환과 신군부가 정권까지 완전히 빼앗아가려는 의도로 생각했다"라고 검찰에서

7   권정달 검찰 진술조서(제3회), 1996년 1월 4일, 조선일보사a, 앞의 책, 216쪽.

8   이희성 검찰 진술조서, 1995년 12월 12일, 조선일보사a, 앞의 책, 140쪽.

9   이원홍 검찰 진술조서, 1995년 12월 30일, 조선일보사a, 앞의 책, 280쪽.

진술했다. 국보위 설치령은 비밀에 부쳐졌다가 5월 31일 공개되었다.

비판자들은 이 기구를 신군부의 '혁명본부'라고 비난한다.[10] 천금성은 국보위 이전까지 전두환은 대통령의 중책을 맡을 생각이 없었으나, 국보위는 어떤 의미에서는 전두환의 대권 장악을 위한 하나의 교두보였다고 주장했다.[11] 김행선은 국보위가 제5공화국 출범을 위한 정치적 정지 작업을 수행했다면, 입법회의는 제5공화국 출범 이후 전개될 정치의 틀을 강압적으로 재조정하는 역할을 담당하고 새로운 정치체제를 구축하기 위한 법적 조치들을 마련하는 작업을 수행했다고 주장했다.[12]

국보위 설치 과정을 정밀 추적하면 박 대통령 시해 직후 계엄사가 계엄업무를 자문하기 위해 설치한 계엄위원회가 나타난다. 계엄위원회는 위원장은 계엄사령관, 부위원장은 계엄부사령관이 맡았고, 위원은 대법원 판사, 그리고 경제기획원·내무부·법무부·문교부·문공부·교통부의 차관, 해·공군 참모차장, 중앙정보부 차장, 서울법대 학장, 대법원 행정처 차장으로 구성되었다. 긴사는 계엄사 참모장이 맡았고, 국방동 원예비군국 국장과 국무총리 정보비서관이 배석했다.

『계엄사』에 의하면 계엄위원회는 정부와 계엄사가 당시의 혼란과 국난을 극복하고 민족의 생활권을 수호하며, 국기(國基)를 튼튼히 다지기 위해 정치·경제·사회·문화·학원 문제 등 중요한 정책 방향을 결정함에 있어 현상과 문제점을 적나라하고도 예리하게 분석 진단하여 가장 합리적인 대책을 수립하기 위해 설치했다고 명시되어 있다.[13]

계엄위원회는 1979년 10월 28일부터 1980년 6월 5일까지 31회에 걸쳐

---

10 김충식, 앞의 책, 783쪽.

11 천금성b, 「국보위 설치와 5공 탄생 내막」, 『월간 다리』, 1989년 11월호, 95~98쪽.

12 김행선, 앞의 책, 13쪽.

13 계엄사편찬위원회, 앞의 책, 168쪽.

총 39건의 의제를 토의 자문했다. 이들이 다룬 의제는 ▲국내외 정세 분석과 대책, ▲계엄시행을 위한 기조 검토, ▲대학 휴교에 따른 문제점 및 대책, ▲긴급조치 9호 해제에 따른 문제점과 대책, ▲연말연시 치안대책을 비롯하여 ▲학도호국단 해체 주장에 따른 대책, ▲학원 자율화에 따른 문제점 및 대책 등 다양했다.

뿐만 아니라 ▲환율 및 금리 인상에 따른 임금 보장책과 예상되는 노사 분규 대책, ▲언론 정화 대책, ▲공무원 기강 확립 문제, ▲국민정신 순화를 위한 교육방향, ▲농어촌 실태와 농정 발전 대책, ▲한국 사회 윤리관 확립, ▲공무원 기강 쇄신과 책임행정 구현책 등 국정 전반에 관한 내용이었다.

계엄위원회·연구위원회 벤치마킹

계엄사는 1980년 1월 10일, 사령관 휘하 조직으로 연구위원회를 구성했다. 연구위원회의 임무 및 기능은 계엄사령관에게 계엄과 관련된 각 분야별 정책사항을 연구 보고하며, 필요한 자료를 수집하여 계엄참모부에 전파하고, 기타 계엄사령관이 지시하는 특정문제를 연구 보고하는 것이었다.

조직은 정치 분야는 김종휘 국방대학원 교수와 박용옥 중령, 경제 분야는 김동규 교수와 이철희 소령, 사회 분야는 도홍렬 교수와 홍병유 소령, 법률 분야는 김득주 교수와 안수일 소령이 담당했다. 이들은 국민의식 좌경화 요인 불식 방안을 비롯하여 언론 기능의 강화책, 학원 정상화 및 노사문제, 사회기강 확립, 정국 안정화 방안 등을 연구하여 계엄 시행에 반영했고, 효과적인 계엄 업무 수행에 기여했다.[14]

계엄위원회와 연구위원회가 계엄 업무 수행은 물론 국정과의 조화를 꾀하는 데 상당한 효과를 발휘한 사실을 알게 된 신군부는 이를 확대하여

---

14 계엄사편찬위원회, 앞의 책, 255쪽.

국정 전반의 문제점을 파악하고 일사불란한 국가 행정을 추진하기 위해 국보위를 설치한 것으로 보인다.

국보위의 구성은 의장인 대통령과 당연직 위원 15명, 대통령이 임명하는 임명직 위원 10명으로 구성되었다. 당연직은 의장인 대통령을 비롯하여 각료인 국무총리, 경제기획원·외무·내무·법무·국방·문교·문공부장관, 중앙정보부장, 대통령비서실장이다. 군에서는 계엄사령관, 합참의장, 각군 참모총장, 보안사령관이 당연직으로 참여했다.

임명직은 김경원(대통령 국제정치담당 특보)을 제외한 9명이 군부 인사였다. 이 중 5명(유학성, 황영시, 차규헌, 노태우, 정호용)이 신군부 측 인사였다. 총 30명의 상임위원 중 17명이 현역 군인이었다.

국가보위비상대책위원회 위원

당연직 위원		임명직 위원	
최규하	대통령(의장)	백석주	육군 대장
박충훈	국무총리 서리	김경원	대통령 국제정치담당 특보
김원기	부총리	진종채	육군 중장
박동진	외무부장관	유학성	육군 중장
김종환	내무부장관	윤성민	육군 중장
오탁근	법무부장관	황영시	육군 중장
주영복	국방부장관	차규헌	육군 중장
이규호	문교부장관	김정호	해군 중장
이광표	문공부장관	노태우	육군 소장
전두환	중앙정보부장 서리	정호용	육군 소장
최광수	대통령 비서실장		
이희성	계엄사령관 (육군참모총장)		
유병헌	합참의장		
김종곤	해군참모총장		
윤자중	공군참모총장		

국보위는 '그림자 정부'

5월 31일, 제1차 국보위 회의를 직접 주재한 최규하 대통령은 국가 안전보장과 국민 생활 안정을 위한 국정개혁 시책을 마련하라고 지시했다. 이것이 국보위 운영 지침으로 작용하게 된다.

6월 5일, 국보위의 위임사항을 심의·조정하기 위한 상임위원회와, 상임위 산하에 13개 분과위원회가 설치되었다. 최 대통령은 상임위원장에 전두환 장군을 임명했다. 전두환 장군은 국보위 상임위원장에 임명되면서 50여 일 만에 중정부장 서리직에서 물러났다.

그가 중정부장 서리에서 물러나는 날, 후에 주한미국대사로 부임하게 되는 리처드 워커(Richard Louis Walker) 사우스캐롤라이나대 국제관계학 교수가 전두환 장군과 면담했다. 그는 중국 방문을 마치고 서울에 도착했는데, 주한미국대사관 측이 전 장군과의 만남을 주선한 것이다.

워커 교수는 미 대사관 당국자를 비롯하여 자기와 만난 한국인 대부분이 전두환 씨가 권력을 잡게 될 것임을 체념적으로 받아들이는 분위기였다고 한다. 또 첫 만남에서 전 장군이 강인하고 결단력 있으며, 결정을 내리는 데 매정한 구석이 있다는 점을 느꼈다고 기록했다.[15]

전두환이 중정부장 서리에서 물러나는 것과 동시에 정보부 요원 380여 명의 감원이 확정되었다. 감축 인원 선별 작업은 보안사에서 중정으로 파견된 팀이 담당했다. 10개가 넘던 실·국이 반으로 줄었는데, 이 과정에서 부서장급(실·국장) 중 살아남은 사람은 현홍주, 김근수 두 명뿐이었다.[16]

국보위는 상임위원 30명(각 부처 고위공무원 12명, 현역 장성 18명) 가운데 신군부 계열 인물이 18명이었다. 경복궁 맞은편의 작은 건물 안에서 출

---

15 리처드 워커, 앞의 책, 21~26쪽.
16 김충식, 앞의 책, 783쪽.

범한 상임위원회는 인근에 소재한 청와대보다 커다란 영향력을 발휘했던 '그림자 정부'였다.[17] 일부에서는 실질적인 집행권을 상임위원회가 가지고 있고, 관장 업무가 국정 전반에 걸쳐 있는 것을 근거로 기존의 행정부를 제쳐두고 새로운 정부를 구성한 것으로 보기도 했다.[18]

국가보위비상대책위원회 상임위원회

임명직 위원	분과위원장 당연직 위원	
전두환 상임위원장	국방위원장	이기백(육군 소장)
이희근(공군 중장)	법사위원장	문상익(대검찰청 검사)
신현수(육군 중장)	외무위원장	노재원(외무부 기획관리실장)
차규헌(육군 중장)	내무위원장	이광노(육군 소장)
정원민(해군 중장)	경제과학위원장	김재익(경제기획원 기획국장)
강영식(육군 중장)	재무위원장	심유선(육군 소장)
박노영(육군 중장)	문공위원장	오자복(육군 소장)
김윤호(육군 중장)	농수산위원장	김주호(농수산부 차관보)
권영각(육군 소장)	보사위원장	조영길(해군 준장)
김홍한(육군 소장)	교통위원장	이우재(육군 준장)
노태우(육군 소장)	건설위원장	이규호(건설부 기획관리실장)
정호용(육군 소장)	상공자원위원장	금진호(상공부 기획관리실장)
김인기(공군 소장)	정화위원장	김만기(중앙정보부 감찰실장)
안치순(대통령 정무비서관)	사무처장	정관용(공무원교육원 부원장)
민해영(대통령 경제비서관)		
최재호(대통령 민정비서관)		
신현수(대통령 사정비서관)		

---

17 돈 오버도퍼, 앞의 책, 209쪽.

18 임상혁, 「삼청교육대의 위법성과 민사상 배상」, 『법과 사회』제22호, 법과 사회 이론학회, 2002년 상반기, 84쪽.

최 대통령이 국보위 상임위 분과위원 83명을 임명함으로써 국보위 구성이 마무리되었다. 분과위 책임자들은 군 장성이었는데, 이는 계엄이라는 특수 상황의 반영이었다. 분과위원 대부분은 정부 각 부처 실·국장급 관료와 현역 장교 23명이 참여했다. 국보위 분과위에 참여한 장교는 대부분이 사관학교 교수나 군 법무관으로 활동하는 영관급이었다.

국보위에서 근무한 전문요원은 각 분야에서 손꼽히는 관료와 전문가들이었다. 이들은 각 정보기관의 인사파일을 통해 선정된 인재들이었다. 국보위 분과위 책임자는 군인이었지만, 실제 업무를 추진한 주축은 민간 테크노크라트(Technocrat)와 뷰로크라트(Burokratt)들이었다.[19]

국보위는 정권 찬탈 위한 기구?

신군부 측은 국보위를 설치한 목적은 박 대통령 서거 이후 야기된 정치사회적 불안과 학생소요, 노사분규, 광주사태 등 국가적 위기에 대처하여 계엄 당국과 행정부 간의 긴밀한 협조를 통해 위기 극복과 안정 기반 구축을 위해서였다고 밝혔다. 또 경제 난국 타개에 능동적으로 대처하기 위한 경제정책을 뒷받침하며, 사회 안정 확보를 통해 정치발전을 위한 내실을 다지는 한편, 부정부패, 부조리 및 각종 사회악 일소로 국가 기강을 확립하기 위한 조치였다고 설명했다. 무엇보다 국보위가 가장 중점을 둔 것은 사회 질서 유지였다.[20]

국보위는 계엄 당국과 행정부 간의 협조를 명문화했지만, 실제 운영 과정에서는 군이 내각을 조정·통제하면서 국정을 장악했다. 상황이 이렇게 흘러가자 학자들은 국보위를 정권 찬탈을 위해 조직한 기구로 정의했다.

---

19 연세대학교 국가관리연구원 편, 앞의 책, 60쪽.
20 연세대학교 국가관리연구원 편, 앞의 책, 68쪽.

국보위 설치가 겉으로는 최규하 대통령의 재가를 받아 시행함으로써 합법을 가장했지만, 사실은 군부의 강권을 이용하여 권력을 찬탈하기 위한 기구였다는 것이다. 실제로 현직 대통령 최규하가 있었음에도 불구하고 전두환을 '국보위 위원장 각하'라고 부르는 사람도 있었다고 한다.[21]

강원택 교수는 국보위가 군이 직접 나서서 통치하는 것에 대한 국내외의 부정적 정서나 저항을 막기 위한 위장 기구였다고 주장한다.[22] 그런 주장의 근거로 국보위 상임위의 존재를 제시했다. 상임위는 행정 각부를 통제하는 권력 기구로서 내각과 국무회의를 무력화했으며, 국무총리의 국정 통할권과 국무회의 심의권도 무력화[23]했다는 것이다. 정해구는 국회 활동이 중단된 상태에서 국보위 상임위는 어느 누구에 의해서도 견제받지 않는 군사혁명평의회였다고 비판했다.[24]

언론인 이장규는 국보위는 1961년 박정희가 만든 국가재건최고회의의 복사판이었다고 주장했다. 5·16 쿠데타는 그래도 박정희, 김종필을 비롯한 혁명 주체들이 상당 기간 사전 계획을 세웠던 데 반해, 전두환 정권은 전혀 그렇지 못했기에 두서가 없었다는 것이다. 이장규의 평을 소개한다.

'신군부'는 정권을 잡은 이상 개혁을 천명하지 않을 수 없었다. 그러나 무엇을 어떻게 해야 할지 몰랐기에, 국민들의 불만과 희망사항이 무엇인지를 파악하기 위해 사방에 사람을 풀어 정보를 수집하고 다녔다. 정권을 거머쥘 사전 준비를 했던 세력들이 아니었기에, 굴러들어온 호박을 낚아챈 입장이었기에, 어떻게 해서라도 국민들로부터 환심을 살 수 있는 정책 집

21 장석윤, 『탱크와 피아노-육사 11기는 말한다』, 행림출판사, 1994, 71쪽.

22 강원택, 앞의 책, 202쪽.

23 김순양, 「정치적 격변기의 과도정부기구의 구성과 활동에 대한 연구: 국가보위비상대책위원회와 국가보위입법회의를 중심으로」, 『한국사회와 행정연구』 33(1), 2022, 1~31, 9쪽.

24 정해구, 『전두환과 80년대 민주화운동: '서울의 봄'에서 군사정권의 종말까지』, 역사비평사, 2011, 78쪽.

행이 절실했다.'[25]

국보위를 설치한 진짜 이유

비판적 입장을 종합하면 국보위는 신군부가 정권 찬탈을 위해 조직한 폭력적 혁명 기구이자 사실상 통치를 담당하는 행정부였으며, 국보위 상임위는 국무회의를 대신했던 무소불위의 조직으로 정리된다. 그렇다면 신군부가 말도 많고 탈도 많았던 국보위를 출범시킨 진짜 이유는 무엇이었을까?

광주에서의 시위가 진정된 지 사흘 후인 5월 30일, 최규하 대통령은 국가안전보장회의를 소집했다. 이날 회의에선 학생 시위로 시작되어 광주사태라는 최악의 위기로 발전하게 된 원인과 경과를 면밀히 평가했다. 참석자들은 학생들의 요구에 영합하는 유화책이 사태를 오히려 악화시켰다고 판단하고, 현재 상황이 한국전쟁 이래 가장 위험하면서 어려운 때라고 결론지었다.[26]

사태가 이처럼 악화된 데에는 내각과 계엄사령부, 즉 경찰과 군 사이의 유기적 협력체제가 제대로 작동되지 않았다는 사실이 지적됐다. 비상계엄 확대 조치 후 내각과 계엄사령부의 협조 기능을 강화하여 계엄의 실효성을 높이기 위해서는 대통령이 강력한 지휘권과 효율적인 감독권을 행사할 수 있도록 제도적으로 뒷받침해야 할 필요성이 제기되었다. 그 결과 대통령 직속의 협의체를 구성하여 대통령의 계엄 업무와 관련된 지휘 감독권을 보좌하고 자문할 필요가 있다는 의견이 제기되었다.[27]

---

25 이장규c, 『대통령의 경제학』, 기파랑, 2012, 232~233쪽.

26 김충남, 앞의 책, 335쪽.

27 전두환 회고록(1), 앞의 책, 547~548쪽.

신군부가 국보위를 발족한 진짜 이유가 있었다. 국가 위기 상황에서 대통령과 내각, 행정부 관료들이 상부의 지침을 요구하며 복지부동했기 때문이다. 글라이스틴 대사는 밴스(Cyrus Roberts Vance) 미 국무장관에게 보낸 전문에서 최규하 대통령의 통치 스타일을 다음과 같이 평가했다.

'그는 대통령 권한을 결단을 내리거나 변화를 이끌어내는 데 사용하지 않았다. 그는 결정을 내리는 데도 지나치게 신중하여 시간을 너무 끌어 실기하곤 했다. 10·26사태 이후 사회가 폭발 지경에 이르렀음에도 서울에서는 "이 나라에 무엇이 일어나고 있는지, 어디로 가고 있는지, 그리고 왜 이렇게 주저하고 있는지 알 수 없다. 참으로 이상하고 혼란스럽다"는 불평이 공공연히 나돌았다.'[28]

국가 기능의 정상 작동을 위한 고육지책

전두환의 한 참모는 "10·26 직후 각료들의 회의에 참석한 적이 있는데 방향 감각도 없이 갑론을박하는 것이 꼭 어린아이들 모아놓은 듯했다"고 회고했다.[29] 정부 고위 관료들의 모습이 이러 했으니 국정이 원활하게 돌아갈 수 있었겠는가. 최규하 정부는 과도정부라는 한계로 인해 국정 장악력이 현저히 약화되었다. 정치권이나 공무원 사회는 최규하 정부가 잠시 스쳐 지나가는 한시 정부라며 청와대를 우습게 보니 통치의 영(令)이 서질 않았다.

최규하 대통령의 소극적 리더십도 국보위 출범의 한 원인이었다. 전두환은 최 대통령이 하야하기 며칠 전 위컴 사령관과 만났다. 전 장군은 최 대통령의 리더십과 관련하여 위컴에게 이렇게 말했다.

28　1979년 11월 30일 전문, 김충남, 앞의 책, 337쪽.
29　조갑제c, 앞의 책, 59쪽.

"(최 대통령이) 훌륭한 분이기는 하지만 행정 능력에 뒤떨어지고, 보통 몇 시간 걸려 내려야 할 결정은 물론이고 정책 문서의 작성 역시 며칠 더 걸리는 것이 예사였다. 일을 능률적으로 단호하게 추진하고 정부를 지탱하기 위해 여러 위원회가 조직되었다."[30]

박 대통령 시절, 공무원 사회가 복지부동 현상을 보이면 청와대나 중앙정보부에서 경고장이나 대통령 친서를 보내 긴장감을 조성했다. 김재규가 대통령 시해범으로 체포되어 정보부 기능이 현저히 약화되면서 공직기강확립을 위한 기본 정보가 부족했다. 이 와중에 비상계엄의 전국 확대로 군이 통치 전면에 등장하자 군이 행정까지 책임질 수밖에 없는 상황이 되어버렸다.

어떤 책임도 지지 않으려는 최 대통령이 버티고 있는 한 국가 기능이 제대로 작동하는 것은 불가능했다. 결국 대통령에게 "자문·보좌를 해서라도" 국가 기능이 정상 작동하도록 하기 위한 고육지책이 국보위였다. 국보위 덕분에 공직사회에 활기가 돌기 시작한 것은 부인할 수 없는 사실이다.

이처럼 국보위는 긍정적 의미로 해석하면 이해할 수도 있는 사안이었지만, 반대 시각으로 보면 무소불위의 혁명기구로 비판받을 소지도 다분했다. 우선 국보위로 인해 지위와 역할, 권한과 위상에 큰 변화가 초래된 사람은 계엄사령관이었다. 이희성 계엄사령관은 치안유지와 군 지휘 업무만 담당하는 것으로 역할이 크게 축소되었다. 반면에, 국보위 상임위원장 전두환은 대통령의 계엄 업무를 자문·보좌하기 위해 행정·사법 업무까지 관장하게 되었다. 또 한 명의 '계엄사령관'이 탄생한 셈이다.

최규하 대통령은 국보위 상임위를 수시로 방문하여 전두환 상임위원장과 분과위원장들에게 "상임위가 국정개혁을 위한 쇄신을 주도해야 한다"

---

30 존 위컴, 앞의 책, 233쪽.

라고 누차 당부했다. 국보위가 설치되면서 5·17 비상계엄 전국 확대 이후 군에서는 단 한 명의 감독관도 행정부처에 파견하지 않았다. 국보위 설치로 군 감독관을 별도로 파견하지 않고도 행정업무가 정상적이고 효율적으로 수행되었기 때문이다.[31]

정부 부처의 주요 현안 처리

국보위 상임위 각 분과위는 주로 행정부 각 부처의 기획관리실장 등이 간사를 담당했다. 이들은 자기 부처가 추진해야 할 역점사업, 정책과제들을 주요 현안으로 제기했다. 행정부는 국보위가 설치되자 그동안 기득권층의 저항이나, 부처 이기주의 등 각종 제약으로 인해 추진하지 못했던 국가 필수 정책들을 이때 처리하기 위해 의욕적으로 문제를 제기했다. 그 결과 국보위 시절 추진된 정책들은 대부분 행정부 각 부처에서 반드시 해야 할 일이었으나 기득권층의 저항이나 여론의 눈치를 살피느라 시행하지 못했던 일들이었다.

국보위 출범 후 하루는 김재익 경제과학분과위원장이 오전부터 신군부 실세들에게 한국 경제의 당면 문제를 차트로 만들어 브리핑을 했다. 신군부 실세들은 점심을 걸러가며 설명을 다 듣고 나서 "우리 군으로 다시 돌아가자. 공연히 똥바가지 뒤집어쓰지 말고"라고 말했다.[32]

이 무렵 창원기계공단 입주 공장의 70%가 멈춰 섰고, 수입된 값비싼 공작기계들이 포장도 뜯기지 않은 채 야적장에 산더미처럼 쌓여 있었다. 현대자동차 근로자들은 일거리가 없어 편을 갈라 하루 종일 축구를 했다.

---

31 전두환 회고록(1), 앞의 책, 549쪽.
32 고승철·이완배, 『김재익 평전』, 미래를 소유한 사람들, 2014, 388~389쪽.

이런 상황에서 권력을 잡은 군인들이 무엇을 할 수 있었겠는가.[33]

국보위 상임위가 마련한 개혁 정책은 대통령 재가가 나면 정부 정책으로 확정되어 실행했다. 정부 정책으로 확정된 사안들은 주관 부처가 집행 방안을 수립하여 신속하고 능률적으로 처리했다. 그 결과 짧은 기간에 국가 각 부문에서 미뤄졌던 개혁 정책들이 급속하게 시행되기 시작했다.

하지만 국보위는 입법권이 없었기 때문에 국회 심의를 거쳐야 하는 정책은 대상에서 제외되었다. 게다가 국보위는 한시적 비상기구로 출범했기에 짧은 기간에 뚜렷한 성과 내야 한다는 목표의식에 사로잡혔다. 때문에 의욕이 너무 앞섰고, 사전 준비가 충분치 않은 상태에서 과욕을 부린 부분도 많았다. 덕분에 적지 않은 부작용과 후유증을 남길 수밖에 없었다. 전두환은 회고록에서 국보위 정책이 다소 과격하게 진행된 원인을 다음과 같이 설명했다.

'나는 당시 18년간 지속된 박 대통령 시대가 막을 내렸고, 뜯어고칠 수밖에 없었던 유신 체제가 무너진 만큼 새로운 체제로 새 살림을 해나가야 하는 시점에 와 있다는 점을 의식하지 않을 수 없었다. 잘라내야 할 것은 과감히 도려내고, 버려야 할 것은 주저 없이 쓸어버리자 그렇게 생각했던 것이다. 최 대통령의 과도적인 위기관리 정부가 소임을 다한 뒤, 다음에 어떤 정부가 들어설지 모르지만, 걸리적거리는 것 없이 심기일전해서 나라를 이끌어갈 수 있게끔 정비를 해두려고 했던 것이다. 사실 그런 식의 사회 개혁은 아무 때나 할 수 있는 것이 아니다. 나는 그때가 바로 적기라고 판단했다.'[34]

---

33 이장규a, 앞의 책, 39쪽.
34 전두환 회고록(1), 앞의 책, 555~556쪽.

제5공화국 전두환 시대 1

최규하, "국보위에서 국정개혁 시책 마련하라"

6월 12일 최규하 대통령은 '국가 기강 확립에 관한 담화'를 발표했다. 이날 최 대통령은 "국가가 있고 국민이 살아야 민주주의도 비로소 존재할수 있다고 믿는다"라면서 "그럼에도 불구하고 일부 정치세력은 마치 민주주의와 자유를 독점물인 양 내세우면서 국민 간의 분열과 대립을 초래할무책임한 언동을 했다"라면서 집단시위, 난동, 소요 등 불법적 수단 방법으로 합헌 정부를 타도하려는 행위를 엄단하겠다고 밝혔다.

이날 최 대통령은 국보위 회의에서 국정개혁 시책을 마련하라고 지시했고, 1980년 10월 말까지 개헌안 확정, 1981년 상반기 선거, 1982년 6월 말이전 정권 이양이라는 정치 일정을 제시했다. 이날 지시사항으로 미루어짐작하면 이때까지만 해도 최 대통령의 대통령직 수행 의지는 확고했던것으로 보인다. 하지만 외부 관찰자들은 최 대통령의 의지와는 상관없이그의 권위가 서서히 무너지고 있음을 눈치챘다. 글라이스틴 대사는 자신의 회고록에서 다음과 같이 밝혔다.

'이런 기구(국보위)가 설치되는 것을 보면서 정부를 주도하는 인물이 누구인지는 분명했다. 박동진 외무부 장관과 최광수 청와대 비서실장은 국보위 설치 문제로 나와 개별적으로 만났을 때 두 사람 모두 최 대통령이정치개혁 일정을 포기하지도 않았으며 "영향력이 없지 않다"고 강변했다. 그러나 그들은 민간 정부를 명백히 군의 지배하에 두게 되는 이런 변화에당황하는 기색이 역력했다.'[35]

다음 날인 6월 13일, 국보위는 최 대통령의 특별담화를 뒷받침하기 위해 안보태세 강화, 경제난국 타개, 정치발전과 내실 도모, 사회악 일소를통한 국가 기강 확립이라는 업무추진 4대 기본목표를 발표했다. 국보위의

---

35 글라이스틴, 앞의 책, 205쪽.

4대 기본 목표는 다음과 같았다.

첫째, 국내외 정세에 대처하여 국가안보태세를 강화하고, 둘째, 국내외 경제난국의 타개에 능동적으로 대처하기 위한 합리적인 경제시책을 뒷받침하며, 셋째, 사회 안정의 확보로 정치발전을 위한 내실을 다지는 한편, 넷째, 부정부패·부조리 및 각종 사회악의 일소로 국가기강을 확립하는 데 두었다.[36]

국정개혁 9대 시행지침 마련

이러한 개혁 추진 목표에 따라 국정개혁을 위한 9대 시행지침을 다음과 같이 정했다.[37]

첫째, 각계에 잠재하는 안보적 불안 요인과 국민적 단합을 깨뜨리는 계급의식의 선동이나 정부 전복기도 등을 근본적으로 제거한다.

둘째, 학원의 자율성은 보장하되 불법시위나 소요행위 등 사회혼란을 통해 북괴를 이롭게 하는 행위는 근절시킨다.

셋째, 권력형 부조리 등 사회적 비리를 척결하고 사회의 불신풍조를 없애, 노력하는 사람이 정당한 대가를 받는 사회기틀을 확립한다.

넷째, 문란한 정치풍토를 쇄신하여 부정과 불의에 대하여 자유로운 비판이 가능한 도의정치를 확립한다.

다섯째, 언론에 있어서는 국가이익을 우선하고 윤리와 도덕이 존중되는 건전풍토를 조성한다.

여섯째, 종교 및 신앙의 자유를 보장하되 종교를 빙자한 정치활동은 통제되도록 한다.

일곱째, 건전한 노사관의 확립과 기업인의 비윤리행위, 노동조합의 불법

---

36 문화공보부a, 『국가보위비상대책위원회는 왜 설치되었는가』, 문화공보부, 1980, 28~29쪽.
37 강원택, 앞의 책, 205~206쪽.

활동을 시정한다.

여덟째, 밀수·마약·폭력·부정식품·강력범 등 각종 사회악을 근절시켜 사회정화를 이룩한다.

아홉째, 학원의 기업화와 과외 과열 등 비뚤어진 교육풍토를 바로잡아 정의사회를 구현한다.

사회정화운동 개시

최규하 대통령은 7월 9일 국보위 상임위를 초도 순시한 자리에서 사회악 일소와 사회정화운동을 추진하라고 지시했다. 이 지시에 따라 전두환 국보위 상임위원장은 8월 4일, '사회악 일소 특별조치'를 발표했다. 이날부터 11월 27일까지 공무원 숙정, 과외 금지, 밀수·마약·도박·폭력행위 단속, 강력범 근절, 삼청교육대 운영 등 대대적인 사회정화운동이 전개되었다.

국보위 상임위원회가 사회악 일소를 위한 특별조치를 단행함에 따라 경찰은 각종 불량 폭력배 일제 검거에 나섰다. 삼청교육대는 불량배들을 군부대에서 순화교육하기 위해 설치한 것인데, 삼청교육에 대한 허화평의 증언은 다음과 같다.

"폭력배들은 법을 무서워하지 않아요. 감옥소 갔다 오는 길 훈장받는 걸로 생각하니까요. 그 사람들이 두려워하는 것은 바로 육체적 고통입니다. 폭력배들이 남을 두드려 팼으니까, 너희들도 육체적으로 혼 좀 나야 된다고 초법적인 조치를 내렸습니다. (중략) 폭력배들은 육체적으로 혼이 좀 나야 된다고 봐서 삼청교육을 실시했던 것이지요. 그래서 전방 부대에 삼청교육대를 설치하고, 거기에 이 사람들을 데리고 가서 쉴 사이 없이 훈련시키고 그랬어요."[38]

---

38 연세대학교 국가관리연구원 편, 앞의 책, 117쪽.

삼청계획 제5호에 따라 전국 비상계엄이 해제되는 1981년 1월 24일까지 5개월여 동안 4차에 걸쳐 모두 6만 756명이 검거되었다. 검거자들은 A·B·C·D급으로 분류하여 A급은 군법회의에 회부하거나 검찰에 송치하고 D급은 훈방, B·C급은 군부대에서 순화시키기로 했다. 6만 756명의 검거자 가운데 A급은 3,252명, B급 1만 7,873명, C급 2만 2,475명, D급 1만 7,156명이었다.[39]

삼청교육의 가장 큰 문제는 경찰서별 강제 할당제였다. 서울의 경우 경찰서당 일률적으로 200~300명씩 검거하라는 지시가 떨어졌다.[40] 그 결과 삼청교육 대상자들은 폭력범, 파렴치한, 패륜아 등 전과자들이 많았지만, 경찰의 마구잡이 단속으로 끌려오거나 주위의 투서나 모함에 의해 연행된 이들도 있었다.

게다가 군부대 교육 과정에서 가혹행위가 자행돼 현장 사망자가 54명, 후유증 사망자 397명, 행방불명 4명, 정신질환자 등 각종 질환자 2,768명, 강제 연행된 피해자 2만 1천여 명, 미성년자 1만 5천 명, 순화 교육 종료 후 재판 없이 보호감호 처분을 받은 자가 7,578명으로 나타났다.[41]

계엄사는 부정축재 혐의로 연행된 사람들의 부정축재액이 853억 1,154만 원에 달한다고 발표했다. 이들의 부정축재액은 1979년 정부 예산(4조 5,338억 원)의 약 2%에 달하는 금액이었다.[42] 6월 18일 합동수사본부는 5월 17일 밤 전격 체포된 권력형 부정축재자 9명은 재산을 국가에 헌납하고 공직에서 사퇴하면 형사처벌을 유보한다는 조사 결과를 발표했다.

39　임상혁(2022), 82쪽.

40　김행선, 앞의 책, 143쪽.

41　정해구, 앞의 책, 85쪽.

42　안두환, 「군부 권위주의 체제 내 권력승계에 관한 연구-박정희에서 전두환, 전두환에서 노태우로의 권력승계를 중심으로」, 연세대 대학원 정치학 석사학위 논문, 2019, 54쪽.

이들이 국가에 헌납한 금액은 국민복지기금으로 활용할 방침도 밝혔다.[43]

국보위는 부정부패 혐의로 전직 장관과 정치인 17명을 조사하여 부정 축재한 재산을 국가에 헌납하도록 했다. 또 1980년 7월 9일부터 7월 31일까지 입법부 11명, 사법부 61명, 행정부 5,418명과 국영기업체, 금융기관 및 정부 산하단체 등 127개 기관 임직원 3,111명 등 총 8,601명을 강제 해직시켰다.

국가의 미래 위한 개혁 거침없이 추진

사회 기강을 어지럽힌다는 이유에서 172개 정기간행물을 폐간시켰고, 망국병으로 불리던 과외 교육을 전면 금지했다. 이처럼 국보위는 사회·정치적 혼란의 근원이 된다고 판단되는 것이면 무엇이든 뿌리 뽑고자 했다.[44]

국보위는 권력형 부정축재자 척결, 부정 공직자 숙청, 과열 과외 해소, 불량·폭력배 소탕, 중화학공업 투자조정, 농업정책 개혁, 민원행정 쇄신 등을 담당했다. 국보위는 권력의 진공상태라는 특수 상황을 이용하여 그 동안 기득권층의 반대로 추진하지 못했던 '미래를 향한 개혁'을 거침없이 추진해나갔다. 그것은 기존의 낡은 틀을 깨부수고 미래를 위한 개혁 정책을 수립하는 일이었다.

신군부 측은 국보위 활동은 대통령의 재가와 국무회의 의결을 거쳐 진행했기 때문에 합법적이었다고 주장한다. 국보위 설치 후에도 정부와 내각은 정상적으로 작동했고, 통상적인 행정이나 사법 업무는 내각과 법원이 수행했다. 국무회의는 최규하 대통령 주재 아래 중요한 국책사항을 심의 의결했다는 것이다.

---

43 장성호(2020), 158쪽.
44 김충남, 앞의 책, 335쪽.

하지만 국보위 설치령에 의하면 국보위는 입법 기능뿐만 아니라 행정기능을 수행할 수 있는 근거 규정이 발견되지 않는다. 그럼에도 불구하고 공무원 숙정, 사회악 사범 일소, 과외 금지 등을 추진한 것은 명백한 초법적 조치였다. 당시 총무처 행정관리국장 손관호는 보안사와 중정 요원들이 행정부처에 출입하며 간섭과 통제를 했고, 행정부처는 국보위에 가서 업무보고까지 할 정도로 국보위는 정국의 중심이었다고 검찰에서 진술했다.

그렇다면 5개월여 존속한 국보위는 어떤 일들을 했을까? 국보위가 발간한 『국보위 백서』는 자신들의 활동을 다음과 같이 평가했다.

'지난 5월 학원소요와 광주사태 등 국기(國基)가 위태했던 상황에서 발족된 국보위는 사회의 안정 회복과 정화 조치 등 당면한 중요정책을 신속하게 수립 집행함으로써 10·26 사태 이후 야기된 국가적 위기를 극복하고 새 역사의 장을 여는 전환기를 마련하였습니다. 국보위는 4개월여의 짧은 기간에 역대 정권이 수십 년을 두고 미루어 온 난제를 포함하여 국가 차원의 중요 정책과제를 과감하게 추진하였습니다.'[45]

국보위를 통해 이루어진 과감한 조치들은 전두환을 실질적인 국가지도자의 위치로 올려놓았다. 신군부의 등장을 막기 위해 노력했던 미국은 국보위가 출범하자 현실과의 타협으로 돌아섰다. 글라이스틴 대사는 '최근의 사태에 대한 한국인의 반응'이라는 비밀 보고서에서 "대다수 한국인들이 신군부를 용인하지 않는다는 사실이 명확하다면 대한(對韓) 정책에 변화가 있거나, 신군부와 결별해야 한다. 그러나 대다수 한국인들은 새롭게 등장한 구조 아래서 안락하게 살 것으로 보인다"라고 예측했다.

국보위가 본격 가동된 1980년 6월부터 한·미 정부 간의 기본적인 의견교류는 최 대통령이 아닌 전두환 장군과의 회담으로 이루어졌다. 그러나

---

45 문화공보부b, 『국보위 백서』, 국가보위비상대책위원회, 1980, 1쪽.

464   제5공화국 전두환 시대 1

글라이스틴 대사는 의도적으로 청와대와 외무부 장관과의 접촉을 지속하면서 정보를 교환하고 의견을 구하는 등 우의를 표시했다.[46]

미국, 군사정권을 합법적 정부로 전환 결정

머스키 미 국무장관은 글라이스틴 대사에게 전두환과 접촉하라는 훈령을 보냈다. 그 결과 글라이스틴은 6월 4일과 26일, 7월 8일 전두환과 만났다. 6월 4일 전두환과 면담 후 글라이스틴은 "전두환은 장차 두드러진 정치적 역할을 맡으려 하는 것 같다. 처음에는 쇼군으로 시작해 선출된 천황이 됐다가 결국은 천황의 자리를 맡으려 할지도 모른다"라고 보고했다.[47]

국보위 활동 덕분에 관료조직이 정상 작동한 결과 사회는 안정을 되찾았고 국민은 생업에 종사하는 분위기가 정착되어 나갔다. 글라이스틴 대사는 "어쨌든 신군부는 사회정화를 통해 국민의 지지를 얻는 데 성공했다"라는 보고서를 본국 정부에 보냈다. 국보위 활동을 통해 사회가 차츰 안정을 회복하자 미국은 전두환 정권을 합법적인 정부로 전환하는 문제에 관심을 쏟기 시작했다.

6월 21일, 크리스토퍼(Warren Minor Christopher) 미 국무부 차관은 주한 미국대사관에 다음과 같은 비밀전문을 보냈다.

"전두환 장군이 행정부 장악에 성공하고, 군부가 현재 취하고 있는 조치에 대해 단합되어 있다고 결론 내린다. 우리는 현 상황에서 군사정권을 합법적 정부로 전환시키며, 군부의 정치 행정 개입을 줄이며, 분별력 있는 경제정책을 실행하고, 정치 반대세력을 다루는 데 자제하도록 미국의 영

---

46 윌리엄 글라이스틴, 앞의 책, 207쪽.
47 윌리엄 글라이스틴, 앞의 책, 217쪽.

향력을 행사해야 한다고 결정했다."[48]

이 비밀 전문에 근거할 경우 미국 정부는 6월 하순, 최규하 대통령 정부를 대신하고 있는 전두환의 군사정권을 합법적 정부로 인정하기로 내부 방침을 정한 것으로 보인다. 그로부터 두 달여 후인 8월 16일 최규하 대통령은 하야 성명을 발표했다. 최규하의 하야와 크리스토퍼 차관의 비밀전문은 어떤 상관관계가 있었던 것일까?

국보위 개혁이 속도를 내면서 안정구조로 전환되자 전두환과 신군부에 대해 지극히 비판적이었던 위컴 주한미군 사령관도 입장을 바꾸었다. 그는 미국 언론과의 인터뷰에서 "한국은 강력한 지도자를 필요로 하는 것 같다. 비록 자연스러운 것은 아니지만, 여러 가지 이유에서 전두환이 지도자로 부상된 것 같다. 사회 각층이 그를 지도자로 여기는 것 같다"고 발언했다.[49]

아무리 강압적인 독재 체제라 해도 그것이 폭력과 강제만으로 작동되는 것은 아니다. 대학생 시절 '서울의 봄'을 경험했던 저자가 생생하게 기억하는 바로는 박정희의 비극적인 퇴장 이후 절대다수의 시민이 원한 것은 급격한 민주화가 아니라, 사회 안정과 석유 위기로 붕괴 일보 직전의 상황에 처한 경제 회생이었다.

운동권 학생들과 급진적 재야 세력이 주도하는 시위에 시민들이 냉담했던 이유는 급격한 체제 변혁으로 인한 혼란을 원치 않았기 때문이다. 이러한 시대 분위기를 정확히 짚어낸 사람이 고려대 정외과 교수를 역임한 서진영이다. 그의 주장을 소개한다.

"5공 정권이 아무리 폭력적이고 억압적이었다고 해도 폭력과 억압만이

---

48   김용삼b(1999.2), 576쪽.
49   로스앤젤레스타임스, 1980년 8월 11일.

5공 정권의 등장을 가져온 것이 아닙니다. 신군부가 그렇게 행동할 수 있었던 데에는 중산계급이 가지고 있는 대단히 이중적인 이기성이 밑바탕에 깔려 있었다고 봅니다. 다시 말하면 중산층은 도덕적으로나 윤리적으로나 드러내놓고 신군부를 지지할 수는 없었지만, 80년대의 그런 혼란한 상황 속에서 정치적인 안정과 경제발전이라고 하는 문제에 집착했던 이기성 때문에 5공 정권의 등장을 묵인해주었다, 즉 암묵적인 동의를 해주었다고 설명할 수 있습니다."[50]

이런 연구 성과로 유추해볼 때 1980년의 민주화 투쟁은 학생운동과 소수 재야 명망가들이 담당했으나 다수 시민이 동참하지 않은 상태에서 그 힘은 한계가 있을 수밖에 없었다. 전두환 정권이 탄생할 수 있었던 또 다른 배경은 최규하, 신현확 정부와 전두환 군부가 정권을 공화당이나 야당에게 넘겨줄 수 없다는 데 공감대를 갖고 있었고, 중산층의 여론이 학생 시위에 의한 사회 혼란과 경제 위기로 인해 안정 쪽으로 선회했기 때문이다.[51]

이런 점들을 근거로 하여 손호철은 1980년 신군부의 집권은 중산층의 지지에 의한 쿠데타에 가깝다고 분석했다.[52]

---

50 동아일보사, 앞의 책, 123쪽.

51 조갑제c, 앞의 책, 187쪽.

52 손호철(1999), 38쪽.

2

최규하 대통령 하야의 진실

벨기에의 수도 브뤼셀은 사실상 유럽의 수도나 다름없다. 이곳에 북대서양조약기구(NATO) 본부, 유럽연합(EU) 집행위원회, 유럽의회 의사당 등 유럽연합의 주요 기관이 위치하고 있기 때문이다. 외교관들이 다수 상주하다 보니 브뤼셀에는 실내악을 연주하는 목조 연주장이 곳곳에 마련되어 있다.

어느 날 실내악 전용 목조 연주장에서 연주회 도중 화재가 발생했다. 극장 관계자가 "화재가 발생했으니 즉시 대피하라"는 안내 방송을 했다. 다수의 관객은 극장 측의 안내방송에 따라 대피했다. 그런데 정중한 연미복을 차려입은 일부 관객은 대피하지 않고 묵묵부답인 채로 팔장을 끼고 앉아 있었다.

극장 관계자가 "지금 화재가 발생했는데 왜 대피하지 않습니까?" 하고 묻자 "아직 본국 정부로부터 대피하라는 훈령이 오지 않아서요"라고 답했다. 외교관이란 본국 정부의 훈령에 따라 움직이는 사람이란 존재임을 실감 나게 묘사한 미국 한 잡지에 실린 유머 한 토막이다.

최규하 대통령은 도쿄고등사범학교(현 쓰쿠바대학)와 만주 대동학원 정치과를 졸업하고 만주국에서 공무원 생활을 하던 중 해방을 맞았다. 귀국하여 경성사범대학(현 서울대 사범대) 영문과 교수로 재직했고, 정부 수립 후 농림부 양정과장으로 공직 생활을 시작했다. 1951년 외무부 통상국장으로 부서를 이전하여 외교와 인연을 맺었다. 이후 주일 대사, 외교부 차관 및 장관을 역임했다. 그는 본국 정부의 훈령에 따라 활동하고 행동하고 의사결정을 하는 데 익숙한 정통 직업외교관 출신으로 대통령에까지 올랐다.

현대사의 미스터리, 최규하 하야

한국 현대사 최대의 미스터리 중 하나는 최규하 대통령의 하야다. 1980년 8월 16일 오전 10시. 최규하 대통령은 청와대 영빈관에서 라디오와 TV로 중계되는 가운데 "나는 오늘 대통령직에서 물러나 헌법의 규정에 의거한 대통령 권한대행권자에게 정부를 이양키로 결정했다"라는 하야 성명을 발표했다.

이어 그는 "불행하게도 정치발전을 추구하는 과정에서 우리나라의 특수한 안보적 상황과 시국의 중대성을 외면한 일부 정치과열 작태, 폭력화한 노사분규와 학생들의 불법적인 교외 집단시위 등이 일어나고, 또 이를 이용하려는 일부 정치인들의 무분별한 언동 등으로 서울을 위시한 주요 도시에서 집단 시위와 소요가 유발된 데 이어 마침내 광주사태라는 가슴 아픈 국가적 불상사마저 야기됐다"라고 정치인들을 비판했다.

이어 그는 "불행했던 우리 헌정사에 평화적인 정권 이양의 선례를 남기며, 또한 국민 모두가 심기일전하여 화합과 단결을 다짐으로써 시대적 요청에 따른 안정과 도의와 번영의 새로운 사회를 건설하는 역사적 전기를 마련하기 위하여 애국충정과 애국적인 견지에서 나 자신의 거취에 관한 중대한 결심을 하기에 이르렀다"라고 밝혔다. 이로써 최규하는 취임 8개월 10일 만에 대통령에서 물러났으며 헌법 규정에 따라 박충훈 국무총리 서리가 대통령 권한대행이 되었다.

카터 행정부는 전두환과 그의 동료들이 여름이 끝날 때까지는 현 상황을 그대로 유지할 것으로 판단했다. 그 결과 글라이스틴 주한미국대사는 7월 중순부터 8월 말까지 휴가와 업무 협의를 겸해 귀국했다. 그런데 미국 측의 예상을 뒤엎고 8월 16일 최 대통령이 하야하고 전두환 장군이 청와대에 입성하게 된 이유는 무엇이었을까?

글라이스틴 대사는 미국 정부의 정책과 조치가 이런 '돌발사태'를 촉발한 것으로 추측했다. 첫째는 위컴 주한미군 사령관의 언론과의 인터뷰 내용이다. 위컴은 8월 7일 AP통신의 테리 앤더슨(Terry A. Anderson) 기자, LA타임스의 샘 제임슨(Sam Jameson) 기자와 만났다.

기자들이 "전두환 장군이 최규하 대통령을 승계하기 위해 간접선거로 선출될 경우 미국은 어떻게 대응할 것이냐"고 질문했다. 이에 대해 위컴은 익명을 전제로 한 답변에서 전두환이 곧 대통령이 될지도 모른다면서 "한국 각계각층의 사람들이 마치 레밍(설치류의 일종)떼처럼 전두환의 뒤에 줄을 서고 있다"라고 말했다. 또 전두환이 합법적으로 집권하고 광범한 지지기반이 있음을 증명할 뿐 아니라 한반도의 안보 상황을 위태롭게 하지 않는다면 미국은 전두환의 대통령 취임을 지지할 것이라고 말했다.[53]

위컴 사령관 언론 인터뷰의 후폭풍

두 기자는 '익명의 미국 정부 관계자'의 발언이라면서 관련 내용을 보도했다. 이것은 미국 정부가 전두환 정부 출범을 지지한다는 뜻으로 해석되어 한미 양쪽에서 초미의 관심사가 되었다. 이렇게 되자 "익명의 미국 정부 고위 관계자가 누구인가"에 관심이 집중되었는데, 다음 날, 뉴욕타임스의 스톡스 기자가 전두환 장군과 인터뷰를 했다. 이날 전두환 장군은 문제의

---

53 돈 오버도퍼, 앞의 책, 133쪽.

발언을 한 '고위 관계자'는 위컴 주한미군 사령관이라고 밝혔다.

국내 언론들은 미국 정부가 전두환에 대해 무조건적인 지지를 보내는 것으로 대서특필했다. 위컴은 자신의 견해가 잘못 전달되었다면서 펄펄 뛰었고, 미 국무부 대변인은 "위컴의 발언은 미국의 정책을 대변한 것이 아니며, 누가 한국의 대통령이 될 것인지는 한국 국민이 결정할 문제"라고 궁색한 답변을 내놓았다. 위컴 발언 소동이 거세게 일자 미국 정부는 "최소한의 예의를 표시하는 것으로 전두환을 대통령으로 받아들인다"라는 쪽으로 입장을 정리했다.

한국 사회에는 최규하 대통령의 하야는 그의 순수한 뜻이 아니라, 전두환 장군과 신군부가 폭압 수단을 동원하여 끌어내리고 권력을 강탈한 것으로 알려졌다. 이러한 강제 하야의 근거를 제공한 것은 신현확과 권정달의 검찰 진술이다. 권정달은 헌법개정안 골격이 보고된 1980년 7월 15일, 전 장군과 보안사 주요 간부들이 정치 일정을 앞당기고 최 대통령의 명예로운 하야, 통일주체국민회의를 통한 대통령 선거 준비 및 신당 창당 문제를 집중 논의했다고 검찰에서 진술했다.

하지만 검찰 수사 과정에서 허화평·허삼수를 비롯한 7월 15일 회의 참석자 대부분은 "그날 최 대통령 하야를 논의한 사실이 없다"라고 강력 부인했다. 권정달은 검찰 수사 과정에서 검찰 측에 일방적으로 유리한 진술을 하여 신군부를 유죄로 몰아넣은 주인공이다. 때문에 그의 검찰 진술을 어느 정도나 신뢰할 수 있을지에 대해서는 냉정한 객관적 평가를 해야 할 것 같다.

신현확 총리의 진술, "김정렬이 하야 권유"

신현확 총리는 검찰 조사에서 김정렬의 '신군부 하야 밀사론'과 관련하여 다음과 같은 내용을 진술했다.

"저와 김정렬 씨는 오래전부터 친분 관계가 있어 최 대통령 하야 이후 여러 차례 개인적으로 만난 사실이 있습니다. 1981년 가을 무렵 김정렬 씨에게 '시중에 김 장관(자유당 시절 김정렬은 국방부 장관으로 재직-저자 주)이 최 대통령에게 하야를 권유했다는 소문이 있던데 사실입니까'라고 물었더니 김정렬 씨가 '최 대통령에게 하야를 적극 권유한 사실이 있다'고 말한 사실이 있습니다."[54]

이런 내용을 토대로 하여 시중에는 전두환 측이 최규하를 강압적 수단을 동원하여 내쫓고 권력을 찬탈했다는 이야기가 광범위하게 퍼져나갔다.

흥미로운 점은 1980년 9월 1일, 전두환의 대통령 취임식 때 최규하가 참석했다는 사실이다. 전임 대통령이 후임 대통령 취임식에 참석하여 축하를 해준 것은 대한민국 건국 이래 최초의 '사건'이었다. 뿐만 아니라 하야 후 최규하는 전두환 대통령의 요청에 따라 국정자문회의(후에 국가원로지문회의) 의장을 맡아 전 대통령에게 국정 운영을 조언하고, 해외를 순방하면서 우리 외교관과 교민을 위로 격려하는 일을 성실히 수행했다.

항간에 알려진 것처럼 최규하가 전두환 장군의 협박에 못 이겨 권좌에서 쫓겨났다면 취임식에 참석하여 축하하고, 국정자문회의 의장을 맡아 전두환 정부에 협조하는 일이 가능했을까?

그렇다면 최규하 하야의 '역사적 사실'은 무엇인가? 1979년 10·26 다음 날인 10월 27일 대통령 권한대행을 맡게 된 후부터 1980년 하야에 이르기까지 최규하 대통령과 군부는 어떤 관계였을까?

전두환 장군이 최규하와 처음 만난 날은 박 대통령 시해 사건 발생 이틀 후인 1979년 10월 28일이었다. 이날 전두환 합동수사본부장은 최규하 대통령 권한대행의 부름을 받아 10·26 관련 수사 진척 상황을 보고했다.

---

54 김용삼b(1999.2), 58쪽.

이것이 최규하와 전두환의 첫 만남이었다. 이후 최 대통령이 하야할 때까지 두 사람이 직접 만나거나 통화를 한 회수는 70회였다. 배석자 없는 단독 접견이 20회, 최광수 비서실장이 배석한 접견까지 포함하면 30회였다.

최 대통령이 직접 전 장군에게 전화하는 일도 많았는데, 어떤 날은 새벽 6시 30분에 전화를 한 사례도 있었다. 전두환은 평균 열흘에 한 번 최규하 대통령을 면담한 셈이다. 어떤 때는 대통령이 수하의 사람에게 쉽게 하기 어려운 얘기를 털어놓을 때도 있었다고 한다. 전두환은 회고록에서 "지성으로 최 대통령을 모셨고, 추호도 결례가 되는 행동을 한 일이 없었다"고 기록하고 있다.[55]

최규하 대통령은 정치 경험이 없는 정통 외교 관료 출신이었다. 박 대통령 시해 후의 난세에 대통령에 올랐으나 정치인들은 자신의 집권을 위해 총력전을 전개했다. 덕분에 최규하는 자신의 정부를 지지하는 여당이 없어 정치적 영향력 행사가 불가능했다. 게다가 리더로서의 카리스마를 찾아보기 어려운 유형의 인물이었다.

그럼에도 불구하고 당시 군부는 어느 누구도 대통령의 권위를 경시하거나 훼손하는 언동을 한 일은 없었다. 비상계엄하에서 막강한 권한을 지닌 이희성 육군참모총장은 국군 통수권자인 대통령에 대한 충성과 예우에 한 치의 소홀함이 없었다. 이희성 장군은 직무에 관한 한 누구의 간섭도 받지 않는 깐깐한 성품이었다. 그는 상관에게 충직했고, 월권을 하지 않는 온건하고 성실한 장군이었다. 당시 군부가 최 대통령의 통수 질서에 충실히 따른 것은 이희성 계엄사령관의 솔선수범이 그런 분위기를 만드는 데 영향을 주었다.[56]

---

55 전두환 회고록(1), 앞의 책, 565쪽.
56 전두환 회고록(1), 앞의 책, 562쪽.

7월 31일, 최규하·전두환 독대

최광수 비서실장의 진술에 의하면 최 대통령은 국보위 출범 후 사전에 자기에게 보고되지 않은 사안들이 추진되는 모습을 보면서 무력감에 빠졌다고 한다. 최 대통령은 휴식 및 재충전을 위해 7월 31일부터 보름간 여름휴가를 간다고 발표했다. 출발에 앞서 최 대통령은 오전 10시 전두환 장군을 청와대로 호출했다. 대통령 집무실에서 최 대통령과 전두환 장군의 배석자 없는 독대가 이루어졌다.

최 대통령은 강원도에서 5일, 경주에서 5일, 대통령 휴양지인 진해 저도에서 5일 쉬다 오겠다는 계획을 밝혔다. 이어 "전 사령관, 잘 들으시오. 지금부터 내가 하는 말은 아주 중요한 얘기니까 기가 새면 큰일 납니다. 국운이 좌우되는 일이니까"하더니 담배 연기를 길게 내뿜었다. 이날 독대 과정은 전두환 회고록에 다음과 같이 기록되어 있다.

"전 사령관, 미안하지만 중책을 맡을 준비를 해주어야겠소."

나는 최 대통령이 무슨 말씀을 하시려고 하는지 짐작이 가지 않았다. 중책이라니, 무슨 직책과 임무를 나에게 맡기겠다는 것일까. 지금 맡고 있는 보안사령관보다 더 중요한 직책이라면 어떤 자리를 생각하고 계신 것인가 도통 어림짐작조차 할 수가 없었다.

"각하 저는 지금 이 자리도 과분하게 생각하고 힘이 드는데 또 무슨 중책을 말씀하십니까?"

그러자 최 대통령은 여느 때와는 다르게 미리 준비한 문안을 낭독하듯 설명조로 말씀해나가셨다.

"10·26사태 이후 황망한 상황이었는데 이제 나라가 어느 정도 안정됐으니 국민들에게 약속한 대로 대통령직을 물러날 결심을 했소. 북한과 대치하고 있는 우리의 안보 상황에서는 군을 잘 아는 사람이 대통령직을 맡는 것이 매우 필요하다고 나는 생각합니다. 이리저리 생각해봤는데 이 난세를 극복해나갈 사람은 전 사령뿐이오."[57]

전두환 장군은 최 대통령의 발언 내용이 너무 충격적이어서 크게 당황했다. 순간, 그는 최 대통령이 자기에 대해 뭔가 못마땅해하는 것이 있나 하는 생각에서 "제가 각하를 제대로 보필하지 못한 것 같아 죄송하다"면서 "저는 군으로 돌아가도 되고, 옷을 벗어도 되니 좀 더 유능한 사람에게 제 자리를 맡기고 국정을 계속 이끌어가셔야 한다"고 답했다.

최 대통령은 "전 사령관, 잘 들으시오. 대통령을 하고 싶어 하는 사람은 참 많아요. 그러나 내가 볼 때 국가 위기인 이 시기에 내 후임으로는 전 사령관이 적임자인 것 같소. 다시 말하지만 요즘의 난국을 수습할 능력을 가진 사람은 전 장군밖에 없다고 생각하오. 하늘의 뜻이니 받아들이도록 하시오"라고 말했다.

최 대통령은 "이것은 대통령으로서의 내 판단이고 내 선택인 만큼 사양하지 말고 내가 권유하는 대로 해주면 이 나라가 위기와 불행을 면할 수 있을 것 같소. 내가 휴가에서 돌아오면 그때 발표합시다"라고 말했다. 전 장군이 "각하, 대체 저 같은 사람의 무엇을 보고 그러십니까?" 하고 묻자 최 대통령은 "내가 보는 게 많지" 하고 답했다.[58]

57　전두환 회고록(1), 앞의 책, 571~572쪽.
58　전두환 회고록(1), 앞의 책, 572~574쪽.

7월 30일 저녁, 김정렬과 장시간 대화

후에 밝혀진 바에 의하면 최 대통령이 휴가를 떠나기 전날인 7월 30일, 김정렬 전 국방부 장관이 청와대를 방문했다. 신두순 의전수석의 진술에 의하면 두 사람은 함께 저녁 식사를 한 후 접견실에서 오후 6시부터 밤 11시 15분까지 5시간 15분간 대화를 나누었다.

그로부터 12시간도 지나지 않아 최 대통령은 전 장군을 불러 하야 의사를 밝혔다. 이로 인해 신군부가 최 대통령의 친구인 김정렬 전 장관을 앞세워 사임을 압박했다는 소문이 나돌았다. 전두환 대통령은 임기 만료 6개월 전인 1987년 8월, 김정렬을 5공화국의 마지막 국무총리에 임명했다 (재임기간 1987년 8월 7일~1988년 2월 24일). 이것이 최 대통령 하야를 성사시킨 보은 성격이 아닌가 하는 의혹을 불러일으켰다.

여기서 몇 가지 짚어봐야 할 중요한 이슈가 제기된다.

첫째, 최규하는 "돌다리를 두들겨보고도 건너지 못하는 사람"이란 평을 들을 정도로 매사 신중하고 결심이 느리기로 유명한 사람이다. 노태우는 1980년과 같은 혼란기에는 결단을 필요로 하는 일이 산적해 있기 마련인데, 그런 중대한 시기에 (결단력에 심각한 흠결이 있는) 최 대통령이 국정의 책임을 맡았다는 것이 그분이나 국가를 위해서 불행한 일이었다고 회고했다.[59] 이런 성격의 최규하가 대통령직 사임이란 국가 중대사를 불과 몇 시간 만에, 그것도 남의 이야기를 듣고 결정하는 것이 가능했을까?

둘째, 7월 30일 저녁 최 대통령과 김정렬 회동의 요청자는 누구인가 하는 문제다. 김정렬이 최 대통령에게 하야를 요구했다면, 이날 회동은 김정렬의 요청으로 이뤄졌어야 정상이다. 그런데 이날 회동은 최 대통령의 요청으로 이뤄졌다.

---

59 노태우-a, 앞의 책, 248쪽.

셋째, 김정렬이 아무리 절친한 사이라고 해도 현직 관료가 아닌 전직의 제3자가 국가원수이자 행정부의 수반, 국군 통수권자에게 권력을 내놓고 물러나라고 요구할 수 있을까?

이 세 가지 관점으로 유추해볼 때 7월 30일 회동은 최 대통령이 자신의 사임 및 후임으로 전두환 장군을 결심하고 죽마고우인 김정렬을 불러 상의한 것으로 보는 게 올바른 상식 아닐까? 물론, 이 부분은 저자의 추리일뿐, 사료로 검증된 내용은 아니니 오해 없으시기 바란다.

어쨌거나 전 장군에게 하야 및 후임을 맡아달라는 충격적인 메시지를 전한 최 대통령은 예정대로 휴가를 떠났다. 보안사 사무실에서 밤새 고민하던 전두환은 8월 1일, 직속상관인 주영복 장관과 이희성 계엄사령관을 오찬에 초대했다. 두 사람은 전두환 장군과 친밀한 관계가 아니라, 좀 부담스럽고 껄끄러운 직속상관이자 군 선배였다.

이날 전 장군이 자신을 좋지 않게 보고 있었던 이희성을 조언자로 모신 이유는 무엇이었을까? 전두환 회고록에 의하면 평소 자기와 친분이 있는 사람에게 조언을 구하면 "최 대통령의 뜻을 따르라"고 조언할 것이 분명했다. 사신에게 우호적이시는 않지만, 원칙을 중시하는 합리석인 이희성 상군의 의견이 중요히다고 판단했다.[60]

"위기를 수습할 사람은 전두환 사령관밖에 없어요"

주영복 장관도 전두환과 가까운 관계는 아니었다. 주 장관은 각계 인사들과 대인관계가 폭넓은 편이어서 민심 동향을 잘 아는 분이라고 생각하여 모신 것이다. 전두환은 군의 직속상관이자 선배에게 최 대통령의 발언 내용을 소개하고 어떻게 해야 하는지 조언을 구했다. 이희성 장군은 "나

---

60 전두환 회고록(1), 앞의 책, 579쪽.

라가 너무 어려우니 최 대통령 의견을 따르세요. 위기를 수습할 사람은 전 사령관밖에 없어요"라고 조언했다.

주영복 장관도 "당신이 나라를 맡아야 해요. 대통령께서 진작 그런 결단을 하셨어야 한다"라고 말했다. 두 사람은 "시중 여론은 전 사령관이 대통령직을 맡아야만 나라가 안정된다고 한다. 이것은 결코 전 사령관 개인의 문제가 아니다"라고 분명하고 단호하게 조언했다.

보름 일정으로 휴가를 떠났던 최 대통령은 설악산에서 사흘간 휴식을 취하고 예정보다 12일을 앞당겨 8월 3일 청와대로 복귀했다. 곧바로 전두환 장군을 호출한 최 대통령은 "광복절 행사 다음 날인 8월 16일 사임 성명을 발표하겠다"고 말했다. 전두환 장군이, "각하, 꼭 이렇게 하셔야 되겠습니까. 다른 선택은 없으십니까?" 하고 물었다. 최 대통령은 "이제 더 머뭇거리지 말고 내가 하라는 대로 하시오" 하고 전 장군의 발언을 봉쇄했다.[61]

사실 최규하의 역사 무대 등장은 떳떳한 모습은 아니었다. 김계원 비서실장으로부터 박 대통령 시해 사실을 보고받고도 범인을 체포할 생각은 않고 사실상 김재규의 범행에 묵시적으로 동조했다. 그는 시해범 김재규의 요청을 받고 육본(국방부)으로 가서 비상계엄 선포를 위한 국무회의를 소집했다. 이 와중에 김계원이 김재규의 범행 사실을 밝혔고, 김재규가 체포되면서 상황이 극적으로 반전되었다.

1979년 12월 12일 저녁 전두환 합수본부장이 정승화 총장 연행 조사계획을 보고했을 때도 최규하는 국방부 장관을 통해 보고받고 재가하겠다는 원칙론을 고수했다. 이 와중에 신군부와 구군부가 충돌하는 비상사태가 발생했음에도 불구하고 그는 국방부 장관이 눈앞에 나타날 때까지 재가를 미루었다. 이런 행위는 긍정적으로 해석하면 국군 통수권자로서의

---

61 전두환 회고록(1), 앞의 책, 583~584쪽.

정당한 절차를 따르기 위한 합리적 선택으로 보이지만, 부정적으로 해석하면 신군부와 구군부 중 어느 편이 이길 것인지 눈치를 본 셈이다.

최 대통령은 권한대행 시절이었던 1979년 11월 10일 발표한 특별담화에서 "헌법에 규정된 시일 내에 국법이 정하는 절차에 따라 대통령 선거를 실시하여 새로 선출되는 대통령에게 정부를 이양하겠다"라고 밝혔다. 빠른 시간 내에 개헌을 하여 총선과 대선을 치러 새 국가지도부를 구성한 후 퇴진하겠다는 선언이었다. 이런 이유로 자신의 정부는 국난 타개를 위한 과도정부로 규정했다.

여러 관계자들의 증언에 의하면 최 대통령의 마음이 바뀌기 시작한 것은 1980년 초였다고 한다. 대통령 취임 후 최 대통령은 청와대 입주에 앞서 본관 건물 2층의 대통령 거주 공간을 대대적으로 수리했다. 부인 홍기 여사의 요구에 따라 다다미방을 온돌로 교체하는 작업도 진행되었다. 과도정부의 수장으로서 헌법 개정 후 퇴진을 선언했던 사람이 청와대의 대통령 거주 공간을 대대적으로 수리한 이유는 무엇이었을까?

최규하, 이원집정부제의 뜻은?

뿐만이 아니다. 그는 1980년 3월, 개헌과 관련하여 이원집정부제를 시사함으로써 3김 측의 강력한 저항을 촉발시켰다. 이것이 1980년 '서울의 봄'을 파탄으로 몰아갔고, 광주에서 계엄군과 시민이 무장 충돌하는 미증유의 대참사를 야기한 원인이 되었다. 그의 이원집정부제 개헌 구상은 무슨 뜻이었을까? 개헌 후 새 정부 구성 때 자신이 출마하여 계속 집권할 생각은 없었을까?

이후 최규하는 국보위를 통해 국가의 근본을 바꿔보려는 개혁을 시도했다. 하지만 현실과 이상이 늘 함께하지는 않는 것이 인류 역사의 교훈이다. 그는 하야를 결정하고, 여러 경우의 수 중에 후임자를 전두환 장군으로 결정한 이유는 무엇이었을까? 최 대통령이 후임을 전두환으로 결정했다 해도, 당사자가 대통령을 향한 의지가 없었다면 과연 그 자리에 오르는 것이 가능했을까?

10·26 사건 이후 유신 관료 집단이 공유하는 공통의 정서는 김종필 배제, 김영삼 거부, 김대중 불신이었다. 정승화 계엄사령관이 김종필의 대통령 출마를 막은 것이나, 김대중의 이념을 문제 삼은 것은 이런 정서를 직접 화법으로 표출한 행위였다. 유신 체제를 뒷받침해온 이들(군부와 유신 관료 집단)은 3김 중 한 사람에게 권력이 넘어가면 사회 안정을 해치고 혼란을 촉발한다고 믿었다.[62]

최규하는 1980년 2월 28일 재향군인회 임원단 접견에서 "당면한 난국을 타개해나갈 자신이 있다"라며 국정운영에 대한 강력한 의지를 표출했다. 이밖에 여러 정황으로 볼 때 최규하가 이원집정부제 형태의 새 공화국 대통령을 염두에 두고 있었던 것은 분명해 보인다.

최규하 체제를 구성한 핵심 인사들은 자신들의 정부를 '과도정부'라고 밝혔지만, 꼭 그렇게 생각하지는 않았다. 김종필 당시 공화당 총재의 증언에 의하면 1980년 봄 어느 날인가 최 대통령은 자기에게 "지금 정부는 과도정부가 아니다. 안보, 경제 불안정 등 헤쳐나가야 할 일이 많다"라고 발언했다. 이 말을 들은 김종필은 "유신헌법에 의한 대통령 임기를 끝까지 다 채우겠다는 뜻처럼 들렸다. 그럴 경우 최 대통령은 1984년까지 대통령직에 있게 된다"라고 증언했다.[63]

전두환도 회고록에서 최 대통령은 적어도 1980년 4월까지는 이원집정부제 개헌을 통해 집권 의지가 확고했다고 밝혔다. 나라가 결딴나든 말든

---

62 강원택, 앞의 책, 219쪽.

63 김종필, 『김종필 증언록』(2), 와이즈베리, 2016, 64~65쪽.

자신들의 집권만 탐하는 3김보다는 자기가 국가를 이끌 적임자라고 판단한 것이다. 적어도 외교 안보에 관해서는 자신이 3김보다 적임자라는 강한 자부심이 있었다는 것이다.

따라서 외교 안보 등 외치(外治)는 최규하가, 경제 등 내치(內治)는 신현확이 담당하는 이원집정부제 개헌은 이런 정서의 자연스런 표출로 해석된다. 이 와중에 TK 세력들이 중심이 되어 신현확 신당설이 나돌았고, 신현확 총리가 자신의 통치 행위에 사사건건 제동을 걸자 마음이 바뀐다. 그는 이원집정부제의 파트너로 신현확이 아닌 신군부의 리더 전두환과 손잡은 것이다.

김영삼·김대중, 학생 시위로 맞불

강원택 교수는 최규하 대통령이 '전두환과의 동행'을 염두에 두지 않았다면 전두환의 중앙정보부장 서리 임명은 설명되기 어렵다고 주장했다. 전두환의 중앙정보부장 겸직과 관련하여 신현확 총리, 이희성 계엄사령관, 미국 모두 반대했다. 그럼에도 불구하고 최규하는 전두환의 압력에 굴복해서가 아니라, 자신이 원해서 전두환을 중정부장 서리에 임명했다.[64] 경제 등 내치를 책임질 국무총리로는 초기에는 신현확을 염두에 두었으나, 그가 행정의 중심으로 떠오르자 그를 내치고 신군부와 손을 잡은 것이다.

최 대통령이 이원집정부제 개헌 의사를 밝히자 오매불망 자신들의 집권을 위해 전력투구해온 김영삼·김대중 진영은 비상이 걸렸다. 그들은 군중의 힘으로 과도정부를 압박해 분위기를 자기들 유리한 방향으로 전환하기 위해 학생 시위를 부추겼다. 신현확 총리의 증언에 의하면 '서울의 봄' 당시 정치권은 차량으로 시위 학생들에게 마시는 것, 먹는 것, 빵까지 실어

---

64 강원택, 앞의 책, 221쪽.

다 주고 자금까지 대주었다. 그렇게 혼란을 조장해놓고 나중에 군이 나와 정권을 잡자 다른 소리를 했다는 것이다.[65]

내각의 중심에 서 있던 신현확 총리는 어떻게든 파국을 막기 위해 3김 측의 특사에게 다음과 같이 협조를 당부했다.

"어느 나라에서나 질서 문란이 어느 정도 이상 진행이 되면 군이 가만히 있을 수 없는 거요. 하물며 우리는 남북 대결하고 있는 상황 하에서, 질서가 너무 문란해지면 군이 가만히 있겠소? 심지어 지금도 내각 안에서조차 '이 상태에서는 정상 행정력으로는 불가능이니 군 출동을 허용합시다' 이것이 한두 번 논의된 것이 아닌데. 이젠 나도 한계가 있다. 더 문란해지면 나 못 막는다. 내가 못 막으면 어떻게 되는지 아느냐. 군이 직접 나선다. 군이 직접 나서면 질서는 회복할 것이다. 질서를 회복한 다음에 군이 '이제 질서가 회복되었으니 도로 들어가겠다' 그럴 줄 아시오? 어느 나라에서 그런 것 보았느냐. 군이 한번 전체 통제력을 잡고 나면 그다음엔 (병영으로) 돌아가지 않소. 당신들 그것 모르느냐. (중략) 지금 협력해야 되는 거요. 군에다 구실을 주어놓고 나중에 이러쿵저러쿵 그래봤자 소용없는 거요."[66]

최 대통령이 재임 중 여러 차례 자신의 역사적 사명으로 내세운 핵심 이슈는 '국가의 계속성 견지'였다. 최규하가 5·17 계엄의 전국 확대 등 비상조치를 수용한 것은 신군부의 위협이나 강제보다는 자신의 판단에 의해서였다. 최규하는 적어도 대통령 하야 전까지 자신의 지위는 굳건하다고 믿었다. 그의 입장에서는 신현확 총리가 국내 정책을 담당하든, 국보위 상임위원장 전두환이 국정을 이끌든 큰 차이가 없었다. 외교관 출신 최 대통령은 국내 사안을 일일이 챙기기보다 대통령으로서 '국가의 계속성'을

---

65   김용삼c(1999.2), 220쪽.
66   김용삼c(1999.2), 219쪽.

상징하면서 대외관계를 담당하는 것이 자신의 역할이라고 생각했다.[67]

최규하도 이원집정부제로 대권 꿈꿔

여러 정황을 종합해볼 때 최규하는 1980년 봄, 이원집정부제 개헌을 통해 자기가 대통령을 맡고, 내치는 신군부가 담당하는 큰 그림을 그린 것으로 보인다. 이 구상에 놀란 3김이 시위를 부추기자 최규하와 신군부는 5·17 계엄의 전국 확대 및 문제 정치인 체포로 맞섰다. 김대중 체포의 후폭풍으로 광주에서 계엄군과 시민의 무장 충돌 사태가 걷잡을 수 없는 상태로 번지자 최규하는 막다른 골목에 처하게 되었다.

전두환은 최 대통령이 하야를 결심한 이유는 광주 문제 때문으로 추측했다. 이를 입증할 수 있는 자료가 최 대통령이 8월 10일 오전에 구술한 육성 녹음테이프다. 이날 최 대통령은 청와대 핵심 참모진에게 사임을 결심한 핵심 동기는 "5·18 광주사태에 대한 군 통수권자로서의 정치 도의상 책임"임을 구술했고, 이 내용을 토대로 하야 성명서를 작성할 것을 지시했다.

그렇다면 구체적으로 사임을 결정한 시기는 언제였을까?

최 대통령은 6월 12일 발표한 국가 기강 확립에 관한 특별 성명에서 "1980년 10월 말까지 개헌안 확정, 1981년 상반기 선거 실시, 6월 말 이전에 정부 이양"이라는 정치 일정을 발표했다. 이 성명의 내용으로 추측할 때 1980년 6월 중순까지는 사임 생각이 없었던 것이 분명해 보인다. 6월 중순 이후부터 7월 말 사이, 퇴진을 결심한 것으로 추론된다. 그렇다면 여러 경우의 수 중 전두환 장군을 자신의 후임으로 선택한 이유는 무엇이었을까?

최규하는 전두환 장군에게 "북한과 대치하고 있는 우리 안보 상황에서

---

67 강원택, 앞의 책, 225쪽.

는 군을 잘 아는 사람이 대통령직을 맡는 것이 매우 필요하다"라는 점을 역설했다. 군 출신 중 정치 경험이 풍부하여 적임자로 꼽혔던 김종필을 제외한 이유는 '서울의 봄' 당시 자기만 살겠다고 유신과 박정희를 부정한 이유 때문이었을 것이다.

전두환은 회고록에서 최 대통령은 자신을 비롯하여 주영복 장관, 이희성 계엄사령관 등 복수 후보를 놓고 고민했고, 군을 잘 아는 사람들에게 의견을 묻고, 능력을 평가한 끝에 자기를 후임자로 정한 것으로 추측했다.[68]

전두환 장군은 1980년 3월 1일, 육군 소장에서 별을 하나 더 달아 중장으로 진급했다. 그로부터 5개월 후인 8월 5일, 최 대통령은 전 장군을 육군 대장으로 진급시켰다. 대장 진급은 대통령 출마를 위해 곧 전역하게 될 사람에 대한 대통령으로서의 마지막 예우였을 것이다. 이로써 전두환은 1955년 9월 30일 육군 소위로 임관된 지 25년 만에 육군 대장에 올랐다.

8월 7일 로스앤젤레스 타임스와 AP통신은 미국 정부 익명의 고위 관리의 입을 통해 전두환 장군의 집권을 지지한다는 기사를 보도했다. 이 발언은 위컴 사령관의 발언을 익명으로 보도한 것인데, 이 과정에서 "한국인의 들쥐 근성" 운운하는 발언으로 위컴은 심각한 구설수에 올랐다.

전두환, "한국은 군부의 리더십과 통제 요구"

다음 날 전 장군은 뉴욕타임스와의 기자회견에서 "한국에서의 지도력은 단순히 본인이 원한다거나 야망만 가지고 얻어지는 것이 아니다. 이것은 기독교인들이 말하는 신의 섭리나 중국인들이 말하는 천명(天命)에 맡겨야 한다. 한국은 명백히 군부의 리더십과 통제를 요구하고 있다"라고 말

---

[68] 전두환 회고록(1), 앞의 책, 592쪽.

했다. "군부의 리더십과 통제"라는 표현은 자신의 집권을 상징하는 표현이었다.

8월 10일, 전 장군은 오랜 지우인 노태우 수경사령관을 만났다. 그는 침통한 표정으로 최 대통령의 하야 의사와 자신에게 대통령직을 맡아줄 것을 요청한 사실을 설명했다. 노태우 사령관은 "군부 원로들 의견을 들어보는 것이 좋겠다"라고 조언했다. 공군참모총장 관사에서 전 장군을 비롯한 신군부 핵심 장성, 각 군 참모총장, 군사령관 등이 참석하는 모임이 마련됐다. 이날 참석자들은 "전 장군이 대통령을 맡는 것이 최선의 길"이라고 건의하자 전두환은 눈물을 흘리면서 비장한 각오로 이 건의를 수용했다.[69]

8월 11일, 전 장군은 이진희 경향신문 사장과의 특별 기자회견에서 한국이 나가야 할 방향과 지표로 '민주복지국가 건설'을 밝혔다.

8월 14일 밤 11시 33분, 주한 미국대사관의 몬조(John Cameron Monjo) 부대사는 한국 대통령 변경과 관련한 다음과 같은 비밀전문을 워싱턴에 긴급 타전했다

"최 대통령이 8월 16일 사임하고 통일주체국민회의에서 8월 21일 또는 그 이후 전두환이 대통령으로 선출될 것이 확실해졌다. 집권 방법은 기술적으로 합법적이며 '쿠데타'라고 규정할 수 없다. 본인은 이 결정을 되돌릴 수 없다고 생각한다. 본인은 다수 한국인들이 이런 변화를 숙명적이고 수동적으로 받아들이리라고 생각한다."[70]

8월 15일, 최 대통령은 세종문화회관에서 광복절 기념행사를 마치고 국립묘지를 참배했다. 신두순 의전수석은 최 대통령이 경축일에 국립묘지를 참배하는 모습을 보고 의아한 생각이 들었다. 청와대로 돌아온 대통령은

69 노태우 피의자 신문조서(제5차), 1995년 12월 29일, 조선일보사a, 앞의 책, 68쪽.
70 김용삼b(1999.2), 587~588쪽.

신두순 수석에게 "내일 아침 영빈관에서 생중계를 할 수 있도록 준비하라"라고 지시했다. 그제야 신 수석은 대통령이 내일 하야 성명을 발표하려한다는 감을 잡았다.

군부, 전두환을 차기 국가원수로 추대

이날 오후 2시, 최 대통령은 국무위원 전원과 이희성 계엄사령관을 청와대로 불러 하야 의사를 밝혔다. 최 대통령은 주영복 장관에게 "그동안 국방장관의 수고가 많았다. 책임정치 구현과 평화적 정부 이양의 선례를 남기기 위해 사퇴를 결심했다"라고 말했다. 주영복은 한참 눈물을 흘리다가 "제대로 보필하지 못해 죄송하다"라고 답했다.[71]

8월 20일, 주한미국대사관의 몬조 부대사는 전두환 장군과 만났다. 그는 전 장군에게 최 대통령이 발표했던 정치 일정을 수용할 것을 권고했고, 전 장군은 이를 수용했다. 8월 21일, 주영복 장관은 전군 주요 지휘관 회의를 소집했다. 이날 주 장관은 "구국의 일념으로 탁월한 영도력을 발휘하여 국가의 위난을 수습하고 새 시대, 새 역사의 지도자로 국내외에 뚜렷이 부각된 전두환 장군을 차기 국가원수로 추대할 것을 여기 모인 육해공군 주요 지휘관과 더불어 제의하고 전군적 합의로 결의를 다짐한다"라고 훈시했다.

이날 저녁 7시, 육군회관에서 전군 주요 지휘관 회의에 참석했던 250여 명의 장군들이 부부 동반으로 모였다. 윤성민 1군사령관, 윤자중 공군참모총장이 전 장군을 앞에 세워놓고 "위대한 영도자 전두환 대장을 위해 건배"를 제안했다. 참석자 전원이 "위하여"라고 함성을 지르며 축배를 들었다.[72]

---

71 주영복 검찰 진술조서, 1995년 12월 12일, 조선일보사a, 앞의 책, 115쪽.

72 주영복 검찰 진술조서, 1995년 12월 12일, 조선일보사a, 앞의 책, 116쪽.

8월 22일 전두환은 자신이 사단장으로 근무하며 제3땅굴을 발견했던 제1보병사단 연병장에서 전역식을 갖고 군복을 벗었다. 그로부터 5일 후인 8월 27일, 통일주체국민회의에서 대통령 선거가 거행되었다. 제11대 대통령 선거는 8월 16일 사퇴한 최규하 대통령의 잔여 임기를 채울 후임자를 선출하기 위해 실시한 보궐선거였다. 8월 22일부터 26일까지 닷새 간 후보 등록을 받은 결과 전두환 국보위 상임위원장이 단독 입후보했다.

8월 27일 통일주체국민회의 대의원의 선거 결과 대의원 2,540명 가운데 무소속 전두환 후보가 2,524표를 얻어 99.37%의 지지로 제11대 대통령에 당선되었다. 이날 선거는 유신헌법에 의한 마지막 대선이었으며, 통일주체 국민회의 대의원들의 간접선거로 대통령을 선출한 마지막 대선이었다.

최규하 하야의 진실은 무엇인가?

전두환은 대통령에서 퇴임한 후 5공 청산은 물론, 소위 '역사바로세우기'라는 질풍노도에 시달렸다. 최규하 대통령도 그 회오리에서 자유로울 수 없었다. 그도 몇 년에 걸쳐 국회 청문회, 국정조사에 출석하여 증언하라는 요구에 시달렸으나 모두 기부했다. 이 과정에서 동행 명령장까지 발부받았다. 1995년부터 2년간은 '역사바로세우기' 검찰 수사와 5·18 특별법 재판에 출석하라는 압박을 받았다.

최규하는 국회 출석요구를 거부했고, 검찰 조사에도 불응했다. 5·18 재판정에 강제구인 당해 불려 나갔지만, 묵비권을 행사했다. 그가 끝까지 침묵을 지킨 이유가 있다. "대통령이 재임 중에 서명 날인하거나 재가한 문서와 기록은 모두 정부기록보존소에 보존되어 있다. 대통령이 시행하고 결정한 사안은 재가 문서와 기록을 통해 확인 가능하다. 대통령의 통치행위를 퇴임 후 국회나 검찰, 법원의 요구로 일일이 소명할 경우 어떤 대통령이 소신 있게 통치행위를 할 수 있겠는가"라는 소신 때문이었다. 최규하는 대통령 재임 중 행한 통치행위에 관해 퇴임 후 소명하는 나쁜 선례를 남기지 않기 위해 침묵을 선택한 것이다.

전두환은 최 대통령 하야와 관련하여 1987년 10월 21일 시·도 경찰국장들과의 오찬에서 다음과 같은 육성 증언을 남겼다.

"안보를 모르는 사람이 지도자가 되어서는 나라가 안 돼요. 최 대통령이 왜 (대통령직을) 나한테 넘겼나. 자기가 9개월 (재임)하는데 군대에서 결심하라는데 모르니 '알아서 하시오'라고 사인했대요. '알아서 하시오' 할 때 자기가 고민이 많았대요. 이북에서 처내려올 때 알아서 하라고 할 수 있겠느냐고. 군에서 최 대통령을 대통령으로 밀었어요. 9개월을 해보니 도저히 못 하겠더래요. 군에 대해서 모르니까. 두 번째는 경제가 망하니… 그러니 나보고 해보라는 거였지."[73]

전두환 대통령이 회고록에서 밝힌 최규하 하야 정황 및 육성 증언은 전두환의 개인적 입장에서의 증언이라는 주관적 한계를 가지고 있다. 최규하 대통령 측이 입장을 밝혀야 이 증언의 진위 여부가 명확하게 드러난다. 최 대통령은 끝까지 침묵했다. 2006년 최규하가 건강이 악화되어 중환이라는 소식을 접한 전두환은 최 대통령에게 정중한 서한을 보냈다.

전두환은 이 서한에서 최 대통령이 자신을 제11대 대통령으로 선택한 것은 자유의사에 의한 통치 차원의 결정이었다는 사실, 그리고 사임하는 날까지 최 대통령이 대통령으로서의 권위와, 국가 원수로서의 품위와 권한을 유지한 채 사임 여부와 사임 일정을 스스로 선택했다는 역사적 사실의 전모와 진실을 당당히 밝혀주기를 바라는 간절한 마음을 담았다.

이 서한을 인편으로 전달했으나 최 대통령은 병환이 위중하여 답장을 쓰지 못한 채 2006년 10월 22일 서거했다. 최 대통령이 끝까지 함구하고

---

73 김성익, 앞의 책, 531쪽.

세상을 떠났기에, 자신의 하야와 관련된 역사적 사실은 아직까지 오리무중이다. 모든 것이 불확실한 상황이 되면 온갖 추측과 괴담, 자의적 해석이 난무하기 마련이다. 이 문제와 관련한 '역사적 사실'은 언제쯤 빛을 볼 수 있을까?

3

전두환 대통령 취임

1980년 9월 1일 오전 11시 서울 잠실 실내체육관.

제11대 대통령 전두환의 취임식이 엄숙히 거행되었다. 이날 전두환 대통령은 서양식 연미복에 국가원수에게 주는 붉은색 무궁화대훈장을 어깨에 걸고 취임식에 참석했다. 식장에는 최규하 전임 대통령을 비롯하여 박충훈 국무총리 서리, 민관식 국회의장 직무대리 등 3부 요인과 각계 대표, 주한 외교사절 등 8,723명의 초청 인사가 참석했다.

전두환 대통령은 헌법 제46조 규정에 따라 오른손을 펴서 들고 취임 선서를 마친 후 힘찬 목소리로 취임사를 낭독했다. 전임자인 이승만·윤보선·박정희 대통령은 취임사에서 자신을 '나'로 호칭한 데 비해, 전 대통령은 자신을 '본인'이라고 호칭하여 눈길을 끌었다.

이날 취임사의 핵심 요지는 '민주복지국가의 건설'이었다. 전두환 대통령은 민주복지국가를 다음과 같이 정의했다.

첫째, 우리 정치 풍토에 맞는 민주주의를 이 땅에 토착화하고(민주주의의 토착화),

둘째, 진정한 복지사회를 이룩하며(복지사회의 건설),

셋째, 정의로운 사회를 구현하고(정의사회의 구현),

1980년 9월 1일 전두환은 대한민국 제11대 대통령에 취임했다.
그는 "…국헌을 준수하고 국가를 보위하며 국민의 자유와
복리의 증진에 노력하고 조국의 평화적 통일을 위해
대통령으로서의 직책을 성실히 수행할 것"을 국민 앞에 엄숙히 선서했다.
그는 취임 첫날부터 목숨 걸고 평화적 정권 교체를 반드시 실천하여
민주화의 전기를 마련하겠다고 결심했고, 그 약속을 지켰다.

넷째, 교육혁신과 문화 창달로 국민정신을 개조한다(교육혁신과 문화 창달).

4대 국정지표 제시

이날 취임사에서 전 대통령은 한국은 성숙한 민주주의를 실천할 만한 조건을 갖추고 있지 못하다고 지적했다. 민주주의란 정치 조건이 성숙하지 못하면 결코 뿌리내릴 수 없으니 진정한 민주 역량을 배양해야 한다는 점을 역설했다. 그는 한국 민주주의의 가장 큰 문제는 평화적 정권교체의 전통이 결여된 것이니, 자기는 헌법 절차에 의한 평화적 정권교체의 전통을 반드시 확립하겠다고 선언했다.

이어서 경제운용 방식을 민간이 주도하는 방향으로 발전시킬 것이며, 개방체제 유지, 물가 안정을 통해 지속적인 경제성장을 유지하겠다고 밝혔다. 이날 취임사에서 밝힌 네 가지 약속은 1981년 2월 25일 공식 출범하게 될 제5공화국의 4대 국정지표로 정착하게 된다.

전두환 대통령은 9월 1일 취임식을 거행했지만, 실제 대통령으로서의 직무가 개시된 것은 그가 통일주체국민회의에서 대통령에 당선된 다음 날인 8월 28일부터였다. 유신헌법에 의해 치러진 대통령 선거는 전임 대통령의 궐위에 따른 보궐선거였다. 제11대 대통령에 당선된 전두환은 사임한 최규하 대통령의 잔여 임기를 맡아야 했기에, 당선 다음 날인 8월 28일부터 임기가 시작되었다. 그의 임기는 박정희 대통령의 잔임 기간인 1984년 12월 26일까지였다.

이로써 말도 많고 탈도 많았던 전두환 시대가 8월 28일 개막되었으나, 헌법 체제는 유신헌법을 따랐으니 어정쩡한 4공 후반 정권의 성격을 벗어나지 못했다.

흥미로운 점은 이날 취임식에 미국 정부는 비중 있는 인물을 경축 특사로 보내지 않고 글라이스틴 주한미국대사 한 사람만 달랑 참석시켰다는 사실이다. 인권과 도덕 외교를 기치로 내세운 카터 대통령 입장에서 볼 때 박정희나 다름없는 쿠데타적 방식으로 민주 정권을 무력화시키고 권력을 장악한 전두환은 자신들과는 결이 맞지 않는 지도자로 인식했음을 엿볼 수 있는 대목이다.

미국, 외교적 불쾌감 표시

전두환이 정식으로 대통령에 취임했음에도 불구하고 글라이스틴 대사는 카터 행정부의 훈령에 따라 전두환에 대해 유보적 태도를 유지하는 정책으로 일관했다. 글라이스틴은 전두환을 '유신의 아들'로 바라보았고, 전두환 정부를 박정희의 유신 시절에 버금가는 독재 정부로 판단했다. 다만 전두환 정부가 박정희 정부에 비해 개선된 점은 지도자가 젊고, 융통성이 있었으며, 때로는 물러설 줄 아는 인물이었다고 평했다. 또 매사 적극적인 성격의 전두환은 각료들과 긴밀히 접촉하면서 일했고, 남의 말을 경청할 자세가 돼 있었으며, 가끔은 자신의 잘못을 시인하는 모습을 보였다는 기록을 남겼다.[74]

12·12 때 자신의 작전 지휘권 히에 있던 한국군 부대기 무단이탈히여 권위를 무시당했다고 펄펄 뛴 위컴 한미연합사 사령관은 전두환이 대통령에 오른 후에도 시종일관 지극히 비판적인 입장을 유지했다. 하지만 미국은 한국의 정치 상황이 전두환 장군 집권으로 흘러가는 것을 인위적으로 통제할 현실적 방법이 없었다.

글라이스틴 대사는 자신의 회고록에서 카터 행정부는 대세가 흘러가는 대로 마지못해 추인하는 빙식으로 전두환의 집권을 허용하기로 입장

---

74 윌리엄 글라이스틴, 앞의 책, 238~239쪽.

을 정리했다고 밝혔다. 전두환이 대통령에 취임하자 카터 행정부는 자신들의 불편한 심기를 간접적으로 표출하기 위해 주한 미국대사 한 사람만 달랑 취임식에 참석시킨 것이다.

취임식 참석자 중 눈에 띄는 인사는 보름 전 하야한 최규하였다. 후임 대통령 취임식에 전임 대통령이 참석한 것은 그때까지 대한민국 헌정사상 처음 있는 일이었다.[75] 최규하는 1980년 8월 16일 "불행했던 우리 헌정사에 평화적인 정권 이양의 선례를 남기겠다"라는 사퇴 성명을 발표하고 임기 중에 사퇴하지 않았는가. 만약 그가 신군부의 서슬 퍼런 압력에 등 떠밀려 쫓겨난 처지였다면, 아무리 배알 없는 무골 위인이라 해도 후임자 취임식에 참석하여 그의 장도를 축하해주는 것이 가능했을까?

7월 하순, 이순자 여사는 얼마 후면 청와대에 들어가 살게 될 줄은 까맣게 모르고 결혼 후 처음으로 제대로 모양을 갖춘 찬장과 식탁, 등나무 응접세트를 마련했다. 오랜 기간 벼르고 별러 장만한 가구이기에 이 가구가 들어온 날 이 여사는 너무나 흥분이 되어 자녀들과 함께 닦고 만지며 좋아했다.[76]

전두환 대통령 내외가 청와대에 첫 출근했을 때 자녀들은 장남 재국 씨가 연세대 경영학과 2학년, 딸 효선 씨는 창덕여고 3학년, 둘째 아들 전재용은 한성고교 1학년, 막내 전재만은 경기초등학교 3학년이었다.

청와대는 시내 한복판에 위치하고 있었지만, 대통령 경호를 위해 일과 시간이 지나면 경호요원들이 전투복으로 갈아입고, 여기저기 배치된 초소에서 완전무장을 한 채 지키는 곳이었다. 경내 어디를 가나 수많은 경호원들과 마주쳐야 하는 요새 중의 요새였다. 전두환 가족이 연희동을 떠나 청

---

75 현대의전연구소,『대한민국 대통령 취임사(史)-최대 이승만 대통령부터 19대 문재인 대통령까지』, 박문사, 2022, 351쪽.

76 이순자 자서전, 앞의 책, 225쪽.

와대로 이사한 첫날, 전두환 대통령들은 자녀들 앞에서 당시 심정을 이렇게 말했다.

"연희동 집을 떠나오던 날 밤에도 너희들에게 말한 바 있지만, 나는 임기가 끝나면 반드시 다시 집으로 돌아간다. 그 일이 생각처럼 쉽지 않기 때문에 전임자들이 해내지 못했을지도 모른다는 생각을 하면 두렵기도 하다. 하지만 우리나라가 괄목할 만한 경제성장을 이루어냈으면서 정치적으로는 후진국 소리를 듣고 있다는 점을 생각할 때 나는 반드시 새로운 전통을 수립해놓고 나가야 한다는 사명감을 느낀다."[77]

지도자는 행동하는 사람

노르웨이의 신학자 올레 할레스비(Ole Hallesby)는 "지도자를 비평하는 것은 쉬운 일이다. 무슨 일이든지 끝난 뒤에는 누구나 현명해질 수 있다. 그 일을 어떻게 했어야 했는지 누구나 알 수 있다. 그러나 일을 시작하기 전에는 아무도 어떻게 해야 될지 모른다. 바로 이런 때 지도자는 행동하지 않으면 안 되는 것이다"라고 말했다.

어느 나라나 마찬가지지만 특히 신생 국가나 발진도상국은 사회통합이나, 정치체제의 정당성, 효율적 행정 체제의 결여, 경제 미개발, 국민의 먹고 사는 문제 해결 등이 동시에 제기된다. 해결해야 할 난제가 산적해 있게 마련인 과도기 사회에서는 상시적 불안과 혼란, 부조화와 폭력이 난무한다. 이런 상태에서 민주주의가 제대로 기능하기를 기대할 수는 없다.

온갖 문제를 해결해야 하는 발전도상국의 정치 지도자는 단순한 대리인이나, 형식적이고 상식적인 대표가 되어서는 곤란하다. 일본계 미국 정치학자 다케쓰구 쓰루타니는 발전도상국가의 지도자는 각종 갈등이나, 문

---

77 이순자 자서전, 앞의 책, 230쪽.

제의 해결을 담당하는 최종 결정권자 되어야 한다고 보았다.

근대화된 나라에서 정치 리더십이 성공하기 위한 3대 요인을 꼽는다면 첫째, 근대적 이상을 성취하려는 의지와 정열이 있어야 하며, 둘째 정치적 안목과 기술이 있어야 한다. 이것이 마키아벨리가 말한 '여우의 지혜'다. 셋째, 국내 엘리트를 확고히 장악해 근대화를 방해하는 계급의 이해관계로부터 독자성을 유지해야 한다.

대통령은 권력의 맨 꼭대기에 있고, 정책 결정 과정의 제일 마지막 자리에 있으며, 역사를 만드는 사람들 중 맨 앞에 있는 존재다. 『전두환 육성증언』의 저자이자 언론인 출신인 김성익은 대통령은 현실 속에서 문제 해결을 위해 나름대로 최선의 노력을 할 수 있을 뿐, 세상의 모든 문제를 해결할 수 있는 전능한 구세주가 아니라고 말했다.[78]

현실과 이상의 경주에서 현실은 승자가 될 수 없다. 또한 현실은 어차피 갈등과 모순의 관계다. 그런 면에서 현실을 책임진 대통령이란 이상과의 대결에서 예정된 패자일 수밖에 없다.[79] 그래서 일본 총리를 역임한 나카소네 야스히로(中曽根康弘)는 자신의 회고록 제목을 『정치가는 역사의 법정에 선 피고』라고 정했다.[80]

준비되지 않은 대통령, 전두환

김대중은 자신을 '준비된 대통령'으로 선전했다. 반면에 최규하 대통령의 갑작스런 하야로 대통령에 오른 전두환은 며칠 전까지만 해도 적을 섬멸하는 전문 기술을 익힌 군인이었다. 사단장으로서 1만 2천 명의 병력을

---

78 김성익, 『전두환 육성증언』, 조선일보사, 1993, 11쪽.
79 김성익, 앞의 책, 11쪽.
80 나카소네 야스히로 저, 성완종 번역, 『정치가는 역사의 법정에 선 피고』, 한송, 1998.

지휘한 것이 대부대 지휘 경험의 전부였다. 전두환은 '준비되지 않은 대통령'의 전형이었다. 그의 어린 시절 꿈은 교편 잡는 것, 선생님이 되는 것이었고, 꿈에도 대통령 되겠다고 생각해본 일이 없다고 한다.[81]

전두환 측 인사들은 전두환의 집권은 국가 위기를 수습하는 과정에서 불가피하게 이루어진 것이며, 결코 쿠데타로 권력을 찬탈한 것이 아니라고 주장해왔다. 쿠데타가 아니었기에 박정희 장군처럼 치밀한 계획도 없었고, 군 출신을 대거 정부에 끌고 들어와 권력 기반을 다지지도 않았다. 위기 관리자로 갑자기 등장한 전두환은 고뇌를 거듭한 구상도, 치밀한 계획도 없이 대통령이 되었다[82]. 전두환은 김영삼 정부 시절 진행된 '역사바로세우기 재판'에서 이렇게 진술했다.

"저는 집권 의도가 전혀 없었습니다. 계엄령하에서 제가 집권할 생각이 있었다면 바로 대통령직을 빼앗을 수도 있었는데, 그렇게 하지 않은 것만 보아도 그런 의도가 없었던 것이 밝혀질 것입니다. 박정희 장군은 분명히 혁명을 하여 정권을 잡았고, 저는 정권을 잡을 생각이 없었는데 결과적으로 대통령이 되었을 뿐입니다."[83]

1979년 11월 6일 전두환 합동수사본부장이 박정희 대통령 시해 사건 수사 결과를 발표하기 전까지 그의 이름이나 존재를 기억하는 국민은 없었다. 정치권에서도 그가 대통령이 되어야 할 사람으로 거론된 적은 단 한 번도 없었다. 상상조차 하기 힘들었던 보안사령관 출신이 느닷없이 대통령에 취임했으니 '준비된 대통령'과는 거리가 멀어도 한참 멀었다.

그는 지배 권력의 후계자도, 준비된 리더도 아니었다. 아무런 국정 경험

---

81   김성익, 앞의 책, 91쪽.

82   김충남, 앞의 책, 321쪽.

83   전두환 피의자 신문조서, 1995년 12월 10일, 안양교도소, 조선일보사a, 앞의 책, 47~48쪽.

이나 준비도 없이 최규하 대통령의 '낙점'에 의해 덜컥 대통령에 오른 것이다. 권력 공백기에 국보위라는 조직을 만들어 위기관리를 위한 하드웨어는 구축했지만, 새 시대를 이끌 소프트웨어는 준비되지 않았다. 신군부는 정권을 잡았지만 정통성도, 이념도, 국가를 경영해갈 노하우도 빈곤했다.[84]

임기 첫날, 청와대로 출근한 전두환은 집무실 책상에 앉아 대통령으로서 임기 중 자신이 해야 할 일들을 생각나는 대로 메모했다. 이것이 그의 대통령으로서 이루고자 했던 목표였을 것이다. 전두환 회고록에는 이날 메모 내용이 다음과 같이 소개되어 있다.[85]

대통령으로서의 목표

하나, 평화적 정권교체를 반드시 이룬다. 헌법이 규정하는 바에 따라 임기를 마치면 정권을 이양한다. 역사를 순리대로 흐르게 하자.

둘, 경제를 살려내자. 나라 운영도 가정 살림살이와 다르지 않다. 알뜰하게 아껴 쓰고 낭비되는 것을 줄이며, 상식이 통하는 국가 운영을 하자.

셋, 사심 없이 인재를 등용하자. 나는 누구에게 갚아야 할 마음의 빚이 없다. 각 부처, 민간에서 유능한 인재를 찾아내고 그들이 능력을 제대로 발휘할 수 있도록 사심 없이 도와주자.

넷, 자율과 개방으로 가야 한다. 국가가 모든 것을 주도하는 정책은 한계에 왔다. 민간이 주도해야 한다.

다섯, 국가를 지켜내야 한다. 안보가 허물어지면 모든 일이 허사가 된다. 북한과 더욱더 격차를 벌려 북한 공산 체제가 자기모순으로 붕괴되도록 해야 한다. 성장하는 국력은 총과 대포보다 더 견고한 우리의 방위력이 된다.

---

84 손광식, 「한 경제 전략가에 대한 회상」, 남덕우 외 지음, 『80년대 경제개혁과 김재익 수석』, 삼성경제연구소, 2003, 212쪽.
85 전두환 회고록 (2), 앞의 책, 22~23쪽.

다섯 가지 모두 만만치 않은 과제였지만, 그중에서도 핵심 중의 핵심은 평화적 정권교체를 꼽을 수 있을 것이다. 1931년생인 전두환이 대통령 취임 당시 나이는 49세. 임기를 마치더라도 환갑도 안 된 나이에 퇴임해야 한다. 그때까지 아시아 국가의 현대사에서 권력의 정점에 올랐던 지도자가 환갑도 안 된 나이에 스스로 권력을 내놓고 퇴진한 사례는 찾아보기 힘들었다.

권력의 속성과 관련하여 전두환은 "동서고금을 통해 권력 쥔 사람치고 스스로 내놓겠다는 사람이 몇이나 되겠나. 죽을 때까지 해먹으려고 발버둥치는 게 권력자의 속성"이라고 설파했다.[86] 한국의 정치 상황은 건국 이후 단 한 번도 평화적 정권교체를 이룬 사례가 존재하지 않았다. 부산 정치파동, 사사오입 개헌 파동을 겪으며 12년을 재임했던 이승만은 4선 당선 직후 4·19로 타의에 의해 하야했다. 박정희는 군정 시절까지 합쳐 18년 재임 끝에 부하의 총에 맞아 삶을 마감했다.

권력이란 호랑이 등에 올라타는 행위

권력이란 기호지세(騎虎之勢), 즉 달리는 호랑이 등에 올라타는 행위다. 한 번 호랑이 등에 올라타면 계속 탈 수밖에 없다. 떨어지면 잡혀 먹히기 때문이다. 호랑이 등에 올라타기도 어렵지만, 내려오는 것은 더 어렵다. 모든 난관을 뚫고 과연 헌법이 규정한 임기를 마친 후 건국 이후 단 한 번도 지켜지지 않았던 평화적 정권 이양이 가능할 것인가? 대통령 취임 첫날 그가 구상한 다섯 가지 과제는 그 후 어떤 과정을 거쳐 어떻게 실천되었으며, 그 성과는 우리 사회에 어떤 영향을 미쳤을까?

전두환은 대통령이 된 후 청와대에 와서도 송구스러워 의자에도 못 앉

---

86 김성익, 앞의 책, 265쪽.

고 소파에서 일을 했다고 회고했다.[87] 대통령에 취임한 후 자정 이전에 자본 일이 없고, 아침 6시 이후까지 잠을 잔 일도 없었다. 그는 스스로 식견이 부족하다고 생각했기에, 계속 배우고 연구하는 데 아낌없이 시간을 할애했다.

전두환은 회고록에서 자신의 성격, 대통령직에 임한 자세와 관련하여 다음과 같이 밝혔다.

"나는 평생을 살아오면서 능력이 모자라 하지 못한 일들은 있었지만, 해야 할 일을 게을러서 하지 않은 적은 없었던 것 같다. 나라를 위해 헌신한다는 의지와 충정만큼은 부족하지 않았다고 생각한다. 나는 주어진 일, 시키는 일만 하지는 않았다. 어느 자리에 가든, 없는 일도 찾아서 하고 시키지 않은 일도 만들어서 해야 직성이 풀리는 성격이다."[88]

"대통령이 된 뒤 나는 젖 먹던 힘까지 다 쏟아부으며 머슴처럼 일했다. (중략) 대통령에 취임했을 때 나는, 당시 우리가 직면한 위기적 상황을 돌파하기 위해서는 법이 정하고 있는 대통령의 권한을 가장 능률적으로 행사할 필요가 있다고 생각했다. 나라를 위한 일에 주어진 권한을 최대한 활용하는 일은 국정 최고 책임자로서의 책무이기도 했다."[89]

강력한 통치력, 체제 수호 의지

전두환 재임 시절 그의 리더십의 특징은 강력한 통치력의 확보, 그리고 체제 수호 의지였다. 그가 통치력 확보와 체제 수호를 위해 노력한 면모는 자서전의 다음과 같은 대목에서 발견된다.

---

87 김성익, 앞의 책, 44쪽.
88 전두환 회고록(1), 앞의 책, 17쪽.
89 전두환 회고록(1), 앞의 책, 21쪽.

"대통령의 국정 행위가 차질 없이 수행되려면 강력한 통치력이 발휘될 수 있도록 대통령직의 권위가 확립되고, 대통령의 말에 영(令)이 서야 한다고 생각했다. 나는 임기를 마치는 날까지 대통령직의 권위와 권한을 온전히 확보하고 있었다. 그러한 국정 장악력은 주요 정책과제들을 결단하고, 강력히 밀고 나갈 수 있는 여건을 만들어주었고, 정치 사회적 안정과 질서를 유지하는 힘이 되었다."[90]

"국가 발전을 논할 때 거의 공식처럼 '산업화'와 '민주화'의 문제를 말하는데, 그 두 가지 과제를 동시에 성취한 나라는 없다. 체제 수호와 절차적 민주주의 확립이 반드시 대립하는 개념은 아니지만 서로 갈등을 빚어내는 상황이 있다. 그런 상황에서는, 절차적 민주주의를 지키는 일이 보다 중요한 가치라 하더라도, 체제 붕괴를 막는 일을 우선할 수밖에 없다고 나는 생각했다. (중략) 나는 다수 국민의 동의를 이끌어내기 위해 지불해야 할 비용인 시간적 여유가 없다고 보았고, 따라서 강력한 통치력의 발휘가 불가피하다고 판단했다."[91]

"나는 잠자는 시간을 쪼개가며 국정을 살피느라 대통령 자리를 즐겁다고 느껴본 적은 없었다. 열심히 일한 것은 대통령인 나뿐만이 아니었다. 공직자와 국민들도 함께 뛰었다. 땀 흘린 보람은 수치로 나타났고, 국민 각자가 몸으로 느낄 수 있었다. 모두가 신이 나서 뛰었다."[92]

5공 시절 조선일보 청와대 출입기자로 활동했던 하원의 취재에 의하면 전 대통령은 아침에 집무실에 출근하면 가장 먼저 벽에 걸린 '대통령 선서' 앞에 서서 그 선서에 충실할 것을 다짐하는 것으로 하루 일과를 시작했다.

---

90 전두환 회고록(1), 앞의 책, 21쪽.
91 전두환 회고록(1), 앞의 책, 22쪽.
92 전두환 회고록(1), 앞의 책, 23쪽.

전두환이 대통령으로 취임한 후 가장 먼저 해야 할 일은 국정운영의 중심을 잡기 위한 인사였다. 인도의 간디는 "사람들은 소수의 지도적 인물들이 하는 것을 따라 하게 마련"이라고 말했다. 리더십이란 모범을 보임으로써 영향력을 행사하는 것이란 뜻이다. 이런 시각으로 볼 때 한국 정치가 일류가 되려면 정치 지도자들이 먼저 일류가 되어야 한다.

대통령이 성공하려면 본인의 준비도 있어야 하지만, 준비된 참모와 보좌조직이 반드시 필요하다. 인재 발굴과 배치를 결정하는 인사는 가장 중요한 통치행위 중의 하나다. 마오쩌둥(毛澤東)은 「간부 정책」이란 문건에서 간부의 가장 중요한 요소는 많은 사람 중 간부가 될 사람을 고를 줄 아는 능력이라고 설파했다. 국가의 미래를 위해 훌륭한 인재를 선발하고, 그에게 중요한 일을 맡기는 것이 지도자의 가장 중요한 자질이란 뜻이다.

가장 어려운 일은 인사

전두환은 1987년 4월 12일 수석비서관들과의 오찬에서 "내가 청와대에서 6년간 일을 해보니 사람 고르기가 제일 힘들었다. 인사가 제일 어려웠다"고 토로했다.[93] 대통령이 거대화·전문화된 국정을 원활히 운영하려면 인재를 적재적소에 배치하고, 그들에게 권한을 과감하게 위임해야 한다. 전두환의 대통령으로서의 용인술의 특징은 지연·혈연·학연을 따지지 않고 경험과 전문성을 중시했다는 점이다.

전두환은 자신의 인사 스타일과 관련, "군에 있을 때도 일단 신뢰해 임무를 맡긴 부하에게는 그가 소신과 책임감을 갖고 일할 수 있도록 최대한 힘을 실어주고 밀어주었다. 부하들을 적재적소에 배치해 능력껏 임무 수행을 할 수 있도록 독려하고 뒷받침을 해준다는 것이 나의 지휘 철학"이라고

---

93 김성익, 앞의 책, 343쪽.

임기 첫날, 전두환은 집무실 책상에 앉아 대통령으로서 임기 중 자신이 해야 할 일들을
생각나는 대로 메모했다. 하나, 평화적 정권교체를 반드시 이룬다. 둘, 경제를 살려내자.
셋, 사심 없이 인재를 등용하자. 넷, 자율과 개방으로 나가야 한다. 다섯, 국가를 지켜내야 한다.
이것이 그의 대통령으로서 이루고자 했던 목표가 되었다.

밝혔다.[94]

전두환은 전임자인 박정희로부터 배울 것은 배우고, 결과가 좋지 않았던 것은 정반대로 했다. 정부 주도의 경제 운영 기본 틀은 그대로 따라 했다. 중요한 일은 대통령이 직접 결심하고 독려했으며, 한 번 발탁한 사람은 믿고 오래 썼다. 경제정책이 정치 논리에 흔들리지 않도록 경제 관료들의 방패 역할을 해줬고, 국회의 역할에 대한 강한 불신은 전임자로부터 그대로 물려받았다.[95]

취임식 다음 날인 1980년 9월 2일 전 대통령은 국무총리에 남덕우, 대통령 비서실장에 김경원, 중앙정보부장에 유학성을 임명하는 새 내각 진용을 구성했다. 첫 조각에서 눈에 띄는 인물은 남덕우 국무총리였다. 남덕우는 박 대통령 시절 수출 드라이브와 성장 위주의 경제정책을 주도해온 주역이었다. 기존의 경제정책에 대한 반성과 일대 정책 전환이 요구되는 시기에, 자신이 구상한 시대정신과 맞지 않는 인물을 국무총리에 임명한 이유는 무엇이었을까?

1980년 제2차 석유 위기로 나라가 주저앉게 되었을 때 전두환은 경제 전문가들에게 자문을 구했다. 누구도 확실한 방향과 정책을 내놓는 사람이 없었다. 이 문제와 관련하여 전두환은 "하와이에서 연구하고 있던 남덕우 씨를 데려와 총리를 시킨 겁니다. 당신네들이 그때까지 경제를 해왔으니 잘 알 거 아니냐, 경제를 살리라고 했다"라고 밝혔다. 박정희 시대에 대한 결자해지(結者解之)의 뜻과 아울러, 파탄 직전의 경제 위기를 돌파하는 데 과거의 경험과 지혜가 필요하다는 뜻이었다.[96]

---

94 전두환 회고록(2), 앞의 책, 37~38쪽.
95 이장규c, 앞의 책, 227쪽.
96 전두환 회고록(2), 앞의 책, 40쪽.

전두환 대통령 첫 내각 명단

직위	성명	주요경력	비고
국무총리	남덕우	국민대·서강대 경제학 교수, 재무부·경제기획원 장관	
경제기획원장관	신병현	대통령 경제특보, 한국은행 총재, 상공부장관	
국토통일원장관	이범석	외교부 의전실장, 튀니지·인도 대사, 대한적십자사 부총재	
외무부장관	노신영	주LA총영사, 외무부차관, 주제네바 대사	후에 국무총리
내무부장관	서정화	충남지사, 내무부차관, 중앙정보부 제1차장	
재무부장관	이승윤	서울대 상대·서강대 경상대 교수, 제9·10대 국회의원	
법무부장관	오탁근	서울지검장, 법무부차관, 검찰총장	
국방부장관	주영복	공군참모차장, 작전사령관, 공군참모총장	
문교부장관	이규호	연세대 교수, 국토통일원장관	
체육부장관	노태우	예비역 육군대장, 정무 제2장관	1982년 3월 20일 신설
농수산부장관	정종택	내무부 기획관리실장, 충북도지사, 노동청장	
상공부장관	서석준	경제기획원차관, 상공부장관	
동력자원부장관	박봉환	경제과학심의회 상임의원, 재무부차관	
건설부장관	김주남	건설부차관, 경기도지사	
보건사회부장관	천명기	신민당 경기도지부장, 8·9·10대 국회의원	
노동부장관	권중동	전국체신노조 위원장, 중앙노동위원회 위원장, 노동청장	1981년 4월 8일 신설
교통부장관	고건	전남지사, 대통령 정무수석비서관	후에 국무총리
체신부장관	김기철	상해 임정 참여, 농림부 정무차관, 제헌·3·5대 의원	

문화공보부장관	이광표	중앙일보 편집국장대리, 대통령비서관, 문화공보부 차관	
총무처장관	김용휴	육군참모차장, 국방부 차관	
과학기술처장관	이정오	한국과학원 원장, 한국과학재단 이사장	
정무제1장관	정종택	충북도지사, 노동청장, 농수산부장관	1981년 4월 8일 신설
정무제2장관	노태우	예비역 육군대장, 국군보안사령관 (임명 1981년 7월 16일)	1981년 4월 8일 신설

각 분야 최고의 전문가 발탁

전두환 대통령은 정부 요직에 사회 명망가, 지식인, 이데올로그, 언론인 출신을 발탁하여 최고의 효율을 올릴 수 있도록 했다. 자신이 군 출신이지만, 박정희 시대처럼 군 출신은 극소수만 요직에 배치했다. 첫 내각 22명의 각료 중 군 출신은 국방부 장관(주영복)과 총무처 장관(김용휴) 두 명뿐이었다.

5공화국 시기에 총 111명의 장관이 임명되었다. 이 중 군인 출신은 총 24명이 임명된 반면, 50명은 관료 경력을 바탕으로 국무위원에 임명되었다.[97] 전두환은 장관을 "대통령으로부터 자기 분야의 전권을 위임받아 그것을 수행하는 사람"으로 정의했다.[98]

청와대를 비롯한 행정부에는 우수하고 유능하고 합리적인 민간 출신, 기술 관료를 중용했다. 육사 출신 김성진·이정오·오명에게 과학기술 진흥과 정보통신 업무를 맡긴 것은 기술 관료 중용의 상징적 사례로 꼽힌다.

---

97 안두환(2019), 39쪽.
98 김성익, 앞의 책, 152쪽.

5공화국은 전문 테크노크라트(기술 관료)와 뷰로크라트(일반 관료)들이 군부 권력의 우산 아래서 국가를 경영했던 시대였다.[99] 전두환은 자신의 인사 원칙 및 철학을 다음과 같이 밝혔다.

"자기 혼자서 하려면 무능한 사람이요. 어떻게 사람이 혼자 다 하나. 대통령인 내가 혼자 다 하려고 하면 나랏일이 하나도 안 돼요. 밑에 있는 사람들이 가진 능력을 100% 쏟도록 뒷받침해주는 것, 그 사람이 올바로 하는 것을 밀어주는 것이 고위 지도자의 할 일입니다. 한 사람의 심복을 키우려고 할 게 아니라 열 명의 심복을 키우려고 해야 해요. 머리 좋은 한 사람보다 좀 못한 열 사람의 중지를 모으고, 그런 뒤에는 그대로 밀고 가는 힘이 있어야 됩니다."[100]

철저한 지휘관 중시형 리더

전두환은 퇴임 1년 전인 1986년 10월 16일 수석비서관 회의에서 "내가 6년간 대통령을 해보니 장관들에게 결심을 줄 때 이렇게 해서 국가가 발전할 것이냐, 정책의 잘못으로 국가에 어려움이 없겠는냐를 가리는 게 참으로 어려웠다"라고 토로했다.[101]

그는 장관들에게 소신을 가질 것을 거듭 당부했다. 장관이 소신 없이 흔들거리면 되는 일도 없고, 안 되는 일도 없고, 사회 기강이 문란해진다는 것이다. 장관들이 각자 분야에서 맡은 직무를 훌륭하게 수행하면 대통령은 시간 여유를 가지고 현안 문제를 깊이 있게 생각할 수 있지만, 그렇지

---

99 연세대학교 국가관리연구원 편, 『한국대통령 통치구술사료집(2)-전두환 대통령』, 선인, 2013, 94쪽.

100 김성익, 앞의 책, 152쪽.

101 김성익, 앞의 책, 199쪽.

못하면 대통령의 고민이 많아진다고 토로했다.[102]

전 대통령은 철저한 지휘관 중시형 리더였다. 그는 유신 시절 중앙정보부, 대통령 경호실, 청와대 비서실의 권력이 너무 강해서 문제였다고 보고, 이들의 역할과 기능을 크게 축소하거나 약화시켰다. 전두환은 자신을 보좌할 비서실을 박정희 정부 시절의 국정 주도형에서 실무 전문가형으로 바꾸고, 대통령을 보좌하는 참모 기능만 수행하도록 확실하게 못을 박았다.

이를 위해 대통령 비서실장에는 김경원(하버드대학 정치학 박사), 함병춘(하버드대학 법학박사), 이규호(독일 튀빙겐대학 철학박사) 등 정치권력과는 거리가 먼 온건한 학자·관료 출신을 기용했다. 박정희 시절 비서실장은 이후락 6년, 김정렴 9년 등 장수했다. 전두환의 5공화국 비서실장은 7년 임기 동안 모두 7명으로, 역대 정권 중 가장 많았고, 평균 재임 기간도 1년 1개월에 불과해 존재 자체가 유명무실했다.

제5공화국 대통령 비서실장

대수	이름	임기	비고
7대	김경원	1980년 8월 27일~1981년 12월 31일	학자 출신
8대	이범석	1982년 1월 2일~1982년 6월 2일	외교관 출신
9대	함병춘	1982년 6월 6일~1983년 10월 9일	학자 출신(아웅산 순직)
10대	강경식	1983년 10월 15일~1985년 1월 21일	경제관료 출신
11대	이규호	1985년 1월 22일~1985년 10월 14일	학자 출신
12대	박영수	1985년 10월 15일~1987년 7월 12일	관료 출신
13대	김윤환	1987년 7월 13일~1988년 2월 24일	언론인 출신

---

102 김성익, 앞의 책, 152~153쪽.

비서실장의 '힘의 공백'을 딛고 부상한 것이 수석비서관이었다. 비서실장 이하 수석급 참모진은 5공화국 기간 동안 31명이 재임했다.[103] 5공의 수석비서관들은 비서실장에 비해 상대적으로 재임 기간이 길었다. 집권 공신인 허화평 정무1수석, 허삼수 사정수석, 허문도 정무수석, 이학봉 민정수석을 비롯해 김재익·사공일 경제수석이 5공화국의 '수석비서관 전성시대'를 열며 정치·정보·사정·경제 등 핵심 요직에 포진했다.[104] 비서실장 전성시대가 가고 수석비서관 전성시대가 도래한 것이다.

전두환은 차관 임명 과정에서 장관의 의견을 100% 반영했다. 장관이 데리고 쓸 차관을 직접 고르도록 배려한 것이다. 장관은 자신의 책임하에 차관을 임명하는 대신, 그에 대한 모든 책임도 장관이 졌다. 또 비서관의 건의는 특별한 이견이 없으면 100% 그대로 받아들였다.[105]

그는 둥글둥글 성격이 좋은 사람, 무책임하고 사명감이 없는 사람은 아무 쓸모가 없다고 밝혔다. 모가 나더라도 국가를 위해 자신의 명예를 걸고 노력하고 연구하는 소신형 인물을 선호했음을 알 수 있다.

외교·안보·경제에 전력투구

대통령으로서 전두환은 외교를 중시했다. 한국은 지정학적으로 일본·중국·러시아 등 강대국에 둘러싸여 있기 때문에 이들의 지지를 이끌어내기 위해 대통령이 외교를 잘해야 한다는 것이다. 그는 국방과 외교의 뒷받침은 경제에서 나온다고 보았다. 경제를 우선하는 그의 철학은 1987년 2월 2일 수석비서관 회의에서 행한 다음과 같은 발언에 잘 집약되어 있다.

---

103 안두환(2019), 42쪽.

104 최진(2005), 206쪽.

105 김성익, 앞의 책, 166쪽.

"오늘날 세계는 경제가 선(先)입니다. 정치는 경제에 따라가게 돼 있어요. 아무리 정치가 잘 되어도 경제가 잘못되면 잘된 정치라고 할 수 없어요. 경제가 강해져야 군사력이 강해져요. 경제 성장을 하려면 사회 안정이 뒷받침되어야 하고, 사회 안정은 정치 안정이 뒷받침해야 하는 것입니다."[106]

전두환은 이것이 나라를 다스리는 핵심 요체라고 보았다. 전두환이 대통령 재임 중 다른 무엇보다 최우선 순위를 두어 역점적으로 추진한 분야는 경제였다. 그는 "아무리 정치가 잘되어도 경제가 잘못되면 잘된 정치라 할 수 없다"고 생각했다. 1980년 9월 새로 구성된 경제비서실 직제는 금융·재경·산업·자원·국토개발·과학기술 등 6개 비서관실로 구성되었고, 전체 인원은 27명이었다. 여직원 7명, 관료 출신 10명(고시 출신 7명 포함), 군 출신 4명, 학계·업계 출신 6명 등이었다.[107]

제5공화국이 출범 초부터 경제에 전력 투구한 것은 미국의 영향 때문일 수도 있다. 미국 입장에서 볼 때 한국 경제가 추락하면 안정 기조가 약화되는 것은 물론, 국방 안보 분야에 투자할 여력도 약화된다. 이것은 미국의 국익에도 도움이 되지 않는 상황 전개다.

무엇보다 새로 출범한 전두환 정권은 정통성 결핍에서 오는 국민적 저항을 경제적 보상으로 잠재워야 할 필요가 있었다. 또 광주민주화운동 진압은 한미 간 공조 진압이었다는 대외 이미지 개선을 위해서도 미국은 한국에 대한 전폭적인 경제 지원을 통한 이미지 개선 노력이 필요했다.[108]

전두환이 일본에 요구한 '100억 달러 안보협력 차관'은 미국과의 협조 없이는 불가능한 일이었다. 후에 협상 과정에서 40억 달러로 축소되었지

---

106 김성익, 앞의 책, 289~290쪽.
107 정홍식, 『한국 IT정책 20년-천 달러 시대에서 만 달러 시대로』, 전자신문사, 2007, 26쪽.
108 신현익(2006), 219쪽.

만, 일본이 제공한 40억 달러 차관은 한국의 경제 상황 호전에 큰 도움을 주게 된다. 이와 관련, 일부 연구자들은 미국이 전두환 신군부 세력을 안보이익과 관련한 경제성 및 효율성 극대화 모색 측면에서 선택한 것이라면, 경제적 지원을 통한 보상은 한국민들의 촉발되는 반미감정을 완화시키고자 하는 노력의 일환이라고 평가했다.[109]

경제수석을 가장 자주 만나

전두환은 여러 수석비서관 중 경제수석을 가장 자주 만났다. 자신의 경제정책을 보좌할 경제수석에는 직업관료 출신보다 교수, 학자 출신을 기용했다. 김재익 수석이 아웅산에서 순국한 후 후임에 사공일 한국개발연구원(KDI) 원장을 임명했고, 사공일의 후임에는 고려대 교수 출신 박영철을 택했다.

제5공화국 경제수석비서관

대수	이름	재임기간	주요 약력
1대	김재익	1980년 9월 3일~1983년 10월 9일	한국은행, 경제기획원
2대	사공일	1983년 10월 15일~1987년 5월 26일	뉴욕대 교수, KDI 부원장, 산업연구원장
3대	박영철	1987년 5월 30일~1988년 2월 24일	고려대 경제학 교수, KDI 원장

경제수석에 교수, 학자 출신을 임명한 이유는 전두환이 안정, 자율, 개방을 지향하는 경제정책을 지향했기 때문이다. 기업이나 근로자, 농민 입장을 대변하는 상공부·노동부·농수산부 공무원들은 임금인상 억제나 추

---

109 신현익(2006), 219쪽.

곡수매가 인상 억제 시책에 강력 저항했다.[110] 때문에 경제수석에는 성장 위주 정책의 타성에 젖어 있는 직업관료보다는, 폭넓은 시각을 가지고 상황을 종합적으로 파악하여 개혁 정책을 조언하는 학자가 필요했다.

임혁백 고려대 명예교수는 이처럼 학자, 교수 출신을 중용한 5공 인사를 두고 "전두환의 반(反)지성적 이미지 분칠을 위해, 혹은 광주 대학살로 인해 각인된 피비린내 나는 정권의 이미지를 희석시키기 위한 목적"[111]이라고 비판했다. 이런 주장에는 1980년 청와대 과학기술비서관으로 근무했던 오명의 증언을 들려주는 것이 좋을 것 같다. 오명은 전두환 대통령과 비서관들의 관계를 다음과 같이 증언했다.

"그(전두환)는 거시적 시야를 갖춘 합리적인 사람이었다. 야단을 치다가도 비서관이 '그게 아니다'라며 자초지종을 설명하면, 이를 끝까지 듣고 수용해주는 편이었다. 이 과정에서 비서관이 대통령의 의견을 반박해도 전혀 문제 삼지 않았다. 비서관들은 자신의 생각에 소신을 가질 수 있었고, 옳다고 생각하면 어떻게든 대통령을 설득하여 밀고 나갈 수 있었다. (중략) 전두환 대통령은 일단 결정을 하면 그 책임자와 정책에 대해 신뢰를 보여주었다. 덕분에 당시에는 추진하다가 중간에 중단되거나 유명무실하게 사라지는 프로젝트가 거의 없었다."[112]

전 대통령은 비서관들에게는 주요 정책의 타당성 검토와 추진상의 문제점 파악 및 대책 마련, 관계 부처와 비서실 간의 팀워크를 강조했다. 모든 정책의 입안 및 집행은 각 부처 장관이 중심 역할을 하도록 했다. 군의 조직과 비교해 말하자면 청와대 보좌진은 지휘관의 참모이고, 장관은 예하

110 전두환 회고록(2), 앞의 책, 39쪽.
111 한국행정연구원, 『전두환 정부: 대한민국 역대 정부 주요 정책과 국정운영(3)』, 대영문화사, 2014, 32쪽.
112 오명, 『30년 후의 코리아를 꿈꿔라』, 웅진지식하우스, 2009, 62~63쪽.

부대 지휘관인 셈인데, 상급 부대 참모와 예하 부대 지휘관 사이의 업무 한계를 분명히 가려준 셈이다.[113]

'힘의 논리' 중시하는 플러스형 리더

전두환은 대통령으로서 장관을 장악하고 주요 정책을 결정했으며, 집행을 진두지휘하는 최고 사령관형 리더십의 모범적 전형을 보여주었다. 이런 리더십은 육사 생도 시절의 교육과 군 장교 시절부터 몸에 밴 것으로 보인다. 그는 축구선수로, 동기생들의 모임인 북극성회 회장 등으로 전면에 나서기를 좋아했다. 대중 연설에 능하지는 않았지만, 오랜 군대 생활에서 터득한 솔직하고 호방한 말솜씨로 좌중을 사로잡는 스타일이었다. 학자들은 이런 모습을 근거로 전두환을 대중 앞에 나서기를 좋아하는 플러스형 리더십으로 평가한다.[114]

전두환은 평생에 걸쳐 목숨 걸고 중대 결단을 내려야 하는 상황에 여러 차례 직면했다. 1961년 5·16 당시 육사 생도들의 군사혁명 지지 퍼레이드, 1979년 10·26, 12·12 때 김재규와 정승화의 체포, 1980년 5·17 비상계엄…. 위기 때마다 그는 협상하거나 물러서지 않고 힘으로 밀어붙이는 저돌적인 공격형, 우직한 불도저형 리더십을 보였다. '힘의 논리'는 플러스형 리더십의 핵심 요인이다.

전두환이 '확고한 1인자 철학'의 상징 인물이라면, 노태우는 '은밀한 2인자 철학'의 대명사다. 노태우는 2인자로서 오랫동안 참고 기다린 끝에 대통령까지 올랐다. 노태우는 문제 해결을 기다리는 형, 수동적이면서 긍정적인 온건형, 신중하게 몸 사리는 지도자, 세련되었으나 우유부단한 대통령

---

113 전두환 회고록(2), 앞의 책, 38쪽.
114 최진(2005), 198쪽.

등으로 묘사된다.[115]

전두환 같은 플러스형 리더십은 마이너스형 스타일의 참모를 선호한다. 그 대표가 강한 마이너스형 리더십의 장세동 경호실장, 허화평 정무수석이었다.[116] 마이너스형 참모의 가장 큰 특징은 자기 보스를 위해 군말 없이 한없는 충성을 다하는 것이다. 전두환 대통령이 새로 임명된 비서관들에게 비서관의 기본자세를 당부한 '임명된 비서관들에 대한 대통령 당부 말씀' 문건(1984년 5월 23일)은 그가 비서관들을 어떻게 활용하고자 했는지를 잘 보여주는 내용이다. 일부 내용을 소개한다.

'비서관은 국가원수의 최측근 보좌관으로서 대통령 지시사항의 수행도 중요하지만 분야별로 고도의 창의력을 발휘하여 항상 자기가 맡은 분야를 발전시키고 개혁시킬 것. 말하자면 과학기술자들이 창의·개량·발명하듯 여러분들이 착안한 것이 대통령에게 즉각 보고되고 각 부처에도 지시될 수 있도록 여러분들이 나의 머리와 오각(伍覺) 역할을 해줄 것.

절대 무사안일해서는 안 됨. 그렇지 않으면 대통령이 나라를 이끌고 가는 데 막대한 지장을 초래함. 그러므로 모든 일을 살피고 협조시킬 수 있어야 함. 또한 대통령이 찾을 때 언제든지 달려와서 답변할 수 있는 태세를 갖추어야 함.

정의감과 사명감을 가지고 나를 보좌해야 함. 그렇게 해야 대통령이 자기의 직무를 제대로 수행할 수 있음. 즉 유능한 보좌관이 있어야 지도자도 그 능력을 제대로 발휘할 수 있을 것임. 여러분들은 평생 전두환의 비서관으로 기록될 것이므로 대통령이 그 직책을 잘 수행하도록 하는 것만이 여

---

115 최진(2005), 223쪽.
116 최진(2005), 198~199쪽.

러분의 생애를 명예롭게 할 것임.'[117]

해당 분야 전문성, 경험 기준으로 인재 발탁

전두환은 대통령에 당선되기 직전까지 현역 군인이었기에 정치와는 담을 쌓았던 문외한이었다. 때문에 정치권과는 아무런 인연도, 연줄도 없었다. 돈이 많이 드는 한국 정치구조의 특성상 기성 정치인들은 오랜 기간 후원자들의 도움에 의지할 수밖에 없는 구조다.

전두환은 신세를 갚아야 할 부채가 있는 정치적 후원자가 없었다. 그러다 보니 국가 요직에 기용하는 인재는 대통령이나 정권 실세와의 친분이 아니라 능력과 자질, 해당 분야의 전문성과 경험을 기준으로 임명되었다. 스위스 대사로 재직 중 정권교체를 맞아 퇴임을 준비하던 노신영을 외무부 장관으로 발탁한 것이 하나의 사례다.

1980년 9월 1일 새벽 2시, 제네바에 위치한 주스위스 대사관 공관 전화벨이 울렸다. 통화자는 "허화평"이라고 자신의 신분을 밝혔다. 신군부 인사들과 일면식도 없었던 노신영 대사는 "허화평 씨가 누구요?"라고 물었다. 상대방은 잠시 머뭇거리더니 "전화 바꾸겠습니다"라며 다른 사람을 대주었다.

수화기에서 "김경원입니다"라는 목소리가 흘러나왔다. 노신영 대사는 박정희 정부 시절 청와대 특보를 지냈던 김경원과는 친분이 있었다. 아닌 밤중에 무슨 급한 용무가 있어서 전화를 했는가 물었더니 "외무부 장관에 임명되셨으니 귀국 준비를 하십시오. 서울에서 뵙겠습니다"라는 것이었다. 당시 정황에 대한 노신영의 회고다.

"나는 김 박사의 말이 잘 믿겨지지 않아서 한참 동안 어리둥절하였다. 나에 대하여 배려를 해주시던 박 대통령은 이미 서거하였고, 신군부에는

---

117 '새로 임명된 비서관들에 대한 대통령 당부 말씀', 1984년 5월 23일.

아는 분이 아무도 없을 뿐만 아니라, 외무부에는 선배들이 많아서 장관은 내 차례가 아니었기 때문이다. 아침 식사 때까지도 집사람과 나는 반신반의였고, 서울의 문화방송이 전화로 인터뷰 요청을 해와서 비로소 외무 장관이 되었음을 확인하였다."[118]

귀국한 노신영은 9월 10일 청와대에서 임명장을 받았다. 노신영을 처음 본 전 대통령은 "당신이 노신영이오? 정보 보고를 보니 괜찮다고 해서 임명했소. 잘하시오"라고 말했다.[119] 이후 노신영은 5공화국에서 국가안전기획부장(현 국가정보원장), 국무총리로 승승장구했다.

권력자와의 인연이나 친분관계, 정실 인사가 아니라 한 인물의 업무 추진 능력과 전문성, 일에 대한 열정과 의지, 그동안의 성과를 기준으로 인재를 발탁하는 5공 특유의 인사 스타일을 엿볼 수 있는 장면이다. 이런 기준으로 최고 인재를 등용한 전 대통령은 장관들에게 전폭적으로 권한을 위임하고 내각이 중심이 되어 소신껏 일할 수 있는 분위기를 만들어주었다.

김영삼·김대중·노무현 등 6공화국의 민간 정치 지도자들도 인사가 만사란 사실을 모르지는 않았다. 하지만 민간 정치 지도자 시절의 인사는 몇 가지 공통된 특징이 발견된다. 우선 수십 년 정치 활동 과정에서 '비용이 많이 드는' 한국 정치 특성상 다양한 후원자들의 존재를 무시할 수 없었을 것이다.

민간 지도자들의 인사 스타일

민간 정치 지도자들은 집권과 동시에 국가 요직을 비롯하여 정부 산하 기관장에 그동안 신세를 진 사람들을 임명했다. 그 결과 국정운영 경험이

---

118 노신영, 『노신영 회고록』, 고려서적, 2000, 217쪽.
119 노신영, 앞의 책, 221쪽.

미숙하거나, 거의 없는 아마추어의 대거 등장, 지나친 이념 및 코드 추종 인사, 반체제·반정부 운동권 출신의 국가 요직 임명이 반복되었다. 각료나 청와대 비서진, 국영기업 등 국가 요직을 일종의 전리품으로 취급한 것이다.

또, 자신의 집권에 공헌한 정권 창출 공신들은 철저한 검증 절차 없이 덜컥 임명부터 하고 본다. 검증 과정에서 문제가 발생하면 재빨리 다른 인물로 교체했다. 이러다 보니 국가 요직에 기용되는 인사들은 일종의 소모품이나 다름없게 되었다.

박천오(명지대 행정학 교수)의 연구에 의하면 노태우 정부는 20회 이상 개각을 했고, 때문에 재임 기간 3년을 채우고 물러난 장관은 한 사람도 없었다. 김영삼 정부는 업적이나 능력 등 장관의 실적 기준보다는 신뢰성이나 충성도, 친분관계, 의리 등 귀속적·정실주의적 요소를 장관 충원의 주요 기준으로 삼았다.[120]

2001년 5월 21일 김대중 대통령은 안동수 변호사를 법무부 장관에 임명했다. 그의 임명 배경을 놓고 지역적 요소(충청도 출신) 외에는 인선의 기준을 찾기 어렵다는 언론의 지적이 나왔다. 안 장관은 민주당 서울 서초을 지구당 위원장이었는데, 지구당의 한 직원이 사무실 컴퓨터에 저장돼 있던 두 쪽짜리 메모를 장관 취임사로 착각하여 기자들에게 전달하면서 파문이 일었다.

메모는 '저 개인은 물론 가문의 영광인 중책을 맡겨주시고 여러 가지 경력이 부족한 저를 파격적으로 발탁해주신 대통령님의 태산 같은 성은에 진심으로 감사드린다'라고 시작했다. 이어 '중요한 집권 후반기에 대통령님의 통치 철학에 따라 대통령님께 목숨을 바칠 각오로 충성을 다하겠다', '대통령님을 위해 이 한목숨 다 바쳐 충성을 다해 열심히 소임을 다하겠

---

120 박천오, 「기존 장관 임면 관행의 정책·행정상 폐단과 시정방안」, 『한국행정학보』 제29집 제4호, 1995, 1581~1600쪽.

다'는 문구가 적혀 있었다. 메모에는 '성공한 위대한 대통령님과 성공한 국민의 정부만이 정권을 재창출할 수 있다고 생각한다'라며 정권 재창출을 다짐하는 내용도 들어 있었다.[121]

'충성 문건' 파문으로 언론으로부터 거센 비난이 쏟아지자 김대중 대통령은 임명 사흘 만에(시간으로 따지면 43시간 만에) 그를 전격 해임했다. 이로써 안상수 장관은 역대 가장 짧은 기간 재직한 법무부 장관 기록을 세웠다. 조국 법무부 장관도 2019년 가족 관련 의혹이 제기되면서 재직 36일 만에 사퇴했는데, 조 장관보다 재직 기간이 짧은 법무부 장관이 무려 5명이나 된다는 사실이 그에게는 위안이 될 것 같다.

김영삼·김대중의 인사 파행

전두환 정부로부터 김대중 초기 정부(2000년 8월 7일 현재)까지 장관의 평균 재임 기간은 전두환 정부가 18.31개월로 가장 길었고, 다음이 노태우 정부 13.72개월, 김영삼 정부 12.25개월, 김대중 정부 11.57개월 순이었다. 민간 정부의 장관 재임 기간이 군 출신 대통령 시절보다 상대적으로 짧은 것은 집권하기까지 경제적 지원이나 경제외적 지원을 해준 많은 사람들에게 신세나 은혜를 갚는 수단으로 최고 통치권자인 대통령이 장관 임명이라는 제도를 활용했기 때문으로 추론된다.[122]

김영삼은 임기 5년 동안 25차례 개각을 하여 국무총리 6명, 통일부총리 6명, 경제부총리 7명, 경제수석비서관 6명을 배출했다. 김영삼 정부의 경제부총리 임기는 9개월에 불과했다.[123]

121 「5월 22일 법무부 장관의 '충성메모' 파문」, 경향신문, 2021년 5월 22일.
122 김호균, 「장관의 역할에 관한 연구」, 서울대학교 대학원 행정학 박사학위 논문, 2001, 83쪽.
123 김충남, 앞의 책, 563쪽.

김영삼 정부 경제팀 재임 기간

경제부총리(7명)	개월	경제수석비서관(6명)	개월
이경식	10	백재윤	19
정재석	9	한이헌	15
홍재형	15	구본영	7
나웅배	8	이석채	7
한승수	7	김인호	9
강경식	8	김영섭	3
임창렬	3		

출처: 김충남, 『대통령과 국가경영 : 이승만에서 김대중까지』, 서울대학교 출판문화원, 2012, 563쪽.

김대중 내각의 교체 현황

개각시기	개각내용
1998년 2월	첫 내각 구성
1999년 5월	장관 11명 교체
2000년 1월	국무총리 외 장관 9명 교체
2000년 8월	장관 11명 교체
2001년 1월	장관 11명 교체
2001년 9월	장관 6명 교체
2002년 1월	장관 9명 교체
2002년 7월	국무총리 외 장관 7명 교체

출처: 김충남, 『대통령과 국가경영 : 이승만에서 김대중까지』, 서울대학교 출판문화원, 2012, 650쪽.

김대중 정부의 취임준비위원장과 국가정보원장을 지낸 이종찬은 김대중 정부에서 장관의 입지가 불안정했던 이유는 인재의 풀이 너무 취약했기 때문으로 해석했다. 어떤 사람을 어떻게 뽑느냐의 원칙이 없었고, 뽑아서 안 된다 싶으면 버리고, 또다시 뽑는 일이 반복되니 정권의 안정성에도

좋지 않은 영향을 미쳤다는 것이다.[124]

경제 사령탑을 다섯 번 바꾼 김대중

특히 외환위기를 겪고 있는 나라에서 경제 사령탑인 재정경제부 장관을 5차례 바꿈으로써 경제정책의 일관성을 상실한 것은 어떤 논리로 변명하더라도 비난을 피할 수 없다.

김호균의 연구에 의하면 유럽 국가들의 장관 재임 기간은 가장 긴 나라가 룩셈부르크로 평균 6.8년, 가장 짧은 나라는 핀란드의 3.0년이다.[125] 대만의 경우 재무장관이나 경제 관련 부처 장관의 평균 재임 기간은 45개월이었다. 싱가포르는 경제정책 주무장관인 리처드 후(Richard Hu) 재무장관이 1985년 임명되어 17년간 근무한 후 2002년 물러났다. 싱가포르의 다른 경제 관련 장관들도 평균 10년 정도 재직했다.[126] 김대중 정부의 경제 사령탑 교체와 비교되는 수치가 아닐 수 없다.

국무를 담당하는 장관이 시도 때도 없이 교체되다 보니 팀워크를 기대할 수 없고, 정책의 일관성과 신뢰성도 상실되었다. 그 결과 어설픈 정책이 남발되면서 국정의 질이 군사정권 시절보다 현저히 퇴보했다. 행정 경험 미숙, 지나친 이념 과잉, 과도한 민주화·문민화에의 집착은 국정 곳곳에서 파열음을 일으켰다.

---

124 이수현 편, 『대통령의 성공조건 II』, 동아시아연구원, 2002, 45쪽.
125 김호균(2001), 37쪽.
126 김충남, 앞의 책, 564쪽.

유럽 14개국의 장관 재임 기관 (단위 : 년)

국가	재임기간
룩셈부르크	6.8
아일랜드	6.1
아이슬란드	6.1
오스트리아	6.0
스웨덴	5.9
독일	5.6
영국	4.8
덴마크	4.4
네덜란드	4.0
노르웨이	3.9
이탈리아	3.8
벨기에	3.8
프랑스 5공화국	3.6
핀란드	3.0

출처 : 김호균, 「장관의 역할에 관한 연구」, 서울대학교 대학원 행정학 박사학위 논문, 2001, 37쪽.

국정운영을 위한 공부 시작

1986년 3월 17일 기독교 지도자들과의 만찬에서 전두환은 대통령이 되어 국정을 운영하는 과정에서 가장 어려웠던 문제는 경제였다고 토로했다. 야당이 떠드는 것은 눈 하나 까딱하지 않았지만, 경제는 항우장사, 경제학 박사가 와도 안 된다는 것이었다.[127] 경제를 전혀 모르는 자신이 대통령을 맡은 게 후회막급이었지만, 그는 기왕 맡았으니 열심히 하기 위해 최선을 다했다고 회고했다.[128]

---

127 김성익, 앞의 책, 44쪽.
128 김성익, 앞의 책, 91쪽.

위기는 고통과 침체를 불러오지만, 한편에선 변화의 기회를 제공하기도 한다. 위기로 인해 기존의 방법론으로는 안 되니 변화와 개혁이 불가피하다는 공감대가 자연스럽게 형성되기 때문이다. 게다가 위기가 닥치면 개혁에 반발하는 기득권 세력의 저항도 약해지게 마련이다. 때문에 위기는 기득권 세력의 저항을 뚫고 나가 개혁을 추진하기 위한 분위기 쇄신, 개혁의 동력을 얻을 수 있는 절호의 기회이기도 하다.

전두환은 대통령 취임 직후 비관적인 국정 현황, 경제 상황을 보고받으면서 "그래 한 번 부딪쳐보자"라는, 일종의 오기가 발동했다고 한다. 문제는 그가 전혀 '준비되지 않은 대통령'이었다는 사실이다. 국정의 원활한 운영을 위해 무엇을 어떻게 해야 하는가를 고민한 끝에 그가 선택한 카드는 난세를 돌파하는 지혜를 얻기 위한 국정 학습, 즉 공부를 시작한 것이다.

그는 이상주 교육문화수석에게 국정운영에 필요한 지식과 지혜, 능력을 겸비한 각 분야 최고 전문가를 초빙해줄 것을 부탁했다. 전두환은 이상주 수석에게 다음과 같은 지침을 주었다.

첫째, 각 분야별 전문 지식을 배우고 시대적 흐름과 당면 현안이 무엇인지 파악할 수 있고,

둘째, 각 분야의 대표적 학자, 전문가에게 나의 국정철학 정책과제에 대한 이해를 구하며,

셋째, 지금까지 접촉이 없었던 학자, 지식인들과의 면담을 통해 나의 국정 수행에 동참할 수 있는 인물을 발탁한다.[129]

100명이 넘는 전문가를 스승으로 모셔

이런 지침 아래 초빙된 전문가들이 대통령을 위한 맨투맨식 '국정 개인

---

129 전두환 회고록(2), 앞의 책, 42쪽.

제5공화국 전두환 시대 1

학습'을 시작했다. 이상주 수석은 전두환의 국정 학습이 조선조에 시행되었던 경연(經筵)의 부활이라고 의미를 부여했다. 국정 학습은 주 1회, 오전 7시부터 집무실 옆 소접견실에서 전문가와 대통령이 마주 앉아 1 대 1로 진행되었다.

전두환 대통령의 국정 학습에 도움을 준 전문가는 100명이 넘었다. 분야도 경제뿐만이 아니라 국제정치, 교육·문화, 과학기술 등 다양했다. 국정 학습 통해 들은 다양한 분야의 전문가들이 제기한 혁신적인 아이디어가 국정에 즉각 반영된 사례가 적지 않다. 또 국정 학습을 위해 초빙된 전문가 중에서 국정 수행 능력과 의지가 강한 사람을 발탁하여 정부 요직에 기용했다. 사공일(재무부 장관), 서상철(동자부 장관), 이영호(체육부 장관), 김기환(상공부 차관), 유승국(정신문화연구원장), 박영석(국사편찬위원장) 등이 그 사례다.

국정 학습 참여자

분야	참가자
경제 분야	김기환(KDI 원장), 사공일(KDI 부원장), 차수명(상공부 국장), 유갑수(국민대), 서상철(고려대), 안충영(중앙대), 임동승(삼성경제연구소장) 등
정치·사회 분야	정종욱(서울대 교수), 함성모(서울대 교수), 김종휘(국방대학원 교수), 황인정(서울대 교수), 이영호(이화여대 교수)
역사·철학 분야	천관우(동아일보 주필), 유승국(성균관대), 최영희(고려대), 이성무(국민대), 박영석(건국대), 김여수(서울대)

전두환 대통령은 친정부적 인사뿐만 아니라 반정부적 인사도 가리지 않고 초청하여 다양한 의견을 들었다. 초청된 전문가 중 전두환이 특별히 기억한 사람은 천관우 동아일보 주필이었다. 그는 박정희의 유신 통치에 저항한 반정부 언론인 겸 민족주의 사학자였다. 전두환 대통령은 그를 민족통일중앙협의회 의장, 국토통일원 고문, 평화통일정책자문위원회 위원, 국

정자문화의 위원에 임명했다. 덕분에 그는 언론으로부터 변절자로 몰리는 수모를 감내해야 했다.

전두환은 1980년 대통령 취임 후 국정 학습을 위한 공부와 관련하여 다음과 같이 회고했다.

"대통령이 되고 나서 경제기획원 차관보, 국세청 과장까지 토요일, 일요일에 불러서 배웠다. 김재익 경제수석한테 장관 보고만이 아니라 실무자의 전망과 정책 방향도 보고토록 했다. 그 사람들한테서 하루 3~4시간씩 보고를 받았다. 80년 말까지 경제 교수를 아침 7시에도 부르고 일과 끝나자마자 뒷방으로도 부르고 3~4개월을 계속하니 우리 경제의 문제점과 끌고 나갈 방향과 시책이 나름대로 정립이 되었다."[130]

박정희의 화요회·목요회 벤치마킹

전두환의 국정 학습 사례는 박정희 대통령이 운영했던 화요회·목요회를 연상케 한다. 박 대통령은 국가 통치를 위한 전문가들의 의견과 자문을 얻기 위해 노력했다. 각 분야 주요 인사들과의 친교를 통해 여론을 수집하고, 국가 발전을 위한 제안을 받았으며, 중요한 정보를 취득하고, 국제정세를 파악했다. 그중에서도 대표적인 공부 모임이 화요회와 목요회였다.

화요회는 대학교수들과의 모임이었는데, 매주 화요일에 열려 '화요회'로 불렸다. 주로 당주동 사무실에서 모임을 가졌다. 화요회는 최문한(서울대 총장), 정재각(고려대 대학원장), 민병태(서울대 문리대학장), 박희범(서울대 상대학장), 구범모(서울대), 박관숙(연세대), 강병규(중앙대), 오주환(고려대) 등이 참여했다.[131]

---

130 김성익, 앞의 책, 283쪽.
131 김용삼, 『박정희의 옆얼굴-사람을 사랑한 대통령』, 기파랑, 2018, 49쪽.

목요회는 언론인들과의 모임이었는데, 매주 목요일 반도호텔 815호실에서 열렸다. 멤버는 남재희(조선일보), 임방현(한국일보), 임홍빈(한국일보), 이명영(경향신문), 주영관(서울신문), 송건호(동아일보), 양홍모(중앙일보) 등이었다.[132] 관련 모임에 참석한 비서관들은 회의에서 논의된 내용을 보고서로 작성하여 대통령에게 보고했다. 박 대통령은 이 보고서를 통해 다양한 정보를 얻고, 회원들이 올린 아이디어 중 중요한 내용들을 즉각 정책에 반영했다.

모임 참석자들은 대통령의 요청에 의해 세계적인 석학들의 연구발표 내용이나, 신간 내용을 요약하여 제공하기도 했다. 이들이 대통령에게 직접 건의하여 국정에 반영된 사례는 경제 건설, 벼의 신품종 개량, 국민교육헌장 제정 등 상당수에 달한다. 박정희는 화요회·목요회 모임 외에도 근대화 연구회 소속 언론인과 학자들을 자주 청와대로 초대하여 환담을 나누고 만찬을 함께했다.

이러한 환담과 만찬을 이용하여 박정희는 다양한 분야의 최신 정보를 듣고, 국가 발전을 위한 아이디어를 제공받았다. 훌륭한 아이디어는 즉각 실행에 옮겨 국정의 질을 향상시켰다.[133] 전두환 대통령의 국정 학습은 박정희의 공부 모임을 개인 지도 형식으로 바꾼 형태였다.

권력은 '총구'가 아니라 '경제'에서 나온다

전두환 대통령이 복잡다기한 국정 중에서도 최우선 순위에 둔 것은 경제 분야였다. 박정희 대통령과 마찬가지로 소년 시절 뼈아픈 가난을 체험한 그는 기회가 날 때마다 "경제는 국민 생존, 국가 미래와 직결된 문제다.

---

132 김용삼, 앞의 책, 48쪽.
133 김용삼, 앞의 책, 49~50쪽.

안보도 경제가 잘 돌아가야 굳건해진다. 국민이 등 따뜻하고(주택), 배부르고(식량), 아프지 않아야(의료) 정치도 안정되는 것"이라고 말했다. 그의 경제철학을 한마디로 요약하면 "권력은 총구에서 나오는 것이 아니라 경제에서 나온다"는 것이었다.

경제학의 핵심 본질은 한정된 재화와 자원을 효율적으로 사용하는 방법을 탐구하는 학문이다. 때문에 학자 개개인의 이념이나 가치관, 철학에 따라 내용과 방향, 정책이 정반대로 달라지게 마련이다. 전두환 대통령은 경제 가정교사 출신 김재익을 경제수석으로 임명하고 대단히 신뢰했다. 하지만 한 사람 의견에만 의존할 경우 편향성이 생길 것을 우려하여 김재익의 안정론과 반대되는 성장론을 주장하는 전문가들도 초빙하여 공부했다.

이처럼 다양한 관점을 가진 전문가들을 만나 의견을 수렴하는 과정에서 하나의 사안에 정반대 의견이 제기되는 사례도 심심치 않게 발생했다. 이런 일이 벌어질 때마다 현재 상황에서 어떤 정책이 국가와 사회에 가장 합리적인지를 결정하는 것은 대통령의 몫이 된다. 그래서 무엇보다 대통령의 합리적 판단력이 중요해진다.

경제 분야에 관한 한 대통령의 합리적 판단력이 가장 왕성하게 작동한 시기는 박정희·전두환이었고, 김영삼은 그 대척점에 서 있는 지도자라는 평을 받아 마땅하다. 이유여하를 막론하고 김영삼 재임기에 외환위기, 국가부도라는 비극이 현실화되었기 때문이다.

4

5공화국 헌법 개정 작업

1980년 '서울의 봄'이 파국을 맞은 결정적 계기는 개헌 작업을 둘러싼 정부와 국회의 주도권 싸움이었다. 김영삼·김대중·김종필로 상징되는 3김이 주도하는 정치권이 정부와 상의 없이 국회 주도로 개헌 작업을 진행하자 최규하 정부가 이원집정부제 개헌을 추진하면서 파탄이 난 것이다.

5·17 조치로 '서울의 봄'을 이끌던 3김이 인위적으로 현실 정치 무대에서 퇴장당했고, 국회는 사실상 해산 상태가 되었다. 이로써 국회가 추진하던 개헌 작업도 중단되었다. 법제처가 주관했던 개헌심의위원회를 통한 정부 차원의 개헌 작업도 사실상 손을 놓은 상태였다. 국정운영의 실권이 국가보위비상대책회의(이하 국보위)로 넘어가면서 개헌은 자연스럽게 국보위를 중심으로 추진되었다. 국보위 법사위가 개헌 작업에 돌입한 것은 1980년 6월 말이었다.

국보위가 개헌에 관여한 것은 "국보위는 어떤 입법행위도 하지 않을 것"이라는 김용휴 총무처 장관의 발언과 정면 배치되는 행위였다. 관련 법규에도 국보위가 개헌에 간여할 수 있는 조항이 없으므로, 이것은 엄밀히 말하면 불법 간여 행위에 해당한다. 그럼에도 불구하고 개헌 작업을 국보위가 중심이 되어 추진한 이유는 최규하 대통령의 의지 때문이었다.

전두환의 검찰 진술에 의하면 당시 최규하 정부 내에는 국무총리가 위원장으로 있는 헌법연구회가 있었다. 그런데 최 대통령은 "국보위가 헌법 개정에도 관심을 가지고 개헌에 관한 의견을 건의해달라"고 지시했다.[134] 이로써 대통령의 지시에 의해 국보위가 개헌 작업을 담당하게 되었다.

보안사 중심으로 개헌 작업 추진

개헌 작업은 권정달 보안사 정보처장이 실무총책을 맡았고, 국보위 위원들이 업무를 분장했다. 헌법 전문(前文)은 최영광, 권력구조는 우병규·박철언·손진곤, 기본권은 이종남·이건웅, 기타 김성훈·김용균이 담당했다. 박철언과 우병규가 이영훈 법제처장과 만나 정부 작업 내용과 국보위 작업 내용 중 불일치되는 부분을 조정하는 방식으로 업무를 진행했다.[135]

5공화국 헌법 개정안의 기본 골격이 마련된 시기는 1980년 7월 15일이었다. 이날 전두환 국보위 상임위원장은 보안사의 주요 간부인 허화평·허삼수·이학봉·권정달·정도영, 중앙정보부의 이종찬 총무국장과 허문도 중앙정보부장 비서실장 등을 보안사령관실로 소집했다. 권정달 대령이 개헌안의 골격을 설명했다. 그때까지 정해지지 않은 부분은 대통령 선출 방식과 임기, 연임 조항이었다. 이 문제를 결정하기 위해 참석자들은 난상 토론을 벌였다.

박철언의 증언에 의하면 5·17 조치 이전까지는 대통령 직선제가 대세였다고 한다. 하지만 계엄 확대 이후 분위기가 달라졌고, 신군부에서는 대통령 간선제를 원했다.[136] 노태우 장군은 안정론을 내세워 대통령 간선제를

---

134 전두환 피의자 신문조서(제4회), 1995년 12월 10일, 조선일보사a, 앞의 책, 43쪽.

135 김용삼b(1999.2), 581쪽.

136 박철언a, 『바른 역사를 위한 증언1』, 랜덤하우스중앙, 2005, 36쪽.

제안했고, 허화평·허삼수 대령은 국민 직선제를 주장했다. 대통령 임기는 허삼수·허화평 대령은 6년, 전두환 장군은 7년을 제안했다.

전 장군은 "처음 1년은 국정을 파악해야 하고, 마지막 1년은 권력 누수 현상 때문에 제대로 국정을 수행할 수 없다"라면서 "실질적으로 일할 수 있는 기간이 5년은 되어야 한다"는 의견을 제기했다. 임기 4년에 1차 중임을 허용하자는 의견도 제기됐으나, 3선 개헌으로 임기를 연장한 이승만·박정희 정권의 사례를 되풀이해서는 안 된다는 의견이 강해 폐기되었다.

최규하 대통령이 하야한 8월 16일 소집된 요강작성소위 제23차 회의에서 7년 단임제로 결정했고, 8월 20일 대통령 선거인단에 의한 대통령 간선제 등이 포함된 초안이 마련되었다. 이 와중에 전두환이 대통령에 취임하면서 최 대통령이 약속하고도 시행하지 못한 개헌 작업이 조속히 마무리될 수 있도록 독려했다.

9월 1일 전두환 대통령은 보안사에서 자신을 보좌했던 핵심 측근들을 전역시켜 허화평(보안사령관 비서실장)은 대통령비서실장 보좌관, 허삼수(보안사 인사처장)는 청와대 사정수석 비서관, 이학봉(보안사 대공처장)은 청와대 민정수석 비서관으로 임명했다. 권정달(정보처장)에게는 정당 창당 실무를 맡겼다. 개헌 작업에 참여했던 우병규는 청와대 정무1수석비서관, 박철언은 정무1수석비서관실 산하 법제비서관으로 자리를 옮겨 개헌 작업을 계속 담당했다.

김영삼 정계 은퇴시키기 작전

한편에선 구정치인들의 활동 규제 작업이 진행되었다. 7월 30일 전두환 국보위 상임위원장은 이학봉 대령에게 김영삼 신민당 총재를 정계에서 은퇴시키는 작업을 추진하라고 지시했다. 전 장군이 이학봉 대령에게 이 일을 맡긴 이유는 그가 김 총재와 경남고 동문이라는 학연(學緣) 때문이다.

지시를 받은 이학봉은 경남고 동창인 문정수 당시 김영삼 총재 비서를 통해 전 장군의 뜻을 전했다. 8월 13일 김영삼은 기자회견을 열어 총재직 사퇴와 정계 은퇴 성명을 발표했다.[137] 이 작업이 순탄하게 이루어진 것은 아니다. 문정수의 검찰 진술에 의하면 김영삼 총재는 정계 은퇴를 선언할 뜻이 전혀 없었다. 이렇게 되자 이학봉 대령이 "김 총재가 정계 은퇴를 거부하면 여자관계와 정치자금 문제 등을 언론에 폭로하여 파렴치한으로 몰려 도덕적으로 매장당할 것"이라고 협박했다고 한다.

전 대통령 취임 8일 후인 9월 9일, 8차 헌법개정안(제5공화국 헌법)이 확정되었고, 9월 22일 헌법개정안에 대한 국민투표가 공고되었다. 이날 우병규 정무수석 주도하에 국보위 설치령을 국가보위입법회의(이하 입법회의) 설치령으로 개정했다. 이유는 개정 헌법에 의해 국회가 해산되므로 국회의 권능을 대신할 한시적 기구가 필요했기 때문이다. 남덕우 국무총리는 이 설치령 개정안을 국무회의에서 의결했는데, 이것이 국회의 권능을 유린한 내란 행위에 해당한다 하여 관련자들과 함께 고발당했다. 검찰 조사 끝에 그는 무혐의로 종료되었다.[138]

5공 헌법 발효

9월 26일 국무회의에서 제8차 헌법개정안을 의결 공포했다. 개정안은 대통령 선거는 국민 직선제가 아니라 5천 명 이상의 선거인단에 의해 선출되는 간선제와 7년 임기의 단임제로 못박아 개헌에 의해서도 임기 연장이나 중임을 시도할 수 없도록 했다는 점이 큰 특징이었다. 이 밖에 대통령은 필요시 국무회의 의결을 거쳐 국회를 해산할 수 있으며, 해산 후 30일

---

137 이학봉 피의자 신문조서(제4회), 1996년 1월 9일, 조선일보사a, 앞의 책, 191쪽.
138 남덕우, 『경제개발의 길목에서』, 삼성경제연구소, 2009, 243쪽.

이후 60일 이내에 총선거를 실시할 수 있도록 규정하는 등 대통령에게 막강한 권한을 부여하고 있었다.[139]

공고된 지 24일 만인 10월 22일 실시된 헌법개정안에 대한 국민투표는 투표율 95.5%에, 찬성 91.6%로 헌정사상 유례없는 최고의 찬성을 얻어 확정되었으며, 10월 27일 새 헌법인 제5공화국 헌법이 공포 발효되었다.[140] 이날 진행된 제5공화국 헌법 공포식에서 전두환 대통령은 "한 시대는 이제 종장을 고하고 새 역사의 여명이 밝아오고 있으며 유신헌법도 오늘로써 명실공히 역사 속으로 사라졌다"라면서, "새 역사 창조의 대열에 참여하려는 그 누구도 우리 모두가 관용의 정신으로 국민 단합의 품속에 포용하여야 하리라고 생각한다"고 연설했다.

헌법학자인 권영성 서울대 교수는 제5공화국 헌법의 가장 두드러진 특징을 다섯 가지로 정리했다.

첫째, 유신헌법에 규정되어 있던 통일주체국민회의를 폐지한 점,

둘째, 대통령 선출을 간선제로 하고 대통령의 비상조치권·국회해산권 등의 발동 건을 강화한 점,

셋째, 대통령 임기를 7년 단임제로 한 점,

넷째, 모든 국회의원의 국민 직선, 국정조사권 조항 신설, 행정부 통제권 강화 등 국회의 헌법상의 지위와 권한을 강화한 점,

다섯째, 법관 임명권을 대법원장에게 부여하여 사법부의 독립과 권한을 강화한 점.[141]

5공 헌법의 정부 형태는 대통령중심제에 내각제 요소를 가미시킨 절충

---

139 현대의전연구소, 앞의 책, 376쪽.
140 김행선, 앞의 책, 154쪽.
141 권영성, 「제5공화국 헌법의 특색」, 『고시연구』 1980년 12월, 13~14쪽.

형이나, 실제로는 국가권력이 대통령에게 고도로 집중되어 있었다. 대통령에게 비상조치권, 국회해산권, 주요 정책의 국민투표 부여권 등을 부여한 반면, 대통령의 권한 통제와 권력남용 방지를 위한 충분한 합법적 장치가 마련되어 있지 않았다.[142]

이처럼 대통령에게 권한이 집중됨으로써 국회의 권한 약화, 사법권의 종속 가능성 등 민주정치 체제의 다원성과는 거리가 먼 배제와 억압의 권위주의 정치형태[143]라는 비판이 쏟아졌다. 권위주의란 정치권력이 전체 국민에게 골고루 분배되지 않고 특정 인물, 정당, 집단에 집중되어 있는 체제[144]를 뜻한다.

장기 집권 원천 봉쇄

제5공화국 헌법은 평화적 정권교체를 보장하고 있으며, 단임제를 못 박아 장기 집권을 원천 봉쇄했다는 점에서 획기적이었다. 하지만 핵심은 유신헌법의 골간을 그대로 유지하고 있다는 점이 문제로 지적되었다.[145] 대통령 선출 방식을 간선제로 한 점, 대통령에게 비상조치권·국회해산권 등 초헌법적 특권을 부여한 점, 국회의원의 3분의 1을 전국구로 하고, 그중 3분의 2를 제1당이 차지하도록 함으로써 입법부에서 제1당이 다수를 점하도록 만드는 기형의 제도를 도입했기 때문이다.[146]

신군부가 5공화국 헌법에서 유신헌법의 핵심이라 해도 과언이 아닌 대

---

[142] 이우진·김성주 공저, 『현대한국정치론』, 사회비평사 1996, 177쪽.
[143] 박철호, 「제5공화국 권위주의 정치체제의 변화과정 연구」, 서울대학교 대학원 박사학위 논문, 1993, 68쪽.
[144] 안두환(2019), 5쪽.
[145] 정해구, 앞의 책, 88쪽.
[146] 박호성, 「1980년대 한국 민주주의의 전개」, 한국학중앙연구원 편, 『1980년대 한국사회연구』, 백산서당, 2005, 125쪽.

통령 간선제를 답습한 이유는 무엇이었을까? 일부 학자들은 대통령 직선제로는 선거에서 승리하기 어렵다고 예측했기 때문으로 보았다. 이는 결국 국민의 정부선택권, 즉 국민주권주의(Volkssouveränität)를 침해한 것이라는 점을 들어 전두환 정권은 '국민적 지지를 받지 못하는, 민주적 정당성(Demokratische Legitimität)이 취약한 정권'이라는 비판에 직면했다.[147]

이런 비판에도 불구하고 5공화국 헌법이 유신헌법의 비민주적 요소를 상당 부분 완화 내지 배제하면서 유신헌법에서 폐지되었던 제도를 부활시키거나(예컨대 구속적부심사제도), 새로운 규정을 신설(예컨대 환경권)함으로써, 1972년 제4공화국 유신헌법보다는 다소나마 민주화된 것은 부인할 수 없는 사실이다.[148]

새 헌법이 시행되면서 공화당, 신민당, 통일당 등 기존의 정당과 국회가 자동으로 해산되었고, 통일주체국민회의도 폐지되었다. 국회 권한을 대행하기 위해 국가보위입법회의가 발족되었다. 전두환 대통령은 개정 헌법 부칙 제6조 제1항의 규정과 국가보위입법회의법 제3조 규정에 따라 10월 28일, 81명의 입법회의 의원을 임명했다. 국가보위입법회의는 제11대 국회 개원 전날인 1981년 4월 10일까지 150일간 존속하며 5공 정부 수립을 위한 법적 토대를 마련하는 역할을 하게 된다.

당초 계획으로는 국보위를 과도 입법기구로 개편하려 했으나 우병규 수석이 반대했다. 이유는 국보위가 군사통치적 요소가 강했기 때문이다. 때문에 국보위를 하루빨리 정리하고 민간적 요소를 가미한 입법기구를 만들어야 한다는 차원에서 국가보위입법회의를 제안했다. 전 대통령은 국보위가 개혁을 잘하고 있는데 굳이 새 기구를 만들 필요가 있는가 하며 이

---

147 김태일, 「유신 체제를 어떻게 볼 것인가」, 『역사비평』, 역사비평사, 1995, 335쪽.
148 김백유, 「제5공화국 헌법의 성립 및 헌법 발전」, 『일감법학』 제34호, 건국대학교 법학연구소, 2016, 131쪽.

의를 제기했다. 우병규 수석은 남덕우 총리, 허화평 보좌관을 통해 대통령을 설득한 끝에 입법회의가 출범하게 되었다.

국보위를 국가보위입법회로 변경

국가보위입법회의법은 정치·경제·사회·문화·행정 기타 각계의 학식과 덕망 있는 인사 중에서 대통령이 임명하는 50인 이상 100인 이내의 의원으로 구성한다고 규정되어 있었다. 이에 따라 81명의 입법회의 의원 전원을 대통령이 임명했다. 그 결과 입법회의는 진정한 대의기관과는 거리가 멀었고[149], 전두환과 신군부가 원하는 법안을 입법화해주는 기구에 불과했다는 비난을 받았다.[150]

입법회의는 출범 직후부터 제5공화국의 새로운 정치질서 정착을 위한 정치입법과 복지사회 건설, 정의사회 구현, 민주주의 토착화, 교육혁신과 문화창달 등 4대 국정지표의 실현을 위한 구체적인 입법에 착수했다.

입법회의는 5·17 비상계엄 이후 사회 전반에서 추진돼 온 개혁의 방향을 법률적으로 구체화했다. 독점규제 및 공정거래에 관한 법, 근로기준법, 노동관계법, 공무원법, 문화보호법 등을 입법화하는 데 성공했다. 뿐만 아니라 사회 안정과 관련한 사회보호법, 집회 및 시위에 관한 법률, 폭력행위 등 처벌에 관한 법률, 특정범죄가중처벌에 관한 법 등도 제정했다.

입법회의를 통해 법제화된 대표적인 법은 정치 풍토 쇄신을 위한 특별조치법을 비롯하여 대통령선거법, 국회의원선거법, 정치자금법, 정당법 개정안, 언론기본법, 한국방송공사법, 국정자문회의법, 중앙정보부법, 평화통일자문회의법, 국가보안법, 국회에서의 증언·감정 등에 관한 법률, 국회사

---

149 김순양(2022), 14쪽.
150 강원택, 앞의 책, 247쪽.

무처법 등을 꼽을 수 있다.[151]

한편에선 5공화국 출범에 대비하여 정치활동 규제자 선별 작업이 진행되었다. 이 작업은 한용원 보안사 정보과장, 현홍주 중정 국장, 박배근 치안본부 정보과장이 각자 보관하고 있던 정치인별 신상 카드(일명 존안카드)를 토대로 대상자를 선정했다.[152] 800여 명의 정치 활동 규제자 명단이 만들어져 11월 초 전두환 대통령의 결재를 받았다.

이 명단을 토대로 11월 12일, 입법회의는 '정치 풍토 쇄신에 관한 특별조치법'을 제정하여 총 835명의 정치활동 규제자 명단을 발표했다. 전 대통령은 이 법에 따라 정치풍토 쇄신위원회를 발족시켰다. 정치 규제 대상으로 선정된 835명 중 569명이 재심을 청구했다. 이 가운데 268명이 구제를 받았는데, 앞으로 실시될 선거에서 여당의 당선을 위협할 만한 사람들은 거의 풀려나지 못했다.[153]

쇄신위는 비리·폐습 정치인으로 판정된 567명에 대해 1988년 6월 30일까지 한시적으로 일체의 공직선거에 입후보하지 못하도록 정치활동을 금지시켰다. 이 법으로 인해 5·16 이후 20여 년 정계를 주도해왔던 여야 정치인 중 상당수가 퇴진했고, 정계에서 대대적인 세대교체가 이루어졌다.[154] 한국 정치계는 5·16 때 타율적 힘에 의해 세대교체가 이루어진 이래, 또 한 차례 물리적 힘에 의한 격렬한 세대교체가 이루어졌다.

151 동아일보, 1981년 3월 30일.

152 한용원 검찰 진술조서(제2회), 1995년 12월 21일, 조선일보사a, 앞의 책, 253쪽.

153 이만섭, 『나의 정치 인생 반세기: 이승만에서 노무현까지-파란만장의 가시밭길 헤치며 50년』, 문학사상사, 2004, 254쪽.

154 심지연·김민전, 「선거제도 변화의 전략적 의도와 결과」, 한국정치학회, 『한국정치학회보』36, 2002년 5월, 150쪽.

여야 정당 창당 작업 추진

　다른 편에선 새 공화국을 이끌어갈 정당 창당 작업이 일사불란하게 추진되었다. 이 작업은 권정달을 중심으로 이종찬 중정 총무국장, 윤석순 중정 총무부국장, 이상연 보안사 정보처 보좌관, 이상재 보안사 언론반장이 실무를 담당했다.

　정당 창당 작업 과정에서 공화당을 모태로 삼으면 정통성 시비를 피할 수 있고, 정권 장악에 시간과 노력을 절약할 수 있다는 의견이 제기됐다. 하지만 공화당이 18년 집권기간 동안 무기력해졌고, 유신의 잔재 이미지를 벗어나기 힘들다는 반론이 제기됐다. 그 결과 공화당을 해체하고 신당을 창당하는 쪽으로 방향이 정해졌다.

　7월부터 각 시도별 조직책 인선이 시작됐다. 정래혁(전남), 황인성(전북), 정석모(충남), 이해원(충북), 이범준(강원), 김영선(경기), 김용태(경북) 등이 각 시도 조직책으로 선정되었다. 본격적인 창당 작업은 권정달이 군에서 예편한 10월 16일 이후 본격화되었다. 작업팀은 서린호텔, 프라자호텔, 하얏트호텔 등 세 곳에 캠프를 차리고 참여 대상자들과 접촉했다.

　신군부의 박력 넘치는 조치로 사회가 안정을 되찾아 가자 정부는 1980년 11월 17일 0시를 기해 전국 비상계엄을 제주도를 제외한 지역 비상계엄으로 완화했다. 11월 22일에는 전국 비상계엄 조치로 인해 제한을 받았던 정치활동이 재개되었다.

　집권 세력에서 추진하던 창당팀은 11월 28일 서울 무역회관에서 제1차 발기 준비 첫 모임을 갖고 가칭 민주정의당(민정당) 창당을 공식 선언했다. 이어 12월 2일 서울 태평로 신문회관에서 창당발기 총회를 열고 창당발기 선언문과 규약을 만장일치로 채택한 후 창당발기위원장에 이재형 전 국회

부의장(신민당 부총재)을 선출했다.[155]

1981년 1월 15일 서울 잠실실내체육관에서 전국 대의원과 당원 등 1만여 명의 참석한 가운데 민정당 창당 및 대통령 후보 지명대회를 열었다. 이날 민정당은 전두환 제11대 대통령을 초대 당 총재와 제12대 대통령선거 후보로 추대했다. 이날 민정당은 민족·민주·정의·복지·통일 등 5대 정치 이념을 채택하여 창당 작업을 완료했다.[156]

관제 야당 탄생

이틀 후인 1월 17일에는 민주한국당(총재 유치송)이 창당되었으며, 1월 20일엔 고정훈을 총재로 하여 민주사회당이, 1월 23일에는 김종철의 한국 국민당이 창당되어 한국 정치는 4개 정당이 각축하는 의회정당구조로 복원되었다.[157] 구정치인들은 대부분 정치 규제로 묶고, 신당 창당에 참여할 사람들은 선별적으로 풀어줬다.[158]

야당은 보안사와 중앙정보부의 창당작업팀이 기획하여 현실에 적용한 신군부 집권 세력의 작품이었다. 이들은 연구 검토 끝에 기존 신민당 출신으로 정치규제에서 풀려난 의원들은 민주한국당(민한당), 민주공화당과 유신정우회 출신들은 한국국민당(국민당), 진보적 인사인 고정훈이 민주사회당을 창당하는 것으로 방향을 정했다. 야당 창당 과정은 물론, 당명 선정, 당직 배분, 사무실 마련, 당 운영자금까지 보안사와 중앙정보부의 창당작업팀이 간여한 것으로 알려졌다.[159]

---

155 현대의전연구소, 앞의 책, 377쪽.
156 현대의전연구소, 앞의 책, 377쪽.
157 유병용·홍순회·이달순 외, 『한국현대정치사』, 집문당, 1997, 251쪽.
158 강창희, 『열정의 시대: 강창희 정치 에세이』, 중앙북스, 2009, 31쪽.
159 현대의전연구소, 앞의 책, 378쪽.

이렇게 탄생한 야당의 구조는 여야 대립 관계에서의 야(野)가 아니라, 민정당의 우당(友黨) 개념이었으며, 민정당을 모함(母艦)으로, 야당을 보조함으로 거느림으로써 민정당이 장기 집권한다는 것이었다.[160]

1981년 1월 24일 지역 비상계엄이 해제되면서 군은 병영으로 돌아갔다. 1979년 10월 26일 박 대통령 시해 사건으로 10월 27일 제주도를 제외한 전국에 비상계엄이 선포된 이래 456일 만에 사회는 정상으로 복귀했다.

언론계 정화 작업

5공 창출의 주역들은 계엄 해제 후 원활한 정국 운영을 위한 다각도의 검토에 들어갔다. 그중에서 가장 골치 아픈 현안은 비판의식으로 무장한 언론 길들이기였다. 기업이나 관공서, 사회단체 등은 홍보·공보 조직을 이용하여 광고비 제공, 촌지(寸志) 수수 등의 방식으로 언론과의 공생을 모색했다.

반면에 신군부의 언론관은 우직 단순했다. 자기들 기준으로 볼 때 반체제 언론인이나, 부패하여 사회 기강을 흐리는 언론인은 퇴출시켜 언론계를 순화, 정화한다는 과격한 방식이었다. 이를 위해 강압적이고 폭력적인 방법이 동원되었다.

권정달 보안사 정보처장은 1980년 8월 보안사와 중앙정보부, 경찰 자료를 취합하여 해직 대상 언론인 336명의 명단을 작성하여 이광표 문공부 장관에게 보냈다. 이 서류에는 언론사별로 기자들의 해직 사유와 등급이 ABC로 구분되어 있었다. 해직 사유는 첫째, 반체제나 체제 비판적 언동을 한 자, 둘째, 부패 부정 등의 비위 사실이 있는 자, 셋째, 회사 내에서 무능하거나 지탄받을 만한 행동을 한 자 등으로 선정 기준이 기재되어 있었다.

---

160 한동윤, 「민정당 창당 작전」, 월간조선, 1988년 10월호, 413쪽.

이광표 장관은 이수정 문공부 국장에게 명단을 넘기고 처리를 지시했다. 이들 중 298명은 곧바로 해직되었고, 38명은 해직 대상에서 제외되었다. 그런데 문공부 공보국의 조사 결과 실제로 언론사에서 해직시킨 기자는 933명으로 대폭 늘어난 사실이 밝혀졌다. 언론사들이 시류에 편승하여 경영 합리화 차원에서, 또 사주의 말을 듣지 않는 골칫덩이 기자들을 이 기회에 "신군부 측의 요구"라고 핑계 대고 마구잡이로 해직시킨 것이다.

언론인 정화 작업이 마무리되자 이번에는 언론사 통폐합이라는 초강경 조치가 추진되었다. 아이러니하게도 이 작업의 창안자이자 기획자는 언론인 출신 허문도였다. 조선일보 도쿄 특파원과 외신부 차장을 거쳐 주일대사관 공보관을 지내던 중 신군부와 인연을 맺게 된 그는 중정부장 비서실장, 국보위 문화공보위원, 1980년 9월 청와대 공보비서관에 임명되어 언론 및 문화정책을 총괄하게 된다.

허문도는 조선일보 도쿄 특파원 시절 일본이 2차 세계대전을 수행하는 과정에서 언론을 통폐합한 사실을 알게 되었다. 전시 일본 정부는 신문사의 경우 전국지는 3개(아사히·마이니치·요미우리), 지방지는 1도 1사 원칙, 통신사는 1개로 통폐합한 사례를 발견한 것이다. 허문도는 전시 일본의 사례를 5공화국 언론 통폐합의 기본 모델로 설정했다.[161]

언론인 허문도가 언론 통폐합 아이디어 제공자

그렇다면 언론인 출신 허문도가 언론 통폐합에 강력한 소신을 갖게 된 이유는 무엇이었을까?

당시 한국에는 군소 언론사들이 우후죽순 격으로 난립하여 정상적인 경영을 하는 언론사는 거의 없었다. 사원들에게 월급조차 제대로 못줘 기

---

161 허문도 검찰 진술조서, 1996년 1월 11일, 조선일보사a, 앞의 책, 268쪽.

자들은 출입처별로 공무원들의 월급에서 얼마씩 갹출하여 제공하는 '촌지'로 연명했다. 출입처가 없어 촌지가 나오지 않는 기자들은 생존을 위해 여기저기 들쑤시고 다니며 특정인의 약점을 잡아 기사화하겠다고 공갈 협박하여 금품을 갈취하거나 광고비 명목의 돈을 뜯어내는 사이비 기자들이 넘쳐났다.

1970년 경주세무서에 근무했던 이용만 전 재무부 장관은 당시 경주에서 월급을 받는 기자는 두 명뿐이었고, 나머지는 돈을 주고 기자증을 사서 돌아다녔다고 한다.[162] 유일상 건국대 신방과 교수는 당시 횡행했던 사이비 언론의 유형을 네 가지로 분류했다.

첫째, 상대방의 약점을 캐내어 그것을 공개적으로 폭로하겠다는 공갈·협박으로 금품을 뜯는 언론인. 둘째, 홍보성 기사를 작성하여 그 대가를 요구하거나 해당 지를 강매하는 언론인. 셋째, 기자(언론인)라는 직위를 이용하여 특정의 이권을 해결해주거나 각종 로비활동을 대행해준 다음, 특정의 대가나 반대급부를 공여받는 행위를 하는 언론인. 넷째, 자신의 직무에 따라 당연한 언론 활동을 했으면서도 자신의 위세, 직업적 속성 등을 내세워 금품을 수수하는 언론인.[163]

사이비 언론이 독버섯처럼 난립하여 시민의 약점을 잡아 괴롭히고 금품을 갈취하는 '언론 거머리'들이 사회 곳곳에서 악명을 떨치고 있었다. 사이비 기자 뒤에는 반드시 사이비 언론사(사주)가 존재했기에 언론학자들은 사이비 언론사 정리는 언론사 사주의 문제로 직결될 수밖에 없다고 인식했다.

시사저널이 조사한 바에 의하면 1996년 경인지역 신문기자 봉급은 전국지 기자들의 30~50% 수준이었다. 그나마 대도시에 주재하는 기자는 이

---

162 강만수, 『현장에서 본 한국경제 30년』, 삼성경제연구소, 2005, 14쪽.

163 유일상, 「사이비 언론과 사이비 기자 파문」, 언론중재위원회, 『언론중재』, 1989년 봄호(통권 제30호), 8~16쪽.

정도 월급이나마 받았지만, 지방 중소 도시로 갈수록 봉급 자체가 없었다. 이런 상황이다 보니 언론사 사주들은 광고에 협조하지 않는 사업체나 기관에 공갈하거나 표적 취재하도록 요구했다.[164]

1996년 언론 실정이 이 정도였으니, 1980년은 이보다 훨씬 상황이 심각했으리라는 것은 미루어 짐작할 수 있는 일이다. 언론사가 소속원들의 생계를 책임져주지 못하면 언론사 종사원은 사회적 기생충이나 다름없는 존재가 되고 만다. 사농공상의 신분구조, 붓을 쥔 문민 우위의 문화적 양태가 몇 백 년 이어오며 무소불위의 필봉을 휘두르는 것이 언론의 당연한 권리라고 설쳐대는 분위기였으니 당시 한국은 사이비 기자들의 천국이나 다름없었다.

전두환, 세 차례나 언론사 통폐합 반대

언론사 출신으로서 이런 기막힌 현실을 적나라하게 체험한 사람이 허문도였다. 그는 한국의 현실에서 언론사가 너무 많이 난립해 있는 것이 모든 문제의 근원이라고 보았다. 물리적 힘을 동원하여 언론사를 전시 일본 방시으로 과감하게 통폐합하여 적정 수준을 유지하는 것이 가장 확실한 해결책이라고 그는 확신했다.

국보위 시절인 1980년 6월, 허문도는 오자복 국보위 문공분과위원장과 함께 전두환 국보위 상임위원장에게 한국 언론의 실태를 설명하고 언론사 통폐합 방안을 보고했다. 설명을 들은 전두환은 너무 극단적인 조치라며 거절했다. 1980년 7월경 또다시 보고했으나 전두환 위원장은 이때도 거부했다.[165]

---

164 「언론 거머리, 사이비가 판친다」, 시사저널, 1996년 7월 4일.
165 허문도 검찰 진술조서, 1996년 1월 11일, 조선일보사a, 앞의 책, 266쪽.

전두환 장군이 대통령에 취임하여 허문도를 청와대 공보비서관에 임명했다. 신군부 인사들은 언론의 저항을 우려하여 사이비 기자를 정리하는 선에서 언론 개혁을 구상했다. 보안사에서 언론 개혁을 준비 중이라는 사실을 알게 된 허문도는 "언론 개혁은 언론사 통폐합이 유일한 대안"이라며 관련 자료를 보안사 정보처에 제공했다.

권정달 보안사 정보처장은 이상재 보안사 언론반장에게 관련 자료를 넘겼고, 이상재 주도로 '언론건전종합육성방안'이란 문건이 작성되었다. 10월 중순 노태우 보안사령관이 언론 통폐합 방안에 대한 결재를 받기 위해 청와대를 방문했다. 청와대 집무실에서 회의가 열렸는데 참석자는 전 대통령, 이광표 문공부 장관, 김경원 비서실장, 이웅희 공보수석, 허화평 정무수석, 허삼수 사정수석, 노태우 보안사령관, 권정달 보안사 정보처장, 허문도 비서관이었다.

권정달이 관련 내용을 보고하자 전 대통령이 보고를 중단시키고 참석자들에게 언론사 통폐합에 대한 의견을 물었다. 김경원 실장, 이웅희 공보수석, 노태우 보안사령관이 반대 의견을 내놓았다. 전 대통령은 "비상시국에 언론사까지 정리할 필요가 있는가"라며 반려했다. 이로써 언론 통폐합은 또다시 좌절되었다.[166]

언론과 재벌의 분리, 방송 공영화 추구

세 차례나 거부되었던 언론 통폐합 방안이 불사조처럼 살아난 것은 11월 11일이었다. 이날 이학봉 민정수석이 전 대통령에게 비상계엄 해제 후 대책의 일환으로 언론 통폐합이 필요하다고 보고했다. 그제야 전 대통령은 언론 통폐합을 결심하게 된다. 이 사실을 알게 된 허문도는 이수정 비서

---

166 허문도 검찰 진술조서, 1996년 1월 11일, 조선일보사a, 앞의 책, 270쪽.

관, 이광표 문공부 장관, 최재호 비서관과 함께 대통령에게 보고할 언론 대책 문건을 작성했다. 핵심 주제는 언론과 재벌의 분리, 방송 공영화 두 가지였다.

구체적인 내용으로는 신아일보를 경향신문으로 통합, 경제지는 한국경제·매일경제 등 두 신문으로 통합, 통신사도 연합통신으로 통합하는 방안이었다. 지방사는 1도 1사 원칙만 세우고 세부 계획은 보안사에서 계획을 수립하여 집행하기로 했다.[167]

11월 12일 이광표 장관이 언론 통폐합을 위한 '언론창달계획'을 전두환 대통령에게 보고했다. 보고서 제목은 그럴듯했지만, 사유재산이 법적으로 보장된 자본주의 시장경제 체제하에서 언론사의 강제 통폐합은 초법적이고 혁명적인 조치였다. 이 사실을 잘 알고 있었던 전 대통령은 "보안사령관의 협조를 받아 집행하라"는 의견을 달아 재가했다. 이것은 통상적 방법으로는 불가능하니 보안사에서 강제력을 동원하여 추진하라는 뜻이 내포되어 있었다.

이광표 장관이 노태우 보안사령관에게 언론사 통폐합을 의뢰하자 노태우는 "사전에 협의도 없이 왜 나에게 악역을 맡기느냐"라며 난감해했다. 하지만 서슬 퍼런 5공 출범 직후 상황에서 대통령의 지시를 누가 거스를 수 있었겠는가. 곧바로 45개 언론사 사주들이 보안사로 소집됐다. 사주들의 완강한 저항으로 난항을 겪었지만 언론 기업이 권력의 요구를 거부할 방법은 없었다.

신문사 28개, 방송사 29개, 통신사 7개 등 64개 언론기관이 우여곡절 끝에 신문사 14개, 방송사 3개, 통신사 1개 등 18개 언론사로 통폐합되었고, 172종의 정기간행물이 폐간되었다. 방송사는 방송 공영화라는 취지로

---

167 허문도 검찰 진술조서, 1996년 1월 11일, 조선일보사a, 앞의 책, 271쪽.

5개사(동양방송, 동아방송, 대구 한국FM, 서해방송, 전일방송)가 한국방송공사로 통폐합되었고, CBS의 보도·광고 기능이 정지되었다.[168] 언론사 통폐합 과정에서 또다시 언론인 1,105명이 해직되었다.

언론사 통폐합은 형식적으로는 자율을 위장했으나, 실제로는 강제적이었다. 집행 과정에서 언론사 사주나 경영 책임자들은 보안사 지하실에 연행되어 혹독한 강요와 협박을 받은 끝에 언론사 포기각서에 서명해야 풀려날 수 있었다.[169]

언론 통폐합은 사유재산권 침해, 언론인 해직 등 부작용이 속출했고, 강압에 의한 포기 권유 등 집행 방법에 심각한 무리가 따랐다. 하지만 당시엔 전국에서 사이비 기자로 인한 폐해가 심각했던 터라 언론 통폐합은 국민의 호응을 받은 것도 부인할 수 없는 사실이다. 언론사 통폐합과 관련하여 이광표 장관은 재벌기업에 의한 언론 지배, 언론사 난립으로 인한 폐해 등을 막을 수 있었던 것은 잘된 일이었다고 평가했다.

국가보위입법회의의 역할과 사명

입법회의는 1980년 10월 27일부터 1981년 4월 11일까지 6개월 동안 제5공화국의 사실상의 법적·제도적 근거들을 대부분 구축해놓는 데 성공했다.[170] 이를 위해 166일 동안 본회의 25차례, 상임위원회를 171차례 열어 총 215건의 안건을 모두 처리했다. 처리된 법안만을 놓고 볼 때 9대 국회가 6년 동안 633건, 10대 국회가 1년 반 동안 129건을 처리했음에 비추어 입

---

168 진실화해를 위한 과거사정리위원회 편, 『진실화해위원회 종합보고서』4, 진실화해를 위한 과거사정리위원회, 2006, 252쪽.

169 6월 항쟁을 기록하다 편집위원회 저, 『6월 항쟁을 기록하다』, 민주화운동기념사업회, 2007, 161쪽.

170 김행선, 앞의 책, 178~179쪽.

법회의의 과업이 얼마나 박찬 것이었는지를 알 수 있다.[171]

입법회의는 제5공화국의 공식 출범에 앞서 과거 역대 정권 때 제정됐던 비현실적이며 불합리하고 전근대적인 다수의 각종 법률들을 재정비하여 1980년대 민주복지사회 건설과 새 시대, 새 역사의 전개에 부응하는 철저하고 본원적인 입법 활동을 했다. 즉, 과거 우리 사회를 구속해왔던 기본 법질서에 대한 대수술이 불가피했던 측면이 없지 않았다.[172]

이런 방침에 따라 정부 각 부처와 관계기관은 기존의 행정편의 위주의 법 제정을 지양해야 한다는 원칙 아래 국가가 미래로 나가는 데 반드시 필요한 법률을 제정하고, 국민의 불편을 덜어주고, 현실에 맞도록 소관 법령의 대상과 개폐를 연구 검토했다. 입법회의에서 새로 제정되거나 개폐된 각종 법안 가운데는 시대에 뒤떨어지고, 민원의 대상이 되고 있는 입법부, 사법부 소관 법률도 상당수 포함되어 있었다.[173]

입법회의 활동은 국민 생활에 불편을 주는 악법을 폐지하고, 국가의 미래를 위해 필요한 관련법을 제정하는 일종의 입법 혁명이었다. 만약 국보위와 입법회의가 없었다면 제5공화국이 활발하게 미래지향적인 행보를 해나가는 것이 쉽지 않았을 것이다. 기득권자나 이해당사자의 반발이나 담당 부처의 이기주의로 인해 혁명적 상황이 아니면 도저히 입법화되기 어려운 내용들이 입법회의를 통해 입법화된 것이다.

이런 활동을 수행한 입법회의가 유권자들의 선거를 통해 선출된 대의기구가 아니라, 초법적인 비상기구였다는 점이 문제였다. 입법회의 설치의 법적 근거인 국가보위입법회의법은 1980년 10월 27일, 남덕우 국무총리가

---

171 김행선, 앞의 책, 220쪽.
172 국회사무처, 『국가보위입법회의 사료』, 국회사무처, 1995, 477쪽.
173 경향신문, 1980년 10월 24일.

대통령을 대리하여 주재한 국보위 회의에서 통과되었다. 대통령 자문기구로서 입법권이 없는 국보위가 의결한 이 법안은 무효라는 법률 전문가들의 주장도 있다.[174]

후에 국정 전반에 대해 광범위한 권한이 부여된 국보위와, 그 후신에 해당하는 입법회의가 헌법이나 법률의 근거 없이 대통령령만으로 설치된 것에 대한 위법성 문제가 야기되었다. 국가보위입법회의법 등의 위헌 여부에 관한 헌법소원에서 헌법재판소는 이 법이 비록 폐지된 법률이기는 하나 위헌성이 있다고 확인했다.[175]

국보위 활동의 역사적 의미

김백유도 제5공화국 헌법은 헌법 발효와 동시에 국회를 해산하고 국회의 기능을 대신할 기관으로 국가보위입법회의를 설치했고, 제5공화국 헌법도 헌법 시행에 필요한 여러 부속 법률들이 정상 국회가 아닌 국가보위입법회의에서 제정되었기 때문에 입법 형성 과정에 있어서의 민주적 정당성을 확보했다고 볼 수 없다고 비판했다.[176]

입법회의는 1981년 4월 10일 폐회식을 거행했다. 이호 의장은 "입법회의가 발족한 이래 제5공화국 출범의 산파역을 수행했으며, 질서 있고 효율적인 운영을 수범함으로써 새 시대의 국회상을 정립하는 데 기여했다"라고 폐회사를 했다. 국가보위입법회의가 제정한 법률과 이에 따라 행해진 재판 등은 헌법 부칙에 의해 그 효력이 지속되었다.

국보위와 그 후신인 입법회의가 실제 다룬 내용이나 시행 과정은 혁명

---

174 김행선, 앞의 책, 221쪽.
175 방승주, 「위헌입법의 현황과 대책」, 한국법학원, 『저스티스』 106호, 2008년 9월, 257쪽.
176 김백유(2016), 131쪽.

이나 다름없었다. 국보위 활동이 개시된 지 석 달도 안 돼 전두환 장군이 대통령에 취임했고, 이 과정에서 국보위가 5공 창출의 중요한 역할을 한 것은 부인할 수 없는 사실이다. 이런 현실과 관련하여 정치학자나 언론은 전두환 장군이 정권 찬탈을 위해 최규하 대통령을 협박하여 국보위를 설치했다고 주장한다.

5공 관련자들은 이런 주장에 단호히 반대한다. 전두환은 "내가 대통령이 되려는 생각을 갖고 있었다면 고통과 희생이 수반되는 개혁 조치들은 벌이지 않는 것이 상식에 맞는 일이다. 대통령이 되려 했다면 인심 쓰는 일을 해야지 욕먹고 원망 살 일을 왜 하겠는가"라는 입장이었다.

전 장군은 국보위 상임위원장으로 활동한 4개월의 경험 덕분에 국정 전반을 구석구석 상세히 파악할 수 있었고, 그 덕분에 대통령이 되었을 때 국정 운영에 큰 도움이 되었다고 밝혔다. 특히 그는 국보위 시절 당면한 경제 위기를 극복하고 미래를 향한 도약을 위해 박봉환·김재익 등에게 경제의 기본 개념부터 체계적으로 배우기 시작했다. 이러한 국정 학습을 통해 한국이 자유민주주의와 시장경제 체제를 근본이념으로 출범했으며, 그 이념과 체제를 지켜나가기 위해 국가가 해야 할 일이 무엇인가 하는 깨달음을 얻었다는 것이다.

『국보위 백서』는 "국보위는 가장 어려운 시기에 구국의 책무를 완수했을 뿐 아니라, 새 역사의 진운을 개척하는 제5공화국 탄생의 산실 역할을 수행했다"고 자평했다. 허화평은 국보위라는 과정을 겪었기에 그 후 출범한 제5공화국은 큰 시행착오 없이 일사불란하게 개혁을 추진할 수 있는 동력을 확보하게 되었다고 말한다. 엄밀하게 말하면 국보위 활동은 제5공화국의 정권 인수를 위한 인수위 활동 기간이었다는 것이다.

국보위와 국가재건최고회의의 유사성

국보위 활동은 5·16 때 출범했던 혁명기구인 국가재건최고회의(이하 최고회의)와 유사성이 발견된다는 학자들도 있다. 강원택 교수가 대표적이다. 박정희의 최고회의는 입법·행정·사법의 권한을 독점하고, 정치인들은 정치활동 정화법을 만들어 활동을 중단시켰다. 5·16 세력은 공무원 숙청 작업도 했다. 부정축재자에 대한 검거와 재산 몰수도 시도했다. 1만 명에 가까운 깡패를 검거했고, 국가재건국민운동이라는 국민정신 개조 운동도 벌였다. 5·16 이후 벌어진 이런 활동은 5·17 계엄 확대조치 이후 거의 그대로 반복되었다.[177]

1961년 최고회의와 1980년 국보위 등 두 기구에 근무했던 경력자인 전두환은 국보위와 최고회의는 그 성격이나 역할이 근본적으로 달랐다고 지적한다. 최고회의는 군사혁명위원회의 간판만 바꿔 단 기구로서, 입법·사법·행정 등 3권을 장악했지만, 국보위에는 입법 기능과 정책 결정권이 없었다는 것이다.

또 국보위는 행정업무를 관장했지만 내각의 통상적인 업무는 간섭하지 않았고, 내각을 지휘 감독하지도 않았다. 다만 대통령의 계엄 업무 수행에 관해 자문 보좌했고, 대통령에게 정책을 건의하여 대통령이 결정, 시행하는 방식이었다. 또 비상계엄령 하에서만 존속하는 한시적 기구였다는 점에서 최고회의와는 성격이 크게 달랐다고 밝혔다.[178]

최고회의는 농업사회 한국을 산업사회로 전환하는 데 필요한 각종 제도와 법률, 시스템을 총체적으로 정비하고 입안하는 기구였다. 전두환은 육군 대위 시절 5·16을 성공으로 이끄는 전기였던 육사 생도들의 시가행

---

177 강원택, 앞의 책, 212쪽.
178 전두환 회고록(1), 앞의 책, 364쪽.

진을 이끌어낸 주인공이다. 박정희 장군은 혁명 성공에 결정적으로 공헌한 전두환 대위를 최고회의 민원비서관으로 발탁했다.

전두환 대위는 국가재건최고회의에서 근무하며 그 역할을 정밀 관찰한 바 있다. 그로부터 19년 후 1980년 '서울의 봄'이란 혼란기가 닥치자 국가재건최고회의 역할을 본받아 국보위와 입법회의를 조직했다. 그는 국보위와 입법회의 활동을 통해 박 대통령이 일궈놓은 근대화 기반을 토대로 산업사회 한국을 정보화 사회로 전환하는 데 필요한 각종 제도와 법률, 시스템 정비에 앞장섰다.

박정희의 최고회의와 전두환의 국보위·입법회의가 없었다면 기득권층의 격렬한 반대로 인해 한국이 농업사회에서 산업사회로, 산업사회에서 정보화 사회로의 혁명적 전환이 가능했을까? 전두환은 박정희를 모델로 삼았다. 이 점에서 구군부가 신군부를 낳았고 신군부는 구군부를 모델로 집권한 것이다.

신군부 정권 창출의 핵심 역할을 했던 허화평은 국보위와 입법회의는 국가와 사회의 안정과 미래를 향한 개혁 기구였다고 증언했다. 1980년 봄 사북사태, 대학생들의 서울역 앞 시위, 광주사태가 없었다면 국보위도 존재하지 않았을 것이란 주장이다. 국가지도부 공백 사태라는 위기 상황에서 그동안 악습처럼 이어왔던 모든 법과 제도, 관행을 혁명적으로 개혁하려 했으며, 사회와 정부 각 분야의 총체적 문제점을 해결하기 위한 대책을 마련하고 법과 제도를 정비했으며, 그에 필요한 법안은 입법회의에서 제정했다고 한다. 정상 상황에서는 기득권 세력의 반발로 불가능했던 개혁 및 입법이 국보위와 입법회의라는 비상기구를 통해 대부분 시행되었다는 것이다.

5

박정희 중화학공업의 명과 암

박정희 시대 하면 '한강의 기적'이 떠오른다. 오늘날 대한민국 번영의 토대는 박정희 시대에 건설된 것임은 누구도 부인할 수 없는 '역사적 사실'이다. 다른 나라들은 거의 경제 초토화 상태를 면치 못했던 1973년 10월부터 시작된 제1차 석유 위기도 한국은 무난히 넘겼다. 박정희 대통령의 강력한 경제 리더십이 원활하게 작동했고, 이때만 해도 석유 의존도가 높지 않아 다른 국가들에 비해 상대적으로 그 영향이 작은 편이었다.

그러나 2차 석유 위기는 1차 위기 때와는 사정이 크게 달랐다. 유가와 금리가 치솟으면서 우리나라는 더 큰 외채 부담을 안게 되었고, 외자 조달에도 어려움을 겪게 되었다. 설상가상으로 1980년을 전후한 시기에 10·26 사태와 이에 따른 정치적 변동까지 겹치면서 경제는 더욱더 침체되었다. 성장의 견인차 역할을 했던 수출도 1979년을 고비로 감소세로 돌아서는 바람에 불황의 징후가 확연해졌다. 그 결과 1980년 우리나라는 경제개발을 시작한 이후 처음으로 마이너스 성장을 기록하게 되었다.[179]

---

[179] '1·2차 석유파동과 경기 침체', 『대한유화 50년사』, https://50th.kpic.co.kr/View.asp?MM=303101&BN=700301&SQC=200614230657828763.

전문가들은 1979년 이란의 회교 혁명으로 시작된 제2차 석유위기 당시 한국이 다른 나라들보다 훨씬 심각한 위기에 빠진 이유는 첫째, 국가 지도자 공백으로 인한 사회 혼란, 둘째, 한국 경제의 성공 요인이었던 중화학공업의 무리한 건설 덕분으로 분석했다.

전두환 정부는 마이너스 성장, 극심한 인플레, 국제수지 적자 급증이라는 3중고를 떠안고 출범했다. 경상수지 적자는 1978년 11억 달러, 1979년 42억 달러, 1980년에는 57억 달러 수준으로 확대되었다.[180] 미국의 도움 아니었으면 한국은 1980년에 외환위기를 겪었을 가능성이 대단히 높다. 그렇다면 대체 박정희 정부 말기 경험한 제2차 석유 위기는 제1차 때와는 달리 왜 이런 어려움을 한국에 던져준 것일까?

박정희 정부 경제정책은 케인즈주의 복제품

박정희 정부는 1960~1970년대에 거의 맨주먹으로 산업화에 뛰어들었다. 없는 살림에 이것저것 큰일을 동시다발적으로 벌이다 보니 정부가 강력하고 과도하게 시장에 개입할 수밖에 없었다. 덕분에 그 시절 가격은 시장에서 자유경쟁을 통해 형성된 것이 아니라 정부가 결정했고, 금리는 한국은행이 아니라 재무부가 결정했다. 국가의 과도한 시장 개입은 좌파 경제학의 뿌리가 된 케인즈주의의 복제품이었다.

엄밀하게 학문적 입장에서 보면 박정희 정부 말기까지 한국은 시장을 중심으로 작동하는 자유시장경제라고 말하기 어렵고, 오히려 국가 주도 계획경제나 다름없었다. 경제 분야에서 정부의 국가 개입은 케인즈학파 중심으로 서구에서 진행된 '국가의 적절한 시장 개입'을 크게 초월하는 수준이었다.

---

180 전두환 회고록(2), 앞의 책, 34~35쪽.

대부분의 신생 독립국은 착취적인 외국 자본의 유입을 막고 대외의존도를 낮춰 독자적 경제를 구축한다는 이유에서 수입대체산업을 육성하는 것으로 산업화에 나섰다. 박정희 대통령도 초기에는 수입대체산업 건설로 방향을 정했다. 이것이 당시 인도, 파키스탄은 물론 중남미 여러 나라들이 채택해 국제적으로 유행한 후진국 개발이론이었다. 그러나 결과는 막대한 재정적자와 엄청난 인플레이션만 남겼다.[181]

제1차 경제개발 5개년 계획을 수정하는 과정에서 박정희 정부는 수입대체산업 건설을 포기하고 수출주도형 공업화 전략으로 방향을 전환했다. 한국은 공업화를 추진할 재원을 국내 조달하기 어려워 외채·차관에 의존했다. 그래서 한국의 공업화 전략은 외자도입형 수출주도형 공업화 전략이 되었다.

박정희가 외자도입형 수출주도형 공업화 전략을 채택하기 전까지 후진국이나 개도국이 이런 전략을 통해 산업화에 성공하여 선진국으로 도약한 역사적 전례는 찾아보기 어려웠다. 이 전략은 전 세계 어느 나라도 경험해보지 못한 미지의 길이자 개척자의 길이었다. 그것은 또 인류사의 보편적 발전 방식이었던 '후진국 발전 이론'과는 정반대되는 행보였다.

여기서 기억해야 할 부분은 미국의 역할이다. 미국은 한국에 경제원조, 군사원조, 각종 차관을 제공하여 도약의 발판을 마련할 수 있게 해주었다. 또 일본으로 하여금 한국에 제한적으로 기술과 기계류, 부품을 제공하도록 영향력을 행사했다. 한국의 수출품에 대해 미국은 자국 시장을 열어줌으로써 한국의 수출주도형 산업화를 지원해주었다. 미국이 한국에 부여해준 특혜적 세계시장에의 접근이 없었다면 한국의 수출지향형 산업화는 애당초 불가능했을 것이다.[182]

---

181 강경식, 앞의 책, 530쪽.
182 이수훈, 「반주변부적 국가발전의 성공과 좌절」, 한국비교사회연구회 편, 『동아시아의 성공과 좌절』, 전통과 현대, 1998, 14쪽.

1968년 한국의 총수출에서 미국이 차지하는 비율은 51.9%였고, 1972년 까지 47%를 넘는 수준을 유지했다. 1980년대 세계 경제가 침체되었을 때 미국은 다시 한번 '한국 수출의 구세주'가 되어주었다. 총수출에서 미국의 비율은 1980년 26.3%에서 꾸준히 증가하여 1986년에는 40.0%에 달했다.[183]

공전의 성공 거둔 수출주도형 공업화 전략

박정희가 추진한 수출주도형 공업화 전략의 성과는 놀라웠다. 1961년부 터 1972년 사이 한국의 수출 총액은 40배, 제조업 수출만 따지면 170배로 늘었다. 연평균 수출 증가율은 60%를 기록했다. 수출이 늘면서 외화 획득 은 물론, 일자리 창출, 품질 및 기술 향상, 기업 발전, 소득 증대 등이 연쇄 적으로 이어져 국내 경제와 산업 발전에 1석 10조의 파급효과를 가져왔다. 수출주도형 공업화 전략 덕분에 한국은 농업사회에서 공업사회로 탈바꿈 하는 데 성공했다.

수출주도형 공업화 전략이 한창 성과를 내고 있던 1969년, 닉슨 독트 린이라는 충격적인 조치가 발표되었다. 아시아에 대한 미국의 군사적 개 입을 축소하고, 동맹국 스스로 국방 책임을 져야 한다는 것이 닉슨 독트 린의 핵심이었다. 그 여파로 1971년 3월 27일, 한국에 주둔 중이던 미 제7 사단 1만 8천여 병력이 철수했다. 미 2사단은 서부전선 제1선 방어 임무를 한국군에 인계하고 미 7사단이 주둔하고 있던 후방으로 이동했다. 이로써 휴전 후 18년 만에 처음으로 155마일 휴전선 전체의 방어를 한국군이 담 당하게 되었다.

주한미군 1개 사단이 철수한 데다, 동맹국 스스로 자국 안보를 책임져

---

183 박영대, 「한국의 1980년대 초반 외채위기 극복 요인에 관한 연구-'신냉전'의 영향을 중심으 로」, 서울대 대학원 사회학 석사학위 논문, 2013, 63쪽.

야 한다는 닉슨 독트린이 현실화되면서 자주국방이 절실한 과제로 대두되었다. 이때까지 한국의 공업화는 의류 봉제 정도를 커버하는 경공업 수준에 불과했다. 무기 생산을 위한 기계공업은 존재하지 않아 국내에서 소총한 자루 못 만드는 현실이었다.

자기 나라를 자기 힘으로 지키기 위해서는 하루빨리 방위산업을 육성해야 했다. 방위산업이 정상 작동하려면 그에 요구되는 기초 소재를 공급하는 중화학공업 건설이 선행되어야 했다. 박 대통령은 방위산업을 위해, 즉 국가를 지키기 위한 무기 생산을 위해 중화학공업 건설 구상에 돌입했다.

경공업 위주의 산업구조를 중화학공업 위주로 재편하여 자주국방에 요구되는 기초 소재를 공급하기로 했다. 그런데 한국과 같은 취약한 산업구조의 국가는 무기만 생산하는 방위산업만으로는 시설 유지가 쉽지 않을 것으로 분석되었다. 이를 극복하기 위해 중화학공업화 설계 과정에서 양면 작전을 구상했다.

중화학공업화로 산업구조 개편

평시에는 중화학공업 제품을 생산 수출하고, 전시에는 무기 생산을 위한 방위산업으로 전환하는 이중 구조 시스템을 구축하기로 했다. 이를 통해 경공업 제품 위주의 수출 구조를 중화학공업 제품 위주로 질적 전환한다는 전략이었다. 이것이 1973년 1월 12일 발표한 박정희의 중화학공업화 선언의 핵심이다.

이때부터 산업정책은 중화학공업 중심으로 전면 개편되어 한국 산업사와 경제발전사에 역사적인 전환점이 되었다. 중화학공업화 전략 덕분에 한국은 1973부터 1978년까지 연평균 11%, 제조업은 연평균 16.6%의 고도성장을 기록했다. 또 제조업에서 중화학공업이 차지하는 비율은 1972년 40%에서 1979년 55%로 크게 높아졌다. 수출에서 중화학공업이 차지하는 비율도 1971년 13.7%에서 1979년 37.7%로 급증했다.

한국이 경공업 위주에서 중화학공업으로 산업구조를 전면 재편하는 데 성공한 결과 남북한 경제력이 역전되었다. 1961년 남북의 1인당 국민총생산(GNP)은 남한이 82달러였던 반면 북한은 320달러로, 북한이 남한보다 4배 많았다. 2014년 1인당 GNI(국민총소득)는 남한이 2,968만 원, 북한 139만 원으로, 남한이 북한보다 21배나 많았다.[184]

중화학공업 건설은 제3차 경제개발 5개년 계획에 포함되어 있지 않았던 스페셜 프로젝트였다. 한국인들은 경제개발 5개년 계획이 한국 경제발전의 결정적 동력원으로 이해한다. 하지만 온 나라가 떠들썩하게 추진된 국가적 역점 사업 중 5개년 계획에 포함되어 있지 않은 비계획 사업이 많았다.

예를 들면 경부고속도로 건설은 제2차 5개년 계획에 포함되어 있지 않았다. 박 대통령이 서독 방문을 마치고 귀국한 후 특별 지시로 추진된 사업이다. 포항제철 건설, 1인당 국민소득 1,000달러 달성도 마찬가지였다. 이런 일이 거듭됨에 따라 5개년 계획과 이의 수립을 담당하는 경제기획원 경제기획국의 위상은 점점 떨어질 수밖에 없었다.[185]

게다가 중화학공업화 정책은 내각이 아니라 청와대 경제 제2수석실 중심으로 계획되고 추진되었다. 사업 추진을 위해 경제기획원과는 무관한 '중화학공업 추진기획단'을 별도 기구로 만들었다. 이처럼 박 대통령은 5개년 계획에 구애받지 않고 그때그때 필요한 사업을 신축적으로 벌여나갔다. 만약 박정희 정부 시절 사회주의 국가처럼 계획에 얽매여 있었다면 급속한 경제발전은 이룰 수 없었을 것이다.[186]

---

184 통계청, 2015년 북한의 주요 통계지표.
185 강경식, 앞의 책, 284쪽.
186 강경식, 앞의 책, 286쪽.

경제기획원이 오랜 기간 고심 끝에 경제개발 5개년 계획을 수립하여 대통령에게 보고 시간을 요구하면 박 대통령은 3~4시간 이상은 할애하지 않았다. 전두환 대통령이 경제개발 5개년 계획을 보고받을 때면 10차례에 걸쳐 장시간 보고받고, 그것도 모자라 관계자들과 수시로 심층 토론을 벌인 것과는 큰 차이가 난다.

그렇다면 박정희 대통령은 경제개발 5개년 계획은 왜 그렇게 열심히 수립했을까? 그것은 '경제개발'이라는 국가 목표를 명쾌히 제시하고, 경제개발이 국정의 최우선 순위라는 사실을 사회 전체에 각인시켜 가용자원을 총동원하기 위한 명분용 성격이 짙었다. 경제개발에 국력을 총결집하여 국민을 이끌기 위한 일종의 진군용 깃발이었던 셈이다.[187]

중화학공업의 문제는 투자자금 부족

문제는 돈, 즉 중화학공업 건설에 필요한 투자자금 마련이었다. 박 대통령이 구상한 중화학공업 풀 세트 건설은 10여 년의 세월과 100억 달러 이상의 막대한 자본이 투자되어야 하는 거대한 프로젝트였다. 이를 조달하려면 국내 저축률이 최소 25% 이상 되어야 하는데, 1972년 국내 저축률은 15%에 불과했다.

국민이 월급 받아 생활하고 남는 여유 자금이 있어야 저축을 할 수 있다. 절대다수의 국민은 워낙 없는 살림에 빠듯하게 살다 보니 저축을 할 여유가 없었다. 게다가 매년 인플레가 극심해 은행에 돈을 맡기면 앉은 자리에서 손해를 보는 것이나 다름없었다. 바보가 아닌 한 어느 누가 은행에 저축할 마음이 생기겠는가.

중화학공업화가 한국의 획기적 성장에 결정적 원인을 제공한 것은 누

---

187 강경식, 앞의 책, 285쪽.

구도 부인할 수 없는 사실이다. 하지만 막대한 투자 재원 조달계획 없이 이 거대한 사업을 추진한 것이 문제였다. 필요할 때마다 하늘에서 비가 내리 듯 돈이 쏟아지는 것은 구약성경에서나 가능한 일이다.

나라 살림에 필요한 재원 조달을 책임지고 있던 사람은 남덕우 재무부 장관이었다. 그는 중화학공업 회의가 열릴 때마다 재원 조달의 현실적 문제 점을 지적하지 않을 수 없었다. 그러다 보니 남덕우는 중화학공업 반대론자 로 비치게 되었다. 어느 날 박 대통령은 남덕우 장관을 불러 이렇게 말했다.

"일본의 지도자들은 나라와 민족의 명운을 걸고 세계를 상대로 전쟁을 하다 패망했다. 그러나 일본은 다시 일어나서 지금은 세계 경제 강국으로 부상했는데, 그 배후에는 중화학공업 건설이 있다. 나는 지금 나라와 민족 의 운명을 거는 것이 아니라, 다만 우리 경제의 명운을 걸고 중화학공업을 건설해보려는 것이다. 장관! 어려움이 있더라도 이 일을 해봅시다."[188]

결국 중화학공업 건설을 위해 국가의 물적·인적 자원 총동원령이 내려 졌다. 남덕우 장관은 고민 끝에 투자 재원을 쥐어 짜내기 위해 '국민투자기 금'이란 비상 대책을 마련했다. 당시 정부에는 공무원 연금기금을 비롯하 여 여러 개의 기금이 있었다. 은행들은 이 기금을 예금으로 유치하기 위해 치열하게 경쟁했다. 그래서 각종 공공기금과 함께 국민복지연금, 국민저축 조합, 우편 저금을 국민투자기금 대상으로 선정했다.

이 기금은 정부 기금이므로 정부가 쓸 수 있는 자금이라고 생각했다. 여 기에 금융기관도 중화학공업 건설에 기여해야 한다는 명분으로 금융기관, 보험, 신탁의 저축성 예금 증가분의 일정 비율을 국민투자기금에 기탁하 는 동시에, 정부도 기금에 출연할 수 있도록 했다.[189]

---

188 남덕우, 앞의 책, 107~108쪽.
189 남덕우, 「김재익과의 인연」, 남덕우 외 지음, 앞의 책, 32쪽.

우선 금융기관에 모인 저축성 예금 중 연간 증가액의 20%를 국민투자채권 인수에 사용하도록 했다. 이렇게 조달된 국민투자기금을 은행에 대여했고, 은행은 그 자금을 중화학공업 참여 기업에 장기 저리로 융자해주는 방식이었다. 이 방안을 국민투자기금법으로 제정했다. 이 법에 의해 1974년 1월 1일부터 2003년 4월 폐지되기까지 총 23조 원의 내자를 조달해 중화학공업 투자와 설비재의 연불수출 확대에 투입했다.[190]

국민투자기금 제도 도입

국민투자기금은 정부 재정에 큰 압박을 주지 않으면서 중화학공업을 비롯한 주요 산업 투자재원 공급에 중요한 역할을 했다. 겉모습은 그럴듯해 보였지만, 실상은 강제로 자금을 마련하여 정부가 원하는 분야에 투입하는 관치금융, 금융 억압의 전형적 표본으로 학자들의 비판을 받았다.

하지만 중화학공업 건설을 포기하지 않는 한 이것 외에 다른 방법은 존재하지 않았다. 중화학공업 분야가 요구하는 투자자금은 상상을 초월하는 규모여서 국민투자기금에도 불구하고 늘 재원이 모자랐다. 그때마다 정부는 외국에서 차관을 도입하거나, 조폐공사에서 돈을 찍어 한국은행에서 차입하는 방식으로 메웠다. 덕분에 해마다 시중에 엄청난 돈이 풀렸다. 인플레로 인한 물가 폭등, 중화학공업 추진에 필요한 기자재 수입으로 인한 국제수지 적자는 박정희 정부의 숙명이나 다름없었다.

선진국은 경제발전 과정에서 장기간에 걸쳐 순차적으로 농업에서 경공업으로, 중화학공업으로 이행해갔다. 반면에 한국의 중화학공업은 경제발전의 순리와는 거리가 멀었다. 자주국방에 필요한 방위산업 건설이라는 목표 달성을 위해 단기간에 소나기 퍼붓는 식으로 동시다발적으로 추진될

---

190 남덕우, 앞의 책, 112쪽.

수밖에 없었다. 이 과정에서 재원 조달이나 참여 기업 선정, 분야별 안배 등에 국가가 과도하게 개입하는 바람에 심각한 불균형 현상이 발생했다.

우선 갓 출범한 중화학공업의 국내시장 보호를 위해 남미식 보호무역 주의가 만연했다. 중화학공업 6대 전략산업에 참여하는 기업을 대상으로 조세 감면, 투자액 공제, 특별 상각, 관세 감면 등 다양한 혜택이 제공되었다. 저리의 정책자금을 지원하고, 해외로부터 기계설비 등을 들여올 때 관세를 면제해주었다. 내국세를 감면해주고, 생산 제품과 경쟁 관계에 있는 외국 제품의 수입을 막아 국내시장을 확보해주었다. 가능한 지원은 모두 해주다시피 했다.[191]

중화학공업 참여 기업에 각종 특혜가 주어지자 기업들이 부나방처럼 뛰어드는 바람에 중복 투자를 피할 수 없었다. 수요를 크게 초과하는 설비 증가는 비대화·부실화의 원인이 되었다. 중화학공업 제품 수출을 위한 특혜 자금 공급, 국내시장 과보호 덕에 국제경쟁력은 날로 약화되었고, 관치 금융의 폐해가 폭발했다. 중화학공업 참여 기업들은 수출 명목으로 저리의 특혜 자금을 대출받아 부동산 투기에 사용하는 사례마저 발생했다. 심지어 공장 건설의 90%를 정책 금융에 의존한 사례까지 있을 정도였다.[192]

산업구조 불균형 현상 만연

중화학공업 분야에 대한 편중지원은 상대적으로 농업 및 경공업을 비롯한 내수산업 부진을 초래했다. 뿐만 아니라, 중화학공업 부문 내에서도 불균형을 가져와 국민경제의 산업기반을 취약하게 만들었다.[193] 당시 시멘

---

191 강경식, 앞의 책, 535쪽.
192 정주영, 『이 땅에 태어나서: 나의 살아온 이야기』, 솔출판사, 1998, 251쪽.
193 김대환, 「국제 경제 환경의 변화와 중화학공업의 전개」, 박현채·정윤형·이경의·이대근 편, 『한국경제론』, 까치, 1987, 225쪽.

트는 정부에서 정한 출고 가격이 1포에 810원, 대리점 고시 가격은 900원이었지만 시중에서는 1,900원에 거래되었다.[194]

중화학공업 건설에 필요한 설비와 자재, 기술을 해외에 의존하다 보니 무역수지는 해마다 악화되었다. 이처럼 문제가 많았음에도 불구하고 박 대통령이 중화학공업화를 줄기차게 추진한 이유가 있다. 포항제철 건설 과정에서 전문가들은 성공 가능성에 부정적이었다. 정부가 항만, 도로, 상수도 등 제반 시설을 지원해도 포철의 제품 가격은 국제가격보다 10% 이상 더 비쌀 수밖에 없다는 것이 결론이었다.[195]

포항제철이 성공한 진짜 이유

그럼에도 불구하고 박정희는 부국강병, 자주국방을 위해 전문가들의 반대를 무릅쓰고 포항제철 건설을 강행했고, 결과적으로 대성공을 거두었다. 이것이 박정희의 자신감을 키워주었다. 사실 포항제철의 성공 원인은 시운(時運)이 크게 따라준 덕분이다. 포항제철이 준공되어 첫 제품이 나올 즈음 1차 석유파동이 닥쳤다.

원유 가격이 하루아침에 4배 이상 폭등하자 전 세계는 인플레이션에 빠졌고, 철강 제품 가격도 폭등했다. 포항제철은 철광석 등 원자재는 장기 공급계약을 체결한 덕분에 석유파동 이전의 저렴한 가격으로 들여올 수 있었다. 그 결과 엄청난 이익이 발생한 것이다.[196]

---

194 강경식, 앞의 책, 262쪽.
195 강경식, 앞의 책, 535쪽.
196 강경식, 앞의 책, 535쪽.

무역수지 변동(단위 : 백만 달러)

연도	수출	수입	무역수지
1976	7,715.1	8,773.6	-1,058.5
1977	10,046.5	10,816.5	-770.0
1978	12,710.6	14,971.9	-2,261.3
1979	15,055.5	20,338.6	-5,283.1

출처: 한국은행, 경제통계연보(1980).

중화학공업과 경공업의 투자 비중(%)

	1976	1979(전망)	1979(계획)
경공업	26	18	22
중공업	74	82	78

출처: 한국은행, 국민소득계정(1984).

1970년대 말 경제 상황

연도	경제성장률(%)	국민총생산(GNP) 성장률(%)
1977	10.3	10.3
1978	11.6	11.6
1979	6.4	6.4
1980	-5.7	-6.2

출처: 한국은행, 경제통계연보(1981), 국민소득계정(1984).

　　한국의 중화학공업화는 추진 속도가 과속인 것이 문제였다. 국내 투자
는 1976년 15%, 1977년 27%, 1978년 41%가 급증했다. 투자 중 절대다수가
중화학 부문의 투자였다. 수출 호조와 활발한 투자에 힘입어 우리 경제는

10%가 넘는 성장을 보였다.[197] 하지만 다른 중화학공업 분야는 포항제철과 같은 행운이 따라주지 않았다.

문제는 설비 증가가 고급 기능기술 인력 공급 속도보다 더 빨랐고, 설비 증가 속도가 기술 진보 속도를 앞질렀다. 온갖 무리수에도 불구하고 중화학공업 건설에 대한 박 대통령 의지가 워낙 강해 누구도 이의를 제기하지 못한 것이 화근이었다.

1977년부터 중화학공업 분야에 대한 집중 투자로 인해 부작용이 속출하자 경제부처 내에서 "정부 정책을 성장 중심에서 안정 중심으로 전환해야 한다"라는 의견이 제기되었다. 안정론의 대표 주자는 경제기획원의 강경식 기획차관보였다. 1978년 한국개발연구원(KDI)은 박 대통령에게 15년 후의 장기 전망에 대한 보고를 했다. "한국 경제가 앞으로도 계속 건실하게 성장할 것"이란 내용이 주를 이룬 보고였다.

중동 건설 진출의 부작용

당시 한국 건설업체들이 중동에 진출하여 막대한 오일 달러를 국내로 송금했다. 여기에 힘입어 소비가 크게 늘었고, 부동산 가격은 걷잡을 수 없이 뛰었다. 서울의 주택 부족 비율은 45%에 달했고, 아파트 분양가는 1년 사이에 50%나 뛰었다. 1978년 8월 8일 소위 8·8조치에 의해 부동산 투기 행위가 된서리를 맞을 때까지 대도시 집값은 2~3배나 뛰어올랐다.[198] 가히 부동산 투기 광풍이었다.

국내의 낙관적 분위기와는 정반대로 외신은 한국 경제의 파산을 경고하는 내용이 연일 보도되고 있었다. 이날 보고에 참석했던 강경식 차관보

---

197 강경식, 앞의 책, 325쪽.
198 강경식, 앞의 책, 326~327쪽.

제5공화국 전두환 시대 1

는 이형구 기획관에게 우리 경제의 문제가 무엇인지 총체적 점검을 하는 태스크 포스를 구성할 것을 지시했다. 즉시 경제 분야의 민·관·연 전문가로 팀을 꾸려 우리 경제의 당면 문제에 대한 점검 작업을 벌였다. 그 결과 수출 증대와 고도성장이라는 화려한 외면에 가려진 우리 경제의 문제점들이 확연하게 드러났다.

작업 결과 우리 경제는 이미 공급부족 단계를 벗어났음에도 불구하고, 공급부족 경제를 전제로 한 증산과 건설 정책을 기조로 하는 경제운용을 계속하고 있다는 사실이 밝혀졌다. 현실과 맞지 않는 정책이 문제를 해결하기는커녕, 문제를 더 키우거나 새로운 문제를 만들고 있었다.

공급 중심에서 수요 중심으로, 생산자 중심에서 소비자 중심으로 일대 전환이 필요한 시점이었다. 우리 경제가 기존과는 180도 다른 차원의 정책 발상을 해야 할 단계에 이르렀다는 사실이 발견된 것이다.[199]

1978년 3월 말, 강경식 기획차관보는 작업 결과를 정리해 남덕우 경제부총리에게 '한국 경제의 당면 문제와 대책'을 보고했다. 내용은 그때까지 해왔던 방식을 더 이상 끌고 가서는 안 된다는 것이었다. 최우선 과제는 물가 안정이었다. 성장보다는 안정, 규제보다는 자율, 보호보다는 개방으로 경제 운영의 방향을 바꿔야 한다고 주장한 것이다.[200] 핵심은 수입자유화, 농업정책 전환, 금융자율화 세 가지였다.

남덕우 부총리는 "전적으로 공감한다. 그 결과를 청와대에 보고해 그대로 시행될 수 있도록 하겠다"라고 약속했다. 하지만 부총리실로부터 아무런 소식이 없었다. 남덕우는 강경식의 보고서를 박 대통령과 자신이 주도한 성장 위주의 경제운용이 잘못된 것이라는 비판으로 받아들였다. 성장론자

---

199 강경식, 「금융실명제와 안정화 시책」, 남덕우 외 지음, 앞의 책, 97쪽.
200 강경식, 앞의 책, 328~329쪽.

남덕우가 성장론의 화신인 박정희의 목에 "성장 정책을 폐기하고 안정론으로 전환해야 한다"라는 방울을 달기 위해 나설 수는 없었을 것이다.

소련에서 발견한 통제경제의 말로

1978년 9월 소련 알마티에서 세계보건기구(WHO) 총회가 열렸다. 이 회의에 참석하기 위해 신현확 당시 보사부 장관을 단장으로 하는 한국 대표단이 구성되었고, 강경식 경제기획원 차관보도 대표단의 일원이 되었다. 이것이 한국 정부 고위 인사로는 최초의 소련 방문으로 역사에 기록되었다. 2주간 모스크바, 알마티, 타슈켄트 등지를 여행하면서 신현확과 강경식은 소련 경제의 실상, 즉 정부 통제경제가 가져온 참담한 실상을 목격했다.[201]

강경식 차관보는 경제운용 기조를 근본적으로 바꿔야 한다는 자신의 작업 결과가 백번 옳다는 사실을 확신하게 되었고, 경제 전문가 신현확 장관도 이에 공감했다. 국가 통제하의 경직되고 정체된 경제 현실을 체험하면서 두 사람은 소련 못지않게 국가 통제경제를 추진하는 한국의 암울한 미래를 떠올렸다.

1978년 12월 12일 실시된 총선에서 신민당은 득표율 32.82%를 기록, 민주공화당(31.70%)을 앞섰다. 민주공화당이 득표는 신민당보다 더 적었으나 중선거구제 덕분에 지역구 의석 154석 중 68석, 신민당은 61석을 차지하여 원내 1당 자리를 간신히 유지했다. 사실상 여당이 패배한 충격적인 선거 결과가 나오자 박 대통령은 민심 수습용 개각을 단행했다. 남덕우를 경제기획원장관 겸 부총리에서 해임하고, '지독한 안정 추구형'으로 소문이 자자한 신현확을 후임으로 임명했다.

---

201 강경식, 「금융실명제와 안정화 시책」, 남덕우 외 지음, 앞의 책, 98쪽.

경제부총리가 안정론자로 바뀌자 1979년 대통령에 대한 연두 업무보고는 안정화 시책으로 결정되었다. 경제기획원의 1979년 연두 보고 날짜는 1월 11일이었다. 이날 대통령에게 브리핑한 특별보고 제목은 '1980년대를 향한 새 전략'이었다. 이 보고서는 박 대통령의 트레이드 마크였던 성장 정책을 중단하고 경제 안정화로 정책을 전환해야 한다는 역사적인 문서였다.

강경식이 대통령에게 보고한 안정화 정책의 핵심은 첫째, 금융 자율화 추진 및 통화량 축소, 둘째, 중화학공업 확장을 위한 투자를 중지하고 경공업 활성화, 셋째, 인위적인 가격 통제 지양, 넷째, 수입자유화 실시 등 네 가지였다. 안정화 정책의 핵심은 돈줄을 바짝 조이는 동시에 엉터리 행정 통계 조작을 그만두고 물가를 현실화하는 것을 비롯해, 당장 수출 지원을 축소하고, 중화학공업 투자도 그만둬야 하며, 대통령이 애지중지해온 새마을사업 예산도 확 깎아야 한다는 것이었다.[202]

이를 위해서는 그동안 추진해온 수출 위주의 성장전략을 포기해야 한다는 것이 핵심이었다. 이 보고서 작성의 주역이었던 강경식 차관보는 이 것이 훗날 제5공화국 경제정책의 근간을 이루는 내용이 되리라고는 상상도 하지 못했다.

성장 전략에서 안정화 전략으로 방향 전환

문제는 성장의 화신이자 경제 야전사령관을 자임한 박정희 대통령이었다. 박 대통령은 경제기획원의 보고 내용에 대해 명확한 반대 의사를 표시하지는 않았지만, 다른 부처 연두 보고 자리에서 경제기획원의 정책 방향에 대해 못마땅하게 생각하고 있다는 논평이 잇따라 나왔다.[203]

---

202 이장규a, 앞의 책, 27쪽.
203 강경식, 앞의 책, 363쪽.

신현확 부총리의 지원으로 작성된 안정론자들의 보고서 '1980년대를 향한 새 전략'이 청와대에 올라가자 박정희는 이 보고서를 매우 탐탁지 않게 생각했다. 중화학공업 건설, 수출산업 육성 등 경제정책에 관한 한 자신이 전문가라고 자부해왔던 박정희 입장에서 볼 때 성장론을 폐기하고 안정론으로 전환하자는 주장은 자신의 성취를 부정하는 행위로 해석되었다.

경제기획원은 이런 분위기에 개의치 않고 '1980년대를 향한 새 전략' 홍보를 대대적으로 펼쳐 안정화 시책에 대한 여론 주도층의 이해와 지지를 구했다. 신현확 부총리와 강경식 차관보가 안정화 개혁 프로그램을 밀어붙이던 1979년 2월, 국내 일간지에 영국의 대처 총리가 추진하는 영국병 치유를 위한 개혁 프로그램이 보도되었다. 이것이 후에 대처리즘(Thatcherism)으로 명명되었는데, 주요 내용은 재정지출 삭감, 민영화, 규제 완화와 경쟁 촉진 등이었다. 이 기사를 본 신 부총리는 강경식에게 "영국에서도 우리와 비슷한 정책을 추진하고 있나 봐"라고 말했다.[204]

얼마 후 미국에서도 레이건 대통령이 당선되어 강도 높은 안정화 정책을 추진했다. 이것이 레이거노믹스(Reaganomics)였다. 레이거노믹스의 핵심은 첫째, 정부 지출 축소, 둘째, 노동과 자본에 대한 낮은 세율, 셋째, 정부 규제의 축소, 넷째, 인플레이션을 줄이기 위한 화폐 공급량 조절이었다.

언론에서 연일 안정화 시책을 보도했고, 전문가와 학자들도 중화학공업 투자의 실상, 성장 위주 경제정책의 문제점을 제기하고 나섰다. 박 대통령은 이런 보도를 접하며 고민에 빠져 있던 중 1979년 3월 7일, 진해 해군사관학교 졸업식에 참석했다. 박 대통령은 귀경길에 창원공단을 방문해 몇몇 공장을 둘러보았다.

---

204 강경식, 앞의 책, 399쪽.

그는 산업 현장에서 중화학공업 분야의 심각한 중복투자 실태를 확인했다. 그 직후 오원철 수석에게 중화학공업의 중복투자에 대한 보고를 지시했다. 이로 인해 일부 중화학공업 사업계획을 중지 또는 연기하거나 축소 조치가 이루어졌다. 이러한 사전 투자조정 덕분에 그나마 제2차 석유위기로 인한 부담을 일부 덜 수 있었다.

3월 15일, 박 대통령은 신병현 한국은행 총재, 김만제 KDI 원장, 장덕진 경제과학심의회 상임위원 등 전문가를 소집하여 한국 경제의 문제점과 정책 방향을 점검하는 회의를 소집했다. 안정화 시책의 제안자인 경제기획원 관료는 한 사람도 부르지 않았다. 이른바 안정화 시책에 대한 타당성을 검증하기 위한 일종의 궐석재판이었다. 전문가들의 결론은 하루빨리 안정화 시책으로 전환해야 한다는 것이었다.

안정화 전략은 독이 든 성배(聖杯)

전문가와 학자들의 의견을 수렴한 박 대통령은 또다시 고민에 빠졌다. 당시는 정치적으로 민감한 사건이 연이어 발생한 유신 말기였다. 이처럼 어려운 시기에 자신의 트레이드 마크였던 성장 정책을 중단하고 사회 각계에 고통스런 긴축을 요구하는 안정화 정책으로의 전환은 자신의 모든 성과를 중도 포기해야 하는, 독이 든 성배(聖杯)였다. 그렇다고 안정화 정책을 거부하면 경제는 걷잡을 수 없는 혼란에 빠질 우려가 있다.

그로부터 2주 후인 1979년 3월 31일, 박 대통령은 당면 과제의 타개를 위한 정책협의회를 열어 경제기획원이 제기한 안정화 시책을 정부 정책으로 공식 재가했다. 성장 정책의 화신 박정희가 자신의 정책을 혁명적으로 뒤집는 코페르니쿠스적 대전환을 선언한 것이다. 강경식은 박 대통령이 안정화 시책 추진을 공식 승인한 것은 우리나라 기업과 국민 모두가 자축할

일이라고 평가했다.[205]

신현확 부총리는 1979년 4월 17일, 박 대통령의 재가를 받아 '경제 안정화 시책'을 정부 정책으로 추진하기 시작했다. 이 시책에는 수입자유화, 공산품 및 서비스 요금 통제 제도 개편, 정책자금제도 개선, 기업경쟁 촉진, 국민 의식구조 전환, 금융시스템 개혁 등 한국 경제가 앞으로 나아갈 방향을 제시하는 마스터 플랜이었다. 4·17 경제 안정화 시책은 한국 시장경제의 실질적 출발점이라는 높은 평가를 받았다.[206]

제1차 중화학공업 투자조정

안정화 정책의 가시적 조치로 1979년 5월 25일, 제1차 중화학공업 투자조정이 추진되었다. 5·25 투자조정은 대표적인 공급 과잉 분야인 발전설비 위주로 진행되었다. 이 분야의 대표 기업은 정주영 회장의 동생 정인영이 설립한 현대양행(현 두산에너빌리티)이었다.

현대양행은 정부의 적극적인 지원을 받아 세계은행에서 8천만 달러의 차관을 빌려 창원에 원자력 설비, 수력·화력 발전설비와 제강설비, 건설 중장비를 포함한 종합기계공장을 건설 중이었다. 총 투입자금은 3,400억 원이었고, 기술도입을 위해 해외 16개 사와 협력을 맺어 기술 연수도 진행 중이었다. 1979년 5월 건설 공정은 80%로 1년 후 완공 예정이었다. 하지만, 투자 규모에 반해 너무나 약한 기술력, 좁은 시장, 외채 의존에 따른 자금 압박으로 기업 자체가 흔들리는 상황이었다.[207]

발전설비는 '기계공업의 꽃'으로 불릴 정도로 상징성 있는 분야였다. 덕

---

205 강경식, 앞의 책, 376쪽.
206 고승철·이완배, 앞의 책, 159~160쪽.
207 한국전력공사, 『살아있는 전력사 Ⅱ』, 한국전력공사, 1998, 218쪽.

분에 다른 대기업들도 이 분야 진출을 위해 수단 방법을 가리지 않았다. 기업들의 전방위적 압력에 견디다 못한 정부는 1978년 4월 20일, 현대양행으로 일원화되어 있던 발전설비 제작 부분에 현대중공업과 대우중공업의 참여를 허용했다.[208] 6개월 후인 10월 27일에는 삼성중공업에도 참여를 허용해 발전설비는 현대양행, 현대중공업, 대우중공업, 삼성중공업으로 4원화되어 엄청난 중복투자를 유발했다.[209]

4개 기업이 제시한 발전설비 생산계획은 총 1,270만kW, 투자비는 1조 6,945억 원이었다. 1980년대 초반 국내 전력 수요 증가가 연간 100만kW에 불과했다는 점과 비교하면 심각한 과잉투자였다.[210] 설비 능력이 수요의 12배나 초과해 그냥 놔두면 모두가 망할 판이었다.

결국 1979년 5월 25일 정부 주도하에 발전설비는 현대양행과 현대중공업을 묶은 제1그룹과 대우중공업 및 삼성중공업을 묶은 제2그룹으로 2원화[211]하는 것으로 정리했다. 디젤엔진은 3원화 체제를 유지했으며, 중장비 엔진공장 건설계획은 취소시켰다. 그나마 제2차 석유파동이 본격적으로 닥치기 직전에 신규 중화학 투자에 제동을 건 것은 큰 행운이었다.

발전설비 2원화 조치는 해당 기업 간의 이해 조정을 거치지 않고 정부가 일방적으로 강요한 것이어서 문제가 발생했다. 각 기업의 공법과 기술이 서로 달라 과잉 설비투자 억제 차원에서 발상한 기업 간 통합은 현실적으로 불가능했다. 해당 기업은 외국 기업과 기술 합작을 이미 체결했거나 예정하고 있어 이 조정안이 추진되면 국제 신용도가 저하될 수밖에 없었

208 한국중공업주식회사, 『한중발전사』, 한국중공업, 1995, 242쪽.
209 이만희, 『EPB는 기적을 낳았는가: 한국 산업정책의 이상과 현실』, 해돋이, 1993, 262쪽.
210 한국중공업주식회사, 앞의 책, 241쪽.
211 경제기획원a, 『개발연대의 경제정책-경제기획원 20년사』, 경제기획원, 1982, 335쪽.

다.[212] 작업이 지지부진하던 중 10·26을 맞았다. 1980년 국보위가 발족되면서 이 작업은 국보위로 주도권이 넘어갔다.

박정희 대통, 안정화 전략 거부

박정희 대통령은 중화학공업 건설, 수출산업 육성 등 경제정책에 관한 한 자신이 최고 전문가라고 자부했다. 하지만 정책의 한계가 노출되면서 경제 전문가들의 제안에 따라 성장 정책을 포기하고 안정화 정책으로의 전환에 서명할 수밖에 없었다. 이 일로 그는 자존심에 큰 상처를 입었다.

증산·수출·건설이란 성장 DNA가 영혼에까지 침투해 있던 박정희가 성장을 포기하는 것은 불가능해 보였다. 그는 곳곳에서 경제기획원이 야심차게 추진하는 안정화 정책에 대한 불편한 심기를 노골적으로 드러냈다. 주요 물자에 대한 가격 통제를 없애고 시장원리에 맡겨야 한다는 주장이 나오자 "물가 안정을 포기하자는 것인가?"라고 반박했다. 기업들이 수출 자금을 특혜 금리로 대출받아 부동산에 투기하는 등 문제가 많아 이 제도를 손질해야 한다는 의견이 제기되자 "그렇다면 수출을 하지 말자는 건가?"라고 비판했다.

안정화 정책의 사령탑이 경제기획원이라면, 성장 정책의 몸통은 상공부였다. 경제기획원이 추진하는 안정화 정책에 대한 박 대통령의 불편한 심기를 파악한 상공부는 재계의 응원을 배경 삼아 박 대통령에게 지속 성장을 주창하는 '10대 전략산업'이라는 보고서를 별도로 제출하여 성장 정책으로의 회귀를 제안했다. 박정희는 이 보고서를 제출한 최각규 상공부 장관을 따로 불러 "모처럼 시원한 이야기를 들었다"면서 찬사를 아끼지 않았다.[213]

---

212 이만희, 앞의 책, 263쪽.
213 고승철·이완배, 앞의 책, 160~161쪽.

신현확 부총리는 1979년 6월 한국 국제경제협력회의(IECOK)에 수석대표로 참석하기 위해 일주일간 핀란드를 공식 방문했다. 이때 박 대통령은 남덕우 특보, 최각규 상공부 장관, 정재석 차관을 청와대로 불러 안정화 시책을 중지하고 성장 정책으로의 전환을 지시했다.[214] 상공부는 무역업계의 요구를 받아들여 저금리 수출금융 축소 시책을 원래대로 환원하는 결정을 했다.

상공부가 정책 쿠데타를 일으킨 셈인데, 이는 박 대통령의 후원 없이는 불가능한 일이었다. 박 대통령은 전임 재무장관 김용환에게 "해가 바뀌면 경제부총리에 기용하겠다"라고 통보했다. 안정론자 신현확의 해임은 성장론 부활의 예고였다. 하지만 이 계획은 10·26 사태로 실행되지 못했다.[215]

중앙정보부는 대통령의 심기를 가장 민감하게 챙기고, 정권 안보를 최우선으로 삼는 기관이다. 그런데 중앙정보부가 비인기 정책인 안정화를 지지하고 나섰다. 경제기획원과 KDI는 이론과 논리를 동원하여 안정화를 역설했고, 정보부는 시중 민심을 수집하여 정치적으로 판단한 것이다. 정권의 마지막 보루인 정보기관이 정부 정책을 반대하고 나섰으니, 이것은 예사로운 일이 아니었다.[216]

10·26은 성장 전략 실패의 결과물

오랜 기간 박정희 정부의 경제 사령탑이었던 남덕우는 "말기의 박 대통령은 흔들렸고, 전과 같은 총기를 찾아보기 어려웠다"라고 회고했다. 김기환 KDI 원장의 분석에 의하면 10·26 사건은 김재규의 범행으로 인한

---

214 강경식, 앞의 책, 431쪽.
215 이장규a, 앞의 책, 28쪽.
216 이장규a, 앞의 책, 31~32쪽.

비극이었다. 이를 경제적 측면에서 조망하면 박정희 식 수출 중심, 성장 위주 개발독재의 한계가 분출된 것이다. 특히 10·26 박 대통령 시해 사건의 도화선이 된 부마사태는 박정희 경제정책의 한계로 인해 폭발한 일대 사건이었다.

부산과 마산은 1979년 찾아온 경제위기로 인해 큰 타격을 입은 지역이었다. 특히 부산의 부도율이 전국의 2.4배를 기록했고, 서울보다 3배나 높았다. 1970년대 후반 정부의 섬유산업 대출 축소로 마산의 섬유공장들에 위기가 닥쳤다. 그런 가운데 김영삼을 의원직에서 제명하자 10월 중순 부산과 마산에서 시위로 귀결된 것이다.[217]

이런 분위기에서 시작된 대학생들의 시위는 금세 일반 시민, 특히 도시 하층민들의 봉기로 이어졌다.[218] 박 대통령의 중화학공업에 전력투구하는 정책적 부작용이 빚어낸 역사적 필연성을 띤 사건이 10·26이었다.

경제기획원 고위 관료들이 주도한 안정화 정책은 여러 가지 면에서 다른 개혁과는 구별되는 특징을 가진다. 우선 위에서의 지시로 이루어진 톱다운(Top-down) 방식의 타율적 정책이 아니라, 아래에서 정책 전환의 필요성을 제기하여 이뤄진 바텀업(Bottom-up) 방식의 개혁이었다. 이것은 누구의 지시나 외부의 압력을 받아서 시작한 것이 아니라, 정책 추진 과정에서 문제점을 발견한 경제 전문 관료의 자발적인 개혁 요구였다. 이것이 한국 안정화 정책의 역사적 의미다.[219]

경제기획원이 제안한 안정화 시책에 대해 세계은행과 IMF는 물론 하버

---

217 이완범, 「박정희 정부의 교체와 미국, 1979~1980」, 『1980년대 한국사회연구』, 백산서당, 2005, 26~33쪽.
218 김원, 「부마항쟁과 도시하층민: '대중독재론'의 쟁점을 중심으로」, 『한국학』 제29집 제2호, 2006, 426~427쪽.
219 강경식, 「금융실명제와 안정화 시책」, 남덕우 외 지음, 앞의 책, 99쪽.

드대, 예일대 등 해외의 관심이 대단했다. 그들의 주된 관심사는 개혁에 저항하기 마련인 관료 집단이 어떻게 개혁에 앞장설 수 있었는가, 어떻게 관료들이 개혁을 추진하는 주동 세력이 되었는가에 집중되었다. 그 결과 안정화 시책은 해외에서 더 유명해졌다.[220]

한국에서 관료들이 자발적으로 개혁에 앞장설 수 있었던 이유는 경제기획원이란 독특한 부서가 정부 내에 존재했기 때문이다.[221] 박정희 장군은 5·16 이후 경제발전과 근대화를 추진하기 위해 경제기획원(EPB, Economic Planning Board)을 설립했다. 이 부서는 경제부처의 수석 기관이자 조정 기관이었다. 재무부나 상공부, 농림수산부처럼 구체적인 고객이 없는 부서였기에 비교적 자율성을 향유할 수 있었다.

경제기획원과 재무부의 대립

경제기획원은 관청에 소속된 관료조직이라기보다는 자유분방하고 개방적인 싱크 탱크 성격이 짙었다. 지금 당장 정부가 필요로 하는 정책보다는 앞으로 닥칠 문제가 무엇인지, 장기적 발전을 위한 과제를 연구하고 정책을 개발했다. 국가가 미래로 나아갈 방향을 정립하는 것이 이 부처의 존립 목적이자 존재 이유였다.

경제기획원과 달리 재무부는 관료조직의 대표선수였다. 재무부 관료들은 미래의 설계보다는 당장의 문제 해결을 위한 정책 개발에 매달렸다. 같은 경제부처지만 경제기획원은 비교적 자유스러운 분위기였던 반면, 재무부는 보수적이고 경직된 분위기였다. 경제기획원의 정책 방향에 대해 재무부는 "경제 현실을 모르는 백면서생들의 몽상"이라고 비판했다. 이런 성격

---

220 강경식, 앞의 책, 402쪽.
221 경제기획원과 재무부 관련 내용은 강경식, 앞의 책, 401쪽 참조.

의 재무부를 외부에서는 재무부의 영문 약자인 MOF(Ministry of Finance)
와 마피아(Mafia)를 합성하여 '모피아'라 불렀다.

재무부 장관을 지내다 경제기획원 장관으로 자리를 옮겨 양쪽 부서를
모두 경험한 남덕우는 재무부 참모들은 사방으로부터의 압력과 청탁, 비
난 속에서 살아남아야 했기에 방위 본능이 강했다고 한다. 문제가 발생하
여 국회와 언론의 공격을 받으면 전 부서원이 똘똘 뭉쳐 장관을 방위하고
재무부의 입장을 지키려 했다는 것이다.[222]

이에 반해 경재기획원 간부들은 비교적 개방적 견해를 가지고 있었고,
타 부처를 설득하고 이끌어간다는 자부심이 넘쳤다. 경제개발 5개년 계획
을 편성하고, 예산 배정권을 가지고 부총리 겸 경제기획원 장관이 각 부처
경제정책을 통괄 조정하는 동시에 대통령에 근접해 있기 때문에 막강한
힘을 발휘할 수 있었다.[223]

1982년 초 경제기획원 차관보 강경식은 재무부 차관으로 승진했다. 취
임하고 보니 재무부 관리들은 대내 지향적이고, 해외 유학에 관심이 전혀
없다는 사실에 큰 충격을 받았다. 해외에 공부하기 위해 나가는 것을 주류
에서 밀려나는 것으로 여겼다. 경제기획원의 경우 외국에 나갈 기회가 생
기면 앞다퉈 서로 가려고 하는 것과는 대조적이었다고 한다.[224]

어쨌든 경제 정책에서 부처별로 엇갈렸던 사안들이 10·26으로 박 대통
령이 퇴장하면서 안정화 정책으로 수렴되기 시작했다. 1980년 신군부가 부
상하면서 이들의 정책이 포퓰리스트적 성향을 보이자 강경식 차관보는 안
정론자인 김기환 박사, 김재익 국장과 만나 신군부와의 협력을 의논했다.

---

222 남덕우, 앞의 책, 222쪽.
223 남덕우, 앞의 책, 222쪽.
224 강경식, 앞의 책, 471쪽.

신군부 설득에 나선 안정론자들

그들은 신군부가 미얀마처럼 쇄국정책으로 가면 어떻게 할 것인가를 고민했다. 그 결과 우리 경제가 잘 되려면 안정·자율·개방의 정책 외에 다른 길이 없다는 사실을 신군부 측 인사들에게 설득하기로 했다. 김기환의 회고다.

"그때 우리에겐 일종의 밀약 같은 것이 있었습니다. 경제만 생각했던 게 아니라 김재익 수석은 경제가 되고 나면 정치 민주화는 자연히 따라오게 되어 있다는 확고한 신념이 있었어요. 국보위 때 모든 게 묶여가는 상황에서 유독 경제만이 자율로 가지 않았습니까? 사실 김 수석은 국보위에 들어가면서 그들이 다른 나라의 군사정권처럼 폐쇄적이고 대내 지향적인 경제체제를 채택할까봐 큰 걱정을 했습니다. 그는 밖으로 트여 있는 경제체제가 유지되는 한 권위주의는 오래 가지 않아 무너진다는 신념을 갖고 있었어요. 다만 그때 우리는 그걸 공공연히 거론할 수 없었습니다. 그러면 우리의 생각이 채택이 안 되니까."[225]

사실 시장경제와 자유민주주의는 수레의 두 바퀴처럼 함께 간다. 시장경제가 굳건히 뿌리내리면 정치적 자유민주주의도 그 기반을 굳히게 될 것이다. 김재익을 비롯하여 그와 같은 생각을 가지고 있던 강경식이나 김기환은 자율화, 개방화, 안정화는 반드시 정치 민주화로 연결된다는 것을 밖으로 표현하지 않았지만 속으로 확신하고 있었다. 그들은 경제 자율화를 내용으로 하는 시장경제가 정치적으로 표현하면 자유민주주의가 된다는 것을 이심전심으로 공유했다.[226] 그러한 시장경제의 꽃이 만개한 것은 전두환의 제5공화국 시절이었다.

---

225 김수길, 「김재익과 문희갑」, 월간중앙, 1989년 9월호, 261쪽.
226 백완기, 「행정가로서의 김재익」, 남덕우 외 지음, 앞의 책, 200쪽.

6

제5공화국 공식 출범

1980년 10월 27일 발효된 5공 헌법은 국민 직선제가 아니라 유권자들이 5천 명 이상의 대통령 선거인단을 선출하고, 그 선거인단이 대통령을 뽑는 간선제였다. 이것은 유신헌법의 통일주체국민회의에서 대통령을 선출하는 방식과 거의 동일한 방식이었다. 12대 대선을 위해 각 당에서 대통령 후보를 선출한 결과 민정당은 전두환 11대 대통령, 민한당은 유치송 총재(전 신민당 최고위원), 국민당은 김종철 총재(전 민주공화당 의원)를 추대했다.

1981년 2월 11일 대통령 선거인단 선거 결과 전국에서 5,278명의 대통령 선거인이 당선되었다. 이들의 소속 정당은 민정당 소속 후보가 과반수를 훨씬 넘는 69.7%를 확보했고, 게다가 전두환 후보 지지를 표명한 무소속 후보가 21.3%를 차지했다. 따라서 2월 25일, 선거인단에 의한 대통령 선거는 전두환 후보의 당선 절차만 남겨두었을 뿐, 사실상 제12대 대통령에 당선된 셈이 되었다.

제12대 대통령 취임, 5공 공식 출범

1981년 2월 25일, 대통령 선거인단의 대통령 선출 투표 결과 총 5,277명의 선거인이 참여한 가운데 민정당의 전두환 후보가 4,755명의 지지를 받아 제12대 대통령에 당선되었다. 레이건 미국 대통령과의 정상회담을 위해 방미 일정을 마치고 돌아온 지 보름 후의 일이었다. 제12대 대통령의 임기는 중앙선거관리위원회에서 전두환 후보의 당선을 확정 발표한 1981년 2월 25일 밤 9시부터 시작되었다. 취임식은 그로부터 6일 후인 3월 3일 열렸다. 이로써 제11대 대통령 임기는 조기에 종료되었다.

제12대 대통령 선거 투표 결과

득표순위	후보자	정당	득표수(표)	득표율(%)	비고
1	전두환	민주정의당	4,755	90.11	당선
2	유치송	민주한국당	404	7.66	
3	김종철	한국국민당	85	1.61	
4	김의택	민권당	26	0.49	
무표			1	0.02	
불참			6	0.11	
재석			5,277	100	

출처: 헌대의전연구소, 『대한민국 대통령 취임사(史)』, 박문사, 2022, 385쪽.

1981년 3월 3일 오전 11시, 서울 잠실 실내체육관에서 제12대 대통령 취임식이 엄숙하고 성대하게 진행되었다. 이로써 제5공화국이 공식 출범하게 되었다. 이날 전두환 대통령은 "평화적 정권교체의 전통을 반드시 실현하겠다"라고 선언했다. 그는 단임 실천과 평화적 정권교체의 실천을 서약하기 위해 이렇게 말했다.

"한 사람의 특정인이나 소수의 지도층만으로 역사를 창조하는 시대는 지났으며, 지속적인 창조와 개혁, 그리고 발전을 이룩하기 위해서는 반드시 주기적으로 새로운 지도자가 등장해야만 할 것입니다."

그는 또 제11대 대통령 취임사에서 밝힌 국정의 4대 지표를 다시 한번 상기하고, 자신의 재임 기간에 4대 국정지표가 달성될 수 있는 기초를 튼튼히 할 것을 다짐했다. 이날 취임사에서 전 대통령은 "국정지표가 아무리 훌륭한 것이라고 해도 굳건한 국가안보가 토대로 되어 있지 않으면 무의미한 것"이라면서 국가안보 최우선의 태세를 강조했다. 군 지휘관 출신 대통령의 면모가 드러나는 대목이다.

총선 실시하여 국회 구성

그는 국가안보의 중요성과 함께 산업복지국가 이념을 제시하고 국민 모두가 세 가지 고통으로부터의 해방을 강조했다. 그가 말한 세 가지 고통이란 첫째, 전쟁의 위협으로부터의 해방, 둘째, 빈곤으로부터의 해방, 셋째, 정치적 탄압과 권력남용으로부터의 해방이었다. 전두환 대통령은 기존의 내각 중 농수산(정종택에서 고건으로), 교통(고건에서 윤자중으로), 체신(김기철에서 최광수로) 등 3개 장관만 교체하고 남덕우 국무총리 등 나머지는 그대로 유임시켰다.

정치 생태계 구축을 위한 마지막 관문은 새 헌법에 의한 총선을 치러 국회를 구성하는 일이었다. 5공 정권은 1981년 1월 국회의원 선거법을 개정하여 중선거구제를 채택하고, 전국구 비례대표제에서 지역구 의석률 제1당에게 전국구 의석의 3분의 2를 배분하도록 했다. 이는 집권 여당이 손쉽게 과반 의석을 확보할 수 있어 정국을 안정적으로 운영하기 위한 일종의 안전장치였다.

1981년 3월 25일 제11대 총선이 실시되었다. 이 선거에서는 '정치풍토 쇄신을 위한 특별조치법'에 의해 기성정치인 567명의 출마가 금지되는 바람에 정치신인들이 대거 출마했고, 또 20여년 만에 무소속 출마가 허용된 총선이었다. 선거 결과 184석의 지역구 의석 중 민주정의당이 90석, 민주한국당 57석, 한국국민당 18석, 무소속 11석, 기타 정당이 8석을 차지했다. 92석의 전국구 의석은 민정당에 61석, 민주한국당에 24석, 한국국민당에 7석이 돌아갔다. 총 276석의 의석 중 민정당이 151석으로 과반을 확보하는 데 성공하여 국정의 안정적 운영이 가능하게 되었다. 민한당은 81석, 국민당은 25석, 무소속이 11석을 차지했다.

제11대 총선 결과

정당	지역구(의석)	전국구(의석)	총합(의석)	비율(%)
민주정의당	90	61	151	54.71
민주한국당	57	24	81	29.34
한국국민당	18	7	25	9.05
민권당	2	0	2	0.72
신정당	2	0	2	0.72
민주사회당	2	0	2	0.2
민주농민당	1	0	1	0.36
안민당	1	0	1	0.36
무소속	11	–	11	3.98

5공 헌법은 1인 장기 집권을 원천 봉쇄하는 조항을 명시하고 있었다. 전두환은 11·12대를 합쳐 7년 6개월간 대통령직을 수행하면서 기회가 날 때마다 평화적 정권교체를 약속했다. 하지만 만성화된 국민들의 권력자에 대한 불신은 상상을 초월할 정도였다. 덕분에 단 하루도 더하거나 덜하는 일 없이 임기가 끝나는 대로 새로운 지도자에게 통치권을 넘겨주고 청와대를 떠나겠다는 대통령의 거듭된 약속에도 불구하고 국민 반응은 냉

담했다. 여론조사 결과 응답자의 45%는 평화적 정권 이양에 회의적이었다.[227] 글라이스틴 주한 미국대사는 "단적으로 말해 전두환 정권은 박정희의 유신 시절에 버금가는 독재 정부였다"라고 비판했다.[228]

5공은 관료적 권위주의 시대

학자들은 전두환 정권은 군대식 권위주의 문화를 한국 정치엘리트 문화로 연결시키는 계기였다면서, 5공화국을 국가가 강력한 관료제를 통해 사회 전반을 통제하는 관료적 권위주의(bureaucratic authoritarianism)로 해석했다. 즉, 정치적 경쟁이 폐쇄되고, 민중 부문이 정치 경제적으로 배제되며, 기술 관료가 중요한 역할을 수행하는 정치체제였다는 것이다.

정치적 경쟁이 폐쇄되고 민중 부문이 배제된 제5공화국이 본격 출범하면서 사회는 안정을 되찾아갔고, 전두환은 대통령으로서 본격적인 가속 페달을 밟아나갔다. 그는 재임 중 2만 9,362명을 접견하고 1만 3,200회에 걸쳐 보고를 들었다. 1,104회에 걸쳐 지방 순시와 민정 시찰, 부대 방문에 나섰다. 재임 기간 중 140개국의 국가 원수와 각계 지도자 7천 명을 990회에 걸쳐 만났다.[229] 오찬, 만찬, 접견, 리셉션, 다과회 등 형식도 다양했고 만나는 대상도 각계각층에 걸쳐 있었다.

전두환은 역대 어느 대통령보다 많은 사람과 만나 대화하고 의견을 들었다. 일정이 많은 날은 30분 단위로 행사를 진행했다. 전 대통령의 하루 일정은 대개 10여 건이 넘었다. 1984년 5월 9일은 16개의 행사를 소화했는데, 주요 내용은 다음과 같다.

---

227 김충남, 앞의 책, 349쪽.
228 윌리엄 글라이스틴, 앞의 책, 170쪽.
229 김병훈, 「전 대통령의 '욕심'이 나라 살렸다」, 월간조선부 엮음, 『비록 한국의 대통령』, 조선일보사, 1993, 209~212쪽.

오전 9시 5분. 서재에서 손재석 청와대 교문수석, 사공일 경제수석 및 정관용 사정수석비서관의 보고로 공식 일과를 시작했다. 이어 사공일 경제수석과 장세동 경호실장, 김병훈 의전수석을 각각 따로 만나 보고를 받았다. 오전 10시, 손수익 교통부장관과 정연세 항만청장으로부터 해운행정에 관한 업무보고를 받았고, 1시간 뒤에는 김만제 장관으로부터 재무부 업무보고를 받았다.

낮 12시, 청와대 영빈관에서 효자·효부 192명과 오찬을 함께하며 참석자들을 격려했다. 1시간 30분이 걸린 오찬 행사가 끝난 후 전석영 총무수석 등으로부터 내부 업무보고를 듣고 결재를 했다. 오후 3시에는 방한 중이던 아티예(Victor George Atiyeh) 미국 오리건 주지사를 접견하고 한미 양국 간의 통상 증대 필요성 등에 관해 환담했다. 이어 이원경 외무부 장관, 진의종 국무총리와 노신영 안기부장을 차례로 불러 업무보고를 받았다.[230]

대통령의 공식 업무는 일반 공무원과 같이 오후 6시에 끝나는 것이 원칙이다. 전 대통령은 오후 7시가 넘도록 서재에서 밀린 서류를 보며 하루 일과를 마무리 짓는 것이 보통이었다. 퇴청해도 대통령의 손에는 보고서가 들려 있었다. 전 대통령은 자정이 되어서야 취침을 하며, 취침 전까지는 각 부처와 비서실에서 올린 국정 보고를 검토하거나 서류를 결재했다.[231]

하루 평균 50건 결재

전 대통령은 잠이 적은 편이었는데, 대통령 취임 후 잠이 더 없어졌다. 그는 "생각에 잠기다 보니 그렇게 되었다"면서 "때로는 내가 이렇게 잠자리에 들어도 괜찮을까 걱정되어 잠을 설치기도 한다. 나랏일에 실수가 있

230 하원, 『청와대 24시: 출입기자가 본 전두환 대통령』, 정음사, 1985, 13~14쪽.
231 하원, 앞의 책, 15쪽.

어서는 안 되겠다는 생각에서 잠이 달아나고 머리가 맑아진다"라고 토로했다.[232]

여야 정치인들과 국정 문제를 의논하기 위해 원탁 대화도 자주 열었다. 전 대통령은 하루 평균 50건의 서류에 결재를 했다. 하나하나가 국가와 국민의 삶에 직접적인 영향 미치는 중대 사안이 담긴 내용이었다. 중요한 결단을 내려야 할 때는 청와대 보좌진, 내각 참모 의견, 국민 여론을 청취한 후 결정했다. 결단을 내리기 전에 그는 첫째, 그 결단이 역사의 흐름과 국민의 희망에 합치하는가, 둘째, 모든 일에 있어 장단점을 반드시 부기하라고 요구했다.

전두환 대통령은 군 지휘관 출신 특성상 박정희 대통령과 마찬가지로 현장을 대단히 중시했다. 그는 늘 "현장에는 '민의'와 '정책'이 있기 때문에 현장에 가보는 것이 중요하다"라는 말을 입에 달고 살았다. 크고 작은 정책 결정에 앞서 현장 시찰을 통해 마지막 확인을 한 후 단안을 내렸다. 그의 현장 확인 행정은 11대 대통령 취임식 사흘 후인 1980년 9월 4일부터 본격적으로 시작됐다.

이날 영호남 지역에 폭우가 쏟아져 수해가 났다. 특히 영산강 유역의 영산포읍 일대 논 30만 평이 48시간 동안 물에 잠기는 등 1963년 이래 가장 큰 피해를 입었다. 대통령은 신임 각료들에게 임명장을 수여한 후 청와대를 출발하여 전북 전주, 완주, 광주를 둘러보고 영산포읍으로 내려갔다. 여기서 수재민들을 격려하고 도청·군청 관계자들에게 복구 대책 지원을 지시한 것이 현장 확인 행정의 시초였다.[233]

5일 후인 9월 9일에는 야간통행금지 시간(자정부터 새벽 4시까지)이 임

232 전두환 대통령 진해 하계 특별 기자회견, 1981년 8월 2일.
233 하원, 앞의 책, 68~69쪽.

박한 밤 11시 20분, 전 대통령은 경호원 두 명과 함께 점퍼에 중절모 차림으로 서울 거리 암행 순시에 나섰다. 대통령은 서울역, 명동, 중앙극장 앞, 무교동을 살핀 후 신세계백화점 뒷골목 포장마차에 들어가 주인에게 "오늘 매상이 얼마나 되었는가"를 물었다.[234]

1982년 12월 24일 새벽 3시 50분에는 전 대통령이 서울시외전화국에 불쑥 들러 야간근무자들을 위로한 후 두 시간 동안 서울 일원을 두루 살폈다. 새벽 6시 25분, 청진동의 한 해장국집에서 마주 앉은 모범운전자와 대화를 나누었다.

1983년 7월 23일 새벽 5시 5분에는 전 대통령이 KBS 본관 중앙홀의 이산가족 찾기 생방송 현장을 방문했다. 대통령은 중앙홀 앞쪽에 앉아 있던 이산가족들과 악수를 나누었고, 그 길로 해군본부와 공군본부에 들러 상황장교로부터 경계 태세 현황을 보고 받았다.

수시로 불시 심야 시찰

1984년 4월 26일 '멸공 84' 훈련이 시작되었다. 이 훈련은 북괴의 비정규전 도발에 대비하여 수도권 방위를 위해 군·경·예비군 350만 명이 동원된 대규모 훈련이었다. 전 대통령은 4일 25일 밤 11시 50분, 예고 없이 치안본부와 서울시 일원을 순시했다. 26일 새벽 3시경 훈련 상황 순시를 마치고 청와대로 복귀한 전 대통령은 수행한 관계관들과 1시간 30분간 환담하면서 순시를 통해 느낀 소감과 시정 사항을 지시했다.[235]

심야 시찰로 밤을 꼬박 새우고도 다음 날 대통령 일정은 평일과 다름없었다. 이것은 49세에 당선된 전두환 대통령이 특전사 시절부터 갈고 닦은

---

234 하원, 앞의 책, 68~69쪽.
235 하원, 앞의 책, 14쪽.

강철 체력 덕분이었다. 격무를 견딜 수 있을 정도로 강한 체력과 정신력이 있었기에 밤낮을 가리지 않고 곳곳을 순시하며 현장 불시 시찰을 통해 군과 경찰, 공직사회에 긴장감을 불어넣어 국가 기강을 바로 세웠다.

그의 현장 확인 행보는 지하 1,700m 지하 갱 속 채탄 작업 현장에서부터 지하철 공사 현장, 올림픽에 대비하여 국가대표 선수들이 훈련 중인 태릉선수촌, 나이트클럽에 이르기까지 변화무쌍했다. 대통령이 나이트클럽을 시찰한 이유는 언론에서 나이트클럽 업주들이 불법으로 미성년자를 입장시키고 있다는 기사를 보고, 이에 대한 현장 점검을 하기 위해서였다.

1984년 11월 충남 부여군청을 순시한 전두환 대통령은 그곳 유지 100여 명과 오찬을 하면서 "대통령은 아플 여가도 없는 사람이다. 내가 아프면 국사 처리에 지장을 주기 때문에 아프면 곤란하다"라고 말했다. 지방 순시와 불시 시찰을 통한 현장 확인 작업은 5공화국의 통치 스타일로 뿌리를 내렸다.

포퓰리즘과는 정반대 길 선택

전두환 대통령은 원래 흡연을 하지 않았으나 백마부대 29연대장으로 월남전에 참전했을 때부터 흡연을 시작했다가 1사단장 시절 금연을 했다. 그런데 국가원수라는 책임감 막중한 자리의 중압감 때문이었을까. 청와대 들어가면서 다시 흡연을 시작했고, 시간이 흐를수록 흡연량이 늘었다. 또 대통령 재임 시절 시력이 크게 나빠져 안경을 끼기 시작했다.

역사의 격류는 한 인간의 의지 따위와는 관계없이 움직인다. 5·16 직후 전두환이 정치의 길을 걷겠다고 마음먹었으면 얼마든지 길이 열려 있었다. 하지만 그는 정치인이 아닌 군인의 길을 선택했다. 1979년 10·26 때만 해도 평범한 육군 소장 신분이었던 전두환은 역사의 격변기를 맞아 본인이 원했든, 원치 않았든 정치인의 길을 걸을 수밖에 없게 되었다.

그랬던 그가 1981년 1월 15일 12대 대통령 후보 수락 연설에서 "나도 이제 정치인의 한 사람이 되었다"라고 선언했다. 정치인이란 표, 즉 민심을 먹고 사는 직업이다. 표를 얻지 못하면 정치인은 낙선한다. 낙선은 정치적 사형선고이므로, 정치인들은 민심을 얻기 위해 지옥의 불구덩이에라도 뛰어들 각오가 되어 있어야 한다. 정치인들의 최대 관심사는 국가와 민족의 백년대계를 위한 그랜드 디자인의 정립이 아니라, "어떻게 하면 유권자의 인심을 살 수 있을까"에 꽂혀 있다.

　정치인으로서 전두환의 특징은 인기영합주의(포퓰리즘)의 철저한 배격이었다. 1982년 7월 여름휴가를 맞아 진해 대통령 별장에서 가진 청와대 출입기자단과의 기자회견에서 "인기 있는 정책이란 달콤한 사탕과 같아서 우선 혀를 달게 해주지만, 그것으로서 끝나는 일이다. 그러나 양약이나 보약은 현재로서는 입에 쓰지만 멀리 보면 몸을 위하는 길"이라고 밝혔다.[236]

　그는 내각이나 청와대 비서진에게 "내가 인기를 잃는 한이 있더라도, 장래 나라에 유익한 정책이라면 과감히 추진해야 한다"라고 누누이 강조했다. 또 "나같이 인기에 신경 쓰지 않는 사람이 대통령으로 있을 때 항구적인 경제 안정의 토대를 만들어야 한다"라고 강조했다. 하지만 그도 정치인이므로 인기 없는 정책을 실시하지 않으면 안 되는 마음이 결코 가볍지만은 않았다고 토로했다.[237]

　전두환은 기회가 날 때마다 비서관, 장관 등 참모들에게 "안 된다는 생각을 버려라. 자신감을 가져라"라고 조언했다. 전 대통령이 일본으로부터 100억 달러 안보 경협 차관 아이디어를 제기하자 외교부는 "외교 관계상 무리이며 실현 불가능한 일"이라고 문제를 제기했다. 경제부처에 물가를

236 하원, 앞의 책, 96쪽.
237 하원, 앞의 책, 96쪽.

한 자릿수로 안정시키라고 지시하자 "불가능한 목표"라며 펄펄 뛰었다.

하지만 대통령의 뜻대로 물가는 안정되었고, 안보 경협 차관은 액수가 40억 달러로 줄어들긴 했지만 도입이 성사되었으며, 그 와중에 한일 관계는 최상의 관계로 발전했다. 이런 사례에서 보듯 전두환은 대통령으로서 자신이 직접 정책을 구상하고, 강력한 의지로 밀어붙여 큰 결실을 거둔 일이 많았다.

대통령이 직접 나서서 문제 해결

박 대통령 재임 시절 김대중 납치 사건, 문세광의 육영수 여사 저격 사건으로 인해 일본과 단교가 거론될 정도로 외교 관계가 심각하게 악화되었다. 또 핵무기 개발 문제로 인해 한미 관계가 파탄 일보 직전 상태였다. 전 대통령은 취임 후 미국, 일본과의 관계 개선에 지대한 노력을 기울여 정상 상태로 복원시켰다.

일이 잘 풀리지 않을 때는 아랫사람에게 맡기지 않고 대통령이 직접 나서서 문제를 해결해나가는 리더십을 보여주었다. 전 대통령의 의지가 정책으로 나타난 것은 경제 부분에서 특히 많았다.

1984년 미국은 대선을 앞두고 외국산 철강 수입규제를 강화했다. 실무진에서 미국 측과 협상을 계속했으나 별 효과가 없자 대통령이 직접 나섰다. 그는 레이건 미국 대통령에게 "미국의 보호무역주의 강화는 세계 무역에 큰 지장을 주고, 한국처럼 대미 철강재 수출을 공정하게 하는 나라는 더욱 곤란을 겪게 된다"라는 요지의 친서를 보냈다. 이 친서가 레이건 대통령의 마음을 움직였다. 그 결과 미국은 철강재에 쿼터제를 도입하여 수입을 규제하려던 당초 계획을 포기하고 철강재 수출국 간 자율 경쟁으로 선회했다.

이와 관련하여 리처드 워커 주한 미국대사는 "전 대통령의 친서가 미국의 철강재 관련 정책 변경에 큰 영향을 주었다. 한국뿐만 아니라 다른 나라도 많은 혜택을 받았다"라고 긍정적으로 평가했다.[238]

전 대통령은 경제부처 장관에게 기회가 날 때마다 대기업의 독주를 막고, 중소기업 육성 대책을 마련하라고 지시했다. 1983년 초부터는 대통령의 직접 주재하에 청와대에서 중소기업 성공 사례 발표회를 진행했다. 중소기업 성공 사례 발표회는 2시간 넘게 진행되었다. 이로써 중소기업 성공 사례 발표회는 에너지 절약회의, 기술진흥확대회의와 함께 대통령의 직접 주재하에 진행된 3대 프로젝트로 기록되었다.

중소기업 육성 프로그램은 전두환 대통령 임기 내내 계속됐다. 그 결과 그의 재임 초기에는 수출에서 대기업이 운영하는 종합상사가 차지하는 비율이 60%가 넘었는데, 1986년에는 중소기업이 60%를 차지했다. 전 대통령은 "중소기업에 대한 금융 지원, 기술 지도, 경영 지도를 분기별로 보고받고 4~5년을 밀고 오니 중소기업이 발전되고, 그런 준비가 돼 있었기 때문에 (3저 호황이라는) 찬스가 왔을 때 살릴 수 있었던 것"이라고 밝혔다.[239] 5공 시절 중소기업에 대한 정부의 각종 육성 지원책은 전 대통령의 관심과 지원 덕분에 크게 활성화되었다.

1984년 언두 업무보고 때는 각 부처별로 에너지 절약책, 저축 증대 방안, 인구 증가 억제책을 마련하여 발표하라고 지시했다. 실적이 미흡한 부서는 대통령의 따끔한 지적과 질책의 대상이 되었다. 전두환 대통령은 저축률을 높이기 위해 1984년부터 7급 이상 전 공무원의 봉급을 은행 계좌로 지급하는 제도를 시행했다. 그 결과 며칠간만이라도 공무원 월급이 은행에 머물게 되면서 저축률이 높아지기 시작했다.

---

238 하원, 앞의 책, 41~42쪽.
239 김성익, 앞의 책, 283쪽.

21세기를 대비한 장기 플랜 준비

1984년 상반기부터는 전 대통령의 지시에 따라 관계 부처에서 2천년대를 대비한 장기 플랜을 준비하기 시작했다. 이 계획은 15년 뒤에 찾아올 21세기를 앞두고 미리 각 부문에 대한 대책을 마련하여 조직적으로 대비해야 한다는 대통령의 판단에 따른 것이다. 1985년 국정연설에서 전 대통령이 밝힌 '21세기의 지향(指向)'은 이처럼 1년여에 걸친 준비와 검토 끝에 이루어진 것이다.[240]

1985년 국정연설에서 전두환 대통령은 21세기 한국의 모습을 다음과 같이 밝혔다.

"새 세기는 우리가 고도 선진 국가로서 지구촌 시대를 선도하는 한민족의 세기입니다. 사회의 모든 분야에서 균형발전을 이룩하여 국민 다수가 중상층으로서의 물질적으로나 정신적으로 만족을 체감하는 풍요롭고 행복한 삶을 누림은 물론, 전쟁의 공포에서 스스로 해방되어 평화와 통일의 신기원을 이룩하는 자주와 자유와 자립에 부강한 나라, 이것이야말로 새 세기를 사는 우리의 자화상이 되어야 하겠습니다.

우리는 그때까지 국민총생산 2,500억 달러와 1인당 국민소득 5,000달러 수준을 기록하여 세계 15위 이내의 중요 경제국이 되고 10대 교역국으로 발전할 수 있다고 본인은 굳게 믿고 있습니다. 이때쯤 우리는 이미 평화적 정권교체를 확고한 전통으로 정착시킨 가운데 나라 살림은 외국에 빚을 주는 채권국의 부강함을 자랑할 수 있을 것입니다. 이와 같은 목표가 우리의 자질과 저력에 비추어 결코 지난한 일이 아니라고 본인이 확신하는 까닭은 이미 우리가 선진국들이 100년에서 200년에 걸쳐 이룩한 발전을 불

---

240 하원, 앞의 책, 34쪽.

과 30년 만에 이룩해낸 경험을 가지고 있기 때문입니다."241

유신 체제에 저항했던 조향록 목사는 전두환 대통령에 대해 다음과 같이 긍정적인 평가를 했다.

"전 대통령에게서 내가 받은 인상은 그분이 매우 '평범한 상식인'이라는 점이다. 나는 그분을 '지성과 양식을 갖춘 평범한 상식의 사람'이라고 표현하고 싶다. 오늘날의 공인이란 유리병 속에 있는 존재여서 누구나 속까지 들여다보는데, 이러한 시대에 가장 신빙성 있는 지도자는 맑은 양심과 건전한 상식을 갖춘 상식인이다. 오늘날은 영웅을 필요로 하지 않고 평범한 상식인을 필요로 한다. 상식인이 정치를 이끌면 국민은 일단 안심하고 따라갈 수 있다."

암담한 경제 현실

'전혀 준비되지 않은 대통령' 전두환의 눈앞에 닥친 현실은 끔찍했다. 전두환이 대통령 취임 후 받은 경제 관계 보고서 가운데 밝고 희망적인 내용을 담고 있는 것은 단 하나도 없었다고 한다. 한마디로 "나라가 망하게 됐다"는 것이었다. 이와 직접적으로 관련된 전두환의 육성 증언을 들어본다. 전두환이 언급하고 있는 시기는 1980년 '서울의 봄'이 한창일 무렵이었다.

"대통령이 되기 전에 구 정치인 두 사람과 저녁을 먹은 일이 있었다. 돌아가신 여당의 박○○ 씨와 야당의 황○○ 씨였는데, 황의 말이 지금 세 김 씨가 뛰고 있는데 누가 정권을 잡아도 1년을 못 끌고 갈 것이라고 해. 그렇게 어려우냐고 물으니 경제가 말이 아니라고, 그리고 나서 6개월도 안 돼 내가 대통령이 되었는데 두 사람의 얘기가 내 뇌리에 꽉 박혔다. 대통령이 되고 나서 보고를 들어보니 나라 경제가 1년이 아니라 몇 달도 못 가게 돼 있었어. 내가 대통령 전반기에는 정치에 관심을 두지 않고 경제를 배우고

---

241 대통령기록관, '1985년도 국정연설 내용', 1985년 1월 9일.

방향을 잡는 데에 시간과 정력의 80%를 쏟았다. 경제정책을 끌고 가는 문제를 공부한 거다."[242]

1978년 배럴당 13달러였던 원유 가격이 제2차 석유 위기로 인해 1980년에는 배럴당 36달러로 세 배 가까이 폭등했다. 덕분에 1978년 22억 달러였던 원유도입액이 1981년에는 65억 달러로 증가했다. 국제금리도 리보(LIBOR, 런던 주요 은행 간 자금 조달 시 적용되는 단기 이자율) 기준으로 1978년 8.8% 수준에서 1981년에는 16.8% 수준으로 두 배 가까이 뛰어올랐다. 그 결과 1978년 9억 달러 미만이었던 이자 지급 부담은 불과 3년 후인 1981년 35억 달러 수준에 이르러 4배로 증가했다.[243] 모든 기업이고 정부고 간에 재무 구조가 전부 마이너스로 전락했다.

1973~79년 사이 연평균 3.2%의 경제성장률을 보였던 선진 경제권은 석유 위기 여파로 1980~81년에는 1.2%, 1982년에는 −0.3%, 1983년에는 2.2%의 성장률에 그쳤다. 이러한 경기침체로 인해 선진국에서 보호무역주의 움직임이 나타나 개도국의 선진국에 대한 수출이 타격을 받았다.[244]

수출 급감, 외채 눈덩이처럼 불어

물가가 치솟고 국제금리가 급등하면서 한국의 생명선이나 다름없던 수출이 급감했다. 한국은 1980~81년 두 해에 합계 99억 달러의 기록적인 경상수지 적자를 기록했다. 1980년에는 GDP의 8.3%, 1981년에는 6.4%에 달하는 규모였다.[245] 외채 규모는 1979년 205억 달러였으나 1982년에는 373억 달러, 1985년에는 467억 달러로 눈덩이처럼 불어났다. 외채의 절대 액수만

242 김성익, 앞의 책, 282~283쪽.
243 경제기획원b,『외채백서』, 경제기획원, 1986, 6쪽.
244 이천균,『국제수지와 국제금융』, 비봉출판사, 1994, 544쪽.
245 남상우,「거시경제」, 한국경제 60년사 편찬위원회,『한국경제 60년사 I: 경제 일반』, 2010, 122쪽.

증가한 게 아니라 외채의 GNP에 대한 비율도 늘어나 1979년 32.9%에서 1982년에는 52.7%, 1985년에는 56.2%까지 되어 GNP의 반을 넘는 규모가 되었다.[246]

문제는 1980년의 경제 위기가 10·26사태 이후의 정치적 불안과 사회적 혼란으로 인한 일시적 현상이 아니란 점이었다. 박정희 정부가 10여 년 수출주도 성장 정책을 추진해오는 과정에서 누적된 여러 병폐들이 구조적이고 복합적이며 중층적으로 얽혀 있었다. 이 와중에 제2차 석유 위기와 국제 경기 후퇴라는 해외 요인에다가, 냉해로 인한 흉작, 민주화 분위기를 탄 노동자들의 분배 요구가 겹친 총체적 위기였다. 전두환이 대통령으로서 가장 시급히 해결해야 할 과제는 총체적 난국을 맞은 경제를 정상 상태로 회복하는 일이었다.

국제 신용평가기관들이 한국의 신용등급을 하향 조정하여 외환위기가 우려되는 다급한 상황에서 특단의 조치가 필요했다.[247] 한국의 대외채무 액수가 걷잡을 수 없이 늘자 미국 연방준비제도이사회(FRB)는 1980년 1월, "한국의 과도한 경상수지 적자, 어두운 수출 전망, 정치 불안의 가속화를 고려하여, 한국에 추가 차관 제공에 신중해야 한다"라는 경고를 내놓았다.

1980년대 초반 한국은 외채 규모가 세계 3~4위 수준, 아시아에서는 1위를 기록했고, GNP 대비 외채 총액은 50%를 상회했다. 또 신규 차입액 중에서 기존 채무 상환에 사용되는 비율인 채무차환율(roll-over ratio)은 1983년 현재 77%에 달해 빚으로 빚을 돌려막는 상황이었다.

---

246 구본호·이규억 편, 『한국경제의 역사적 조명』, 한국개발연구원, 1991, 269쪽.
247 KDI 원로들의 증언 편찬위원회, 『KDI, 자율·경쟁·개방의 시대를 열다』, 나남, 2023, 19쪽.

외환위기 감지되자 미국이 재빨리 도와

10·26 사건 이후 약 6개월 동안 한국은 국제자본시장에서 밀려나 국가부도가 닥칠 수도 있는 위태로운 상황이었다. 당시의 아슬아슬했던 외환사정과 관련하여 경제기획원의 한 관료는 이렇게 말했다.

"10·26 이후 1980년 1월까지는 엄청난 시련기였습니다. 얼마나 초조했으면 경제기획원 기획국에서 외환부도가 났을 경우 우리 경제가 어떻게 망해갈지에 대한 시나리오를 만들어보기까지 했겠습니까."[248]

한국에서 외환위기 위험성이 감지되자 미국이 발 빠르게 움직였다. 1980년 3월, 미국의 보이지 않는 도움으로 외환은행이 5억 달러의 신디케이트론(syndicate loan, 다수의 은행으로 구성된 차관단이 공통의 조건으로 일정 금액을 차입자에게 융자해주는 중장기 대출)을 받으면서 한국은 정상적으로 국제자본시장으로 복귀할 수 있게 되었다. 이후 5월경까지 5천만 달러짜리 3건의 대출 협상(한일·상업·조흥은행)과 6,380만 달러의 정부 대출 협상이 성공적으로 이루어졌다.

국보위 출범 사흘 후인 6월 3일에는 존 무어(Jonn L. Moore Jr.) 미국 수출입은행 총재가 방한하여 한국 정부가 요구한 6억 3,118만 달러의 차관 지원을 약속했다. 광주 진압작전이 종료된 지 불과 일주일 후에 미국 수출입은행장의 방한 및 차관 지원 약속은 고도의 국제정치적 함의가 담긴 조치였다.

8월 25일에는 윌리엄 스펜서(William Spencer) 퍼스트 내셔널 시티뱅크 은행장이 방한하여 한국에 대한 금융 지원을 약속했고, 9월 11일에는 제이콕스(Edward V.K Jaycox) 세계은행 동아시아 및 태평양 지역 담당 국

---

248 이장규b, 『경제는 당신이 대통령이야-전두환 시대 경제비사』, 올림, 2008, 80쪽.

장이 방한했다.[249] 9월 18일에는 국제금융계의 거물인 데이비드 록펠러 (David Rockefeller) 체이스맨해튼은행 회장이 방한하여 전두환 대통령을 예방했다.

록펠러는 방한 후 홍콩에서 가진 기자회견에서 "전두환 대통령이 한국을 건전하고 질서 있게 발전시키기로 진심으로 열망하고 있는 지도자로 보였으며, 나는 전 대통령으로부터 매우 좋은 인상을 받았다"고 발언했다.[250] 이러한 국제금융계의 지원 덕분에 한국은 1980년 말, 원래의 차입계획이었던 77억 달러보다 더 많은 86억 달러 차입을 달성할 수 있게 되었다. 미국 정부가 배후에서 영향력을 행사한 덕분이다.[251]

1980년대 초반 세계 외채 상위 국가들의 외채 총액

국가	1980	1981	1982	1983	1984	1985
브라질	70,838	80,643	92,221	97,496	104,331	104,593
멕시코	57,378	78,215	86,019	92,964	94,822	96,875
아르헨티나	27,157	35,657	43,634	45,920	48,857	50,947
한국	29,480	32,989	37,330	40,419	42,098	47,158
베네수엘라	29,310	32,093	32,094	38,200	36,789	35,240

출처: 세계은행, 세계부채통계(World Debt Table) 1989~90, vol.2: 국가별 통계(1989).

1984년 한국의 외채는 414억 달러였는데, 이것은 국민 한 사람이 1,002 달러(당시 환율로 약 81만 원에 해당)의 외채를 안고 있는 것이었다.[252] 한

---

249 매일경제신문, 1980년 9월 11일.

250 경향신문, 1980년 9월 19일.

251 박영대, 「한국의 1980년대 초반 외채위기 극복요인에 관한 연구-'신냉전'의 영향을 중심으로」, 서울대 대학원 사회학 석사학위 논문, 2013, 89쪽 참조.

252 매일경제신문, 1984년 7월 3일.

국이 외채 총량에서 가장 많은 수치를 기록한 해는 1985년으로, 총 470억 달러를 기록했다. 폭증한 외채 덕분에 한국의 대외신인도가 급락하여 유로머니(Euromoney)의 국가신인도 조사에 의하면 총 67개국 중 한국은 대만(19위), 멕시코(21위), 브라질(23위), 필리핀(24위)보다 낮은 35위를 차지했다.

세계 4위 외채국 한국, 특별대우 받아

1982년 8월 멕시코의 모라토리엄 선언을 시작으로 제3세계 외채위기가 발발했다. 라틴아메리카에서 출발하여 동유럽, 아프리카에 이르기까지 40개국 이상 국가들이 대외 지급불능(default) 또는 대외 지급유예(moratorium)를 선언하고 채무 재조정(restructuring)에 들어갈 수밖에 없는 상황에 몰렸다.

이들 나라들은 IMF나 세계은행의 채무 재조정 과정에서 가혹한 구조조정, 그리고 워싱턴 컨센서스(Washington Consensus)라 불리는 민영화, 규제 완화, 세제개혁, 무역 자유화, 외국인 직접투자 장벽 제거 등 10가지 정책이 엄격하게 요구되었다. 세계 4위의 외채국이었던 한국만은 예외였다. 이러한 차별 대우의 가장 중요한 근거는 "차입국 정부의 미국 정부에 대한 정치적 중요성"이었다.[253]

한미 관계는 과거 어느 때보다도 좋았다. 전두환 대통령의 방미로 시작된 레이건 대통령과의 우호관계는 그지없이 친밀했다. 한미 관계가 그 어느 때보다 친밀했기 때문에 한국은 미국의 전폭적인 지원을 받을 수 있었다. 또 당시는 냉전체제였다. 미국이 소련과 대치하고 있는 상황에서 한국

---

253 셰릴 페이어, 「1980년대의 IMF」, C. 푸르타도 외 저, 정윤형 편역, 『제3세계와 외채위기』, 창작과비평사, 1985, 164쪽.

에서 위기가 발생하는 것은 바람직하지 않았다.[254]

전두환 정부의 뼈를 깎는 개방화·안정화 정책과 미국 정부의 호의적 지원 덕분에 한국은 1986년부터 시작된 3저 호황을 맞아 막대한 무역수지 흑자를 기록하여 외채 문제에서 벗어날 수 있게 되었다.

전두환 대통령은 경제 운영의 기준을 집안 살림을 기준으로 했다. 집의 총수입과 빚의 액수가 비슷하면 살림을 잘사는 게 아니라는 뜻이다. 한편에선 전략적 차원에서 어느 정도 규모의 외채를 가지고 있어야 한다고 보았다. 특히 다른 곳보다 미국이나 유럽 나라들의 외채를 써야 득이 된다고 보았다. 그 나라들이 한국에 빌려준 차관을 받아내기 위해서라도 우리 안보에 관심을 갖게 만들어야 한다는 이유였다.[255]

근본적인 문제는 핵심 에너지원인 석유였다. 석유 가격 폭등보다 더 심각한 것은 원유의 수입 물량 자체를 확보할 수 없다는 사실이었다. 비축된 석유량이 바닥을 드러내고 있었다. 하필 한겨울에 이 사단이 났으니 온 국민이 추위와 공포에 떨어야 했다. 한국 경제는 그야말로 안팎이 캄캄했다.[256]

식량난까지 겹쳐 진퇴양난

무엇보다 심각한 과제는 석유 위기와 함께 닥친 식량난이었다. 1980년 5월 18일, 광주에서 계엄군과 학생들이 첫 충돌한 날 미국 워싱턴주의 세인트 헬렌스 화산이 대폭발하여 수백만 톤의 화산재를 22km 상공까지 뿜어올렸다. 이 화산재는 바람을 타고 전 세계로 퍼져나갔다. 결국 하늘을 뒤덮은 화산재 덕분에 동북아에서는 이상저온, 미주대륙은 100년 만의 열

---

254 강경식, 『국가가 해야 할 일, 하지 말아야 할 일』, 김영사, 2010, 686쪽.

255 김성익, 앞의 책, 253쪽.

256 KDI 원로들의 증언 편찬위원회, 앞의 책, 19쪽.

파, 호주는 가뭄, 소련은 한발, 북구의 냉하와 홍수 등 지구촌이 기상 악천후로 몸살을 앓았다.

극도의 사회불안이 엄습한 와중에 한국도 기상이변을 피해갈 수 없었다. 그해 7월 기온이 평년보다 기온이 4~10도나 낮았고, 일조량도 평년의 50%밖에 안 돼 냉해로 인해 농작물 수확량이 급감했다. 특히 우리나라는 냉해에 약한 품종인 통일벼를 60% 이상 식재한 상황이어서 피해가 더 컸다. 미곡 4,200만 석 생산 목표의 58%뿐인 2,466만 석밖에 달성하지 못했다. 결국 1977년 주곡 자급을 달성한 이래 3년 만에 최악의 흉년에 봉착한 것이다.[257]

냉해로 인한 흉작 속에 쌀 부족 사태가 발생하여 주식인 쌀 재고량이 1981년 4월분까지밖에 없다는 암담한 보고가 올라왔다. 정부는 긴급히 쌀 240만 톤 수입에 나섰다. 한국에서 대량의 쌀을 구매하려 하자 1980년 초 톤당 200달러였던 국제 쌀 가격이 1981년 후반에는 600달러까지 치솟았다. 쌀을 구하기 어려워 안남미까지 수입해야 했다.

전두환 회고록에 의하면 최 대통령 시절인 1979년 말 연구기관에서는 1980년도 경제성장률을 마이너스로 예상했는데 국민경제에 주는 충격을 고려해 4%라고 발표할 수밖에 없었다고 한다. 경제기획원의 강경식 기획차관보는 당시 한국 경제 상황을 "조종사가 없는 비행기가 계속 고도가 떨어져가고 있는 상황"이라고 비유했다. 결국 1980년의 경제성장률은 마이너스 5.6%로 후퇴했다. 1960년대 이래 최초의 마이너스 성장 기록이었다.[258]

이대로 가면 대부분의 중화학공업 기업의 파산이 불가피했다. 박정희가 애써 키운 중화학공업이 하루아침에 고철 더미로 변할 위기에 처한 것이다.

---

257 농수축산신문, 「첫 쌀 수입 당시와 지금은?-이병기 전 농림수산부 차관」, 2006년 5월 22일.
258 전두환 회고록 (2), 앞의 책, 29쪽.

에필로그

5공은 어떤 시대로 기억될 것인가

대한민국 현대사는 황폐한 폐허 위에서 인류 역사상 유례없는 번영을 일궈낸 장엄한 서사시다. 이 거대한 성취는 결코 우연의 산물이 아니며, 관념적 명분론을 타파하고 실용적 국가 건설을 추진했던 위대한 지도자들의 '역사적 분업'이 있었기에 가능했다. 이승만 시대에 국가의 기틀이 설계되고 박정희 시대에 그 골조가 격렬하게 세워졌다면, 제5공화국은 그 모든 역량을 집대성하여 대한민국이라는 국가건설(State Building)을 최종적으로 완성하고 완결 지은 시대였다.

그러나 오늘날 이 시기는 학문적 근거가 결여된 채 정치적 프레임에 의해 악마화되어 있다. 이제는 정서적 비난을 걷어내고, 14만 페이지에 달하는 12·12와 5·18 수사 기록과 객관적인 역사적 지표를 바탕으로 제5공화국의 실체적 진실을 마주해야 한다.

제5공화국의 출범은 10·26 사태라는 미증유의 국가적 위기 속에서 이루어졌다. 당시 합동수사본부장 전두환에 의한 12·12는 권력 찬탈을 위한 사전 계획적 반란이 아니라, 대통령 시해 사건의 방조 혐의가 있는 정승화 육군참모총장에 대한 정당한 수사권 집행 과정에서 발생한 군 내부의 물리적 충돌이었다.

이는 당시 수사 대상자가 계엄사령관이라는 특수한 지위에 있었기에 발생한 불가피한 사태였으며, 육본 측의 불법적인 병력 동원에 대응하여 국가의 안위를 지키기 위한 대전복 작전의 성격을 띠고 있었다. 또한 5·18 광주 작전 역시 지휘 계선 상에 있지 않았던 특정 장군에게 모든 책임을 묻는 것은 당시의 엄중한 계엄 상황과 실제 지휘 체계를 외면한 정치적 기소에 불과하다는 점이 학문적으로 규명되어야 한다.

대한민국의 성공은 결코 우연의 산물이 아니다. 그것은 고독한 지도자들이 시대적 소명을 짊어지고 각자의 구간을 달린 '역사적 분업'의 결과물이었다. 이승만은 황무지 위에 자유민주주의라는 국가의 기틀을 설계했고, 박정희는 그 설계도 위에 중화학공업의 거대한 골조를 세우며 산업화의 불꽃을 당겼다. 박정희 대통령의 시해라는 10·26의 비극이 닥쳤을 때, 대한민국은 건국 이래 최대의 존립 위기에 직면했다.

그 캄캄한 암흑의 시간, 기존의 정계와 관료 사회는 책임 있는 행동 대신 서로 눈치만 보며 복지부동(伏地不動)하고 있었다. 국가의 심장이 멈춘 듯한 위기 상황에서 어느 누구도 선뜻 나서지 못하고 좌고우면할 때, 전두환과 신군부는 사관학교에서 배운 원리원칙과 투철한 군인정신으로 무장하고 역사의 전면에 나섰다.

그들은 국가를 위기에서 구하기 위해 사사로운 이익이나 정치적 득실을 따지지 않았고, 오직 국가 보위라는 일념으로 행동했다. 그 결연한 의지와 행동력이 있었기에 10·26과 12·12라는 국가적 격변을 안정적으로 극복할 수 있었다. 만약 그들의 책임 있는 결단이 없었더라면, 대한민국은 북한의 위협과 내부적 혼란 속에 침몰했을지도 모른다.

글로벌 시각으로 본 5공 탄생

특히 제5공화국의 출범은 단순히 국내 정치적 사건을 넘어 미국의 글로벌 전략과 긴밀하게 맞물려 돌아간 세계사적 선택이었다. 당시 국제 정세는 1979년 이란 혁명으로 인해 미국이 중동의 최대 맹방을 상실하며 심각한 안보 위기에 처해 있었다. 중동에서의 전략적 후퇴는 미국에 거대한 트라우마를 안겼고, 이러한 상황에서 동북아의 핵심 보루인 대한민국마저 흔들리는 것은 미국의 글로벌 전략에 있어 치명적인 재앙이었다. 당시 미국은 한국의 야당 지도자들이 집권할 경우, 그들의 대북 유화적 태도가 자칫 친북·반미 정권의 탄생으로 이어질 수 있다는 점을 심각하게 우려했다.

만약 대한민국이 안보의 불확실성에 빠진다면 미국의 태평양 방어선은 붕괴될 것이 자명했다. 이러한 절박한 국제정치적 역학 관계 속에서 미국은 강력한 리더십을 갖추고 확고한 친미·반공 노선을 견지한 신군부의 등상을 묵시적으로 용인할 수밖에 없었다. 즉, 제5공화국의 탄생은 한반도의 평화 유지가 곧 미국의 국익과 직결된다는 글로벌 시각에서의 냉철한 전략적 판단이 작용한 결과였다. 전두환과 신군부는 이러한 세계사적 흐름 속에서 대한민국의 안보를 책임지는 파수꾼으로서의 소명을 완수했던 것이다.

제5공화국 출범 전야의 국가보위비상대책위원회(국보위)에 대한 재평가 또한 시급하다. 흔히 국보위를 정권 찬탈을 위한 기구로 매도하지만, 실체적 진실은 전혀 다르다. 국보위는 그동안 권위주의 체제하에서 정부 부처 간의 이기주의, 고질적인 민원, 그리고 정치적 이해관계로 인해 누구도 해결하지 못했던 해묵은 국가적 난제들을 해결하기 위해 만들어진 초법적 비상 기구였다. 최규하 과도정부가 무기력하게 눈치만 보고 있을 때, 국보위는 국가 경영의 엔진을 다시 가동시켰다. 특히 제2차 석유파동이라는 절체절명의 경제 위기 속에서 원유 물량을 확보하고 물가를 안정시키기 위해 투입된 국보위의 기동성은 대한민국 경제를 사지(死地)에서 건져낸 구원 투수였다.

국보위는 단순히 행정 업무를 대행한 기구가 아니라, 5공화국이 약진할 수 있는 모든 제도적 장치를 완비한 거대한 용광로였다. 국보위는 법률 제정권이 없었기에 이를 뒷받침하기 위한 국가보위입법회의가 조직되었고, 이 두 기구의 유기적인 협력을 통해 대한민국은 산업사회를 넘어 정보화 사회로 진입하기 위한 법적·제도적 인프라를 전격적으로 구축했다.

이는 명백한 '혁명기'였으며, 이 시기에 마련된 교육 개혁, 과외 금지, 졸업정원제, 그리고 각종 사회 정화 조치들은 대한민국이 선진 사회로 나아가는 체질 개선의 과정이었다. 복지부동하던 관료 사회를 일깨워 국가의 역동성을 회복하고, 정보화 사회라는 새로운 시대로 넘어가는 징검다리를 놓은 것은 국보위가 수행한 위대한 역사적 과업이었다.

육사 11기의 역사 무대 등장

이러한 정치적 소용돌이 속에서도 제5공화국 리더십은 흔들림 없이 부국강병의 길을 걸었다. 육사 11기를 주축으로 한 리더십은 미국 웨스트포인트식 교육을 통해 체득한 합리적이고 민주적인 조직 운영 능력을 국정에 도입했다. 그들은 조선 시대부터 이어져 온 소모적인 당쟁 정치와 소중화적 관념론이 나라를 망치는 근본 원인임을 통찰했다.

무(武)를 천시하고 입으로만 도덕을 외치던 숭문(崇文)주의적 전통과 결별하고, 국가의 안위와 국민의 먹고사는 문제를 최우선으로 하는 실용주의 국정 철학을 확립했다. 힘이 뒷받침되지 않는 명분은 허구이며, 안보 없는 번영은 모래성이라는 실전적 인식이 그들의 통치 기반이었다.

경제 정책에 있어서 제5공화국은 박정희 시대의 성과를 계승하는 동시에 그 구조적 한계를 과학적으로 돌파했다. 만성적인 인플레이션을 잡기 위해 강력한 긴축 재정과 물가 안정 시책을 추진했으며, 이는 '3저 호황'이라는 대외적 기회와 맞물려 대한민국 경제를 선진국형 안정 성장 궤도에 올려놓았다.

특히 전두환 대통령은 미래 먹거리에 대한 놀라운 통찰력을 보여주었다. 반도체 산업을 국가적 과업으로 선정하여 파격적인 연구개발비를 지원함으로써 오늘날 IT 강국의 실질적인 토대를 닦았고, 원자력 기술의 자립을 통해 에너지 안보를 확립했다. 이는 단순한 행정적 관리를 넘어, 박정희가 시작한 산업화의 불꽃을 첨단 산업이라는 거대한 엔진으로 진화시킨 국가 전략의 정점이었다.

제5공화국의 진정한 위대함은 이승만이 설계하고 박정희가 추진해온 국가건설의 모든 과정이 전두환 시대에 이르러 비로소 완성되었다는 점에 있다. 이 시기는 선대 지도자들이 구축한 국가적 역량을 하나로 결집하여 대한민국이라는 국가의 완전한 형체를 세상에 드러낸 시기였다. 그 완성의 증거는 바로 '두터운 중산층의 형성'이었다.

국가가 주도한 성장의 결실은 전두환 시대에 이르러 국민 모두의 소득 증대로 환원되었고, 삶의 질은 비약적으로 향상되었다. 대한민국 역사상 처음으로 전체 국민 중 70%가 넘는 광범위한 중산층이 형성됨으로써, 국민들은 비로소 생존의 공포에서 벗어나 문화와 교육의 자율성을 향유하는 현대적 시민으로 거듭났다. 이는 국가 건설이 단순히 하드웨어적 구축을 넘어 국민의 삶 속에 완전히 뿌리내렸음을 의미한다.

국가 브랜드 가치의 상승

외교와 안보 분야에서도 제5공화국은 국익을 극대화한 실용 외교의 정수를 보여주었다. 레이건 행정부와의 굳건한 유대를 통해 한미 혈맹을 재확인하고, 일본으로부터 40억 달러의 경제 협력 자금을 이끌어낸 결단은 관념적 민족주의를 넘어선 냉철한 현실주의의 승리였다. 이러한 강력한 한미일 3각 안보 체제는 88서울올림픽의 성공적 개최를 가능케 한 든든한 보루였다.

서울올림픽은 이승만의 건국과 박정희의 산업화가 제5공화국에 이르러 마침내 국가 건설의 완성을 선포한 찬란한 축제였다. 전 세계가 참여한 이 평화의 제전을 통해 대한민국은 변방의 약소국에서 세계사의 주류로 당당히 편입되었으며, 이는 국가의 위상이 완성 단계에 도달했음을 보여주는 실증적 지표였다.

참다운 민주주의는 일정한 경제적 토대와 두터운 중산층 위에서만 정상적으로 작동한다. 제5공화국이 고군분투하여 일궈낸 경제적 번영과 중산층 형성은 1987년 민주화 이행을 뒷받침한 실질적인 사회적 자본이자 동력이 되었다.

7년 단임제를 헌법적 가치로 정립하고 평화적 정부 이양의 선례를 남긴 것은 국가 건설의 마지막 퍼즐인 '제도적 민주주의'로 나아가는 견고한 가교를 놓은 것이었다. 즉, 제5공화국은 스스로 민주주의가 꽃필 수 있는 비옥한 토양을 완성함으로써 대한민국 현대사의 필연적인 전개를 가능케 했다.

결국 제5공화국은 대한민국 현대사에서 국가 건설(State Building)이라는 거대한 과업이 최종적으로 완결되었음을 확인하고 증명한 시대였다. 지배층이 관념주의에 빠져 무(武)를 경시하고 당쟁에 몰두할 때 나라가 위태로워진다는 역사의 교훈을 간파하고, 부국강병과 실용 외교를 통해 국가의 명운을 개척한 무인(武人)적 리더십의 승리였다. 정서적 선동에 휘둘려 이 시대를 폄훼하는 것은 대한민국이 일궈낸 기적 같은 성취 자체를 부정하는 일이며, 우리 스스로가 이룩한 위대한 역사를 부정하는 자기 비하에 불과하다.

이제는 역사의 법정에서 제5공화국에 대한 정당한 판결을 내려야 한다. 이 시기는 대한민국을 명실상부한 선진국으로 도약시킨 가장 역동적이고 합리적이었던 통치기였으며, 이승만과 박정희의 꿈이 현실로 구현된 국가 건설의 완성기였다. 사실(Fact)에 기반한 정당한 평가는 비단 과거를 바로잡는 일에 그치지 않고, 대한민국이 앞으로 나아가야 할 번영의 미래를 보장하는 유일한 길이다.

우리는 오랫동안 한 시대를 통째로 잃어버린 채 살아왔다. 대한민국 현대사라는 거대한 산맥에서 가장 역동적이고 찬란했던 8년의 기록은, 어느덧 이성적 사유가 거세된 채 감성적 선동과 정치적 낙인에 의해 '지워진 시간'이 되었다. 하지만 역사는 살아있는 유기체와 같아서, 진실을 억압할수록 그 맥박은 더욱 거세게 요동치기 마련이다.

이제 우리는 억설과 매도의 장막을 걷어내고, 대한민국이라는 국가 건설이 어떻게 그 최종적인 완성을 보았는지, 그리고 그 위기의 정점에서 누가 책임 있는 행동으로 국가를 구했는지를 준엄하게 증언하고자 한다.

중산층의 선택

흔히 제5공화국의 출범을 국민의 의사와 무관한 폭압적 탈취라고 매도한다. 그러나 역사의 이면에는 당시를 살았던 대다수 국민의 절박한 선택이 있었다. 18년에 걸친 근대화의 결실을 누리며 막 형성되기 시작한 한국의 신중산층은, 자신들이 일군 삶의 터전이 급진적 체제 변혁으로 인해 하루아침에 무너지는 것을 원치 않았다.

1980년 '서울의 봄' 당시, 대학생들이 거리로 쏟아져 나와 급진적 민주화를 외칠 때 절대다수의 시민은 그 대열에 합류하지 않았다. 중산층은 도덕적으로는 군부를 지지한다고 선언하기 어려웠을지 모르나, 내심으로는 정치적 안정과 경제 회생을 무엇보다 갈구했다. 당시 신군부의 집권은 단순히 무력에 의한 찬탈이 아니라, 혼란을 잠재워주기를 바랐던 중산층의 '묵시적 동의'와 '암묵적 지지'를 자양분 삼아 가능했던 것이다. 학계 일각에서조차 5공 정권의 등장을 '중산층의 지지에 의한 쿠데타'라고 분석하는 이유가 여기에 있다. 국민은 무책임한 정치적 구호보다 당장 내일의 빵과 사회적 질서를 더 신뢰했던 것이다.

냉철한 현실주의의 승리

제5공화국의 가장 큰 성취는 국가 성장의 과실이 비로소 국민의 삶 속으로 깊숙이 침투했다는 점이다. 전두환 시대는 선대 지도자들이 뿌린 번영의 씨앗이 마침내 만개하여, 대한민국이라는 국가의 형체가 온전한 위용을 갖춘 '완결의 시대'였다.

1인당 소득의 폭발적 증가는 국민들에게 생존의 공포를 씻어주었고, 통행금지 해제와 교복 자율화로 대변되는 사회적 활력은 한국인들을 관념적 굴레에서 벗어난 현대적 시민으로 거듭나게 했다. 삶의 질이 향상되고 내일의 희망을 노래할 수 있는 두터운 중산층이 형성됨으로써, 대한민국이라는 국가 건설은 비로소 하드웨어를 넘어 소프트웨어적인 완성 단계에 도달한 것이다.

정치학자 로버트 달이 강조했듯이, 민주주의는 비옥한 경제적 토양 위에서만 정상적으로 작동한다. 오늘날 우리가 누리는 민주화 역시 제5공화국이 국보위 시절부터 고군분투하며 쌓아 올린 물적 토대와 성숙한 시민의식이라는 동력이 있었기에 가능했던 필연적 귀결이었다. 7년 단임제를 헌법적 가치로 수호하고 평화적 정부 이양의 선례를 남긴 것은, 권력의 사유화를 막고 제도적 민주주의로 나아가는 견고한 가교를 놓은 무인(武人)적 결단이었다. 그는 스스로 민주주의가 꽃필 토양을 일구고, 때가 되었을 때 미련 없이 그 자리를 국민의 몫으로 돌려주었다.

외교와 안보에서 그가 보여준 실용주의는 조선 시대부터 이어져온 관념적 소중화(小中華)적 타성을 깨부수는 쾌거였다. 한미일 안보 공조를 공고히 하여 북한의 도발 의지를 꺾고, 일본으로부터 40억 달러의 경협 자금을 이끌어낸 지략은 국익을 위해서라면 명분보다 실리를 앞세웠던 냉철한 현실주의의 승리였다. 그 위대한 결실인 88서울올림픽은 대한민국이 변방의 약소국을 넘어 세계사의 당당한 주역으로 등극했음을 알리는 '국가적 성인식'이었다. 전 세계가 서울 하늘 아래 모여 평화를 노래하던 그 순간, 이승만과 박정희가 꿈꾸었던 대한민국은 전두환의 손을 거쳐 비로소 그 완전한 형체를 세상에 드러냈다.

우리는 이제 역사의 진실 앞에 겸허해져야 한다. 12·12는 수사권 집행 과정의 충돌이었고, 광주의 비극은 지휘 계통 밖의 인물에게 모든 책임을 씌운 정치적 희생양 만들기였다는 사실을 학문적 양심으로 고백해야 한다. 전두환은 권력의 정점에서 내려온 후 백담사 유배를 담담히 받아들인 냉철한 현실주의자였으며, 동시에 가족과 친구를 지극히 아꼈던 '너무나 인간다운' 지도자였다. 그는 퇴임 후 자신을 향한 공격을 보며 "권력이란 주인이 바뀌면 전임자를 격하해야 입지가 굳어지는 것"이라며 이를 숙명처럼 받아들였다.

'한국형 신인류'의 탄생

1권을 마감하며 저자는 다시 한번 묻는다. 우리가 오늘날 누리는 이 풍요와 자유 중 제5공화국이 닦아놓은 토대 위에 서 있지 않은 것이 단 하나라도 있는가. 국가적 위기 앞에 목숨을 걸고 나섰던 신군부의 결단과 국보위를 통해 정보화 사회의 문을 열었던 그 치열한 설계가 없었더라면 우리는 과연 이 자리에 서 있을 수 있었겠는가.

이제 역사의 법정은 정당한 판결을 내려야 한다. 제5공화국은 '역사적 잉여'도 '독재의 잔재'도 아니었다. 그것은 대한민국 현대사에서 국가 건설이라는 거대한 대업이 최종적으로 완결되었음을 증명한 가장 역동적인 통치기였다.

명분보다는 실리를, 당쟁보다는 국익을 추구했던 그 실용의 정신은 다시금 관념적 정쟁의 늪에 빠져드는 우리 시대에 준엄한 나침반이 되어야 한다. 대한민국은 성공한 국가다. 그리고 그 성공의 서사에서 제5공화국은 가장 찬란한 클라이맥스를 담당했다. 이 책이 기록한 역사적 사실의 파편들이 오해와 편견의 장벽을 허물고 대한민국 현대사를 바로 세우는 주춧돌이 되기를 소망한다.

가장 혹독한 겨울을 지나 가장 화려한 봄을 맞이했던 그 시절, 묵묵히 제 소임을 다했던 국가 건설의 주역들에게 이 책을 헌사한다. 우리의 역사는 비로소 그들을 통해 완성되었고, 그 완성된 토대 위에서 우리는 비로소 '한국형 신인류'로 거듭날 수 있었다.

우리는 이제 역사의 진실 앞에 겸허해져야 한다. 제5공화국은 없었어야 할 '역사적 시간 낭비'가 아니라, 오히려 박정희 사후의 대혼란으로부터 대한민국을 구해내고 번영의 토대를 완결 지은 '역사적 필연'이었다.

전두환 대통령은 스스로 민주주의가 꽃필 경제적 토양을 일구고, 7년 단임제를 준수하며 평화적 정부 이양의 선례를 남긴 무인(武人)적 결단을 실천했다.

우리는 이 시대를 더 이상 '어둠의 시대'로 기억해서는 안 된다. 그것은 가장 치열하게 생존했고, 가장 뜨겁게 성장했으며, 마침내 국가 건설의 위업을 달성한 '빛의 연대기'였다. 이제 그 빛나는 8년의 기록을 온전히 복원하여, 후세에게 당당한 역사의 유산으로 물려주어야 할 때다. 그것이 오늘을 사는 우리에게 주어진 역사적 책무이자, 진실을 향한 마지막 예우다.

제5공화국은 단순히 지나간 과거의 한 페이지가 아니라, 오늘날 우리가 누리는 자유와 번영의 '유전적 설계도'였다. 이제 우리는 감성의 정치를 넘어 이성의 역사로 나아가야 한다.

참고문헌

'1·2차 석유파동과 경기 침체', 『대한유화 50년사』, https://50th.kpic.co.kr/View.asp?M M=303101&BN=700301&SQC=200614230657828763.

'88올림픽 30주년, 올림픽은 서울을 어떻게 변화·발전시켰는가', 서울역사박물관, https://museum.seoul.go.kr/www/board/NR_boardView.do?bbsCd=1015&seq=2 0180302131709634&sso=ok.

「"박정희 같았으면 목숨 끊었다" 전두환 분노의 백담사 유배」, 중앙일보, 2025년 4월 27일.

「88정권교체 준비 연구서 요지」, 중앙일보, 1988년 11월 12일.

「새로운 문화시대를 연 1988년 서울올림픽」, 국민체육진흥공단, https://m.blog.naver. com/kspo2011/221361455815.

「정보통신 강국의 기틀을 세우다-행정전산망용 주전산기 II(TiCOM) 개발」, ETRI 45th Anniversary, https://www.etri.re.kr/45th/sub05_5.html.

6월 항쟁을 기록하다 편집위원회 저, 『6월 항쟁을 기록하다』, 민주화운동기념사업회, 2007.

KDI 원로들의 증언 편찬위원회, 『KDI, 자율·경쟁·개방의 시대를 열다』, 나남, 2023.

강경식, 『국가가 해야 할 일, 하지 말아야 할 일』, 김영사, 2010.

강만수, 『현장에서 본 한국경제 30년』, 삼성경제연구소.

강명도, 『평양은 망명을 꿈꾼다』, 랜덤하우스코리아, 1995.

강성학, 『카멜레온과 시지프스』, 나남출판, 1995.

강신구, 「박정희 대통령 과학기술 초석 놓고 전두환 이어 김대중 대통령 변화기 진입」, 『월간 과학과 기술』, 2002년 8월, 한국과학기술단체총연합회.

강신표, 「서울올림픽과 바르셀로나 올림픽 비교연구: 성화봉송과 TV 중계」, 『인제대학교 인문사회과학논총』, 제4집, 1호, 1997.

강원택, 『제5공화국』, 역사공간, 2024.

강준만,『한국 현대사산책 1980년대 편 제1권』, 인물과 사상사, 2003.

강진구,『삼성전자 신화와 그 비결』, 고려원, 1996.

강창성,『군벌정치』, 해동문화사, 1991.

강창희,『열정의 시대: 강창희 정치 에세이』, 중앙북스, 2009.

경제기획원a,『개발연대의 경제정책-경제기획원 20년사』, 경제기획원, 1982.

경제기획원b,『외채백서』, 경제기획원, 1986.

경향신문사,『실록 제5공화국-(3)복지·과학기술 편』, 경향신문사, 1987.

계엄사 편찬위원회,『계엄사: 10·26 사태와 국난극복』, 1982, 육군본부.

고광헌,『스포츠와 정치』, 푸른나무, 1988.

고나무,『전두환-아직 살아 있는 자』, 북콤마, 2013.

고모다 마유미(薦田眞由美),「한일 '안보경협' 분석: 역사적 전개와 이론적 함의」, 고려
　　대학교 대학원 정치외교학과 박사학위 논문, 2013.

고승철·이완배,『김재익 평전』, 미래를 소유한 사람들, 2014.

과학기술부,『70-90년대 주요 과학기술정책이 과학기술발전과 산업발전에 기여한 성
　　과조사 분석』, 과학기술부, 2007.

과학기술부a,『특정연구개발사업 20년사』, 과학기술부, 2003.

과학기술부b,『과학기술 40년사』, 과학기술부, 2008.

과학기술처,「기술수노성책 추진의 현황과 과제」, 국가기록원(관리번호 : C11M04404),
　　1983.

과학기술처,『과학기술연감』, 과학기술처, 1981.

과학기술처,『과학기술행정 20년사』, 과학기술처, 1987.

과학기자 모임 편,『신한국 과학기술을 위한 언협보고서』, 희성출판사, 1993.

구본호·이규억 편,『한국경제의 역사적 조명』, 한국개발연구원, 1991.

구상회,「무기체계 연구개발과 더불어 30년」,『국방과 기술』, 225~233호, 1998.

구상회,『한국의 방위산업』, 세종연구소, 1998.

구영록 외,『미국과 동북아』, 서울대학교 미국학연구소, 1984.

구영철,「미국과 동북아」,『미국과 동북아』, 서울대학교 미국학연구소, 1984.

국가안전보장회의,『일본방위력 증강과 한일안보협력 방안』, 국가안전보장회의, 1981.

국무총리기획조정실 편,『행정백서 1981』, 대한민국 정부, 1981.

국방과학연구소a,『국방과학연구소 약사(제1권)』, 국방과학연구소, 1989.

국방과학연구소b,『국방과학연구소 50년사』, 2020.

국방부,『율곡사업의 어제와 오늘 그리고 내일』, 국방부, 1994.

국보위 상임위, 『광주사태 진상조사 보고』, 1980년 6월 16일.

국회사무처, 『국가보위입법회의 사료』, 국회사무처, 1995.

권영성, 「제5공화국 헌법의 특색」, 『고시연구』 1980년 12월.

길윤형, 『26일 동안의 광복』, 서해문집, 2022.

김경훈, 『서울올림픽사 제1권-서울올림픽 유치』, 국민체육진흥공단, 2000.

김광모, 「박정희의 핵개발정책(2)-국가안위 절박 상황 결단」, 『경제풍월』, 2017년 2월호.

김광석, 『국방획득정책』, 국방대학교, 2011.

김대중 육성 회고록(16), "87년 대선, 우리는 서로 싸우다 졌고 국민은 나를 원망했다",
　　중앙일보, 2023년 8월 29일.

김대중a, 『김대중 자서전』1, 삼인, 2010.

김대중b, 『김대중 자서전』2, 삼인, 2010.

김대환, 「국제 경제 환경의 변화와 중화학공업의 전개」, 박현채·정윤형·이경의·이대근
　　편, 『한국경제론』, 까치, 1987.

김동노, 「국가의 정당성 결여와 생활 세계의 왜곡」, 『현상과 인식』 21권 1호. 1997.

김동택, 「5·18의 국제적 배경-한미관계를 중심으로」, 『5·18 민중사』, 광주광역시 5·18
　　사료편찬위원회, 도서출판 고령, 2001.

김명희, 「한국의 국민형성과 가족주의의 정치적 재생산: 한국전쟁 좌익 관련 유가족들
　　의 생애 체험 및 정치사회화 과정을 중심으로」, 『기억과 전망』 21호, 민주화운동기
　　념사업회, 2009.

김백유, 「제5공화국 헌법의 성립 및 헌법발전」, 『일감법학』제34호, 건국대학교 법학연
　　구소, 2016년 6월.

김병로, 「통일환경과 통일담론의 지형 변화: 정부 통일방안을 중심으로」, 『통일문제연
　　구』제26집 1호, 2014.

김석준, 『현대 대통령 연구1』, 대영출판사, 2002.

김선덕, 『실록 대한민국 국군 70년』(상), 도서출판 다물 아사달, 2015.

김성보 외 지음, 『한국현대생활문화사 1980년대 : 스포츠공화국과 양념통닭』, 창비,
　　2021.

김성익, 『전두환 육성증언』, 조선일보사, 1993.

김수길, 「김재익과 문희갑」, 월간중앙, 1989년 9월호.

김순양, 「정치적 격변기의 과도정부기구의 구성과 활동에 대한 연구: 국가보위비상대책
　　위원회와 국가보위입법회의를 중심으로」, 『한국사회와 행정연구』33(1), 2022, 1-31.

김시현, 「한국 방위산업 체계의 변천과정 연구-제도, 조직, 기술의 공진화를 중심으로」, 부산대학교 대학원 박사학위 논문, 2020.

김영명, 『고쳐 쓴 한국현대정치사-정치변동의 역학』, 을유문화사, 1996.

김영명, 『한국의 정치변동』, 을유문화사, 2006.

김영명, 『한국현대정치사』, 을유문화사, 1999.

김영삼, 『김영삼 회고록: 민주주의를 위한 나의 투쟁2』, 백산서당, 2000.

김영섭 외 지음, 『과학대통령 박정희와 리더십』, 엠에스미디어, 2010.

김영우 외 지음, 『한국 과학기술정책 50년의 발자취』, 과학기술정책관리연구소, 1997.

김용삼, 『박정희의 옆얼굴-사람을 사랑한 대통령』, 기파랑, 2018.

김용삼a, 「제5공화국 탄생기 정사(正史) : 최규하 대통령은 전두환이 내민 김대중·김대중 체포장에 서명했다」, 『월간조선』, 1999년 1월호.

김용삼b, 「제5공화국 탄생기 정사(正史) : 최규하는 왜 하야했는가, 김대중은 누가 살렸는가」, 『월간조선』, 1999년 2월호.

김용삼c, 「신현확의 현대사 심장부 증언 : "10·26 직후 김종필과 담판하여 JP의 대통령 출마 만류…격론 벌이고 결별…1980년 최규하는 신군부가 자신을 민다고 오판"」, 『월간조선』, 1999년 2월호.

김용삼d, 『박정희 혁명(1)』, 지우출판, 2019.

김용삼e, 『박정희 혁명(2)』, 지우출판, 2019.

김용일, 「국가긴급권으로서 계엄에 관한 비교법적 연구」, 동국대학교 대학원 법학과 박사학위 논문, 2015.

김용훈·유지웅, 「과학기술행정체제의 변화와 정합성」, 『행정논총』제46권 4호, 2008.

김원, 「부마항쟁과 도시하층민: '대중독재론'의 쟁점을 중심으로」, 『한국학』 제29집 제2호, 2006.

김원식, 「주전산기의 개발 현황 및 전망」, 『체신』 통권 460호, 1994년 1월호.

김인호 회고록, 『명과 암 50년-한국경제와 함께(1)』, 기파랑, 2019.

김종영, 「포퓰리즘과 네거티브 전략의 수사적 고찰-나치당의 경우를 중심으로」, 『텍스트언어학』 통권 25호, 한국텍스트언어학회, 2008.

김종필a, 『김종필 증언록(1)』, 와이즈베리, 2016.

김종필b, 『김종필 증언록(2)』, 와이즈베리, 2016.

김지일, 「포기와 연루를 넘어서-한국의 미사일 개발과 한미동맹 딜레마」, 고려대학교 대학원 정치외교학과 박사학위 논문, 2016.

김진, 『청와대비서실』, 중앙일보사, 1992.

김진배, 「군출신 대통령 인물 비교연구(상) : 박정희·전두환·노태우」, 월간조선, 1988년 6월호.

김충남, 『대통령과 국가경영 : 이승만에서 김대중까지』, 서울대학교 출판문화원, 2012.

김충식, 『남산의 부장들』, 폴리티쿠스, 2012.

김태일, 「유신체제를 어떻게 볼 것인가」, 『역사비평』, 역사비평사, 1995.

김행선, 『1980년대 전두환 정권의 수립: 국가보위비상대책위원회와 국가보위입법회의를 중심으로』, 선인, 2015.

김형아 지음·신명주 옮김, 『유신과 중화학공업-박정희 양날의 선택』, 일조각, 2005.

김호균, 「장관의 역할에 관한 연구」, 서울대학교 대학원 행정학과 박사학위 논문, 2001.

김호진, 『한국정치체제론』, 박영사, 2003.

나카소네 야스히로 저, 성완종 번역, 『정치가는 역사의 법정에 선 피고』, 한송, 1998.

남기현, 「'경무대 앞 발포사건' 책임자 처벌 재판에 관한 고찰」, 덕성여대 인문과학연구소, 『인문과학연구』, 제22집, 2016.

남덕우 외 지음, 『80년대 경제개혁과 김재익 수석-20주기 추모기념집』, 삼성경제연구소, 2003.

남덕우, 『경제개발의 길목에서』, 삼성경제연구소, 2009.

남상우, 「거시경제」, 한국경제60년사 편찬위원회, 『한국경제 60년사 I: 경제일반』, 2010.

노순규, 「정보관련 법제화와 정보보호」, 『월간 정보화사회』, 한국정보통신산업협회, 1998년 5·6월호.

노신영, 『노신영 회고록』, 고려서적, 2000.

노재현, 『청와대 비서실(2)』, 중앙일보사, 1993.

노태우a, 『노태우 회고록(상): 국가, 민주화, 나의 운명』, 조선뉴스프레스, 2011.

노태우b, 해설 조갑제, 『노태우 육성회고록』, 조갑제닷컴, 2007.

다나카 아키라(田中明) 저·윤학준 역, 『한국정치를 투시한다-한 일본 지식인이 본 한국』, 길안사, 1995.

대통령비서실, 『전두환 대통령 연설문집-제5공화국 출범 편 1980년 8월~1981년 4월』, 대통령비서실, 1981.

대한민국재향군인회, 『12·12 5·18 실록』, 1997, 대한민국재향군인회 호국정신 선양운동본부.

돈 오버도퍼 저, 뉴스위크 한국판 편집국 번역, 『두 개의 코리아』, 중앙일보사, 1998.

동아일보사, 『5공평가 대토론회: 현대사를 어떻게 볼 것인가(6)』, 동아일보사, 1994.

리처드 워커 지음, 이종수·황유석 옮김, 『한국의 추억-워커 전 주한 미국대사 회고록』, 한국문원, 1998.

마상윤·박원곤, 「데탕트기의 한미갈등-닉슨, 카터와 박정희」, 『역사비평』, 2009년 봄호.

매슈 B. 리지웨이 지음, 박권영 옮김, 『리지웨이의 한국전쟁』, 플래닛미디어, 2023.

모준영, 「5·16은 전 세계에서 가장 성공한 쿠데타」, 『박정희정신』제8호, 2018년 4~6월 (계간).

문만용, 『한국 과학기술 연구체제의 진화』, 들녘, 2017.

문정인, 오코노기 마사오 공편, 『시장·국가·국제체제』, 아연출판부, 2002.

문화공보부a, 『국가보위비상대책위원회는 왜 설치되었는가』, 문화공보부, 1980.

문화공보부b, 『국보위 백서』, 국가보위비상대책위원회, 1980.

미래창조과학부, 『과학기술 40년사』(상), ㈜휴먼컬처아리랑, 2008.

박경호·옥광·박장규, 「한국 스포츠외교의 태동-서울올림픽 유치의 유산」, 『체육사학회지』 제16집 2호, 2011.

박병영, 「한국 정부-기업 관계의 다양성과 그 결정 요인-1980년대 섬유, 자동차, 반도체산업 연구」, 연세대학교 대학원 사회학과 박사학위 논문, 1999.

박보균, 『청와대비서실3』, 중앙일보사, 1994.

박승덕, 『살며 생각하며』, 좋은 땅, 2020.

박실, 『박정희 대통령과 미국대사관』, 백양출판사, 1993.

박영구, 「1980년 중화학공업 조정에 대한 경제사적 평가」, 『외대논총』 제14집, 부산외국어대학교, 1996.

박영대, 「한국의 1980년대 초반 외채위기 극복 요인에 관한 연구-'신냉전'의 영향을 중심으로」, 서울대 대학원 사회학과 석사학위 논문, 2013.

박원곤, 「미국의 대한정책 1974~1975년-포드 행정부의 동맹정책 전환」, 『세계정치』 제31집 제2호, 2010.

박원곤, 「카터 행정부의 대한정책-10·26을 전후한 도덕 외교의 적용」, 『한국정치학회보』, 제43집 2호, 2009.

박원곤, 「카터 행정부의 도덕주의 외교와 한국정책: 1979년 카터 대통령 방한의 재해석」, 『미국학』 제30집, 2007.

박윤주, 「1989-1989-2001년 미국-이란 관계 개선의 실패: 미국의 중동지역정책 및 대이란 외교정책을 중심으로」, 서울대학교 대학원 석사학위 논문, 2018.

박인숙, 「카터 행정부와 '봉쇄군사주의'의 승리」, 『미국사연구』 제27집, 2008.

박정연, 「한국의 원자력 역사에 관한 기술사회시스템 분석, 1955~2017: 고리1호기의 일생을 중심으로」, 부산대학교 대학원 과학기술학협동과정 박사학위 논문, 2019.

박준복, 『한국 미사일 40년의 신화, 자주국방 그리고 꿈을 이룬 사람들』, 일조각, 2011.

박천오, 「기존 장관 임면 관행의 정책·행정상 폐단과 시정방안」, 『한국행정학보』 제29집 제4호, 1995.

박철언a, 『바른 역사를 위한 증언1』, 랜덤하우스중앙, 2005.

박철언b, 『바른 역사를 위한 증언2』, 랜덤하우스중앙, 2005.

박철호, 「제5공화국 권위주의 정치체제의 변화과정 연구」, 서울대학교 대학원 박사학위 논문, 1993.

박해남, 「서울 올림픽과 1980년대의 사회정치」, 서울대학교 대학원 사회학과 박사학위 논문, 2018.

박현채·정윤형·이경의·이대근 편, 『한국경제론』, 까치, 1987.

박호성, 「1980년대 한국 민주주의의 전개」, 한국학중앙연구원 편, 『1980년대 한국사회 연구』, 백산서당, 2005.

방승주, 「위헌입법의 현황과 대책」, 한국법학원, 『저스티스』 106호, 2008년 9월.

배성인 외, 『유신을 말하다』, 나름북스, 2013.

백선엽, 「밴 플리트 장군과 한국군」, 국방부 군사편찬연구소, 『군사(軍史)』, 제57호, 2005년 12월.

백지운, 『항미원조-중국인들의 한국전쟁』, 창비, 2023.

브루스 커밍스, 김동노 외 번역, 『브루스 커밍스의 한국 현대사』, 창작과 비평사, 2001.

사공일, 『세계속의 한국경제』, 김영사, 1993.

새뮤얼 헌팅턴 지음a, 허남성·김국헌·이춘근 역, 『군인과 국가』, 한국해양전략연구소, 2011.

새뮤얼 헌팅턴 지음b, 강문구·이재영 옮김, 『제3의 물결: 20세기 후반의 민주화』, 2011, 인간사랑.

서우덕·신인호·장삼열, 한국방위산업학회, 『방위산업 40년 끝없는 도전의 역사』, 플래 닛미디어, 2017.

서울올림픽조직위원회, 『제24회 서울올림픽대회 공식보고서』, 1989.

서울특별시, 『서울올림픽 백서』, 1990.

서정욱, 「국가기간전산망사업의 회고와 발전방향」, 한국지능정보사회진흥원,

『정보화정책저널』, https://www.nia.or.kr/site/nia_kor/ex/bbs/View.
　　do?cbIdx=65684&bcIdx=3254

성경륭, 「한국 정치민주화의 사회적 기원: 사회운동론적 즙근」, 『한국 정치·사회의 새
　　흐름』, 경남대학교 극동문제연구소, 1993.

세계기획 엮음, 『1980년대 세계정세의 인식』, 세계, 1984.

셰릴 페이어, 「1980년대의 IMF」, C. 푸르타도 외 저, 정윤형 편역, 『제3세계와 외채위기』,
　　창작과비평사, 1985

손기섭, 「한일 안보경협 오교의 결정과정」, 『국제정치논총』 제49집 1호, 2009.

손정목, 『서울도시계획 이야기3』, 한울, 2003.

손호철, 「한국 민주화 실험 비교연구: '1980년의 봄'과 '1987년 6월'을 중심으로」, 『한국
　　정치연구』9, 1999.

손호철, 『현대 한국정치: 이론, 역사, 현실, 1945~2011』, 이매진, 2011.

송영우, 「레이건 독트린과 국제정치」, 『정치논총』, VOL 20 NO.1, 1986.

송용선·이태희, 「일본의 대한국 정부개발원조 정책」, 『목원대학교 논문집』, vol.30,
　　1996.

송재호, 「제5공화국에 있어서의 한일 관계」, 동서대학교 대학원 일본지역연구과 석사
　　학위 논문, 2008.

송형석·김홍식, 「한국 엘리트 스포츠 발달의 정치적 배경에 관한 연구」, 서울대학교
　　체육연구소 논집 제10권 2호, 1997.

시드니 후크 저, 민석홍 역, 『역사와 인간』, 을유문화사, 2000.

신경은, 「전두환 정부 시기 전략무기 개발정책의 전환-현무(NHK-2) 미사일 개발 중단
　　및 재개 사례」, 서울대학교 내학원 정치외교학부, 2023.

신욱희, 『순응과 저항을 넘어서-이승만과 박정희의 대미정책』, 서울대학교 출판문화
　　원, 2010.

신윤희, 『12·12는 군사반란인가?』, 도서출판 be, 2012.

신인호, 『무내미에는 기적이 없다-국방과학연구소와 한국형 신무기 개발』, 국방일보,
　　2003.

신종대, 「서울의 환호, 평양의 좌절과 대처: 서울올림픽과 남북관계」, 『동서연구』 제25집
　　3호, 2013.

신철식, 『신현확의 증언: 아버지가 말하고 아들이 기록한 현대사의 결정적 순간들』, 메
　　디치, 2017.

신향숙, 「제5공화국의 과학기술 정책과 박정희 시대 유산의 변용」, 『한국과학사 학회
　　지』 제37권 3호, 2015, 한국과학사학회.

신현익, 「전두환 군부정권 성립 과정에서의 미국의 역할」, 고려대학교 대학원 정치외교
　　학과 박사학위 논문, 2006.

심상용, 「한국 발전주의 복지체제 형성 연구: 억압적 발전주의 생산레짐과 비공식 보
　　장의 복지체계」, 『사회복지정책』, 제37집 제4호, 한국사회복지정책학회, 2010.

심융택, 『굴기-실록·박정희 경제강국 굴기 18년 (10)핵개발 프로젝트』, 동서문화사,
　　2015.

심지연·김민전, 「선거제도 변화의 전략적 의도와 결과」, 한국정치학괴, 『한국정치학회
　　보』 36, 2002년 5월.

안동만·김병교·조태환, 『백곰, 도전과 승리의 기록-대한민국 최초의 지대지 미사일
　　개발 이야기』, 플래닛미디어, 2016.

안두환, 「군부 권위주의 체제 내 권력승계에 관한 연구-박정희에서 전두환, 전두환에서
　　노태우로의 권력승계를 중심으로」, 연세대 대학원 정치학과 석사학위 논문, 2019.

안병만a, 「대통령과 정책- 정책속의 정치, 정치속의 정책: 역대 통치자의 자질과 정책
　　성향 연구」, 『한국행정학회 학술발표논문집』, 한국행정학회, 1992.

안병만b, 『역대 정부의 정책평가와 신정부의 정책과제』, 한국행정학회, 춘계학술대회
　　발표논문집, 1998.

안철현, 『한국현대정치사』, 새로운 사람들, 2009.

양승택, 『전전자 교환기 개발사업 총괄보고서』, 한국전자통신연구소, 1985.

엄정식, 「카터 행정부 시기 대한무기이전 정책의 변용-백곰 미사일의 개발과 F-5E/F
　　공동생산의 합의」, 서울대학교 대학원 정치외교학부 박사학위 논문, 2012.

연세대학교 국가관리연구원 편, 『한국대통령 통치구술사료집(2) 전두환 대통령』, 선
　　인, 2013.

오구라 기조, 조성환 옮김, 『한국은 하나의 철학이다』, 모시는 사람들, 2017.

오구라 카즈오(小倉和夫) 지음, 조진구·김영근 옮김, 『한일 경제협력자금 100억 달러
　　의 비밀』, 디오네, 2015.

오기평, 『한국외교론』, 오름, 1994.

오동룡, 「박정희의 원자폭탄 개발 비밀 계획서 원문 발굴」, 『월간조선』, 2003년 8월호.

오명, 『30년 후의 코리아를 꿈꿔라』, 웅진지식하우스, 2009.

오원철, 『한국형 경제건설 제5권』, 기아경제연구소, 1996.

오코노기 마사오 공편,『시장·국가·국제체제』, 아연출판부, 2002.

월간조선부 엮음,『비록 한국의 대통령』, 조선일보사, 1993.

윌리엄 글라이스틴 지음·황정일 옮김,『알려지지 않은 역사』, 중앙M&B, 1999.

유귀훈,『호암의 마지막 꿈』, 블루메가수스, 2018.

유병용·홍순회·이달순 외,『한국현대정치사』, 집문당, 1997.

유병현,『한미연합사 창설의 주역, 유병현 회고록』, 조갑제닷컴, 2013.

유상운,「국가연구개발사업의 시행과 전개-반도체 개발 컨소시엄을 중심으로, 1980-2010」, 서울대학교 대학원 박사학위 논문, 2019.

유순례,「서울올림픽 정신, 올림픽 헌장에 기록되다」,『월간조선』, 2011년 7월호.

유일상,「사이비 언론과 사이비 기자 파문」, 언론중재위원회,『언론중재』, 1989년 봄호(통권 제30호).

육군사관학교,『대한민국 육군사관학교 50년사(1946~1996)』, 육군사관학교, 1996.

육사 30년사 편찬위원회,『대한민국 육군사관학교 30년사』, 육군사관학교, 1978.

윤득현,『올림픽의 정치』, 레인보우북스, 2009.

윤상철,『1980년대 한국의 민주화 이행과정』, 서울대학교 출판부, 1997.

윤석순 외,『희망의 대륙, 남극에 서다』, 위즈프레스, 2008.

이경서,『박정희의 자주국방』, 이른아침, 2023.

이기윤,『별-대한민국 육군사관학교 60년』, 북앳북스, 2006.

이달희,「한국의 스포츠외교정책 결정과정 분석-88서울올림픽과 2002월드컵 사례언+를 중심으로」, 경북대학교 대학원 정치학과 박사학위 논문, 2011.

이대규·황규희·김인혁,『비교군부정치개론』, 동아대학교 출판부, 2001.

이도성,『남산의 부장들(3)』, 동아일보사, 1993.

이동희,『오! 화랑대』, 대학문화사, 1982.

이만섭,『나이 정치 인생 반세기: 이승만에서 노무현까지-파란만장의 가시밭길 헤치며 50년』, 문학사상사, 2004.

이만희,『EPB는 기적을 낳았는가: 한국 산업정책의 이상과 현실』, 해돋이, 1993.

이무석,『정신분석의 이해』, 전남대 출판부, 1995.

이방원,『세울 꼬레아』, 행림출판, 1989.

이병천,「개발국가론 딛고 넘어서기」,『경제와 사회』, 2003년 봄호, 2001.

이병철,『호암자전』, 중앙일보사, 1986.

이상우,「박정희와 전두환, 독재자의 성적표」, 신동아 1989년 5월호.

이석제, 『각하 우리 혁명합시다』, 서적포, 1995.

이수현 편, 『대통령의 성공조건 II』, 동아시아연구원, 2002.

이수훈, 「반주변부적 국가발전의 성공과 좌절」, 한국비교사회연구회 편, 『동아시아의 성공과 좌절』, 전통과 현대, 1998.

이순자 엮음, 『시대의 선각자 김재익』, ㈜운송신문사, 1998.

이순자 자서전, 『당신은 외롭지 않다』, 자작나무숲, 2017.

이완범, 「박정희 정부의 교체와 미국, 1979~1980」, 『1980년대 한국사회연구』, 백산서당, 2005.

이우진·김성주 공저, 『현대한국정치론』, 사회비평사 1996.

이윤근·김명수, 「서울올림픽이 한국의 정치, 경제, 사회에 미친 영향」, 『한국교육문제 연구』 제6집, 1990.

이윤기, 『별』, ㈜북앳북스, 2006.

이윤섭, 『박정희 정권의 핵무기 개발 비사, 자주국방을 위한 도전』, 출판시대, 2019.

이장규a, 『그런 선거는 져도 좋다-전두환의 공을 논함』, 기파랑, 2022.

이장규b, 『경제는 당신이 대통령이야-전두환 시대 경제비사』, 올림, 2008.

이장규c, 『대통령의 경제학』, 기파랑, 2012.

이재춘, 『외교관으로 산다는 것』, 기파랑, 2011.

이정환, 「박정희 저격사건의 한일관계: 국제구조의 제약과 국내 정치의 영향」, 현대일 본학회, 『일본연구논총』 제37호, 2013.

이정훈, 『한국의 핵주권-그래도 원자력이다』, 글마당, 2014.

이종원, 「제5공화국의 스포츠정책 연구」, 서울대학교 대학원 박사학위 논문, 2002.

이종재, 『재벌이력서』, 한국일보사, 1993.

이종찬, 『숲은 고요하지 않다: 이종찬 회고록 1』, 한울, 2015.

이종호, 「원전 수출 시장 전망 및 수출 추진체계 강화 방안」, 『에너지 포커스』, 2022년 가을호(제19권 제3호), 에너지경제연구원.

이종훈, 『한국은 어떻게 원자력 강국이 되었나-엔지니어 CEO의 경영수기』, 나남, 2012.

이준구, 「한국의 연합국방 전략선택과 방위산업발전사 분석」, 『한국정치외교사논총』, vol. 39, 2017, 특별기획호.

이천균, 『국제수지와 국제금융』, 비봉출판사, 1994.

이철호, 「국가폭력과 인권침해」, 『공법논총』 6호, 한국국가법학회, 2010년 8월.

이태희, 「일본의 대한 차관협상(1981~1983)의 배경과 과정 연구」, 고려대 석사학위 논문, 1992.

이현덕, 「과학기술이 미래다」, 전자신문, 2023년 2월 8일~2025년 7월 9일.

이혜영 편, 『1980년대 혁명의 시대』, 새로운 세상, 1999.

임상규, 「우리나라 과학기술행정체제의 진화에 관한 연구」, 중앙대 행정학과 박사학위 논문, 2006.

임상혁, 「삼청교육대의 위법성과 민사상 배상」, 『법과 사회』제22호, 법과 사회 이론학회, 2002년 상반기.

임태성, 「서울올림픽이 한국의 사회변동에 미친 영향: 실증적 분석을 중심으로」, 한양대학교 체육학과 박사학위 논문, 1993.

임현진 편저, 『제3세계 자본주의 그리고 한국』, 법문사, 1987.

임현진·송호근 공편, 『전환의 정치, 전환의 한국사회』, 사회비평사, 1995.

장상철, 「한국의 개발국가, 1961-1992: 성장의 역설과 국가-기업관계의 변화」, 연세대학교 사회학과 박사학위논문, 1999.

장석윤, 『탱크와 피아노-육사 11기는 말한다』, 행림출판사, 1994.

장성호, 「한국 군부의 정치 개입과 권력 획득에 관한 비교 연구-구군부와 신군부 세력을 중심으로」, 건국대학교 대학원 정치학과, 박사학위 논문, 2000.

장진규·홍순기, 「연구개발과 기술도입의 경제효과 및 상호관계 분석」, 『기술경영경제학회지』Vol2, No.1, 과학기술정책관리연구소, 1994.

장태완 지음, 이원복 엮음, 『12·12 쿠데타와 나』, 이콘출판사, 2024.

전국경제인연합회 편, 『한국경제정책 40년사』, 전국경제인연합회, 1986.

전두환 지음, 민정기 책임정리, 『전두환 회고록(1): 혼돈의 시대』, 자작나무숲, 2017.

전두환 지음, 민정기 책임정리, 『전두환 회고록(2): 청와대 시절 1980-1988』, 자작나무숲, 2017.

전두환 지음, 민정기 책임정리, 『전두환 회고록(3): 황야에 서다 1988-현재』, 자작나무숲, 2017.

전재성, 「미사일기술 통제 레짐(MTCR)과 미국의 미사일 정책: 국제제도론적 분석과 대북 정책에 대한 현실적 함의」, 『국제정치논총』, 제39집 3호, 2000.

정구호, 『민족사의 새 지평-전두환 대통령의 통치이념』, 경향신문 정경연구소, 1983.

정규재·김성택, 『이 사람들 정말 큰일 내겠군』, 한국경제신문사, 1998.

정기웅, 「전두환 정부의 외교정책과 1988년 서울올림픽」, 함택영·남궁곤 편, 『한국 외

교정책: 역사와 쟁점』, 사회평론, 2010.

정병삼, 「사관생도들의 규정 준수에 영향을 미치는 요인」, 『국방정책연구』 제30권 제2호, 2014년 여름(통권 제104호).

정승화, 『12·12사건 정승화는 말한다』, 까치, 1987.

정윤재, 『정치리더십과 한국 민주주의』, 나남출판, 2003.

정일권, 『정일권회고록』, 고려서적, 1996.

정재경, 『위인 박정희』, 집문당, 1992.

정주영, 『이 땅에 태어나서-나의 살아온 이야기』, 솔출판사, 1998.

정준명, "한반도는 반도체", 월간중앙, 201년 1월호.

정진석, 『총성 없는 전선』, 한국문원, 1999.

정해구, 『전두환과 80년대 민주화운동: '서울의 봄'에서 군사정권의 종말까지』, 역사비 평사, 2011.

정홍식, 『한국 IT정책 20년-천 달러 시대에서 만 달러 시대로』, 전자신문사, 2007.

조갑제, 「파리올림픽을 앞두고 다시 생각하는 88서울올림픽과 전두환의 순정」, 『월간 조선』, 2024년 8월호.

조갑제, 「한일경협의 세지마의 발상」, 『월간조선』, 1990년 8월호.

조갑제a, 『유고(有故)! 1·2』, 한길사, 1987.

조갑제b, 『박정희: 한 근대화 혁명가의 비장한 생애(13)』, 조갑제닷컴, 2015.

조갑제c『제5공화국: 전두환의 신군부, 정권을 향해 진격하다』, 월간조선사, 2005.

조갑제d, 「전두환의 인맥과 금맥」, 월간조선 1988년 5월호.

조동준, 「전두환, 카터를 농락하다」, 월간조선, 1996년 8월호.

조선일보사a, 『총구와 권력: 5·18 수사기록 14만 페이지의 증언』, 월간조선, 1999년 1월호 특별부록.

조선일보사b, 『한국현대사 비자료 125건』, 월간조선, 1996년 1월호 별책부록.

조성관, 「'전시(戰時)사관학교' 육군종합학교 출신 장교 7288명」, 주간조선, 2010년 6월 29일.

조성렬, 「나카소네 야스히로(中曽根康弘)의 '전후정치의 총결산' 노선」, 성균관대학교 대학원 정치외교학과 석사학위 논문, 1992.

조양현, 「제5공화국 대일외교와 한일 역사 갈등: 1982년 일본 교과서 왜곡 사건을 사 례로」, 『일본연구논총』 제49호, 현대일본학회, 2019.

조영길, 『자주국방의 길』, 플래닛미디어, 2019.

조윤제, 「아시아 금융위기와 한국경제의 선택」, 『계간 사상』, 1998년 겨울호.

조이제·카터 에커트 편저, 『한국 근대화, 기적의 과정』, 월간조선사, 2005.

조철호a, 「1970년대 초반 박정희의 독자적 핵무기 개발과 한미관계」, 『평화연구』 제9호, 2000.

조철호b, 『박정희 핵외교와 한미관계 변화』, 고려대학교 대학원 정치외교학과 박사학위 논문, 2000.

조현빈, 「전략적 경제협력과 동맹의 정치경제: 미-이스라엘 및 미-호주 FTA를 중심으로」, 서울대 외교학과 석사학위 논문, 2007.

존 위컴 지음, 김영희 감수, 『12·12와 미국의 딜레마』, 중앙 M&B, 1999.

주태산, 『경제 못 살리면 감방 간데이: 한국의 경제부총리 그 인물과 정책』, 중앙M&B, 1998.

지만원, 『12·12와 5·18-수사기록으로 본 다큐멘터리 역사책 압축본』상·하, 도서출판 시스템, 2018.

진실화해를 위한 과거사정리위원회 편, 『진실화해위원회 종합보고서』4, 전실화해를 위한 과거사정리위원회, 2006.

짐 하우스만 저, 정일화 역, 『한국 대통령을 움직인 미군 대위』, 한국문원, 1995.

천금성, 『황강에서 북악까지』, 동서문화사, 1981.

천금성b, 「국보위 설치와 5공 탄생 내막」, 『월간 다리』, 1989년 11월호.

체육청소년부, 『체육청소년행정 10년사』, 체육청소년부 기획관리실, 1992.

최돈규, 「한국 군장성 출신 대통령들의 정치적 리더십에 관한 비교연구-박정희, 전두환, 노태우의 정치적 리더십 유형」, 경남대학교 대학원 성치외교학과 바사학위 논문, 2007.

최병효, 『그들은 왜 순국해야 했는가-버마 암살폭발사건의 외교적 성찰』, 박영사, 2021.

최성빈·고병성·이호석, 「한국 방위산업의 40년 발전과정과 성과」, 『국방정책연구』, 제26권 제1호, 2010.

최중화 인터뷰, 「"통전부 부부장이 빈에서 내게 전두환 암살 지시"」, 중앙선데이, 2008년 9월 7일.

최진, 「대통령 리더십과 국정운영 스타일의 심리학적 상관관계-한국 역대 대통령의 비교분석」, 고려대학교 대학원 행정학과 박사학위 논문, 2005.

최형섭, 『불이 꺼지지 않는 연구소-한국 과학기술 여명기 30년』, 조선일보사, 1995.

특집, 「국산 주전산기의 개발, 어디까지 왔나」, 『체신』 통권 420호, 1994년 1월호.

폴 F. 브레임 지음, 육군교육지원사령부 자료지원처 번역실 옮김, 『승리의 신념』, 도서
　　출판 봉명, 2001.

프로이드, 『정신분석 입문』, 거암, 1983.

하순봉 회고록, 『나는 지금 동트는 새벽에 서 있다: 대한민국 현대정치 현장 리포트-박
　　정희에서 이명박까지』, 연장통, 2010.

하원, 『청와대 24시: 출입기자가 본 전두환 대통령』, 정음사, 1985.

한국개발연구원, 『서울올림픽의 의의와 성과』, 1989.

한국공작기계산업협회(SIMTOS), 「Special ②-방위산업 현황과 동향」, 2025년 5월
　　26일, https://simtos.org/kor/media/info_view.do?BIdx=6615.

한국군사혁명사편찬위원회, 『한국 혁명재판기록사총사』, 국학자료원, 2001.

한국대통령평가위원회·한국대통령학연구소, 『한국의 역대 대통령 평가』, 조선일보사,
　　2002.

한국원자력50년사 편찬위원회, 『한국원자력 50년사』, 한국원자력학회, 2010.

한국원자력연구소, 『한국원자력연구소 30년사』, 한국원자력연구소, 1990.

한국전력공사, 『살아있는 전력사 Ⅱ』, 한국전력공사, 1998.

한국중공업주식회사, 『한중발전사』, 한국중공업, 1995.

한국행정연구원, 『전두환 정부: 대한민국 역대 정부 주요 정책과 국정운영(3)』, 대영문
　　화사, 2014.

한남 박정기, 『에너토피아』, 지혜의 가람, 2014.

한동윤, 「민정당 창당작전」, 월간조선, 1988년 10월호.

한민선, 「김광호 전 부회장이 말하는 '삼성 반도체 신화'」, 『월간중앙』, 2011년 10월호.

한배호, 『한국정치변동론』, 법문사, 1997.

한승조, 『한국정치의 지도자들』, 대정진, 1992.

한용원, 「군부의 정치개입과 그 내부의 파벌」, 『광장』, 1991년 여름.

한필순, 「[원자력연구 회고] 원자로 도입에서 수출까지」, 경제풍월, 2014년 12월 1일

한필순, 『맨손의 과학자 한필순』, 비따북스, 201.

함성득 편, 『한국의 대통령과 권력』, 나남출판, 2000.

함성득·양다승, 「한국 대통령의 과학기술 리더십 연구: 민주화 이전과 이후의 비교론
　　적 관점에서」, 『한국정치학회보』 제46집 제1호, 2012.

합동통신사, 『합동연감』 1961년 판, 1961.

한유림,『반도체로 세계를 세계를 제패한다』, 유정, 1996.

허화평,『허화평 5공실록』, 새로운 사람들, 2025.

허화평,『허화평, 굽은 길도 바로 간다』, 새로운 사람들, 1999.

현대경제연구소,「올림픽 메달의 경제적 가치와 시사점」,『현안과 과제』16-33호, 2016년 8월 3일.

현대의전연구소,『대한민국 대통령 취임사(史)-최대 이승만 대통령부터 19대 문재인 대통령까지』, 박문사, 2022.

현원복,『대통령과 과학기술-한국 역대 대통령의 과학기술 리더십』, 과학사랑, 2005.

현인택,「한국의 대외 안보환경 변화에 대한 대응전략 패턴 연구」,『KRIS 총서』, 1993.

호사카 마사야스(保阪正康) 지음, 정선태 옮김,『쇼와육군』, 글항아리, 2016.

홍덕화,「한국 원자력산업의 형성과 변형」, 서울대학교 대학원 사회학과, 박사학위 논문, 2016.

홍성주·송위진,『현대한국의 과학기술 정책』, 들녘, 2017.

홍영유,『4월혁명 통사』5권, 천지창조, 2010.

황성현,「한국의 1980년대 긴축 재정정책 연구」,『예산정책연구』4권 2호, 2015년 11월호.

황일도,「김정일, 1982년 아프리카 가봉에서 전두환 암살 노렸다-"특수부대 1급 킬러 3인, 폭발물 테러 위해 20일간 4000km 잠행"」, 신동아, 2004년 5월호.

제5공화국 전두환 시대 1
한국형 신인류의 탄생

초판 1쇄 발행 | 2026년 4월 27일

지은이 김용삼
펴낸이 정의선
펴낸곳 자작나무숲

출판등록 제406-2017-000008호
주소 경기도 파주시 문발로 165
전화 02-394-5982(편집) 031-955-6980(마케팅)
팩스 031-955-6988

ISBN 979-11-88656-14-1 (04300)
      979-11-88656-13-4 (04300) (전 2권)

- 책값은 표지 뒷면에 있습니다.
- 잘못된 책은 구입하신 서점에서 교환해 드립니다.